Exklusiv für Buchkäufer!

Ihr eBook zum Download

Ihre Arbeitshilfen online

- Rechner
- Checklisten
- Datenblätter

Und so geht's

- unter www.haufe.de/arbeitshilfen den Buchcode eingeben
- QR-Code mit Ihrem Smartphone oder Tablet scannen

D1717769

Buchcode: JHT-LUG4

www.haufe.de/arbeitshilfen

Lohn- und Gehaltsabrechnung 2014

Claus-Jürgen Conrad

Lohn- und Gehaltsabrechnung 2014

Claus-Jürgen Conrad

16. Auflage

Haufe Gruppe
Freiburg · München

Bibliografische Information der Deutschen Nationalbibliothek
Die Deutsche Nationalbibliothek verzeichnet diese Publikation in der Deutschen Nationalbibliografie; detaillierte bibliografische Daten sind im Internet über http://dnb.dnb.de abrufbar.

Print ISBN: 978-3-648-04103-1   Bestell-Nr. 01138-0016
EPUB ISBN: 978-3-648-04104-8   Bestell-Nr. 01138-0102
EPDF ISBN: 978-3-648-04105-5   Bestell-Nr. 01138-0152

Claus-Jürgen Conrad
Lohn- und Gehaltsabrechnung 2014 - inkl. eBook und Arbeitshilfen online
16. Auflage 2014

© 2014 Haufe-Lexware GmbH & Co. KG, Freiburg
www.haufe.de
info@haufe.de
Produktmanagement: Jutta Thyssen

Lektorat: Peter Böke, Berlin
Satz: Reemers Publishing Services GmbH, 47799 Krefeld
Umschlag: RED GmbH, 82152 Krailling
Druck: Schätzl Druck, Donauwörth

Inhaltsverzeichnis

Die wichtigsten Änderungen in 2014

Im Laufe des Jahres 2013, zum 1.1.2014 sowie im Laufe des Jahres 2014 sind (bzw. werden) erneut zahlreiche Änderungen im Steuer-, Sozialversicherungs- und Melderecht mit Auswirkungen auf die Lohnabrechnung in Kraft getreten.

Die wohl gravierendste Änderung im Steuerrecht ist der erste Jahreswechsel mit dem ELStAM-Verfahren und die allgemeine Pflicht zur Teilnahme an ELStAM ab 1.12.2013. Das neue Verfahren zum elektronischen Abruf der Besteuerungsmerkmale für **alle** Mitarbeiter direkt vom Bundeszentralamt für Steuern wurde nach der Übergangsphase 2013 zum 1.12.2013 verpflichtend für alle Unternehmen. Wurden im Dezember zum ersten Mal die Mitarbeiter bei der Finanzverwaltung angemeldet, so besteht noch bis 30. Juni eine Kulanzfrist, bis zu der die vorhandenen Papierdaten für die Lohnabrechnung genutzt werden dürfen. Bis maximal 6 Monate nach der initialen Anmeldung dürfen die abgerufenen Daten nicht angewendet werden. Danach besteht die Pflicht zur Anwendung der von der Finanzverwaltung übernommenen Besteuerungsmerkmale. Die Fortführung der Lohnsteuerkarten ist dann nicht mehr zulässig. Zuvor dürfen jedoch die Angaben einer Lohnsteuerkarte oder einer Ersatzbescheinigung des Finanzamts noch für die Lohnsteuerberechnung genutzt werden. Sind die abgerufen Daten nicht korrekt, kann nur der Mitarbeiter eine Änderung bei seinem Finanzamt bewirken. Dieses kann bis zur Klärung den Datenabruf für den Mitarbeiter sperren und stattdessen eine Ersatzbescheinigung ausstellen. Diese ist zeitlich begrenzt und für die Lohnabrechnung für diesen Zeitraum bindend. Zu beachten ist auch, dass monatlich ab dem Einstieg in das ELStAM-Verfahren sogenannte Änderungslisten zur Verfügung gestellt werden. Diese Änderungslisten muss der Arbeitgeber regelmäßig abrufen und für die Lohnabrechnung berücksichtigen.

Im Laufe des Jahres 2013 wurde die Bonusregelung von Firmenwagen für die Besteuerung von Hybrid- und Elektrofahrzeuge nochmals überarbeitet. Die Bonusregelung wird bis zum Jahre 2022 zurückgefahren.

Die Anhebung des Grundfreibetrags auf 8.354 EUR pro Jahr und die erhöhte Anrechnung des Rentenversicherungsbeitrags führt zu einer ermäßigten Besteuerung aller Arbeitnehmer in 2014.

Die Änderungen im Reisekostenrecht werden bei vielen Arbeitgebern zu erhöhten Reisespesen für die Mitarbeiter sorgen. Vereinfacht wurde, dass es nur noch zwei zeitabhängige Spesensätze — 12 EUR für Reisen über 8 Stunden und 24 EUR für

Reisen über 24 Stunden — gibt. Dafür ist zusätzlich zu beachten, dass bei mehrtägigen Reisen ohne eine zeitliche Begrenzung für den Tag der Abreise und den Tag der Rückreise 12 EUR als Verpflegungspauschale gezahlt werden kann. Auch der weitestgehende Wegfall der Möglichkeit zum Ansatz von Sachbezugswerten für die Versteuerung bei Dienstreisen wird die Prüfung erschweren. Die Sachbezugswerte von 1,63 EUR (pro Frühstück) und 3 EUR (pro Mittag- bzw. Abendessen) können nur noch dann angesetzt werden, wenn kein Anspruch auf eine Verpflegungspauschale besteht — z. B. bei Dienstreisen bis 8 Stunden.

Im Bereich der Sozialversicherung ist nur die deutliche Anhebung der Beitragsbemessungsgrenzen erwähnenswert. Sie liegen jetzt für die Kranken- und Pflegeversicherung bei 48.600 EUR pro Jahr und in der Renten- und Arbeitslosenversicherung bei 71.400 EUR bzw. 60.000 EUR in den Ost-Bundesländern. Der Beitragssatz zur Künstlersozialversicherung steigt ab 2014 von 4,1 % auf 5,2 % an und erhöht die Arbeitgeberbelastung.

Für das Jahr 2014 wurde der durchschnittliche Zusatzbeitrag für die gesetzlichen Krankenkassen mit 0 Euro festgelegt. Damit findet auch in 2014 kein Sozialausgleich statt.

Im Bereich des Meldewesens führt die Meldepflicht des beitragspflichtigen Entgelts in der Jahresmeldung dazu, dass der Meldetermin auf den 15. Februar vorgezogen wurde. Dies kann in Fällen der Märzklausel zu zusätzlichen „korrigierten" Jahresmeldungen führen. In diesen Fällen ist eine Sondermeldung mit Grund der Abgabe: 54 zu erstellen und der Annahmestelle der Krankenkasse einzureichen.

Im Einzelnen finden Sie Änderungen für 2014 in den folgenden Kapiteln.

Änderung zum 1.1.2014	siehe
ELStAM-Datenabruf von Steuerdaten	Kapitel 3.1 und Kapitel 8.1.2
Zusätzliche Meldevorschriften aus der geringfügigen Beschäftigung	Kapitel 3.2.3
Änderungen im Reisekostenrecht	Kapitel 5.6
Änderung in der Besteuerung von Hybrid- und Elektrofahrzeugen	Kapitel 5.12
Änderungen in den Bemessungsgrenzen der Sozialversicherungen	Kapitel 6.2 bis 6.4
Änderungen im Entgeltnachweis	Kapitel 9.1

Leser, die zum ersten Mal mit dem Werk „Lohn- und Gehaltsabrechnung" arbeiten, erhalten eine aktuelle Orientierungshilfe u. a. zum Meldewesen, zu steuer- und sozialversicherungsrechtlichen Abzügen sowie deren Berechnungsvorschriften. Die Kapitel sind chronologisch so aufgebaut, dass sie einen roten Faden für die Durchführung der Entgeltabrechnung bilden. Das Buch orientiert sich an der Reihenfolge der Aufgaben in einer Personalabteilung bzw. einem Lohnbüro. Ausgehend von der Zusammenstellung der Abrechnungsunterlagen wird zunächst auf das Meldewesen für neue Mitarbeiter eingegangen. Daran anschließend finden Sie die wichtigsten steuer- und sozialversicherungsrechtlichen Regelungen für die Durchführung einer Lohnabrechnung erklärt. Im darauf folgenden Kapitel sind Beispiele für die wesentlichen Fälle der Lohnabrechnung Schritt für Schritt dargestellt. Neben der reinen Abrechnung — also der Ermittlung der steuerlichen Abzüge und der Beiträge zu den Sozialversicherungen — umfasst die Lohnabrechnung Meldungen an die Sozialversicherungsträger und an das Finanzamt. Art, Umfang und Zeitpunkt der Meldungen werden ausführlich aufgezeigt. Die erforderlichen Aktivitäten beim Austritt eines Arbeitnehmers aus dem Unternehmen und zum Jahresende sind am Ende des Buches in eigenen Kapiteln umfassend beschrieben.

Die Einführung kann sicher nicht alle in der Praxis auftretenden Fragen beantworten. Vielmehr soll Ihnen der Einstieg in die Methodik der Entgeltabrechnung näher gebracht und dem Lohnabrechnenden ein Leitfaden für die Durchführung der gesamten Abrechnung an die Hand gegeben werden. Für darüber hinausgehende Fragen sollte dann der Rat eines Fachmannes/einer Fachfrau eingeholt oder auf eines der zahlreichen Lohn-Lexika zurückgegriffen werden.

Freiburg, im Januar 2014

Claus-Jürgen Conrad

1 Die sechs zentralen Aufgaben der Personalabrechnung

Die Lohn- und Gehaltsabrechnung ist ein komplexes und zum Teil unübersichtliches Themengebiet. Eine Vielzahl von Reformen im Steuer- und Sozialversicherungsrecht machen es selbst Profis in Lohnbüros und Steuerkanzleien schwer, immer den aktuellen Gesetzesstand umzusetzen. Bei Stichworten wie Nullzone, Mindestkirchensteuer, Progressionsvorbehalt oder ELStAM müssen auch geübte Lohnabrechnende zum Nachschlagewerk greifen. Umso verwirrender stellt sich die Materie demjenigen dar, der erstmals die Lohnabrechnung für eine Firma oder einen Mitarbeiterbereich umsetzen soll. Der Blick in eines der Lohn- und Gehaltslexika ist dann für erste Orientierungsfragen oft wenig hilfreich.

Mit Lohn- und Gehaltsabrechnung 2014 soll dem Einsteiger ein Hilfsmittel zur Seite gestellt werden, das auf einfache und systematische Weise durch die Entgeltabrechnung führt. Alle wichtigen Punkte, von der Einstellung eines Arbeitnehmers bis zu dessen Ausscheiden aus dem Unternehmen, sind chronologisch zusammengestellt. Ergänzend sind die Ausführungen mit aktuellen Beispielen verdeutlicht. Die Beispiele sind zum Teil recht einfach gehalten, unterstreichen jedoch die wesentlichen Details und machen die Systematik deutlich.

Reduziert auf den Kern lassen sich die Personalabrechnung und das Meldewesen in fünf zentrale Aufgaben zusammenfassen:

- Vorbereitende Tätigkeiten beim Eintritt neuer Mitarbeiter mit einer Eröffnung der Lohnunterlagen und der Anmeldung bei den Sozialversicherungsträgern. Abhängig vom Status des Arbeitnehmers (Arbeiter/Angestellter oder geringfügig Beschäftigter) entstehen unterschiedliche Dokumentations- und Meldepflichten.
- Seit dem Start der **E**lektronischen **L**ohn**St**euer**A**bzugs**M**erkmale — ELStAM — sind neu eingetretene steuerpflichtige Mitarbeiter bei der Finanzverwaltung anzumelden und anschließend die Besteuerungsmerkmale aus der zentralen Datenbank abzurufen.
- Abrechnung der Bezüge, d. h. Ermittlung der Gesamtbezüge, der Lohn- und Lohnnebensteuern sowie der Abzüge für die Sozialversicherungen und Erstellen der Entgeltabrechnung.

- Meldung und Überweisung der Lohnabzüge an die Sozialversicherungsträger, das Finanzamt und die externen Zahlungsempfänger, wie z. B. Bausparkassen.
- Monatsabschlussarbeiten mit Mitarbeiteraustritten, Meldungen an die Sozialversicherungsträger, die Finanzverwaltung sowie die Erstellung von Personalstatistiken.
- Jahresabschlussarbeiten mit dem Abschluss der Lohnkonten, Meldungen an die Sozialversicherungsträger, die Agentur für Arbeit und an Statistikämter.

Entsprechend diesen Aufgaben sind die Kapitel zusammengestellt und bilden eine abgeschlossene Einheit.

Die Grundlagen der Lohnabrechnung

Grundlage jeder Lohnabrechnung sind tagesgenaue Abrechnungsunterlagen. Dazu zählen u. a. aktuelle Beitragssätze zu den Sozialversicherungen, Angaben zur Steuerklasse, Kinderfreibeträge, Religionszugehörigkeit und viele weitere Steuer- und Sozialversicherungsangaben. Um alle wesentlichen Abrechnungsdaten für die Lohnabrechnung verfügbar zu haben, sollten Sie sogenannte Lohnkonten für die Mitarbeiter, Krankenkassen und die Firma führen. Die Vollständigkeit der Mitarbeiterdaten sichern Sie am einfachsten, wenn der Arbeitnehmer zu Beginn der Beschäftigung einen „Personalfragebogen" ausfüllt. Ein vollständiges Stammblatt erleichtert Ihnen nicht nur die Neuanlage des Mitarbeiters in einem Abrechnungssystem, sondern ist auch eine nützliche Unterlage für alle Melde- und Dokumentationspflichten. In Kapitel 2 sind deshalb zunächst alle wichtigen Daten zur Firma, zur Krankenkasse und zum Mitarbeiter zusammengestellt, die für das Meldewesen und die Lohnabrechnung benötigt werden. Kapitel 3 zeigt anschließend, wie neu eingestellte Vollzeitbeschäftigte (Kapitel 3.1) bzw. Aushilfen (Kapitel 3.2) beim zuständigen Sozialversicherungsträger anzumelden sind.

Die vorbereitenden Tätigkeiten

Neben der Durchsicht und Aktualisierung der Lohnkonten gehört die Zusammenstellung der Belege zu den vorbereitenden Tätigkeiten. Stundenzettel, Angaben zu Lohn-/Gehaltserhöhungen, Krankmeldungen, Antritt des Mutterschutzes oder einer Pflegezeit müssen vor der Lohnabrechnung bekannt sein. Anschließend können Sie mit der Durchführung der Lohnabrechnung beginnen.

> ● **TIPP**
>
> Häufig werden in Lohnbüros alle Änderungen des Monats in einem Ordner gesammelt und vor der Lohnabrechnung die erforderlichen Änderungen in das Abrechnungssystem eingepflegt.

Die korrekte Lohnabrechnung

Die Durchführung der Lohnabrechnung und die Abrechnung von besonderen Lohnbestandteilen sind ausführlich in Kapitel 4 dargestellt. Ausgehend vom Beispiel einer einfachen Gehaltszahlung werden Ihnen der Steuerabzug und die Abzüge für die Sozialversicherung erklärt. In Variationen des Ausgangsbeispiels werden dann Besonderheiten wie Fahrgeld, Feiertagsarbeit, Beihilfen, Zuschläge, Direktversicherungen oder Firmenwagen erläutert.

Die Bestandteile des Bruttolohnes

Für eine korrekte Lohnabrechnung müssen Sie die steuerliche und sozialversicherungsrechtliche Behandlung der unterschiedlichen Entlohnungsbestandteile kennen. Kapitel 5 gibt Ihnen einen Überblick über mögliche Bestandteile des Bruttolohnes und deren steuerliche und beitragsrechtliche Abrechnung.

Unregelmäßige oder einmalige Zahlungen sind steuerlich und sozialversicherungsrechtlich gesondert zu behandeln. Kapitel 6 zeigt, wie beispielsweise Weihnachtsgeld, Abfindungen oder Arbeitslohn für mehrere Jahre abzurechnen sind.

Umfang und Inhalt der Meldungen

Ergebnis der Lohnabrechnung sind Beiträge zur Kranken-, Pflege-, Renten- und Arbeitslosenversicherung, die steuerlichen Abzüge vom Bruttolohn sowie die Auszahlung an den Arbeitnehmer. Die steuerlichen und sozialversicherungsrechtlichen Abzüge müssen Sie periodisch dem Finanzamt bzw. den Annahmestellen der Krankenkassen melden. In der sogenannten Lohnsteueranmeldung melden Sie die Summe der einbehaltenen Lohnsteuer, Kirchensteuer und des Solidaritätszuschlags von allen Arbeitnehmern des Unternehmens. Zusätzlich sind pauschale Steuern, z. B. auf Direktversicherungen, zu melden. Mit dem „Beitragsnachweis" melden Sie getrennt an jede Krankenkasse die Summe der Beiträge zur Kranken-, Pflege-, Renten- und Arbeitslosenversicherung sowie die sogenannten Umlagen für Entgeltfortzahlung bei Krankheit und Mutterschutz bzw. Insolvenz. Für bestimmte Personengruppen wie z. B. Mehrfachbeschäftigte oder Mitglieder von Versorgungswerken müssen zusätzliche Sozialversicherungsmeldungen monatlich übermittelt werden. Umfang und Inhalt der Meldungen sind in Kapitel 7 zusammengestellt.

Die Dokumentation der Lohnzahlung

Wie die meisten betrieblichen Abläufe, so ist auch die Lohnzahlung zu dokumentieren. Der Gesetzgeber hat in zahlreichen Gesetzen den Umfang der Dokumentationspflicht geregelt. Um den gesetzlichen Bestimmungen zu entsprechen, müssen Sie für jeden Arbeitnehmer ein Lohnkonto führen. Die gesetzlichen Bestandteile und der Inhalt eines Lohnkontos sind in Kapitel 8 beschrieben. Außerdem hat der Arbeitnehmer einen Anspruch auf eine Lohnabrechnung. Deren Inhalt ist seit 2013 in einer Verordnung geregelt.

Zu den abschließenden Arbeiten gehört das Fortschreiben von Urlaubslisten, Stundenkonten, Fehlzeitenlisten und weiteren von Ihnen geführten Dokumentationen. Außerdem müssen die Zahlungen an die Mitarbeiter, das Finanzamt, die Krankenkassen, die Träger der Vermögensbildung und andere mehr veranlasst werden. Den Umfang der Zahlungen an die Mitarbeiter, die Sozialkassen und an das Finanzamt müssen Sie in der Finanzbuchhaltung dokumentieren. Maschinelle Abrechnungssysteme stellen Ihnen dafür in der Regel eine sogenannte „Buchungsliste" zur Verfügung.

Jahresende und Ausscheiden eines Mitarbeiters

Zum Jahresende und beim Ausscheiden eines Mitarbeiters sind weitere Meldungen und Bescheinigungen erforderlich. So ist unter anderem das aufgelaufene Arbeitsentgelt für jeden Mitarbeiter in einer Jahresentgeltmeldung der Krankenkasse mitzuteilen. Außerdem sind der steuerpflichtige Bruttoarbeitslohn und die steuerlichen Abzüge des Arbeitnehmers der Annahmestelle des Finanzamts zu melden und dem Mitarbeiter über die gemeldeten Beträge eine Lohnsteuerbescheinigung auszustellen. In Kapitel 9 sind alle Tätigkeiten zusammengestellt, die beim Austritt eines Arbeitnehmers, und in Kapitel 11 diejenigen, die zum Jahreswechsel durchgeführt werden müssen.

Stichwortverzeichnis

Mit dem Stichwortverzeichnis am Schluss des Buches können Sie bei Einzelfragen gezielt in ein Thema einsteigen und die wichtigsten Antworten nachlesen.

2 Abrechnungsunterlagen zusammenstellen

In diesem Abschnitt sind die wichtigsten Unterlagen, welche Sie für Meldungen an die Krankenkassen, das Finanzamt und die Bundesagentur für Arbeit benötigen. Diese Informationen pflegen Sie in der Regel einmalig in ihr Entgeltabrechnungssystem ein und prüfen diese einmal jährlich. Eine entsprechende Checkliste kann Sie bei den Jahresabschluss- bzw. Jahreswechselarbeiten unterstützen.

Bevor mit der eigentlichen Lohnabrechnung begonnen werden kann, sind zunächst die wichtigsten Daten zur Firma sowie aller an der Lohnabrechnung beteiligten Institutionen zusammenzustellen. Zweckmäßigerweise sollten Sie die steuer- und sozialversicherungsrechtlich relevanten Daten in einer gut aufbereiteten Form zur Verfügung haben.

In den folgenden vier Abschnitten sind Inhalt und Aufbau der benötigten Lohnunterlagen beispielhaft beschrieben.

Zur Prüfung der Vollständigkeit der Abrechnungsunterlagen empfiehlt es sich, eine Checkliste für alle Unterlagen zusammenzustellen. Die folgende Tabelle zeigt beispielhaft den Aufbau einer solchen Liste.

Firmendaten vollständig gepflegt?	
▪ Betriebsnummer vorhanden	☐
▪ Steuernummer/Steueridentifikationsnummer vorhanden	☐
Sozialversicherungsdaten aktuell?	
▪ Beitragssätze zu den Sozialversicherungen gepflegt	☐
▪ Krankenkassenfusionen aktualisiert (Betriebsnummer prüfen)	☐
▪ Zahlstellennummer gepflegt	☐
▪ Umlagesätze der Krankenkassen aktualisiert	☐
▪ Betriebsdaten, wie Ansprechpartner für Bundesagentur für Arbeit, gepflegt	☐

Steuerdaten aktuell?	
▪ Fristen für Lohnsteueranmeldung geprüft	☐
▪ Mail-Adresse und Zugangsdaten für Elster gepflegt	☐
▪ Zertifikat für Lohnsteueranmeldung und ELStAM vorhanden	☐
Unterlagen für Schwerbehindertenmeldung aktuell?	
▪ Durchschnittliche Mitarbeiterzahl für den Abrechnungsmonat bestimmt	☐
▪ Schwerbehinderung im Personalstamm kennzeichnen	☐
▪ Meldung ans Integrationsamt vorbereitet	☐
Unterlagen für die Berufsgenossenschaftsmeldung aktuell?	
▪ Mitgliedsnummer gepflegt (auch bei Krankenkassen)	☐
▪ Entgelthöchstgrenze gepflegt	☐
▪ Gefahrenklasse bei Mitarbeiterdaten gepflegt	☐

Tab. 1: Checkliste: Abrechnungsunterlagen

2.1 Abrechnungsrelevante Firmendaten

Für die Lohnabrechnung benötigen Sie zahlreiche firmenbezogene Daten, wie zum Beispiel die Bankverbindungen, die Steuer- und die Betriebsnummer. Sollten die Daten nicht in einem Lohnabrechnungssystem gespeichert sein, empfiehlt es sich, ein Datenblatt mit allen wichtigen Firmendaten zusammenzustellen. Auch wenn Sie mit einem Abrechnungssystem arbeiten, bietet es sich an, für eine schnelle und vollständige Erfassung zunächst alle relevanten Daten zusammenzustellen. Die meisten Informationen lassen sich bei Durchsicht der Unterlagen ermitteln. Identifikationsmerkmale wie Steuer- oder Betriebsnummer können beim Finanzamt bzw. der örtlichen Arbeitsagentur erfragt werden. Ein Muster für ein Firmendatenblatt finden Sie auf www.haufe.de/arbeitshilfen.

Betriebsnummer

Nach der Anmeldung eines Gewerbes erhält der Arbeitgeber von der örtlichen Arbeitsagentur eine achtstellige Betriebsnummer. Diese Betriebsnummer benötigen in der Regel alle Krankenkassen zur Identifikation des Unternehmens. Sollte die Betriebsnummer nicht bekannt oder nicht zugeteilt worden sein, wenden Sie sich an die nächstgelegene Zweigstelle der Bundesarbeitsagentur. Die Betriebsnummer wird zentral von dem in Saarbrücken ansässigen Betriebsnummern-Service der Bundesagentur für Arbeit (BNS) vergeben.

Die Betriebsnummer ist für die Finanzverwaltung und die Sozialversicherungen das zentrale Identifikationsmerkmal für die Datenübermittlung. Alle Änderungen, die keine Neuvergabe der Betriebsnummer erforderten, wurden bis 2011 von der Betriebsnummernstelle nicht nachgeführt. Durch eine neue maschinelle Meldepflicht der Betriebsdaten sollte der Datenbestand qualitativ verbessert werden. **Seit 2011** sind alle Änderungen der Betriebsdaten mit dem Meldeverfahren der Sozialversicherungen monatlich zu melden. Die Meldung der Betriebsdaten ist mit einem eigenen Datensatz in das Meldeverfahren der Sozialversicherungsmeldungen integriert. Folgende Änderungen sind zu melden:

- Änderung einer Betriebsnummer einer Betriebsstätte
- Änderung von Name, Straße, Postleitzahl, Ort, Postfach des Betriebes
- Einstellung der Betriebstätigkeit
- Geänderter Ansprechpartner
- Geänderte Korrespondenzanschrift

Seit Mitte 2012 muss zusätzlich der Grund für die Abgabe einer Betriebsdaten-Meldung angegeben werden. Der Abgabegrund macht dem Betriebsnummernservice der Bundesagentur für Arbeit kenntlich, aus welchem Anlass die Meldung übermittelt wird. Aus folgenden Gründen ist eine Meldung zu übermitteln:

Meldegrund	Grund der Abgabe
11	Änderung der Betriebsbezeichnung
12	Änderung der Anschrift des Betriebes
13	Änderung des Status/Kennzeichen ruhender Betrieb
14	Änderung des Ansprechpartners
15	Änderung in der abweichenden Korrespondenzanschrift
16	Änderung der meldenden Stelle (wenn z. B. Steuerberater die Meldung übernimmt)
17	Kombination aus den Gründen 12 — 16 (mehrere Gründe)
18	Kombination aus Grund 11 mit mindestens einem weiteren Grund aus 12 — 16

Tab. 2: Abgabegründe für eine Betriebsdatenmeldung

Änderungen an den Betriebsdaten sind monatlich im Rahmen der Entgeltabrechnung bzw. Sozialversicherungsmeldungen an die Krankenkassen zu melden. Die Meldung ist in elektronischer Form zu übermitteln. In der Regel stellen die Entgeltabrechnungsprogramme ein Übertragungsmodul für die Sozialversicherungsmeldungen zur Verfügung (z. B. DAKOTA-Modul). Die Meldung des geänderten Datenbausteins „Betriebsdaten" kann an eine frei wählbare Krankenkasse gesendet werden. Die gesetzliche Regelung verpflichtet jede Annahmestelle zur Datenannahme und Weiterleitung an die Bundesagentur für Arbeit. Alternativ nimmt die Servicestelle aber auch Mitteilungen telefonisch, per Post oder per E-Mail entgegen. Die Online-Option ist nicht möglich sofern eine von der Betriebsanschrift abweichende Korrespondenzanschrift hinterlegt wurde und die Änderung deren Löschung beinhaltet. In diesem Fall ist zwingend eine schriftliche Mitteilung an den Betriebsnummernservice der Bundesagentur für Arbeit erforderlich.

TIPP

Die Informationstechnische Servicestelle der Gesetzlichen Krankenversicherung (ITSG) bietet über das Internet auch ein kostenloses Programm zum Erstellen und Versenden der Meldungen an (www.itsg.de — Stichwort sv.net).

Steuernummer

Sobald Arbeitnehmer gegen Entgelt beschäftigt werden, besteht die Pflicht zum Abzug von Lohnsteuer im Quellenabzug. Der Arbeitgeber ist verpflichtet, aus dem Bruttolohn der Arbeitnehmer die Lohnsteuer zu ermitteln und diese an das Betriebsstätten Finanzamt abzuführen. Jeder Betrieb benötigt für die Lohnsteueranmeldung eine Steuernummer. Bei Einzelunternehmern ist diese identisch mit der Steuernummer des Inhabers. Bei Gesellschaften, wie zum Beispiel eine GmbH, ist für den Betrieb eine eigene Steuernummer erforderlich. Sobald beim Gewerbeamt ein Gewerbe angemeldet wird, sendet das zuständige Finanzamt automatisch einen Steuernummernantrag dem neuen Unternehmen zu. Der „Fragebogen zur steuerlichen Erfassung" kann auch direkt beim zuständigen Finanzamt ausgefüllt werden. Es empfiehlt sich, auch die Bankverbindung des Finanzamtes zu notieren.

2.2 Unterlagen für Meldungen an die Krankenkassen

Der überwiegende Teil der Arbeitnehmer, die gegen Entgelt beschäftigt werden, sind Pflichtmitglieder in den „vier Säulen" der Sozialversicherung. Zur Sozialversicherung gehören die Kranken- und Pflegeversicherung, die Arbeitslosenversicherung und die Rentenversicherung. Träger der Kranken- und Pflegeversicherung sind die gesetzlichen Krankenkassen und die privatwirtschaftlichen Krankenversicherungen. Die Zahl der gesetzlichen Krankenkassen ist in den vergangenen Jahren deutlich rückläufig. Im Jahr 2000 gab es noch mehr als 420, am 1. Januar 2013 nur noch 134. Die Rentenversicherung ist seit 2005 einheitlich in der „Deutschen Rentenversicherung" zusammengefasst. Viele Standesvereinigungen von freien Berufen, wie z. B. Ärztekammer, Architektenkammer oder Steuerberaterkammer, haben ein berufsständisches Versorgungswerk. Arbeitnehmer dieser Berufsgruppen können sich im Versorgungswerk der Standesorganisation rentenversichern. Zuständig für die Arbeitslosenversicherung ist die Bundesagentur für Arbeit (BA).

Daten der Sozialversicherungsträger

Für die Kommunikation mit den Krankenkassen werden zahlreiche Informationen benötigt. Sinnvollerweise stellen Sie diese in einem Krankenkassendatenblatt zusammen. Auch bei einer Entgeltabrechnung mit einem Lohnabrechnungssystem empfiehlt es sich, die Kommunikationsdaten wie Anschrift, Telefon-Nr., E-Mail-Adresse und Ansprechpartner für Nachfragen bei der Entgeltabrechnung griffbereit zu haben. Unter www.haufe.de/arbeitshilfen finden Sie ein Muster eines Krankenkassendatenblatts.

! ACHTUNG

Jeder Arbeitnehmer kann im Prinzip die für ihn günstigste Krankenkasse wählen. Für die Lohnabrechnung kann dies im Extremfall bedeuten, dass bei fünf Arbeitnehmern mit fünf Krankenkassen abzurechnen ist. Damit die jeweiligen Umlagesätze, Anschriften, Bankverbindungen etc. für die Lohnabrechnung griffbereit sind, empfiehlt sich die Anlage einer Krankenkassenliste. Durch immer wieder stattfindende Kassenfusionen gewinnt eine Kassenliste mit aktuellen Betriebsnummern und Anschrifteninformationen an Bedeutung.

● TIPP

Einen guten Überblick über alle Krankenkassen, deren Beitragssätze und deren Satzung, finden Sie im Internet unter: www.krankenkasseninfo.de.

Wesentliche Angaben zu den Krankenkassen, die in die Lohnunterlagen aufgenommen werden sollten, sind:

Betriebsnummern der Krankenkassen

Jede Krankenkasse hat eine eigene Betriebsnummer, die Sie im elektronischen Meldeverfahren benötigen. Mit der Betriebsnummer werden die Krankenkassen eindeutig identifiziert. Diese Nummer hat nichts mit der Betriebsnummer ihres Unternehmens zu tun. Die Nummern erfahren Sie von der jeweiligen Krankenkasse bzw. sie sind in den Modulen zur elektronischen Beitragsmeldung (sv.net) hinterlegt.

> **! ACHTUNG**
>
> Alle Meldungen an die Krankenkassen müssen in elektronischer Form an die Annahmestellen übermittelt werden. Für die Weiterleitung ist die Betriebsnummer der zuständigen Krankenkasse zwingend erforderlich. Ohne die Angabe dieser Betriebsnummer der Krankenkasse kann die Meldung oder der Beitragsnachweis nicht verarbeitet werden. Für die Meldung stellt die Informationstechnische Servicestelle der gesetzlichen Krankenversicherung (ITSG) das Programm sv.net zur Verfügung. Das Programm kann kostenlos über das Internet unter www.itsg.de bezogen werden.

Zahlstellennummer

Unternehmen, die eine Betriebsrente oder Versorgungsbezüge an ihre ehemaligen Mitarbeiter auszahlen, sind sogenannte Zahlstellen. Die Zahlstellen sind nach § 256 Abs. 1 SGB V verpflichtet, von den Versorgungsbezügen die Beiträge zur Kranken- und Pflegeversicherung einzubehalten und an die zuständige Krankenkasse abzuführen. Die zu zahlenden Beiträge werden fällig mit der Auszahlung der Versorgungsbezüge. Die Beiträge aus den Versorgungsbezügen trägt der Arbeitnehmer alleine (§ 250 SGB V). Als Zahlstelle hat das Unternehmen eine Zahlstellennummer, die bei der Abführung der einbehaltenen Beiträge anzugeben ist. Die Zahlstellen müssen den Krankenkassen die einbehaltenen Beiträge nachweisen.

Angaben zu den Umlagen U1/U2

Erkranken Arbeitnehmer, ist der Arbeitgeber in der Regel verpflichtet, den Arbeitslohn für 6 Wochen bzw. 42 Kalendertage fortzuzahlen. Für die Kosten der Lohnfortzahlung bieten alle gesetzlichen Krankenkassen eine Art Versicherung — die

U1-Umlagekasse — an. Ein zweites Versicherungsverfahren — die U2 — Umlagekasse — deckt die Kosten für eine Lohnfortzahlung an Arbeitnehmerinnen während der Mutterschutzfrist bzw. während eines Beschäftigungsverbots bei einer Schwangerschaft. Die Beiträge zu den Umlagekassen unterscheiden sich von Krankenkasse zu Krankenkasse. Zusätzlich ist die Höhe der U1-Umlage vom Umfang der Erstattungsleistung der Krankenkasse abhängig.

TIPP

Es empfiehlt sich, eine Übersicht der Umlage bzw. deren Erstattungssätze für jede Krankenkasse bei der Entgeltabrechnung zur Verfügung zu haben. Der Bundesverband der Betriebskrankenkassen stellt im Internet eine Übersicht der Beitragssätze und Anschriften der BKKen zur Verfügung: www.bkk.de.

Angaben zur Insolvenzumlage

Die Bundesagentur für Arbeit gewährt Arbeitnehmern Insolvenzgeld, wenn bei der Eröffnung eines Insolvenzverfahrens über das Vermögen des Arbeitgebers noch Ansprüche auf Arbeitsentgelt bestehen. An der Insolvenzumlage müssen alle Unternehmen, die insolvent gehen können, teilnehmen. Eine Ausnahme besteht für öffentliche Arbeitgeber und Privathaushalte. Als Arbeitgeber der öffentlichen Hand gelten:

- der Bund, die Länder und die Gemeinden,
- Körperschaften, Stiftungen und Anstalten des öffentlichen Rechts, über deren Vermögen ein Insolvenzverfahren nicht zulässig ist,
- juristische Personen des öffentlichen Rechts, bei denen der Bund, ein Land oder eine Gemeinde kraft Gesetzes die Zahlungsfähigkeit sichert,
- als Körperschaften des öffentlichen Rechts organisierte Religionsgemeinschaften und ihre gleiche Rechtsstellung genießenden Untergliederungen,
- öffentlich-rechtliche Rundfunkanstalten, juristische Personen des öffentlichen Rechts, für deren Personalkosten der Bund haftet.
- Der Beitragseinzug für das Insolvenzgeld ist von den Berufsgenossenschaften auf die Krankenkassen übergegangen. Bei der Meldung der Insolvenzumlage muss die Betriebsnummer mit gemeldet werden. Außerdem ist die Insolvenzumlage monatlich im sogenannten Beitragsnachweis zu dokumentieren.

2.3 Unterlagen für Meldungen an das Finanzamt

Zertifikat für die Authentifizierung

Jeder Arbeitgeber ist gesetzlich verpflichtet, vom Bruttoarbeitslohn seiner Arbeitnehmer die Lohn- und Kirchensteuer sowie den Solidaritätszuschlag (SolZ) zu ermitteln, einzubehalten und an das Betriebsstätten Finanzamt abzuführen. Darüber hinaus muss der Arbeitgeber regelmäßig dem Finanzamt die einbehaltene Lohn- und Kirchensteuer, den einbehaltenen Solidaritätszuschlag sowie vom Arbeitgeber zu zahlende Pauschalsteuern melden. Alle Meldungen mit persönlichen Daten von Arbeitnehmern müssen verschlüsselt und authentifiziert an die Annahmestellen übertragen werden. Außerdem sind seit 2013 alle Arbeitnehmer beim Bundeszentralamt für Steuern anzumelden. Nach einer initialen Anmeldung müssen neu eintretende Mitarbeiter ebenfalls über das sogenannte ELStAM-Verfahren angemeldet und die Besteuerungsmerkmale elektronisch abgerufen werden. Die Meldung ist elektronisch mit dem sogenannten Elster-Modul vorzunehmen. Bei der authentifizierten Übertragung wird mit der Meldung ein zuvor vereinbartes Zertifikat übertragen. Das Zertifikat identifiziert den Absender und stellt dessen Authentizität sicher.

Das für die **Authentifizierung** erforderliche Zertifikat muss vom Datenübermittler einmalig — möglichst frühzeitig über das ELSTER-Online-Portal — beantragt werden (www.elsteronline.de). Ohne Authentifizierung ist eine elektronische Übermittlung der Lohnsteueranmeldung nicht möglich.

TIPP

Über das Internet kann unter www.elsterformular.de ein Programm zur elektronischen Erstellung und Versendung der Lohnsteueranmeldung heruntergeladen werden. Das Programm ist kostenlos und ermöglicht die Erstellung, Verschlüsselung, Authentifizierung und Versendung des Anmeldeformulars. Für die authentifizierte Datenübermittlung sollten Sie ein sogenanntes Organisationszertifikat, welches auf das Unternehmen ausgestellt ist, verwenden. Gegebenenfalls muss beim Wechsel der Steuernummer oder der Betriebsnummer ein neues Zertifikat beantragt werden, da diese beiden Daten immer in Kombination den Datenübermittler identifizieren.

Finanzamtsnummer

Die einbehaltene Lohn- und Kirchensteuer sowie der Solidaritätszuschlag sind bei Austritt eines Arbeitnehmers, spätestens jedoch zum Jahresende auf der Lohnsteuerbescheinigung zu dokumentieren. Auf der sogenannten Lohnsteuerbescheinigung sind u. a. der Name des Finanzamts und dessen vierstellige Identifikationsnummer, an welches die Steuer überwiesen wurde anzugeben. Die Finanzamtsnummer kann beim örtlich zuständigen Finanzamt erfragt werden.

Die Lohnsteuerbescheinigung kann nur elektronisch der Finanzverwaltung eingereicht werden. Die Übertragung via Internet ist mit dem sogenannten ELSTER-Modul der Finanzverwaltung vorzunehmen.

Das Elster-Modul ist in der Regel in allen Entgeltabrechnungsprogrammen enthalten. Die Finanzämter halten jedoch eine CD-ROM mit dem Programm ELSTER-Formular und dem Übermittlungsmodul bereit. Alternativ kann das Programm kostenlos über das Internet unter www.elsterformular.de auf den Rechner heruntergeladen werden.

2.4 Unterlagen für Meldungen an die Bundesagentur für Arbeit

Arbeitgeber, die mindestens 20 Arbeitnehmer beschäftigen, sind nach dem Schwerbehindertengesetz verpflichtet, mindestens 5 % der Arbeitsplätze mit Behinderten zu besetzen. Wird dieser Satz nicht erreicht, entstehen dem Arbeitgeber Ausgleichsabgaben. Die Grenze von 19,4 Mitarbeitern darf im Jahresdurchschnitt nicht überschritten werden, wobei Bruchteile über 0,5 Mitarbeiter aufgerundet werden. Für die Ermittlung der Betriebsgröße sind nach § 73 SGB IX nicht zu berücksichtigen:

- Arbeitnehmer, die aufgrund einer Befristung nur für die Dauer von höchstens 8 Wochen beschäftigt sind,
- Arbeitnehmer mit einer Beschäftigung von weniger als 18 Stunden pro Woche,
- behinderte Arbeitnehmer,
- Ordensangehörige, Rot-Kreuz-Schwestern, Diakonissen,
- Mitarbeiter in Beschäftigungstherapie oder Belastungserprobung
- ABM Kräfte,
- Personen, die bei Vereinen, Verbänden, politischen Parteien oder Kommunen in ihre Stelle gewählt werden, wie beispielsweise Bürgermeister,

- Personen, deren Arbeitsverhältnis ruht, weil sie sich in Elternzeit, im Wehr- oder
  Zivildienst, im unbezahlten Urlaub oder im Rahmen der Altersteilzeit in der Frei-
  stellungsphase befinden, bzw. die Rente auf Zeit beziehen und für die eine
  Ersatzkraft eingestellt wurde.

▶ BEISPIEL

Für die Berechnung der durchschnittlichen Mitarbeiterzahl sind die Beschäftigten über alle Monate des Jahres zu addieren und die Summe durch 12 zu dividieren. Entstehen im Ergebnis 19,4 oder weniger Mitarbeiter besteht keine Be-
setzungspflicht und somit auch keine Pflicht zur Ausgleichsabgabe. Liegt das
Ergebnis der durchschnittlichen Mitarbeiterzahl bei 19,5 oder mehr, besteht die
Pflicht zur Mindestbesetzung oder zur Leistung der Ausgleichsabgabe.

Zur Erstellung der Schwerbehindertenmeldung empfiehlt es sich, die Mitarbeiterzahl im Sinne des Schwerbehinderten-Gesetzes monatlich zu erfassen und mit den
Abrechnungsdaten zu speichern.

2.5 Unterlagen für Meldungen an die Berufsgenossenschaft

Die Berufsgenossenschaft ist Träger der gesetzlichen betrieblichen Unfallversicherung. Es gibt 9 verschiedene Berufsgenossenschaften (BG), die von ihren Mitgliedern einmal jährlich einen sogenannten Lohnnachweis verlangen. Der Lohnnachweis ist ein Formular, auf dem die im Vorjahr abgerechnete Entgeltsumme und die
geleisteten Arbeitsstunden anzugeben sind. Die Mitgliedschaft in einer der Berufsgenossenschaften hängt vom Gewerbezweig des Unternehmens ab und ist
verpflichtend.

Ab 2016 übernimmt die Rentenversicherung bzw. die Krankenkasse die Meldung
des Arbeitsentgelts und der geleisteten Arbeitsstunden an die Berufsgenossenschaft. In einer Übergangsphase von 2012 bis 2016 sind die Daten sowohl an die
Krankenkasse (als DEÜV-Meldungen) und einmal jährlich an die Berufsgenossenschaft zu melden. Ab 2016 entfällt die Meldung des Lohnnachweises an die Berufsgenossenschaft in einem gesonderten Formular.

Zur Erstellung der Meldung an Krankenkasse werden folgende Firmenangaben benötigt:

Mitgliedsnummer

Die Mitgliedschaft beginnt mit den vorbereitenden Arbeiten für die Eröffnung eines Unternehmens oder bei der erstmaligen Beschäftigung von Arbeitnehmern. Bei einigen Berufsgenossenschaften muss sich der Arbeitgeber freiwillig versichern, zum Schutz vor Arbeitsunfällen und Berufskrankheiten. Die Anmeldung des Unternehmens muss nach § 192 SGB VII binnen einer Woche nach Eintragung im Handelsregister vorgenommen werden. Die zuständige Berufsgenossenschaft nimmt das Unternehmen nach der Anmeldung in ihr Unternehmerverzeichnis auf und vergibt eine Mitgliedsnummer. Die Mitgliedsnummer ist bei allen Sozialversicherungsmeldungen, bei denen Entgelt gemeldet wird, mitzuteilen. Insbesondere bei der jährlich zu erstellenden Jahresmeldung und bei der An- und Abmeldung von Mitarbeitern ist die Nummer zu übermitteln.

TIPP

Bei Unklarheiten über die Zuständigkeit der Berufsgenossenschaft können Sie sich an den Hauptverband wenden: Hauptverband der gewerblichen Berufsgenossenschaften e. V., Postfach 2052, 53743 Sankt Augustin, www.hvbg.de.

Entgelthöchstgrenze/Mindestarbeitsentgelte

Die Berufsgenossenschaften erheben, abhängig von der Jahresentgeltsumme, der Gefahrenklasse und den geleisteten Arbeitsstunden Mitgliedsbeiträge als einen Umlagebeitrag. Die Entgeltsumme setzt sich aus den kumulierten Entgelten aller Mitarbeiter zusammen.

Vereinzelt haben die Berufsgenossenschaften in ihrer Satzung einen Entgelthöchstbetrag pro Arbeitnehmer festgelegt, der maximal in die Entgeltsumme des Lohnnachweises einbezogen werden muss. Der Entgelthöchstbetrag ist vergleichbar der Beitragsbemessungsgrenze bei den Sozialversicherungen. Für die BG Chemie bzw. Branche Chemische Industrie der BG RCI liegt dieser beispielsweise für 2013 bei 74.400 EUR pro Mitarbeiter pro Jahr. Das heißt, für Mitarbeiter, deren Bruttoarbeitslohn über 74.400 EUR pro Jahr (in diesem Beispiel) liegt, wird als zu meldende Bruttolohn-Gesamtsumme maximal der Höchstbetrag herangezogen. Die Entgelthöchstgrenze ändert sich in der Regel jährlich und kann über die Internetseite der Berufsgenossenschaft oder direkt bei der Berufsgenossenschaft abgerufen werden. Eine weitere Besonderheit besteht bei der Berufsgenossenschaft für Transport und Verkehrswirtschaft. Diese Berufsgenossenschaft erhebt von Ihren Mitgliedern ein sogenanntes **Mindestentgelt** pro Arbeitnehmer. Arbeitsentgelt eines Mitarbeiters unter dem Mindestentgelt ist für diesen Mitarbeiter das

Mindestentgelt als zu meldender Bruttolohn in alle SV Meldungen aufzunehmen. Auch dieser Wert ändert sich regelmäßig und kann direkt bei der Berufsgenossenschaft erfragt werden. Weitere Details finden Sie in Kapitel 12.5.

Gefahrenklasse/Gefahrenstelle

Die Tätigkeiten der Arbeitnehmer beinhalten unterschiedliche Unfallgefahren. Aus diesem Grund werden die Mitarbeiter, abhängig von ihren Aufgaben, in Gefahrenklassen eingeteilt. Die Gefahrenklasse ist Bestandteil der Beitragsberechnung für den Berufsgenossenschaftsbeitrag. Gewerbezweige mit hohen Unfallrisiken werden somit stärker belastet als Branchen mit relativ sicheren Arbeitsplätzen. Die Gefahrenklasse wird von der Berufsgenossenschaft in dem sogenannten Punktwert ausgedrückt. Dabei ist 1.0 eine sehr niedrige Gefahrenklasse und beispielsweise 14.8 eine Gefahrenklasse für sehr unfallträchtige Arbeiten.

Die einzelnen Gefahrenklassen werden zu einem Gefahrentarif zusammengefasst, der in der Regel alle fünf Jahre überprüft und gegebenenfalls angepasst wird.

Für die Meldung an die Berufsgenossenschaft müssen die für das Unternehmen relevanten Gefahrenklassen aus dem Gefahrentarif ermittelt und den Mitarbeitern entsprechend zugeordnet werden.

TIPP

Sollten Sie in 2013 keine Mitarbeiter gegen Entgelt beschäftigt haben, müssen Sie dennoch einen Lohnnachweis mit dem Vermerk „Fehlanzeige" erstellen. Wird der Lohnnachweis nicht eingereicht, erfolgt eine Schätzung der beitragspflichtigen Entgelte und gegebenenfalls ein Bußgeldverfahren, sofern der Betrieb in 2012 bereits bestanden hat.

Das Vorgehen für die Meldung an die Berufsgenossenschaft finden Sie in Kapitel 12.5 beschrieben.

3 Ein Arbeitnehmer wird neu eingestellt

Mit der Einstellung eines Arbeitnehmers entstehen noch vor der ersten Lohnabrechnung sozialversicherungsrechtliche und steuerrechtliche Meldepflichten. Neben der Kontrolle des Sozialversicherungsausweises müssen neu eingestellte Arbeitnehmer innerhalb von sechs Wochen nach Beginn der Beschäftigung bei ihrer Krankenkasse angemeldet werden. Für die Anmeldung benötigt der Arbeitgeber neben den persönlichen Angaben zahlreiche weitere Daten. So muss er beispielsweise die Krankenkasse kennen, bei der der Arbeitnehmer zuletzt krankenversichert war oder zukünftig versichert sein will, die Rentenversicherungsnummer seines Sozialversicherungsausweises, Nebentätigkeiten und vieles mehr. Für die Zuständigkeit der Anmeldung ist außerdem wichtig, ob es sich bei dem neuen Mitarbeiter um eine Aushilfe (geringfügig/kurzfristig Beschäftigter) oder um einen sozialversicherungspflichtigen Arbeitnehmer handelt. Seit 2013 sind steuerpflichtige Arbeitnehmer auch bei der Finanzverwaltung (Bundeszentralamt für Steuern) anzumelden und die Besteuerungsmerkmale abzurufen. Die Anmeldung und der Datenabruf laufen über das sogenannte ELStAM-Verfahren. Um die Vollständigkeit aller abrechnungsrelevanten Einstellungsaktivitäten zu gewährleisten, bietet sich die Erstellung einer „Checkliste Eintritt" an. Das unten stehende Beispiel gibt eine Anregung, wie eine entsprechende Checkliste aufgebaut sein kann.

Wurde zum aktuellen Abrechnungszeitraum kein Mitarbeiter neu eingestellt, besteht die erste Aufgabe für die Durchführung der Lohnabrechnung darin, die Abrechnungsunterlagen mit Veränderung der Bezüge, zusätzliche Zahlungen oder die Änderung von persönlichen Daten (Anschrift/Bankverbindung) in das Lohnabrechnungssystem einzupflegen.

Personalstammblatt/Einstellungsfragebogen	
Vorlage/Kopie des Sozialversicherungsausweises zu den Lohnunterlagen	☐
Ggf. Sofortmeldung erstellen (z. B. Hotel, Baugewerbe, Spedition)	☐
Prüfung auf Mehrfachbeschäftigung	☐
Prüfung auf KV-Pflicht/freiwillige KV/private KV	☐
Anmeldung bei der Krankenkasse	☐

Personalstammblatt/Einstellungsfragebogen	
Prüfung auf pauschale Beitragspflicht bei Aushilfen und Information des Mitarbeiters über Aufstockungsoption	☐
Anmeldung bei der Finanzverwaltung mit der Steueridentifikationsnummer und Abruf der ELStAM	☐
Anlegen eines Lohnkontos bzw. einer Personalakte	☐
Prüfung, ob die Gleitzonenregelung angewendet werden kann, und ggf. Information an den Mitarbeiter	☐
Prüfung, ob pauschale Versteuerung für Aushilfsbezüge möglich ist	☐
Prüfung auf Schwerbehinderung und ggf. Kopie des Ausweises zu den Unterlagen	☐
Veranlassung der Statusfeststellung für GmbH-Geschäftsführer bzw. Ehegatten oder Lebensgefährten des Geschäftsführers oder seiner Kinder	☐
Prüfung der Übernahme einer betrieblichen Altersvorsorge wie Direktversicherung, Pensionskasse etc.	☐
Überprüfung, ob VL-Vertrag vorliegt	☐
Überprüfung, ob Pfändungen vorliegen	☐

Tab. 3: Checkliste: Eintritt

3.1 Was ist bei Eintritt eines vollzeitbeschäftigten Arbeitnehmers zu tun?

Mit dem Eintritt eines Arbeitnehmers sind für die Entgeltabrechnung zahlreiche Unterlagen, Dokumente und persönliche Angaben erforderlich. Bei der Datenerhebung sind Angaben für:

- Erstellung der Meldungen zu den Sozialversicherungen,
- Ermittlung der Beiträge zu den Sozialversicherungen,
- Ermittlung des Lohnsteuerabzugs

erforderlich. Sinnvollerweise werden diese gemeinsam mit dem Mitarbeiter in einem Personalstammblatt bei der Einstellung zusammengestellt. Neben den persönlichen Daten, wie Anschrift, Geburtsdatum und Bankverbindung, sind Angaben für das Meldewesen zu den Sozialversicherungen, Steuerdaten und weiteren betriebsinternen Daten, wie die Teilnahme an einer betrieblichen Altersvorsorge, erforderlich.

Auf www.haufe.de/arbeitshilfen finden Sie ein Muster für ein Personaldaten-blatt. Das Datenblatt sollte neben den steuer- und sozialversicherungsrechtlichen Pflichtangaben alle für die Entgeltabrechnung relevanten Informationen enthal-ten. Das Datenblatt ist Grundlage für die Erfassung der Stamm- und Abrechnungs-daten im Entgeltabrechnungssystem und wird zu den Lohnunterlagen genommen.

TIPP

Es empfiehlt sich, bei jeder Einstellung zusammen mit dem neuen Arbeitneh-mer ein Personaldatenblatt zu erstellen. Besondere Bedeutung hat das Daten-blatt für Aushilfen gewonnen. Eine korrekte Anmeldung zu den Sozialversiche-rungen und die richtige steuerliche Behandlung sind nur möglich, wenn Ihnen weitere Haupt- oder Nebenbeschäftigungen bekannt sind. Häufig stellen Soft-warelösungen Personaldatenblätter zur Verfügung. Alternativ können Sie sich ein Muster mit einem Textverarbeitungsprogramm erstellen oder die mit die-sem Buch gelieferte Vorlage verwenden. Die Vorlage befindet sich auf www.haufe.de/arbeitshilfen. Einige Krankenkassen stellen ebenfalls einen Vordruck „Fragebogen Mitarbeiterdaten" zur Verfügung.

3.1.1 Zusammenstellen der Unterlagen für die Lohnsteuerberechnung

ELStAM-Daten/Ersatzbescheinigung

In 2010 haben die Arbeitnehmer letztmalig eine Lohnsteuerkarte von den Gemein-deverwaltungen erhalten. Für die Jahre 2011 und 2012 wurde keine neue Lohnsteu-erkarte mehr erstellt. Die Lohnsteuerkarte 2010 galt für die Steuerjahre 2010, 2011, 2012 und 2013. Seit 2013 erhalten Arbeitgeber mit dem ELStAM-Verfahren direkt die steuerrechtlichen Angaben elektronisch übermittelt. Änderungen, wie zum Bei-spiel Freibeträge, Steuerklassenwechsel u. a. werden mit einem Antragsformular beim Finanzamt beantragt und in regelmäßigen monatlichen Änderungslisten an den Arbeitgeber übermittelt. Für Arbeitnehmer mit einem Wohnsitz im Ausland, die jedoch in Deutschland beschäftigt werden, gibt es vom Finanzamt eine Ersatz-bescheinigung. Ab dem Steuerjahr 2014 verlieren die Lohnsteuerkarten 2010 ihre Gültigkeit als Besteuerungsgrundlage.

Der Arbeitnehmer ist verpflichtet, etwaige Änderungen dem Finanzamt anzuzei-gen und seinem Arbeitgeber mitzuteilen. Von seinem Finanzamt erhält er ggf. eine Ersatzbescheinigung oder einen Ausdruck aus der ELStAM-Datenbank mit den ge-änderten steuerrechtlichen Merkmalen.

Ein Arbeitnehmer wird neu eingestellt

Zum Abruf der ELStAM-Daten ist zunächst **eine Anmeldung** des neuen Arbeitnehmers erforderlich. Dazu ist eine Anmeldung des Arbeitnehmers an die ELStAM-Datenbank zu senden. Die Anmeldung enthält folgende Angaben zum Arbeitnehmer:

- die Steueridentifikationsnummer
- das Geburtsdatum
- der Beginn der Beschäftigung
- Hauptarbeitgeber/Nebenarbeitgeber
- Art der Meldung (Anmeldung, Abmeldung, Ummeldung).

Erfolgt keine Angabe zum Merkmal „Hauptarbeitgeber", wird immer die Steuerklasse 6 vergeben.

Die Anmeldung kann in der Regel direkt aus dem Lohnabrechnungsprogramm heraus versendet werden. Alternativ besteht die Möglichkeit, die Arbeitnehmer über ein spezielles Programm bei der ELStAM-Datenbank anzumelden.

TIPP

Eine Liste der Hersteller und deren Produktnamen finden Sie im Internet unter www.elster.de unter der Rubrik Arbeitgeber → Software. Software für Lohnsteuerhilfevereine und Steuerberater sowie Freeware-Produkte finden Sie ebenfalls auf dieser Internetseite.

Nach der Anmeldung erhält der Arbeitgeber eine Bestätigung über die Anforderung der Daten (Anmeldebestätigung). Danach können die Daten innerhalb von 2 bis 3 Tage abgerufen werden. Scheidet ein Arbeitnehmer aus dem Unternehmen aus, hat der Arbeitgeber den Austritt bei der ELStAM-DB unter Mitteilung des Beschäftigungsende-Datums abzumelden. Der Arbeitgeber erhält dann eine Abmeldebestätigung. Erst nach erfolgter Abmeldung kann bei einem Arbeitgeberwechsel der neue Arbeitgeber als Hauptarbeitgeber die Daten abrufen. Hat der Arbeitgeber zusätzlich eine Ersatzbescheinigung mit aktuelleren Daten vorliegen, so sind für die Lohnabrechnung die Angaben der Ersatzbescheinigung zu verwenden. Erhält der Arbeitgeber bei seinem regelmäßigen Datenabruf neuere Steuermerkmale für den Arbeitnehmer, so sind diese ggf. zu berücksichtigen.

Steueridentifikationsnummer

Bei Austritt eines Arbeitnehmers oder zum kalendarischen Jahresende ist für den Mitarbeiter eine Lohnsteuerbescheinigung zu erstellen und die elektronische Lohnsteuermeldung durchzuführen. Die elektronische Lohnsteuermeldung ist für jeden

Mitarbeiter mit einer Kennung, der sogenannten Steueridentifikationsnummer zu versehen. Die Steueridentifikationsnummer wird von seinem zuständigen Finanzamt mitgeteilt. Ist noch keine Steueridentifikationsnummer vergeben, kann der Mitarbeiter diese beim örtlichen Finanzamt beantragen. Die Steueridentifikationsnummer ist zwingend ab 2013 für die Lohnsteuermeldung und für die Anmeldung des Arbeitnehmers an der ELStAM-Datenbank erforderlich.

! ACHTUNG

Fehlt die Steueridentifikationsnummer, kann keine Anmeldung des Mitarbeiters bei der ELStAM-Datenbank durchgeführt werden. Ohne die Anmeldung des Arbeitnehmers kann kein Datenabruf der Besteuerungsmerkmale erfolgen. Der Mitarbeiter ist selbst für die Beantragung und die Vergabe der Steuer-ID verantwortlich. Wurde die Steuer-ID beantragt, darf der Arbeitgeber zwei Monate die Entgeltabrechnung nach den Angaben des Mitarbeiters durchführen. Liegt nach diesem Zeitraum die Steuer-ID noch nicht vor, ist die Lohnabrechnung mit Steuerklasse 6 vorzunehmen. Für Mitarbeiter mit einem ausländischen Wohnsitz — z. B. Grenzgänger — gilt bis Ende 2014 das Formularverfahren des Finanzamts weiter. Diese Mitarbeiter benötigen eine Ersatzbescheinigung des deutschen Finanzamts mit den steuerrechtlichen Angaben.

Faktor

Ehegatten, die beide steuerpflichtig berufstätig sind, können sich in ihren ELStAM-Datensatz einen sogenannten Ermäßigungsfaktor aufnehmen lassen. Der Faktor wird vom Finanzamt nach einem formlosen Antrag ermittelt und direkt in die Datenbank eingetragen. Die Eintragung des Faktors ist nur bei der Steuerklassenkombination 4/4 (beide Ehegatten Steuerklasse 4) möglich. Der Faktor wird mit drei Nachkommastellen berechnet und nur eingetragen, wenn er kleiner als 1 ist. Eine Eintragung erfolgt in beiden ELStAM-Datensätzen der Eheleute und ermäßigt die Lohnsteuer. Der Faktor ist mit der ermittelten Lohnsteuer laut Tabelle zu multiplizieren und muss entsprechend in ein Lohnabrechnungsprogramm eingegeben werden. Der Arbeitgeber erhält den Faktor oder eine Änderung des Faktors über die monatlichen Änderungslisten aus der ELStAM-Datenbank.

! ACHTUNG

Wird das Faktor-Verfahren gewählt, können keine Freibeträge in der ELStAM-Datenbank eingetragen werden. Die Freibeträge werden automatisch bei der Ermittlung des Faktors berücksichtigt.

Steuerfrei- /Steuerhinzurechnungsbetrag

Für die Ermittlung der Lohnsteuer auf den Arbeitslohn muss der Arbeitgeber ggf. einen sogenannten steuerlichen Hinzurechnungsbetrag berücksichtigen. Der Hinzurechnungsbetrag kommt zum Tragen, wenn der Arbeitnehmer mehrere Beschäftigungsverhältnisse hat oder als Rentner eine Betriebsrente (Versorgungsbezüge) bezieht und zusätzlich eine steuerpflichtige Beschäftigung ausübt.

Werden mehrere Beschäftigungen mit geringem Arbeitsentgelt nebeneinander ausgeübt, wird oft der steuerliche Grundfreibetrag nicht ausgeschöpft. Trotzdem unterliegt der Arbeitslohn im ersten Beschäftigungsverhältnis der Lohnsteuer nach Steuerklasse 1-3 und in weiteren Arbeitsverhältnissen grundsätzlich der Steuerklasse 6. Da die mit Steuerklasse 6 einbehaltene Lohnsteuer in der Regel im Zuge der Einkommensteuer-Erklärung wieder erstattet wird, kann sich der Arbeitnehmer für das Nebenarbeitsverhältnis einen Freibetrag in die ELStAM-Datenbank eintragen lassen. Im Gegenzug wird das Finanzamt in den Datensatz für den Hauptarbeitgeber (mit Steuerklasse 1-3) einen Hinzurechnungsbetrag in gleicher Höhe eintragen. Dieser ist dem monatlichen Arbeitslohn oder den Versorgungsbezügen für die Ermittlung der Lohnsteuer hinzuzurechnen. Mit dieser Vorgehensweise wird erreicht, dass Arbeitslohn, der der Steuerklasse 6 unterliegt, weitgehend von der Lohnsteuer befreit bleibt. Im Gegenzug erhöht sich der steuerpflichtige Lohn, welcher der Steuerklasse 1-3 unterliegt. In diesen Steuerklassen fällt jedoch weit weniger Lohnsteuer an als in Klasse 6. Der Hinzurechnungsbetrag wird dem Hauptarbeitgeber mit der monatlichen Änderungsliste mitgeteilt. Ebenso erhält der/die Nebenarbeitgeber über den Datenabruf aus ELStAM den Freibetrag mitgeteilt.

Hat der Arbeitnehmer hohe Sonderausgaben oder außergewöhnliche Belastungen, die in der Einkommensteuererklärung geltend gemacht werden können, kann er sich für diese Belastungen einen **Steuerfreibetrag** in seinen ELStAM-Datensatz aufnehmen lassen. Welche Aufwendungen zur Eintragung eines Freibetrages berechtigen, ist im Einkommensteuergesetz (§ 39a EStG) abschließend geregelt. Andere Ermäßigungsgründe sind nicht zulässig, sondern können erst nach Ablauf des Kalenderjahres durch Abgabe einer Einkommensteuererklärung geltend gemacht werden. Der Freibetrag wird von der Finanzverwaltung als Jahres- und Monatsfreibetrag erfasst und dem Arbeitgeber über den monatlichen Datenabruf (Änderungslisten) zur Verfügung gestellt. Der Freibetrag reduziert den steuerpflichtigen Arbeitslohn und somit die Lohnsteuer.

Beitrag zur privaten Krankenversicherung

Mit dem Bürgerentlastungsgesetz werden die Beiträge zur Kranken- und Pflege-versicherung vollständig bei der Ermittlung der Lohnsteuer berücksichtigt. Dies gilt unabhängig davon, ob der Mitarbeiter bei einer gesetzlichen Krankenkasse oder bei einem privatwirtschaftlichen Versicherungsunternehmen krankenversichert ist. Darüber hinaus können für privat Krankenversicherte die Beiträge von deren Ehegatten und ihren Kinder bei der Lohnsteuerberechnung berücksichtigt wer-den, sofern diese keine eigene Beschäftigung haben und der Arbeitnehmer unter-haltspflichtig ist. Von der Lohnsteuer abziehbar ist jedoch nur der Anteil des Gesamtbeitrags, der für die sogenannte **„Basisabsicherung"** zu entrichten ist. Das Versicherungsunternehmen nimmt eine Aufteilung des Gesamtkranken- und Pflegeversicherungsbeitrags in einen Basisabsicherungsbeitrag und einen freiwil-ligen Beitrag vor. Mitarbeiter mit einer privaten Krankenversicherung müssen ih-rem Arbeitgeber eine Bescheinigung mit einer entsprechenden Aufteilung der Ge-samtbeiträge vorlegen. Erfolgt die Vorlage nicht, ist für die Lohnsteuerberechnung automatisch eine Mindestpauschale von **12 %** des steuerpflichtigen Arbeitslohns, maximal **1.900 EUR** pro Jahr, als Kranken- und Pflegeversicherungsbeitrag zu be-rücksichtigen (Mindestpauschale). In der Steuerklasse 3 gilt ein Höchstbetrag von 3.000 EUR pro Jahr als Steuerabzug von der Lohnsteuer. Kein Abzug für die private Krankenversicherung ist in der Steuerklasse 6 möglich. Die Steuerklasse 6 ist für Zweitbeschäftigungen (Nebenarbeitgeber). Die Mindestpauschale (12 %/1.900 EUR) ist auch anzuwenden, wenn die tatsächlichen Aufwendungen für die private Kran-ken- und Pflegeversicherung unter dem Mindestbetrag liegen. Es ist also stets eine Vergleichsrechnung vorzunehmen. Ab 2016 sollen die Beiträge zur privaten Kran-kenversicherung auch über die ELStAM-Datenbank abrufbar sein.

> **!** **ACHTUNG**
>
> Die Basisabsicherung in der privaten Krankenversicherung ist vom sogenann-ten Basistarif zu unterscheiden. Der **Basistarif** ist ein von jedem Versicherungs-unternehmen anzubietendes Leistungsangebot, das den Pflichtleistungen der gesetzlichen Krankenkassen entspricht. Die **Basisabsicherung** ist hingegen der Anteil des Beitrags zur privaten Krankenversicherung, der sich auf die Grund-leistung (ohne Krankengeld und Chefarztbehandlung) der privaten Kranken-versicherung bezieht.

3.1.2 Zusammenstellen der Unterlagen für die Sozialversicherungsmeldungen

Neu eingestellte Mitarbeiter müssen bei einer gesetzlichen Krankenkasse angemeldet werden. Die Anmeldung ist in elektronischer Form vorzunehmen und erfordert zahlreiche Angaben, die teilweise als Freitext und zum Teil in Form von Schlüsseln an die Annahmestelle zu übertragen sind. Seit der Einführung des Unfallversicherungsmodernisierungsgesetzes (UVMG) sind auch zahlreiche Angaben zur Unfallversicherung der Annahmestelle zu melden. Um alle Meldungen an die Sozialversicherungsträger durchführen zu können, benötigen Sie neben den persönlichen Angaben, wie Vorname, Name, folgende Daten:

- Sozialversicherungsnummer
- Personalnummer (wahlweise)
- Grund der Abgabe der Sozialversicherungsmeldung
- Entgelt in Gleitzone
- Sofortmeldung erforderlich
- Beschäftigungszeit von …
- Betriebsnummer des Arbeitgebers
- Personengruppe
- Mehrfachbeschäftigung
- Betriebsstätte
- Beitragsgruppe
- Angaben zur Tätigkeit
- Schlüssel der Staatsangehörigkeit
- Statuskennzeichen
- Bereich „Wenn keine Versicherungs-Nr. angegeben werden kann"

Sozialversicherungsnummer

Wesentlicher Bestandteil einer Anmeldung ist die Sozialversicherungsnummer. Jeder Arbeitnehmer hat, sofern er schon einmal rentenversicherungspflichtig beschäftigt war, einen Sozialversicherungsausweis von der Rentenversicherung. Auf der Rückseite des Ausweises ist die Sozialversicherungsnummer (Versicherungsnummer) eingetragen. War der Arbeitnehmer noch nicht berufstätig oder in der Bundesrepublik nicht versicherungspflichtig, ist in die Anmeldung bei der Krankenkasse der Geburtsname, der Geburtsort, das Geburtsdatum, das Geschlecht und die Staatsangehörigkeit einzutragen. Der Arbeitnehmer erhält dann automatisch vom Rentenversicherungsträger einen Sozialversicherungsausweis mit einer

Sozialversicherungsnummer zugestellt. Zusätzlich erhält der Arbeitgeber von der Rentenversicherung die Rückmeldung der Sozialversicherungsnummer.

Seit 2010 setzen die Sozialversicherungsträger einen sogenannten Kommunikationsserver ein. Die Rückmeldung der Sozialversicherungsnummer an den Arbeitgeber erfolgt über einen Datenabruf bzw. mit einem Übertragungsprotokoll. Das Protokoll muss aktiv per Programm von der Übertragungsstelle abgeholt werden. Erfolgt keine Abholung, wird das Protokoll mit der Sozialversicherungsnummer nach 40 Tagen Liegezeit per E-Mail dem Arbeitgeber zugesendet.

Personalnummer

Die Angabe einer Personalnummer erfolgt freiwillig. Wird die Personalnummer jedoch bei der Anmeldung vermerkt, ist sie für künftige Meldungen immer anzugeben.

Grund der Abgabe

Die Anlässe zur Abgabe der „Meldung zur Sozialversicherung" sind in Meldeschlüsseln verschlüsselt. Für eine Anmeldung wegen „Beginn der Beschäftigung" ist beispielsweise der Meldegrund **10** der zuständigen Krankenkasse zu melden.

Neben dem Beginn der Beschäftigung ist der Krankenkasse eine Anmeldung einzureichen, wenn der Arbeitnehmer zum Jahreswechsel die Krankenkasse wechselt. In diesem Fall muss er bei seiner bisherigen Kasse abgemeldet und mit dem „Grund der Abgabe: **11**" bei seiner neuen Krankenkasse angemeldet werden.

Wird ein Auszubildender nach Abschluss der Ausbildung übernommen, hatte der Arbeitnehmer mehr als einen Monat unbezahlten Urlaub, wechselt der Beschäftigungsort eines Arbeitnehmers in einen anderen Rechtskreis (Ost nach West bzw. West nach Ost) oder beginnt die Altersteilzeit, so muss der Arbeitnehmer erneut bei seiner Krankenkasse angemeldet werden. In diesen Fällen ist eine „Meldung zur Sozialversicherung" mit dem Meldeschlüssel **13** im Feld „Grund der Abgabe" einzureichen. Der Wechsel des Arbeitsverhältnisses hin zu einer Altersteilzeitbeschäftigung ist der Krankenkasse des Arbeitnehmers ebenfalls mit einer Anmeldung mit dem Meldeschlüssel **13** zu melden. Im Einzelnen gibt es folgende Meldegründe nach DEÜV[1] für eine Anmeldung:

---

[1]   Datenerfassungs- und Übermittlungsverordnung.

Ein Arbeitnehmer wird neu eingestellt

Grund der Abgabe	Schlüssel
Anmeldung wegen Beginn einer Beschäftigung	10
Anmeldung wegen Krankenkassenwechsel	11
Anmeldung wegen Beitragsgruppenwechsel	12
Anmeldung wegen sonstiger Gründe	13

Tab. 4: Meldegründe zur Abgabe einer Anmeldung

Entgelt in Gleitzone

Mit dem Zweiten Gesetz für moderne Dienstleistungen am Arbeitsmarkt wurde die sogenannte Gleitzonenregelung für den Niedriglohnbereich eingeführt. Die Gleitzonenregelung gilt für monatliche durchschnittliche Arbeitsentgelte zwischen 450,01 EUR und 850,00 EUR.

Innerhalb dieser Gleitzone werden die **Arbeitnehmerbeiträge** zu den Sozialversicherungen nicht vom tatsächlichen Arbeitsentgelt, sondern von einer ermäßigten Basis ermittelt. Für den Arbeitgeberanteil ändert sich nichts. Die Angaben zur Gleitzone sind nur bei der Jahresmeldung, Abmeldung und Unterbrechungsmeldung vorzunehmen. Genauere Erläuterungen finden Sie in Kapitel 4.3 und Kapitel 10.2.2.

Beschäftigungszeit

Bei einer Anmeldung ist das Datum des Beschäftigungsbeginns einzutragen. Es ist der vertragliche Beginn der Beschäftigung zu vermerken, nicht der Tag der Arbeitsaufnahme, wenn diese Tage auseinanderfallen — zum Beispiel am 1. Januar (Feiertag).

Betriebsnummer des Arbeitgebers

In allen Sozialversicherungsmeldungen ist die Betriebsnummer des Arbeitgebers als Identifikationskriterium zu melden. Diese achtstellige Nummer wird von der Agentur für Arbeit schriftlich mitgeteilt. Ist eine Betriebsnummer noch nicht zugeteilt, ist unverzüglich bei der für den Betrieb zuständigen Agentur für Arbeit eine Betriebsnummer zu beantragen. Ohne die Angabe der Betriebsnummer können Sozialversicherungsmeldungen von der Annahmestelle der Krankenkasse nicht verarbeitet werden. Für die Vergabe der Betriebsnummer ist die zentrale

Betriebsnummernstelle (BNS) der Bundesagentur für Arbeit zuständig (E-Mail: mailto:betriebsnummernservice@arbeitsagentur.de).

!	**ACHTUNG**

Arbeitet der Arbeitnehmer in einer Niederlassung oder Zweigstelle mit eigener Betriebsnummer, ist diese in der Meldung zur Sozialversicherung anzugeben. Keinesfalls dürfen Arbeitnehmer aus Vereinfachungsgründen nur unter der Betriebsnummer des Hauptsitzes gemeldet werden.

Aber: Für die Erstellung des Beitragsnachweises darf nur die Betriebsnummer des Hauptsitzes (Hauptbetriebsnummer) verwendet werden.

Personengruppen

Mit der zweiten Datenerfassungs- und Übermittlungsverordnung (DEÜV) wurde ein dreistelliger Personengruppenschlüssel eingeführt, der die Arbeitnehmer in 22 Personengruppen einteilt. Abhängig von der Art und dem Umfang der Beschäftigung muss der Arbeitnehmer einer Personengruppe zugewiesen werden. Eine der folgenden Personengruppen bzw. Personengruppenschlüssel ist in der Meldung zur Sozialversicherung bzw. in ihrem Entgeltabrechnungsprogramm zu hinterlegen (siehe Tabelle unten).

Im Regelfall ist der **Gruppenschlüssel 101** einzutragen. Der Schlüssel steht für Beschäftigte, die kranken-, pflege-, renten- und arbeitslosenversicherungspflichtig sind. Dazu zählen alle Arbeiter und Angestellten, die mehr als geringfügig beschäftigt werden. Der Gruppenschlüssel gibt keine Auskunft über die Versicherungspflicht in den einzelnen Sozialversicherungen. Somit sind Arbeitnehmer, die freiwillig oder privat kranken- und pflegeversichert sind, mit **101** zu schlüsseln, sofern sie nicht einer Personengruppe mit höherem Gruppenschlüssel zuzuordnen sind. Auch wenn der Arbeitnehmer nicht bei der Deutschen Rentenversicherung, sondern bei einer berufsständischen Vereinigung (z. B. Ärzteversorgung) rentenversichert ist, wird für ihn der Schlüssel 101 in den Sozialversicherungsmeldungen gemeldet. Erfüllt der Arbeitnehmer jedoch eine der Eigenschaften eines höheren Schlüssels, ist er diesem zuzuordnen.

Beginnt der Arbeitnehmer beispielsweise eine Berufsausbildung in einem staatlich anerkannten Ausbildungsberuf, ist dieser nicht mit dem Schlüssel 101, sondern mit dem **Gruppenschlüssel 102** zu melden — obwohl auch Auszubildende kranken-, pflege-, renten- und arbeitslosenversicherungspflichtige Beschäftigte sind. Eine Ausnahme besteht dann, wenn die Ausbildungsvergütung innerhalb der Geringverdienergrenze von monatlich 325 EUR liegt. In diesem Fall ist der Personengruppenschlüssel **121** zu melden. Liegt das laufende Gesamtentgelt über 3.900 EUR pro Jahr oder kommt es aufgrund einer Lohnerhöhung zur Überschreitung des jährlichen Höchstbetrags, ist nicht mehr der Personengruppenschlüssel 121, sondern der Schlüssel 102 für den Auszubildenden zu melden. Für Auszubildende in einer außerbetrieblichen Einrichtung gilt die **Personengruppe 122**. Eine außerbetriebliche Berufsausbildung liegt vor, wenn die Ausbildung von selbstständigen, nicht dem Betrieb angegliederten Bildungseinrichtungen durchgeführt wird. Als Berufsausbildung ist die Ausbildung im Rahmen rechtsverbindlicher Ausbildungsrichtlinien für einen staatlich anerkannten Ausbildungsberuf definiert. Die Ausbildung für einen Beruf, für den es zwar noch keine rechtsverbindlichen Ausbildungsrichtlinien gibt, die vorgesehene Ausbildung jedoch üblich und allgemein anerkannt ist, wird auch als Berufsausbildung angesehen. Von einer Berufsausbildung ist auszugehen, wenn Ausbildungsverträge abgeschlossen und von der zuständigen Stelle oder der Handwerkskammer in das Verzeichnis der Ausbildungsverhältnisse eingetragen worden sind.

Schüler oder Studierende, die ein in der Prüfungs- oder Studienordnung vorgeschriebenes Praktikum durchführen, zählen zur **Personengruppe 105**. Der Umfang der Versicherungspflicht ist davon abhängig, ob es sich um ein Vor-, Zwischen- oder Nachpraktikum handelt. Immatrikulierte Studenten, die während des Semesters oder in den Semesterferien mehr als geringfügig beschäftigt werden, sind nur rentenversicherungspflichtig. Immatrikulierte Studierende gehören der **Personengruppe 106** an.

Die nachfolgende Tabelle gibt eine Übersicht der Personengruppen mit den zugehörenden Schlüsseln.

Personengruppe	Personengruppen-schlüssel
Sozialversicherungspflichtig Beschäftigte ohne besondere Merkmale	101
Auszubildende	102
Beschäftigte in Altersteilzeit	103
Hausgewerbetreibende	104
Praktikanten	105
Werkstudenten	106
Behinderte Menschen in anerkannten Werkstätten oder gleichartigen Einrichtungen	107
Bezieher von Vorruhestandsgeld	108

Personengruppe	Personengruppen-schlüssel
Geringfügig entlohnte Beschäftigte (Aushilfe)	109
Kurzfristig Beschäftigte (Aushilfe)	110
Personen in Einrichtungen der Jugendhilfe, Berufsbildungswerken oder ähnlichen Einrichtungen	111
Mitarbeitende Familienangehörige in der Landwirtschaft	112
Nebenerwerbslandwirte	113
Nebenerwerbslandwirte — saisonal beschäftigt	114
Ausgleichsgeldempfänger nach dem FELEG[2]	116
Unständig Beschäftigte	118
Versicherungsfreie Altersvollrentner und Versorgungsbezieher wegen Alters	119
Auszubildende, deren Arbeitsentgelt die Geringverdienergrenze nach § 20 Absatz 3 Satz 1 Nummer 1 SGB IV nicht übersteigt.	121
Auszubildende in einer außerbetrieblichen Einrichtung	122
Personen, die ein freiwilliges soziales, ein freiwilliges ökologisches Jahr oder einen Bundesfreiwilligendienst leisten	123
Schwerbehinderte in Integrationsprojekten	127
Seeleute	140
Auszubildende in der Seeschifffahrt	141
Seeleute in Altersteilzeit	142
Seelotsen	143
Auszubildende in der Seefahrt, deren Arbeitsentgelt die Gering-verdienergrenze nicht übersteigt.	144
In der Seefahrt beschäftigte versicherungsfreie Altersvollrentner und Versorgungsbezieher wegen Alters	149
Nur gesetzlich Unfallversicherte[3]	190

Tab. 5: Personengruppenschlüssel

---

[2] FELEG: Gesetz zur Förderung der Einstellung von landwirtschaftlichen Erwerbstätigen.

[3] Beschäftigte, die ausschließlich nach § 2 Abs. 1 Nr. 1 SGB VII als Beschäftigte gelten.

Ein Arbeitnehmer wird neu eingestellt

Sofern der Arbeitnehmer mehreren Personengruppen zugeordnet werden kann, ist die höchste Schlüsselzahl zu verwenden. Eine Ausnahme von dieser Regel bilden die Personengruppen 109 und 110. Die **Schlüssel 109** und **110** sind auch dann einzutragen, wenn ein Nebenerwerbslandwirt auf 450-Euro-Basis aushilft oder ein Altersvollrentner (119) als geringfügig Beschäftigter aushilft. Eine **unständige Beschäftigung** ist ein Arbeitsverhältnis, das aus der Natur der Sache oder arbeitsvertraglich auf weniger als eine Woche befristet ist. Diese Beschäftigung ist mit dem Personengruppenschlüssel **118** der zuständigen Krankenkasse zu melden.

Im Rahmen des Meldeverfahrens sind auch alle für die Unfallversicherung relevanten Daten zu melden. Diese Pflicht gilt auch für die ausschließlich in der gesetzlichen Unfallversicherung pflichtversicherten Arbeitnehmer. Zu diesem Personenkreis gehören beispielsweise:

- Beurlaubte Beamte, die in der gesetzlichen Sozialversicherung versicherungsfrei sind (z. B. ein beurlaubter verbeamteter Lehrer, der in einer Privatschule als Dozent tätig ist),
- Praktikanten (Studenten) in einem vorgeschriebenen Zwischenpraktikum, die sozialversicherungsfrei sind,
- Privat Krankenversicherte in einer geringfügigen Beschäftigung, wenn auf die Rentenversicherungsfreiheit verzichtet wurde und wenn eine Befreiung der Rentenversicherungspflicht zugunsten einer Mitgliedschaft in einer berufsständischen Versorgungseinrichtung vorliegt (z. B. eine Apothekerin, die als geringfügig Beschäftigte und als Mitglied einer berufsständischen Versorgungseinrichtung auf die Rentenversicherungsfreiheit verzichtet hat und privat krankenversichert ist),
- Studenten, für die eine Befreiung von der Rentenversicherungspflicht zugunsten einer Mitgliedschaft in einer berufsständischen Versorgungseinrichtung vorliegt (z. B. ein Tierarzt im Zweitstudium ist Mitglied bei einer berufsständischen Versorgungskasse und übt als Werkstudent eine Tätigkeit als Tierarzt aus).

Für diesen Personenkreis wurde der **Personengruppenschlüssel 190** geschaffen.

In der Sozialversicherung ist der Bundesfreiwilligendienst dem Freiwilligen Sozialen/ Ökologischen Jahr gleichgestellt. Das heißt, dass die Teilnehmer des Bundesfreiwilligendienstes sozialversicherungspflichtige Beschäftigte sind. Die Einsatzstellen müssen den Teilnehmer anmelden und die Sozialversicherungsbeiträge übernehmen. Teilnehmer des Bundesfreiwilligendienstes sind mit dem **Personengruppenschlüssel 123** in den Sozialversicherungsmeldungen zu melden.

WICHTIG

Wird zwischen der Schulausbildung und dem BFD eine Beschäftigung ausgeübt, ist die Berufsmäßigkeit zu prüfen. Zeiten zwischen der Schulentlassung und der Aufnahme eines BFD gelten nach Auffassung der Spitzenverbände der Sozialversicherungen als berufsmäßige Beschäftigung. Dementsprechend ist für diesen Zeitraum eine kurzfristige Beschäftigung nicht möglich, selbst dann nicht, wenn das Beschäftigungsverhältnis weniger als 50 Arbeitstage ausgeübt wird.

Für die Prüfung des richtigen Personengruppenschlüssels empfiehlt sich die Anwendung des Ablaufschemas „Wahl des Personengruppenschlüssels". Für die Einordnung von Aushilfen in eine geringfügige Beschäftigung bzw. kurzfristige Beschäftigung muss das voraussichtliche Entgelt bekannt sein. Außerdem spielten die Dauer der Beschäftigung, weitere Nebenbeschäftigungen und die Branche eine Rolle. Aus diesem Grund sind die Besonderheiten für Aushilfen in Kapitel 3.2 getrennt zusammengestellt.

Ablaufschema für die Ermittlung des Personengruppenschlüssels			
Arbeitnehmer			
Vollzeitbeschäftigter		**Aushilfe**	
Auszubildender **und** gleichzeitig Geringverdiener (Ja) →	(121)	Geringfügig entlohnte Beschäftigung	Kurzfristig entlohnte Beschäftigung
↓ (Nein)			
Auszubildender in außerbetrieblicher Einrichtung (Ja) →	(122)		
↓ (Nein)			
Auszubildender (Ja) →	(102)		
↓ (Nein)			
Beschäftigt in Altersteilzeit (Ja) →	(103)		
↓ (Nein)		↓	↓
Hausgewerbetreibender (Ja) →	(104)	(109)	(110)
↓ (Nein)			
Praktikant (Ja) →	(105)		
↓ (Nein)			
Werkstudent (Ja) →	(106)		
↓ (Nein)			

Ein Arbeitnehmer wird neu eingestellt

Arbeitnehmer		
Vollzeitbeschäftigter		Aushilfe
Erwerbstätiger in Behindertenstätte (Ja) →	(107)	
↓ (Nein)		
Bezieher von Vorruhestandsgeld (Ja) →	(108)	
↓ (Nein)		
Erwerbstätiger in Reha-Maßnahme (Ja) →	(111)	
↓ (Nein)		
Mitarbeitender Familienangehörig. i. d. Landwirt. (Ja) →	(112)	
↓ (Nein)		
Nebenerwerbslandwirt (Ja) →	(113)	
↓ (Nein)		
Saisonal beschäftigter Nebenerwerbslandwirt (Ja) →	(114)	
↓ (Nein)		
Ausgleichsgeldempfänger nach FELEG[4] (Ja) →	(116)	
↓ (Nein)		
Unständig Beschäftigter (Ja) →	(118)	
↓ (Nein)		
Altersvollrentner (Ja) →	(119)	
↓ (Nein)		
Berufsfreiwilligendienst (Ja) →	(123)	
↓ (Nein)		
Schwerbehinderter (Ja) →	(127)	
↓ (Nein)		
Nur in der Unfallversicherung beitragspflichtig (Ja) →	(190)	
↓ (Nein)		
Wenn alles nicht zutrifft (Ja) →	(101)	

---

[4] FELEG: Gesetz zur Förderung der Einstellung von landwirtschaftlichen Erwerbstätigen.

Mehrfachbeschäftigung

Hat der neue Arbeitnehmer bereits eine Erstbeschäftigung in einem anderen Unternehmen (Mehrfachbeschäftigung), ist das Feld „Mehrfachbeschäftigung" in der Meldung zur Sozialversicherung zu markieren. Die Meldung einer Mehrfachbeschäftigung dient den Sozialversicherungträgern zur Beurteilung, ob das jeweils erzielte Arbeitsentgelt der Sozialversicherungspflicht unterliegt. Um die Sozialversicherungspflicht beurteilen zu können, müssen die Arbeitsentgelte aus allen Beschäftigungen zusammengerechnet werden. Dabei spielt es keine Rolle, ob es sich um ein Arbeiter- oder um ein Angestelltenbeschäftigungsverhältnis handelt. Bei einer Mehrfachbeschäftigung werden auch Arbeitsentgelte aus einer **zweiten** geringfügigen Nebenbeschäftigung angerechnet. Die erste geringfügige Nebenbeschäftigung bleibt sozialversicherungsfrei, wird also nicht zum Entgelt aus einer Hauptbeschäftigung addiert (siehe auch Mehrfachbeschäftigung in Kapitel 3.2). Besondere Bedeutung kommt einer Zweitbeschäftigung zu, wenn die Summe der Arbeitsentgelte zu einer Überschreitung der Beitragsbemessungsgrenze in der Kranken- und Pflegeversicherung führt. In diesem Fall entsteht für alle Arbeitgeber nur eine anteilige Beitragspflicht. Eine Mehrfachbeschäftigung ist, außer bei den Meldungen für Namensänderung und Änderung der Staatsangehörigkeit, immer anzugeben.

Betriebsstätte Ost/West

Die Angabe des Beschäftigungsortes dient der Rentenversicherung zur Kontrolle der Beitragsbemessungsgrenze. Der Eintrag richtet sich nach dem Beschäftigungsort des Arbeitnehmers. Liegt der Betrieb oder die Niederlassung in einem alten Bundesland, ist das Feld „West" in der Meldung zu markieren. Wird die Beschäftigung in den neuen Bundesländern einschließlich Ost-Berlin ausgeübt, ist das Feld „Ost" in der elektronischen Meldung anzugeben. Wird ein Arbeitnehmer zeitlich befristet in einen anderen Rechtskreis „entsandt" (Ost/West), ist der Rechtskreis der entsendenden Betriebsstätte zu melden. Die Betriebsstätte unterscheidet sich nur dann vom Hauptsitz, wenn diese eine eigene Betriebsnummer hat. Nur in diesem Fall hat der Ort der Betriebsstätte Melderelevanz.

Beitragsgruppen

In den Meldungen zur Sozialversicherung ist die Beitragspflicht zur Kranken- (KV), Renten- (RV), Arbeitslosen- (ALV) und Pflegeversicherung (PV) des Arbeitnehmers mit Schlüsselziffern anzugeben. Für jeden Bestandteil des Schlüssels sind meh-

Ein Arbeitnehmer wird neu eingestellt

rere Schlüsselziffern möglich, so dass sich der vierstellige Schlüssel aus zahlreichen Kombinationen zusammensetzen kann. Die folgende Tabelle zeigt, welche Schlüsselziffern zur Verschlüsselung der Beitragspflicht einzutragen sind.

Übersicht der Beitragsgruppenschlüssel für die Sozialversicherungen				
Beitragspflicht	1. Stelle im Beitrags- schlüssel	2. Stelle im Beitrags- schlüssel	3. Stelle im Beitrags- schlüssel	4. Stelle im Beitrags- schlüssel
Krankenversicherung (KV)				
keine Beitragspflicht zur KV	0			
allgemeiner Beitrag zur KV	1			
ermäßigter Beitrag zur KV	3			
Beitrag zur landwirtschaftlichen KV	4			
Arbeitgeberbeitrag zur landwirt- schaftlichen KV	5			
pauschaler Beitrag zur KV	6			
freiwillige Krankenversicherung	9			
Rentenversicherung (RV)				
keine Beitragspflicht zur RV		0		
voller Beitrag für Arbeiter und Angestellte zur RV		1		
halber Beitrag für Arbeiter und Angestellte zur RV		3		
pauschaler Beitrag f. Arbeiter u. Angestellte zur RV		5		
Arbeitslosenversicherung (ALV)				
keine Betragpflicht zur ALV			0	
voller Beitrag zur ALV			1	
halber Beitrag zur ALV			2	
Pflegeversicherung				
keine Beitragspflicht zur PV				0
voller Beitrag zur PV				1
halber Beitrag zur PV				2

Tab. 6: Beitragsgruppenschlüssel

Krankenversicherung (KV)

Im ersten Feld des Beitragsgruppenschlüssels ist die Versicherungspflicht zur gesetzlichen Krankenversicherung mit einer Schlüsselziffer anzugeben. Grundsätzlich besteht für angestellte Arbeitnehmer eine Pflichtmitgliedschaft zur gesetzlichen Krankenversicherung. Von der allgemeinen Beitragspflicht zur gesetzlichen KV gibt es jedoch zahlreiche Ausnahmeregelungen, die von der Höhe des Arbeitsentgelts abhängen oder für bestimmte Personengruppen gelten. Der Beitragsgruppenschlüssel ist vom Arbeitgeber zu ermitteln und in der Meldung anzugeben.

KV	RV	ALV	PV
1			
3			

Die Beitragsgruppenschlüssel 1 und 3 gelten für in der gesetzlichen Krankenversicherung pflichtversicherte Arbeitnehmer. Eine Pflichtversicherung besteht immer dann, wenn das jährliche beitragspflichtige Arbeitsentgelt des Vorjahres unter der für das Jahr geltenden Versicherungspflichtgrenze lag. Für 2013 bzw. 2014 sind diese Grenzen:

Jahr	Jahresarbeitsentgelt
2013	52.200 EUR
2014	53.550 EUR

Der **allgemeine Beitrag (Schlüsselziffer 1)** gilt für alle Arbeitnehmer, die bei Arbeitsunfähigkeit Anspruch auf Entgeltfortzahlung durch den Arbeitgeber für mindestens 42 Kalendertage haben und bei fortbestehender Krankheit Anspruch auf Krankengeld von der Krankenkasse.

Der **ermäßigte Beitrag (Schlüsselziffer 3)** ist für versicherungspflichtige Arbeitnehmer **ohne** Anspruch auf Krankengeld von ihrer Krankenkasse zu melden. Nach dem Ende der Lohnzahlung durch den Arbeitgeber (42 Tage) erhalten diese Arbeitnehmer keine Leistung der Krankenkasse. Dies sind zum Beispiel beschäftigte Erwerbsunfähigkeitsrentner oder beschäftigte Bezieher von Vorruhestandsgeld. In der Krankenversicherung wirkt sich das Erreichen des Renteneintrittsalters auf den Beitragssatz aus. Für Arbeitnehmer über der Altersgrenze ist vom Zeitpunkt des Überschreitens der Grenze an der ermäßigte Beitragssatz (Beitragsgruppeschlüssel 3) zu melden. Siehe auch: Beitragsgruppen zur Rentenversicherung in diesem Kapitel.

Ein Arbeitnehmer wird neu eingestellt

Von der allgemeinen Beitragspflicht zur Krankenversicherung gelten in folgenden Fällen Ausnahmeregelungen:

Höherer laufender Arbeitslohn

KV	RV	ALV	PV
0			

Der Beitragsgruppenschlüssel 0 im Feld KV steht für „keine Beitragspflicht" zur gesetzlichen Krankenversicherung. Die Versicherungspflicht zur gesetzlichen Krankenversicherung endet, wenn das jährliche Arbeitsentgelt über der Versicherungspflichtgrenze liegt. Folgende Versicherungspflichtgrenzen sind zu prüfen.

Jahr	Jahresarbeitsentgelt
2013	52.200 EUR
2014	53.550 EUR

Hat das jährliche Arbeitsentgelt im zurückliegenden Kalenderjahr die **Versicherungspflichtgrenze** überschritten und wird voraussichtlich im Folgejahr das Arbeitsentgelt wieder über der Versicherungspflichtgrenze liegen, wird der Mitarbeiter zum Jahreswechsel versicherungsfrei in der gesetzlichen Krankenversicherung und kann in eine private Krankenversicherung (PKV) wechseln.

Seit der Neuregelung des GKV-Finanzierungsgesetzes kann der Arbeitnehmer in eine private Krankenversicherung wechseln, sofern sein Arbeitsentgelt in 2013 über 52.200 EUR lag und voraussichtlich in 2014 über 53.550 EUR liegen wird. Übersteigt das Arbeitsentgelt in 2014 erstmals die Versicherungspflichtgrenze, kann der Arbeitnehmer frühestens im Jahr 2015 in die PKV wechseln. Eine Ausnahme besteht für Berufsanfänger. Arbeitnehmer, die erstmals eine Beschäftigung aufnehmen und deren Arbeitsentgelt die Versicherungspflichtgrenze voraussichtlich übersteigt, können sich mit Beginn der Beschäftigung privat krankenversichern. Besteht zum Zeitpunkt der Beschäftigungsaufnahme noch keine private Krankenversicherung, ist der Arbeitnehmer zunächst als freiwilliges Mitglied in der gesetzlichen Krankenversicherung anzumelden. Der Mitarbeiter kann dann innerhalb von 3 Monaten in eine private Krankenversicherung wechseln. Bei einem Eintritt während des Kalenderjahres ist die Versicherungspflichtgrenze anteilig auf die verbleibenden Kalendermonate des Jahres umzurechnen. Für privat krankenversicherte Arbeitnehmer oder Mitarbeiter, die sich privat krankenversichern können, ist der Beitragsgruppenschlüssel 0 im Feld KV zu melden.

> **! ACHTUNG**
>
> Auch privat krankenversicherte Arbeitnehmer müssen angemeldet werden. Zuständig für die Anmeldung ist die Krankenkasse, bei der der Mitarbeiter zuletzt pflichtversichert war. Lässt sich diese nicht ermitteln, kann die Krankenkasse vom Arbeitgeber gewählt werden.

Die Versicherungspflichtgrenze wird von den Sozialversicherungsträgern jährlich überprüft und ggf. gesenkt oder angehoben. Wechselt der Arbeitnehmer beim Überschreiten der Versicherungspflichtgrenze **nicht in die private Krankenversicherung**, wird er freiwilliges Mitglied in der gesetzlichen Krankenkasse. Es ist eine Meldung zur Sozialversicherung mit einem geänderten Beitragsgruppenschlüssel erforderlich.

Die Möglichkeit zur privaten oder freiwilligen Versicherung ist dann gegeben, wenn die regelmäßigen Bezüge über der Versicherungspflichtgrenze liegen. Von regelmäßigem Arbeitsentgelt wird dann ausgegangen, wenn das Arbeitsentgelt mit hinreichender Sicherheit gezahlt wird und die Höhe bekannt ist. Entgelt, das unter Berücksichtigung des Familienstandes des Arbeitnehmers gezahlt wird, darf bei der Ermittlung des regelmäßigen Jahresarbeitsentgeltes nicht eingerechnet werden (z. B. erhöhter Ortszuschlag). Bei der Ermittlung des beitragspflichtigen Arbeitsentgelts ist nur das laufende Arbeitsentgelt **ohne Einmalzahlungen** oder Überstundenvergütungen zu berücksichtigen.

> **▶ BEISPIEL**
>
> Ein Arbeitnehmer verdiente seit 1.1.2013 monatlich 4.600 EUR. Zum 1.1.2014 möchte er in die private Krankenversicherung wechseln.
> **Beurteilung**
> Das regelmäßige monatliche Arbeitsentgelt überschreitet sowohl die Versicherungspflichtgrenze des vergangenen Jahres (2013) wie auch die Versicherungsgrenzen in der Zukunft (2014). Somit ist ein Wechsel für diesen Arbeitnehmer zum 1.1.2014 in eine private Krankenversicherung möglich.

> **! ACHTUNG**
>
> Berufsanfänger können sich bei einem jährlichen Arbeitsentgelt von über 53.550 EUR sofort privat krankenversichern. Es muss keine rückwirkende Betrachtung des letzten Jahres angestellt werden. Ist die Arbeitsentgeltgrenze im Einstellungsjahr voraussichtlich überschritten, kann sich der Mitarbeiter bereits im ersten Beschäftigungsjahr privat krankenversichern.

Wechsel der Beschäftigung

Wechselt der Arbeitnehmer das Beschäftigungsverhältnis, kann die Versicherungsfreiheit und somit die Möglichkeit zur privaten Krankenversicherung nur dann entstehen, wenn der Arbeitnehmer nachweist, dass sein Verdienst im vergangenen Kalenderjahr über der Versicherungspflichtgrenze lag und er voraussichtlich beim neuen Arbeitgeber ein über der für das aktuelle Jahr geltenden Versicherungspflichtgrenze laufendes Arbeitsentgelt erhält. Wurde die Versicherungsfreiheit durch Eintreten einer Versicherungspflicht unterbrochen, beginnt die Jahresfrist ab dem nächsten Kalenderjahr erneut zu laufen.

▶ **BEISPIEL**

Ein Arbeitnehmer verdiente in 2012 regelmäßig monatlich 4.450 EUR. Durch den Wechsel der Stelle sinkt sein monatlicher Verdienst in 2013 auf 4.100 EUR. Ab 1.1.2014 erhält er wieder monatlich 4.600 EUR. Der Arbeitnehmer möchte zum 1.1.2014 in die private Krankenversicherung wechseln.

Beurteilung

Für die Beurteilung ist das vorangegangene Kalenderjahr maßgeblich. Die Voraussetzung für den Wechsel in die private Krankenversicherung ist zwar für 2014 erfüllt, jedoch nicht für das Jahr 2013. Das jährliche Arbeitsentgelt liegt mit 49.200 EUR unter der Versicherungspflichtgrenze für das Jahr 2013. Somit muss er für das gesamte Jahr 2014 in der gesetzlichen Krankenversicherung verbleiben. Für 2015 kann die Prüfung erneut angestellt werden und bei voraussichtlicher Überschreitung der dann geltenden Versicherungspflichtgrenze kann der Arbeitnehmer in die PKV wechseln.

Unterbrechung der Beschäftigung

Keine Unterbrechung der Versicherungszeiten entsteht in Fällen

- des Bezugs von Erziehungsgeld oder Elterngeld,
- der Inanspruchnahme von Elternzeit,
- einer Pflegezeit nach dem Pflegezeitgesetz oder
- in denen als Entwicklungshelfer Entwicklungsdienst geleistet worden ist sowie
- im Falle des Wehr- oder Zivildienstes.

Auch wenn in diesen Zeiten kein Arbeitsentgelt durch den Arbeitgeber gezahlt wird, bleibt die Überschreitung der Versicherungspflichtgrenze erhalten.

Bestandsschutzregel

Eine Sonderregelung gilt für Arbeitnehmer, die vor dem 31.12.2002 bereits privat krankenversichert waren. Für diesen Personenkreis ist die Versicherungspflicht-grenze mit der Beitragsbemessungsgrenze von **48.600 EUR** (in 2014) beitrags-pflichtiges Arbeitsentgelt identisch. Für Arbeitnehmer, deren Arbeitsentgelt seit 2002 über der jeweiligen jährlichen **Beitragsbemessungsgrenze** lag und voraus-sichtlich in 2014 wieder über der Grenze liegen wird, besteht weiterhin KV-Freiheit bzw. das Recht, in der privaten Krankenversicherung zu verbleiben. Übersteigt das voraussichtliche Arbeitsentgelt die Beitragsbemessungsgrenze nicht mehr, wird er wieder pflichtversichert und muss in eine gesetzliche Krankenkasse wechseln.[5] Nach der Rückkehr in die Pflichtversicherung muss das Arbeitsentgelt dann die **Versicherungspflichtgrenze** für ein Jahr übersteigen, bevor eine erneute private Krankenversicherung möglich ist. Die folgende Abbildung verdeutlicht nochmals den Entscheidungsweg für die gesetzliche Krankenversicherungspflicht eines Arbeitnehmers.

! **ACHTUNG**

Die Versicherungspflichtgrenze ist von der Beitragsbemessungsgrenze (BBG) zu unterscheiden. Die BBG ist der monatliche Höchstbetrag, bis zu dem Bei-träge zur Krankenversicherung zu berechnen sind.

Eine Ausnahme besteht für Arbeitnehmer, die 55 Jahre oder älter sind und in den letzten 5 Jahren vor Eintritt der Versicherungspflicht privat krankenversichert wa-ren. Diese Arbeitnehmer müssen in der privaten Krankenversicherung verbleiben, auch wenn das jährliche Entgelt nicht die Pflichtversicherungsgrenze übersteigt bzw. die Regelung für 2002 greifen würde.

Ist der Arbeitnehmer privat bei einem Versicherungsunternehmen oder als frei-williges Mitglied in einer gesetzlichen Krankenversicherung versichert und über-weist seine Beiträge selbst, ist im Feld KV die Schlüsselziffer 0 zu melden. Die Schlüsselziffer 0 ist auch anzugeben, wenn es sich um eine kurzfristige Beschäfti-gung handelt oder der Arbeitnehmer nicht krankenversicherungspflichtig ist, wie zum Beispiel ein beherrschender Gesellschafter-Geschäftsführer einer GmbH.

---

[5] Auf Antrag kann der Arbeitnehmer unter gewissen Voraussetzungen in der PKV verbleiben, auch wenn das Arbeitsentgelt nicht die Pflichtversicherungsgrenze übersteigt. Beispiele sind Antritt einer Teilzeitstelle oder der Übergang in die Altersteilzeit oder Arbeitnehmer, die über 55 Jahre alt sind.

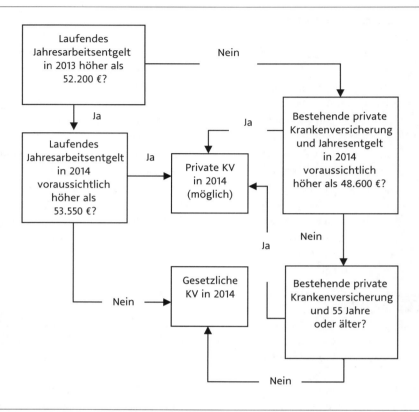

Abb. 1: Beurteilungsschema private Krankenversicherung

Krankenversicherung für landwirtschaftliche Berufe

KV	RV	ALV	PV
4			

Hauptberuflich mitarbeitende Familienangehörige in einem landwirtschaftlichen Unternehmen werden mit dem KV-Schlüssel 4 angemeldet. Die Höhe des Krankenkassenbeitrages richtet sich nach der Höhe des Unternehmerbeitrags des landwirtschaftlichen Unternehmers.

KV	RV	ALV	PV
5			

Selbstständige Landwirte, die eine auf höchstens 26 Wochen befristete neben-berufliche, unselbstständige Tätigkeit aufnehmen, bleiben unabhängig von der wöchentlichen Stundenzahl und dem erzielten Bruttoarbeitsentgelt Mitglieder der Landwirtschaftlichen Krankenkasse. Beiträge zur Krankenversicherung hat der Landwirt aus dem Nebenerwerbsbeschäftigungsverhältnis nicht zu zahlen. Der Arbeitgeber muss jedoch Beiträge in Höhe der Hälfte des durchschnittlichen Beitragssatzes aller Kassen entrichten. Dieser beträgt **7,3 %** des beitragspflichti-gen Arbeitsentgelts. Entsprechend ist im Feld KV die Schlüsselziffer 5 einzutragen, wenn nur der Arbeitgeberanteil zur Landwirtschaftlichen Krankenkasse entrichtet wird. Pflegeversicherungsbeiträge sind aus diesem Beschäftigungsverhältnis nicht abzuführen.

Aushilfen/Geringfügig Beschäftigte

KV	RV	ALV	PV
6			

Seit der Neuregelung der geringfügigen Beschäftigung sind auch für Aushilfen Bei-träge zur Krankenversicherung zu entrichten. Für Beschäftigte, deren Arbeitsentgelt **450 EUR** im Monat nicht übersteigt, muss der Arbeitgeber einen pauschalen Bei-trag von **13 %** des Arbeitsentgeltes entrichten. Ausgenommen von der pauschalen Beitragspflicht des Arbeitgebers in der Krankenversicherung sind Beschäftigte, die nicht gesetzlich krankenversichert sind. Somit sind keine Pauschalbeiträge für privat krankenversicherte Aushilfen abzuführen (Schlüsselziffer 0). Bei pauschaler Beitrags-pflicht des Arbeitgebers ist die Schlüsselziffer 6 im Feld KV zu melden. Besondere Regelungen sind bei Mehrfachbeschäftigung zu beachten (siehe Kapitel 3.2).

! **ACHTUNG**

Meldungen für geringfügig Beschäftigte sind nicht bei der Krankenkasse des Mitarbeiters, sondern bei der Bundesknappschaft in Essen (Minijob-Zent-rale) einzureichen. Die Meldung kann nur in elektronischer Form übermittelt werden. In der Regel steht für die Übermittlung ein Modul im Abrechnungs-programm zur Verfügung. Alternativ kann die Meldung mit sv.net vorgenom-men werden.

Freiwillig in der gesetzlichen Krankversicherung versicherte Arbeitnehmer

KV	RV	ALV	PV
9			

Ist der Arbeitnehmer freiwilliges Mitglied in einer gesetzlichen Krankenkasse und führt der Arbeitgeber die Beiträge an die Krankenkasse ab, so ist die Schlüsselziffer 9 im Feld KV zu melden. Die Ziffer 9 signalisiert, dass nicht der Arbeitnehmer die Beiträge für die freiwillige Krankenversicherung überweist, sondern der Arbeitgeber (Firmenzahler). Freiwilliges Mitglied in einer gesetzlichen Krankenkasse sind Mitarbeiter, deren Arbeitsentgelt im vorhergehenden Kalenderjahr über der Arbeitsentgeltgrenze lag (2013: 52.200 EUR) und voraussichtlich im aktuellen Abrechnungsjahr wieder über der Jahresgrenze liegen wird (2014: 53.550 EUR). Wechselt der Arbeitnehmer nach dem Überschreiten der Grenze für die Versicherungspflicht nicht in eine private Krankenversicherung, wird er freiwilliges Mitglied in seiner gesetzlichen Krankenkasse.

Die Versicherungspflicht zur gesetzlichen Krankenversicherung endet, wenn das jährliche Arbeitsentgelt über die Versicherungspflichtgrenze steigt. Weitere Erläuterungen zu Versicherungspflichtgrenzen siehe unter: „Höheres laufendes Einkommen" in diesem Abschnitt.

Rentenversicherung (RV)

Die Rentenversicherung ist eine gesetzliche Pflichtversicherung für alle abhängig beschäftigten Arbeitnehmer. Mit der Organisationsreform der Rentenversicherung wurden die Landesversicherungsanstalten für Arbeiter (LVA) und die Bundesversicherungsanstalt für Angestellte (BfA) zur Deutschen Rentenversicherung zusammengefasst. Somit gibt es seit 2005 keine unterschiedlichen Beitragsgruppenschlüssel für Arbeiter und Angestellte mehr. Die häufigste Beitragsgruppe ist für alle Arbeiter und Angestellten zu melden.

KV	RV	ALV	PV
	1		

Für versicherungspflichtige Arbeitnehmer ist in der Meldung zur Sozialversicherung im Feld RV der Beitragsschlüssel 1 — Allgemeine Beitragspflicht — zu melden. Für bestimmte Personengruppen gibt es Ausnahmeregelungen von der allgemeinen

Beitragspflicht bzw. von der Halbteilung des Gesamtbeitrags zur Rentenversicherung. Für diese Personengruppen gelten andere Meldeschlüssel.

Rentner

KV	RV	ALV	PV
	3		

Für Arbeitnehmer, die den 65. Geburtstag vollendet haben, besteht keine Beitragspflicht zur Rentenversicherung. Wird ein sozialversicherungspflichtiger Mitarbeiter (nicht Minijobber) über den 65. Geburtstag hinaus weiter beschäftigt oder neu beschäftigt, ist der **Arbeitnehmer** von den Beiträgen zur Rentenversicherung befreit, der Arbeitgeber bleibt jedoch mit seiner Beitragshälfte beitragspflichtig. In diesem Fall muss der Arbeitgeber alleine den halben Beitrag (**9,45 %** des sozialversicherungspflichtigen Bruttoarbeitsentgeltes) zur Rentenversicherung entrichten. Gilt nur für den Arbeitgeber eine Beitragspflicht zur Rentenversicherung, ist der Beitragsgruppenschlüssel 3 im Feld RV zu melden. Diese Regelung gilt nicht für geringfügig beschäftigte Arbeitnehmer über 65 Jahre.

! **ACHTUNG**

Seit 2012 wird die Altersgrenze für den Renteneintritt stufenweise von 65 auf 67 Jahre angehoben. Bis zum Jahr 2028 steigt das Alter für den Renteneintritt jährlich um einen Monat an. Dies bedeutet für folgende Jahrgänge wird die Regelaltersgrenze erreicht mit:

Jahrgang	Renteneintritt	Gilt ab
1947	65 + 1 Monat	02.2012 bis 01.2013
1948	65 + 2 Monate	03.2013 bis 02.2014
1949	65 + 3 Monate	04.2014 bis 03.2015
:	65 + 4 Monate	:

Bei der Fortschreibung dieser Tabelle gilt: Für die Jahrgänge 1959 bis 1964 wird die Altersgrenze jeweils um 2 Monate angehoben. Die schrittweise Anhebung der Altersgrenze wird 2028 abgeschlossen sein. Ab 2029 werden Angehörige der Geburtsjahrgänge ab 1964 eine Regelaltersrente mit 67 Jahren ohne Abschläge in Anspruch nehmen können.
Eine Ausnahme von dieser Regelung besteht, wenn der Versicherte 45 Jahre Pflichtbeiträge zur gesetzlichen Rentenversicherung geleistet hat. Diese Ar-

beitnehmer können auch weiterhin mit 65 Jahren ohne Beachtung der stufenweisen Anhebung abschlagsfrei in Altersrente gehen.

Entsprechend dem verschobenen Rentenbeginn setzt bei beschäftigten Rentnern auch die Versicherungsfreiheit des Arbeitnehmers zur Rentenversicherung (Beitragsgruppe 3) später ein.

KV	RV	ALV	PV
	0		

Gesellschafter-Geschäftsführer

Der Geschäftsführer einer GmbH ist eigentlich per Satzung Angestellter und wäre somit rentenversicherungspflichtig. In vielen Familien-GmbHs ist der oder sind die Geschäftsführer gleichzeitig Gesellschafter mit einem mehr oder weniger hohen Anteil am Firmenkapital (Gesellschafter-Geschäftsführer). Gesellschafter-Geschäftsführer mit einem Anteil von mindestens 50 % des Stammkapitals haben einen so großen Einfluss auf das Unternehmen, dass diese im Sozialversicherungsrecht mehr als Unternehmer denn als Angestellte gelten. Aus diesem Grund sind Gesellschafter-Geschäftsführer von Pflichtbeiträgen zur Rentenversicherung befreit. Der Gesellschafter-Geschäftsführer wäre mit dem Schlüssel 0 — kein Beitrag — im Feld RV zu melden.

● TIPP

Für die Klärung der versicherungsrechtlichen Beurteilung eines Gesellschafter-Geschäftsführers wurde das Meldewesen erweitert. Mit dem „Statuskennzeichen 2" auf der Anmeldung zur Sozialversicherung nimmt die Clearingstelle der Rentenversicherung automatisch eine verbindliche Prüfung der Versicherungspflicht vor. Ergibt die Prüfung eine Sozialversicherungspflicht, ist der Schlüssel im Feld RV auf 1 zu ändern.

Vorstand einer AG

Vorstandsmitglieder einer Aktiengesellschaft sind nicht sozialversicherungspflichtig in der Rentenversicherung. Dies gilt auch für Vorstände von Konzernunternehmen im Sinne des § 18 Aktiengesetz. Die Sozialversicherungsfreiheit gilt sowohl für ordentliche wie für stellvertretende Vorstandsmitglieder der AG oder des Konzernunternehmens. Mitglieder des Vorstands einer AG unterliegen nicht der gesetzlichen Unfallversicherung. Somit sind diese bei Eintritt in das Unternehmen nicht bei einer Krankenkasse anzumelden.

Ärzte, Apotheker, Architekten, Steuerberater

Berufsständische Vereinigungen, wie die Architektenkammer, die Ärzte- oder Apo-thekerkammer, haben ein eigenes Versorgungswerk für ihre Mitglieder. In diesen Versorgungswerken können sich Mitglieder des Berufsstandes rentenversichern. Ist der Arbeitnehmer in einem Versorgungswerk rentenversichert, ist dies mit der Schlüsselziffer 0 als RV-Kennzeichen in den Meldungen zur Sozialversicherung zu melden. Gleichwohl sind die Beiträge entsprechend dem Rentenversicherungssatz (18,9 %) vom Arbeitsentgelt zu ermitteln und hälftig von Arbeitnehmer und Arbeit-geber zu tragen. Die Beiträge werden jedoch nicht der Krankenkasse überwiesen, sondern direkt dem zuständigen Versicherungsträger (siehe auch Kapitel 3.4.5).[6]

Das Meldewesen der Versorgungswerke ist in das allgemeine Meldewesen nach DEÜV eingegliedert. Um die Teilnahme der berufsständischen Versorgungswerke am gemeinsamen Meldeverfahren zu gewährleisten, wurde eine zentrale An-nahmestelle für Arbeitgeberdaten gegründet, die sogenannte „Datenservice für berufsständische Versorgungseinrichtungen GmbH" (DASBV). Diese zentrale An-nahmestelle sammelt die Daten der Arbeitgeber und leitet diese an die entspre-chenden Versorgungseinrichtungen weiter. Zur eindeutigen Identifikation des jeweiligen Mitgliedes bzw. um es der richtigen berufsständischen Versorgungs-einrichtung zuordnen zu können, wird eine spezielle Mitgliedsnummer verwendet. Die Mitgliedsnummer ist in der Anmeldung des Arbeitnehmers mitzuteilen.

Praktikanten

Viele Studienordnungen, insbesondere an Fachhochschulen, schreiben für ihre Stu-diengänge berufspraktische Tätigkeiten (Praktika) vor. Umfang und zeitliche Lage der Praktika sind verschieden, teilweise müssen sie vor Studienbeginn abgeleistet werden (Vorpraktikum), zum Teil während des Studiums absolviert (Zwischenprak-tikum) oder in einigen Fällen ist nach dem Studium ein Praktikum zur Erlangung des Berufsabschlusses abzuleisten (Nachpraktikum). Sozialversicherungsrechtlich ist nur das Zwischenpraktikum begünstigt. Wird das Praktikum im Verlauf der Aus-bildung durchgeführt (Zwischenpraktikum), ist die Beschäftigung sozialversiche-rungsfrei — unabhängig von der Höhe der Bezüge. Es besteht auch keine pau-schale Beitragspflicht des Arbeitgebers, selbst dann nicht, wenn die Grenzen einer geringfügigen Beschäftigung eingehalten sind. Für einen Arbeitnehmer, der ein vorgeschriebenes Praktikum während des Studiums ausübt und immatrikuliert ist, muss die Schlüsselziffer 0 im Feld RV gemeldet werden (siehe auch Kapitel 3.4.4).

---

[6]　Unter www.haufe.de/arbeitshilfen finden Sie die aktuellen Anschriften der Versorgungswerke.

Arbeitslosenversicherung (ALV)

Die Arbeitslosenversicherung ist, wie die Rentenversicherung, eine gesetzliche Pflichtversicherung für alle Arbeitnehmer. Die Versicherungspflicht zur Arbeitslosenversicherung wird in der Meldung zur Sozialversicherung mit dem Beitragsgruppenschlüssel 1 gemeldet.

KV	RV	ALV	PV
		1	

Die Bundesagentur für Arbeit (BA) unterscheidet nur zwischen geringfügig Beschäftigten und mehr als geringfügigen Arbeitnehmern. Für alle mehr als geringfügigen Arbeitnehmer, die nicht unter eine Ausnahmeregelung fallen, ist bei den Meldungen zur Sozialversicherung die Ziffer 1 als Schlüssel für die Beitragspflicht zur Arbeitslosenversicherung zu melden.

Bundesfreiwilligendienst

Mit der Einführung des Bundesfreiwilligendienstes ist eine Besonderheit im Melderecht entstanden. Arbeitnehmer, die in der Regel zwischen 6 und 24 Monate im Bundesfreiwilligendienst beschäftigt werden, erhalten von den Trägern ein Entgelt bzw. Taschengeld von bis zu 357 EUR pro Monat (2014). Das Taschengeld bemisst sich aus 6 % der monatlichen Beitragsbemessungsgrenze der Rentenversicherung. Das Arbeitsentgelt ist grundsätzlich beitragspflichtig in allen Teilen der Sozialversicherung, auch dann, wenn es die Grenze der geringfügigen Beschäftigung (450 EUR) nicht übersteigt. Somit sind Mitarbeiter im Bundesfreiwilligendienst mit dem Beitragsgruppenschlüssel 1 zu melden, auch wenn nur das Taschengeld gezahlt wird. Eine Anmeldung als kurzfristige oder geringfügige Beschäftigung haben die Spitzenverbände der Sozialversicherungen ausgeschlossen (siehe auch besondere Personengruppe für BFD in diesem Abschnitt).

Auch in der Arbeitslosenversicherung gibt es für spezielle Personengruppen Ausnahmeregelungen, die über den Beitragsgruppenschlüssel zu melden sind. Für die folgenden Personengruppen ist der Beitragsgruppenschlüssel 0 zu melden.

KV	RV	ALV	PV
		0	

Studenten

Ein Studierender, der während seines Studiums oder in den Semesterferien arbeitet, ist grundsätzlich beitragsfrei in der Kranken-, Pflege- und Arbeitslosenversicherung. Voraussetzung für die Versicherungsfreiheit ist, dass der Studierende außerhalb der Semesterferien regelmäßig nicht mehr als **20 Stunden pro Woche** arbeitet. Versicherungsfreiheit (außer in der RV) besteht auch dann, wenn das Arbeitsverhältnis von vornherein auf **maximal zwei Monate** beschränkt ist. In diesem Fall spielt die wöchentliche Arbeitszeit keine Rolle. Ist der Studierende im Laufe eines Kalenderjahres jedoch mehr als 26 Wochen mit **mehr als 20 Stunden** pro Woche beschäftigt, wird er nach dem Sozialversicherungsrecht nicht mehr als ordentlich Studierender angesehen und ist somit beitragspflichtig in allen Sozialversicherungszweigen. Während der Semesterferien bestehen keine Stunden- oder Entgeltgrenzen. In dieser Zeit ist der Studierende grundsätzlich beitragsfrei in der Kranken-, Pflege- und Arbeitslosenversicherung. Wird der Studierende voraussichtlich bis maximal 20 Stunden pro Woche oder kürzer als zwei Monate arbeiten oder liegt seine Beschäftigung in den Semesterferien, ist bei den Meldungen zur Sozialversicherung die Schlüsselziffer 0 für die Arbeitslosenversicherung zu melden.

> **TIPP**
>
> Eine Liste mit Anfangs- und Enddaten der Semesterferien ist bei vielen Krankenkassen erhältlich.

Schüler

Schüler, die an einer allgemein bildenden Schule lernen und neben der Schule oder in den Schulferien eine Beschäftigung ausüben, unterliegen nicht der Arbeitslosenversicherung. Zu den allgemein bildenden Schulen gehören Hauptschule, Realschule, Gymnasium, Gesamtschule sowie Aufbauschulen, die an die Hochschulreife heranführen. Übt ein Schüler eine mehr als geringfügige Beschäftigung aus, so ist er bei allen Meldungen mit der Schlüsselziffer 0 in der Arbeitslosenversicherung zu melden. Die Ziffer 0 ist auch dann zu melden, wenn der Schüler im Rahmen der Schulzeit ein Berufspraktikum durchführt und dafür Entgelt erhält (siehe auch Kapitel 3.4.2).

Praktikanten

Führt der Student ein von der Studienordnung vorgeschriebenes Zwischenpraktikum durch und ist er während des Praktikums immatrikuliert, so unterliegt er nicht den Beiträgen zur Arbeitslosenversicherung. Die Beitragsfreiheit ist unabhängig von der Höhe der Bezüge, selbst dann, wenn die Grenzen einer geringfügigen Beschäftigung eingehalten sind. Für Praktikanten, die ein Zwischenpraktikum durchführen, ist bei allen Meldungen die Schlüsselziffer 0 als Beitragspflicht zur Arbeitslosenversicherung zu melden (siehe auch Kapitel 3.4.4).

KV	RV	ALV	PV
		2	

Rentner

Arbeitnehmer, die das 64. Lebensjahr vollendet haben oder eine Erwerbsunfähigkeitsrente beziehen, sind von Beiträgen zur Arbeitslosenversicherung befreit. Wird der Arbeitnehmer über den 65. Geburtstag hinaus weiter beschäftigt, muss der **Arbeitgeber weiterhin** seinen Beitragsanteil zur Arbeitslosenversicherung an die BA abführen. Beschäftigte ab 65 Jahre und Bezieher einer Erwerbsunfähigkeitsrente sind bei Meldungen zur Sozialversicherung mit der Ziffer 2 (halber Beitrag — nur Arbeitgeber) im Feld ALV zu melden.

> **! ACHTUNG**
>
> Die volle Beitragspflicht des Arbeitgebers (kein Arbeitnehmeranteil) gilt nur für **versicherungspflichtig** beschäftigte Arbeitnehmer über 65 Jahre. Wird der Rentner als geringfügig Beschäftigter (Minijobber) eingestellt, gelten die pauschalen Beitragspflichten. Außerdem ist für die Beurteilung der Versicherungspflicht die Anhebung des Renteneintrittsalters zu berücksichtigen. Siehe auch „Schlüssel für die Rentenversicherung" in diesem Abschnitt.

Neueinstellung mit 55 Jahren oder älter

Mit dem Beschäftigungsförderungsgesetz für ältere Arbeitnehmer wurde der § 421k in das Sozialgesetzbuch III (SGB III) aufgenommen. Nach dieser Regelung ist für Arbeitnehmer, die 55 Jahre oder älter sind und aus Arbeitslosigkeit eingestellt werden, **kein Arbeitgeberanteil** zur Arbeitslosenversicherung zu entrichten. Der Arbeitnehmeranteil in Höhe des halben normalen Beitrags (1,5 % des beitragspflichtigen Arbeitsentgeltes) ist jedoch zu berechnen und der Krankenkasse des Arbeitnehmers zu melden. Wurde ein Mitarbeiter, der 55 Jahre oder älter ist, aus Arbeitslosigkeit (oder von Arbeitslosigkeit bedroht) neu eingestellt, ist auf der Anmeldung die Schlüsselziffer 2 im Feld ALV zu melden. Diese Regelung gilt jedoch nur für Arbeitnehmer, die **vor dem 1.1.2008** neu eingestellt wurden und 55 Jahre oder älter waren — Bestandsschutz. Seit 2008 ist die Regelung für alle Neueintritte weggefallen.

Pflegeversicherung (PV)

Die Pflegeversicherung ist seit 1995 eine gesetzliche Pflichtversicherung. Mit der Reform des Meldewesens im Jahr 1999 erhielt die Pflegeversicherung einen eigenen Gruppenschlüssel in der Meldung zur Sozialversicherung. Seither ist die Beitragspflicht in den Sozialversicherungsmeldungen getrennt anzugeben.

KV	RV	ALV	PV
			1

Arbeitnehmer, die in der gesetzlichen Krankenversicherung pflichtversichert sind, sind nach § 20 Abs. 3 Sozialgesetzbuch XI (SGB XI) auch versicherungspflichtig in der Pflegeversicherung. Die Versicherungspflicht in der gesetzlichen Krankenversicherung besteht so lange, bis das regelmäßige jährliche Arbeitsentgelt die Versicherungsfreigrenze (53.550 EUR in 2014) in einem Kalenderjahr übersteigt und voraussichtlich im nächsten Jahr ebenfalls übersteigen wird **(1 Jahr Rückschau, 1 Jahr Vorschau)**. Ist der Arbeitnehmer in der gesetzlichen Pflegeversicherung versicherungspflichtig, ist in den Meldungen zur Sozialversicherung die Beitragspflicht zur Pflegeversicherung mit der Ziffer 1 zu melden. Die Schlüsselziffer 1 ist auch dann zu melden, wenn der Arbeitnehmer freiwilliges Mitglied bei einer der gesetzlichen Krankenversicherungen ist. Im Gegensatz zur Krankenversicherung gibt es bei der Pflegeversicherung keinen eigenen Schlüssel, wenn der Arbeitgeber die Beiträge für den Mitarbeiter überweist.

Wie bei den anderen Versicherungszweigen teilen sich Arbeitnehmer und Arbeitgeber den Beitrag je zur Hälfte. Aber auch bei der Pflegeversicherung gibt es einige Ausnahmen von der Versicherungspflicht und/oder dem Halbteilungsgrundsatz. Für diese Ausnahmefälle ist ein gesonderter Beitragsgruppenschlüssel für die Pflegeversicherung zu melden.

KV	RV	ALV	PV
			0

Höheres laufendes Einkommen

Arbeitnehmer mit einem laufenden Bruttoarbeitsentgelt von monatlich mehr als **4.462,50 EUR** unterliegen in 2014 nicht mehr der Versicherungspflicht in der gesetzlichen Krankenversicherung, können aber als freiwilliges Mitglied in einer gesetzlichen Krankenkasse verbleiben oder sich bei einer privaten Krankenversicherung gegen das Krankheitsrisiko absichern. Verbleibt der Arbeitnehmer nach der Überschreitung der Arbeitsentgeltgrenze als freiwilliges Mitglied in der gesetzlichen Krankenkasse, muss er sich bei dieser Kasse auch pflegeversichern. Ist der Arbeitnehmer privat krankenversichert, muss er bei seiner Versicherung eine private Pflegeversicherung abschließen. Bei privat pflegeversicherten Arbeitnehmern ist als Schlüssel für die Pflegeversicherung die Ziffer 0 zu melden, bei freiwillig versicherten hingegen die Ziffer 1.

Studenten

Eine weitere Ausnahme von der Beitragspflicht zur Pflegeversicherung besteht für Studierende. Unter welchen Voraussetzungen ein Studierender von den Beiträgen zur Pflegeversicherung befreit ist, finden Sie bereits bei den Erläuterungen zur Arbeitslosenversicherung unter dem Stichwort „Studenten". Bei der Anmeldung von Studierenden ohne Beitragspflicht zur Pflegeversicherung ist die Ziffer 0 — kein Beitrag — für die Pflegeversicherung zu melden.

Landwirte

Landwirte, die nebenberuflich eine unselbstständige Tätigkeit aufnehmen, die nicht länger als 26 Wochen pro Kalenderjahr andauert, sind von Beiträgen zur Pflegeversicherung befreit. Für nebenberufliche Landwirte ist der PV-Schlüssel 0 zu melden, wenn es sich um eine befristete Beschäftigung handelt, unabhängig von der Stundenzahl und der Höhe des monatlichen Arbeitsentgeltes.

KV	RV	ALV	PV
			2

Arbeitnehmer, die nach den beamtenrechtlichen Vorschriften Anspruch auf Beihilfe oder Heilfürsorge haben, müssen nur den „halben normalen" Beitrag zur Pflegeversicherung entrichten. Hierzu zählen nach § 20 Abs. 3 Sozialgesetzbuch XI (SGB XI) Beamte, Richter, Soldaten, Bezieher von Vorruhestandsgeld und Beamtenwitwen bzw. Beamtenwitwer. Für diese Personenkreise ist in der Meldung zur Sozialversicherung die Schlüsselziffer 2 — halber Beitrag — als Beitragspflicht zur Pflegeversicherung zu melden, sofern sie sozialversicherungspflichtig beschäftigt werden.

Übersicht der Beitragsgruppen

In der nachstehenden Tabelle sind beispielhaft die vollständigen Beitragsgruppenschlüssel für Arbeiter, Angestellte, Studierende, Schüler, Rentner, selbstständige Gesellschafter-Geschäftsführer und Aushilfen (Minijobber) zusammengestellt.

	KV	RV	ALV	PV
Arbeiter	1	1	1	1
Auszubildender	1	1	1	1
Arbeiter, freiwilliges KV-Mitglied (Firmenzahler)	9	1	1	1
Angestellter	1	1	1	1
Angestellter, freiwilliges KV-Mitglied (Selbstzahler)	0	1	1	1
Angestellter, privat KV/PV-versichert	0	1	1	0
Student (mehr als geringfügig)	0	1	0	0
Zwischenpraktikanten	0	0	0	0
Vorpraktikanten ohne Entgelt	0	1	1	0
Rentner (Arbeiter/Angestellter)	3	3	2	1
Schüler (mehr als geringfügig)	1	1	0	1
Gesellschafter-Geschäftsführer (beherrschend)	0	0	0	0
Nebenerwerbslandwirt	4	1	1	0

Die Beitragsgruppenschlüssel für Aushilfen (geringfügig/kurzfristig Beschäftigte) sind im nachfolgenden Kapitel 3.2 nochmals genauer erläutert.

Angaben zur Tätigkeit

Die Meldung zur Sozialversicherung enthält auch eine Angabe zur Art der Tätigkeit des Mitarbeiters im Unternehmen. In diesem Feld ist eine fünfstellige Schlüsselziffer anzugeben. Die Schüsselziffer kann aus einem Katalog, welcher von der Bundesagentur für Arbeit veröffentlicht wird, entnommen werden. Ein weiterer Bestandteil des sogenannten Tätigkeitsschlüssels ist die Ausbildung des Mitarbeiters, die ebenfalls mit einer Schlüsselzahl zu melden ist. Der gesamte 9-stellige Schlüssel wird als Tätigkeitsschlüssel bezeichnet.

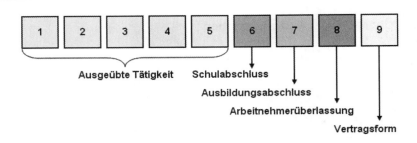

Abb. 2: Aufbau des neuen Tätigkeitsschlüssels

Ausgeübter Beruf

Mit diesem Schlüssel ist die im Unternehmen ausgeübte Tätigkeit in einem 5-stelligen Nummerncode verschlüsselt zu melden. Das „alphabetische Verzeichnis der Tätigkeiten zur Klassifikation der Berufe 2010" kann von der Arbeitsagentur bezogen oder über das Internet auf der Seite der Arbeitsagentur heruntergeladen werden. Maßgebend ist allein die Tätigkeit, die der Beschäftigte aktuell im Betrieb ausübt — auch wenn diese Tätigkeit nicht dem erlernten Beruf entspricht. Wenn der Beschäftigte z. B. eine Ausbildung zum Industriemechaniker abgeschlossen hat, im Betrieb aber als Berufskraftfahrer tätig ist, ist er mit dem Schlüssel 52122 „Berufskraftfahrer" zu melden.

TIPP

Das Schlüsselverzeichnis finden Sie auf der Internetseite der Arbeitsagentur (www.arbeitsagentur.de) unter der Überschrift Veröffentlichungen. Suchen Sie nach dem Stichwort „Schlüsselverzeichnis 2010".

Treffen mehrere Tätigkeitsbezeichnungen für einen Beschäftigten zu, ist die Bezeichnung zu melden, die für die überwiegend ausgeübte Tätigkeit gilt. Wird die gesuchte Bezeichnung nicht gefunden, so ist eine artverwandte zutreffende Bezeichnung zu melden. Auszubildende, Praktikanten usw. werden mit der Tätigkeit verschlüsselt, die sie mit ihrer Ausbildung anstreben bzw. in der sie das Praktikum absolvieren.

Schulabschluss

Für den höchsten erreichten Schulabschluss gelten folgende Schlüsselziffern.

Stelle im Schlüssel	Inhalt
Stelle 6	Höchster allgemein bildender Schulabschluss 1 = Ohne Schulabschluss 2 = Haupt-/Volkshochschulabschluss 3 = Mittlere Reife oder gleichwertiger Abschluss 4 = Abitur/Fachabitur 9 = Abschluss unbekannt

Als Schulabschluss gilt der Besuch einer allgemeinbildenden Schule in der vorge-schriebenen Zeit bis zum erfolgreichen Abschluss der Prüfungen. Der Schulbesuch alleine reicht somit nicht aus. Ohne Hauptschulabschluss gelten somit:

- wenn die Schule vorzeitig abgebrochen bzw.
- ohne erfolgreichen Abschluss beendet wurde.

Bei ausländischen Abschlüssen wird ein vergleichbarer deutscher Abschluss gemel-det.

Die **Schlüsselzahl 9** ist möglichst zu vermeiden und sollte nur gewählt werden, wenn überhaupt keine Informationen zum Schulabschluss vorliegen. In den Fäl-len, in denen Unsicherheit zwischen zwei Alternativen besteht, ist auf jeden Fall eine der Alternativen zu wählen. Ist es beispielsweise unklar, ob der Beschäftigte einen Hauptschulabschluss oder die Mittlere Reife besitzt, wird die wahrschein-lichere der beiden Alternativen gewählt. Nur wenn überhaupt keine Angaben zu einer Schulbildung gemacht werden können, ist der Schlüssel 9 zu melden. Bei ausländischen Schulabschlüssen ist eine vergleichbare deutsche Schulbildung zu melden. Die gemeldete Schulbildung wir jedoch nur für statistische Zwecke verwendet.

Berufsausbildung

Für die berufliche Ausbildung sind folgende Schlüsselziffern in der Stelle 7 zu mel-den.

Ein Arbeitnehmer wird neu eingestellt

Stelle im Schlüssel	Inhalt
Stelle 7	Höchster beruflicher Ausbildungsabschluss 1 = ohne berufliche Ausbildung 2 = Abschluss einer anerkannten Berufsausbildung 3 = Berufsfachschulabschluss 4 = Meister-/Techniker- oder gleichwertiger Fachschulabschluss 5 = Bachelor 6 = Diplom/Magister/Master/Staatsexamen 7 = Promotion 9 = Abschluss unbekannt

Beruflicher Ausbildungsabschluss ist jede Form der betrieblichen und schulischen Berufsausbildung, die mit Zertifikat (Zeugnis, Diplom etc.) abgeschlossen wird. Bei **ausländischen Abschlüssen** ist ein vergleichbarer deutscher Abschluss zu melden. Kein Ausbildungsabschluss liegt vor bei:

- vorzeitigem Abbruch der Ausbildung
- bisher nur betriebliche Anlerntätigkeiten
- Abschluss eines Berufsgrundbildungsjahres (BGJ)
- Weiterbildungskursen, die die bisherige Ausbildung lediglich ergänzen, wie z. B. IT-Kenntnisse, Fremdsprachen, Bilanzbuchhaltung, Controlling, Marketing etc.

Eine **anerkannte Berufsausbildung** ist eine betriebliche oder überbetriebliche Ausbildung nach dem Berufsbildungsgesetz oder der Handwerksordnung oder auch eine Berufsausbildung an einer vollqualifizierenden Berufsfachschule (z. B. Altenpflege, Assistenten in unterschiedlichen Bereichen) bzw. an einem entsprechenden Berufskolleg.

TIPP

Für die Auswahl der Schlüsselzahl ist der tatsächliche höchste erreichte Berufsabschluss des Arbeitnehmers maßgebend, auch wenn für die Tätigkeit im Unternehmen üblicherweise eine andere Ausbildung vorgesehen ist.

Das Melden der **Schlüsselzahl 9** sollte möglichst vermieden werden. Der Schlüssel ist zu melden, wenn überhaupt keine Informationen zu einem Ausbildungsabschluss vorliegen. In Fällen, bei denen Unsicherheit zwischen zwei Alternativen besteht, ist auf jeden Fall eine der Alternativen zu wählen. Ist beispielsweise unklar, ob es sich bei dem Abschluss um ein Diplom oder um den Bachelor handelt, ist die wahrscheinlichere Alternative zu melden.

Leiharbeitsverhältnis

In der Stelle 8 sind Angaben zur Arbeitnehmerüberlassung zu machen.

Stelle im Schlüssel	Inhalt
Stelle 8	Arbeitnehmerüberlassung 1 = nein 2 = ja

In der Regel ist die Option 1 zu melden. Nur Zeitarbeitsunternehmen mit einer Erlaubnis zur gewerbsmäßigen Arbeitnehmerüberlassung unterscheiden hier, ob ihre Arbeitnehmer als Zeitarbeiter eingesetzt werden oder nicht. Alle anderen — und somit die Mehrzahl der Betriebe — melden ihre Beschäftigten mit der Schlüsselzahl 1.

Vollzeit/Teilzeitbeschäftigung

Die 9. Stelle des Tätigkeitsschlüssels macht Angaben zur Art des Arbeitsvertrages bzw. zum Umfang der Beschäftigung.

Stelle im Schlüssel	Inhalt
Stelle 9	Vertragsform 1 = Vollzeit, unbefristet 2 = Teilzeit, unbefristet 3 = Vollzeit, befristet 4 = Teilzeit befristet

Ausschlaggebend für die Beurteilung des Umfangs der Beschäftigung ist die im Arbeitsvertrag individuell vereinbarte Arbeitszeit.

Vollzeit

Unter Vollzeit ist die tariflich bzw. betrieblich festgelegte Regelarbeitszeit zu verstehen. Gelten mehrere Regelarbeitszeiten — z. B. 38 und 40 Stunden pro Woche — gelten alle Mitarbeiter, die mindestens die geringste der Regelarbeitszeiten erreichen, als in Vollzeit beschäftigt.

Teilzeit

Teilzeit ist jede vertraglich festgelegte Arbeitszeit, die geringer als die tariflich/betrieblich festgelegte Regelarbeitszeit ist. Dies kann auch der Fall sein, wenn für

Ein Arbeitnehmer wird neu eingestellt

vergleichbare Personen im Unternehmen die Regelarbeitszeit bei beispielsweise 40 Stunden liegt und der Mitarbeiter nur 38 Stunden pro Woche arbeitet.

Befristet/unbefristet

Ein unbefristeter Arbeitsvertrag wurde auf unbestimmte Zeit abgeschlossen. Wurde der Arbeitsvertrag auf eine bestimmte Zeit abgeschlossen (kalendermäßig befristete Arbeitsverträge oder zweckbefristete Arbeitsverträge), handelt es sich um eine befristete Beschäftigung.

Besondere Personengruppen

Bei Mitarbeitern in **Altersteilzeit** mit Blockmodell gilt die Beschäftigung in der Beschäftigungsphase und Freistellungsphase durchgängig als Vollzeit. Bei Mitarbeitern, die Altersteilzeit in einem Teilzeitmodell durchführen, ist die Arbeitszeit durchgängig als Teilzeit zu melden.

Bei Aushilfen (Minijobber) handelt es sich in der Regel um eine Teilzeitbeschäftigung, auch wenn dies die einzige Beschäftigung des Arbeitnehmers ist und an einzelnen Tagen die Vollzeit-Arbeitszeit (z. B. 8 Stunden) erreicht wird. Bei kurzfristig beschäftigten Aushilfen bzw. bei einer Befristung kann auch eine Vollzeit vorliegen.

Behinderte Menschen müssen voraussichtlich ab Dezember 2014 ebenfalls mit einem Tätigkeitsschlüssel gemeldet werden. Geplant ist, dass auch die Einrichtungen der Jugendhilfe, Berufsbildungswerke und ähnliche Einrichtungen ab Dezember in den Meldungen zur Sozialversicherung für die Personengruppen 107 (behinderte Menschen in Werkstätten) und 111 (Personen in Einrichtungen der Jugendhilfe) die Angaben zur Tätigkeit (Tätigkeitsschlüssel) melden müssen.

Die Bundesagentur für Arbeit (BA) verwendet diese Angaben für Statistiken über die sozialversicherungspflichtige Beschäftigung im Bundesgebiet. Sie ist verpflichtet, Art und Umfang der Beschäftigung im Bundesgebiet zu ermitteln, um künftige Entwicklungen am Arbeitsmarkt einschätzen zu können.

● TIPP

Der Meldeschlüssel ist bei jeder Meldung zur Sozialversicherung zu melden. Dies bedeutet, dass bei einem Wechsel von Vollzeit auf Teilzeit bzw. umgekehrt eine Meldung zur Sozialversicherung zu erstellen ist.

Schlüssel der Staatsangehörigkeit

Die Staatsangehörigkeit des Arbeitnehmers wird in einem Länderschlüssel verschlüsselt. Der „Schlüssel der Staatsangehörigkeit" ist als dreistellige Zahl anzugeben. Für die Bundesrepublik Deutschland ist der Länderschlüssel „000" zu melden. Kommt der Arbeitnehmer aus einem Land, welches nicht im Schlüsselverzeichnis aufgeführt ist, ist der Länderschlüssel 996 (unbekanntes Ausland) in der Meldung zu übermitteln. Ist der Arbeitnehmer staatenlos oder ist seine Herkunft ungeklärt, muss der Schlüssel 997 (staatenlos) bzw. 998 (ungeklärt) gemeldet werden. Können aus anderen Gründen keine Angaben über die Herkunft des Arbeitnehmers gemacht werden, zum Beispiel weil das Land nicht mehr existiert, ist der Schlüssel 999 — ohne Angaben — im Staatenschlüssel zu melden.

TIPP

Eine Liste der Staaten mit den zugehörenden Länderschlüsseln ist bei der AOK oder bei jeder anderen Krankenkasse erhältlich. Im Online-Formular von sv.net/ online finden Sie das Verzeichnis unter der Schaltfläche „Aktuelle Staatsangehörigkeit".

Statuskennzeichen für Geschäftsführer

Das Feld „Statuskennzeichen" dient zur versicherungsrechtlichen Klärung, ob eine beitragspflichtige Beschäftigung vorliegt. Das Verfahren dient dazu, dass im Leistungsfall die Agentur für Arbeit nicht mehr prüft, ob die Voraussetzungen für den Bezug von Arbeitslosengeld gegeben sind. Das Statuskennzeichen ist nur für folgende Personen zu kennzeichnen:

- Ehegatte, Lebenspartner, Kinder (Abkömmling), Verwandte oder Verschwägerte des Geschäftsführers
- Gesellschafter-Geschäftsführer einer GmbH

Die Spitzenverbände der Sozialversicherungen haben sich auch darauf verständigt, dass das Statuskennzeichen nur bei **Beginn der Beschäftigung** (Anmeldung) zu übermitteln ist. Bei allen weiteren Meldungen hat das Kennzeichen zu unterbleiben.

Durch die Kennzeichnung erfolgt eine Weiterleitung der Anmeldung an die Clearingstelle der Deutschen Rentenversicherung. Diese nimmt eine Prüfung der Versicherungspflicht vor und meldet den Status an alle anderen Sozialversicherungsträger und den Arbeitgeber weiter. Der Status ist für alle späteren Leistungsfälle bindend.

Ein Arbeitnehmer wird neu eingestellt

Geschäftsführer einer GmbH sind nicht per se sozialversicherungsfrei — auch dann nicht, wenn sie mehr als 50 % der Kapitalanteile besitzen. Damit der Geschäftsführer als beitragspflichtig anerkannt wird, genügt es auch nicht, eine Anmeldung bei einer gesetzlichen Krankenkasse vorzunehmen und die Beiträge zu entrichten. Die Beurteilung wird von den Einzugsstellen der Beträge, also der Krankenkasse und der Berufsgenossenschaft oder der Minijob-Zentrale, vorgenommen. Um das Feststellungsverfahren zu vereinfachen, können die Feststellungsanträge bei den Einzugsstellen angefordert werden. Für eine Freistellungsentscheidung sind zusätzlich folgende Unterlagen erforderlich:

- der Gesellschaftsvertrag,
- der Anstellungsvertrag und
- ein Auszug aus dem Handelsregister

TIPP

Gerade bei GmbH-Geschäftsführern, die auch GmbH-Gesellschafter sind, lehnt das Arbeitsamt oft Leistungen ab, obwohl Arbeitslosenversicherungsbeiträge entrichtet wurden. Um hier Rechtssicherheit zu erlangen, sollten bei der Krankenkasse ein Antrag nach § 7a SGB IV gestellt werden.

Wenn keine Versicherungsnummer angegeben werden kann

Die Felder Geburtsname, Geburtsort, Geburtsdatum, Geschlecht und Schlüssel der Staatsangehörigkeit sind nur dann in der Meldung zur Sozialversicherung zu ergänzen, wenn der Arbeitnehmer erstmalig eine rentenversicherungspflichtige Beschäftigung aufnimmt. Hat der Arbeitnehmer bereits einen Sozialversicherungsausweis mit einer SV-Nummer, dürfen diese Felder **nicht** übermittelt werden. Werden diese dennoch gemeldet, wird von der Deutschen Rentenversicherung erneut ein Rentenkonto für den Arbeitnehmer angelegt.

Mitgliedsnummer bei einem Versorgungswerk

Jedes Mitglied eines berufsständischen Versorgungswerkes erhält von diesem eine Mitgliedsnummer. Diese Mitgliedsnummer wird für die Entgeltabrechnung und das Meldewesen benötigt. Die 17-stellige Mitgliedsnummer setzt sich zusammen aus

- einer internen Nummer (bis zu 13 Ziffern mit den Sonderzeichen Punkt, Schrägstrich oder Bindestrich. Bei einigen Versorgungswerken sind die Buchstaben V oder W vorangestellt,

- der 3-stelligen Nummer der Versorgungseinrichtung (zwischen 001 und 199),
- und einer 1-stelligen Prüfziffer.

Wurde zum Zeitpunkt der Abrechnung dem Versicherten die Mitgliedsnummer noch nicht zugeteilt, ist mit einer sogenannten Dummy-Mitgliedsnummer zu melden. Der Aufbau dieser Dummy-Mitgliedsnummer entspricht dem oben dargestellten, allerdings wird die bis zu 13-stellige interne Nummer durch ein Fragezeichen ersetzt. Beispiel: ????????? ??? ?. In diesem Fall sind zusätzliche Angaben zur Person zu machen. Die Mitgliedsnummer ist nicht für die Anmeldung des Arbeitnehmers erforderlich, aber für die Meldung des Arbeitsentgelts bei der regelmäßig zu erstellenden „Meldung zur Beitragserhebung für berufsständische Versorgungseinrichtungen nach § 28a (11) SGB IV".

3.1.3　Erstellen der Anmeldung zur Sozialversicherungsmeldung

Der Beginn einer sozialversicherungspflichtigen Beschäftigung ist den Sozialversicherungsträgern mitzuteilen. Die Mitteilung erfolgt mit der **„Meldung zur Sozialversicherung"**. Die Meldung kann nur in elektronischer Form bei den Annahmestellen der Krankenkassen eingereicht werden. Für die Erstellung und Übermittlung stellt die ITSG (Informationstechnische Servicestelle der Gesetzlichen Krankenversicherung) ein kostenloses Programm (**sv.net**) zur Verfügung. Enthält das Entgeltabrechnungssystem ein Datenübermittlungsmodul, kann die Meldung auch über das Abrechnungsprogramm durchgeführt werden. Die Frist für die Abgabe der Anmeldung endet sechs Wochen nach Eintritt des neuen Arbeitnehmers.

Erstellen einer Sofortmeldung

Eine Besonderheit besteht für Betriebe mit vermeintlich hoher Fluktuation. Für Betriebe

- im Baugewerbe,
- im Hotel und Gaststättengewerbe,
- im Personenbeförderungsgewerbe,
- im Speditions-, Transport- und Logistikgewerbe,
- im Schaustellergewerbe,
- bei Unternehmen der Forstwirtschaft,
- im Gebäudereinigungsgewerbe,
- im Messebau- und Ausstellungsgewerbe und
- in der Fleischwirtschaft

ist spätestens mit dem Beginn der Beschäftigungsaufnahme eine vorgezogene Anmeldung des Mitarbeiters vorzunehmen — die sogenannte **Sofortmeldung**. Da diese Meldung zu Beginn der Beschäftigung bei den Sozialversicherungsträgern vorliegen muss, ist der Arbeitnehmer in der Regel einen Tag vor der Beschäftigungsaufnahme mit folgenden Daten zu melden:

- Vorname, Familienname
- Versicherungsnummer (soweit bekannt, sonst mit der Anmeldung bzw. Geburtstag, Geburtsort, Anschrift)
- Betriebsnummer des Arbeitgebers
- Tag der Beschäftigungsaufnahme
- Grund der Abgabe: 20 — Sofortmeldung

Die Sofortmeldung ist, unabhängig von der Krankenkasse des Arbeitnehmers an die Datenstelle der Träger der Rentenversicherung (DSRV) mit der Betriebsnummer 66667777 zu übermitteln. Die Sofortmeldung ersetzt die ausführlichere SV-Meldung (Anmeldung) **nicht**.

Wurde die Sofortmeldung erstellt, kann die Anmeldung im Rahmen der ersten Lohnabrechnung erstellt werden. Die Meldefrist beträgt sechs Wochen ab Beschäftigungsaufnahme.

!   **ACHTUNG**

Die Sofortmeldung kann nicht nachgeholt werden. Das bedeutet: Findet eine Prüfung am ersten Arbeitstag statt und liegt den Sozialversicherungen keine Sofortmeldung vor, geht die Prüfung von Schwarzarbeit aus. Die Sofortmeldung kann jedoch vor Beschäftigungsbeginn über sv.net/online erstellt werden (https://www.gkvnet-ag.de/svnet-online).

Zuständige Krankenkasse für die Meldung

War der Arbeitnehmer bisher in der Familienversicherung mitversichert oder nicht krankenversicherungspflichtig, kann er die Krankenkasse, bei der er künftig versichert sein will, frei wählen. Bei dieser Krankenkasse ist dann für ihn eine Anmeldung auszuführen. Wählt der Arbeitnehmer innerhalb der Anmeldefrist keine Krankenkasse, ist die Meldung bei der Krankenkasse einzureichen, bei der er zuletzt versichert war. Ist diese nicht bekannt oder nicht gegeben, kann die Meldung an die Firmenkrankenkasse oder die Kasse, die für die Abführung der Rentenversicherungsbeiträge zuständig ist, eingereicht werden. In der Regel ist dies die Firmenkrankenkasse — AOK oder IKK. Gleiches gilt für Arbeitnehmer, die bei einer Krankenversicherung privat krankenversichert sind.

> **TIPP**
>
> Programme, die das maschinelle Meldeverfahren ermöglichen, sollten über die ITSG-Zertifizierung für „systemgeprüfte Standardsoftware" verfügen. Eine Liste der geprüften Programme ist über das Internet unter www.itsg.de abrufbar. Das Programm sv.net kann über das Internet heruntergeladen werden. Den Aufruf finden Sie ebenfalls unter www.itsg.de unter „Download".

3.2 Was ist bei Eintritt einer geringfügig beschäftigten Aushilfe zu tun?

Mit der Neuregelung der geringfügigen Beschäftigung wurde sowohl das Meldewesen wie auch das Steuer- und Sozialversicherungsrecht für Aushilfen (Minijobber) grundlegend geändert. Die Unterschiede einer Aushilfe gegenüber einem voll sozialversicherungspflichtigen Beschäftigten liegen:

- im Meldewesen,
- in der Beitragspflicht zur Kranken-, Pflege-, Renten- und Arbeitslosenversicherung,
- in der Steuerpflicht.

Um einem Missbrauch bei der Befreiung von den Sozialversicherungen vorzubeugen, muss die Beschäftigung einer Aushilfe bei einer zentralen Stelle, der **Bundesknappschaft-Bahn-See (Minijob-Zentrale)** in Essen, an- und abgemeldet werden. Wie bei Vollzeitbeschäftigten ist auf der Anmeldung die Sozialversicherungsnummer anzugeben. Auch sozialversicherungsfreie geringfügig beschäftigte Arbeitnehmer erhalten einen Sozialversicherungsausweis mit einer Sozialversicherungsnummer. Das Meldewesen für Aushilfen wurde mit der Neuregelung dem für Vollzeitbeschäftigte angepasst. Die Anmeldung von geringfügig oder kurzfristig Beschäftigten ist nur noch elektronisch möglich. Für eine korrekte Anmeldung ist eine sozialversicherungsrechtliche Einstufung in geringfügige oder kurzfristige Beschäftigung erforderlich. Zusätzlich relevant ist, ob die Aushilfstätigkeit nebenberuflich oder als einzige Beschäftigung ausgeübt wird. Eine geringfügige Beschäftigung ist nach § 8 SGB IV sozialversicherungsfrei, wenn

- das durchschnittliche monatliche Arbeitsentgelt 450 EUR nicht übersteigt und
- es sich nicht um eine **zweite** Nebenbeschäftigung zusätzlich zu einer sozialversicherungspflichtigen Hauptbeschäftigung handelt.

Aus den beiden Bedingungen wird deutlich, dass es im Sozialversicherungsrecht zwei Arten von geringfügigen Beschäftigungen gibt:

- Die geringfügige(n) Beschäftigung(en) ist/sind die Hauptbeschäftigung.
- Die geringfügige Beschäftigung wird als Nebenbeschäftigung neben einer sozialversicherungspflichtigen Hauptbeschäftigung ausgeübt.

3.2.1 Sozialversicherungsrechtliche Beurteilung einer Aushilfstätigkeit (hauptberuflich)

Für die Beurteilung der Sozialversicherungspflicht von Aushilfen muss der Arbeitgeber vorausschauend das zukünftige Arbeitsentgelt betrachten und prüfen, inwieweit eine Beitragspflicht zur Kranken- und Rentenversicherung besteht. Bei der Einstellung einer Aushilfe empfiehlt es sich deshalb, einen Personalfragebogen auszufüllen. Mit der Erstellung des Datenblattes sind zum Zeitpunkt der Einstellung alle melderelevanten Daten bekannt und ermöglichen die Überprüfung der Geringfügigkeitskriterien und die korrekte Anmeldung bei den Sozialversicherungsträgern.

Zunächst ist vor der Anmeldung eines Minijobbers Art und Umfang der Beschäftigung abzuschätzen. Bei geringfügigen Beschäftigungen sind grundsätzlich drei Arten von Beschäftigungsverhältnissen möglich:

- geringfügige Beschäftigung in einem Gewerbebetrieb
- geringfügige Beschäftigung in einem privaten Haushalt
- kurzfristige Beschäftigung

Wesentlich für die Beurteilung ist die Höhe des Arbeitsentgelts.

Arbeitsentgeltgrenze

Im einfachsten Fall darf für eine geringfügige Beschäftigung der monatlich gezahlte Lohn die Grenze von **450 EUR** nicht übersteigen (450 EUR ist noch zulässig). Hat der Arbeitnehmer durch vertragliche Regelungen, aus betrieblicher Übung oder aus dem Gleichbehandlungsgrundsatz Anspruch auf Urlaubs- und/oder Weihnachtsgeld, sind diese Zahlungen in der 450-EUR-Grenze zu berücksichtigen. Das heißt, der monatliche Verdienst darf für eine Sozialversicherungsfreiheit des Arbeitnehmers nicht mehr als durchschnittlich 450 EUR betragen und muss zusätzlich um den anteiligen Wert des Urlaubs- oder Weihnachtsgeldes darunter liegen. Bei der Prüfung, ob die 450-EUR-Grenze eingehalten ist, müssen alle Zahlungen, auf die der Arbeitnehmer einen Rechtsanspruch hat, einbezogen werden. Der Rechtsanspruch kann sich aus:

- einem Arbeitsvertrag,
- einem Tarifvertrag,
- einer betrieblichen Vereinbarung oder betrieblichen Übung

ergeben.

Nicht zum Arbeitsentgelt gehören unter anderem steuerfreie Entgeltbestandteile wie Zuschläge für Sonntags-, Feiertags- und Nachtarbeit oder steuerfreie Aufwandsentschädigungen für Übungsleiter im Sportverein oder für Ausbilder bis zur Höhe von 2.400 EUR pro Jahr.

! ACHTUNG

Verzichtet der Arbeitnehmer auf einen Teil seines Arbeitsentgeltes (z. B. Weihnachtsgeld), bleibt dieses für die Ermittlung der Jahresarbeitsentgeltgrenze unberücksichtigt. Voraussetzung ist jedoch, dass der Mitarbeiter schriftlich den Verzicht beantragt und dass der Verzicht arbeitsrechtlich zulässig ist.

Schwankt bei einer stundenweisen Beschäftigung das monatliche Arbeitsentgelt, ist das geschätzte Jahresarbeitsentgelt maßgebend. Dies bedeutet, wenn das Arbeitsentgelt in einem Monat die 450-EUR-Grenze übersteigt, tritt nicht sofort Versicherungspflicht ein. Vielmehr darf das gesamte beitragspflichtige Jahresarbeitsentgelt bei durchgängiger Beschäftigung 5.400 EUR voraussichtlich nicht übersteigen.

▶ BEISPIEL

Ein Arbeitnehmer erzielt in den Monaten September bis April voraussichtlich 390 EUR monatliches Arbeitsentgelt. In den Monaten Mai bis August liegt der Aushilfslohn saisonbedingt bei 480 EUR. Das für die versicherungsrechtliche Beurteilung maßgebende regelmäßige Arbeitsentgelt ist wie folgt zu ermitteln:

September bis April (8 × 390 EUR)	3.120 EUR
Mai bis August (4 × 480 EUR)	1.920 EUR
Summe	**5.040 EUR**

Ein Zwölftel dieses Betrages beläuft sich auf 420 EUR und übersteigt somit nicht die Arbeitsentgeltgrenze von 450 EUR durchschnittlich pro Monat. Der Arbeitnehmer kann sozialversicherungsfrei beschäftigt werden.

Beginnt oder endet eine geringfügige Beschäftigung im Laufe eines Monats, ist der anteilige Monatswert **nicht** mehr zu ermitteln. Eine anteilige Berechnung für einen Teilmonatszeitraum ist nach den neuen Geringfügigkeits-Richtlinien nicht mehr erforderlich. Somit gilt auch dann, wenn eine Beschäftigung während des laufenden Monats beginnt oder endet, die 450-EUR-Grenze. Lediglich wenn die Beschäftigung auf weniger als einen Zeitmonat befristet ist, muss die anteilige Geringfügigkeitsgrenze ermittelt werden. In diesem Fall ist die Geringfügigkeitsgrenze nach folgender Formel umzurechnen.

$$\text{Anteiliges Monatsentgelt} = \frac{450}{30} \times \text{Anzahl Kalendertage}$$

Liegt bei einem vertraglich vereinbarten Teillohnzahlungszeitraum (z. B. 1.6. — 15.6.) das vereinbarte Arbeitsentgelt über dem anteiligen Monatsentgelt, besteht Sozialversicherungspflicht in der Kranken-, Pflege- und Rentenversicherung.

▶ **BEISPIEL**

Ein geringfügig beschäftigter Arbeitnehmer tritt zum 15. Januar in das Unternehmen ein. Sein Arbeitsentgelt für Januar wird mit 260 EUR vereinbart. Die wöchentliche Arbeitszeit soll 12 Stunden betragen. Die Beschäftigung soll zum 31.1. des Jahres enden.

$$\text{Anteiliges Monatsentgelt} = \frac{450}{30} \times 17$$

Anteiliges Arbeitsentgelt = 255,00 EUR

Das tatsächliche Arbeitsentgelt (260 EUR) liegt über dem anteiligen monatlichen sozialversicherungsfreien Arbeitsentgelt. Somit besteht volle Beitragspflicht in der Kranken-, Pflege- und Rentenversicherung. In der Arbeitslosenversicherung besteht keine Beitragspflicht, da die Stundengrenze (< 15 Stunden pro Woche) eingehalten ist.

! **ACHTUNG**

Wird der Arbeitnehmer im Beispiel über die Monatsgrenze hinaus beschäftigt, ist die Einhaltung der anteiligen jährlichen Sozialversicherungsgrenze (5.400 EUR) zu prüfen. Liegt das gesamte Arbeitsentgelt unter der auf die Beschäftigungsmonate bezogenen Grenze, besteht Sozialversicherungsfreiheit

Was ist bei Eintritt einer geringfügig beschäftigten Aushilfe zu tun?

3

für den Arbeitnehmer. Wird der Arbeitnehmer im Beispiel bis Ende Februar beschäftigt, darf das gesamte Entgelt 900 EUR nicht übersteigen.

Beitragspflicht zur Renten- und Krankenversicherung

Ist die sozialversicherungsrechtliche Grenze (450 EUR monatliches Arbeitsentgelt) eingehalten, besteht Sozialversicherungspflicht zur Rentenversicherung. Der Arbeitgeber muss **mindestens 15 % des Arbeitsentgeltes** als pauschalen Beitrag zur **Rentenversicherung** entrichten. Wird die geringfügige Beschäftigung in einem privaten Haushalt ausgeübt, ist nur der ermäßigte pauschale Beitrag von **5 %** des Arbeitsentgeltes als Rentenversicherungsbeitrag vom Arbeitgeber zu leisten.

Rentenversicherung

Mit der Reform des Minijobs hat sich die Versicherungsfreiheit zur Rentenversicherung für den Arbeitnehmer umgekehrt. Seit 2013 sind geringfügig beschäftigte Arbeitnehmer **versicherungspflichtig** in der Rentenversicherung. Der Arbeitnehmer kann sich jedoch auf Antrag von der Rentenversicherungspflicht befreien lassen. Diesen Antrag muss er schriftlich beim Arbeitgeber stellen. Ein Formular ist für den Antrag nicht vorgeschrieben, es reicht ein Formblatt des Arbeitgebers oder die Unterschrift unter einem entsprechenden Personalfragebogen aus. Wurde der Befreiungsantrag gestellt, gilt dieser für die gesamte Dauer der Beschäftigung. Ein Wechsel zurück in die Rentenversicherungspflicht ist nur durch eine Auflösung der Beschäftigung möglich. Außerdem kann bei mehreren geringfügigen Beschäftigungen die Befreiung nur einheitlich für alle Beschäftigungen ausgesprochen werden. Der Arbeitgeber muss bereits bei der Anmeldung der Minijob-Zentrale mitteilen, dass ein Befreiungsantrag zur Rentenversicherung des Mitarbeiters vorliegt. Die Anmeldung muss spätestens 6 Wochen nach Aufnahme der Beschäftigung bei der Minijob-Zentrale eingegangen sein. Die Befreiung von der Beitragspflicht zur Rentenversicherung wird jedoch erst dann wirksam, wenn die Minijob-Zentrale nicht innerhalb eines Monats (4 Wochen) nach Zugang des Antrags auf Befreiung widerspricht. Ein Widerspruch der Minijob-Zentrale ist beispielsweise möglich, wenn diese das Überschreiten der monatlichen Entgeltgrenze wegen mehrerer Beschäftigungen feststellt oder eine weitere geringfügige Beschäftigung mit Rentenversicherungspflicht für den Mitarbeiter vorliegt. Die Versicherungspflicht besteht sowohl im Gewerbebetrieb wie auch für Privathaushalte (Haushaltsscheck Verfahren). Liegt kein formloser Befreiungsantrag vom Mitarbeiter vor, ist der allgemeine Rentenversicherungsbeitrag von 18,9 % auf das geringfügige Arbeitsentgelt anzuwenden. Somit trägt der Mitarbeiter dann die Differenz zwischen dem pauschalen Beitrag des Arbeitgebers (15 % des Arbeitsentgelts) und dem allgemeinen Beitrag

(18,9 %) selbst. Der Arbeitgeber behält den Rentenversicherungsbeitrag des Mitarbeiters in Höhe von 3,9 % des Arbeitsentgelts direkt bei der Lohnabrechnung ein.

TIPP

Der Arbeitgeber ist nicht verpflichtet, den Arbeitnehmer auf die Befreiungsmöglichkeit zur Rentenversicherung aufmerksam zu machen. Ein Befreiungsantrag kann jedoch jederzeit durchgeführt werden. Die Wirksamkeit der Befreiung entsteht jedoch erst ab dem Monat des Zugangs bei der Minijobzentrale bzw. nach Ablauf der Widerspruchsfirst von 4 Wochen. Wird die Befreiung durch den Arbeitgeber vor Ablauf der Widerspruchsfrist gewährt, trägt dieser das Risiko für die Beitragsnachforderung. Wird der Befreiungsantrag erst nach Ablauf der 6-Wochen-Frist gestellt, kann die Befreiung frühestens ab dem Folgemonat der Antragsstellung wirksam werden.

ACHTUNG

Hat der Arbeitnehmer mehrere geringfügige Beschäftigungen, kann eine Befreiung von der Versicherungspflicht in der Rentenversicherung nur gesamthaft für alle geringfügigen Beschäftigungen ausgesprochen werden. In diesem Fall muss der Arbeitnehmer die übrigen Arbeitgeber über die Befreiung informieren und ggf. auf eine Korrektur von zurückliegenden Lohnabrechnungen hinwirken. Ein Bescheid der Minijob-Zentrale über die Befreiung wird jedoch nicht erteilt. Der Antrag gilt als genehmigt, sobald die Widerspruchsfrist abgelaufen ist.

Auf die Problematiken des Übergangs von Bestandsfällen mit der Regelung bis 31.12.2012 zur Neuregelung ab 1.1.2013 wird im Kapitel 3.5 in diesem Abschnitt gesondert eingegangen. Geringfügig Beschäftigte, die keine eigenen Beiträge zur Rentenversicherung bezahlen möchten, können sich jederzeit, also auch während des laufenden Beschäftigungsverhältnisses, von der Versicherungspflicht in der Rentenversicherung befreien lassen. Ausgenommen von dieser Möglichkeit sind geringfügig Beschäftigte, die bereits vor dem 1. Januar 2013 eigene Rentenversicherungsbeiträge gezahlt haben. In diesem Fall ist der sogenannte Verzicht auf die Rentenversicherungspflicht für den Arbeitnehmer nicht möglich.

TIPP

Für Bezieher von Anpassungsgeld oder einer Knappschaftsausgleichsleistung bringt der Arbeitnehmerbeitrag zur gesetzlichen Rentenversicherung keine zusätzlichen Leistungen im Rentenalter. Vielmehr können sich nachteilige Auswirkungen bei der Berechnung einer späteren Rentenleistung ergeben. Um dies zu vermeiden, sollten sich Bezieher von Anpassungsgeld oder Ausgleichsleistungen von der Rentenversicherungspflicht befreien lassen.

Auch Bezieher von Erwerbsminderungsrenten oder Berufs-/Erwerbsunfähigkeitsrenten sollten sich vor Aufnahme einer geringfügigen Beschäftigung beraten lassen und ggf. schon bei der Anmeldung von der Rentenversicherungspflicht des Mitarbeiters befreien lassen.

TIPP

Sollte dem Arbeitgeber die Übermittlung der Meldung noch nicht möglich sein, weil das Arbeitsentgelt noch nicht bekannt ist oder das Lohnabrechnungsprogramm eine Meldung in die Zukunft nicht ermöglicht, kann das Formular „Vorabmeldung zur verfristeten Anzeige des Eingangs eines RV-Befreiungsantrages" verwendet werden. Diese steht über die Internetseite der Minijob-Zentrale zur Verfügung (www.minijob-zentrale.de).

Krankenversicherung

Für geringfügig Beschäftigte, die in einer gesetzlichen Krankenkasse krankenversichert sind, muss neben dem Rentenversicherungsbeitrag ein pauschaler Beitrag von **13 % des Arbeitsentgeltes** für die **Krankenversicherung** ermittelt und vom Arbeitgeber übernommen werden. Die Beitragspflicht besteht jedoch nur, wenn der Arbeitnehmer in einer gesetzlichen Krankenkasse selbst oder familienversichert ist. Die pauschale Beitragspflicht gilt auch für gesetzlich versicherte Beamte oder Studenten, die selbst in einer gesetzlichen Krankenkasse versichert oder familienversichert sind.

BEISPIEL

Ein geringfügig beschäftigter Arbeitnehmer bezieht ein Entgelt von monatlich 350 EUR. Die Beschäftigung soll pauschal versteuert werden. Der Arbeitnehmer ist bei der Barmer Ersatzkasse krankenversichert. Die Befreiung von der Versicherungspflicht in der Rentenversicherung wurde vom Arbeitnehmer beantragt.

	Entgelt	350,00 EUR
+	pauschaler Krankenversicherungsbeitrag (13 %)	45,50 EUR
+	pauschaler Rentenversicherungsbeitrag (15 %)	52,50 EUR
+	pauschale Lohnsteuer (2 %)	7,00 EUR
=	**Arbeitgeberbelastung**	**455,00 EUR**

Meldung zur Sozialversicherung

KV	RV	ALV	PV
6	1	0	0
6	5	0	0

Für gesetzlich krankenversicherte geringfügig Beschäftigte ist in der Meldung zur Sozialversicherung der Beitragsgruppenschlüssel 6-1-0-0 zu melden. Hat der Mitarbeiter beim Arbeitgeber die Befreiung von der Versicherungspflicht in der Rentenversicherung beantragt, ist der Mitarbeiter mit dem Beitragsgruppenschlüssel 6-5-0-0 und dem Merkmal „Befreiung in der RV beantragt" der Minijob-Zentrale zu melden. Als Personengruppe ist die Gruppe **109** (geringfügig entlohnte Beschäftigung) in der Meldung anzugeben. Auch für die geringfügige Beschäftigung ist ein Sozialversicherungsausweis mit einer Sozialversicherungsnummer erforderlich. Die Meldung erfolgt automatisch aus dem Entgeltabrechnungssystem oder manuell mit dem Programm sv.net. Die Meldung zur Sozialversicherung ist an die Bundesknappschaft Bahn-See (Minijob-Zentrale) in Essen zu richten. Für die Details zur Erstellung der Meldung zur Sozialversicherung siehe Kapitel 3.2.3.

TIPP

Durch die allgemeine Beitragspflicht zur Rentenversicherung kann der Mitarbeiter einen Anspruch auf Übergangsgeld erwerben. Nimmt der Arbeitnehmer nach Ablauf der 6-wöchigen Lohnfortzahlung an einer Maßnahme zur medizinischen Vorsorge oder Rehabilitation teil, kann er für diese Zeit das sogenannte Übergangsgeld von der Deutschen Rentenversicherung erhalten. Voraussetzung für den Anspruch auf Übergangsgeld aus einem Minijob ist unter anderem, dass unmittelbar vor der medizinischen Maßnahme Pflichtbeiträge zur gesetzlichen Rentenversicherung entrichtet wurden — also nicht nur der Pauschalbeitrag des Arbeitgebers.

Ausnahmen von der Beitragspflicht zur Renten- und Krankenversicherung

Aus den Pauschalbeiträgen zur Krankenversicherung entstehen grundsätzlich keine Leistungsansprüche. Das heißt, der Arbeitnehmer muss noch anderweitig krankenversichert sein. Der pauschale Arbeitgeberbeitrag zur Rentenversicherung erhöht hingegen den Rentenanspruch, nicht jedoch die Pflichtversichertenzeit. Von der pauschalen Beitragspflicht des Arbeitgebers zur Kranken- und Rentenversicherung gibt es einige Ausnahmen:

Privat Krankenversicherte

Für geringfügig Beschäftigte (Minijobber), die privat krankenversichert sind oder die keine Krankenversicherung haben, ist der pauschale Beitrag von 13 % bzw. 5 % (in privaten Haushalten) nicht zu entrichten. Es entsteht auch kein Beitrag zu einer privaten Krankenversicherung. In der Meldung zur Sozialversicherung ist der **Beitragsgruppenschlüssel 0** für die Krankenversicherung (KV) zu melden.

Praktikanten

Die Regelung der Beitragsfreiheit für geringfügige Arbeitsentgelte gilt nur bedingt für Praktikanten. Bei Praktikanten ist zu unterscheiden, ob es sich um ein Vor- bzw. Nachpraktikum oder um ein studienbegleitendes vorgeschriebenes Zwischenpraktikum handelt. Nur das sogenannte vorgeschriebene Zwischenpraktikum ist von Beiträgen zu den Sozialversicherungen befreit. Wird für ein Zwischenpraktikum eine Vergütung in Höhe des geringfügigen Arbeitsentgeltes (bis 450 EUR monatlich) bezahlt, unterliegt dieses Arbeitsentgelt nicht der pauschalen Beitragspflicht zur Kranken- und Rentenversicherung — Meldung zur Sozialversicherung mit der **Beitragsgruppe 0-0-0-0**. Handelt es sich bei dem Zwischenpraktikum um ein nicht in der Studienordnung vorgeschriebenes Praktikum, besteht die pauschale Beitragspflicht in der Krankenversicherung. Die Pflicht zur Ermittlung von pauschalen Beiträgen zur Krankenversicherung besteht jedoch nur dann, wenn die Beschäftigung geringfügig und der Studierende in einer gesetzlichen Krankenkasse krankenversichert ist. Die sozialversicherungsrechtlichen Regelungen für Praktikanten sind sehr komplex. Eine genaue Erläuterung finden Sie im Kapitel 3.4.4.

Mehrere geringfügige Beschäftigungen

Der pauschale Beitrag von 15 % zur Rentenversicherung bzw. 13 % zur Krankenversicherung ist nur zulässig, wenn die durchschnittliche monatliche Entgeltgrenze von 450 EUR beim Zusammenrechnen aller geringfügigen Beschäftigungen nicht überschritten wird und der Mitarbeiter die Befreiung in der Rentenversicherung beantragt hat, bzw. die Minijob-Zentrale dem Antrag nicht widersprochen hat. Übersteigt das kumulierte Arbeitsentgelt die 450-EUR-Grenze, entsteht die volle Beitragspflicht in allen Zweigen der Sozialversicherung. Ein pauschaler Beitrag zur Renten- und Krankenversicherung kommt nicht in Betracht, auch dann nicht, wenn jede einzelne Beschäftigung innerhalb der Entgeltgrenze liegt. Die Meldung zur Sozialversicherung ist mit der **Beitragsgruppe 1-1-1-1** vorzunehmen und an die Krankenkasse, nicht an die Minijob-Zentrale zu richten.

> **● TIPP**
>
> Die volle Beitragspflicht tritt mit der Mitteilung durch die zuständige Minijob-Zentrale ein. Bestehen mehrere geringfügige Beschäftigungen, von denen der Arbeitgeber keine Kenntnis hat, entsteht die volle Beitragspflicht mit dem Widerspruch der Bundesknappschaft. Allerdings kann diese rückwirkend zum Beschäftigungsbeginn entstehen. Die Minijob-Zentrale muss innerhalb von 4 Wochen der geringfügigen Beschäftigung widersprechen. Der Arbeitgeber erhält eine Mitteilung, dass die Entgeltgrenze überschritten ist und der Arbeitnehmer bei seiner Krankenkasse anzumelden ist.

> **! ACHTUNG**
>
> Geringfügig entlohnte Beschäftigungen und kurzfristige Beschäftigungen dürfen für die Ermittlung der Arbeitsentgeltgrenze nicht zusammen gerechnet werden.

Auszubildende

Auszubildende sind grundsätzlich sozialversicherungspflichtig in allen vier Zweigen der Sozialversicherung. Die pauschalen Beiträge zur Krankenversicherung und ggf. zur Rentenversicherung kommen nicht in Betracht, auch dann nicht, wenn die Ausbildungsvergütung unter 450 EUR pro Monat liegt. Für Auszubildende sind jedoch die Sonderregelungen für „Geringverdiener" zu beachten (siehe Kapitel 3.4.3).

3.2.2 Sozialversicherungsrechtliche Beurteilung einer nebenberuflichen Aushilfstätigkeit

Für die Beurteilung der Sozialversicherungspflicht einer Aushilfstätigkeit neben einem Hauptberuf ist wie bei einer hauptberuflichen Tätigkeit die Höhe des Arbeitsentgelts entscheidend. Zusätzlich muss von Arbeitgeber geprüft werden, ob es sich um eine erste oder eine weitere (zweite, dritte etc.) geringfügige Nebenbeschäftigung handelt.

Arbeitsentgelt

Wie bei der geringfügigen Hauptbeschäftigung gilt auch für die geringfügige Nebenbeschäftigung eine Entgeltobergrenze von 450 EUR pro Monat (durchschnittlich). Die Entgelte aus der **ersten** geringfügigen (Neben-) Beschäftigung sind nicht mit einer beitragspflichtigen Hauptbeschäftigung zusammenzurechnen. Das heißt, hat der Arbeitnehmer eine sozialversicherungspflichtige Hauptbeschäftigung und nimmt zusätzlich eine geringfügige Nebenbeschäftigung auf, kann diese nebenberufliche Aushilfstätigkeit behandelt werden, als wäre sie seine einzige Tätigkeit (vgl. Kapitel 3.2.2). Der **Arbeitnehmer** kann beitragsfrei in den Sozialversicherungen bleiben. Voraussetzung ist jedoch, dass der Arbeitnehmer beim Arbeitgeber einen formlosen Befreiungsantrag von der Rentenversicherungspflicht stellt. Wird der Befreiung durch die Minijob-Zentrale nicht widersprochen, muss der Arbeitgeber in der Regel nur den pauschalen Beitrag zur Rentenversicherung (15 % des Arbeitsentgeltes) entrichten. Beantragt der Mitarbeiter **keine Befreiung** von der Versicherungspflicht in der Rentenversicherung, entsteht automatisch volle Beitragspflicht zur Rentenversicherung für die geringfügige Beschäftigung, es darf jedoch keine Addition der Arbeitsentgelte mit der sozialversicherungspflichtigen Hauptbeschäftigung vorgenommen werden. Ist der Mitarbeiter in einer gesetzlichen Krankenkasse krankenversichert, entstehen zusätzlich 13 % des Arbeitsentgeltes als Krankenversicherungsbeitrag für die geringfügige Nebenbeschäftigung. Der pauschale Krankenversicherungsbeitrag ist unabhängig davon, ob der Mitarbeiter sich von der Rentenversicherungspflicht befreien lässt oder nicht. Der pauschale Beitrag ist vom Arbeitgeber zu tragen.

▶ **BEISPIEL**

Ein Arbeitnehmer hat eine sozialversicherungspflichtige Hauptbeschäftigung und eine geringfügige Nebenbeschäftigung:

Beschäftigung	Stunden pro Woche	Entgelt pro Monat
A	37,5	1.860 EUR
B	10	400 EUR
Summe		2.260 EUR

Die Hauptbeschäftigung ist mit Personengruppenschlüssel 101 und Beitragsgruppenschlüssel 1-1-1-1 bei der Krankenkasse des Arbeitnehmers zu melden. Die geringfügige Nebenbeschäftigung ist mit dem Personengruppenschlüssel 109 und dem Beitragsgruppenschlüssel 6-1-0-0 bei der Minijob-Zentrale zu melden.

Meldung zur Sozialversicherung

KV	RV	ALV	PV
6	1	0	0
6	5	0	0

Die geringfügige Nebenbeschäftigung ist beim Sozialversicherungsträger anzu-melden. Empfänger aller Meldungen für geringfügig Beschäftigte ist die Bundes-knappschaft-Bahn-See in 45115 Essen. Die Meldung kann mit der Ausfüllhilfe sv.net oder aus dem jeweiligen Entgeltabrechnungsprogramm erstellt werden. Als Bei-tragsgruppenschlüssel ist für die geringfügige Nebenbeschäftigung der Schlüssel 6-1-0-0 (KV-RV-ALV-PV) zu melden. Hat der Arbeitnehmer schriftlich beim Arbeitge-ber die Befreiung von der Rentenversicherungspflicht beantragt, ist in der Meldung zur Sozialversicherung die Beitragsgruppe 6-5-0-0 zu melden. Ist der Arbeitnehmer privat krankenversichert lautet der Beitragsgruppenschlüssel 0-1-0-0 bzw. 0-5-0-0, abhängig davon, ob die Befreiung in der Rentenversicherung beantragt wurde.

Wurde die Befreiung in der Rentenversicherung nicht beantragt, besteht eigent-lich eine sozialversicherungspflichtige Mehrfachbeschäftigung im Sinne der Ren-tenversicherung. Bei mehreren sozialversicherungspflichtigen Beschäftigungen ist der Arbeitgeber eigentlich verpflichtet, monatlich eine sogenannte GKV-Monats-meldung zu erstellen. Die Spitzenverbände der Sozialversicherungen haben sich jedoch im September 2013 darauf verständigt, dass für geringfügige Beschäftigun-gen selbst dann keine GKV-Monatsmeldung abzugeben ist, wenn die Rentensiche-rungspflicht besteht.

Ausnahmen von der Beitragspflicht zur Renten- und Kranken-versicherung

Rentenversicherung bei einem berufsständischen Versorgungswerk

Besondere Regelungen bestehen für geringfügig Nebenbeschäftigte, die in ihrer Hauptbeschäftigung in einem berufsständischen Versorgungswerk rentenversi-chert sind. Grundsätzlich besteht auch für die geringfügige Nebenbeschäftigung eines freien Berufes — wie zum Beispiel eines Arztes oder Apothekers — die allge-meine Beitragspflicht zur Rentenversicherung. Allerdings ist bei der geringfügigen Nebenbeschäftigung zu unterscheiden, ob es sich um eine „berufsfremde" oder „berufsgleiche" geringfügige Nebenbeschäftigung handelt. Übt der geringfügig Beschäftigte eine **berufsgleiche** Nebenbeschäftigung aus, ist das Versorgungswerk zuständiger Rentenversicherungsträger für die geringfügige Beschäftigung. Der Arbeitnehmer kann sich nach § 6 Abs. 1 Satz 1 Nr. 1 SGB VI von der Rentenversicherungspflicht befreien lassen. (Beispiel: Arzt ist geringfügig im medizinischen Bereich nebenbeschäftigt). Wird die geringfügige Nebenbeschäftigung in einem **berufsfremden** Bereich ausgeübt, ist die Deutsche Rentenversicherung zuständiger Versicherungsträger. Dementsprechend sind die Beiträge dann der Bundesknappschaft-Bahn-See (Minijob-Zentrale) zu melden. Auch bei einer berufsfremden, geringfügigen Nebenbeschäftigung kann sich der Mitarbeiter nach § 6 Abs. 1b bzw. Abs. 3 SGB VI von der Beitragspflicht zur Rentenversicherung befreien lassen. Wird vom Arbeitnehmer die Befreiung von den Rentenversicherungsbeiträgen beantragt, besteht nur noch eine pauschale Beitragspflicht des Arbeitgeber (15 % des Arbeitsentgelts). Zu beachten ist jedoch, dass diese mit unterschiedlichen Beitragsgruppenschlüsseln der Minijob-Zentrale zu melden sind. In beiden Fällen sind die pauschalen Krankenversicherungsbeiträge zu erheben und der Minijob-Zentrale zu melden. Als Beitragsgruppe ist entsprechend bei der Anmeldung anzugeben:

Geringfügige Nebenbeschäftigung ist	Beitragsgruppenschlüssel
berufsgleich	6-0-0-0
berufsfremd	6-1-0-0

Beantragt der Arbeitnehmer die Versicherungsfreiheit in der Rentenversicherung für die geringfügige Beschäftigung, ist — unabhängig davon, ob diese berufsgleich oder berufsfremd ist — der pauschale Beitrag zur Rentenversicherung in Höhe von 15 % zu entrichten. Bei berufsfremder geringfügiger Beschäftigung und bei berufsgleicher erhält diesen die Minijob-Zentrale. Als Beitragsgruppe ist der Minijob-Zentrale dann zu melden:

Geringfügige Nebenbeschäftigung ist	Beitragsgruppenschlüssel
berufsgleich	6-0-0-0
berufsfremd	6-5-0-0

Die detaillierte Regelung für Mehrfachbeschäftigte mit einer Rentenversicherung bei einem Versorgungswerk ist in Kapitel 3.4.5 dargestellt.

Mehrfach geringfügig (neben-)beschäftigt

Wird neben der versicherungspflichtigen Hauptbeschäftigung eine **zweite** geringfügige Beschäftigung aufgenommen, ist diese mit der Hauptbeschäftigung zusammenzurechnen. Sie unterliegt damit den Beiträgen zur Kranken-, Pflege-

und Rentenversicherung. In der Arbeitslosenversicherung ist jede geringfügige Beschäftigung einzeln zu betrachten und somit in der Regel beitragsfrei. Die Sozialversicherungspflicht der zweiten geringfügigen Nebenbeschäftigung besteht auch dann, wenn die Entgelte aus allen geringfügigen Nebenbeschäftigungen zusammen nicht höher als 450 EUR sind. Entsprechend muss die zweite geringfügige Beschäftigung wie eine Vollzeitbeschäftigung den Sozialversicherungsträgern mit der Beitragsgruppe 1-1-1-1 gemeldet werden. Zuständig ist die Krankenkasse, an die die Meldung der Hauptbeschäftigung gerichtet wird. Bei einer freiwilligen oder privaten Krankenversicherung des Minijobbers ist ggf. die Beitragsgruppe 9-1-1-1 bzw. 0-1-1-0 zu melden. Die Personengruppe ist in jedem Fall 101 — sozialversicherungspflichtig Beschäftigter.

> **! ACHTUNG**
>
> **Im Unterschied zu mehreren geringfügigen Beschäftigungen ohne eine sozialversicherungspflichtige Hauptbeschäftigung besteht bei Nebenbeschäftigungen keine Beitragspflicht zur Arbeitslosenversicherung.**

3.2.3   Erstellen der Anmeldung zur Sozialversicherung

Wenn im umgangssprachlichen Gebrauch von Aushilfen oder Minijobbern die Rede ist, sind in der Regel geringfügig Beschäftigte gemeint. Unabhängig von der Versicherungspflicht sind Aushilfen bei der Bundesknappschaft in Essen an- und abzumelden. Voraussetzung dafür, dass eine Beschäftigung im Sinne des § 8 Abs. 1 Nr. 1 Sozialgesetzbuch IV (SGB IV) als geringfügig eingestuft werden kann, ist die Einhaltung der Grenze von durchschnittlich maximal 450 EUR monatliches Arbeitsentgelt. Bei Mehrfachbeschäftigung ist zu prüfen, ob es sich um mehrere geringfügige Haupt- oder Nebenbeschäftigungen handelt.

Die Anmeldung der Beschäftigung bei der Bundesknappschaft muss innerhalb von sechs Wochen nach Aufnahme der Beschäftigung erfolgen. Die Angaben der Meldung zur Sozialversicherung entsprechen weitgehend denen für Vollzeitbeschäftigte. Abweichend zu Vollzeitbeschäftigten sind folgende Angaben erforderlich:

Personengruppe

Sind beide Bedingungen für die Geringfügigkeit erfüllt — Verdienstgrenze und maximal erste geringfügige Nebenbeschäftigung — kann der Arbeitnehmer mit dem Schlüssel **109** im Feld „Personengruppe" angemeldet werden. Wird die jährliche Entgeltgrenze für eine geringfügige Beschäftigung (5.400 EUR) überschritten, besteht volle Sozialversicherungspflicht. Entsprechend ist die Beschäftigung mit dem Personengruppenschlüssel **101** zu melden. Der Personengruppenschlüssel 101 ist auch anzugeben, wenn es sich bei der Beschäftigung um eine zweite oder dritte geringfügige Beschäftigung neben einer sozialversicherungspflichtigen Hauptbeschäftigung handelt. Zuständig für die Anmeldung von Arbeitnehmern mit dem Personengruppenschlüssel 101 ist nicht die Bundesknappschaft-Bahn-See, sondern die Annahmestelle für die entsprechende Krankenkassenart (siehe Kapitel 3.1.3).

Mehrfachbeschäftigung

Hat der Arbeitnehmer mehrere geringfügige (Haupt-)Beschäftigungsverhältnisse, werden diese für die Beurteilung der Sozialversicherungspflicht zusammengefasst. Ist die Grenze von maximal 5.400 EUR Arbeitsentgelt pro Jahr aus allen Beschäftigungen eingehalten, kann der Minijob als geringfügige Beschäftigung angemeldet werden. Für die zweite oder weitere Beschäftigungen ist das Feld „Mehrfachbeschäftigung" zu melden.

Die Prüfung auf eine Überschreitung der durchschnittlichen monatlichen Entgeltgrenze bzw. der Jahresentgeltgrenze (5.400 EUR) übernimmt die Bundesknappschaft.

❗ ACHTUNG

Bei mehreren sozialversicherungspflichtigen Beschäftigungen ist zusätzlich monatlich eine sogenannte GKV- Monatsmeldung der Annahmestelle der Krankenkasse zu übermitteln. Weitere Einzelheiten finden Sie im Kapitel 8.2.10

Sowohl bei mehreren geringfügigen Beschäftigungen wie bei einer Hauptbeschäftigung und einer gleichzeitigen geringfügigen Nebenbeschäftigung ist die „Mehrfachbeschäftigung" bei der „Meldung zur Sozialversicherung" anzugeben.

Betragsgruppenschlüssel

In der Anmeldung einer geringfügigen Beschäftigung bei der Minijob-Zentrale ist zwingend der Beitragsgruppenschlüssel anzugeben. Mit der Beitragsgruppe meldet der Arbeitgeber einerseits die Sozialversicherungspflicht zu Kranken- und Rentenversicherung und andererseits die Beitragspflicht (pauschaler Beitrag, allgemeiner Beitrag, kein Beitrag). Die nachfolgende Tabelle gibt einen Überblick über die wichtigsten Beitragsgruppenschlüssel von geringfügig Beschäftigten.

Beitragsgruppen-schlüssel				Personenkreis	Empfänger der Meldung
KV	RV	ALV	PV		
6	1	0	0	Geringfügig beschäftigt, in einer gesetzlichen Krankenkasse versichert	Bundesknappschaft
0	1	0	0	Geringfügig beschäftigt, privat krankenversichert	Bundesknappschaft
6	5	0	0	Geringfügig beschäftigt, in einer gesetzlichen Krankenkasse versichert, Versicherungsfreiheit in der Renten-versicherung beantragt	Bundesknappschaft
0	5	0	0	Geringfügig beschäftigt, privat kran-kenversichert, Versicherungsfreiheit in der Rentenversicherung beantragt	Bundesknappschaft
6	1	0	0	Erste geringfügige Nebenbeschäfti-gung , gesetzlich krankenversichert in der Hauptbeschäftigung	Bundesknappschaft
1	1	1	1	Zweite geringfügige Nebenbeschäfti-gung, krankenversicherungspflichtig in der Hauptbeschäftigung	Krankenkasse wie bei Anmeldung der Haupt-beschäftigung
0	1	1	0	Zweite geringfügige Nebenbeschäfti-gung, privat krankenversichert in der Hauptbeschäftigung	AOK oder IKK oder letzte Pflichtkasse

Für spezielle Personengruppen, wie Arbeitnehmer über 65 Jahre, Grenzgänger, Stu-denten oder Praktikanten, sind weitere Besonderheiten bei den Beitragsgruppen zu beachten. Diese sind im Kapitel 3.4 zusammengestellt.

3.3 Was ist bei Eintritt einer kurzfristig beschäftigten Aushilfe zu tun?

Bei kurzzeitigen Arbeitsspitzen werden oft Aushilfen für einen absehbaren Zeit-raum benötigt. Steht die Dauer der Aushilfstätigkeit im Voraus schon fest, kann die Aushilfe als „kurzfristig Beschäftigte(r)" eingestellt werden. Kurzfristige Aushilfen haben den Vorteil, dass sie nicht an die starren Zeit- und Verdienstgrenzen der geringfügig Beschäftigten gebunden sind. Ein zweiter Vorteil ist, dass kurzfristige Beschäftigungen in der Regel von Beiträgen zu den Sozialversicherungen befreit

Was ist bei Eintritt einer kurzfristig beschäftigten Aushilfe zu tun?

3

sind. Jedoch gibt es auch für kurzfristig Beschäftigte einige Voraussetzungen für eine Befreiung von Sozialversicherungsbeiträgen. Eine Beschäftigung gilt im Sozialversicherungsrecht nach § 8 Abs. 1 Nr. 2 SGB IV als kurzfristig, wenn:

- die Tätigkeit auf 50 Arbeitstage oder zwei Monate innerhalb eines Kalenderjahres begrenzt ist und
- die Aushilfstätigkeit **nicht** berufsmäßig ausgeübt wird.

Bei der kurzfristigen Beschäftigung spielen die Höhe des Arbeitsentgeltes und die Zahl der wöchentlichen Arbeitsstunden für die Sozialversicherungsfreiheit keine Rolle. Wichtig ist jedoch die Begrenzung auf 50 Arbeitstage innerhalb eines Kalenderjahres.

3.3.1 Prüfen der Beschäftigungszeit und der Berufsmäßigkeit

Wesentliches Kriterium für eine kurzfristige Beschäftigung ist die Einhaltung der Beschäftigungsdauer von 60 Kalendertagen oder maximal 50 Arbeitstagen in einem Kalenderjahr. Für die Anmeldung einer kurzfristigen Beschäftigung gilt es zu prüfen, ob und wie lange ein neuer Mitarbeiter im laufenden Jahr bereits kurzfristig beschäftigt war. Entsprechend kann dann, bereits bei der Einstellung, die Dauer der Beschäftigung auf die verbleibenden Arbeitstage begrenzt werden.

Anzahl Arbeitstage pro Kalenderjahr

Eine Beschäftigung kann nur dann als kurzfristig bei der Minijob-Zentrale angemeldet werden, wenn voraussichtlich der kurzfristige Beschäftigungszeitraum eingehalten ist. Wird die Beschäftigung an mindestens fünf Tagen in der Kalenderwoche (Montag — Sonntag) ausgeübt, ist die Grenze von **60 Kalendertagen (2 Monate)** maßgeblich. Bei dieser Regelung wird davon ausgegangen, dass die Beschäftigung durchgehend ohne Unterbrechung besteht. Bei einer Beschäftigung mit weniger als fünf Tagen in der Kalenderwoche ist die Grenze von **50 Arbeitstagen** maßgebend. In diesem Fall kann die Beschäftigung auch über den 2-Monatszeitraum hinausgehen. Gibt es bei der Beschäftigung voraussichtlich Zeiten, zu denen die Beschäftigung an fünf Tagen in der Woche ausgeübt wird und Zeiten, in der die Beschäftigung an weniger als fünf Tagen in der Woche besteht, dann ist für die Berechnung der Arbeitstage einheitlich die 50-Arbeitstage-Regelung anzusetzen. Dabei ist eine Nachtarbeit, die sich über zwei Kalendertage erstreckt, als ein Arbeitstag anzusehen. Werden an einem Kalendertag mehrere kurzfristige Beschäftigungen gleichzeitig ausgeübt, gilt dieser Kalendertag ebenfalls als ein Arbeitstag. Bei der Prüfung, ob die Zeiträume von zwei Monaten oder 50 Arbeitstagen überschritten werden, sind die Zeiten mehrerer aufeinanderfolgender kurzfristiger Beschäftigungen zusammenzurechnen, unabhängig davon, ob sie geringfügig oder mehr als geringfügig entlohnt sind. Dies gilt auch dann, wenn die einzelnen Beschäftigungen bei verschiedenen Arbeitgebern ausgeübt werden.

! ACHTUNG

Bei den Regeln für die kurzfristige Beschäftigung wird auf das Kalenderjahr abgestellt. Wenn eine Aushilfe beispielsweise innerhalb des laufenden Jahres bereits 30 Arbeitstage kurzfristig beschäftigt war, kann diese nur noch 20 Tage als kurzfristig Beschäftigte aushelfen, um sozialversicherungsfrei zu bleiben. Dies ist unabhängig davon, ob die kurzfristigen Beschäftigungen beim gleichen oder unterschiedlichen Arbeitgebern ausgeübt werden.

▶ BEISPIEL

Eine Aushilfe übernimmt eine Urlaubsvertretung vom 18. Juli bis 10. August. Während dieser Zeit arbeitet sie 40 Stunden pro Woche und erhält ein Arbeitsentgelt von 1.400 EUR. Der Betrieb hat eine 5-Tage-Woche und die Vertretung ist zeitlich begrenzt. Die Aushilfe war im laufenden Jahr noch nicht kurzfristig beschäftigt.

Beurteilung

Beschäftigungsdauer: 24 Kalendertage

Arbeitsdauer: 18 Arbeitstage

Die Zeitgrenze (60 Kalendertage/50 Arbeitstage) wird bei dieser Aushilfe nicht überschritten. Von einer berufsmäßigen Tätigkeit ist auch nicht auszugehen, da die Aushilfe im laufenden Jahr noch nicht kurzfristig beschäftigt war. Die Aushilfe bleibt somit von Beiträgen zu den Sozialversicherungen befreit und kann als kurzfristig Beschäftigte bei der Bundesknappschaft-Bahn-See (Minijob-Zentrale) in 45115 Essen angemeldet werden.

Wiederholt sich die Beschäftigung innerhalb eines Kalenderjahres und wird dabei die Grenze von zwei Monaten überschritten, geht die Minijob-Zentrale von einer „berufsmäßigen Erwerbstätigkeit" aus und somit wird die Aushilfe vom Tag der Feststellung an sozialversicherungspflichtig.

▶ BEISPIEL

Ein Arbeitnehmer soll jeweils nur an den letzten beiden Arbeitstagen im Kalendermonat arbeiten und erhält dafür ein monatliches Entgelt von 460 EUR. An Weihnachten und Feiertagen soll nicht gearbeitet werden.

Was ist bei Eintritt einer kurzfristig beschäftigten Aushilfe zu tun?

3

Beurteilung
Das Arbeitsverhältnis kann nicht kurzfristig sein, obwohl die Grenze von 50 Arbeitstagen im Kalenderjahr eingehalten ist. Weil der Arbeitnehmer jedoch eine Dauerbeschäftigung ausübt, ist eine kurzfristige Beschäftigung ausgeschlossen. Wegen der Höhe des monatlichen Arbeitsentgelts ist auch eine geringfügige Beschäftigung nicht möglich.

Wird die kurzfristige Beschäftigung über den Jahreswechsel fortgeführt, so zählen die Tage im neuen Kalenderjahr zu der Beschäftigungszeit des Vorjahres.

Beurteilung der Berufsmäßigkeit

Berufsmäßig wird eine Beschäftigung dann ausgeübt, wenn sie für die in Betracht kommende Person nicht von untergeordneter wirtschaftlicher Bedeutung ist. Beschäftigungen, die nur gelegentlich, z. B. zwischen Schulabschluss und Fachschulausbildung bzw. Studium, ausgeübt werden, sind grundsätzlich von untergeordneter wirtschaftlicher Bedeutung und daher als nicht berufsmäßig anzusehen. Dies gilt sinngemäß auch für kurzfristige Beschäftigungen, die neben einer Beschäftigung mit einem Arbeitsentgelt über 450 EUR und einer Hauptbeschäftigung ausgeübt werden.

Kurzfristige Beschäftigungen zwischen Schulentlassung und Ableistung eines freiwilligen sozialen oder ökologischen Jahres werden dagegen per Definition berufsmäßig ausgeübt. Dies gilt auch, wenn nach der Ableistung des freiwilligen sozialen oder ökologischen Jahres voraussichtlich ein Studium aufgenommen wird. Folgt eine kurzfristige Beschäftigung auf bereits ausgeübte sozialversicherungspflichtige Beschäftigungen, ist Berufsmäßigkeit ohne weitere Prüfung anzunehmen, wenn die Beschäftigungszeiten im Laufe eines Kalenderjahres insgesamt mehr als zwei Monate oder 50 Arbeitstage betragen. Dabei können nur solche Beschäftigungen berücksichtigt werden, in denen die monatliche Arbeitsentgeltgrenze von 450 EUR überschritten wird. Bei Personen, die aus dem Berufsleben ausgeschieden sind (z. B. Bezieher einer Vollrente wegen Alters), können nur Beschäftigungszeiten nach dem Ausscheiden angerechnet werden.

Aushilfstätigkeiten während des Erziehungsurlaubs oder von Arbeitslosen mit Anspruch auf Arbeitslosengeld I werden grundsätzlich als berufsmäßige Erwerbstätigkeit angesehen.

Höhe des Arbeitsentgelts

Die Höhe des täglichen oder monatlichen Arbeitsentgelts hat keinen Einfluss darauf, ob die Beschäftigung kurzfristig ist oder nicht. Somit kann eine Beschäftigung mit einem monatlichen Arbeitsentgelt von 1.000 EUR als kurzfristige Beschäftigung angemeldet werden, wenn diese vertraglich auf maximal zwei Monate beschränkt wird. Die Beschäftigung ist beitrags- und sozialversicherungsfrei für Arbeitgeber und Arbeitnehmer.

3.3.2   Erstellen der Anmeldung zur Sozialversicherung

Auch für kurzfristig beschäftigte Arbeitnehmer ist eine Meldung zur Sozialversicherung zu erstellen. Die kurzfristige Beschäftigung ist bei der Bundesknappschaft in Essen (Minijob-Zentrale) an- und abzumelden. **Für kurzfristige Beschäftigungen** sind auch Unterbrechungsmeldungen und/oder Jahresmeldungen erforderlich. Die Anmeldung kann ggf. direkt aus dem Entgeltabrechnungsprogramm erfolgen oder ist mit dem Programm sv.net der ITSG vorzunehmen. Neben den allgemeinen Angaben zu Name, Anschrift etc. sind die Beschäftigungszeit, der Personengruppenschlüssel und der Beitragsgruppenschlüssel wichtige Bestandteile der Meldung.

Personengruppe

Werden die Grenzen der kurzfristigen Beschäftigung (50 Arbeitstage /2 Monate) für die Beschäftigung voraussichtlich eingehalten, ist der Arbeitnehmer mit dem Personengruppenschlüssel **110** der Minijob-Zentrale zu melden. Als „Grund der Abgabe" ist bei einer Anmeldung der Schlüssel 10 — Anmeldung — anzugeben. Überschreitet eine kurzfristige Beschäftigung entgegen der ursprünglichen Erwartung zwei Monate oder 50 Arbeitstage im Kalenderjahr, so tritt vom Tage des Überschreitens an die Sozialversicherungspflicht ein. Stellt sich bereits vor Erreichen der zwei Monate oder 50 Arbeitstage heraus, dass die Beschäftigung länger dauern wird, so beginnt die Versicherungspflicht bereits mit dem Tage, an dem das Überschreiten erkennbar wird. Bei einer Überschreitung der kurzfristigen Beschäftigung ist der Arbeitnehmer sozialversicherungspflichtig und entsprechend mit dem Personengruppenschlüssel 101 der Krankenkasse des Arbeitnehmers zu melden.

> **!** **ACHTUNG**
>
> Bei Eintritt der Sozialversicherungspflicht ist der Arbeitnehmer bei der Bundesknappschaft ab- und bei der zuständigen Krankenkasse anzumelden.

Beitragsgruppe

KV	RV	ALV	PV	Personengruppe
0	0	0	0	110

Sind die Voraussetzungen für eine kurzfristige Beschäftigung gegeben — Tages-grenze und keine Berufsmäßigkeit — ist die Beschäftigung beitragsfrei in der Kran-ken-, Renten-, Arbeitslosen- und Pflegeversicherung. Für kurzfristig beschäftigte Arbeitnehmer entstehen auch keine pauschalen Beiträge für den Arbeitgeber zur Kranken- und Rentenversicherung. Als Beitragsgruppenschlüssel sind die Schlüs-selziffern 0-0-0-0 zu melden.

! ACHTUNG

Eine kurzfristige Beschäftigung darf für die Prüfung der Zeit- und Entgeltgren-zen nicht mit einer geringfügigen Beschäftigung zusammengerechnet werden.

▶ BEISPIEL

Eine Aushilfe arbeitet bereits bei einer Gebäudereinigung (Arbeitgeber A) re-gelmäßig 14 Stunden in der Woche gegen ein monatliches Arbeitsentgelt von 450 EUR. In einer Firma B soll der Arbeitnehmer eine Urlaubsvertretung für 4 Wo-chen übernehmen. Der Betrieb hat eine 5-Tage-Woche und der Arbeitslohn für diesen Monat beläuft sich auf 1.400 EUR. Die Aushilfe hatte bereits eine Urlaubs-vertretung für 25 Arbeitstage in einer anderen Firma C übernommen.

Beurteilung

Beide Beschäftigungen sind sozialversicherungsfrei. Die Tätigkeit in der Ge-bäudereinigung liegt innerhalb der Entgeltgrenze von 450 EUR pro Monat. Da-mit ist die geringfügige Beschäftigung für den Mitarbeiter beitragsfrei (ggf. Beitrag zur Rentenversicherung 3,9 %). Die Urlaubsvertretung in der Firma B ist auf 20 Arbeitstage begrenzt und erfüllt somit die Grenze für eine kurzfristige Beschäftigung. Von einer berufsmäßigen Beschäftigung ist nicht auszugehen, da die Summe der Arbeitstage mit der Beschäftigung in der Firma C unter 50 Arbeitstagen liegt. Somit ist auch diese kurzfristige Beschäftigung sozial-versicherungsfrei. Da beide Aushilfstätigkeiten nicht addiert werden dürfen, kann die Aushilfe als kurzfristig Beschäftigte(r) angemeldet werden, auch wenn gleichzeitig eine geringfügige Beschäftigung oder eine sozialversiche-rungspflichtige Hauptbeschäftigung besteht.

3.4 Sozialversicherungsmeldungen für besondere Personengruppen

3.4.1 Studenten

Die Neuregelung der geringfügigen Beschäftigung 2013 hat — wenn auch nur geringe — Auswirkungen auf die versicherungsrechtliche Beurteilung von Studenten. Um die Beitragspflicht feststellen zu können, muss der Arbeitgeber zunächst entscheiden, wann und in welchem Umfang der Studierende beschäftigt werden soll. Abhängig davon, ob der/die Student(in) in den Semesterferien oder während des Semesters, mit mehr oder weniger als 20 Stunden pro Woche und gegen ein geringfügiges oder mehr als geringfügiges Entgelt beschäftigt wird, ergeben sich unterschiedliche Beitragspflichten. Bei Studierenden lassen sich folgende Beschäftigungen unterscheiden:

- Geringfügige Beschäftigung (bis 450 EUR Entgelt pro Monat)
- Kurzfristige Beschäftigung (bis max. 50 Arbeitstage pro Jahr)
- Beschäftigung während der Semesterferien
- Beschäftigung während des Semesters bis zu 20 Stunden pro Woche
- Beschäftigung während des Semesters für mehr als 20 Stunden pro Woche

Geringfügig Beschäftigter

Wird ein Studierender für ein geringes Arbeitsentgelt (bis 450 EUR durchschnittlich pro Monat) beschäftigt, erfüllt der Arbeitnehmer die Voraussetzungen für eine geringfügige Beschäftigung. Wie für alle anderen Arbeitnehmer ist diese Beschäftigung außer in der Rentenversicherung für den Arbeitnehmer sozialversicherungsfrei. Der Arbeitgeber entrichtet die pauschalen Beiträge zur Rentenversicherung, der Studierende muss die Differenz zum allgemeinen Beitrag (3,9 % des Arbeitsentgelts) als Beitrag leisten. Für Studenten, die in der gesetzlichen Krankenkasse versichert sind, muss der Arbeitgeber neben dem pauschalen Beitrag zur Rentenversicherung den Pauschalbeitrag von 13 % zur Krankenversicherung leisten. Ist der Studierende privat versichert, entfällt der pauschale Krankenkassenbeitrag. Außerdem kann der Studierende auf die Rentenversicherungspflicht verzichten und dies dem Arbeitgeber schriftlich erklären. Die geringfügige Beschäftigung eines Studenten ist bei der Bundesknappschaft-Bahn-See mit dem Beitragsgruppenschlüssel 6-1-0-0 (0-1-0-0 privat versichert) und dem Personengruppenschlüssel 109 anzumelden. Verzichtet der Student auf die Rentenversicherungspflicht, ist der

Studierende mit dem Beitragsgruppenschlüssel 6-5-0-0 bei der **Minijob-Zentrale** anzumelden (vgl. Kapitel 3.2.3).

Kurzfristig beschäftigt

Studenten, deren Beschäftigungsverhältnis von vornherein auf 2 Monate oder 50 Arbeitstage befristet wird, sind in allen Sozialversicherungszweigen versicherungsfrei (kurzfristige Beschäftigung). Es ist jedoch die Grenze der Arbeitstage und die Berufsmäßigkeit zu prüfen. Die kurzfristige Beschäftigung ist bei der **Minijob-Zentrale** mit dem Beitragsgruppenschlüssel 0-0-0-0 und der Personengruppe 110 anzumelden (vgl. Kapitel 3.3.2).

Beschäftigung während des Semesters

Wird ein Studierender mehr als geringfügig, aber nicht mehr als 20 Stunden pro Woche, beschäftigt und wird diese Beschäftigung während des laufenden Semesters ausgeübt, besteht Sozialversicherungspflicht nur in der Rentenversicherung. Vom beitragspflichtigen Arbeitsentgelt ist der normale Beitrag (18,9 %) zur Rentenversicherung zu ermitteln und hälftig von Arbeitgeber und Arbeitnehmer zu tragen. In der Kranken-, Pflege- und Arbeitslosenversicherung bleibt er versicherungsfrei. Auch wenn der Arbeitnehmer in der gesetzlichen Krankenversicherung versichert ist, entsteht für den Arbeitgeber kein pauschaler Beitrag zur Krankenversicherung. In diesem Fall ist der Studierende mit dem Beitragsgruppenschlüssel 0-1-0-0 bei **der Krankenkasse**, die die studentische Krankenversicherung durchführt, anzumelden. Als Personengruppe ist der Schlüssel 106 zu melden.

Beschäftigung mehr als 20 Stunden pro Woche

Geht die Beschäftigung des Studierenden während des laufenden Semesters über 20 Wochenstunden hinaus, unterliegt sie der vollen Beitragspflicht in allen vier Zweigen der Sozialversicherung. Die Beitragspflicht teilen sich Arbeitgeber und Arbeitnehmer je zur Hälfte. Der Mitarbeiter ist bei der **Krankenkasse**, die die studentische Sozialversicherung durchführt, mit dem Beitragsgruppenschlüssel 1-1-1-1 und der Personengruppe 101 anzumelden.

Beschäftigung während der Semesterferien

Während der Semesterferien ist die Begrenzung auf max. 20 Stunden pro Woche aufgehoben. Wird ein Student während der Semesterferien für 40 Stunden pro Woche gegen ein Arbeitsentgelt von 2.000 EUR beschäftigt, so besteht lediglich Beitragspflicht zur Rentenversicherung. Den Rentenversicherungsbeitrag von 18,9 % teilen sich Arbeitgeber und Studierender je zur Hälfte. In der Kranken-, Pflege- und Arbeitslosenversicherung ist das Arbeitsverhältnis versicherungsfrei. Unabhängig, ob der Studierende gesetzlich oder privat krankenversichert ist, besteht auch keine pauschale Beitragspflicht zur Krankenversicherung. Die Befreiung in der Kranken-, Arbeitslosen-, und Pflegeversicherung ist jedoch nur dann gegeben, wenn die Beschäftigung mehr als geringfügig ist und der Student an einer Hochschule immatrikuliert ist. In diesem Fall ist die studentische Tätigkeit mit dem Beitragsgruppenschlüssel 0-1-0-0 bei der **Krankenkasse**, die die studentische Krankenversicherung durchführt oder bei der der Student familienversichert ist, anzumelden.

> **! ACHTUNG**
>
> Die teilweise oder völlige Befreiung von Beiträgen zu den Sozialversicherungen ist unabhängig davon, ob der Arbeitslohn nach einer Steuerklasse besteuert wird oder sein Einkommen pauschal versteuert werden kann.

Die nachfolgende Tabelle zeigt die Beitragsgruppen- und Personengruppenschlüssel für Studenten.

Personen-gruppe	Beitragsgruppenschlüssel				Personenkreis
	KV	RV	ALV	PV	
106	0	1	0	0	Immatrikulierter Student, mehr als 450 EUR pro Monat, bis maximal 20 Stunden pro Woche beschäftigt, während des Semesters
106	0	1	0	0	Immatrikulierter Student, mehr als 450 EUR pro Monat, mehr als 20 Stunden pro Woche, während der Semesterferien
101	1	1	1	1	Immatrikulierter Student, mehr als 20 Stunden pro Woche, während des Semesters beschäftigt
109	6	1	0	0	Immatrikulierter Student, geringfügig beschäftigt, gesetzlich krankenversichert

Personen-gruppe	Beitragsgruppenschlüssel				Personenkreis
	KV	RV	ALV	PV	
109	6	5	0	0	Immatrikulierter Student, geringfügig beschäftigt, mit Verzicht auf die Rentenversicherungspflicht
109	0	1	0	0	Immatrikulierter Student, geringfügig beschäftigt, privat krankenversichert (Minijob-Zentrale)
110	0	0	0	0	Immatrikulierter Student, kurzfristig beschäftigt, ohne weitere kurzfristige Beschäftigung im laufenden Kalenderjahr

Studenten an Dualen Hochschulen

Die versicherungsrechtliche Beurteilung von Studenten in sogenannten dualen Studiengängen (BA-Studium) entspricht im Wesentlichen derer für Auszubildende. Das bedeutet, diese Studenten unterliegen grundsätzlich der Sozialversicherungspflicht in allen Versicherungszweigen (Beitragsgruppenschlüssel 1-1-1-1). Es wird auch nicht zwischen der Praxisphase und der Phase an der Hochschule unterschieden. Die Sozialversicherungspflicht gilt auch dann, wenn das monatliche Arbeitsentgelt unter der Grenze von 450 EUR liegt. Allerdings ist, wie bei Auszubildenden auch, die Geringverdienergrenze von 325 EUR zu beachten. Liegt das monatliche sozialversicherungspflichtige Arbeitsentgelt bis 325 EUR, muss der Arbeitgeber die Beiträge zu den Sozialversicherungen vollständig übernehmen.

Außerdem gilt es eine Besonderheit für die Beitragspflicht zur Unfallversicherung (Berufsgenossenschaft) zu beachten. Das während der Theoriephase an der Hochschule erzielte Entgelt unterliegt nicht den Beiträgen zur Berufsgenossenschaft. Da die Beitragspflicht zur BG jedoch nicht melderelevant ist, müssen keine Meldungen zur Sozialversicherung beim Wechsel zwischen Praxis- und Theoriephase erstellt werden.

3.4.2 Schüler

Die Beschäftigung von Kindern ist grundsätzlich verboten. Als Kind im Sinne des Jugendarbeitsschutzgesetzes gilt, wer entweder noch nicht 15 Jahre alt ist oder noch der Vollzeitschulpflicht unterliegt. Das Verbot der Kinderarbeit gilt **nicht** für die Beschäftigung von Kindern **über 13 Jahren** mit Einwilligung der Sorgeberechtigten bei leichten und für sie geeigneten Arbeiten (z. B. Austragen von Zeitungen) bis zwei Stunden täglich (in der Landwirtschaft bis 3 Stunden), nicht zwischen 18 und 8 Uhr morgens und nicht vor oder während des Schulunterrichts.

Schüler einer Hauptschule, Realschule oder eines Gymnasiums, die neben der Schule oder während der Schulferien eine Beschäftigung ausüben, sind versicherungspflichtig in der Kranken-, Pflege- und Rentenversicherung. **Keine** Versicherungspflicht besteht hingegen in der **Arbeitslosenversicherung**. Vollständige Versicherungsfreiheit bzw. pauschale Beitragspflicht des Arbeitgebers ist dann gegeben, wenn die Beschäftigung nur geringfügig (nicht mehr als 450 EUR Entgelt pro Monat) oder kurzfristig (weniger als 50 Tage pro Jahr) ist. Da Schüler häufig während der Schulferien arbeiten, sind besonders die Voraussetzungen der kurzfristigen Beschäftigung zu prüfen. Sind diese nicht gegeben, kann die Geringfügigkeit der Beschäftigung geprüft werden. Sind auch diese Voraussetzungen nicht erfüllt, ist ein Schüler mit dem Beitragsgruppenschlüssel **1-1-0-1** bei der zuständigen Krankenkasse anzumelden. Als Personengruppe ist der Schlüssel 101 zu melden.

Die zuständige Krankenkasse ist in aller Regel die Kasse, in der der Schüler familienmitversichert ist. Ist der Schüler privat krankenversichert, besteht Beitragspflicht zur privaten Versicherung. Im Beitragsgruppenschlüssel muss unter KV dann eine 0 angegeben werden. Sind die Bedingungen der geringfügigen Beschäftigung erfüllt, entsteht für den Arbeitgeber der pauschale Beitrag in der Renten- und bei gesetzlich versicherten Schülern in der Krankenversicherung. Für den Schüler entsteht der Differenzbeitrag (18,9 % — 15 %) als Beitragspflicht zur Rentenversicherung. Dementsprechend ist der Schüler mit dem Beitragsgruppenschlüssel 6-1-0-0 bei der Bundesknappschaft (Minijob-Zentrale) anzumelden. Auch Schüler können auf die Versicherungspflicht in der Rentenversicherung verzichten und die Versicherungsfreiheit beim Arbeitgeber beantragen. In diesem Fall ist der Beitragsgruppenschlüssel 6-5-0-0 der Minijob-Zentrale zu melden. Als Personengruppenschlüssel ist die Gruppe 109 — geringfügig Beschäftigter — anzugeben. Die nachfolgende Tabelle gibt einen Überblick über die möglichen versicherungsrechtlichen Beurteilungen von Schülern — nicht jedoch von Schülern während der Berufsausbildung.

Personen-gruppe	Beitragsgruppenschlüssel				Personenkreis
	KV	RV	ALV	PV	
101	1	1	0	1	Schüler, mehr als geringfügig beschäftigt (Krankenkasse)
101	0	1	0	1	Schüler, mehr als geringfügig beschäftigt, privat krankenversichert (Krankenkasse)
109	6	1	0	0	Schüler, geringfügig beschäftigt (Minijob-Zentrale)

Personen-gruppe	Beitragsgruppenschlüssel				Personenkreis
	KV	RV	ALV	PV	
109	6	5	0	0	Schüler, geringfügig beschäftigt, mit Verzicht auf die Versicherungspflicht der Rentenversicherung (Minijob-Zentrale)
109	0	1	0	0	Schüler, geringfügig beschäftigt, privat kranken-versichert (Minijob-Zentrale)
109	0	5	0	0	Schüler, geringfügig beschäftigt, privat kranken-versichert, mit Verzicht auf die Versicherungs-pflicht der Rentenversicherung (Minijob-Zentrale)
110	0	0	0	0	Schüler kurzfristig beschäftigt, bis 50 Arbeitstage pro Kalenderjahr (Minijob-Zentrale)

3.4.3 Geringverdiener

Von dem geringfügig Beschäftigten ist der Geringverdiener zu unterscheiden. Geringverdiener sind **Auszubildende**, deren Arbeitsentgelt zwar unter der Gering-fügigkeitsgrenze von 450 EUR pro Monat liegt, die jedoch in allen Sozialversiche-rungen beitragspflichtig sind. Die Regelung des § 8 SGB III schließt Auszubildende mit einer geringen Ausbildungsvergütung explizit von der Geringfügigkeitsrege-lung aus. Die Verdienstgrenze für Geringverdiener liegt bei **325 EUR Arbeitsentgelt pro Monat**. Bis zu dieser Grenze muss der Arbeitgeber die Beiträge zur Kranken-, Pflege-, Renten- und Arbeitslosenversicherung vollständig übernehmen. Ein Aus-zubildender mit einer Ausbildungsvergütung von beispielsweise 310 EUR ist mit der Personengruppe **121** und dem Beitragsgruppenschlüssel **1-1-1-1** bei seiner Kran-kenkasse anzumelden.

! | **ACHTUNG**

Für Auszubildende, deren Arbeitsentgelt die Geringverdienergrenze nicht übersteigt, gilt für Meldezeiträume die Personengruppe 121. Der Personen-gruppenschlüssel 121 ist selbst dann anzuwenden, wenn die Geringverdiener-grenze infolge einer Sonderzahlung einmalig überschritten wird. Für Auszubil-dende in der Seefahrt, deren Arbeitsentgelt die Geringverdienergrenze nicht übersteigt, gilt die Personengruppe 144 (siehe auch Kapitel 5.3.3).

3.4.4 Praktikanten

Praktikanten schließen in der Regel mit der Ausbildungsstätte keinen Ausbildungs-vertrag ab. Es kommt durch die Einstellung lediglich zu einem vertraglichen Arbeitsverhältnis. So bedarf es im Gegensatz zum Ausbildungsverhältnis auch keiner schriftlichen Vertragsform. Trotzdem empfiehlt es sich, einen schriftlichen Praktikantenvertrag abzuschließen. Die besonderen Regelungen des Sozialversicherungs- und Melderechts beziehen sich auf Praktikumstätigkeiten im Rahmen eines Studiums oder in Vorbereitung auf ein Studium. Von den sozialversicherungsrechtlichen Regelungen sind Schulpraktika ausgenommen. Durch ein Schulpraktikum kommt kein Arbeitsverhältnis zustande. Als Beschäftigung gelten solche Praktika ebenfalls nicht. Während dieser „Schnupperwochen" werden keine beruflichen Kenntnisse, Fertigkeiten oder Erfahrungen erworben, sondern lediglich ein erster Eindruck der Arbeitswelt gewonnen. Dieses Praktikum wird als Gegenstand des schulischen Unterrichts gesehen und ist nicht vom Sozialversicherungsrecht berührt.

Für die versicherungsrechtliche Beurteilung von studentischen Praktikanten ist zu unterscheiden, ob es sich bei dem Praktikum um ein **Vor-, Zwischen- oder Nachpraktikum** handelt. Außerdem ist relevant, ob es sich um ein **vorgeschriebenes oder freiwilliges** Praktikum handelt und ob eine **Praktikumsvergütung** gezahlt wird oder nicht. Wesentlich ist, dass, wenn ein vorgeschriebenes Praktikum durchgeführt wird, der Arbeitnehmer „zur Berufsausbildung" beschäftigt ist. Ist das Praktikum nicht vorgeschrieben, handelt es sich in der Regel um ein ganz „normales" Arbeitsverhältnis mit entsprechenden Geringfügigkeitsgrenzen.

Vorpraktikanten

Vorgeschriebenes Vorpraktikum

Einige Studienordnungen verpflichten zu einem Vorpraktikum, damit das Studium aufgenommen werden kann. In diesen Fällen ist nach der Studienordnung ein Praktikum im Anschluss an die Schulzeit zu leisten. In der Regel liegt eine Immatrikulation noch nicht vor. Erhalten die Vorpraktikanten Arbeitsentgelt, so sind sie als Arbeitnehmer anzusehen und versicherungspflichtig zur Kranken-, Pflege-, Renten- und Arbeitslosenversicherung. Die Vorschriften über die geringfügigen Beschäftigungen sowie bezüglich der Gleitzone finden **keine** Anwendung, da das Praktikum der Berufsausbildung dient.

Entgelt wird gezahlt

Durch die Studien- oder Prüfungsordnung **vorgeschriebene** Vorpraktika unterliegen der Versicherungspflicht in der Kranken- und Pflegeversicherung nach § 5 Abs. 1 SGB V. In der Renten- und Arbeitslosenversicherung sind vorgeschriebene Vorpraktika beitragspflichtige Beschäftigungen, auch wenn nur ein geringfügiges Entgelt gezahlt wird. Das heißt, auch wenn die Grenze für eine geringfügige Beschäftigung eingehalten ist (450 EUR Entgelt pro Monat), besteht volle Beitragspflicht in der Renten- und Arbeitslosenversicherung. Die volle Beitragspflicht gilt auch, wenn das Vorpraktikum nur kurzfristig ist, also weniger als zwei Monate oder 50 Arbeitstage dauert. Liegt das Entgelt für das Praktikum bis 325 EUR pro Monat muss der Arbeitgeber den Gesamtsozialversicherungsbeitrag alleine übernehmen (Geringverdienerregelung). Über 325 EUR pro Monat teilen sich Arbeitgeber und Arbeitnehmer die Beiträge hälftig.

Es wird kein Entgelt gezahlt

Wird für das vorgeschriebene Vorpraktikum **kein Entgelt** gezahlt, sind dennoch Beiträge zur Renten- und Arbeitslosenversicherung zu berechnen und abzuführen. Die Beiträge zur Renten- und Arbeitslosenversicherung müssen aus einem „fiktiven Entgelt" berechnet werden. Die Bemessungsgrundlage ist die monatliche Bezugsgröße (in 2014: **2.765 EUR West** bzw. **2.345 EUR Ost**), aus der die Beiträge zu ermitteln sind. Die Beiträge zur Renten- und Arbeitslosenversicherung sind aus 1 % der Bezugsgröße zu berechnen. Somit ergeben sich als Beiträge 5,23 EUR (18,9 % von 27,65 EUR) zur Rentenversicherung und 0,83 EUR (3,0 % von 27,65 EUR) zur Arbeitslosenversicherung. Der Gesamtbeitrag (6,06 EUR) ist alleine vom Arbeitgeber zu tragen.

Meldewesen

Ein Praktikant, der **ein vorgeschriebenes** Vorpraktikum ausübt und **kein Entgelt** erhält, ist mit dem Personengruppenschlüssel **121** und mit dem Beitragsgruppenschlüssel **0-1-1-0** seiner Krankenkasse zu melden. Wird für das Vorpraktikum **Entgelt bezahlt**, ist der Beitragsgruppenschlüssel **1-1-1-1** der zuständigen Krankenkasse zu melden. Liegt das Arbeitsentgelt in **der Geringverdienergrenze** (bis 325 EUR) ist als Personengruppenschlüssel auch **121** zu melden, liegt die Praktikantenvergütung monatlich über durchschnittlich 325 EUR ist die Personengruppe **105** anzugeben. Der Personengruppenschlüssel 121 ist selbst dann zu melden, wenn das monatliche Entgelt durch ein Urlaubs- oder Weihnachtsgeld einmalig über 325 EUR liegt. Maßgeblich ist die Jahresgrenze von 3.900 EUR, diese darf für die Geringverdienereigenschaft nicht überschritten werden.

Ein Arbeitnehmer wird neu eingestellt

Nicht vorgeschriebenes Vorpraktikum

Übt die/der immatrikulierte Student(in) ein in der Studienordnung **nicht vorge-schriebenes** Vorpraktikum aus, besteht zunächst volle Sozialversicherungspflicht in allen Versicherungszweigen. Der Arbeitnehmer hat **nicht** den Status „zur Be-rufsausbildung beschäftigt", somit ist die Geringverdienerregelung nicht möglich.

Entgelt wird gezahlt

Ein Vorpraktikum, bei dem Entgelt gezahlt wird, ist in allen Zweigen der Sozialver-sicherung versicherungspflichtig. Der Praktikant ist nicht anders zu behandeln wie ein angestellter Arbeitnehmer. Die Geringverdienerregelung kann nicht angewen-det werden, auch dann nicht, wenn das monatliche Arbeitsentgelt unter 325 EUR liegt. Liegt das Arbeitsentgelt bis 450 EUR kann die Beschäftigung als geringfügige Beschäftigung behandelt werden.

Es wird kein Entgelt gezahlt

Wird ein nicht vorgeschriebenes Vorpraktikum **ohne Entgelt** ausgeübt, besteht keine Meldepflicht gegenüber der Krankenkasse oder der Bundesknappschaft.

Meldewesen

Ein Praktikant, der ein nicht vorgeschriebenes Vorpraktikum ausübt, ist bei seiner Krankenkasse oder bei einer geringfügigen oder kurzfristigen Beschäftigung bei der Minijob-Zentrale anzumelden. Keine Meldepflicht besteht, sofern kein Entgelt gezahlt wird. Das nicht vorgeschriebene Vorpraktikum ist mit dem Personengruppenschlüssel **101** und der Beitragsgruppe 1-1-1-1 der zuständigen Krankenkasse zu melden.

Eine Ausnahmeregelung besteht, sofern die Geringfügigkeitsgrenze von 450 EUR durchschnittliches Arbeitsentgelt pro Monat eingehalten wird. Ist die Grenze ein-gehalten, kann der Praktikant als geringfügig Beschäftigter behandelt werden. In diesem Fall bestehen die allgemeine Beitragspflicht zur Rentenversicherung und der Pauschalbeitrag zur Krankenversicherung. Als Beitragsgruppenschlüssel ist der Schlüssel 6-1-0-0 und als Personengruppenschlüssel die 109 der Minijob-Zentrale zu melden. Verzichtet der Praktikant auf die Rentenversicherungspflicht, kann die Beschäftigung mit dem Personengruppenschlüssel 109 und dem Beitragsgruppen-schlüssel 6-5-0-0 bei der Minijob-Zentrale angemeldet werden. Ist das Praktikum kürzer als zwei Monate bzw. 50 Arbeitstage, kann es als kurzfristige Beschäftigung beitragsfrei bleiben. In diesem Fall ist der Personengruppenschlüssel **110** und der Bei-tragsgruppenschlüssel 0-0-0-0 der Bundesknappschaft (Minijob-Zentrale) zu melden.

Zwischenpraktikant

Vorgeschriebenes Zwischenpraktikum

Wird im Verlauf des Studiums ein von der Studien- oder Prüfungsordnung **vorge-schriebenes Praktikum** durchgeführt (Zwischenpraktikum), ist die Beschäftigung **sozialversicherungsfrei** — unabhängig von der Höhe der Bezüge. Es besteht auch keine pauschale Beitragspflicht des Arbeitgebers, selbst dann nicht, wenn die Entgeltgrenze einer geringfügigen Beschäftigung eingehalten ist.

Das Zwischenpraktikum ist nicht der Krankenkasse zu melden. Es hat auch keine Meldung an die Bundesknappschaft zu erfolgen.

Wird neben dem Zwischenpraktikum zusätzlich eine geringfügige Beschäftigung ausgeübt, ist diese so zu behandeln, als wäre sie die einzige Beschäftigung. Entsprechend sind für eine geringfügige Beschäftigung neben einem vorgeschriebenen Zwischenpraktikum der pauschale Beitrag zur Krankenversicherung und der allgemeine Beitrag zur Rentenversicherung zu entrichten.

Nicht vorgeschriebenes Zwischenpraktikum

Wird während des Studiums ein **nicht vorgeschriebenes** Zwischenpraktikum durchgeführt, handelt es sich um ein studentisches Arbeitsverhältnis. Ein Zwischenpraktikum setzt voraus, dass eine gültige Immatrikulation bei einer Hochschule oder Fachhochschule besteht. Ein nicht vorgeschriebenes Zwischenpraktikum unterliegt den Beträgen zur Kranken- und Pflegeversicherung sowie der Renten- und Arbeitslosenversicherung, sofern die Grenze von 20 Stunden pro Woche überschritten wird. Ist die 20-Stunden-Grenze eingehalten, besteht nur Beitragspflicht zur Rentenversicherung.

Entgelt wird gezahlt

Wird für das **nicht vorgeschriebene** Zwischenpraktikum ein geringfügiges Arbeitsentgelt (bis 450 EUR pro Monat) bezahlt, entsteht **kein** Beitrag zur Rentenversicherung. Praktikanten sind in der Geringfügigkeitsregelung der Rentenversicherung explizit ausgenommen. Gegebenenfalls ist der pauschale Beitrag zur Krankenversicherung (13 %) vom Arbeitgeber zu entrichten. Der Krankenversicherungsbeitrag ist abhängig davon, ob der Student gesetzlich oder privat krankenversichert ist. Die Beschäftigung ist mit dem Beitragsgruppenschlüssel 6-0-0-0 bzw. 0-0-0-0 (privatversichert) und dem Personengruppenschlüssel **109** bei der Minijob-Zentrale anzumelden.

Ein Arbeitnehmer wird neu eingestellt

Liegt das Arbeitsentgelt über 450 EUR pro Monat und ist die Grenze von **20 Stunden pro Woche eingehalten**, besteht volle Beitragspflicht zur Rentenversicherung.

In der Kranken- und Pflegeversicherung sowie in der Arbeitslosenversicherung besteht Sozialversicherungsfreiheit. Die Sozialversicherungsfreiheit besteht jedoch nur dann, wenn die Arbeitszeitgrenze von maximal 20 Stunden pro Woche eingehalten ist. Die Höhe des Arbeitsentgelts spielt keine Rolle. Bei einem Arbeitsentgelt über 450 EUR ist die Krankenkasse, bei der der Student versichert ist, die zuständige Annahmestelle.

!   **ACHTUNG**

Pauschalbeiträge zur Rentenversicherung (15 %) sind für geringfügig entlohnte Zwischenpraktikanten nicht zu zahlen. Die Beitragsfreiheit in der Rentenversicherung für den Arbeitgeber verhindert eine pauschale Versteuerung des geringfügigen Arbeitsentgelts mit 2 %. In diesem Fall muss eine pauschale Steuer von 20 % und der pauschale Solidaritätszuschlag entrichtet werden.

Es wird kein Entgelt gezahlt

Wird ein nicht vorgeschriebenes Zwischenpraktikum **ohne Entgelt** ausgeübt, besteht keine Meldepflicht gegenüber der Krankenkasse oder der Bundesknappschaft.

!   **ACHTUNG**

Wird neben dem nicht vorgeschriebenen Zwischenpraktikum eine erste geringfügige Beschäftigung ausgeübt, ist für die Beurteilung der Rentenversicherungspflicht diese mit dem Praktikum nicht zusammenzurechnen. Es kann somit neben dem Praktikum eine geringfügige Nebenbeschäftigung ausgeübt werden, ohne dass die Rentenversicherungspflicht eintritt.

Meldewesen

Ist die 20-Stunden-Grenze eingehalten, kann das nicht vorgeschriebene Zwischenpraktikum mit dem Beitragsgruppenschlüssel **0-1-0-0** und dem Personengruppenschlüssel **106** der Krankenkasse des Studenten gemeldet werden. Ist die Stundengrenze **von 20 Stunden überschritten**, muss das nicht vorgeschriebene Zwischenpraktikum mit dem Beitragsgruppenschlüssel **1-1-1-1** gemeldet werden. Als Personengruppenschlüssel ist der Schlüssel **101** anzugeben.

Ist die Stundengrenze überschritten und dauert das nicht vorgeschriebene Zwischenpraktikum nicht länger als zwei Monate, kann die Regelung der kurzfristigen

Beschäftigung greifen. In diesem Fall ist der Praktikant mit dem Personengruppen-schlüssel **110** und dem Beitragsgruppenschlüssel **0-0-0-0** der Bundesknappschaft (Minijob-Zentrale) zu melden.

Ist die Stundengrenze überschritten und beträgt das Arbeitsentgelt bis 450 EUR pro Monat, ist das Zwischenpraktikum mit dem Beitragsgruppenschlüssel **6-0-0-0** und dem Personengruppenschlüssel **109** der Minijob-Zentrale zu melden. Bei einem privat krankenversicherten Zwischenpraktikanten ist als Beitragsgruppenschlüssel **0-0-0-0** und als Personengruppe **109** zu melden.

Nachpraktikum

Vorgeschriebenes Nachpraktikum

Arbeitnehmer, die im Anschluss an ihr Studium ein **vorgeschriebenes** Praktikum zur Erlangung von Berufserfahrung absolvieren (Nachpraktikum), unterliegen in allen Zweigen der Sozialversicherung einer Versicherungspflicht.

Entgelt wird gezahlt

In der Kranken- und Pflegeversicherung besteht Beitragspflicht, sofern für das Praktikum ein **Entgelt gezahlt** wird. Die allgemeine Beitragspflicht gilt auch dann, wenn das Arbeitsentgelt die Geringfügigkeitsgrenze (450 EUR) einhält. In der Ren-ten- und Arbeitslosenversicherung sind vorgeschriebene Nachpraktika beitrags-pflichtige Beschäftigungen, auch wenn nur ein geringfügiges Entgelt gezahlt wird. Das heißt, auch wenn die Grenze für eine geringfügige Beschäftigung eingehalten ist (450 EUR Entgelt pro Monat), besteht volle Beitragspflicht in der Renten- und Arbeitslosenversicherung. Die volle Beitragspflicht gilt auch, wenn das Nachprakti-kum nur kurzfristig ist, also weniger als zwei Monate oder 50 Arbeitstage dauert. Zu beachten ist jedoch, dass, wenn die Praktikumsvergütung innerhalb der Gering-verdienergrenze (325 EUR pro Monat) liegt, der Arbeitgeber die Beiträge aus dem Arbeitsentgelt vollständig alleine trägt — Geringverdiener-Regelung.

Es wird kein Entgelt gezahlt

Wird für das vorgeschriebene Nachpraktikum **kein Entgelt** gezahlt, sind wie bei ei-nem Vorpraktikum die Beträge aus der Bezugsgröße (in 2014: **2.765 EUR West** bzw. **2.345 EUR Ost**) zu ermitteln. Die Beiträge zur Renten- und Arbeitslosenversiche-rung sind aus 1 % der Bezugsgröße zu berechnen. Somit ergeben sich als Beiträge 5,23 EUR (18,9 % von 27,65 EUR) zur Rentenversicherung und 0,83 EUR (3,0 % von

Ein Arbeitnehmer wird neu eingestellt

27,65 EUR) zur Arbeitslosenversicherung. Der Gesamtbeitrag (6,06 EUR) ist alleine vom Arbeitgeber zu tragen. Für Praktikanten in einem Unternehmen in den neuen Bundesländern ergibt sich 4,43 EUR (RV) und 0,70 EUR (AV) als Sozialversicherungsbeiträge (Basis: 23,45 EUR). Die Beiträge werden vom Arbeitgeber getragen.

Meldewesen

Ein Praktikant, der ein vorgeschriebenes Nachpraktikum ausübt und **kein Entgelt** erhält, ist mit dem Personengruppenschlüssel **121** und mit dem Beitragsgruppenschlüssel **0-1-1-0** seiner Krankenkasse zu melden. Wird für das Nachpraktikum Entgelt bezahlt, ist der Beitragsgruppenschlüssel 1-1-1-1 der zuständigen Krankenkasse zu melden. Als Personengruppenschlüssel ist der Schlüssel 121 anzugeben.

! **ACHTUNG**

Liegt die Praktikumsvergütung innerhalb der Geringverdienergrenze von 325 EUR, muss der Arbeitgeber die Beiträge für zur Berufsausbildung beschäftigte Arbeitnehmer vollständig übernehmen — Geringverdiener-Regelung. Diese Regelung trifft nur für Praktikanten, die ein vorgeschriebenes Nachpraktikum ausüben, zu, sofern sie sozialversicherungspflichtig sind.

Nicht vorgeschriebenes Nachpraktikum

Übt die/der immatrikulierte Student(in) ein in der Studienordnung **nicht vorgeschriebenes** Nachpraktikum aus, ist für die Sozialversicherungspflicht in der Kranken- und Pflegeversicherung zu prüfen, ob die Beschäftigung berufsmäßig durchgeführt wird (vgl. nicht vorgeschriebenes Vorpraktikum). Von Berufsmäßigkeit ist auszugehen, wenn die Grenze von 20 Stunden pro Woche überschritten wird. In der Renten- und Arbeitslosenversicherung gelten die gleichen Sozialversicherungspflichten wie für nicht vorgeschriebene Vorpraktika. Der Arbeitnehmer hat **nicht** den Status „zur Berufsausbildung beschäftigt", somit ist die Geringverdiener-Regelung nicht möglich. Der Praktikant ist zu behandeln wie ein angestellter Arbeitnehmer.

Entgelt wird gezahlt

Ein Nachpraktikum, bei dem Entgelt gezahlt wird, ist in allen Zweigen der Sozialversicherung versicherungspflichtig. Das nicht vorgeschriebene Nachpraktikum ist mit dem Personengruppenschlüssel **101** und der **Beitragsgruppe 1-1-1-1** der zuständigen Krankenkasse zu melden.

Ist die Beschäftigung geringfügig (bis 450 EUR durchschnittliches Arbeitsentgelt pro Monat), kann der Praktikant als geringfügig Beschäftigter behandelt werden. In diesem Fall besteht pauschale Beitragspflicht zur Krankenversicherung und allgemeine Beitragspflicht zur Rentenversicherung. Als Beitragsgruppenschlüssel ist der Schlüssel 6-1-0-0 und als Personengruppenschlüssel die 109 zu melden. Verzichtet der Praktikant auf die Rentenversicherungspflicht, kann bei einem Arbeitsentgelt bis 450 EUR pro Monat der pauschale Beitrag zur Rentenversicherung vom Arbeitgeber entrichtet werden. In diesem Fall ist der Praktikant der Minijob-Zentrale mit dem Beitragsgruppenschlüssel 6-5-0-0 und der Personengruppe 109 zu melden. Ist das Praktikum kürzer als zwei Monate bzw. 50 Arbeitstage, kann es als kurzfristige Beschäftigung beitragsfrei bleiben. In diesem Fall ist der Personengruppenschlüssel **110** und der Beitragsgruppenschlüssel 0-0-0-0 der Bundesknappschaft (Minijob-Zentrale) zu melden.

Es wird kein Entgelt gezahlt

Wird ein nicht vorgeschriebenes Nachpraktikum **ohne Entgelt** ausgeübt, besteht keine Meldepflicht gegenüber der Krankenkasse oder der Bundesknappschaft.

Meldewesen

Ein Praktikant, der ein nicht vorgeschriebenes Nachpraktikum ausübt, ist bei seiner Krankenkasse oder bei geringfügiger oder kurzfristiger Beschäftigung bei der Minijob-Zentrale anzumelden.

Die folgende Tabelle gibt einen Überblick über die zu meldenden Personengruppen und Beitragsgruppenschlüssel für Praktikanten-Beschäftigungsverhältnisse.

Personen-gruppe	Beitragsgruppenschlüssel				Personenkreis
	KV	RV	ALV	PV	
121	0	1	1	0	Vorpraktikum, vorgeschrieben in der Studienordnung, ohne Entgelt
121	1	1	1	1	Vorpraktikum, vorgeschrieben in der Studienordnung, mit Entgelt innerhalb der Geringverdienergrenze (325 EUR pro Monat)
105	1	1	1	1	Vorpraktikum, vorgeschrieben in der Studienordnung, mit Entgelt über der Geringverdienergrenze
109	6	1	0	0	Vorpraktikum, nicht vorgeschrieben in der Studienordnung, Entgelt bis 450 EUR

Ein Arbeitnehmer wird neu eingestellt

Personen-gruppe	Beitragsgruppenschlüssel				Personenkreis
	KV	RV	ALV	PV	
101	1	1	1	1	Vorpraktikum, nicht vorgeschrieben in der Studienordnung, mit Entgelt über 450 EUR
110	0	0	0	0	Vorpraktikum, nicht vorgeschrieben in der Studienordnung, bis 2 Monate mit Entgelt (unter oder über 450 EUR)
--	--	--	--	--	Zwischenpraktikant, vorgeschrieben in der Studienordnung
109	6	1	0	0	Geringfügige Nebenbeschäftigung neben einem Zwischenpraktikum, in der gesetzlichen Kranken-kasse krankenversichert
109	0	1	0	0	Geringfügige Nebenbeschäftigung neben einem Zwischenpraktikum, privat krankenversichert
109	6	0	0	0	Zwischenpraktikum, nicht vorgeschrieben in der Studienordnung, Entgelt bis 450 EUR
106	0	1	0	0	Zwischenpraktikum, nicht vorgeschrieben in der Studienordnung, mit Entgelt über 450 EUR, aber 20-Stunden-Grenze eingehalten
101	1	1	1	1	Zwischenpraktikum, nicht vorgeschrieben in der Studienordnung, 20-Stundengrenze überschritten
190	0	0	0	0	Zwischenpraktikum, nicht vorgeschrieben in der Studienordnung, bis 2 Monate mit oder ohne Entgelt
121	0	1	1	0	Nachpraktikum, vorgeschrieben in der Studien-ordnung, ohne Entgelt
121	1	1	1	1	Nachpraktikum, vorgeschrieben in der Studien-ordnung, mit Entgelt innerhalb der Geringver-dienergrenze (325 EUR pro Monat)
105	1	1	1	1	Nachpraktikum, vorgeschrieben in der Studien-ordnung, mit Entgelt über der Geringverdiener-grenze
109	6	1	0	0	Nachpraktikum, nicht vorgeschrieben in der Studienordnung, Entgelt bis 450 EUR
101	1	1	1	1	Nachpraktikum, nicht vorgeschrieben in der Studienordnung, mit Entgelt über 450 EUR
110	0	0	0	0	Nachpraktikum, nicht vorgeschrieben in der Studienordnung, bis 2 Monate mit Entgelt (unter oder über 450 EUR)

3.4.5   Freie Berufe

Auf eine besondere Regelung für geringfügig Nebenbeschäftigte, die in der Hauptbeschäftigung in einem berufsständischen Versorgungswerk rentenversichert sind, haben sich die Spitzenverbände der Sozialversicherungsträger verständigt. Für geringfügige **Nebenbeschäftigungen** von Ärzten, Apothekern, Architekten u. a. (alle freien Berufe), die in der Hauptbeschäftigung von Beiträgen zur Rentenversicherung nach § 6 Abs. 1 SGB VI befreit wurden, gilt zunächst die allgemeine Beitragspflicht zur Rentenversicherung. Der Arbeitnehmer kann die Befreiung in der Rentenversicherung auch für die geringfügige Nebenbeschäftigung beantragen. Wurde die Befreiung nicht beantragt besteht eine allgemeine Beitragspflicht in der Rentenversicherung. Die Befreiung ist im Übrigen für jede Beschäftigung einzeln zu beantragen, selbst dann, wenn sie schon für eine andere Beschaffung erteilt war oder die Beschäftigung gewechselt wird. Ohne die Vorlage der Befreiung ist der Arbeitnehmer zunächst zur gesetzlichen Rentenversicherung anzumelden und, sofern bereits Beträge bezahlt wurden, diese im Erstattungsverfahren beantragt werden. Für den Empfänger der Rentenversicherungsbeiträge ist zu unterscheiden, ob es sich um eine berufsfremde oder um eine berufsgleiche Nebenbeschäftigung handelt. Ist die Nebenbeschäftigung eine **berufsgleiche**, ist der volle Rentenversicherungsbeitrag dem berufsständischen Versorgungswerk zu melden. Die Beiträge zur Rentenversicherung sind auch an das Versorgungswerk abzuführen. Abhängig von der Krankenversicherungspflicht ergibt sich der Beitragsgruppenschlüssel **6-0-0-0** oder bei privat krankenversicherten geringfügig Nebenbeschäftigten **0-0-0-0**. Als Personengruppenschlüssel ist die **Schlüsselziffer 109** — geringfügige Beschäftigung — zu wählen. Ist die geringfügige Beschäftigung eine **berufsfremde**, erhält die Minijob-Zentrale den vollen Beitrag zur Rentenversicherung. Bei einer Versicherungspflicht zur gesetzlichen Krankenversicherung ist der Minijob-Zentrale der Beitragsgruppenschlüssel 6-1-0-0, für privat krankenversicherte der Schlüssel 0-1-0-0 zu melden. Zuständig für die Meldung ist die Bundesknappschaft-Bahn-See in Essen (Minijob-Zentrale). Die Bundesknappschaft ist auch dann für die Meldung zuständig, wenn keine pauschalen Beiträge zur Krankenversicherung abzuführen sind.

❗ ACHTUNG

Nur wenn es sich um eine berufsgleiche geringfügige Nebenbeschäftigung handelt und der Arbeitnehmer nicht die Befreiung in der Rentenversicherung beantragt hat, sind die Beiträge an das berufsständische Versorgungswerk abzuführen. Hat der Arbeitnehmer die Befreiung beantragt, sind die pauschalen Beiträge an die Minijob-Zentrale abzuführen.

▶ **BEISPIEL**

Ein sozialversicherungspflichtiger Arzt übernimmt beim DRK zweimalig im Monat eine Bereitschaft und erhält dafür 450 EUR Entgelt. Der Arzt ist in einem berufsständischen Versorgungswerk rentenversichert und hat nicht die Befreiung in der Rentenversicherung beantragt. Der Arzt ist in einer gesetzlichen Krankenkasse freiwillig versichert.

Beurteilung

Der Arzt ist in seiner ersten Hauptbeschäftigung versicherungspflichtig in der Kranken-, Renten-, Arbeitslosen- und Pflegeversicherung. In der Rentenversicherung werden die Beiträge an das Versorgungswerk abgeführt. Die Beschäftigung beim DRK ist eine geringfügig entlohnte Nebenbeschäftigung, weil das monatliche Arbeitsentgelt 450 EUR nicht übersteigt. Die Befreiung von der gesetzlichen Rentenversicherungspflicht aufgrund der Mitgliedschaft in einem berufsständischen Versorgungswerk gilt auch für die Beschäftigung in der berufsgleichen geringfügigen Beschäftigung. Da keine Befreiung von der Beitragspflicht zur Rentenversicherung beantragt wurde, ist der allgemeine Beitrag (nicht Pauschalbeitrag von 15 %) zu entrichten. Damit ist auch das Versorgungswerk und nicht die Minijob-Zentrale der zuständige Rentenversicherungsträger.

Die geringfügige Beschäftigung ist jedoch mit dem Personengruppenschlüssel 109 und dem Beitragsgruppenschlüssel 6-0-0-0 der Minijob-Zentrale zu melden.

Die folgende Tabelle gibt nochmals einen Überblick über die Personengruppenschlüssel und Beitragsgruppen für geringfügig Beschäftigte mit einer Rentenversicherung in einem Versorgungswerk.

Personen-gruppe	Beitragsgruppenschlüssel				Personenkreis
	KV	RV	ALV	PV	
109	6	0	0	0	Geringfügig **berufsgleiche** Nebenbeschäftigung, in der gesetzlichen Krankenkasse versichert, in einem berufsständischen Versorgungswerk rentenversichert
109	6	5	0	0	Geringfügige **berufsgleiche** Nebenbeschäftigung, in der gesetzlichen Krankenkasse versichert, in einem berufsständischen Versorgungswerk rentenversichert, Verzicht auf die Versicherungsfreiheit

Personen-gruppe	Beitragsgruppenschlüssel				Personenkreis
	KV	RV	ALV	PV	
109	6	1	0	0	Geringfügige **berufsfremde** Nebenbeschäftigung, in der gesetzlichen Krankenkasse versichert, in einem berufsständischen Versorgungswerk rentenversichert, kein Verzicht auf die Rentenversicherungspflicht
109	0	0	0	0	Geringfügige **berufsgleiche** Nebenbeschäftigung, privat krankenversichert, in einem berufsständischen Versorgungswerk rentenversichert, die Versicherungsfreiheit in RV beantragt
109	0	1	0	0	Geringfügige **berufsfremde** Nebenbeschäftigung, privat krankenversichert, in einem berufsständischen Versorgungswerk rentenversichert, kein Verzicht auf die Rentenversicherungspflicht

3.4.6 Aushilfen über 65 Jahre

Für Arbeitnehmer, die das 64. Lebensjahr vollendet haben, ist bei einer sozialversicherungspflichtigen Beschäftigung nur noch der Arbeitgeberanteil in der Rentenversicherung zu entrichten (vgl. „Rentenversicherung RV" in Kapitel 3.1). Übernimmt der Arbeitnehmer neben einer Hauptbeschäftigung eine **erste** geringfügige Nebenbeschäftigung, unterliegt diese nur den pauschalen Beiträgen zur Kranken- und Rentenversicherung. Als Beitragsgruppenschlüssel ist 6-5-0-0 in der Meldung zur Sozialversicherung zu übermitteln.

! ACHTUNG

Der Beitragsgruppenschlüssel 6-5-0-0 gilt für Arbeitnehmer ab 65, die eine erste geringfügige Nebenbeschäftigung ausüben, und für Arbeitnehmer, die nur eine geringfügige Beschäftigung ausüben. Der Status „Arbeitnehmer über 65 Jahre" hat keinen Einfluss auf die Meldung zur Sozialversicherung.

Übernimmt ein Arbeitnehmer mit 65 Jahren oder älter neben der ersten geringfügigen Nebenbeschäftigung eine **zweite geringfügige Nebenbeschäftigung**, ist diese zu seiner Hauptbeschäftigung zu addieren. Die geringfügige Beschäftigung ist voll sozialversicherungspflichtig. Aufgrund der Überschreitung der Altersgrenze ist für die geringfügige Beschäftigung jedoch in der Rentenversicherung nur der Arbeitgeber mit seinem Beitragsanteil versicherungspflichtig. Entsprechend ist die zweite geringfügige Nebenbeschäftigung mit dem Beitragsgruppenschlüssel **3** in der Rentenversicherung zu melden. In der Krankenversicherung unterliegt der Arbeitnehmer über 65 Jahre nur dem ermäßigten Beitragssatz (Schlüssel 3) und in der Arbeitslosenversicherung besteht keine Versicherungspflicht, sofern jede einzelne geringfügige Nebenbeschäftigung die 450-EUR-Grenze nicht überschreitet. In der Pflegeversicherung besteht volle Beitragspflicht, es ist also die Beitragsgruppe 1 zu melden.

> ## ▶ BEISPIEL

Ein Arbeitnehmer mit 66 Jahren hat die Beschäftigungen A und B und nimmt noch die Beschäftigung C auf.

Beschäftigung	Stunden pro Woche	Entgelt pro Monat
A	20	1.000 EUR
B	8	250 EUR
C	4	150 EUR

Die Beschäftigung A ist vollständig sozialversicherungspflichtig. Als Beitragsgruppe ist 3-3-2-1 und als Personengruppe 119 der zuständigen Krankenkasse zu melden. Die Beschäftigung B ist geringfügig — Beitragsgruppe 6-5-0-0 und die Personengruppe 109. Diese Beschäftigung ist der Minijob-Zentrale zu melden. Die Beschäftigung C wird mit der Beschäftigung A zusammengerechnet und ist mit dem Beitragsgruppenschlüssel 3-3-0-1 und dem Personengruppenschlüssel 119 der Krankenkasse aus Beschäftigung A zu melden. Keine Beitragspflicht zur Arbeitslosenversicherung besteht, weil es sich um eine geringfügige Nebenbeschäftigung handelt.

> ## ! ACHTUNG

Für die Geburtsjahrgänge 1947 bis 1963 steigt die Altersgrenze für die Regelaltersrente von 65 auf 67 stufenweise pro Geburtsjahr an. Geburtsjahrgänge ab 1964 unterliegen den Rentenversicherungsbeiträgen bis zum 67. Geburtstag.

Die nachstehende Tabelle gibt einen Überblick über die Beitragsgruppen für den Personenkreis Arbeitnehmer über 65 („Rentner").

Beitragsgruppen-schlüssel				Personenkreis	Empfänger der Meldung
KV	RV	ALV	PV		
6	5	0	0	Geringfügig nebenbeschäftigter Rentner, in der gesetzlichen Krankenkasse versichert, erste Nebenbeschäftigung	Bundesknappschaft
3	3	0	1	Geringfügig nebenbeschäftigter Rentner, in der gesetzlichen Krankenkasse versichert, zweite Nebenbeschäftigung	Krankenkasse des Arbeitnehmers

3.4.7 Grenzgänger

Eine weitere Besonderheit gilt für Arbeitnehmer aus dem benachbarten Ausland, die zwar im Inland arbeiten, jedoch täglich ins Ausland zurückkehren (Grenzgänger). Geringfügig beschäftigte Grenzgänger, die in der Bundesrepublik Deutschland eine Beschäftigung ausüben, unterliegen grundsätzlich der Versicherungspflicht in der Kranken-, Pflege-, Renten-, Arbeitslosen- und Unfallversicherung nach deutschem Recht. Besteht jedoch nur eine geringfügige Beschäftigung gilt Folgendes:

Eine eigene Mitgliedschaft in der deutschen gesetzlichen Krankenversicherung entsteht durch die Ausübung eines Minijobs für ausländische Arbeitnehmer nicht. Der pauschale Beitrag zur Krankenversicherung ist deshalb nur zu entrichten, wenn der Arbeitnehmer in Deutschland gesetzlich krankenversichert ist. Bei einer Beitragspflicht ist der **Beitragsgruppenschlüssel 1,** ohne eine Beitragspflicht ist der Schlüssel 0 im Feld KV zu melden.

Wie bei deutschen Minijobbern wird das Arbeitsentgelt einem Konto bei der Deutschen Rentenversicherung gutgeschrieben. Somit entsteht für den Arbeitgeber eine pauschale Beitragspflicht zur Rentenversicherung. Seit 2013 entsteht bei Neueinstellungen zusätzlich für den Mitarbeiter die Differenz des pauschalen Arbeitgeberbeitrags und des allgemeinen Beitrags (3,9 % des Arbeitsentgelts) als Beitragspflicht zur Rentenversicherung. Es ist der Beitragsgruppenschlüssel 1 der Minijob-Zentrale zu melden. Auch Arbeitnehmer aus dem Ausland haben die Möglichkeit, auf die Rentenversicherungspflicht zu verzichten. In diesem Fall ist der Beitragsgruppenschlüssel 5 im Feld RV zu melden. Der Verzicht muss dem Arbeitgeber schriftlich mitgeteilt werden — eine Informationspflicht des Arbeitgebers besteht jedoch nicht.

> **!** **ACHTUNG**
>
> Die ausländischen Regelungen können ggf. dazu führen, dass sich der Minijob in Deutschland nachteilig auf die soziale Absicherung des Arbeitnehmers im Heimatland auswirkt. Arbeitnehmer aus dem Ausland sollten sich daher bei den Stellen ihrer eigenen Sozialversicherung informieren, welche Auswirkungen eine geringfügige Beschäftigung in Deutschland auf ihre soziale Absicherung hat.

Die nachstehende Tabelle gibt einen Überblick über die Beitragsgruppen für den Personenkreis Grenzgänger.

Beitragsgruppen-schlüssel				Personenkreis	Empfänger der Meldung
KV	RV	ALV	PV		
0	1	0	0	Geringfügig beschäftigter Grenzgänger	Bundesknappschaft
0	5	0	0	Geringfügig beschäftigter Grenzgänger mit Verzicht auf die Rentenversicherungspflicht	Bundesknappschaft

3.5 Sonderregelung für Übergangsfälle von geringfügig Beschäftigten

Geringfügig Beschäftigte waren bis 31.12.2012 in der gesetzlichen Rentenversicherung beitragsfrei. Der Arbeitgeber musste jedoch einen pauschalen Satz von 15 % des Arbeitsentgelts als Rentenversicherungsbeitrag entrichten. Der Arbeitnehmer hatte darüber hinaus die Möglichkeit, den pauschalen Arbeitgeberanteil um 3,9 % auf den vollen Rentenversicherungsbeitrag (18,9 seit 2013) aufzustocken. Von der Möglichkeit machen jedoch nur etwa 5 % der Beschäftigten im gewerblichen Bereich und 7 % in Privathaushalten Gebrauch. Mit der Neuregelung der geringfügigen Beschäftigung zum 1.1.2013 wurde die Ausnahmeregelung umgekehrt (sogenannte Opt-out-Variante). Ab 2013 ist für geringfügig Beschäftigte die Versicherungspflicht in der Rentenversicherung die Regel. Dabei ist von den geringfügig Beschäftigten der Differenzbetrag zum Pauschalbeitrag des Arbeitgebers zu tragen. Dafür erlangen die Beschäftigten u. a. Ansprüche auf Erwerbsminderungsrente und die Vorteile der Riester-Förderung bei einer betrieblichen Altersvorsorge. Außerdem entstehen durch die volle Beitragspflicht Versicherungszeiten, mit denen ggf. Lücken im Versicherungsablauf vermieden werden können. Den geringfügig Beschäftigten steht es jedoch frei, sich mit einem Antrag von der Versicherungspflicht in der gesetzlichen Rentenversicherung befreien zu lassen (Opt-out-Option). Dann bleibt es bei dem Pauschalbeitrag des Arbeitgebers zur Rentenversicherung und es tritt Beitragsfreiheit für den Arbeitnehmer ein. Die Versicherungspflicht in der Rentenversicherung mit der Opt-out Möglichkeit besteht jedoch nur für geringfügige Beschäftigungen, die ab dem 1.1.2013 neu aufgenommen wurden. Für zum Zeitpunkt 31.12.2013 bestehende geringfügige Beschäftigungen gilt die Beitragsfreiheit des Arbeitnehmers und der pauschale Beitrag von 15 % für den Arbeitgeber weiter fort. Bisher ist keine zeitliche Befristung für die sogenannte Altfall-Regelung festgelegt.

> **! WICHTIG**
>
> Die Neuregelung der geringfügigen Beschäftigung gilt für Arbeitsverhältnisse, die ab 1.1.2013 neu aufgenommen werden. Für bereits davor bestehende geringfügige Beschäftigungen gelten die alten gesetzlichen Regelungen entsprechend § 230 Abs. 8 SGB VI weiter.

Die zweite Änderung der geringfügigen Beschäftigung betrifft die Höhe des monatlichen Arbeitsentgelts. Seit 2013 bleibt eine Beschäftigung mit einem monatlichen Arbeitsentgelt von max. 450 EUR von Beiträgen zur Arbeitslosen- und Pflegeversicherung befreit (400 EUR bis Ende 2012). In der Krankenversicherung besteht Beitragsfreiheit für den Arbeitnehmer und ein pauschaler Beitragssatz von 13 % des Arbeitsentgelts für den Arbeitgeber. Die Anhebung der Grenze für die Sozialversicherungsfreiheit kann nun für bestehende Arbeitsverhältnisse zu einer geänderten Sozialversicherungspflicht führen, wenn:

- der Arbeitnehmer zwar über 400 EUR pro Monat, aber unter 450,01 EUR verdient hat,
- die sogenannte Aufstockung in der Rentenversicherung (Opt-in-Option) bei einer geringfügigen Beschäftigung gewählt wurde.

3.5.1 Arbeitsentgelt über 400 EUR, aber unter 450 EUR

Durch die Anhebung der Entgeltgrenze von 400 EUR auf 450 EUR pro Monat kommt es zu zahlreichen Übergangsfällen. Vor dem 1.1.2013 waren Beschäftigungen mit einem Arbeitsentgelt **über** 400 EUR vollständig sozialversicherungspflichtig. Mit der Anhebung der Entgeltgrenze wurde für jeden Versicherungszweig eine (eigene) Übergangsregelung geschaffen. Im Grundsatz hat jedoch in einer Übergangsphase bis 31.12.2014 die Versicherungspflicht bei einem Entgelt über 400 EUR für bestehende Beschäftigungsverhältnisse Bestand. Dies bedeutet, dass für Altverträge vor 2013 die **Versicherungspflicht** bei einem durchschnittlichen monatlichen Arbeitsentgelt ab 400,01 EUR bestehen bleibt. Es gibt jedoch Ausnahmeregelungen für jeden Versicherungszweig.

Ausnahmeregelung für die Kranken- und Pflegeversicherung

Wurde vor 2013 ein monatliches Arbeitsentgelt zwischen 400,01 und 450 EUR bezahlt, so würde eigentlich durch die Neuregelung eine geringfügige Beschäftigung entstehen. Durch eine Bestandsschutzregelung in der Kranken- und Pflegeversicherung besteht jedoch bis 31.12.2014 für diese Beschäftigung weiterhin volle Sozialversicherungspflicht, sofern das regelmäßige monatliche Arbeitsentgelt mehr als 400 EUR beträgt. Liegt ab 1.1.2015 das Arbeitsentgelt unter 450 EUR, tritt Beitragsfreiheit für den Arbeitnehmer und die pauschale Beitragspflicht in der Krankenversicherung mit 13 % für den Arbeitgeber ein. War der Arbeitnehmer zum 31.12.2012 privat krankenversichert, konnte dieser sich von der gesetzlichen Versicherungspflicht befreien lassen (Ausschlusspflicht). Diese Befreiung wirkt auch in 2014 weiter fort und endet ggf. erst zum 1.1.2015.

> **!** **ACHTUNG**
>
> Eine Sonderregelung besteht für Arbeitnehmer, die bis 31.12.2012 sozialversicherungspflichtig waren (Arbeitsentgelt zwischen 400 EUR und 450 EUR pro Monat) und familienversichert sind — z. B. Kinder eines Pflichtversicherten. Mit der Neuregelung zum 1.1.2013 entsteht für diesen Personenkreis verpflichtend eine geringfügige Beschäftigung. Sie sind seit 1.1.2013 krankenversicherungsfrei, sofern das regelmäßige Arbeitsentgelt weiterhin bis 450 EUR beträgt. Es besteht keine Bestandsschutzregelung. Die Mitarbeiter mussten bei ihrer Krankenkasse abgemeldet (Grund der Abgabe: 31) und bei der Minijob-Zentrale mit dem Beitragsgruppenschlüssel 6-0-0-0 angemeldet werden. Als Grund der Abgabe war der Minijobzentrale der Meldegrund 11 zu melden. Diese Regelung greift nicht, sofern das Arbeitsentgelt per 1.1.2013 auf über 450 EUR erhöht wurde.

Wurde für den Arbeitnehmer mit einem durchschnittlichen Arbeitsentgelt über 400 EUR pro Monat die **Gleitzonenregelung** für die Krankenversicherung angewendet, so ist diese auch nach dem 1.1.2013 weiter anzuwenden. Zu beachten ist jedoch die neue Gleitzonenformel, die ab 2013 gilt. Die Details zur Gleitzonenberechnung finden Sie im Kapitel 5.2.

Meldung zur Sozialversicherung

Verzichtet der Mitarbeiter mit einem Arbeitsentgelt unter 450,01 EUR **auf die Befreiung** von den Kranken- und Pflegeversicherungsbeiträgen (volle Beitragspflicht besteht fort), ist keine Meldung zur Sozialversicherung in der Übergangsfrist bis Ende 2014 zu erstellen.

Beantragt der Arbeitnehmer die Versicherungsfreiheit in der Kranken- und Pflegeversicherung, müssen entsprechende Meldungen an die Sozialversicherungsträger erstellt werden. Endet die Versicherungspflicht bei der Krankenkasse, entsteht für den Arbeitgeber die pauschale Beitragspflicht zur Krankenversicherung (13 % des Arbeitsentgelts). Somit ist für den Arbeitnehmer an die Krankenkasse die Änderung der Beitragsgruppe zu melden. Der neue Beitragsgruppenschlüssel ist 0-1-1-0. Es ist eine Abmeldung mit Grund der Abgabe: 32 und eine Anmeldung mit dem neuen Beitragsgruppenschlüssel und Grund der Abgabe: 12 vorzunehmen. Als Personengruppe ist die 101 zu melden. Zusätzlich ist die Beschäftigung bei der Minijob-Zentrale anzumelden. Der pauschale Beitrag des Arbeitgebers zur Krankenversicherung führt zu der Beitragsgruppe 6-0-0-0. Es ist eine Anmeldung mit Grund der Abgabe: 10 und der Personengruppe 101 an die Bundesknappschaft-Bahn-See zu senden.

> **!** **WICHTIG**
>
> Beachten Sie: Beantragt der Mitarbeiter auch die Versicherungsfreiheit in der Arbeitslosenversicherung, muss ggf. der Beitragsgruppenschlüssel 0-1-0-0 der Krankenkasse gemeldet werden. Als Personengruppe ist auch in diesem Fall der Schlüssel 101 zu melden.

> **●** **TIPP**
>
> Wird das Arbeitsentgelt in der Übergangsfrist bis Ende 2014 über die Grenze von 450 EUR pro Monat erhöht, entsteht automatisch wieder volle Beitragspflicht zur Kranken- und Pflegeversicherung zum Zeitpunkt des Überschreitens der Geringfügigkeitsgrenze.

Ausnahmeregelung für die Rentenversicherung

In der Rentenversicherung wurde per 1.1.2013 die Versicherungspflicht mit Befreiungsoption eingeführt. Somit besteht bei einem regelmäßigen Arbeitsentgelt zwischen 400 EUR und 450 EUR die allgemeine Beitragspflicht fort. Die Beiträge in Höhe von 18,9 % des Arbeitsentgelts sind hälftig vom Arbeitnehmer und Arbeitgeber zu tragen und der Krankenkasse des Arbeitnehmers zu melden. Ab 1.1.2015 kann sich

Ein Arbeitnehmer wird neu eingestellt

der Mitarbeiter von der Rentenversicherungspflicht befreien lassen, sofern das Arbeitsentgelt dann immer noch unter der Geringfügigkeitsgrenze von 450 EUR pro Monat liegt.

<table>
<tr><td>!</td><td>WICHTIG</td></tr>
</table>

Beachten Sie: Im Unterschied zur Kranken-, Pflege- und Arbeitslosenversicherung ist eine Befreiung von den Pflichtbeiträgen in der Rentenversicherung nicht möglich. Erst ab 1.1.2015 kann bei einem Arbeitsentgelt bis 450 EUR eine Befreiung von der allgemeinen Rentenversicherungspflicht beantragt werden.

Wurden für den Mitarbeiter die Gleitzonenformel auf die Beiträge zur Rentenversicherung angewendet, gilt auch dafür ein Bestandschutz bis 31.12.2014. Das heißt es ist weiterhin die **alte** Gleitzonenformel mit dem für 2013 geltenden Faktor (F) anzuwenden. Wird das Arbeitsentgelt bis Ende 2014 erhöht und steigt über die 450-EUR-Grenze, ist ab diesem Zeitpunkt die ab 2013 geltende Gleitzonenregelung anzuwenden.

Ausnahmeregelung für die Arbeitslosenversicherung

In der Arbeitslosenversicherung besteht bei einem Arbeitsentgelt zwischen 400 EUR und 450 EUR bis 31.12.2014 Bestandsschutz. Somit sind auch bei Arbeitsentgelten unter 450 EUR allgemeine Beiträge zur Arbeitslosenversicherung zu berechnen und an die Krankenkasse abzuführen, sofern die Beschäftigung bereits vor dem 1.1.2013 bestand.

Der Arbeitnehmer hat die Möglichkeit, mit einem Antrag bei der Bundesarbeitsagentur sich von der Arbeitslosenversicherungspflicht befreien zu lassen. Wurde der Antrag bis 31.03.2013 gestellt, kann er rückwirkend zum 1.1.2013 in Kraft treten. Nach diesem Stichtag gestellte Anträge bewirken eine Befreiung erst im Folgemonat nach der Befreiungsgewährung durch die Arbeitsagentur.

Wurde für den Mitarbeiter in 2012 die Gleitzonenformel angewendet, so ist diese für 2013/2014 weiter fortzuführen. Zu beachten ist jedoch, dass bis Ende 2014 die alte Gleitzonenberechnung mit dem ab 2013 geltenden Faktor (F) anzuwenden ist.

Meldung zur Sozialversicherung

Nutzt der Arbeitnehmer während der Übergangszeit die Option zur Befreiung von den Beiträgen zur Arbeitslosenversicherung, muss die geänderte Beitragsgruppe der zuständigen Krankenkasse gemeldet werden. Die Versicherungsfreiheit in der

Arbeitslosenversicherung ist mit dem Beitragsgruppenschlüssel 1-1-0-1 und der Personengruppe 101 der Krankenkasse mitzuteilen. Es ist eine Abmeldung mit dem Grund der Abgabe: 32 und eine Anmeldung mit dem Grund der Abgabe: 12 durchzuführen. Wird auch die Option der Befreiung von der Versicherungspflicht in der Kranken- und Pflegeversicherung genutzt, ist als Beitragsgruppenschlüssel 0-1-0-0 zu melden.

Die nachfolgende Tabelle gibt eine Übersicht der erforderlichen Meldungen und der Annahmestellen für die Meldungen.

Meldegrund	Beitragsgruppen-schlüssel				Personen-gruppen-schlüssel	Empfänger der Meldung
	KV	RV	ALV	PV		
Antragsbefreiung von der Arbeitslosenversicherung	1	1	0	1	101	Krankenkasse des Versicherten
Antragsbefreiung von der Kranken- und Pflegeversicherung	0	1	1	0	101	Krankenkasse des Versicherten
	6	0	0	0	101	Minijob-Zentrale
Antragsbefreiung von der Kranken- und Pflegeversicherung und der Arbeitslosenversicherung	0	1	0	0	101	Krankenkasse des Versicherten
	6	0	0	0	101	Minijob-Zentrale

3.5.2 Neuregelung bei Aufstockung in der Rentenversicherung

Geringfügig beschäftigte Arbeitnehmer hatten bis 31.12.2012 die Möglichkeit, den pauschalen Beitrag zur Rentenversicherung des Arbeitgeber (15 %) auf den allgemeinen Beitrag (19,6 % in 2012) aus ihrem monatlichen Arbeitsentgelt zu tragen. Die sogenannte Aufstockung bzw. der Verzicht auf Beitragsfreiheit in der Rentenversicherung musste dem Arbeitgeber schriftlich erklärt werden. Bei mehrfach geringfügig beschäftigten Arbeitnehmern gilt der Verzicht auf die Versicherungsfreiheit einheitlich für alle geringfügigen Beschäftigungen.

Mit der Neuregelung der geringfügigen Beschäftigung zum 1.1.2013 gilt zunächst der Verzicht auf die Versicherungsfreiheit weiter. Ein Antrag auf Befreiung von der Rentenversicherungspflicht zum 1.1.2013 ist in diesem Fall nicht möglich. Auch ab 2013 neu aufgenommene geringfügige Beschäftigungen können für diesen Personenkreis nicht von der Rentenversicherungspflicht befreit werden.

> **! ACHTUNG**
>
> War der Arbeitnehmer bis 31.12.2012 geringfügig beschäftigt (Arbeitsentgelt bis 400 EUR pro Monat) und wird ab 2013 das Arbeitsentgelt erhöht, entsteht ein sogenannter „Neufall". Es gelten die gesetzlichen Regelungen für eine neue geringfügige Beschäftigung ab 2013.

Meldung zur Sozialversicherung

Die Fortführung der vollen Beitragspflicht zur Rentenversicherung bedingt keine Meldung zur Sozialversicherung. Hatte der Arbeitnehmer vor der Neuregelung jedoch keine Aufstockung gewählt und verzichtet in 2013 auf seine Rentenversicherungsfreiheit, ist der geänderte Beitragsgruppenschlüssel der Minijob-Zentrale zu melden. Für gesetzlich krankenversicherte Arbeitnehmer ist die geringfügige Beschäftigung bei Aufstockung mit dem Beitragsgruppenschlüssel 6-1-0-0 und der Personengruppe 109 der Minijob-Zentrale zu melden.

4 Vom Bruttolohn zur Nettoauszahlung

Die wohl häufigsten Formen der Lohnvereinbarung sind die von Lohn oder Gehalt. Von Lohn spricht man in der Regel, wenn der Arbeitnehmer einen festen Stundenlohn erhält und dieser mit der Anzahl der Arbeitsstunden pro Monat multipliziert wird (Stundenlohn × Anzahl Arbeitsstunden = Lohn). Unter Gehalt versteht man üblicherweise, wenn der Arbeitnehmer nicht stundenweise bezahlt wird, sondern z. B. monatlich einen gleichbleibenden Betrag erhält. Neben diesen Grundformen gibt es zahllose Varianten, wie z. B. Gehalt und Überstunden, Grundlohn und feste Leistungszulage, Gehalt und Prämie oder Lohn und Einmalzahlung (Weihnachtsgeld).

Im Gegensatz zu einigen angelsächsischen Ländern, in denen die wöchentliche oder 14-tägige Lohnzahlung vorherrscht, ist es in Deutschland üblich, Löhne und Gehälter im Monatsrhythmus zu zahlen. Aber auch hier gibt es Varianten. So werden Beamte am 10. eines Monats für den laufenden Monat bezahlt, Gehälter von Angestellten werden normalerweise zum Monatsende gezahlt und Löhne werden in der Regel erst zu Beginn des Folgemonats für den zurückliegenden Monat berechnet. Löhne an Aushilfskräfte sind zum Teil tageweise oder wöchentlich abzurechnen, während Erfolgsprämien oft nur einmal pro Jahr vergütet werden.

In den folgenden Kapiteln werden Sie sehen, dass der Rhythmus der Lohnzahlung eine erhebliche Rolle für die Berechnung der Lohnsteuer und der Beiträge zu den Sozialversicherungen spielt. Beispielsweise ist entsprechend dem Abrechnungszeitraum die Lohn- und Kirchensteuer auf Basis der Tages-, Wochen-, Monats- oder Jahreslohnsteuertabelle zu ermitteln. Zunächst sollen jedoch die Begriffe des Arbeitslohnes bzw. des Arbeitsentgeltes näher erläutert werden. In den folgenden Abschnitten ist die Abrechnung von einigen besonderen Lohnbestandteilen anhand von Beispielen dargestellt.

4.1 Ermittlung des Arbeitslohns/Arbeitsentgelts

Ausgangspunkt jeder Lohnabrechnung ist der Bruttolohn. Der Bruttolohn ergibt sich aus der Summe aller Lohnbestandteile — den sogenannten Lohnarten, die der Arbeitnehmer erhält. Lohnarten können zum Beispiel Stundenlohn, Gehalt, Prämien, Fahrgeld, vermögenswirksame Leistungen, Sachleistungen des Arbeitgebers, Urlaubsgeld, betriebliche Altersvorsorge und vieles mehr sein. Der Begriff des Arbeitslohnes entstammt dem Lohnsteuerrecht und bezeichnet die Summe der lohnsteuerpflichtigen Lohnarten. Der Begriff des Bruttolohnes kann nicht synonym mit dem Arbeitslohn verwendet werden, weil es Lohnarten gibt, die zwar zum Bruttolohn gehören, jedoch nicht der Lohnsteuer unterliegen oder mit einem festen pauschalen Satz versteuert werden.

Im Sozialversicherungsrecht verwendet man für die Entlohnung des Arbeitnehmers den Begriff des Arbeitsentgeltes. Auch das Arbeitsentgelt kann sich vom Bruttolohn unterscheiden, wenn im Bruttolohn sozialversicherungsfreie Lohnbestandteile enthalten sind. Darüber hinaus gibt es Bruttolohnbestandteile, die der Lohnsteuer unterliegen, jedoch nicht zur Berechnung von Sozialversicherungsbeiträgen herangezogen werden. Es können also auch Unterschiede zwischen Arbeitslohn und Arbeitsentgelt bestehen. Das folgende Schema verdeutlicht nochmals den Zusammenhang (siehe nächste Seite).

Der Bruttolohn kann sich aus mehreren Lohnbestandteilen zusammensetzen. Lohn/Gehalt, Sachbezug, Fahrgeld sind nur einige Beispiele für mögliche Bestandteile des Bruttolohnes. Grundsätzlich zählen zum Bruttolohn alle Leistungen des Arbeitgebers in Geld oder als Sachleistung. Durch Abzug der steuerfreien Lohnbestandteile ergibt sich aus dem Bruttolohn der Arbeitslohn. Vom steuerpflichtigen Arbeitslohn sind die Abzüge für Lohn- und Kirchensteuer sowie der Solidaritätszuschlag zu ermitteln. Wird der Bruttolohn um das sozialversicherungsfreie Arbeitsentgelt gekürzt, ergibt sich das beitragspflichtige Arbeitsentgelt. Nur vom beitragspflichtigen Arbeitsentgelt sind Beiträge zu Kranken-, Pflege-, Renten- und Arbeitslosenversicherung zu errechnen. Nach Kürzung des Bruttolohnes um die steuerlichen und sozialversicherungsrechtlichen Abzüge ergibt sich der Nettolohn. Dieser ist vor der Auszahlung um Nettoabzüge, wie Vorschuss oder Pfändung, zu reduzieren und um Nettobezüge, wie steuerfreie Erstattungen, zu erhöhen.

! WICHTIG: Abrechnungsschema: vom Bruttolohn zur Auszahlung

> Lohn/Gehalt
> + Fahrgeld
> + Sachbezug
> + …
> = Bruttolohn

— steuerfreier Arbeitslohn	— sozialversicherungsfreies Arbeitsentgelt
= Arbeitslohn	= Arbeitsentgelt

Darauf: Lohnsteuer/Kirchensteuer/ Solidaritätszuschlag/(Kammer-Beitrag)[7]	Darauf: Arbeitnehmeranteil zu den Sozial- versicherungen
= Summe steuerliche Abzüge	= Summe sozialversicherungsrechtliche Abzüge

Bruttolohn
— steuerliche Abzüge
— sozialversicherungsrechtliche Abzüge
= Nettolohn

— Nettoabzüge
+ Nettobezüge

= Auszahlung

Tab. 7: Abrechnungsschema

4.2 Steuerliche Abzüge

Im Rahmen der Lohnabrechnung sind vom steuerpflichtigen Arbeitslohn die Lohn-steuer, der Solidaritätszuschlag und die Kirchensteuer zu ermitteln und vom Brut-tolohn einzubehalten.

Zu den steuerrechtlichen Abzügen vom Arbeitslohn gehören:

- Lohnsteuer
- Kirchensteuer
- Solidaritätszuschlag
- Pauschale Lohnsteuer
- Pauschale Kirchensteuer
- Zuschlagssteuer
- Abgeltungssteuer

Für die Ermittlung der Lohnsteuer veröffentlicht das Bundesfinanzministerium eine Lohnsteuerformel bzw. daraus abgeleitete Lohnsteuertabellen. Die Höhe der Lohnsteuer ist abhängig von der Höhe des steuerpflichtigen Arbeitslohns, dem Familienstand des Arbeitnehmers (Steuerklasse) und dem Lohnabrechnungszeit-raum (täglich, monatlich, jährlich). Zusätzlich ist auf den ermittelten Betrag der Lohnsteuer ein Zuschlag von **5,5 %** als **Solidaritätszuschlag** zu berechnen und mit

---

[7] Der Kammerbeitrag ist nur in den Bundesländern Bremen und Saarland zu erheben.

der Lohnsteuer abzuführen. Ist der Arbeitnehmer kirchensteuerpflichtig, muss der Arbeitgeber zusätzlich auf den Betrag der Lohnsteuer **8 % oder 9 %** des Betrags als **Kirchensteuer** einbehalten.

Neben der Versteuerung des Arbeitslohns nach der Steuerformel können einzelne Lohnbestandteile (Lohnarten) mit einem festen (einkommensunabhängigen) Satz von 15 %, 20 %, 25 % oder 30 % versteuert werden. Die Höhe des anzuwendenden Satzes ist von der Art des Lohnbestandteils abhängig. Eine sogenannte pauschale Versteuerung von Lohnbestandteilen ist immer dann vorteilhaft, wenn der Lohnsteuersatz nach Tabelle über dem pauschalen Steuersatz liegt. Zusätzlich zur pauschalen Lohnsteuer muss der Mitarbeiter den Solidaritätszuschlag und ggf. die Kirchensteuer entrichten.

Eine weitere steuerliche Regelung sieht vor, dass der gesamte Arbeitslohn von **Aushilfen** (geringfügig Beschäftigten) mit einem festen Satz von **2 %** versteuert werden darf, wenn dieser durchschnittlich 450 EUR pro Monat nicht übersteigt. Diese Regelung ist eine „Kann-Bestimmung" — das heißt der Arbeitslohn kann auch nach der Formel der Lohnsteuertabelle bzw. nach den Regeln einer Ersatzbescheinigung besteuert werden. Alternativ besteht jedoch die Möglichkeit, ohne Lohnsteuerklasse eine pauschale Lohnsteuer von 2 % des Arbeitslohnes zu erheben.

Neben der pauschalen Versteuerung gibt es im Steuerrecht noch eine Zuschlagssteuer in den Bundesländern Bremen und Saarland — den **Kammerbeitrag** — und einen sogenannten Hinzurechnungsbetrag zum Arbeitslohn.

4.2.1   Ermittlung der Lohnsteuer

Grundlage für die Ermittlung der Lohnsteuer ist die Steuerklasse und die Höhe des steuerpflichtigen Arbeitslohnes. Außerdem haben steuerrechtliche Freibeträge und die Höhe der Sozialversicherungsbeiträge Einfluss auf die Lohnsteuer. Die Besteuerungsmerkmale wie Steuerklasse, Kirchenzugehörigkeit, Anzahl Kinder und ggf. Steuerfreibeträge sind in einer zentralen Datenbank des Bundeszentralamtes für Steuern gespeichert. Die Besteuerungsmerkmale werden von der Finanzverwaltung aufgrund des Familienstandes und der Zugehörigkeit zu einer Glaubensgemeinschaft gebildet. Der Arbeitgeber ruft Besteuerungsmerkmale bei Aufnahme einer Beschäftigung von der sogenannten ELStAM-Datenbank (**E**lektronische **L**ohn**st**euer **A**bzugs**m**erkmale) elektronisch ab.[8] Für den Datenabruf ist eine

---

[8]   Alle wesentlichen Angaben zum ELStAM-Verfahren finden Sie in Kapitel 3.1.1 beschrieben.

Anmeldung des Arbeitnehmers mit dessen Steuer-ID und dem Geburtsdatum erforderlich. Mit diesen Angaben ist nach einer Authentifizierung des Arbeitgebers grundsätzlich ein Datenabruf möglich. Nach der Anmeldung werden die Besteuerungsmerkmale vom Zentralamt innerhalb von zwei Arbeitstagen zum Abruf zur Verfügung gestellt. Sind aufgrund von fehlenden Angaben aus den Gemeinden noch keine Besteuerungsmerkmale in der Datenbank hinterlegt, erstellen die örtlichen Finanzämter auf Antrag des Arbeitnehmers eine Ersatzbescheinigung, die entsprechend den persönlichen Verhältnissen die Besteuerungsmerkmale dokumentiert. Ohne einen gültigen ELStAM-Datensatz oder eine Ersatzbescheinigung ist für die Lohnabrechnung immer Steuerklasse 6 anzuwenden. Wird in 2014 erstmalig eine steuerpflichtige Beschäftigung aufgenommen, stellt das zuständige Finanzamt bis Ende November auch weiterhin Ersatzbescheinigungen aus.

Arbeitslohn

Neben den Besteuerungsmerkmalen wie Steuerklasse und Anzahl Kinder, bestimmt die Höhe des Arbeitslohnes ganz entscheidend die Höhe der Lohnsteuer mit. Die Summe aller laufenden Lohnzahlungen und Sachleistungen des Arbeitgebers ergibt den Bruttolohn. Der **laufende Arbeitslohn** ergibt sich aus dem Bruttolohn unter Abzug von steuerfreien Lohnarten, Steuerfreibeträgen und pauschal versteuerten Lohnbestandteilen. Sonstige Bezüge, wie Urlaubsgeld, Weihnachtsgeld oder Bonuszahlungen, müssen gesondert versteuert werden — sie gehören nicht zum laufenden Arbeitslohn.

Die Lohnsteuer für sogenannte sonstige Bezüge (Einmalzahlungen) wird aus einer Jahresbetrachtung ermittelt. Dazu wird der voraussichtliche Jahresarbeitslohn auf Grundlage des im laufenden Jahr bereits bezahlten Arbeitslohnes vorausschauend ermittelt. Der voraussichtliche Jahresarbeitslohn zuzüglich des sonstigen Bezuges wird dann der Lohnsteuer unterworfen. Für die Lohnsteuerermittlung wird die Jahreslohnsteuertabelle angewendet. Die sich aus dem sonstigen Bezug ergebende Lohnsteuer ist zum Zeitpunkt der Zahlung (Entstehungsprinzip) zusammen mit der Lohnsteuer aus dem laufenden Arbeitslohn zu melden und abzuführen. Werden aus der ELStAM-Datenbank Lohnsteuerfreibeträge (Jahresfreibetrag, Monatsfreibetrag) für den Arbeitnehmer übermittelt, reduzieren diese steuerpflichtigen Arbeitslohn. Lohnsteuerfreibeträge müssen vom Arbeitnehmer jährlich neu beantragt werden und gelten in der Regel nur für ein Kalenderjahr.

Lohnsteuerklasse

Die Lohnsteuerklasse wird mit dem ELStAM-Datensatz an den Arbeitgeber übermittelt. Je nach Familienstand und Art des Arbeitsverhältnisses wird dem Arbeitnehmer von der Finanzverwaltung eine der Steuerklassen von 1-6 zugeordnet. Mit dem steuerpflichtigen Arbeitslohn und der Lohnsteuerklasse können die Lohnabrechnungsprogramme über die Lohnsteuerformel bzw. die Lohnsteuertabelle die einzubehaltende Lohnsteuer ermitteln. Welche Lohnsteuertabelle anzuwenden ist, ergibt sich aus der Dauer der Beschäftigung (Tag, Woche, Monat) bzw. der Lohnart (laufender Arbeitslohn oder sonstiger Bezug).

Für die Lohnsteuerberechnung ist der Arbeitgeber an die vom Bundeszentralamt für Steuern übermittelte Lohnsteuerklasse gebunden. Auch wenn bereits bekannt ist, dass sich die Lohnsteuerklasse ändert, zum Beispiel wegen Heirat, kann die Änderung erst nach der Erfassung in der ELStAM-Datenbank und dem Datenabruf durch den Arbeitgeber berücksichtigt werden. Ändert sich der Familienstand (Heirat, Geburt eines Kindes), werden diese Informationen von den Gemeinden in der ELStAM-Datenbank erfasst. Die Datenerfassung kann oft einige Wochen in Anspruch nehmen. Möchte der Arbeitnehmer die geänderten Besteuerungsmerkmale schneller angewendet wissen, kann er sich ggf. von seinem örtlichen Finanzamt eine Ersatzbescheinigung ausstellen lassen.

Verheiratete Arbeitnehmer haben die Möglichkeit, zwischen drei Steuerklassen (3, 4 und 5) zu wählen. Für sie stellt sich die Frage nach der richtigen Steuerklassenkombination, entweder 4/4 oder 3/5. Zusätzlich besteht bei der Steuerklassenkombination 4/4 die Möglichkeit, das Faktorverfahren anzuwenden. Das Bundesministerium der Finanzen (BMF) stellt zur Unterstützung den Arbeitnehmern ein Merkblatt zur Steuerklassenwahl bereit. Die Wahl der Steuerklasse hat jedoch keinen Einfluss auf die jährliche Steuerschuld. Die Auswirkungen beschränken sich nur auf den monatlich zu zahlenden Lohnsteuerbetrag. Dieser ist jedoch lediglich eine „Vorauszahlung" auf die in der Veranlagung ermittelten Einkommensteuer.

Ermäßigungsfaktor

Das Lohnsteuerrecht bietet Ehegatten, die beide in einem Arbeitsverhältnis stehen, die Möglichkeit, anstelle der Steuerklassenkombination 3/5 die Anwendung des sogenannten **Faktor-Verfahrens** beim Finanzamt zu beantragen. Das neue Lohnsteuerabzugsverfahren ist als zusätzliche Alternative vorgesehen, wenn beide Ehegatten Arbeitslohn beziehen. Die bisherige Steuerklassenkombination 4/6 wird um einen „Reduktionsfaktor" erweitert. Dazu wird vom Finanzamt neben dem Eintrag der Steuerklasse der X/Y-Faktor in der ELStAM-Datenbank gespeichert

(Beispiel: IV/0,934). Der Faktor ergibt sich aus dem Verhältnis der Einkommensteuer laut Splittingtabelle zur gesamten Lohnsteuer bei den Steuerklassen 4/4. Der vom Finanzamt eingetragene Faktor ist stets kleiner als 1,0 und in der Lohnabrechnung zu berücksichtigen.

> **! WICHTIG**
>
> Bei einer Heirat wird von den Finanzverwaltungen immer die Steuerklassenkombination 4/4 für beide Ehegatten im Standard vergeben. Soll wegen unterschiedlich hohen Arbeitslöhnen eine Besteuerung mit der Steuerklasse 3 bzw. 5 durch die Arbeitgeber vorgenommen werden, muss der Mitarbeiter dies bei seinem Finanzamt beantragen. Der Arbeitgeber kann nicht selbstständig, bei Kenntnis der Heirat, eine Besteuerung nach einer geänderten Steuerklasse vornehmen.

Der Faktor wird zusätzlich zur Steuerklasse im Lohnabrechnungsprogramm bzw. in den Steuertabellen berücksichtigt. Mit dem Faktor wird letztlich das aus der Einkommensteuer bekannte Splittingverfahren für die Lohnsteuerklassen IV/IV der Ehegatten in den Lohnsteuerabzug übernommen. Die Lohnsteuer wird zunächst nach der Steuerklasse 4 ermittelt und anschließend mit dem Faktor multipliziert und damit verringert. In einem Lohnprogramm erfolgt die Berechnung automatisch.

> **! ACHTUNG**
>
> In Verbindung mit dem förmlichen Antrag auf Eintragung eines Freibetrags kann auch das Faktorverfahren von dem Arbeitnehmer beantragt werden. Die für das Faktorverfahren notwendigen voraussichtlichen Arbeitslöhne können in dem Vordruck angegeben werden. Ein etwaiger Freibetrag wird bei der Berechnung der voraussichtlichen Einkommensteuer im Splittingverfahren berücksichtigt. Er wirkt sich damit bereits auf den einzutragenden Faktor aus und wird deswegen auf der Lohnsteuerkarte nicht mehr gesondert eingetragen.

Lohnsteuertabelle

Grundsätzlich veröffentlicht das Bundesfinanzministerium einen Programmablaufplan zur Steuerberechnung, aus dem alle Steuertabellen abgeleitet sind. In der Regel wird dieser Programmablaufplan in die Lohnabrechnungsprogramme integriert und jährlich aktualisiert. Die Nutzung von gedruckten Steuertabellen ist heute eher unüblich. Die verschiedenen Lohnsteuertabellen unterscheiden sich danach, welche Freibeträge eingearbeitet und für welchen Lohnabrechnungszeitraum (Tag, Woche, Monat, Jahr) sie anzuwenden sind. Die vom Arbeitslohn einzubehaltende

Lohnsteuer kann aus der Jahres-, Monats-, Wochen- oder Tageslohnsteuertabelle entnommen werden. Aus welcher Tabelle die Lohnsteuer abzulesen ist, hängt davon ab, ob der Arbeitnehmer wenige Tage oder den gesamten Kalendermonat beschäftigt war, sowie von dem Lohnbestandteil — laufender Arbeitslohn oder sonstiger Bezug. Diese sogenannten allgemeinen Lohnsteuertabellen sind nach Steuerklassen (1—6) unterteilt. Für bestimmte Berufsgruppen, die nicht rentenversicherungspflichtig sind, gilt eine **besondere Lohnsteuertabelle.** Besondere Lohnsteuer ist die Lohnsteuer, die von einem Arbeitnehmer zu erheben ist, der in keinem Sozialversicherungszweig pflichtversichert und privat kranken- und pflegeversichert ist sowie der, der dem Arbeitgeber keine Kranken- und Pflege-Pflichtversicherungsbeiträge mitgeteilt hat. Arbeitnehmer, die nicht der Renten- und Arbeitslosenversicherungspflicht unterliegen, sind u. a. Beamte, Richter, Soldaten, Altersrentner und Geistliche sowie beherrschende Gesellschafter-Geschäftsführer einer GmbH.

Für die monatliche Lohnsteuerberechnung ist der Arbeitslohn des laufenden Lohnzahlungszeitraums stets auf einen Jahresarbeitslohn hochzurechnen und die Lohnsteuer aus der Jahreslohnsteuertabelle zu ermitteln. Die sich ergebende Jahreslohnsteuer ist bei einem monatlichen Lohnzahlungszeitraum durch 12 zu dividieren, für untermonatliche Abrechnung durch 360 und mit der Anzahl Kalendertage zu multiplizieren. Sind Steuerfreibeträge oder Versorgungsfreibeträge zu berücksichtigen, werden diese auf den Jahresarbeitslohn bezogen und die Jahreslohnsteuer nach Abzug der Jahresfreibeträge ermittelt.

Abzug der Vorsorgeaufwendungen

Beiträge zur Rentenversicherung

Bei der Ermittlung der Lohnsteuer sind die Beiträge zur Renten- und Krankenversicherung als Vorsorgepauschalen vom steuerpflichtigen Arbeitslohn abzuziehen. Abzugsfähig sind in 2014 höchstens 56 % des **Arbeitnehmeranteils** zur gesetzlichen Rentenversicherung. Der Höchstbetrag ist zusätzlich durch die Beitragsbemessungsgrenze der gesetzlichen Rentenversicherung (71.400 EUR West/60.000 EUR Ost) begrenzt. Der abzugsfähige Anteil steigt jährlich um 4 %, bis im Jahre 2025 der volle Arbeitnehmeranteil berücksichtigt wird. Dieser Teil der Vorsorgeaufwendungen wird seit 2005 automatisch von den Lohnprogrammen bei der Ermittlung der Lohnsteuer berücksichtigt.

Beiträge zur Krankenversicherung

Auch die Beiträge zur gesetzlichen oder privaten Kranken- und Pflegeversicherung sind als Vorsorgeaufwendungen vom steuerpflichtigen Arbeitslohn abzuziehen. Abzugsfähig ist jedoch nur der **Arbeitnehmerbeitrag** für die sogenannte Basisvorsorge. In der Basisvorsorge ist nicht der Beitragsanteil für das Krankengeld und Zusatzleistungen, wie Zahnersatz oder Heilpraktiker-Behandlung, enthalten. Für die Ermittlung der Vorsorgepauschale ergeben sich somit unterschiedliche Ansätze für gesetzlich und privat krankenversicherte Arbeitnehmer.

Bei **gesetzlich Krankenversicherten** ergibt sich der Betrag für die Vorsorgeaufwendungen aus dem halben **ermäßigten Beitrag** zur Krankenversicherung. Der ermäßigte Beitrag zur Krankenversicherung liegt in 2014 bei 14,9 % des beitragspflichtigen Arbeitsentgelts. Der Arbeitnehmeranteil beträgt 7,0 % des beitragspflichtigen Arbeitsentgelts. Der seit 2006 geltende Zusatzbeitrag von 0,9 % des Arbeitsentgelts kann ebenfalls als Vorsorgeaufwendung geltend gemacht werden. Damit ergibt sich für 2014 als Vorsorgeaufwendung für die Krankenversicherung **7,9 %** des beitragspflichtigen Arbeitsentgelts. Die Anrechnung ist auf die Beitragsbemessungsgrenze in der Kranken- und Pflegeversicherung (48.600 EUR pro Jahr bzw. 4.050 EUR pro Monat) begrenzt. Als Untergrenze ist eine Mindestpauschale von 12 % des steuerpflichtigen Arbeitslohns, maximal 1.900 EUR pro Jahr, zu berücksichtigen. Der Mindestbetrag erhöht sich in der Steuerklasse 3 auf 3.000 EUR pro Jahr. Liegt der Beitrag zur gesetzlichen Kranken- und Pflegeversicherung unter der Mindestpauschale, so ist für den Lohnsteuerabzug der Mindestsatz heranzuziehen.

Für Mitarbeiter, die bei einem **privat**wirtschaftlichen Versicherungsunternehmen **krankenversichert** sind, ergibt sich der Anteil der Vorsorgeaufwendungen aus dem Mitarbeiterbeitrag für die sogenannte Basisversorgung. Die Versicherungsunternehmen müssen den Gesamtbeitrag zur Krankenversicherung in einen **Basisbeitrag** und einen freiwilligen Beitrag aufteilen. Vom Basisbeitrag ist dann noch der Arbeitgeberzuschuss zur privaten Kranken- und Pflegeversicherung abzuziehen. Zu dem Arbeitnehmerbasisbeitrag dürfen jedoch die Basisbeiträge für unterhaltspflichtige Kinder und Ehegatten hinzugerechnet werden. Der gesamte Arbeitnehmerbasisbeitrag (mit Hinzurechnung) fließt in die Steuerberechnung ein. Liegen dem Arbeitgeber keine Angaben zum Basisbeitrag der privaten Kranken- und Pflegeversicherung vor, ist mit einem pauschalen Satz von 12 % des Arbeitslohns, jedoch maximal 1.900 EUR pro Jahr, zu rechnen **(Mindestpauschale)**. In der Steuerklasse 3 gilt die Mindestpauschale von 3.000 EUR pro Jahr. Die Berücksichtigung des gesamten Basisbeitrags findet dann über die Einkommensteuererklärung statt. Die Anrechnung der Krankenversicherungsbeiträge ist nicht möglich, wenn der Mitarbeiter die Steuerklasse 6 hat.

ACHTUNG

Die Mindestvorsorgepauschale in Höhe von 12 % des Arbeitslohns mit einem Höchstbetrag von jährlich 1.900 EUR (in Steuerklasse 3 3.000 EUR) ist anzusetzen, wenn sie höher ist als die Summe der Teilbeträge für die gesetzliche Kranken- und Pflegeversicherung oder die private Basiskranken- und Pflegeversicherung. Die Mindestvorsorgepauschale ist auch dann anzusetzen, wenn für den entsprechenden Arbeitslohn kein Arbeitnehmeranteil zur gesetzlichen Kranken- und sozialen Pflegeversicherung zu entrichten ist (z. B. bei geringfügig beschäftigten Arbeitnehmern, die auf Lohnsteuerkarte arbeiten). Die Mindestvorsorgepauschale ist in allen Steuerklassen zu berücksichtigen.

Beiträge zur Pflegeversicherung

Auch die Beiträge zur gesetzlichen und privaten **Pflegeversicherung** können als Vorsorgeaufwendungen bereits beim Lohnsteuerabzug berücksichtigt werden. Für gesetzlich Pflegeversicherte sind 1,025 % des beitragspflichtigen Arbeitsentgelts als Beitrag zur Pflegeversicherung anrechnungsfähig. Kinderlose müssen einen Zusatzbeitrag von 0,25 % des Arbeitsentgelts leisten. Auch dieser Beitrag wird in die Vorsorgeaufwendungen eingerechnet. Zusätzlich ist auf eine Mindestpauschale zu prüfen. Diese liegt bei 12 % des Arbeitslohns, maximal 1.900 EUR pro Jahr. Liegen die errechneten Vorsorgeaufwendungen aus Kranken- **und** Pflegeversicherung unter 1.900 EUR pro Jahr, ist die Mindestpauschale für die Lohnsteuerermittlung zu berücksichtigen. Für privat pflegeversicherte Arbeitnehmer ist, wie bei der Krankenversicherung, der Basisbeitrag zur Pflegeversicherung als Vorsorgeaufwand anrechenbar. Vom Basisbeitrag ist jedoch der Arbeitgeberbeitrag zur gesetzlichen Pflegeversicherung (1,025 % des Arbeitsentgelts) abzuziehen. Zusätzlich anrechnungsfähig sind vom Arbeitnehmer übernommene Basisbeiträge für unterhaltspflichtige Kinder und den Ehegatten.

ACHTUNG

Die Ermittlung der Vorsorgeaufwendungen für gesetzlich oder freiwillig in einer gesetzlichen Krankenversicherung versicherte Arbeitnehmer ist in der Lohnsteuerformel berücksichtigt. Eine Änderung der Sozialversicherungsbeiträge führt somit automatisch zu einer geänderten Lohnsteuerberechnung. Für privat kranken- und pflegeversicherte Arbeitnehmer ist jedoch der Basisbeitrag zur privaten Versicherung im Lohnabrechnungssystem zu hinterlegen. Unterbleibt die Eingabe, wird in den Steuerklassen 1, 2, 4 und 5 mit 12 % des Arbeitslohns maximal 1.900 EUR pro Jahr und in der Steuerkasse 3 mit 12 % des Arbeitslohns maximal 3.000 EUR pro Jahr gerechnet. In der Steuerklasse 6 erfolgt für privat Versicherte keine Anrechnung. Die Vorsorgeaufwendungen für die Rentenversicherung sind von dieser Regelung unberührt — sie werden zusätzlich berücksichtigt.

Besteuerung nach Lohnsteuermerkmalen/pauschale Versteuerung

Der Bruttolohn eines Mitarbeiters ist nicht in jedem Fall Arbeitslohn, der mit der Lohnsteuertabelle zu versteuern ist. Beispielsweise kann der Arbeitslohn für eine geringfügige Beschäftigung pauschal, das heißt unabhängig von der Höhe, mit einem festen Satz versteuert werden. Im Steuerrecht gilt eine Beschäftigung als geringfügig, wenn

- das monatliche Arbeitsentgelt nicht mehr als 450 EUR beträgt und
- mindestens der pauschale Beitrag zur Rentenversicherung (15 %) entrichtet wird.

Sind beide Bedingungen erfüllt, ist keine Lohnsteuerklasse oder Ersatzbescheinigung für den Arbeitnehmer erforderlich. Der Arbeitslohn kann vom Arbeitgeber mit einer pauschalen Abgeltungssteuer von **2 %** versteuert werden. In der Abgeltungssteuer sind die Kirchensteuer und der Solidaritätszuschlag bereits enthalten. Ist die zweite Bedingung des pauschalen Rentenversicherungsbeitrags nicht erfüllt, besteht die Möglichkeit, das Arbeitsentgelt mit einem pauschalen (festen) Steuersatz von **20 %** zu versteuern (vgl. § 40 EStG). Bei einer pauschalen Versteuerung mit 20 % entstehen neben der Lohnsteuer 5,5 % Solidaritätszuschlag auf den Betrag der Lohnsteuer und zwischen 4 % und 7 % pauschale Kirchensteuer, sofern der Arbeitnehmer einer kirchensteuerberechtigten Religionsgemeinschaft angehört.

! **WICHTIG**

Seit 2013 ist für geringfügige Beschäftigungsverträge, die neu abgeschlossen werden, der allgemeine Beitrag zur Rentenversicherung (18,9 %) zu berechnen. Diesen Beitrag teilen sich Arbeitgeber (15 %) und Arbeitnehmer (3,9 %). Der Arbeitnehmer hat jedoch die Option auf die Rentenversicherungspflicht zu verzichten (sog. Option Out). In diesem Fall wird nur der pauschale Beitrag zur Rentenversicherung in Höhe von 15 % des Arbeitsentgelts berechnet und an die Minijob-Zentrale abgeführt. In beiden Fällen (mit und ohne Option Out) kann der pauschale Lohnsteuersatz von 2 % angewendet werden.

Ist eine der Grenzen für eine geringfügige Beschäftigung überschritten, hat der Arbeitgeber zu prüfen, ob die Beschäftigung kurzfristig ist. Im steuerrechtlichen Sinne gilt eine Beschäftigung als kurzfristig, wenn

- die Beschäftigungsdauer höchstens 18 Arbeitstage beträgt und
- das durchschnittliche Arbeitsentgelt nicht mehr als 62 EUR pro Tag beträgt und
- der Stundenlohn nicht höher als 12 EUR ist.

Sind **alle** Grenzen eingehalten, kann der Arbeitslohn mit einem pauschalen Steuersatz von 25 % versteuert werden. Zusätzlich fallen, wie bei der geringfügigen Beschäftigung, Solidaritätszuschlag (5,5 %) und pauschale Kirchensteuer (4 % — 7 %) an.

Ist eine der Grenzen überschritten, kann der Arbeitslohn nicht mehr pauschal versteuert werden, sondern es muss eine Versteuerung nach der Lohnsteuertabelle (Tages-, Wochen- oder Monatslohnsteuertabelle) erfolgen. Ein ELStAM-Datensatz oder eine Ersatzbescheinigung ist dann zwingend erforderlich. Ist für den Mitarbeiter kein ELStAM-Datensatz gespeichert oder ist der Datenabruf gesperrt und legt der Mitarbeiter keine Ersatzbescheinigung vor, muss die Versteuerung nach der höchsten Steuerklasse (Klasse 6) erfolgen.

4.2.2   Berechnung der Kirchensteuer

Gehört der Arbeitnehmer einer kirchensteuerberechtigten Religionsgemeinschaft an, ist vom Arbeitgeber zusätzlich zur Lohnsteuer die Kirchensteuer zu ermitteln und zusammen mit der einbehaltenen Lohnsteuer dem Finanzamt zu melden. Die Kirchensteuer beträgt, je nach Bundesland, 8 % oder 9 % **auf den Betrag der ermittelten Lohnsteuer**. In den Bundesländern Bayern und Baden-Württemberg liegt der Kirchensteuersatz bei **8 %**, in den übrigen Bundesländern bei **9 %**. Die Kirchensteuerpflicht ergibt sich aus der bescheinigten Konfession auf der Ersatzbescheinigung (ev, rk etc.) bzw. aus dem ELStAM-Datensatz. Bei verheirateten Arbeitnehmern ist bei konfessionsverschiedener Ehe zusätzlich die Konfession des Ehegatten im ELStAM-Datensatz enthalten. Eheleute sind konfessionsverschieden, wenn beide Ehegatten einer Glaubensgemeinschaft angehören, jedoch einer unterschiedlichen, wie zum Beispiel katholisch und evangelisch. Gehört nur ein Ehegatte einer steuerberechtigten Glaubensgemeinschaft an, ist die Ehe glaubensverschieden. Wird im ELStAM-Datensatz Kirchenzugehörigkeit übermittelt, ist keine Kirchensteuer einzubehalten.

Mindestkirchensteuer

Bei einem geringen Lohnsteuerbetrag ergeben sich unter Umständen nur wenige Cent als Kirchensteuer. In diesem Fall erheben einzelne Bundesländer eine Mindestkirchensteuer. Die Mindestkirchensteuer wird immer dann erhoben, wenn der Betrag der Kirchensteuer bei Anwendung des Regelkirchensteuersatzes kleiner ist als der Betrag der Mindestkirchensteuer. Die Mindestkirchensteuer kommt häufig dann zum Tragen, wenn durch Kinderfreibeträge die fiktive Lohnsteuer sehr gering oder sogar 0 EUR ist (siehe auch Kapitel 5.5). In Hessen und Hamburg wird die Mindestkirchensteuer jedoch nur dann erhoben, wenn die Lohnsteuer größer als 0 EUR ist. Eine weitere Ausnahme gilt in den Bundesländern Schleswig-Holstein und Hamburg. In diesen Bundesländern wird in den Steuerklassen 5 und 6 keine Mindestkirchensteuer erhoben. In den Bundesländern Bayern, Berlin, Brandenburg, Bremen, Nordrhein-Westfalen, Rheinland-Pfalz und Saarland wird keine Mindestkirchensteuer verlangt. In den Bundesländern Sachsen, Sachsen-Anhalt und Thüringen wird die Mindestkirchensteuer nur für die evangelische Kirche erhoben.

Pauschale Kirchensteuer

Einige Lohnarten unterliegen nicht einer Versteuerung entsprechend der Lohnsteuertabelle, sondern können mit einem festen Satz (pauschal) versteuert werden. Bei pauschaler Versteuerung ist auf den Betrag der Lohnsteuer nicht der „normale" Kirchensteuersatz (8 % oder 9 %) anzuwenden, sondern ein ermäßigter „pauschaler" Kirchensteuersatz. Der ermäßigte pauschale Kirchensteuersatz liegt, abhängig vom Bundesland des Firmensitzes, zwischen 4 % und 7 %. Zusätzlich wird die pauschale Kirchensteuer vom Finanzamt nur auf die Konfessionen evangelisch und römisch-katholisch aufgeteilt. Die Berechnung ist jedoch vom Arbeitgeber vorzunehmen. Die Aufteilung ist wiederum abhängig vom Bundesland des Firmensitzes. In Hamburg beispielsweise wird vom Finanzamt die pauschale Kirchensteuer im Verhältnis 70 % (evangelisch-lutherische Kirche), 29,5 % (römisch-katholische Kirche) und 0,5 % (Jüdische Gemeinde Hamburg) aufgeteilt. Die folgende Tabelle gibt einen Überblick über die Kirchensteuersätze, Mindestkirchensteuer, Pauschalkirchensteuer und deren Aufteilung.

Bundesland	Regelkirchen- steuersatz (in %)	Mindestkir- chensteuer pro Monat	Pauschaler Kirchensteu- ersatz (in %)	Kirchen- steuersatz für Aushilfen in der Land- und Forst- wirtschaft
Baden-Württemberg	8		6,0	6,0
Bayern	8	-	7	7
Berlin	9	-	5	5
Brandenburg	9	-	5	5
Bremen	9	-	7	7
Stadt Bremerhaven	9	-	7	7
Hamburg	9	0,30 EUR	4	4
Hessen	9	0,15 EUR	7	7
Mecklenburg- Vorpommern	9	0,30 EUR	5	5
Niedersachsen	9	-	6	6
Nordrhein-Westfalen	9	-	7	7
Rheinland-Pfalz	9	-	7	7
Saarland	9	-	7	7
Sachsen	9	0,30 EUR	5	5
Sachsen-Anhalt	9	0,30 EUR	5	5
Schleswig-Holstein	9	0,30 EUR	6	6
Thüringen	9	0,30 EUR	5	5

Tab. 8: Regelkirchensteuersatz und pauschale Kirchensteuer nach Bundesland (2014)

! ACHTUNG

Der Arbeitgeber weist in der Lohnsteueranmeldung nur die Höhe der pauschalen Kirchensteuer aus. Die Berechnung der Aufteilung auf die Konfessionen
wird von der Finanzverwaltung übernommen.

Kappung der Kirchensteuer

Eine weitere Besonderheit in Bezug auf die Kirchensteuer besteht für Bezieher höherer Einkommen. In allen Bundesländern außer Bayern gibt es eine Begrenzung der jährlichen Kirchensteuer — die sogenannte **Kappung**. Die Kappung ist bereits im Rahmen der Lohnsteuerermittlung zu berücksichtigen. Bei der Kirchensteuerkappung sind der voraussichtliche Jahresarbeitslohn und die darauf entfallende Lohn- und Kirchensteuer zu ermitteln. Liegt die Kirchensteuer über einem bestimmten Prozentsatz des zu versteuernden Einkommens, kann diese beschränkt — gekappt — werden.

Die Kappung beträgt in den Bundesländern:

Bundesland	In Prozent des zu versteuernden Einkommens
Baden-Württemberg	2,75 % (Württemberg) bzw. 3,5 % (Baden)
Berlin	3,00 %
Brandenburg	3,00 %
Bremen/Bremerhaven	3,50 %
Hamburg	3,00 %
Hessen	3,50 % — 4,00 %
Mecklenburg-Vorpommern	3,00 %
Niedersachsen	3,50 %
Nordrhein-Westfalen	3,50 %
Rheinland-Pfalz	3,50 %
Saarland	3,50 %
Sachsen	3,50 %
Sachsen-Anhalt	3,50 %
Schleswig-Holstein	3,00 %
Thüringen	3,50 %

Tab. 9: Kappung der Kirchensteuer

Die Kappung der Kirchensteuer auf das zu versteuernde Einkommen kann auf den umgerechneten Arbeitslohn übertragen werden. Somit ist die Kappung für die monatliche Lohnsteuer wie für den Lohnsteuerjahresausgleich zu berücksichtigen.

Anrechnung von Kinderfreibeträgen

Hat der Arbeitnehmer Kinder und sind diese im ELStAM-Datensatz bzw. der Ersatz-bescheinigung eingetragen, müssen die Kinderfreibeträge bei der Ermittlung der **Kirchensteuer** auf den laufenden Arbeitslohn berücksichtigt werden. Seit 2010 wird den Eltern von Kindern ein steuerfreies Existenzminimum von 7.008 Euro pro Jahr auf die Lohnsteuer angerechnet. Der Freibetrag ergibt sich aus dem Kinderfrei-betragszähler im ELStAM-Datensatz bzw. der Ersatzbescheinigung.

Freibeträge für Kinder sind bei der Ermittlung der Lohnsteuer **nicht** zu berück-sichtigen. Statt des Freibetrages hat der Arbeitnehmer Anspruch auf Kindergeld. Bei der Ermittlung der Kirchensteuer sind Kinderfreibeträge jedoch anzuwenden. Durch diese Regelung lässt sich die Kirchensteuer bei Vorhandensein von Kindern nicht mehr direkt aus dem Lohnsteuerbetrag errechnen. Für die Ermittlung der Kir-chensteuer ist eine „Schattenlohnsteuerberechnung" unter Berücksichtigung der Kinderfreibeträge durchzuführen. Bei der Schattenrechnung wird zunächst die „fiktive Lohnsteuer" unter Berücksichtigung von Kinderfreibeträgen ermittelt. Auf den fiktiven Betrag der Lohnsteuer sind dann der Solidaritätszuschlag mit 5,5 % und die Kirchensteuer mit 8 % bzw. 9 % zu bilden. Ergibt sich unter Berücksichti-gung der Kinderfreibeträge eine „fiktive Lohnsteuer" von 0 Cent, ist unter Umstän-den die Mindestkirchensteuer anzuwenden. Die Fiktivrechnung kann dazu führen, dass für den Arbeitnehmer zwar Lohnsteuer zu entrichten ist, jedoch trotz Kir-chensteuerpflicht keine Kirchensteuer entsteht (vgl. Kapitel 5.5).

4.2.3   Berechnung des Solidaritätszuschlags

Seit 1995 wird zusätzlich zur Lohnsteuer der Solidaritätszuschlag auf den Arbeits-lohn erhoben. Alle Arbeitnehmer müssen auf den **Lohnsteuerbetrag 5,5 %** als So-lidaritätszuschlag entrichten. Der Arbeitgeber ist verpflichtet, aus jeder laufenden und einmaligen Lohnzahlung den Solidaritätszuschlag zu ermitteln und zusammen mit der Lohn- und Kirchensteuer an das Finanzamt abzuführen. Für die Ermitt-lung des Solidaritätszuschlags sind Kinderfreibeträge zu berücksichtigen. Kinder-freibeträge werden nicht bei der Ermittlung der Lohnsteuer berücksichtigt. Das bedeutet, hat der Arbeitnehmer Kinder, lässt sich der Solidaritätszuschlag nicht mehr direkt als Zuschlagssteuer auf die Lohnsteuer ermitteln. Vielmehr ist eine Schattenrechnung durchzuführen, mit der die Lohnsteuer unter Berücksichtigung der Kinderfreibeträge ermittelt wird. Auf den Betrag der „fiktiven" Lohnsteuer ist dann der Solidaritätszuschlag zu berechnen. Eine genauere Beschreibung finden Sie im Kapitel 5.5. Der Solidaritätszuschlag wird erst erhoben, wenn der Betrag der Lohnsteuer eine bestimmte Höhe übersteigt. Dieser Bereich von 0 EUR bis zum

Grenzbetrag der Steuererhebung wird **Nullzone** genannt. In der Nullzone wird auf den Betrag der Lohnsteuer kein Solidaritätszuschlag erhoben. Kein Solidaritätszuschlag ist zu bezahlen, wenn der Betrag der Lohnsteuer folgende Beträge nicht übersteigt:

Steuerklasse 1, 2, 4, 5, 6	Steuerklasse 3
972,00 EUR jährliche Lohnsteuer	1.944,00 EUR jährliche Lohnsteuer
81,00 EUR monatliche Lohnsteuer	162,00 EUR monatliche Lohnsteuer
2,70 EUR tägliche Lohnsteuer	5,40 EUR tägliche Lohnsteuer

An die Nullzone schließt sich ein Übergangsbereich an. In diesem Bereich wird der Solidaritätszuschlag nicht sofort in voller Höhe erhoben. Erst nach dem Übergangsbereich ist der Solidaritätszuschlag mit 5,5 % vom Betrag der Lohnsteuer berechnet. Die Nullzone und der Übergangsbereich sind bereits in die Lohnsteuertabellen bzw. Steuerformel eingearbeitet. Ein Beispiel zur Berechnung finden Sie in Kapitel 5.5.

4.2.4 Pauschale Lohnsteuer für Aushilfen

Für geringfügig entlohnte Beschäftigungen ist die Lohnsteuer nicht aus der Lohnsteuerformel zu ermitteln, sondern sie ergibt sich aus **2 %** des steuerpflichtigen Arbeitslohnes (Pauschalsteuersatz). Die Abgeltungssteuer beinhaltet neben der Lohnsteuer die pauschale Kirchensteuer und den Solidaritätszuschlag. Voraussetzung für die Anwendung des Pauschalsteuersatzes ist, dass das durchschnittliche monatliche **Arbeitsentgelt 450 EUR** nicht übersteigt **und** dass der Arbeitgeber mindestens die pauschalen Beiträge zur Rentenversicherung entrichtet. Besondere Bedeutung hat die Einschränkung der Abgeltungssteuer für Beamte, Praktikanten und mehrfach beschäftigte Aushilfen.

> **! ACHTUNG**
>
> Eine pauschale Versteuerung mit 2 % Abgeltungssteuer ist nur möglich, sofern mindestens der pauschale Rentenversicherungsbeitrag durch den Arbeitgeber gezahlt wird. Der pauschale Rentenversicherungsbeitrag ist nicht möglich, wenn die monatliche Entgeltgrenze durch mehrere geringfügige Beschäftigungen überschritten wird. Ist jedoch bei jeder einzelnen Beschäftigung die Grenze von 450 EUR eingehalten, kann eine pauschale Versteuerung mit 20 % Lohnsteuer zuzüglich Kirchensteuer und Solidaritätszuschlag nach § 40a EStG durchgeführt werden.

! **WICHTIG**

Beachten Sie: Die Abgeltungssteuer von 2 % ist nicht dem Finanzamt, sondern der Bundesknappschaft-Bahn-See (Minijob-Zentrale) zu melden. Die Pauschalsteuern sind hingegen auf der Lohnsteuer-Anmeldung an das Finanzamt auszuweisen.

Auch die Abgeltungssteuer von 2 % kann im Innenverhältnis auf den Arbeitnehmer überwälzt und als Nettoabzug von der Auszahlung abgezogen werden. Von der Grundsatzregelung 2 % Abgeltungssteuer gibt es für bestimmte Personengruppen Ausnahmeregelungen.

Beamte

Für Beamte, bei denen der Dienstherr die Gewährleistung der Versorgungsanwartschaften auf die geringfügige Beschäftigung ausgedehnt hat, sind weder der allgemeine noch der pauschale Beitrag zur Rentenversicherung zu entrichten. Ohne die pauschalen Beiträge zur Rentenversicherung ist eine Versteuerung des geringfügigen Arbeitsentgeltes mit 2 % jedoch nicht möglich.

Eine Ausdehnung der Versorgungsgarantie auf eine geringfügige privatwirtschaftliche Beschäftigung ist in der Regel jedoch nicht gegeben, so dass auch für nebenberuflich geringfügig beschäftigte Beamte der allgemeine bzw. der pauschale Beitrag zur Rentenversicherung zu entrichten ist. Der pauschale Beitrag kommt für eine ab 2013 neu aufgenommene Beschäftigung nur in Betracht, sofern der Arbeitnehmer den Verzicht auf die Rentenversicherungspflicht beim Arbeitgeber beantragt hat und die Minijob-Zentrale der Rentenversicherungsfreiheit nicht widerspricht. Der pauschale Beitrag von 2 % ist auch zulässig für sogenannte Altfälle, deren Arbeitsentgelt bis 400 EUR beträgt und deren Beschäftigung vor 2013 aufgenommen wurde. Erhöht sich das Arbeitsentgelt über 400 EUR pro Monat, wird aus dem Altfall automatisch ein Neufall und es ist eine Verzichtserklärung vom Arbeitnehmer erforderlich.

Praktikanten

In der Studien- oder Prüfungsordnung vorgeschriebene Zwischenpraktika unterliegen nicht den Beiträgen zu den Sozialversicherungen. Der Arbeitgeber muss auch keine pauschalen Beiträge zur Rentenversicherung entrichten. Erhält ein Studierender für ein **nicht vorgeschriebenes Zwischenpraktikum** ein geringfügiges Entgelt (bis 450 EUR), sind Pauschalbeiträge zur Krankenversicherung zu zahlen.

Zur Rentenversicherung sind für geringfügig entlohnte, nicht vorgeschriebene Zwischenpraktika keine Beiträge zu zahlen. Ohne den pauschalen Beitrag zur Rentenversicherung ist jedoch die Grundlage für die Abgeltungssteuer von 2 % nicht gegeben. In diesem Fall kann das geringfügige Arbeitsentgelt mit dem **pauschalen Steuersatz von 20 %** versteuert werden oder es ist eine Versteuerung nach der Lohnsteuerklasse vorzunehmen.

Mehrfach beschäftigte Aushilfen

Die Versteuerung mit einem pauschalen Steuersatz hat besondere Bedeutung bei mehrfacher geringfügiger Beschäftigung. Im Sozialversicherungsrecht sind die Entgelte aller geringfügigen Beschäftigungen zu addieren. Wird die Entgeltgrenze von durchschnittlich 450 EUR pro Monat durch mehrere geringfügige Beschäftigungen überschritten, entsteht Sozialversicherungspflicht — es sind keine pauschalen Rentenversicherungsbeiträge möglich. Im Steuerrecht ist jedes Arbeitsverhältnis getrennt zu betrachten. Ist die Grenze für eine pauschale Versteuerung nach § 40a EStG eingehalten (450 EUR Entgelt), kann der Arbeitslohn pauschal **mit 20 %** versteuert werden — selbst dann, wenn Sozialversicherungspflicht besteht. Neben der pauschalen Lohnsteuer entstehen 5,5 % Solidaritätszuschlag auf den Betrag der pauschalen Lohnsteuer und gegebenenfalls zwischen 4 % und 7 % pauschale Kirchensteuer. Steuerschuldner der pauschalen „Ergänzungssteuern" ist der Arbeitgeber. Im Innenverhältnis besteht jedoch die Möglichkeit, die gesamten Steuern oder nur einzelne pauschale Steuerbestandteile auf den Arbeitnehmer zu überwälzen. Im Unterschied zur pauschalen Abgeltungssteuer (2 %) sind die pauschale Lohnsteuer und die Ergänzungssteuer an das zuständige Finanzamt zu entrichten. Die Abgeltungssteuer ist mit dem Beitragsnachweis der Minijob-Zentrale zu melden.

! **ACHTUNG**

Steuerschuldner von pauschalen Steuern ist immer der Arbeitgeber. Das heißt, wird der Arbeitslohn des geringfügig Beschäftigten pauschal versteuert, entsteht neben den pauschalen Beiträgen zur Renten- und Krankenversicherung pauschale Lohnsteuer als Arbeitgeberbelastung.

Die nachfolgende Abbildung verdeutlicht nochmals die steuerrechtliche Prüfung für die Beurteilung einer geringfügigen Beschäftigung.

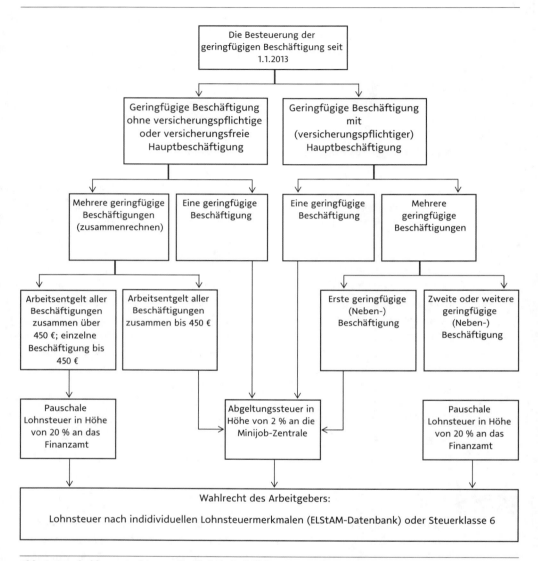

Abb. 3: Entscheidungsstruktur geringfügige Beschäftigung

Kurzfristige Beschäftigung

Wird bei einem Minijob die durchschnittliche monatliche Entgeltgrenze (450 EUR) überschritten, kann geprüft werden, ob die Beschäftigung kurzfristig im steuerrechtlichen Sinne ist. In diesem Fall kann der Arbeitslohn mit einem Pauschalsteuersatz von **25 %** durch den Arbeitgeber versteuert werden. Eine pauschale Besteuerung des Arbeitslohns mit 25 % kommt in Betracht, wenn

- die Beschäftigungsdauer höchstens 18 Arbeitstage beträgt und
- der durchschnittliche Arbeitslohn nicht höher als 62 EUR täglich ist und
- der Stundenlohn nicht über 12 EUR liegt.

! **ACHTUNG**

Die Grenzen für eine kurzfristige Beschäftigung im steuerrechtlichen Sinne weichen von den sozialversicherungsrechtlichen ab. Im Sozialversicherungsrecht gilt eine Beschäftigung als kurzfristig, wenn sie nicht mehr als 2 Monate (50 Arbeitstage) und nicht berufsmäßig ausgeübt wird. Dies bedeutet, dass die kurzfristige Beschäftigung ab dem 19. Arbeitstag noch sozialversicherungsfrei ist, jedoch der Arbeitslohn nicht mehr pauschal versteuert werden darf.

Ist **eine** der Kurzfristigkeitsgrenzen überschritten, darf der Arbeitslohn nicht mehr mit einem pauschalen Satz versteuert werden, sondern die Lohnsteuer ist entsprechend der Beschäftigungsdauer aus der Tages-, Wochen- oder Monatslohnsteuertabelle nach den persönlichen Besteuerungsmerkmalen (Steuerklasse) zu ermitteln.

Aushilfe in Land- und Forstwirtschaft

Arbeitslohn von Aushilfen in der Land- und Forstwirtschaft kann vom Arbeitgeber pauschal mit 5 % versteuert werden, wenn

- die Beschäftigungsdauer höchstens 180 Kalendertage pro Jahr beträgt und
- der Stundenlohn nicht über 12 EUR liegt und
- der Arbeitnehmer keine landwirtschaftliche Fachkraft ist.

Erfolgt keine pauschale Besteuerung des Arbeitslohns, muss die Lohnsteuer nach den persönlichen Besteuerungsmerkmalen (Lohnsteuerklasse) bzw. einer Ersatzbescheinigung ermittelt werden.

! **ACHTUNG**

Wird der Arbeitslohn mit einem pauschalen Satz versteuert, trägt die Lohnsteuer nicht mehr der Arbeitnehmer, sondern der Arbeitgeber. Dies bedeutet, dass auf der Lohnabrechnung für den Arbeitnehmer kein Steuerabzug stattfindet. Gleichwohl muss der Arbeitgeber die pauschale Lohnsteuer ermitteln und an das Finanzamt abführen. Der Arbeitgeber als Steuerschuldner hat die

Möglichkeit, die pauschale Lohnsteuer auf den Arbeitnehmer abzuwälzen und sie als Nettoabzug in der Entgeltabrechnung auszuweisen.

4.2.5 Pauschale Lohnsteuer für einzelne Lohnbestandteile

Neben der pauschalen Lohnsteuer für den gesamten Arbeitslohn von Aushilfen können einzelne Lohnbestandteile (Lohnarten) mit einer pauschalen Lohnsteuer besteuert werden. So besteht beispielsweise die Möglichkeit, Zuschüsse zum **Fahrgeld** mit einem festen Satz von **15 %** zu versteuern. Die Beiträge zu **Direktversicherungen** (Altverträge) kann der Arbeitgeber mit einem pauschalen Satz von **20 %** versteuern. Vom Arbeitgeber gewährte Zuschüsse zu **Mahlzeiten** dürfen mit **25 %** pauschalem Steuersatz versteuert werden. **Incentiveleistungen,** wie Logenkarten für Sportveranstaltungen, kann der Arbeitgeber mit einem Steuersatz von **30 %** pauschal versteuern. Diese Lohnbestandteile sind aus dem steuerpflichtigen Arbeitslohn herauszurechnen und mit dem festen Steuersatz der Lohnsteuer zu unterwerfen.

> **! ACHTUNG**
>
> Erhält der Arbeitnehmer Lohnbestandteile, die pauschal versteuert werden können, sind diese aus dem steuerpflichtigen Arbeitslohn herauszurechnen. Die besonderen Lohnbestandteile können, müssen aber nicht, mit einem festen Satz versteuert werden. Vorteil der pauschalen Versteuerung ist jedoch in der Regel die Befreiung von Beiträgen zu den Sozialversicherungen.

Zusätzlich zur pauschalen Lohnsteuer muss der Arbeitgeber den Solidaritätszuschlag und ggf. die pauschale Kirchensteuer auf den Betrag der pauschalen Lohnsteuer ermitteln, einbehalten und an die Finanzverwaltung abführen. Steuerschuldner von pauschalen Lohnsteuern ist immer der Arbeitgeber. Der Arbeitgeber hat jedoch die Möglichkeit, die ermittelten pauschalen Steuern (Lohnsteuer, Kirchensteuer, Solidaritätszuschlag) bei der Lohnabrechnung auf den Arbeitnehmer zu überwälzen.

> **! ACHTUNG**
>
> Im Unterschied zur pauschalen Versteuerung des Arbeitslohns von Aushilfen (geringfügig Beschäftigten) kann nicht der gesamte Arbeitslohn einer pauschalen Versteuerung unterzogen werden, sondern nur einzelne (begünstigte) Lohnbestandteile dürfen (müssen aber nicht) mit einem festen (pauschalen) Satz versteuert werden.

Pauschale Kirchensteuer

Pauschal versteuerter Aushilfslohn sowie pauschal versteuerte Lohnarten, wie zum Beispiel Fahrgeld, unterliegen nicht dem regulären Kirchensteuersatz, sondern einem ermäßigten „pauschalen" Kirchensteuersatz. Der ermäßigte pauschale Kirchensteuersatz beträgt zwischen 4 % bis 7 % des Lohnsteuerbetrags, je nach Bundesland. Voraussetzung für die Anwendung des ermäßigten Steuersatzes ist jedoch, dass auf den gesamten pauschalen Lohnsteuerbetrag die Kirchensteuer vom Arbeitgeber entrichtet wird. Entsprechend einer Verwaltungsanweisung hat der Arbeitgeber somit zwei Möglichkeiten für die Pauschalierung der Kirchensteuer:

- Wenn der Arbeitgeber nachweist, dass ein Teil der von der Lohnsteuerpauschalierung betroffenen Arbeitnehmer keiner kirchensteuerberechtigten Religionsgemeinschaft angehört, ist auf die pauschale Lohnsteuer für diese Mitarbeiter keine pauschale Kirchensteuer zu entrichten. Für die übrigen Arbeitnehmer mit pauschal versteuerten Lohnbestandteilen ist dann aber der „normale" Regelkirchensteuersatz (8 % oder 9 %) anzuwenden. Die Anwendung des ermäßigten pauschalen Kirchensteuersatzes kommt für den Arbeitslohn oder die Lohnarten nicht infrage.
- Alternativ kann der Arbeitgeber auf die gesamte pauschale Lohnsteuer die ermäßigte pauschale Kirchensteuer entrichten. In diesem Fall übernimmt der Arbeitgeber auch pauschale Kirchensteuer für Arbeitnehmer, die nicht einer erhebungsberechtigten Religionsgemeinschaft angehören. Im Gegenzug liegt der pauschale Kirchensteuersatz zwischen 1 % und 5 % unter dem Regelkirchensteuersatz.

▶ **BEISPIEL**

Von zehn Arbeitnehmern gehören acht einer kirchensteuerberechtigten Glaubensgemeinschaft an, zwei sind keiner Kirche zugehörig. Alle Arbeitnehmer erhalten ein pauschal versteuertes Fahrgeld von 20 EUR pro Monat. Als Firmensitz wird das Bundesland Niedersachsen unterstellt. Außerdem ist unterstellt, dass eine Pauschalierung möglich ist, der Arbeitsweg aller Mitarbeiter also mindestens 5 km beträgt.

Beurteilung nach Alternative 1	
Fahrgeld 10 × 20 EUR	200,00 EUR
Pauschale Lohnsteuer (15 %)	30,00 EUR
Kirchensteuerpflichtige Pauschalsteuer (8 Arbeitnehmer)	24,00 EUR
Kirchensteuer (9 %) auf Pauschalsteuer	2,16 EUR

Beurteilung nach Alternative 2	
Fahrgeld 10 × 20 EUR	200,00 EUR
Pauschale Lohnsteuer (15 %)	30,00 EUR
Kirchensteuerpflichtige Pauschalsteuer (10 Arbeitnehmer)	30,00 EUR
Pauschale Kirchensteuer (6 % in Niedersachsen)	1,80 EUR

Steuerschuldner von pauschaler Lohn- und Kirchensteuer ist der Arbeitgeber. Somit liegt es in seinem Ermessen, ob er auch für Arbeitnehmer, die nicht einer Glaubensgemeinschaft angehören, die pauschale Kirchensteuer übernimmt oder stattdessen auf die pauschale Lohnsteuer den normalen Regelkirchensteuersatz für alle Arbeitnehmer mit Religionszugehörigkeit entrichtet.

4.2.6 Berechnung des Kammerbeitrags

In den Bundesländern Bremen und Saarland wird neben der Lohn- und Kirchensteuer der Kammerbeitrag im Lohnsteuerabzugsverfahren erhoben. Die Arbeitnehmerkammern haben die Aufgaben, die im Lande tätigen Arbeiter und Angestellte in wirtschaftlichen und sozialen Fragen zu beraten. Dazu gehören unter anderem Rechtsberatungen sowie Veranstaltungen der wirtschaftlichen Fort- und Weiterbildung.

Bremen

Beitragspflichtig zur Arbeitnehmerkammer in Bremen sind nach § 22 Bremisches Arbeitskammer Gesetz (BrArbnKG) alle Arbeitnehmer, also auch die, deren Arbeitslohn unter 450 EUR pro Monat beträgt. **Keine** Beitragspflicht besteht jedoch, wenn der monatliche umgerechnete steuerpflichtige Arbeitslohn **unter 250 EUR** liegt. Der Kammerbeitrag beträgt **0,15 %** des Bruttoarbeitslohnes. Bruchteile von Cent sind bei der Berechnung auf volle Cent Beträge abzurunden.

! **ACHTUNG**

Vorstandsmitglieder von Aktiengesellschaften und Gesellschafter-Geschäftsführer einer GmbH unterliegen in Bremen nicht der Beitragspflicht.

● **TIPP**

In Bremen sind auch für geringfügig Beschäftigte (Aushilfen) Kammerbeiträge zu entrichten. Bei diesem Personenkreis kommt es vor, dass der Arbeitgeber

450 EUR als Arbeitslohn auszahlt, wenn er den Arbeitslohn pauschal versteuert und die Pauschalsteuer selbst trägt. Der Arbeitgeber ist jedoch verpflichtet, vom Arbeitnehmer den Kammerbeitrag einzubehalten. Zahlt der Arbeitgeber die 450 EUR voll aus, übernimmt er somit den Kammerbeitrag für den Arbeitnehmer. Dadurch entsteht in Höhe des Kammerbeitrages (0,67 EUR bei 450 EUR Arbeitslohn) ein geldwerter Vorteil. Dies führt zu einer Überschreitung der Geringfügigkeitsgrenze und somit zu einer Sozialversicherungspflicht des Arbeitnehmers.

Saarland

Beitragspflichtig zur Arbeitnehmerkammer im Saarland sind alle Arbeitnehmer mit **Ausnahme** von:

- Arbeitnehmer in der Berufsausbildung,
- Praktikanten,
- geringfügig Beschäftigte,
- Vorstandsmitglieder von Aktiengesellschaften und Gesellschafter-Geschäftsführer einer GmbH sowie
- leitende Angestellte, die berechtigt sind, Mitarbeiter einzustellen oder zu entlassen, oder die Generalvollmacht oder Prokura haben.

Auch im Saarland beträgt der **Beitragssatz 0,15 %**, jedoch nur vom krankenversicherungspflichtigen Arbeitsentgelt. Die Höchstgrenze für die Erhebung ist jedoch an die Beitragsbemessungsgrenze der Rentenversicherung gekoppelt. Die Bemessungsgrenze für die Berechnung des Kammerbeitrages liegt seit 1.1.2014 bei 75 % von 5.950 EUR. Der monatliche **Höchstbetrag** für den Kammerbeitrag liegt also bei **6,69 EUR (4.462,50 EUR × 0,15 %).** Der monatliche Beitrag zur Arbeitskammer des Saarlandes in der Gleitzone ist von dem fiktiven Arbeitsentgelt zu berechnen. Im Falle der Verzichtserklärung auf die Beitragsermäßigung seitens des Arbeitnehmers gilt als Bemessungsgrenze das sozialversicherungspflichtige Bruttoarbeitsentgelt.

4.2.7 Besonderheiten der Lohnsteuerermittlung

Hinzurechnungsbetrag

Im Zuge des Lohnsteuerermäßigungsverfahrens kann von der Finanzverwaltung ein sogenannter Hinzurechnungsbetrag in der ELStAM-Datenbank gespeichert werden. Hinzurechnungsbeträge werden im Zuge der Übermittlung von monatlichen Änderungslisten an die Arbeitgeber übertragen. Der Hinzurechnungsbetrag ist vom Arbeitgeber bei der Ermittlung der Lohnsteuer zu berücksichtigen. Der Hinzurechnungsbetrag kommt zum Tragen, wenn der Arbeitnehmer mehrere Beschäftigungsverhältnisse hat oder als Rentner eine Betriebsrente bezieht und zusätzlich eine Beschäftigung ausübt, die mehr als geringfügig ist.

Werden mehrere Beschäftigungen mit geringem Arbeitsentgelt nebeneinander ausgeübt, wird oft der steuerliche Grundfreibetrag nicht ausgeschöpft. Trotzdem unterliegt der Arbeitslohn im ersten Beschäftigungsverhältnis der Lohnsteuer nach Steuerklasse 1–3 und in weiteren Arbeitsverhältnissen der Steuerklasse 6. Da die mit Steuerklasse 6 einbehaltene Lohnsteuer in der Regel im Zuge der Einkommensteuererklärung wieder erstattet wird, kann sich der Arbeitnehmer für die (Neben-)beschäftigungsverhältnisse einen Freibetrag in den ELStAM-Datensatz eintragen lassen. Im Gegenzug wird die Finanzverwaltung in den Datensatz für das Hauptarbeitsverhältnis (Steuerklasse 1–4) einen Hinzurechnungsbetrag in gleicher Höhe eintragen. Dieser wird im Zuge der monatlichen Änderungslisten an den Hauptarbeitgeber übermittelt und ist dem monatlichen Arbeitslohn oder der Betriebsrentenzahlung für die Ermittlung der Lohnsteuer hinzuzurechnen.

! ACHTUNG

Der Hinzurechnungsbetrag ist kein Arbeitslohn. Dieser in der ELStAM-Datenbank bzw. auf einer Ersatzbescheinigung vermerkte Betrag ist für die Ermittlung der Lohnsteuer dem steuerpflichtigen Arbeitslohn hinzuzurechnen. Das heißt, die Lohnsteuer wird nicht vom steuerpflichtigen Arbeitslohn, sondern vom Arbeitslohn plus Hinzurechnungsbetrag ermittelt und vom laufenden Bruttolohn abgezogen. Der Hinzurechnungsbetrag muss ins Lohnprogramm eingepflegt bzw. aus dem ELStAM-Datensatz ins Lohnprogramm übernommen werden.

Die Eintragung kann vom Mitarbeiter bei seinem örtlichen Finanzamt beantragt werden.

Seit 2013 kann der Arbeitnehmer den Hinzurechnungsbetrag direkt in der ELStAM-Datenbank des Bundeszentralamts für Steuern pflegen lassen. Führt der Arbeitgeber im Laufe des Jahres 2014 den Datenabruf von der ELStAM-Datenbank durch, wird der Hinzurechnungsbetrag ggf. automatisch in das Abrechnungsprogramm übermittelt.

Steuerfreier Arbeitslohn

Grundsätzlich unterliegen alle in Geld oder als Sachleistungen gezahlten Vergütungen des Arbeitgebers der Lohnsteuer. Eine weitere Ausnahme von der Besteuerung nach Steuerklasse bzw. einer Lohnsteuertabelle ist der steuerfreie Arbeitslohn. Welche Lohnbestandteile nicht der Lohn- bzw. der Einkommensteuer unterliegen, ist in § 3 des Einkommensteuergesetzes (EStG) geregelt. Zusätzlich gibt es für Aushilfen und Direktversicherungen Ausnahmeregelungen im § 40a/b des EStG. Mit diesen Vorschriften wird in der Regel nicht der gesamte Arbeitslohn steuerfrei gestellt, sondern nur einzelne Bestandteile des Gesamtlohnes. Der steuerfreie Arbeitslohn fließt zwar in das Gesamtbrutto ein, unterliegt jedoch nicht der Lohnsteuer und in der Regel nicht den Beiträgen zu den Sozialversicherungen.[9]

Die folgende Tabelle gibt einen Überblick über die Möglichkeiten der Versteuerung von einzelnen Lohnbestandteilen.

Methode der Steuerberechnung	Solidaritätszuschlag	Kirchensteuer
Lohnsteuer nach Tabelle	Soli auf den Betrag der Lohnsteuer	Vom Bundesland abhängige Regelkirchensteuer auf den Betrag der Lohnsteuer
Lohnsteuer nach Tabelle	Soli auf den Betrag der Lohnsteuer	Keine Kirchensteuer (wenn kein Mitglied in einer Kirche)
Lohnsteuer nach Tabelle	Kein Solidaritätszuschlag (wenn Kinderfreibeträge vorhanden)	Keine Kirchensteuer (wenn kein Mitglied in einer Kirche oder Kinderfreibeträge vorhanden)
Pauschalsteuer	Soli auf den Betrag der Lohnsteuer	Pauschale Kirchensteuer auf den Betrag der Lohnsteuer
Pauschalsteuer	Soli auf den Betrag der Lohnsteuer	Regelkirchensteuer auf den Betrag der Lohnsteuer
Pauschalsteuer	Soli auf den Betrag der Lohnsteuer	Keine pauschale Kirchensteuer
Keine Lohnsteuer	Keinen Soli	Keine Kirchensteuer

Tab. 10: Möglichkeiten der Versteuerung von Lohnarten

---

[9] Es gibt Ausnahmetatbestände, wonach steuerfreier Arbeitslohn den Beiträgen zu den Sozialversicherungen unterliegt.

Im Regelfall sind alle Lohnbestandteile (Lohnarten) nach den Methoden „Lohnsteuer nach Tabelle, Soli, Kirchensteuer" bzw. „Lohnsteuer nach Tabelle, Soli, keine Kirchensteuer" zu versteuern. Gelten für einzelne Lohnbestandteile Ausnahmeregelungen, sind die Pauschalsteuer-Methoden oder keine Lohnsteuer anzuwenden.

Studiengebühren für Studenten an Dualen Hochschulen

Übernimmt der Arbeitgeber im Rahmen eines Ausbildungsdienstverhältnisses die Studiengebühren für einen Studierenden an einer Dualen Hochschule, wird ein ganz überwiegendes betriebliches Interesse des Arbeitgebers unterstellt und steuerrechtlich kein Vorteil mit Arbeitslohncharakter angenommen. Somit sind die Studiengebühren kein Arbeitslohn oder geldwerter Vorteil, den der Student zu versteuern hätte.

Trägt der Arbeitnehmer die im Rahmen eines Ausbildungsdienstverhältnisses entstehenden Studiengebühren und erstattet der Arbeitgeber dem Studenten die Studiengebühren, wird ein ganz überwiegend betriebliches Interesse des Arbeitgebers unterstellt, sofern:

- sich der Arbeitgeber arbeitsvertraglich zur Übernahme der Studiengebühren verpflichtet und
- der Arbeitgeber die übernommenen Studiengebühren vom Arbeitnehmer arbeitsvertraglich oder aufgrund einer anderen arbeitsrechtlichen Rechtsgrundlage zurückfordern kann, sofern der Arbeitnehmer das ausbildende Unternehmen auf eigenen Wunsch innerhalb von zwei Jahren nach dem Studienabschluss verlässt.

Liegen die Voraussetzungen für ein überwiegend betriebliches Interesse vor, entsteht durch die vergüteten Studiengebühren kein steuerpflichtiger Arbeitslohn.

Steuertage

Grundsätzlich geht die Lohnsteuerberechnung von **360 Steuertagen** pro Jahr aus. Der Ansatz von 30 Steuertagen pro Monat ist unabhängig davon, ob der Monat 28, 29 oder 31 Kalendertage hat. War der Arbeitnehmer durchgängig vom ersten bis zum letzten Kalendertag des Monats beschäftigt, ist für die Entgeltabrechnung mit 30 Steuertagen zu rechnen.

Bei Ein- oder Austritt während des laufenden Kalendermonats ist für die Berechnung der Lohnsteuer nicht von 30 Steuertagen auszugehen, sondern von der Anzahl der Kalendertage, an denen der Arbeitnehmer beschäftigt war. Entsprechend ist für die Ermittlung der Lohnsteuer nicht die Monatslohnsteuertabelle, sondern die Tageslohnsteuertabelle anzuwenden. Der Lohnzahlungszeitraum verkürzt sich jedoch nicht durch unbezahlten Urlaub, Kurzarbeit, Streik, Arbeitsunfähigkeit von mehr als 6 Wochen, durch Mutterschutz oder Erziehungsurlaub.

Lohnsteuerfreibetrag für das Lohnsteuerabzugsverfahren

Vom Finanzamt werden auf Antrag des Arbeitnehmers Freibeträge für den Lohnsteuerabzug für Werbungskosten, Sonderausgaben, außergewöhnliche Belastungen sowie weitere Aufwendungen in den ELStAM-Datensatz bzw. eine Ersatzbescheinigung eingetragen. Unter Werbungskosten sind die durch den Beruf veranlassten Aufwendungen zur Erwerbung, der Sicherung und der Erhaltung des Arbeitslohns zu verstehen. Ein häufiges Beispiel für Werbungskosten ist die Eintragung der Entfernungspauschale für Fahrten zwischen Wohnung und Arbeitsstätte oder Sonderausgaben bei Verlusten aus Vermietung und Verpachtung. Wurde vom Finanzamt ein Jahresfreibetrag und ein Monatsfreibetrag in den ELStAM-Datensatz oder eine Ersatzbescheinigung eingetragen, ist dieser zunächst vom steuerpflichtigen Arbeitslohn abzuziehen und nur aus dem gekürzten Arbeitslohn ist die Lohnsteuer zu ermitteln.

● TIPP

Lohnsteuerfreibeträge werden von der Finanzverwaltung immer nur für ein Jahr in der ELStAM-Datenbank gespeichert. Der Arbeitnehmer muss ggf. jedes Jahr den Freibetrag per Formular bei seinem zuständigen Finanzamt beantragen und bis spätestens 31.12. in den ELStAM-Datensatz eintragen lassen. Erfolgt kein jährlicher neuer Antrag, wird der Freibetrag beim Arbeitgeber mit der Änderungsliste für den Monat Januar gelöscht.

4.3   Sozialversicherungsbeiträge

Neben dem Lohnsteuerabzug ist der Arbeitgeber verpflichtet, die Beiträge zu den Sozialversicherungen zu ermitteln und an die Krankenkasse(n) abzuführen. Die Beiträge zur Kranken-, Pflege-, Renten- und Arbeitslosenversicherung sind vom Arbeitsentgelt zu ermitteln. Die Höhe der Beiträge liegt in 2014 bundeseinheitlich bei:

Übersicht: Sozialversicherungsrechengrößen 2014

	Satz	Jahr	Monat	Tag
Pflegeversicherung	2,05 %			
Zuschlag Pflegeversicherung für Kinderlose	0,25 %			
Rentenversicherung	18,9 %			
Rentenversicherung (Knappschaft)	25,1 %			
Arbeitslosenversicherung	3,0 %			
Krankenversicherung	15,5 %			
Krankenversicherung (ermäßigter Beitrag)	14,9 %			
Insolvenzumlage	0,15 %			
Beitragssatz KV geringfügig Beschäftigte	13,0 %			
Beitragssatz RV geringfügig Beschäftigte (pauschal)	15,0 %			
Beitragssatz RV geringfügig Beschäftigte (allgemein)	18,9 %			
U1-Umlage Minijob	0,70 %			
U2-Umlage Minijob	0,14 %			
Bezugsgröße		33.180 EUR	2.765,00 EUR	92,17 EUR
Bezugsgröße neue Bundesländer		28.140 EUR	2.345,00 EUR	78,17 EUR
Versicherungspflichtgrenze		53.550 EUR	4.462,50 EUR	148,75 EUR
Beitragsbemessungsgrenze (BBG) KV/PV		48.600 EUR	4.050,00 EUR	135,00 EUR
BBG RV/AV (West)		71.400 EUR	5.950,00 EUR	198,33 EUR
BBG RV/AV (Ost)		60.000 EUR	5.000,00 EUR	166,67 EUR
Geringfügigkeitsgrenze		5.400 EUR	450,00 EUR	15.00 EUR
Geringverdienergrenze		3.900 EUR	325,00 EUR	10,83 EUR
Sachbezugswert Frühstück			48,90 EUR	1,63 EUR
Sachbezugswert Mittag/ Abendessen			90,00 EUR	3,00 EUR

	Satz	Jahr	Monat	Tag
AG-Zuschuss privat KV			295,65 EUR	9,86 EUR
AG-Zuschuss privat KV ohne Krankengeld			283,50 EUR	9,45 EUR
AG-Zuschuss privat PV			41,51 EUR	1,38 EUR
AG-Zuschuss privat PV Bundesland Sachsen			21,26 EUR	0,71 EUR
Mindestbeitrag RV bei Aufstockung von Aushilfen			175,00 EUR	5,83 EUR
Mindestbeitrag RV/AV für Praktikanten (West)			6,06 EUR	0,20 EUR
Mindestbeitrag RV/AV für Praktikanten (Ost)			5,13 EUR	0,17 EUR

Tab. 11: Übersicht: Sozialversicherungsgrößen 2014

Krankenversicherung

In der Krankenversicherung gibt es einen einheitlichen Beitragssatz von 15,5 %. Darin enthalten ist der Zusatzbeitrag für Zahnersatz und Krankengeld von 0,9 % des Arbeitsentgelts. Der Gesamtbeitrag setzt sich zusammen aus **7,3 % Arbeitgeberbeitrag** und **8,2 % Arbeitnehmerbeitrag**. Bemessungsgrundlage ist das krankenversicherungspflichtige Entgelt. Jede Krankenkasse hat zusätzlich die Möglichkeit, einen Zusatzbeitrag direkt vom Mitglied zu erheben. Der Zusatzbeitrag wird nicht im Lohnabzugsverfahren vom Arbeitgeber erhoben, sondern einzeln von jedem Mitglied der Krankenkasse. Eine Begrenzung des Zusatzbeitrags ist nicht vorgesehen, dafür soll es jedoch ab 2016 einen sogenannten Sozialausgleich geben.

Der **ermäßigte Beitrag** von **14,9 %** des Arbeitsentgelts ist für Arbeitnehmer zu entrichten, die keinen Anspruch auf Krankengeld von der Krankenkasse haben. Dies ist z. B. der Fall, wenn der Arbeitnehmer wegen des Bezugs einer Altersvollrente keinen Anspruch mehr auf Krankengeld besitzt. In diesem Fall ergeben sich der Arbeitnehmeranteil aus 7,9 % und der Arbeitgeberanteil aus 7,0 % des beitragspflichtigen Entgelts.

Zuschlag zur Pflegeversicherung

Für Arbeitnehmer ohne Kinder ist ein Zuschlag zur Pflegeversicherung für Kinderlose zu erheben. Der Zuschlag beträgt 0,25 % des beitragspflichtigen Entgelts. Dem Zuschlag unterliegen nur gesetzlich und freiwillig in einer gesetzlichen Krankenkasse versicherte Arbeitnehmer. Mitarbeiter, die bei einer privaten Krankenversicherung versichert sind, unterliegen auch ohne Kinder **nicht** dem Zusatzbeitrag. Der Zuschlag ist nur vom Arbeitnehmer zu entrichten — ein Arbeitgeberbeitrag entsteht nicht. Eine weitere Einschränkung für den Zuschlag gilt in Bezug auf das Lebensalter. Der Zuschlag ist erst ab dem 23. Geburtstag zu zahlen. Außerdem sind Arbeitnehmer, die vor dem 1.1.1940 geboren sind, von dem Zuschlag ausgenommen.

Arbeitsentgelt

Die Beiträge zur Kranken-, Renten-, Arbeitslosen- und Pflegeversicherung sind nicht aus dem Bruttolohn, sondern aus dem **beitragspflichtigen Arbeitsentgelt** zu ermitteln. Bruttolohn und Arbeitsentgelt fallen auseinander, sobald der Arbeitnehmer Lohnbestandteile erhält, die pauschal versteuert werden oder die sozialversicherungsfrei sind. Beiträge sind auch nur bis zu bestimmten Entgelthöchstgrenzen zu ermitteln. In der Kranken- und Pflegeversicherung liegt diese Grenze in 2014 bei einem monatlich **laufenden** Arbeitsentgelt von **4.050,00 EUR**, in der Renten- und Arbeitslosenversicherung bei monatlich **5.950 EUR** (West-) bzw. **5.000 EUR** (Ost-Bundesländer). Liegt das beitragspflichtige laufende Arbeitsentgelt über diesen Grenzen, sind nur Beiträge bis zu den Grenzen zu ermitteln und abzuführen. In der knappschaftlichen Rentenversicherung liegt die Bemessungsgrenze bei 7.300 EUR (West) bzw. 6.150 EUR (Ost). Bei Einmalzahlungen sind für die Beitragsermittlung die jährlichen Beitragsbemessungsgrenzen maßgeblich. Diese liegen in der Kranken- und Pflegeversicherung bei **48.600 EUR** und in der Renten- und Arbeitslosenversicherung bei **71.400 EUR** (West) bzw. **60.000 EUR** (Ost) pro Jahr.

! ACHTUNG

Wird die monatliche Entgeltgrenze nur durch eine Einmalzahlung überschritten, ist die Einmalzahlung auf die bereits abgerechneten Monate des laufenden Jahres zu verteilen und im Entstehungsmonat zu verbeitragen. Das heißt, liegt das laufende Entgelt unter der monatlichen Bemessungsgrenze und führt beispielsweise im April eine Einmalzahlung zur Überschreitung der monatlichen Entgeltgrenze, so ist die Einmalzahlung für die Beitragsberechnung auf die Monate Januar bis April zu verteilen und die Beiträge bis zur Bemessungsgrenze zu ermitteln. Eine Ausnahme finden Sie unter dem Stichwort Märzklausel (siehe auch Kapitel 6.1).

Halbteilungsgrundsatz

Anders als bei der Lohnsteuer teilen sich Arbeitnehmer und Arbeitgeber die Beiträge zu den Sozialversicherungen. Der Arbeitgeber ermittelt zunächst die Beiträge auf das beitragspflichtige Arbeitsentgelt, zieht dem Arbeitnehmer aber nur den halben Betrag von seinem Bruttolohn ab. Die andere Hälfte zahlt der Arbeitgeber zusätzlich zum Bruttolohn. Die Beiträge (Arbeitgeber- und Arbeitnehmeranteil) zur Sozialversicherung (Kranken-, Pflege-, Renten- und Arbeitslosenversicherung) überweist der Arbeitgeber der Krankenkasse des Arbeitnehmers. Ist der Arbeitnehmer privat versichert, ist die Krankenversicherung, die kraft Gesetzes zuständig wäre (AOK/IKK oder die zuletzt zuständige gesetzliche Krankenkasse), Einzugsstelle für den Gesamtbeitrag zur Renten- und Arbeitslosenversicherung. Bei privat krankenversicherten Arbeitnehmern erhält den Kranken- und Pflegeversicherungsbeitrag (Prämie) das Versicherungsunternehmen.

4.3.1 Ausnahmeregelungen von der Versicherungspflicht und/oder dem Halbteilungsgrundsatz

Grundsätzlich besteht für alle nicht selbstständigen Arbeitnehmer die Versicherungspflicht in den Sozialversicherungen. Die Beiträge zu den Sozialversicherungen teilen sich Arbeitgeber und Arbeitnehmer. Von der allgemeinen Versicherungspflicht und/oder dem Grundsatz der Teilung der Beiträge gibt es jedoch zahlreiche Ausnahmeregelungen.

Arbeitnehmer im Bundesland Sachsen

Eine Ausnahme vom Halbteilungsgrundsatz besteht im Bundesland Sachsen. In allen anderen Bundesländern wurde zur Finanzierung der Pflegeversicherung ein kirchlicher Feiertag (Buß- und Bettag) gestrichen. In **Sachsen** hat man auf die Streichung verzichtet und belastet stattdessen die Arbeitgeber nur mit einem Anteil von etwa 20,5 % des Gesamtbeitrages zur Pflegeversicherung. Der Beitrag zur Pflegeversicherung wird also nicht je zur Hälfte vom Arbeitnehmer und Arbeitgeber getragen, sondern der Arbeitnehmer übernimmt **1,525 %** und der Arbeitgeber **0,525 %** von den 2,05 % Pflegeversicherung.

> **!** **ACHTUNG**
>
> Im Bundesland Sachsen besteht keine Halbteilung der Beiträge zur Pflegeversicherung. Der Arbeitnehmer übernimmt 1,525 % und der Arbeitgeber trägt

0,525 % des Beitrags (2.05 %). Für Arbeitnehmer ohne Kinder bedeutet dies, dass der Beitrag bei 1,775 % des beitragspflichtigen Arbeitsentgelts liegt. Der Arbeitgeberbeitrag bleibt mit 0,525 % des beitragspflichtigen Entgelts unverändert.

Arbeitnehmer ohne Kinder

Arbeitnehmer, die keine Kinder haben oder hatten, müssen einen Zuschlag von **0,25 %** des Arbeitsentgeltes als Zusatzbeitrag zur Pflegeversicherung leisten. Beitragspflichtig ist nur der **Arbeitnehmer**.

Keine Beitragspflicht besteht für:

- Arbeitnehmer unter 23 Jahren,
- Arbeitnehmer, die vor 1940 geboren wurden,
- Wehr-/Zivildienstleistende,
- Arbeitnehmer, die Kinder nachweisen können.

Die Pflicht zur bzw. Freiheit von der Erhebung des Zuschlages entsteht im Monat des Geburtstags bzw. im Monat des Eintritts des Befreiungsgrundes. Werden beispielsweise Arbeitnehmer am 13. März erstmalig Eltern, ist der Zuschlag zur Pflegeversicherung für beide Elternteile im März nicht mehr zu entrichten. Der Nachweis von leiblichen oder adoptierten Kindern kann geführt werden durch:

- Geburtsurkunde
- Auszüge aus Personenstandsbüchern
- Abstammungsurkunde
- Auszug aus dem Geburtenbuch des Standesamtes
- Auszug aus dem Familienbuch/Familienstammbuch
- steuerliche Lebensbescheinigung des Einwohnermeldeamtes
- Kinderfreibetrag auf einer Lohnsteuerkarte
- Vaterschaftsanerkennungs- und Vaterschaftsfeststellungsurkunde
- Adoptionsurkunde
- Kindergeldbescheid der Bundesagentur für Arbeit
- Kontoauszug, aus dem sich die Auszahlung des Kindergeldes durch die BA ergibt
- Erziehungsgeldbescheid
- Bescheinigung über Bezug von Mutterschaftsgeld
- Nachweis der Inanspruchnahme von Elternzeit
- Einkommensteuerbescheid mit Kinderfreibetrag

- Sterbeurkunde des Kindes
- Feststellungsbescheid des Rentenversicherungsträgers, in dem Kinder-
  erziehungs- und Kinderberücksichtigungszeiten ausgewiesen sind

Kann der Arbeitnehmer mit einem dieser Dokumente nachweisen, dass er Kinder
hat oder hatte, ist ab dem Monat, in dem der Nachweis vorliegt, kein Zuschlag mehr
zu berechnen. Kann der Nachweis nicht geführt werden, besteht Beitragspflicht.
Wurde der Nachweis **einmalig geführt,** gilt dieser für die gesamte Beschäftigungszeit. Das bedeutet, auch wenn zwischenzeitlich die Elterneigenschaft erloschen
ist, aber in der Vergangenheit für einen Monat bestand, wird diese dennoch für
den Zuschlag zur Pflegeversicherung als nachgewiesen anerkannt. Der Zuschlag
wird auf dem Beitragsnachweis zusammen mit der Pflegeversicherung gemeldet.
Es ist kein getrennter Ausweis erforderlich.

Arbeitnehmer ab 65 Jahren

Eine weitere Ausnahme vom Halbteilungsgrundsatz besteht für Arbeitnehmer, die
das **64. Lebensjahr** vollendet haben und sozialversicherungspflichtig weiter beschäftigt werden. Ab dem Monat, der dem 65. Geburtstag folgt, unterliegt nur
noch der **Arbeitgeber** den Beiträgen zur Renten- und Arbeitslosenversicherung.
Der Arbeitnehmer ist mit seiner Beitragshälfte versicherungsfrei. Aus dem beitragspflichtigen Arbeitsentgelt ist nur noch **9,45 %** als Beitrag zur Rentenversicherung
und **1,50 %** als Beitrag zur Arbeitslosenversicherung zu ermitteln. Die Beiträge
übernimmt der Arbeitgeber zusätzlich zum Arbeitsentgelt.[10]

> **! ACHTUNG**
>
> Die Beitragspflicht für den Arbeitgeber gilt für mehr als geringfügig beschäf-
> tigte Arbeitnehmer. Wird der Arbeitnehmer über 65 Jahre nur geringfügig be-
> schäftigt, ist die Regelung ohne Relevanz.

Privat krankenversicherte Arbeitnehmer

Arbeitnehmer, deren regelmäßiges laufendes Arbeitsentgelt oder das jährliche
Arbeitsentgelt die Versicherungspflichtgrenze für die Krankenversicherung übersteigt (**4.462,50 EUR pro Monat/53.550 EUR pro Jahr**), können sich bei einer

---

[10] Vom Jahr 2012 an wird das Rentenalter schrittweise auf 67 Jahre angehoben. Die Jahrgänge
      von 1947 bis 1963 müssen gestaffelt 1 bis 22 Monate länger arbeiten. Ab dem Jahrgang 1964 liegt
      dann das Rentenalter bei 67 Jahren.

privatwirtschaftlichen Versicherung krankenversichern. Die Versicherungspflichtgrenze liegt über der Beitragsbemessungsgrenze für die Kranken- und Pflegeversicherung.

Grundsätzlich haben privat krankenversicherte Arbeitnehmer auch Anspruch auf einen Arbeitgeberzuschuss zur privaten Krankenversicherung. Der Zuschuss beträgt wie bei gesetzlich Krankenversicherten die **halbe Versicherungsprämie**. Der Arbeitgeberzuschuss ist jedoch durch einen Höchstbetrag begrenzt. Der Höchstzuschuss liegt beim Arbeitgeberanteil der gesetzlichen Krankenversicherungen. Durch die Vereinheitlichung des Beitragssatzes zur Krankenversicherung auf 15,5 % liegt der Höchstzuschuss in 2014 bei 295,65 EUR pro Monat. Der Zuschuss ergibt sich durch Anwendung des Arbeitgeberbeitragssatzes auf die monatliche Beitragsbemessungsgrenze für die Kranken- und Pflegeversicherung von 4.050 EUR. Der Gesamtbeitrag von 15,5 % teilt sich so, dass der Arbeitgeber 7,3 % und der Arbeitnehmer 8,2 % trägt. Entsprechend ist der Arbeitgeberzuschuss zur Krankenversicherung aus maximal 7,3 % bezogen auf die Beitragsbemessungsgrenze zu ermitteln.

! **ACHTUNG**

Liegt die Versicherungsprämie zur privaten Krankenversicherung **unter** 591,30 EUR pro Monat, darf der Arbeitgeber maximal die halbe Prämie als Zuschuss gewähren. Liegt die Versicherungsprämie darüber, ist der Zuschuss auf 295,65 EUR pro Monat für 2014 beschränkt. Leistet der Arbeitgeber einen höheren Zuschuss zur privaten Krankenversicherung, ist der übersteigende Teil steuerpflichtiger Arbeitslohn.

▶ **BEISPIEL**

Ein Mitarbeiter ist privat krankenversichert. Der Prämiennachweis für die private Krankenversicherung weist einen monatlichen Beitrag von 496,80 EUR aus.

Beurteilung

Der Arbeitgeber darf die Hälfte der privaten Versicherungsprämie als Zuschuss gewähren, jedoch nicht mehr als 295,65 EUR. Der Prämienzuschuss des Arbeitgebers beträgt im Beispiel 248,40 EUR. Der Zuschuss liegt unter dem Höchstbetrag und kann somit vollständig gewährt werden.

▶ **BEISPIEL**

Ein Mitarbeiter ist privat krankenversichert. Die Prämie für die private Krankenversicherung beträgt monatliche 612,30 EUR.

Beurteilung
Der Arbeitgeber darf die Hälfte der privaten Versicherungsprämie maximal jedoch 295,65 EUR als Zuschuss zur Krankenversicherung leisten. Die halbe Versicherungsprämie wäre 306,15 EUR, der Prämienzuschuss des Arbeitgebers beträgt im Beispiel 295,65 EUR. Somit entsteht im Beispiel ein Arbeitnehmeranteil von 316,65 EUR pro Monat.

Privat krankenversicherte Arbeitnehmer müssen sich auch privat pflegeversichern. Für die private Pflegeversicherung ergibt sich der Höchstzuschuss des Arbeitgebers aus dem Beitragssatz zur Pflegeversicherung und der Beitragsbemessungsgrenze. In 2014 liegt der Zuschuss zur privaten Pflegeversicherung, den der Arbeitgeber steuer- und sozialversicherungsfrei seinem Mitarbeiter gewähren darf, bei **41,51 EUR** monatlich (außer Sachsen). Der Betrag ergibt sich aus ½ × 2,05 % × 4.050,00 EUR. Wie bei der Krankenversicherung ist der Arbeitgeberzuschuss zur privaten Pflegeversicherung auf die Hälfte der Versicherungsprämie beschränkt. Im Bundesland Sachsen ist die Besonderheit bei der Aufteilung der Pflegeversicherung zu berücksichtigen. Die Aufteilung des Beitragssatzes zur Pflegeversicherung (2,05 % des Arbeitsentgeltes) ist in Sachsen nicht 1,025 % : 1,025 %, sondern 0,525 % trägt der Arbeitgeber und 1,525 % trägt der Arbeitnehmer. Entsprechend dieser Aufteilung darf der steuer- und beitragsfreie Höchstzuschuss des Arbeitgebers in Sachsen nur **21,26 EUR** pro Monat betragen. Der Betrag ergibt sich aus 0,525 % × 4.050,00 EUR (siehe auch Halbteilungsgrundsatz). Der Zuschlag zur Pflegeversicherung für Arbeitnehmer ohne Kinder (0,25 %) ist bei Arbeitnehmern mit einer privaten Pflegeversicherung **nicht** zu berücksichtigen.

Arbeitnehmer über 55 Jahre (Altfallregelung)

Mit dem Gesetz für „moderne Dienstleistungen am Arbeitsmarkt" wurde in das SGB III ein Artikel zur Arbeitsförderung aufgenommen. Die Einstellung und Beschäftigung älterer Arbeitnehmer soll durch eine beitragsrechtliche Sonderregelung gefördert werden. Nach der Regelung des § 421k SGB III werden Arbeitgeber, die einen Arbeitslosen einstellen, der das 54. Lebensjahr vollendet hat, vom Arbeitgeberanteil zur Arbeitslosenversicherung befreit. Der Arbeitnehmer trägt den halben normalen Beitrag.

Die Regelung des § 421k SGB III ist zum 31.12.2007 ausgelaufen. Es gilt jedoch ein Bestandsschutz für „Altfälle". Für Arbeitnehmer, die vor dem 31.12.2007 eingestellt wurden und zum Zeitpunkt der Einstellung 55 Jahre oder älter waren, gilt die Regelung für die Dauer der Beschäftigung auch über das Jahr 2007 hinaus fort. Die Regelung ist auch für die Gleitzonenberechnung zu berücksichtigen.

> **! ACHTUNG**
>
> Der Arbeitnehmer ist vollständig sozialversicherungspflichtig. Entsprechend dem Halbteilungsgrundsatz werden die Beiträge zur Kranken-, Pflege-, Renten- und Arbeitslosenversicherung vom beitragspflichtigen Arbeitsentgelt ermittelt. Der Arbeitgeber trägt jedoch nur in der KV, PV und RV den halben Beitrag.

Die Beitragsfreiheit für den Arbeitgeber gilt für den gesamten Zeitraum der Beschäftigung bis zur Vollendung des 64. Lebensjahres des Arbeitnehmers. Ab dem 65. Geburtstag unterliegt auch der Arbeitnehmer nicht mehr der Beitragspflicht zur Arbeitslosenversicherung.

Mitarbeiter mit einem Arbeitsentgelt zwischen 450,01 EUR und 850 EUR (Gleitzone)

Mit dem Zweiten Gesetz für moderne Dienstleistungen am Arbeitsmarkt wurde die sogenannte Gleitzonenregelung für den Niedriglohnbereich eingeführt. Die Gleitzonenregelung gilt für monatliche durchschnittliche Arbeitsentgelte zwischen **400,01 EUR** und **800,00 EUR**. Durch die Anhebung des sozialversicherungsfreien Arbeitsentgelts für die geringfügige Beschäftigung auf 450 EUR pro Monat, ist sie zum 1.1.2013 **auf 450,01 EUR bis 850,00 EUR** gestiegen. Es besteht jedoch bis Ende 2014 eine Übergangsregelung, nach der auch noch Arbeitsentgelte zwischen 400,01 EUR und 450,00 EUR mit der Gleitzonenregelung verbeitragt werden dürfen (Altfall-Regelung).

Innerhalb dieser Gleitzone werden die **Arbeitnehmerbeiträge** zu den Sozialversicherungen nicht vom tatsächlichen Arbeitsentgelt, sondern von einer ermäßigten Basis ermittelt. Für den Arbeitgeberanteil ändert sich nichts. Dieser wird prozentual vom beitragspflichtigen Arbeitsentgelt errechnet. Ziel dieser Regelung ist es, den Arbeitnehmerbeitrag zu den Sozialversicherungen nach Überschreiten der 450-EUR-Grenze nur langsam von ca. 4 % auf ca. 20 % des Arbeitsentgeltes ansteigen zu lassen.

Voraussetzung für die Anwendung der Gleitzonenregelung ist, dass

- die Beschäftigung sozialversicherungspflichtig ist und
- ein durchschnittliches monatliches Arbeitsentgelt zwischen 450,01 EUR und 850,00 EUR bezahlt wird.

Von der Gleitzonenregelung ausgenommen sind:

- Entgelte von Auszubildenden und Praktikanten,
- durch Kurzarbeit oder Schlechtwettergeld ermäßigte Entgelte,
- Teilarbeitsentgelte, wenn die Beschäftigung nicht den gesamten Monat bestand,
- fiktive Entgelte für die Berechnung der Beiträge von behinderten Arbeitnehmern,
- Entgelte, die durch den Eintritt in die Altersteilzeit die Grenzen der Gleitzone erreichen.

Für die Ermittlung der Entgeltgrenze ist das durchschnittliche monatliche Arbeitsentgelt maßgebend. In das durchschnittliche Arbeitsentgelt sind Einmalzahlungen, wie Urlaubsgeld oder Weihnachtsgeld, einzubeziehen. Ebenso zählen sozialversicherungspflichtige Sonderzahlungen und Bonuszahlungen, auf die ein gesetzlicher oder vertraglicher Anspruch besteht, anteilig zum monatlichen Arbeitsentgelt. Nicht zum Arbeitsentgelt gehören sozialversicherungsfreie Entgeltbestandteile, wie Zuschläge für Sonn- und Feiertagsarbeit, pauschal versteuerte Beiträge zu Direktversicherungen und alle weiteren sozialversicherungsfreien Entgeltbestandteile. Wird neben einer Beschäftigung in der Gleitzone eine geringfügige (Neben-) Beschäftigung ausgeübt, ist diese nicht mit der versicherungspflichtigen (Haupt-) Beschäftigung zusammenzurechnen.

! **ACHTUNG**

Das Arbeitsentgelt in der Gleitzone unterliegt vollständig den Beiträgen zur Kranken-, Pflege-, Renten- und Arbeitslosenversicherung. Die Beiträge für den Arbeitnehmeranteil werden jedoch von einer ermäßigten Bemessungsgrundlage ermittelt.

Der **Arbeitnehmeranteil** der Beiträge zur Kranken-, Pflege-, Renten- und Arbeitslosenversicherung wird in der Gleitzone nicht vom sozialversicherungspflichtigen Arbeitsentgelt, sondern von einer ermäßigten Basis ermittelt. Die ermäßigte Basis ergibt sich aus der Formel:

bE = F × 450 + ([850/(850 — 450)] — [450/(850 — 450)] × F) × (Arbeitsentgelt — 450)

Der **Faktor F** ist ein fester Wert, der jährlich angepasst und vom Bundesministerium für Gesundheit veröffentlicht wird. Er ergibt sich aus dem pauschalen Beitragssatz für Aushilfen (30 %) dividiert durch den Gesamtsozialversicherungsbeitrag (39,45 %

in 2014).[11] Für das Jahr 2014 beträgt der Faktor 0,7605. Die Variable **bE** steht für das beitragspflichtige Entgelt. Die Formel lässt sich auflösen in:

$$\text{Beitragspflichtiges Entgelt} = 1{,}2694 \times \text{Entgelt} - 229{,}00$$

Aus dem § 249 SGB V ergibt sich die besondere Form der Beitragsermittlung. Der Arbeitnehmeranteil wird als halber Beitrag aus dem ermäßigten beitragspflichtigen Entgelt ermittelt. Das ermäßigte beitragspflichtige Entgelt wird multipliziert mit dem halben Beitragssatz des jeweiligen Sozialversicherungszweiges. Der Arbeitgeberanteil ist jedoch aus dem vollen beitragspflichtigen Arbeitsentgelt zu ermitteln. Der Arbeitgeberanteil wird immer als Zuschuss zum gesamten Sozialversicherungsbeitrag gewährt. Somit ergibt sich für den Arbeitnehmer eine weitere Reduktion des Beitragsanteils.

$$\text{AnB} = (\text{bE} \times \tfrac{1}{2}\,\text{Sozialversicherungssatz}) \times 2 - \text{AgB}$$

AnB = Arbeitnehmeranteil am Gesamtbeitrag
AgB = Arbeitgeberanteil am Gesamtbeitrag

Für die Berechnung des Gesamtbeitrags zur jeweiligen Sozialversicherung ist zu beachten, dass das Produkt aus dem ermäßigten Arbeitsentgelt multipliziert mit dem Beitragssatz kaufmännisch zu runden ist, **bevor** es mit zwei multipliziert wird. Dies ergibt sich aus der Berechnungsvorschrift für die Aufteilung der Beiträge zu den Sozialversicherungen auf Arbeitgeber und Arbeitnehmer.

Der Arbeitnehmer hat zusätzlich die Möglichkeit, bei der Berechnung der Rentenversicherungsbeiträge auf die Anwendung der Gleitzone zu verzichten. Diese Option wurde geschaffen, da sich die Altersrente nach der Höhe der Beitragszahlung und der Anzahl Beschäftigungsjahre bemisst. Durch die Gleitzonenberechnung entstehen geringere Gesamtbeiträge in den Sozialversicherungen. Soll die Gleitzone für die Rentenversicherung nicht angewendet werden, muss der Arbeitnehmer die sogenannte Aufstockungsoption wählen (siehe Erläuterung im Beispiel unten).

▶ **BEISPIEL**

Monika Waldmann hat am 1.3.2014 eine sozialversicherungspflichtige Beschäftigung aufgenommen. Der regelmäßige monatliche Bruttolohn beträgt 680 EUR. Sie ist bei einer gesetzlichen Krankenkasse pflichtversichert, der Bei-

---

[11]   Bei der Formel wird von einem Rentenversicherungsbeitrag von 18,9 % ausgegangen. Sinkt der Rentenversicherungssatz 2014, ändert sich auch der Faktor F.

tragssatz liegt bei 15,5 %. Frau Waldmann wählt **nicht** die Aufstockung in der Rentenversicherung auf 18,9 % und kann ein Kind nachweisen — kein Zuschlag für Kinderlose in der PV.

Sozialversicherungsbeiträge	
Bruttolohn	680,00 EUR
Beitragspflichtiges Entgelt ((1,2694 × 680) — 229)	634,20 EUR
Arbeitgeberbeiträge (AgB)	
Arbeitgeberanteil KV (7,3 % von 680 EUR)	49,64 EUR
Arbeitgeberanteil PV (1,025 % von 680 EUR)	6,97 EUR
Arbeitgeberanteil RV (9,45 % von 680 EUR)	64,26 EUR
Arbeitgeberanteil AV (1,50 % von 680 EUR)	10,20 EUR
Arbeitnehmerbeiträge	
Arbeitnehmeranteil KV ((7,75 % von 634,20) × 2) — AgB	48,66 EUR
Arbeitnehmeranteil PV ((1,025 % von 634,20) × 2) — AgB	6,03 EUR
Arbeitnehmeranteil RV ((9,45 % von 634,20) × 2) — AgB	55,60 EUR
Arbeitnehmeranteil AV ((1,50 % von 634,20) × 2) — AgB	8,82 EUR

Besonderheit für das Bundesland Sachsen

Im Bundesland Sachsen ist für die Berechnung der Pflegeversicherung die Besonderheit der Aufteilung der Pflegeversicherung zu beachten. In Sachsen würde sich im Beispiel der Beitrag zur Pflegeversicherung ergeben aus:

Arbeitnehmerbeitrag zur Pflegeversicherung (634,20 × 1,025 %) × 2	13,00 EUR
— (680 × 0,525 %) (Arbeitgeberanteil)	3,57 EUR
= Arbeitnehmerbeitrag	**9,43 EUR**

Besonderheit für Kinderlose

Der Beitragszuschlag zur Pflegeversicherung für Kinderlose in Höhe von 0,25 % erhöht gegebenenfalls die Arbeitnehmerbeiträge. Er ist im Gesamtsozialversicherungsbeitrag zu berücksichtigen. Hätte der Arbeitnehmer im Beispiel keine Kinder, wäre zusätzlich zu berechnen:

Vom Bruttolohn zur Nettoauszahlung

Zusätzlicher Beitrag zur PV (0,25 % von 634,20) = 1,59 EUR

Für den zusätzlichen Beitrag zur PV gibt es keinen Arbeitgeberanteil — er ist vom Arbeitnehmer vollständig zu tragen. Der Zuschlag zum Pflegeversicherungsbeitrag wird jedoch nur vom ermäßigten beitragspflichtigen Entgelt ermittelt.

Besonderheit in der Krankenversicherung

Der allgemeine Krankenversicherungsbeitrag von 15,5 % wird **nicht** hälftig von Arbeitgeber und Arbeitnehmer getragen. Der Gesamtbeitrag ergibt sich aus 7,3 % Arbeitgeberbeitrag und 8,2 % Arbeitnehmerbeitrag vom beitragspflichtigen Arbeitsentgelt. Für die Gleitzonenberechnung ist jedoch für die Ermittlung des Arbeitnehmeranteils vom halben Beitragssatz — also 7,75 % für den Arbeitnehmer als Berechnungsgrundlage anzusetzen.

Besonderheit für Arbeitnehmer über 55 Jahre (Altfallregelung)

Handelt es sich bei dem Arbeitnehmer um einen Mitarbeiter über 61 Jahre, der mit 55 Jahren neu eingestellt wurde, ist auch in der Gleitzone die Altfallregelung des § 421k SGB III zu berücksichtigen. Nach dieser Regelung ist der **Arbeitgeber** von Beiträgen zur Arbeitslosenversicherung befreit, wenn ein zuvor arbeitsloser Arbeitnehmer mit 55 Jahren oder älter eingestellt wurde.[12] Für die Ermittlung des Arbeitnehmerbeitrags zur Arbeitslosenversicherung ist der „**fiktive Arbeitgeberbeitrag**" anzusetzen. In der Kranken-, Pflege- und Rentenversicherung sind keine Besonderheiten zu beachten. Für die Arbeitslosenversicherung wäre ausgehend vom obigen Beispiel folgende Berechnung durchzuführen:

Sozialversicherungsbeiträge	
Bruttolohn	680,00 EUR
Beitragspflichtiges Entgelt ((1,2694 × 680) — 229,00)	634,20 EUR
Arbeitgeberbeiträge (AgB)	
Arbeitgeberanteil KV (7,3 % von 680 EUR)	49,64 EUR
Arbeitgeberanteil PV (1,025 % von 680 EUR)	6,97 EUR
Arbeitgeberanteil RV (9,45 % von 680 EUR)	64,26 EUR

---

[12] Diese Regelung gilt nur für Altfälle bis 31.12.2007. Wurde ein Arbeitnehmer mit 55 Jahren oder älter ab 2008 neu eingestellt, ist die Regelung **nicht** mehr anzuwenden. Wurde sie vor dem 31.12.2007 bereits angewendet, gilt sie für die Dauer der Beschäftigung auch über 2007 hinaus fort.

Sozialversicherungsbeiträge	
Fiktiver Arbeitgeberanteil AV (1,50 % von 680 EUR) [fAgB]	10,20 EUR
Tatsächlicher Arbeitgeberanteil	0,00 EUR
Arbeitnehmerbeiträge	
Arbeitnehmeranteil KV ((7,75 % von 634,20) × 2) — AgB	48,66 EUR
Arbeitnehmeranteil PV ((1,025 % von 634,20) × 2) — AgB	6,03 EUR
Arbeitnehmeranteil RV ((9,45 % von 634,20) × 2) — AgB	55,60 EUR
Arbeitnehmeranteil AV ((1,50 % von 634,20) × 2) — fAgB	8,82 EUR

Aufstockungsoption in der Gleitzone

In der Rentenversicherung richtet sich die Höhe des Rentenanspruches unter anderem nach dem verbeitragten Entgelt bzw. den Rentenbeiträgen. Aufgrund der reduzierten Beitragspflicht zur Rentenversicherung aus der Gleitzonenregelung kommt es später zu reduzierten Rentenansprüchen. Um eine Reduzierung der Rente zu vermeiden, kann der Arbeitnehmer dem Arbeitgeber schriftlich erklären, dass der Arbeitnehmerbeitrag zur Rentenversicherung aus dem beitragspflichtigen Arbeitsentgelt und nicht aus dem ermäßigten Entgelt ermittelt werden soll. Die Erklärung kann formlos erfolgen und muss zu den Lohnunterlagen genommen werden. Die Erklärung bleibt für die Dauer der Beschäftigung bindend und gilt bei Mehrfachbeschäftigung für alle Arbeitgeber.[13] Abgabefrist für die Erklärung ist bei Neueinstellung zwei Wochen nach Beschäftigungsaufnahme. Bei bestehenden Arbeitsverhältnissen gilt die Erklärung mit dem Datum der Abgabe.

▶ **BEISPIEL**

Frau Monika Waldmann hat ein sozialversicherungspflichtiges monatliches Arbeitsentgelt von 680 EUR. Sie wählt die Aufstockungsoption in der gesetzlichen Rentenversicherung (Verzicht auf die Sozialversicherungsfreiheit/-ermäßigung).
Beitrag zur Rentenversicherung

½ × (680 × 18,9%) Arbeitnehmeranteil	**66,26 EUR**
+ ½ × (680 × 18,9 %) Arbeitgeberanteil	**66,26 EUR**
= Gesamtbeitrag	**128,52 EUR**

---

[13] Die Erklärung ist jedoch bei jedem Arbeitgeber einzeln zu stellen. Es ist nicht möglich, nur bei einem Arbeitgeber die Aufstockung zu wählen und bei einem zweiten die Beiträge nur aus dem ermäßigten Entgelt abzuführen.

Die Aufstockungsoption gilt nur für die Rentenversicherung. Für die Kranken-, Pflege- und Arbeitslosenversicherung ist die Berechnung des Arbeitnehmerbeitrags aus dem ermäßigten Entgelt vorzunehmen.

Gleitzone mit Rentenversicherung bei einem Versorgungswerk

Eine weitere Sonderregelung gilt für Arbeitnehmer, die rentenversicherungsfrei oder in einem berufsständischen Versorgungswerk — z. B. Ärztekammer — rentenversichert sind. Liegt das regelmäßige monatliche Arbeitsentgelt dieser Arbeitnehmer in der Gleitzone, unterliegt nur der **Arbeitgeber** der Beitragspflicht zur Rentenversicherung. Der „normale" Arbeitgeberanteil ist an das Versorgungswerk zu entrichten. Ein Arbeitnehmeranteil ist nicht zu ermitteln. Es erfolgt auch kein Ausweis auf dem Beitragsnachweis an die Krankenkasse.

> **! ACHTUNG**
>
> Die Sonderregelung gilt nur für die Rentenversicherung. Die Beiträge zur Kranken-, Pflege- und Arbeitslosenversicherung sind für den Arbeitnehmer aus dem ermäßigten Entgelt zu ermitteln. Der Arbeitgeber unterliegt der normalen Beitragspflicht aus dem sozialversicherungspflichtigen Entgelt.

Gleitzone bei Überschreitung der Geringverdiener-Grenze

Auszubildende mit einer Ausbildungsvergütung bis **325 EUR** pro Monat sind Geringverdiener. Sie unterliegen der vollen Beitragspflicht zur Kranken-, Pflege-, Renten- und Arbeitslosenversicherung. Für diesen Personenkreis hat der Arbeitgeber die Beiträge zu den Sozialversicherungen vollständig zu tragen — es gibt keinen Arbeitnehmeranteil. Übersteigt das Arbeitsentgelt durch eine Einmalzahlung — z. B. Weihnachtsgeld — die 325-Euro-Grenze, sind die Beiträge für das übersteigende Entgelt je zur Hälfte zwischen Arbeitgeber und Arbeitnehmer zu teilen (vgl. Kapitel 5.3). Für Geringverdiener gilt die Gleitzonenregelung **nicht**. Das heißt, führt die Zahlung von Urlaubs- oder Weihnachtsgeld zu einer Überschreitung der 325-Euro-Grenze, ist der Arbeitnehmerbeitrag vom gesamten sozialversicherungspflichtigen Entgelt zu ermitteln und nicht von einem „ermäßigten Entgelt". Geringverdiener können auch **nicht** mit den pauschalen Beiträgen von 13 % bzw. 15 % verbeitragt werden.

Gleitzone bei Mehrfachbeschäftigung

Eine Besonderheit gilt es bei mehrfachbeschäftigten Arbeitnehmern zu beachten. Für die Ermittlung des beitragspflichtigen Gleitzonenentgelts ist das **insgesamt erzielte Arbeitsentgelt** über alle versicherungspflichtigen Beschäftigungen hinweg maßgebend. Dies bedeutet, dass jeder beteiligte Arbeitgeber das bei ihm erzielte Arbeitsentgelt ins Verhältnis zum Gesamtentgelt über alle Arbeitgeber hinweg setzen muss. Es erfolgt eine anteilmäßige Aufteilung auf der Grundlage des Gesamtarbeitsentgelts. Für die Beitragsberechnung ergibt sich die beitragspflichtige Einnahme aus folgender Formel:

abE = {F × 450 + ([850/(850 — 450)] — [450/(850 — 450)] × F) × (GE — 450) × EE} / GE

abE = anteilige beitragspflichtige Einnahme (daraus werden die Arbeitnehmerbeiträge berechnet)
GE = Gesamtentgelt aus allen Beschäftigungen
EE = Arbeitsentgelt in ihrem Unternehmen

Bei einer Mehrfachbeschäftigung ist der Arbeitgeber verpflichtet, jeden Monat die sogenannte GKV- Monatsmeldung elektronisch an die Krankenkasse zu übermitteln. Die Krankenkasse meldet an alle Arbeitgeber zurück, ob die Voraussetzungen für die Anwendung der Gleitzone vorliegen und die Summe der Arbeitsentgelte aus allen Beschäftigungen. Mit dieser Information kann der jeweilige Arbeitgeber dann das anteilige beitragspflichtige Entgelt über die oben stehende Formel ermitteln und die Arbeitnehmerbeiträge zu den Sozialversicherungen aus dem anteiligen beitragspflichtigen Entgelt berechnen.

Gleitzonenberechnung bei Teillohnzahlungszeiträumen

Die Anwendung der Gleitzonenformel setzt das Arbeitsentgelt für einen vollständigen Abrechnungsmonat voraus. Bei Teillohnzahlungszeiträumen — z. B. Eintritt/Austritt während des Monats oder Ablauf der Lohnfortzahlung bei Krankheit — ist das beitragspflichtige Entgelt auf das „anteilige beitragspflichtige Entgelt" umzurechnen. Das anteilige beitragspflichtige Entgelt (abE) ergibt sich aus:

$$abE \quad = \quad \frac{\text{anteiliges Arbeitsentgelt} \times \text{Kalendertage}}{30}$$

Die Kalendertage entsprechen den Tagen des Monats, für die Entgelt fortbezahlt wurde, oder den Kalendertagen, an denen das Arbeitsverhältnis bestand.

Übergangsregelung für die Gleitzone

Durch die Anhebung der Geringfügigkeitsgrenze zum 1.1.2013 von 400 EUR auf 450 EUR durchschnittliches monatliches Arbeitsentgelt wurde eine Übergangsregelung erforderlich. Mit der Anhebung der Entgeltgrenze wären ab 2013 Beschäftigungen über 400 EUR bis 450 EUR eigentlich geringfügige Beschäftigungen. Nach § 276b SGB VI gilt für Arbeitnehmer, die in 2012 mit Anwendung der Gleitzone beschäftigt waren und deren Arbeitsentgelt zwischen 400,01 EUR und 450 EUR lag, die alte bis 31.12.2012 geltende Gleitzonenberechnung und die alte Gleitzonenformel **bis 31.12.2014** weiter. Allerdings ist in dieser (alten) Formel der ab 1.1.2013 geltende Faktor F zu berücksichtigen.

Bis 31.12.2012 galt folgende Gleitzonenformel:

$$bE = F \times 400 + (2 - F) \times (Entgelt - 400)$$

In diese Formel ist nun der Faktor F für 2014 (0,7605) einzusetzen. Nach dem Einsetzen und der Umstellung der Formel ergibt sich für 2014 die vereinfachte Gleitzonenformel:

$$bE = 1{,}2395 \times Entgelt - 191{,}60$$

Das beitragspflichtige Entgelt (bE) ergibt sich für die Bestandsfälle unter Anwendung der „alten" Formel für die Gleitzonenberechnung.[14]

BEISPIEL

Monika Waldmann hat seit 1.6.2012 eine sozialversicherungspflichtige Beschäftigung. Der regelmäßige monatliche Bruttolohn beträgt 430 EUR. Sie ist bei einer gesetzlichen Krankenkasse pflichtversichert, der Beitragssatz liegt bei 15,5 %. Frau Waldmann hatte **nicht** die Aufstockung in der Rentenversicherung gewählt und kann ein Kind nachweisen — kein Zuschlag für Kinderlose in der PV.

Sozialversicherungsbeiträge	
Bruttolohn	430,00 EUR
Beitragspflichtiges Entgelt ((1,2395 × 430 − 191,60)	341,39 EUR
Arbeitgeberbeiträge (AgB)	
Arbeitgeberanteil KV (7,3 % von 430 EUR)	31,39 EUR
Arbeitgeberanteil PV (1,025 % von 430 EUR)	4,41 EUR
Arbeitgeberanteil RV (9,45 % von 430 EUR)	40,64 EUR

[14] Der Faktor basiert auf einem Rentenversicherungsbeitragssatz von 18,9 %. Ändert sich in 2014 dieser Prozentsatz, hat dies auch Auswirkungen auf die Gleitzonenberechnung bzw. den Faktor F.

Sozialversicherungsbeiträge	
Arbeitgeberanteil AV (1,50 % von 430 EUR)	6,45 EUR
Arbeitnehmerbeiträge	
Arbeitnehmeranteil KV ((7,75 % von 341,39) × 2) — AgB	21,53 EUR
Arbeitnehmeranteil PV ((1,025 % von 341,39) × 2) — AgB	2,59 EUR
Arbeitnehmeranteil RV ((9,45 % von 341,39) × 2) — AgB	23,88 EUR
Arbeitnehmeranteil AV ((1,50 % von 341,39) × 2) — AgB	3,79 EUR

Es handelt sich um einen Bestandsfall mit einem Arbeitsentgelt zwischen 400 EUR — 450 EUR. Für diesen Fall ist die Übergangsregelung bis 31.12.2014 anzuwenden. Erfolgt jedoch eine Entgelterhöhung, wird aus dem Bestandsfall automatisch ein „Neufall" und es ist ggf. die neue Gleitzonenregelung oder die Regel der geringfügigen Beschäftigung (bis 450 EUR) anzuwenden.

Zu beachten ist auch: Wenn von dem Arbeitnehmer in 2012 bereits die Aufstockung in der Rentenversicherung gewählt wurde, gilt diese Option auch für die Gleitzonenberechnung in 2014 weiter.

! WICHTIG

Beachten Sie, die Übergangsregelung gilt nur für Fälle, in denen die Gleitzone bereits in 2012 bestand und das Arbeitsentgelt seit 1.1.2013 zwischen 400 EUR und 450 EUR liegt. Für Bestandsfälle mit einem Arbeitsentgelt in 2012 über 450 EUR ist in 2014 die neue Gleitzonenformel anzuwenden — die Übergangsregelung gilt nicht.

Eine weitere Besonderheit gilt es für Arbeitsentgelt zwischen 800,01 EUR und 850 EUR zu beachten. Bestand zum 31.12.2012 eine Beschäftigung mit einem Arbeitsentgelt zwischen 800 EUR bis 850 EUR, konnte die Gleitzonenregelung nicht mehr angewendet werden. Durch die Anhebung der Grenze für die Gleitzone auf 850 EUR zum 1.1.2013 wäre eigentlich eine Anwendung möglich. Die Gleitzone darf jedoch nicht automatisch angewendet werden, es ist ein schriftlicher Antrag des Arbeitnehmers erforderlich. Wird dieser nicht gestellt, erfolgt die Berechnung der Beiträge auch in 2014 ohne die Anwendung der Gleitzonenregelung weiter.

● TIPP

Das Arbeitsrecht sieht eine Informationspflicht des Arbeitgebers in Bezug auf die Anwendung der Gleitzonenregelung vor. Somit sollte der Arbeitgeber nicht nur auf die Möglichkeit der Anwendung der Gleitzone bei Neueintritten aufmerksam machen, sondern bei einer geänderten Rechtslage auch auf ein Optionsrecht hinweisen.

Die nachfolgende Tabelle gibt einen gesamthaften Überblick über die Übergangsoptionen nach der Neuregelung der Entgeltgrenzen.

	KV/PV	RV	ALV
Beschäftigung hat nach 31.12.2012 begonnen, Arbeitsentgelt liegt zwischen 450,01 EUR — 800 EUR	Neue Gleitzonenformel	Neue Gleitzonenformel[15]	Neue Gleitzonenformel
Beschäftigung hat vor 1.1.2013 begonnen, Arbeitsentgelt liegt zwischen 400,01 EUR — 450 EUR	Alte Gleitzonenformel	Alte Gleitzonenformel	Alte Gleitzonenformel
Beschäftigung hat vor 1.1.2013 begonnen, Arbeitsentgelt liegt zwischen 450,01 EUR — 850 EUR	Neue Gleitzonenformel	Neue Gleitzonenformel	Neue Gleitzonenformel
Beschäftigung hat vor 1.1.2013 begonnen, Arbeitsentgelt liegt zwischen 800,01 EUR — 850 EUR	Keine Gleitzonenformel	Keine Gleitzonenformel[16]	Keine Gleitzonenformel

Tab. 12: Übergangsoptionen nach der Neuregelung der Entgeltgrenzen

Pauschale Beiträge für Aushilfen (geringfügig Beschäftigte)

Wie bei der Lohnsteuer gibt es bei den Sozialversicherungen eine Ausnahme vom Halbteilungsgrundsatz für Aushilfen. Geringfügig Beschäftigte, deren durchschnittliches monatliches Arbeitsentgelt **450 EUR pro Monat** nicht übersteigt, sind sozialversicherungsfrei. Für diese Arbeitnehmer trägt der Arbeitgeber einen pauschalen Beitrag von **15 %** des Arbeitsentgelts zur Rentenversicherung und gegebenenfalls **13 %** als Beitrag zur Krankenversicherung. Der pauschale Beitrag zur Krankenversicherung ist jedoch nur dann zu entrichten, wenn der Arbeitnehmer in einer gesetzlichen Krankenkasse krankenversichert ist. Ist die Aushilfe privat krankenversichert, entsteht kein pauschaler Beitrag zur Krankenversicherung für den

---

[15] Es besteht die Option der Aufstockung in der Rentenversicherung auf den vollen Beitrag.

[16] Der Arbeitnehmer hat die Möglichkeit, die Anwendung der Gleitzone zu beantragen.

Arbeitgeber. Arbeitnehmeranteile zu den Sozialversicherungen entstehen bei einer geringfügigen Beschäftigung ggf. nur in der Rentenversicherung.

Mindestbeitrag zur Rentenversicherung

Basis für die Berechnung der Rentenversicherungsbeiträge ist ein Mindestentgelt von monatlich **175 EUR**. Das heißt, liegt das tatsächliche monatliche Entgelt unter 175 EUR, ist der allgemeine Beitrag zur Rentenversicherung von dem fiktiven Mindestentgelt zu ermitteln.

▶ **BEISPIEL**

Ein geringfügig beschäftigter Arbeitnehmer bezieht ein Entgelt von monatlich 120 EUR und hat auf die allgemeine Beitragspflicht in der Rentenversicherung **nicht** verzichtet.

Entgelt	120,00 EUR
Normaler RV-Beitrag (18,9 % für mind. 175 EUR)	33,08 EUR
Arbeitgeberbeitrag (15 % aus 120 EUR)	18,00 EUR
Arbeitnehmerbeitrag (33,08 EUR — 18,00 EUR)	**15,08 EUR**

▶ **BEISPIEL**

Ein geringfügig beschäftigter Arbeitnehmer bezieht ein Entgelt von monatlich 200 EUR und wählt **nicht** die Befreiung von der Rentenversicherung (Versicherungspflicht).

Entgelt	200,00 EUR
Normaler RV-Beitrag (18,9 % auf 200 EUR)	37,80 EUR
Arbeitgeberbeitrag (15 % aus 200 EUR)	30,00 EUR
Arbeitnehmerbeitrag (37,80 EUR — 30,00 EUR)	**7,80 EUR**

Wie bei Arbeitsentgelten über 175 EUR pro Monat trägt der Arbeitgeber nur den pauschalen Beitrag zur Rentenversicherung von 15 % auf den Betrag des Arbeitsentgelts. Die Differenz zum allgemeinen Beitrag (3,9 % in 2014)[17] muss der Arbeitnehmer tragen. Die Besonderheit der Mindestentgeltgrenze liegt darin, dass der

---

[17] Wenn sich der Rentenversicherungssatz in 2014 ändert, verändert sich auch der Arbeitnehmeranteil entsprechend. Der Arbeitgeberanteil ist mit 15 % fix.

Arbeitnehmer bei Entgelten unter 175 EUR pro Monat den vollen Beitrag (18,9 %) für den Differenzbetrag zwischen tatsächlichem Arbeitsentgelt und 175 EUR trägt.

Hat der Arbeitnehmer die Befreiung von der Versicherungspflicht in der Rentenversicherung gewählt, gilt die Mindestbeitragsbemessungsgrenze jedoch **nicht**. Wird nur der pauschale Rentenbeitrag des Arbeitgebers berechnet, so ist dieser immer vom tatsächlichen Arbeitsentgelt zu rechnen, auch wenn dieser unter 175 EUR liegt.

Bei Teillohnzahlungszeiträumen (Eintritt/Austritt während des laufenden Monats) muss die 175-EUR-Grenze entsprechend auf die Kalendertage bzw. auf 1/30 umgerechnet werden. Pro Kalendertag ist ein Mindestbetrag von 5,83 EUR als Bemessungsgrundlage anzusetzen.

▶ **BEISPIEL**

Eine Aushilfe beginnt zum 15. des Monats und erhält für die verbleibenden 15 Kalendertage ein Entgelt von 100 EUR. Der Arbeitnehmer hat nicht auf die Versicherungsfreiheit in der Rentenversicherung schriftlich verzichtet — er unterliegt somit dem allgemeinen Beitrag.

Entgelt	100,00 EUR
Anteilige Mindestbeitragsgrenze (15 × 5,83 EUR)	87,50 EUR
Normaler RV-Beitrag (18,9 % auf 100 EUR)	18,90 EUR
Arbeitgeberbeitrag (15 % aus 100 EUR)	**15,00 EUR**
Arbeitnehmerbeitrag (18,90 EUR — 15,00 EUR)	**3,90 EUR**

Die Mindestbeitragsgrenze kommt nicht zum Tragen, da das anteilige laufende Entgelt (100 EUR) über der anteiligen monatlichen Mindestbeitragsgrenze (87,50 EUR für 15 Tage) liegt.

Kurzfristige Beschäftigung

Abweichend vom Steuerrecht hat das Sozialgesetzbuch (SGB) eine andere Definition für kurzfristig und geringfügig beschäftigte Arbeitnehmer. Nach dem Sozialgesetzbuch (SGB) ist ein Arbeitnehmer kurzfristig beschäftigt und somit von Beiträgen zur Sozialversicherung **befreit**, wenn

- die Tätigkeit auf 50 Arbeitstage oder zwei Monate innerhalb eines Kalenderjahres begrenzt ist **und**
- die Aushilfstätigkeit nicht berufsmäßig ausgeübt wird.

Die Höhe des Arbeitsentgeltes und die Zahl der Wochenstunden sind bei dieser Definition unerheblich. Für kurzfristig beschäftigte Arbeitnehmer fallen weder die allgemeinen noch pauschale Beiträge zu den Sozialversicherungen an.

4.3.2 Sozialversicherungsbeiträge, die nur der Arbeitgeber trägt

Beiträge für Bundesfreiwillige und freiwilliges soziales Jahr

Das freiwillige soziale Jahr (FSJ) ist ein sozialer Freiwilligendienst für Jugendliche und junge Erwachsene, die die Vollzeitschulpflicht erfüllt und das 27. Lebensjahr noch nicht vollendet haben.

Die Aussetzung der Wehrpflicht in 2011 führte auch zum Wegfall des Zivildienstes. Zur Nachbesetzung der Zivildienststellen wurde zum 01.07.2011 der Bundesfreiwilligendienst (BFD) geschaffen. Der Bundesfreiwilligendienst wird in der Regel mindestens 12 Monate, maximal aber 24 Monate betragen. Den Teilnehmern ist neben der Gewährung von unentgeltlicher Unterkunft und Mahlzeiten ein Taschengeld zu bezahlen. Das Taschengeld darf bis zu 6 % der monatlichen Beitragsbemessungsgrenze der Rentenversicherung (357 EUR in 2014) betragen.

Sozialversicherungsrechtlich wurde der Bundesfreiwilligendienst mit dem freiwilligen sozialen Jahr gleich gestellt. Es besteht Versicherungspflicht in allen Versicherungszweigen. Obwohl das Arbeitsentgelt in der Regel unter der Geringfügigkeitsgrenze von 450 EUR liegt, sind pauschale Beiträge, wie bei einer geringfügigen Beschäftigung, **nicht** möglich. Die Sozialversicherungsbeiträge gehen **vollständig** zu Lasten des Arbeitgebers (Einsatzstelle). In der Umlageversicherung U1 und U2 besteht keine Versicherungspflicht, der Arbeitgeber hat jedoch die Insolvenzumlage zu tragen.

❗ ACHTUNG

Eine Besonderheit gilt in der Arbeitslosenversicherung, wenn der BFD direkt im Anschluss (innerhalb eines Monats) nach einer versicherungspflichtigen Beschäftigung beginnt. In diesem Fall ist für die gesamte Zeit des BFD der Beitrag zur Arbeitslosenversicherung aus der monatlichen Bezugsgröße (2.765 EUR in 2014) und nicht aus dem tatsächlichen Entgelt zu berechnen. Die Beiträge zur Kranken-, Pflege- und Rentenversicherung werden aus dem beitragspflichtigen Taschengeld ermittelt.

Beiträge zu den Umlagekassen U1/U2

Pflicht zur Teilnahme am Umlageverfahren

Die gesetzlichen Krankenkassen bieten eine Art Versicherung für die Lohnfortzahlung des Arbeitgebers bei Krankheit des Arbeitnehmers und den Zuschuss zum Mutterschaftsgeld. Der Arbeitgeber entrichtet zusätzlich zum Arbeitslohn Beiträge in die sogenannte U1-Umlagekasse (Krankheit) und in die U2-Umlagekasse (Mutterschutz). Für gewerbliche Arbeitgeber besteht eine gesetzliche Verpflichtung zur Teilnahme an dem U2-Umlageverfahren. Die Pflicht zur Teilnahme am U1-Umlageverfahren ist abhängig von der Betriebsgröße des Unternehmens. Das Umlageverfahren **U2** wurde auf alle Betriebe, unabhängig von der Zahl der beschäftigten Arbeitnehmer ausgedehnt. Ausnahmen bestehen für:

- Bund, Länder, Gemeinden, Gemeindeverbände sowie Körperschaften, Anstalten und Stiftungen des öffentlichen Rechts,
- Vereinigungen, Einrichtungen, Unternehmen mit Bindung an Tarifverträge des öffentlichen Dienstes,
- Verbände von Gemeinden, Gemeindeverbänden und kommunalen Unternehmen sowie deren Spitzenverbände,
- Zivile Arbeitnehmer bei Dienststellen ausländischer Streitkräfte und der NATO,
- Hausgewerbetreibende und gleichgestellte Personen,
- nach dem Zweiten Gesetz über die Krankenversicherung der Landwirte versicherte mitarbeitende Familienangehörige eines landwirtschaftlichen Unternehmers,
- Spitzenverbände der freien Wohlfahrtspflege und ihre Untergliederungen, Einrichtungen und Anstalten (es besteht eine Option zur freiwilligen Teilnahme). Ferner findet das AAG keine Anwendung für Betriebe, bei denen Arbeitgeber mit Genehmigung des Bundesministeriums für Gesundheit und Soziale Sicherung (BMGS) Einrichtungen zum Ausgleich der Arbeitgeberaufwendungen errichtet haben.

Diese Unternehmen nehmen weder am U1- noch am U2-Umlageverfahren teil.

Am Umlageverfahren **U1** müssen alle Betriebe teilnehmen, die regelmäßig nicht mehr als **30 Arbeitnehmer** beschäftigen. Für die Arbeitnehmergrenze von 30 Vollzeitbeschäftigten werden folgende Personenkreise **nicht** mit gezählt:

- Auszubildende, Praktikanten, Volontäre
- schwerbehinderte Arbeitnehmer
- Mitarbeiter in Elternzeit

- Heimarbeiter
- Beschäftigte im Bundesfreiwilligendienst
- Bezieher von Vorruhestandsgeld
- Beschäftigte in der Freistellungsphase der Altersteilzeit
- mitarbeitende Familienangehörige eines landwirtschaftlichen Unternehmens
- Mitarbeiter im freiwilligen sozialen oder ökologischen Jahr
- Ordensangehörige/Mitglieder von Ordensgemeinschaften

Eine weitere Einschränkung in Bezug auf die Firmengröße gilt für Teilzeitbeschäftigte. Arbeitnehmer mit einer vertraglichen Arbeitszeit von 30 Stunden oder weniger, dürfen für die Bestimmung der 30-Mitarbeiter-Grenze nur anteilig berücksichtigt werden. Für die Ermittlung der durchschnittlichen Mitarbeiterzahl gilt:

Arbeitszeit bis 10 Std. pro Woche	0,25 Mitarbeiter
Arbeitszeit bis 20 Std. pro Woche	0,50 Mitarbeiter
Arbeitszeit bis 30 Std. pro Woche	0,75 Mitarbeiter
Arbeitszeit über 30 Std. pro Woche	1,00 Mitarbeiter

Hat ein Unternehmer mehrere Betriebe (auch Neben- und Zweigbetriebe), so ist die Gesamtzahl aller Beschäftigten aus allen Betriebsteilen maßgebend. Das gilt auch dann, wenn das Unternehmen seinen Sitz im Ausland hat.

Die Feststellung der Firmengröße erfolgt auf Grundlage der durchschnittlichen Beschäftigtenzahl der letzten 12 Monate des Vorjahres. Die Pflicht zur Teilnahme an der U1-Umlage besteht, wenn das Unternehmen in den vergangenen 12 Monaten an 8 oder mehr Monaten weniger als 30 Vollzeitäquivalente (FTE) beschäftigt hatte. Falls ein Betrieb nicht das ganze maßgebliche Kalenderjahr bestanden hat, nimmt der Arbeitgeber am Ausgleich nur dann teil, wenn er während des Bestehens des Betriebs in der überwiegenden Zahl der Kalendermonate nicht mehr als 30 Mitarbeiter beschäftigt hat.

▶ **BEISPIEL**

Ein Unternehmen beschäftigt folgende Mitarbeiter vom 1.1. bis 31.12. des Jahres.

Mitarbeiter	Anzahl	Wöchentliche Arbeitszeit	Anrechnung für Betriebsgröße
Meister	2	40	2
Büroangestellte	4	40	4
Arbeiter	14	39	14

Mitarbeiter	Anzahl	Wöchentliche Arbeitszeit	Anrechnung für Betriebsgröße
Auszubildende	3	39	0
Schwerbehinderte	1	36	0
GmbH Geschäftsführer	1	40	1
Bundesfreiwilligendienst	1	38	0
Teilzeitbeschäftigte(r)	2	30,5	2
Teilzeitbeschäftigte(r)	1	20	0,5
Teilzeitbeschäftigte(r)	3	15	1,5
Teilzeitbeschäftigte(r)	1	8	0,25
Summe	33		25,25

Beurteilung

Das Unternehmen nimmt aufgrund der Betriebsgröße (25,25 FTE) am Umlage-verfahren U1 das gesamte Folgejahr teil.

Für die Ermittlung der Teilnahmepflicht muss die Betriebsgröße unter Berücksichtigung von Teilzeitbeschäftigungen, Eintritten, Austritten und Personen, die nicht mit gezählt werden, jeden Monat festgestellt werden. Liegt die Betriebsgröße in 8 oder mehr Monaten bei 30 oder darunter, muss das Unternehmen am Umlageverfahren U1 teilnehmen. Übersteigt die durchschnittliche Mitarbeiterzahl an 5 Monaten die Grenze von 30 FTE, ist das Unternehmen im Folgejahr von der Teilnahme am Umlageverfahren U1 befreit.

Die Firmengröße wird immer per 31.12. ermittelt und gilt für das folgende Kalenderjahr.

TIPP

Bei Zweifeln, ob der Betrieb die Grenze überschritten hat und somit nicht mehr am Ausgleichsverfahren teilnehmen kann, sollten Sie sich an die Firmenkrankenkasse wenden. Für Innungsbetriebe ist diese in der Regel die Innungskrankenkasse (IKK), für alle anderen die örtliche AOK.

Sinnvollerweise wird die FTE monatlich ermittelt und festgehalten. Für die Ermittlung zum Jahresende sind dann nur noch die Monatsübersichten heranzuziehen.

Die Grenze der Betriebsgröße für die Teilnahme am Umlageverfahren für **geringfügig Beschäftigte** liegt ebenfalls bei 30 Arbeitnehmern. Zuständig für diesen Personenkreis ist die Minijob-Zentrale in Essen.

Zuständigkeit für den Beitragseinzug und Beitragshöhe

Alle Unternehmen[18] müssen am Umlageverfahren zum Ausgleich der Arbeitgeberaufwände für die Lohnfortzahlung an Mitarbeiterinnen im Mutterschutz teilnehmen. Die Teilnahme am U2-Umlageverfahren ist unabhängig von der Betriebsgröße und unabhängig davon, ob im Unternehmen nur Männer oder nur Aushilfen beschäftigt werden.

Nach dem Arbeitgeberaufwendungsausgleichsgesetz (AAG) erstatten die Krankenkassen den Unternehmen die Aufwendungen für die Entgeltfortzahlung im Krankheitsfall (U1-Umlage) sowie die Aufwendungen der Arbeitgeber für Mutterschaftsleistungen (U2-Umlage). Am U1-Verfahren nehmen jedoch nur Unternehmen teil, die im Durchschnitt nicht mehr als 30 Arbeitnehmer pro Monat beschäftigen. Das U1- und das U2-Verfahren werden von allen Krankenkassen mit Ausnahme der landwirtschaftlichen Krankenkassen durchgeführt.

Die Höhe der Umlage richtet sich nach der Krankenkasse, bei der der Arbeitnehmer krankenversichert ist. Der Umlagesatz ist von Krankenkasse zu Krankenkasse verschieden. Zusätzlich bieten die meisten Krankenkassen abhängig von der Höhe der Erstattungsleistung unterschiedliche Beitragssätze an. Die Spanne der Umlagesätze in der U1-Umlage reicht von 0,7 % (Bundesknappschaft) bis zu 3,8 % des beitragspflichtigen laufenden Arbeitsentgelts des Mitarbeiters. In der U2-Umlage liegt der Beitragssatz zwischen 0,14 % (Bundesknappschaft) bis zu 2,9 %. In der Regel bieten die Krankenkassen 2 bis 3 verschiedene Erstattungshöhen für durch den Arbeitgeber fortgezahlten Bruttolohn an. Der maximale Erstattungssatz in der U1-Umlage liegt bei 80 % des an erkrankte Arbeitnehmer fortgezahlten Bruttolohnes. Bei der U2-Umlage ist der Erstattungssatz 100 % des fortgezahlten Entgelts.

> **! ACHTUNG**
>
> Das Unternehmen kann die Umlagekasse nicht frei nach der Höhe der Beiträge wählen. Die Umlagen und damit die Höhe des Beitrags für den Mitarbeiter richten sich nach der Krankenkasse, bei der der Mitarbeiter krankenversichert ist. Für Mitarbeiter, die in der landwirtschaftlichen Krankenkasse krankenversichert sind, ist die AOK zuständig. Für privat krankenversicherte Mitarbeiter ist

---

[18] Es gibt Ausnahmeregelungen für öffentlich-rechtliche Körperschaften und Unternehmen – vgl. Kapitel 2.2.

die letzte gesetzliche Krankenkasse und, wenn sich diese nicht ermitteln lässt, die Kasse, an welche der Mitarbeiter angemeldet wurde und die Beiträge zur Rentenversicherung entrichtet werden, zuständig.

● TIPP

Die Höhe des Erstattungssatzes kann jährlich für das kommende Jahr gewechselt werden. Ist der Krankenstand hoch, wird das Unternehmen einen hohen Erstattungssatz in der U1-Umlage wählen. Bei einem niedrigeren Krankenstand wird regelmäßig der niedrigste Erstattungssatz und damit Beitragssatz gewählt.

Umlagen für Aushilfen

Die Umlagesätze für Aushilfen (geringfügig Beschäftigte) sind fest geregelt. Der Umlagesatz für die **U1-Umlage** beträgt **0,7 %** und für die **U2-Umlage 0,14 % des Arbeitsentgelts.** Beitragspflichtig ist das Bruttoarbeitsentgelt auch über 450 EUR hinaus. Der Arbeitgeber entrichtet die Umlage zusätzlich zum pauschalen Kranken- und Rentenversicherungsbeitrag an die Bundesknappschaft-Bahn-See (Minijob-Zentrale).

Erkrankt eine Aushilfe und wird der Arbeitslohn fortbezahlt, besteht für den Arbeitgeber ein Erstattungsanspruch aus der U1-Umlagekasse. Der Erstattungssatz in der **U1-Umlage** ist mit **80 %** des fortgezahlten Arbeitsentgelts festgelegt. Die Erstattung von Einmalzahlungen (sonstige Bezüge) ist ausgeschlossen. Der pauschale Arbeitgeberbeitrag zur Kranken- und Rentenversicherung ist nicht erstattungsfähig — nur das fortgezahlte Entgelt. Der Erstattungsanspruch aus der U2-Umlage beträgt 100 % des Arbeitgeberzuschusses zum Mutterschaftsgeld zuzüglich der darauf entfallenden pauschalen Kranken- und Rentenversicherungsbeiträge.

Keine Beiträge sind für kurzfristig beschäftigte Arbeitnehmer mit einer Beschäftigungsdauer bis 4 Wochen und für sozialversicherungspflichtige Mitarbeiter, die weniger als 4 Wochen beschäftigt werden, zu entrichten. Eine weitere Ausnahme gilt für Mitarbeiter, die eine Beschäftigung im Bundesfreiwilligendienst oder dem Jugendfreiwilligendienst ausüben. Diese Arbeitnehmer unterliegen zwar der U2-Umlagepflicht, nicht jedoch der U1-Umlage. Außerdem sind die Teilnehmer an einem Freiwilligendienst nicht für die Firmengröße zur Berechnung der Umlagepflicht mit einzubeziehen.

! ACHTUNG

Auch Aushilfen und Auszubildende sind umlagepflichtige Arbeitnehmer im Sinne des U1/U2-Umlagegesetzes. Außerdem ist zwischen der Beitragspflicht zu den Umlagekassen und der Berücksichtigung für die Ermittlung der Betriebsgröße zu unterscheiden. Beispielsweise sind Auszubildende, Praktikanten und Volontäre nicht für die Betriebsgröße zu berücksichtigen, jedoch ist auf das Arbeitsentgelt die Umlage U2 und ggf. U1 zu entrichten.

Berechnung der Umlagen

Der Beitragspflicht zu den Umlagekassen unterliegt nur der Arbeitgeber. Die Beiträge zur Umlagekasse entstehen also zusätzlich zum Bruttoarbeitslohn, sofern das Unternehmen am Umlageverfahren teilnimmt. Grundlage für die Beitragsberechnung ist das rentenversicherungspflichtige laufende Arbeitsentgelt des Arbeitnehmers. Keine Umlagen sind also aus Einmalzahlungen, wie Urlaubs- oder Weihnachtsgeld, zu ermitteln. Die Obergrenze für die Berechnung der Beiträge liegt bei der Beitragsbemessungsgrenze der Rentenversicherung. Diese beträgt für das Jahr 2014 pro pflichtversichertem Arbeitnehmer 5.950 EUR pro Monat (neue Bundesländer 5.000 EUR). Keine U1-Umlage ist zu entrichten für sozialversicherungspflichtige Arbeitnehmer, die befristet weniger als einen Kalendermonat (4 Wochen) beschäftigt werden. In diesem Fall hat der Arbeitgeber keine Lohnfortzahlungsverpflichtung und somit auch keinen Erstattungsanspruch. Diese Regelung gilt nicht für Arbeitsverhältnisse, die auf längere Zeit angelegt sind und durch Kündigung innerhalb von 4 Wochen enden. In diesem Fall besteht Beitragspflicht zu den Umlagekassen.

Die Höhe des Beitragssatzes zur Ausgleichskasse U1 bzw. U2 hängt vom Umfang der Erstattungszahlungen ab. Die Krankenkassen bieten Erstattungen des fortgezahlten Bruttolohnes zwischen 40 % und 80 % an.

▶ BEISPIEL

Ein Arbeitnehmer ist bei einer Betriebskrankenkasse (BKK) krankenversichert. Die Umlagesätze betragen 2,9 % (U1) und 0,2 % (U2) des rentenversicherungspflichtigen Arbeitsentgeltes. Der Erstattungssatz aus der Umlagekasse U1 wurde vom Unternehmen mit 60 % gewählt, der aus der Umlagekasse U2 beträgt 100 %. Der Arbeitnehmer erhält ein Gehalt von 2.800 EUR und ein pauschal versteuertes Fahrgeld von 30 EUR.

Berechnung

Gehalt	2.800,00 EUR
Fahrgeld (pauschal versteuert)	30,00 EUR
Bruttoentgelt	2.830,00 EUR
Rentenversicherungspflichtiges Entgelt	2.800,00 EUR
Beitrag U1 (2,9 % von 2.800 EUR)	81,20 EUR
Beitrag U2 (0,2 % von 2.800 EUR)	5,60 EUR

Die Umlagen für den bei der BKK versicherten Arbeitnehmer sind an die BKK zu entrichten. Das pauschal versteuerte Fahrgeld ist sozialversicherungsfrei und unterliegt somit nicht den Beiträgen zu den Umlagekassen.

Der Arbeitgeber ermittelt die Umlagebeträge aus dem Arbeitsentgelt und leistet diese zusätzlich zum Arbeitgeberanteil der Sozialversicherungen an die Krankenkasse. Die Umlagen U1/U2 sind vom beitragspflichtigen Arbeitsentgelt aller Arbeitnehmer zu ermitteln. Es gibt jedoch Ausnahmeregelungen für bestimmte Personenkreise. Die folgende Tabelle gibt einen Überblick darüber, für welche Mitarbeitergruppen Umlagen zu entrichten sind.

Mitarbeiterkreis	Beitragspflicht zu U1-Umlage[19]	Beitragspflicht zur U2-Umlage
Auszubildende, Praktikanten, Volontäre	Ja	Ja
Arbeiter, Angestellte	Ja	Ja
Arbeitnehmer in Elternzeit	Nein	Nein
Heimarbeiter	Nein	Ja
Schwerbehinderte Arbeitnehmer	Ja	Ja
Altersteilzeit (Mitarbeiter in Freiphase)	Ja	Nein
Bezieher von Vorruhestandsgeld	Nein	Nein
GmbH-Geschäftsführer/innen	Nein	Nein
Vorstände einer AG	Nein	Nein
Freiwilliges soziales Jahr	Nein	Nein
Ausländische Saisonkräfte	Ja	Ja
Unständig Beschäftigte	Nein	Ja
Schüler	Ja	Ja

Mitarbeiterkreis	Beitragspflicht zu U1-Umlage[19]	Beitragspflicht zur U2-Umlage
Ordensangehörige	Nein	Nein
ABM Kräfte	Ja	Ja
Freie Mitarbeiter	Nein	Nein
Bundesfreiwilligendienst	Nein	Ja
Geringfügig Beschäftigte	Ja	Ja
Kurzfristig Beschäftigte, weniger als 4 Wochen	Nein	Ja

! **ACHTUNG**

Für Arbeitnehmer, deren Arbeitsentgelt über der Beitragsbemessungsgrenze der Rentenversicherung liegt, sind nur Umlagen auf Basis des beitragspflichtigen Entgelts in der RV zu ermitteln.

Umlagen für Mitarbeiter in der Gleitzone

Eine Besonderheit für die Berechnung der Umlagen gilt es für Mitarbeiter in der Gleitzone zu berücksichtigen. Für Mitarbeiter, deren Arbeitsentgelt im Bereich zwischen 450,01 EUR und 850 EUR liegt, werden die Beiträge zu den Sozialversicherungen aus einer **gekürzten Bemessungsgrundlage** ermittelt. Für die Beitragspflicht des Arbeitgebers zu den Umlagen gilt ebenfalls das **gekürzte** Arbeitsentgelt als Bemessungsgrundlage.[20] Das gekürzte Arbeitsentgelt kommt jedoch nur dann zum Tragen, wenn eine Verbeitragung in der Gleitzone stattfindet. Hat der Mitarbeiter auf die Anwendung der Gleitzone verzichtet, sind die Beiträge aus dem tatsächlichen Entgelt zu rechnen.

▶ **BEISPIEL**

Ein Arbeitnehmer erhält ein regelmäßiges monatliches Arbeitsentgelt von 680 EUR. Er hat die Beitragsberechnung in der Gleitzone gewählt und keine Aufstockung in der Rentenversicherung. Das Unternehmen unterliegt der Umlagepflicht zur U1-Umlage. Der Umlagesatz beträgt per Annahme 2,1 % des beitragspflichtigen Arbeitsentgelts. Für die U2-Umlage soll der Beitrag 0,3 % betragen.

---

[19] Die Beitragspflicht zur U1-Umlage besteht nur, wenn das Unternehmen aufgrund der Betriebsgröße am Umlageverfahren teilnimmt.

[20] Die Definition der Gleitzone und der Überblick über die Beitragsberechnung in den Sozialversicherungen sind in Kapitel 5.2 dargestellt.

Beurteilung

Die Beiträge zu den Umlagen bzw. zur Sozialversicherung ergeben sich aus:

Beitragspflichtiges Entgelt ((1,2694 × 680) − 229,00)	634,20 EUR
Beitrag zur Umlage U1 (634,20 EUR × 2,1 %)	13,32 EUR
Beitrag zur Umlage U2 (634,20 EUR × 0,3 %)	1,90 EUR

Wird die Arbeitsentgeltgrenze der Gleitzone überschritten, entsteht Beitragspflicht aus dem gesamten Arbeitsentgelt. Erhält der Arbeitnehmer beispielsweise
ab November einen laufenden Bezug von 870 EUR, sind die Beiträge zu den U1/U2-
Umlagen im November aus dem gesamten Arbeitsentgelt (870 EUR) zu ermitteln.
Hat der Mitarbeiter die Aufstockung in der Rentenversicherung gewählt, sind die
Umlagen nicht aus dem ermäßigten beitragspflichtigen Entgelt, sondern aus dem
tatsächlichen Arbeitsentgelt zu ermitteln (vgl. Stichwort: „Insolvenzumlage").

! **ACHTUNG**

Der Beitragspflicht zu den Umlagekassen unterliegt nur das laufende Arbeitsentgelt mit laufenden sozialversicherungspflichtigen Zulagen und Zuschlägen.
Einmalzahlungen, wie beispielsweise Urlaubsgeld oder Weihnachtsgeld, sind
kein umlagepflichtiges Arbeitsentgelt.

Beiträge zur Insolvenzumlage

Pflicht zur Teilnahme am Umlageverfahren

Die Insolvenzumlage ist von allen Betrieben, die potenziell insolvent werden können, zu entrichten. Eine Ausnahme besteht für öffentliche Arbeitgeber und Privathaushalte. Als Arbeitgeber der öffentlichen Hand gelten:

- der Bund, die Länder und die Gemeinden,
- Körperschaften, Stiftungen und Anstalten des öffentlichen Rechts, über deren
  Vermögen ein Insolvenzverfahren nicht zulässig ist,
- juristische Personen des öffentlichen Rechts, bei denen der Bund, ein Land
  oder eine Gemeinde kraft Gesetzes die Zahlungsfähigkeit sichert,
- als Körperschaften des öffentlichen Rechts organisierte Religionsgemeinschaften und ihre gleiche Rechtsstellung genießenden Untergliederungen,
- öffentlich-rechtliche Rundfunkanstalten,
- juristische Personen des öffentlichen Rechts, für deren Personalkosten der
  Bund haftet.

Der Umlage unterliegen alle Arbeitnehmer, also auch geringfügig und kurzfristig beschäftigte Arbeitnehmer (Aushilfen).

Zuständiger Sozialversicherungsträger

Die Insolvenzumlage ist von den Unternehmen im Zuge der Entgeltabrechnung zu berechnen und unter dem Beitragsgruppenschlüssel **0050** auf dem Beitragsnachweis an die Krankenkassen und die Bundesknappschaft-Bahn-See (Aushilfen) zu melden. Die Meldung (und Beitragszahlung) erfolgt monatlich. Die Beiträge zur Insolvenzumlage sind vollständig vom Arbeitgeber zu tragen.

Berechnung der Beiträge und Beitragshöhe

Bemessungsgrundlage für die Umlage ist das rentenversicherungspflichtige Entgelt des Arbeitnehmers. Der Beitragssatz wird von der Bundesregierung festgelegt. Für 2014 beträgt der Beitragssatz **0,15 %** (0,15 % in 2013) des rentenversicherungspflichtigen Entgelts aller Arbeitnehmer — also auch von rentenversicherungsfreien Arbeitnehmern, wie beispielsweise geringfügig oder kurzfristig Beschäftigten.

▶ **BEISPIEL**

Ein Unternehmen hat 3 Arbeitnehmer beschäftigt. Die Mitarbeiter erhalten folgende Bezüge:

Arbeitnehmer	Gehalt	Zulage	Einmalzahlung
A	1.900 EUR		
B	2.400 EUR	100 EUR	500 EUR
C	6.000 EUR		

Die Insolvenzumlage beträgt 0,15 % des beitragspflichtigen Entgelts. Es ergibt sich als **Insolvenzumlage**:

Arbeitnehmer	beitragspflichtiges Entgelt	Umlage
A	1.900 EUR	2,85 EUR
B	3.000 EUR	4,50 EUR
C	5.950 EUR	8,93 EUR

Bemessungsgrenze für die Insolvenzumlage ist die Beitragsbemessungsgrenze der Rentenversicherung — in 2014 also 5.950 EUR pro Monat. Bei Beschäftigten, die nicht der Rentenversicherungspflicht unterliegen, ist die Insolvenzumlage aus dem

Entgelt zu ermitteln, das im Falle der Rentenversicherungspflicht, beitragspflichtiges Arbeitsentgelt wäre. Im Falle von Kurzarbeit ist die Insolvenzumlage aus dem tatsächlich erzielten Arbeitsentgelt zu ermitteln, nicht etwa aus dem Sollentgelt. Das fiktive Entgelt unterliegt nicht der Umlagepflicht. Insolvenzumlage ist auch vom Arbeitsentgelt an geringfügig und kurzfristig Beschäftigte (Minijobber) zu zahlen. Liegt das monatliche Entgelt **unter 175 EUR** und hat der Arbeitnehmer nicht die Beitragsfreiheit in der Rentenversicherung gewählt, ist die Umlage aus dem **tatsächlichen Entgelt** und nicht aus dem beitragspflichtigen Entgelt für die Rentenversicherungsbeiträge zu ermitteln.

▶ **BEISPIEL**

Ein geringfügig beschäftigter Arbeitnehmer bezieht ein Entgelt von monatlich 120 EUR und hat nicht die Beitragsfreiheit in der Rentenversicherung beantragt (voller Beitrag zur RV 18,9 %).

	Entgelt	120,00 EUR
+	Normaler RV-Beitrag (18,9 % für mind. 175 EUR)	33,08 EUR
−	Pauschaler Arbeitgeberbeitrag (15 % auf 120 EUR)	18,00 EUR
=	**Zuzahlung des Arbeitnehmers**	**15,08 EUR**

Die Insolvenzumlage ist aus 120,00 EUR und nicht etwa aus 175 EUR zu berechnen.

Wie bei den U1/U2-Umlagen gilt für Mitarbeiter mit einem monatlichen Arbeitsentgelt in der Gleitzone nur das **gekürzte** Arbeitsentgelt als Bemessungsgrundlage zur Insolvenzumlage (siehe auch Kapitel 5.2). Hat der Mitarbeiter jedoch die Aufstockung in der Rentenversicherung gewählt, ist die Umlage aus dem tatsächlichen Arbeitsentgelt zu berechnen.

▶ **BEISPIEL**

Monika Waldmann hat eine sozialversicherungspflichtige Beschäftigung. Der regelmäßige monatliche Bruttolohn beträgt 680 EUR. Frau Waldmann wählt die Aufstockung in der Rentenversicherung auf 18,9 %. Dies bedeutet, die Rentenversicherung wird nicht aus dem ermäßigten Gleitzonenentgelt berechnet. Die Insolvenzumlage beträgt 0,15 % des Arbeitsentgelts. Für die U1/U2-Umlagen werden 1,9 % bzw. 0,4 % angenommen.

Sozialversicherungsbeiträge	
Bruttolohn	680,00 EUR
Beitragspflichtiges Entgelt für KV, PV, AV ((1,2694 × 680) — 229,00))	634,20 EUR
Beitragspflichtiges Entgelt für RV	680,00 EUR
Umlage U1 (680 × 1,9 %)	12,92 EUR
Umlage U2 (680 × 0,4 %)	2,72 EUR
Insolvenzumlage (680 × 0,15 %)	1,02 EUR

Eine Ausnahme besteht für sozialversicherungsfreie Arbeitnehmer wie beispielsweise Gesellschafter-Geschäftsführer einer GmbH. Das Arbeitsentgelt dieses Arbeitnehmerkreises unterliegt **nicht** der Insolvenzumlage. Ist der Arbeitgeber oder Arbeitnehmer von Beiträgen zur Rentenversicherung befreit oder in einem berufsständigen Versorgungswerk rentenversichert, bemisst sich die Insolvenzumlage am fiktiven Arbeitsentgelt, das bei Rentenversicherungspflicht anzusetzen wäre. Bemessungsgrenze für die Insolvenzumlage ist die Beitragsbemessungsgrenze der Rentenversicherung.

Eine weitere Besonderheit hat sich aus den geänderten Gleitzonengrenzen ergeben. Mit der Anhebung der Grenzen für die Gleitzone auf 450 EUR bis 850 EUR wurde eine Übergangsregelung geschaffen. Beschäftigte, die vor dem 1. Januar 2013 ein monatliches Arbeitsentgelt zwischen 800 EUR und 850 EUR erhalten haben, waren sozialversicherungspflichtig ohne Möglichkeit auf die Anwendung der Gleitzone. Mit der Anhebung der Grenze ist die Möglichkeit der Anwendung der Gleitzone gegeben. Der Arbeitnehmer hat jedoch die Option, dass der Arbeitgeber die Gleitzonenregelung anwendet. In diesem Fall wird dann die Insolvenzumlage aus dem ermäßigten rentenversicherungspflichtigen Entgelt ermittelt. Wählt der Arbeitnehmer nicht die Option der Gleitzonenregelung, müssen die Beiträge und die Insolvenzumlage aus dem tatsächlichen Arbeitsentgelt ermittelt werden. Die Beschäftigten können jedoch bis zum 31. Dezember 2014 die Anwendung der neuen Gleitzonenregelung wählen. Die Anwendung gilt ab dem Monat, zu dem der Mitarbeiter die Option wählt.

4.4 Gesamtabrechnung

4.4.1 Nettoabzüge

Nach Kürzung des Bruttolohnes um Lohn- und Kirchensteuer, Solidaritätszuschlag und die Arbeitnehmeranteile zu den Sozialversicherungen ergibt sich aus dem Bruttolohn der Nettolohn. Wurden auf den Bruttolohn bereits Vorauszahlungen geleistet, sind diese vom Nettolohn abzuziehen. Diese sogenannten Netto**ab**züge können z. B. sein:

- bereits gezahlte Vorschüsse
- Pfändungen
- Prämien für Direktversicherungen
- Beiträge zu Pensionskassen oder Pensionsfonds
- Rückzahlungsraten für einen Arbeitgeberkredit
- Abzug für vermögenswirksame Leistungen (VwL)
- Neben den Nettoabzügen gibt es Lohnbestandteile, die weder der Lohnsteuer noch den Beiträgen zu den Sozialversicherungen unterliegen. Beispiele für die sogenannten Netto**be**züge können sein:
- Arbeitgeberzuschuss zur freiwilligen oder privaten Kranken- und Pflegeversicherung
- Erstattung von Reisekosten/Reisespesen
- Auslagenersatz an den Arbeitnehmer

Nach einer Erhöhung des Nettolohnes um alle Nettobezüge und der Kürzung um alle Nettoabzüge ergibt sich die Auszahlung — der Betrag, der dem Arbeitnehmer tatsächlich ausgezahlt wird. Aus der Gesamtabrechnung entstehen für den Arbeitgeber folgende Verbindlichkeiten:

- Auszahlungsbetrag an den Arbeitnehmer
- vom Arbeitnehmer einbehaltene Lohnsteuer und pauschale Lohnsteuer an das Finanzamt
- vom Arbeitnehmer einbehaltener Solidaritätszuschlag und ggf. Kirchensteuer bzw. pauschale Kirchensteuer an das Finanzamt
- Kammerbeitrag an das Finanzamt
- Sozialversicherungsbeiträge an die Krankenkasse(n), gegebenenfalls an ein Versorgungswerk
- Kranken- und Pflegeversicherungsbeiträge an private Krankenversicherungen
- Umlagen an die Krankenkasse
- Insolvenzumlage an die Krankenkasse

- Pauschale Beiträge für Aushilfen zur Kranken- und Rentenversicherung an die Bundesknappschaft-Bahn-See (Minijob-Zentrale)
- Nettoabzüge an die Gläubiger (Bank, Bausparkasse, Versicherungen, Pfändungen etc.)
- Beiträge für eine betriebliche Altersvorsorge an Direktversicherungen, Pensionskassen etc.

4.4.2 Arbeitgeberbelastung

Die Ermittlung der Arbeitgeberbelastung ist nicht unmittelbarer Bestandteil der Lohn- und Gehaltsabrechnung. Sie wird jedoch häufig durchgeführt, um die tatsächlichen Personalkosten zu bestimmen. Neben dem Bruttolohn gehören Sachleistungen an den Arbeitnehmer, vom Arbeitgeber getragene pauschale Lohnsteuern, der Arbeitgeberanteil zur Sozialversicherung sowie Beiträge zu Direktversicherungen, zu Pensionskassen, zur Umlageversicherung und zur Berufsgenossenschaft zur originären Arbeitgeberbelastung. Im öffentlichen Dienst und in Teilen des Handwerks sind außerdem Beiträge zu den Zusatzversorgungskassen (ZVK) zu berücksichtigen.

Rückstellungen

In der Finanzbuchhaltung werden Rückstellungen für Urlaub, Lohnfortzahlung und Pensionsansprüche gebildet. Zum Teil wird dieser Aufwand auch anteilig in der Arbeitgeberbelastung berücksichtigt.

Schwerbehindertenausgleichsabgabe

Nach dem Schwerbehindertengesetz müssen Unternehmen ab 20 Beschäftigten (ohne Auszubildende) mindestens 5 % der Belegschaft mit behinderten Arbeitnehmern besetzen. Wird dieser Anteil nicht erfüllt, entstehen zusätzliche Ausgleichsabgaben von 115 EUR bis 290 EUR pro unbesetzte Stelle je Monat, abhängig vom Anteil der Unterbesetzung (siehe auch Kapitel 12.6).

Beiträge zu Berufsgenossenschaften

Alle Arbeitgeber sind verpflichtet, der für ihren Gewerbezweig zuständigen Berufsgenossenschaft beizutreten. Die Berufsgenossenschaft erhebt, abhängig von der Entgeltsumme, jährliche Beiträge für die Unfallversicherung der Arbeitnehmer. Die Höhe des Beitrages hängt von der Gefahrenklasse und der Unfallhäufigkeit im Unternehmen ab. Der anteilige Beitrag zur Berufsgenossenschaft pro Arbeitnehmer ist in die vollständige Arbeitgeberbelastung mit einzubeziehen. Der anteilige Beitrag kann jedoch nur auf Basis der Zahlungen des Vorjahres ermittelt werden (siehe auch Kapitel 12.5).

Künstlersozialabgabe

Private Unternehmen sowie öffentlich-rechtliche Körperschaften, die typischerweise künstlerische oder publizistische Werke oder Leistungen erstellen oder vertreiben, unterliegen zusätzlich der Künstlersozialabgabe. Dazu gehören unter anderem:

- Verlage (Buch-, Presse- und sonstige Verlage)
- Presseagenturen
- Theater
- Orchester
- Chöre
- Gastspieldirektionen (mit dem wesentlichen Zweck der Aufführung von künstlerischen Werken)
- Rundfunk und Fernsehanbieter
- Hersteller von Bild- und Tonträgern
- Galerien und Kunsthandel
- Werbung und Öffentlichkeitsarbeit für Dritte
- Museen
- Zirkus/Varieté
- Aus- und Fortbildung für künstlerisch und publizistisch Tätige
- Unternehmen, die zum Zwecke der eigenen Werbung regelmäßig Aufträge an Künstler, Graphiker oder Publizisten vergeben

Abgabepflichtig sind auch Unternehmer, die Werbung/Öffentlichkeitsarbeit für ihr eigenes Unternehmen betreiben und nicht nur gelegentlich Aufträge an selbstständige Künstler oder Publizisten erteilen. Unerheblich ist dabei, ob die Werbung oder Öffentlichkeitsarbeit sich auf ein bestimmtes Projekt bezieht oder das Image des Unternehmens verbessert werden soll. Die Zwecke, die mit den Maßnahmen verfolgt werden, können z. B. Werbung für bestimmte Produkte oder Dienstleistungen, Öffentlichkeitsarbeit für bestimmte Unternehmen oder Branchen, Verfolgung von politischen, sozialen, karitativen Zielen, die Sammlung von Spenden oder die Finanzierung von Hilfeleistungen sein.

Entgelt im Sinne der Künstlersozialversicherung ist alles, was der Unternehmer aufwendet, um das künstlerische/publizistische Werk oder die Leistung zu erhalten oder zu nutzen. Dazu zählen alle Aufwendungen für Löhne, Gagen, Honorare, Tantiemen, Lizenzen, Ankaufpreise, Zahlungen aus Kommissionsgeschäften, Sachleistungen, Ausfallhonorare, freiwillige Leistungen zu Lebensversicherungen oder zu Pensionskassen oder andere Formen der Bezahlung. Maßgeblich ist der Nettoaufwand ohne Umsatzsteuer. Darüber hinaus sind Auslagen und Nebenkosten wie Material, Transport, Telefon und sonstige Vertragsleistungen Arbeitslohn im Sinne der Künstlersozialversicherung. Der Abgabensatz wird vom Bundesministerium für Arbeit und Soziales jährlich neu festgelegt und liegt in:

- 2012 bei 3,9 %
- 2013 bei 4,1 %
- 2014 bei 5,2 %

des fakturierten Aufwands.

Diese Nebenleistung wird zum Teil in den Arbeitgeberaufwänden mit berücksichtigt.

Nicht zur Bemessungsgrundlage gehören allerdings

- die in einer Rechnung oder Gutschrift gesondert ausgewiesene Umsatzsteuer des selbstständigen Künstlers oder Publizisten,
- Zahlungen an urheberrechtliche Verwertungsgesellschaften,
- Zahlungen an juristische Personen des privaten oder öffentlichen Rechts (GmbH, AG, e. V., öffentliche Körperschaften, Anstalten etc.), sofern diese im eigenen Namen handeln,
- Reisekosten, die dem Künstler/Publizisten im Rahmen der steuerlichen Freigrenzen erstattet werden,
- steuerfreie Aufwandsentschädigungen (z. B. für Umzugskosten, Mehraufwendungen bei doppelter Haushaltsführung oder Fahrten zwischen Wohnung und Arbeitsstätte) im Rahmen der steuerlichen Grenzen sowie die sogenannte „Übungsleiterpauschale" (max. 2.400 EUR/Jahr).

5 Die Lohnabrechnung

Für die Personengruppen Angestellter, Aushilfe, Auszubildender sind verschiedene Besonderheiten bei der Lohnabrechnung zu beachten. Neben den personenbezogenen Besonderheiten gelten für bestimmte Lohnarten, wie zum Beispiel die betriebliche Altersvorsorge, Fahrgeld, vermögenswirksame Leistungen, Zuschläge oder Sachleistungen weitere Regeln, die bei der Lohnabrechnung zu beachten sind. In diesem Kapitel werden beispielhaft die Lohnabrechnung für die unterschiedlichen Personengruppen und die wichtigsten Lohnarten erläutert.

5.1 Wie wird das Entgelt einer Aushilfe abgerechnet?

Arbeitsverhältnisse mit einem durchschnittlichen monatlichen Arbeitsentgelt bis 450 EUR werden als geringfügige Beschäftigungen bezeichnet. Aus der seit 2013 geltenden Regelung für geringfügige Beschäftigungen ergeben sich grundsätzlich drei Arten von Beschäftigungsverhältnissen:

- geringfügige Beschäftigung in einem Gewerbebetrieb
- geringfügige Beschäftigung in einem privaten Haushalt
- kurzfristige Beschäftigung

Wegen der verschiedenen Arten von geringfügigen Beschäftigungen ergeben sich unterschiedliche Beitragspflichten zu den Sozialversicherungen bzw. Möglichkeiten zur Versteuerung des Arbeitslohns. Die wesentliche Grenze ist das durchschnittliche Arbeitsentgelt von 450 EUR pro Monat. Ein weiterer wesentlicher Punkt ist, dass eine geringfügige Beschäftigung **neben** einer Hauptbeschäftigung steuer- und sozialversicherungsrechtlich nicht anders behandelt wird als wäre die geringfügige die einzige Beschäftigung des Arbeitnehmers.

> **BEISPIEL**
>
> Frau Monika Waldmann hat zum 1.3.2014 eine geringfügige Beschäftigung übernommen. Sie ist in einer gesetzlichen Krankenkasse pflichtversichert. Die durchschnittliche wöchentliche Arbeitszeit in der geringfügigen Beschäftigung beträgt 12 Stunden und das durchschnittliche monatliche Arbeitsentgelt liegt bei 396 EUR. Frau Waldmann erhält zusätzlich von ihrem Arbeitgeber ei-

nen Zuschuss von 55 EUR für eine betriebliche Altersvorsorge. Der bAV-Vertrag läuft seit 1.6.2007. Auf die Zahlung von Urlaubs- oder Weihnachtsgeld hat Frau Waldmann in ihrem Arbeitsvertrag verzichtet. Einen Antrag auf Befreiung von den Beiträgen zur Rentenversicherung hat Frau Waldmann nicht gestellt. Sie macht keine Angaben zu persönlichen Besteuerungsmerkmalen und legt keine Ersatzbescheinigung des Finanzamts vor. Das Unternehmen nimmt am Umlageverfahren (U1/U2) teil.

5.1.1 Entgeltabrechnung

Abrechnung der Bruttobezüge	
Ermittlung des Arbeitslohnes/Arbeitsentgeltes	
Aushilfsbezüge	396,00 EUR
+ Zuschuss bAV (frei)	55,00 EUR
= **Bruttolohn**	**451,00 EUR**
Arbeitslohn (steuerpflichtig)	396,00 EUR
Arbeitsentgelt (beitragspflichtig)	396,00 EUR
Steuerliche Abzüge	
Lohnsteuer	0,00 EUR
+ Solidaritätszuschlag	0,00 EUR
+ Kirchensteuer	0,00 EUR
= **Summe steuerrechtliche Abzüge**	**0,00 EUR**
Sozialversicherungsbeiträge	
Krankenversicherung	0,00 EUR
+ Rentenversicherung (3,9 % von 396,00 EUR)	15,44 EUR
= **Summe Sozialversicherungsbeiträge (Arbeitnehmer)**	**15,44 EUR**
Gesamtabrechnung	
Bruttolohn	451,00 EUR
- Steuerrechtliche Abzüge (Arbeitnehmer)	0,00 EUR
- Sozialversicherungsbeiträge (Arbeitnehmeranteil)	15,44 EUR
- Beitrag zur bAV	55,00 EUR
= **Auszahlungsbetrag**	**380,56 EUR**

Gesamtbelastung		
	Bruttolohn	451,00 EUR
+	Pauschale Lohnsteuer (AG)	7,92 EUR
+	Sozialversicherungsbeiträge AG-Anteil	110,88 EUR
+	Umlagen U1 (0,7 % × 396,00)	2,77 EUR
+	Umlagen U2 (0,14 % × 396,00)	0,55 EUR
+	Insolvenzumlage (0,15 % × 396,00)	0,59 EUR
=	**Gesamtbelastung**	**573,71 EUR**

Zur Arbeitgeberbelastung sind gegebenenfalls noch die Beiträge zur Berufsgenossenschaft, die anteilige Schwerbehindertenabgabe sowie die anteilige Gewerbesteuer und sonstige Kosten zu rechnen.

Die Grenze für die pauschalen Beiträge des Arbeitgebers zu den Sozialversicherungen liegt bei durchschnittlich 450 EUR Arbeitsentgelt pro Monat. Nicht zum beitragspflichtigen Arbeitsentgelt im Sinne des § 8 SGB IV gehören pauschal versteuerte und steuerfreie Lohnbestandteile. Der Zuschuss zur betrieblichen Altersvorsorge ist nach § 3 Nr. 63 Einkommensteuergesetz (EStG) steuerfreier Arbeitslohn. Bis zu einem Höchstbetrag von 4 % der Beitragsbemessungsgrenze besteht auch Beitragsfreiheit zu den Sozialversicherungen.

5.1.2   Steuerrechtliche Abzüge

Sind die steuerrechtlichen Grenzen einer geringfügigen Beschäftigung eingehalten, kann der Arbeitslohn vom Arbeitgeber mit einem festen Satz von 2 % versteuert werden. In der 2-prozentigen Abgeltungssteuer sind die Kirchensteuer und der Solidaritätszuschlag enthalten. Voraussetzung für die Anwendung der Abgeltungssteuer ist, dass

- der beitragspflichtige Arbeitslohn nicht mehr als 450 EUR pro Monat beträgt **und**
- der Arbeitgeber mindestens den pauschalen Beitrag zur Rentenversicherung entrichtet.

Im Beispiel sind beide Bedingungen erfüllt. Der Arbeitgeberzuschuss zur betrieblichen Altersvorsorge ist steuer- und beitragsfreier Arbeitslohn.

> **! ACHTUNG**
>
> Obwohl der Bruttoarbeitslohn die Entgeltgrenze von 450 EUR pro Monat übersteigt, besteht die Möglichkeit der pauschalen Versteuerung mit 2 %, da die Geringfügigkeitsgrenze eingehalten ist. Die Pauschalsteuer beträgt auch dann 2 %, wenn der Arbeitnehmer nicht einer Glaubensgemeinschaft angehört.

Der Arbeitgeber kann nach § 3 Nr. 63 Einkommensteuergesetz (EStG) für einen Arbeitnehmer bis zu **4 %** der jährlichen Beitragsbemessungsgrenze der Rentenversicherung (West) steuerfrei in einen Durchführungsweg einer betrieblichen Altersvorsorge (z. B. Pensionskasse) einbezahlen. Für 2014 sind dies 2.856 EUR bzw. monatlich 238 EUR. Außerdem sind die Leistungen an die Altersvorsorge in Höhe des Steuerfreibetrages von Beiträgen zu den Sozialversicherungen befreit. Voraussetzung für die steuerfreien Zuführungen zu einer betrieblichen Altersvorsorge ist das Bestehen eines ersten Dienstverhältnisses. Die begrenzte Steuerfreiheit ist somit für eine geringfügige oder nicht geringfügige **Nebenbeschäftigung** ausgeschlossen. Ein erstes Arbeitsverhältnis kann jedoch auch für eine geringfügige (Haupt-)Beschäftigung vorliegen, deren Arbeitslohn mit 2 %, 20 % oder 25 % pauschal versteuert wird.

Der Betrag der pauschalen Abgeltungssteuer (7,92 EUR im Beispiel) ist zusammen mit dem pauschalen Renten- und Krankenversicherungsbeitrag der Bundesknappschaft-Bahn-See in Essen (Minijob-Zentrale) zu melden. Die Meldung erfolgt elektronisch mit dem „Beitragsnachweis für geringfügig Beschäftigte" in der Zeile „einheitliche Pauschalsteuer".

> **● TIPP**
>
> Neben der pauschalen Besteuerung mit 2 % bestünde die Möglichkeit, den Arbeitslohn nach den persönlichen Besteuerungsmerkmalen zu besteuern. In diesem Fall wäre eine Steuer-ID und das Geburtsdatum des Arbeitnehmers erforderlich. Mit diesen Angaben können ggf. Besteuerungsmerkmale aus der ELStAM-Datenbank abgerufen werden. Bei einem Arbeitslohn bis 450 EUR entsteht in den Steuerklassen 1-5 keine Lohnsteuer und somit keine Kirchensteuer und kein Solidaritätszuschlag. Der Arbeitslohn ist jedoch mit einer Lohnsteuerbescheinigung dem Finanzamt zu melden und dem Mitarbeiter auf dem Formular „Lohnsteuerbescheinigung" zu dokumentieren. Die bescheinigte Lohnsteuer wird bei der Einkommensteuererklärung berücksichtigt.

5.1.3   Sozialversicherungsbeiträge

Das Arbeitsentgelt unterliegt bis durchschnittlich monatlich 450 EUR dem pauschalen Beitrag zur Krankenversicherung und dem allgemeinen Beitrag zur Rentenversicherung. Den Rentenversicherungsbeitrag von 18,9 % des Arbeitsentgelts teilen sich der Arbeitgeber mit 15 % und der Arbeitnehmer mit 3,9 %. Für den Zuschuss zur betrieblichen Altersvorsorge besteht durch die Steuerfreiheit auch Beitragsfreiheit in den Sozialversicherungen.

Sozialversicherungsbeiträge	
Krankenversicherung (pauschaler Beitrag 13 % von 396 EUR)	51,48 EUR
+ Rentenversicherung (pauschaler Beitrag 15 % von 396 EUR)	59,40 EUR
+ Rentenversicherungsbeitrag Arbeitnehmer 3,9 % von 396 EUR	15,44 EUR
= **Summe Sozialversicherungsbeiträge**	**126,32 EUR**

Das Arbeitsentgelt der geringfügigen Hauptbeschäftigung liegt innerhalb der Entgeltgrenze von 450 EUR pro Monat. Das Arbeitsverhältnis wurde in 2014 neu aufgenommen — es handelt sich um eine sogenannte Neufall-Regelung. Der Arbeitgeber muss den pauschalen Beitrag zur Rentenversicherung in Höhe von **15 %** entrichten, der Arbeitnehmer muss die Differenz bis zum allgemeinen Beitrag 18,9 % tragen. Frau Waldmann ist in einer gesetzlichen Krankenkasse krankenversichert. Als Pflichtversicherte muss der Arbeitgeber zusätzlich zum pauschalen Rentenversicherungsbeitrag den pauschalen Beitrag zur gesetzlichen Krankenversicherung in Höhe von **13 %** des Arbeitsentgelts entrichten. Dieser Beitrag entsteht nicht, wenn die Aushilfe **privat krankenversichert** ist. In diesem Fall wäre nur der pauschale Beitrag zur Rentenversicherung zu bezahlen.

Frau Waldmann hätte die Möglichkeit, innerhalb von 2 Wochen nach Beschäftigungsaufnahme dem Arbeitgeber schriftlich den Verzicht auf die Rentenversicherungspflicht zu erklären. In diesem Fall wird nur der AG-Pauschalbeitrag auf das Arbeitsentgelt berechnet und an die Minijob-Zentrale abgeführt. Im Beispiel entstehen dann folgende Sozialversicherungsbeiträge:

Sozialversicherungsbeiträge	
Krankenversicherung (pauschaler Beitrag 13 % von 396 EUR)	51,48 EUR
+ Rentenversicherung (pauschaler Beitrag 15 % von 396 EUR)	59,40 EUR
= **Summe Sozialversicherungsbeiträge**	**110,88 EUR**

Der Arbeitnehmer zahlt bei einem Verzicht auf die Rentenversicherungspflicht keine eigenen Beiträge.

Handelt es sich bei der geringfügigen Beschäftigung um ein Arbeitsverhältnis, das bereits vor dem 1.1.2013 aufgenommen wurde, gilt die Rechtslage 2012 unverändert weiter. In diesem Fall kann der Mitarbeiter auch ohne schriftliche Erklärung gegenüber dem Arbeitgeber von Beiträgen zur Rentenversicherung befreit bleiben. Voraussetzung ist jedoch, dass die 400-EUR-Grenze auch in 2014 weiter eingehalten ist. Für diesen sogenannten Altfall entstehen folgende Sozialversicherungsbeiträge:

Sozialversicherungsbeiträge	
Krankenversicherung (pauschaler Beitrag 13 % von 396 EUR)	51,48 EUR
+ Rentenversicherung (pauschaler Beitrag 15 % von 396 EUR)	59,40 EUR
= **Summe Sozialversicherungsbeiträge**	**110,88 EUR**

Der Arbeitnehmer hat auch in 2014 weiterhin die Möglichkeit, die sogenannte Aufstockung in der Rentenversicherung zu wählen und die Differenz zum normalen Rentenversicherungsbeitrag selbst zu tragen.

5.1.4   Arbeitgeberbelastung

Nimmt das Unternehmen am Umlageverfahren U1/U2 teil, ist zusätzlich auf den Betrag des Arbeitsentgelts 0,7 % U1-Umlage vom Arbeitgeber zu leisten. Die U2-Umlage beträgt 0,14 % des beitragspflichtigen Arbeitsentgelts. Die Umlagesätze sind von der Minijob-Zentrale einheitlich festgelegt. Am Umlageverfahren U1 müssen alle Arbeitgeber mit bis zu 30 (Vollzeit-)Beschäftigten teilnehmen. Für das Umlageverfahren U2 besteht eine generelle Teilnahmepflicht unabhängig von der Firmengröße.

Für geringfügig Beschäftigte ist auch die Insolvenzumlage zu berechnen und mit den Sozialversicherungsbeiträgen an die Bundesknappschaft-Bahn-See abzuführen. Der Ausweis der Insolvenzumlage erfolgt auf dem Beitragsnachweis in der Zeile 0050. Für 2014 wurde die Insolvenzumlage auf 0,15 % festgelegt. Der Zuschuss zur betrieblichen Altersvorsorge (bAV) ist steuer- und sozialversicherungsfreies Arbeitsentgelt. Somit ist er auch nicht bei der Insolvenzumlage zu berücksichtigen. Ist der geringfügig Beschäftigte in einem Versorgungswerk rentenversichert, muss dennoch die Insolvenzumlage berechnet und an die Minijob-Zentrale bezahlt werden. Im Beispiel ergibt sich für den Arbeitgeber folgende Gesamtbelastung.

Arbeitgeberbelastung	
Gesamtbelastung	
Bruttolohn	451,00 EUR
+ Pauschale Lohnsteuer (AG)	7,92 EUR
+ Krankenversicherung (pauschaler Beitrag 13 %)	51,48 EUR
+ Rentenversicherung (pauschaler Beitrag 15 %)	59,40 EUR
= **Summe Steuer + Sozialversicherung (Arbeitgeber)**	**118,80 EUR**
+ Umlagen U1 (0,7 % × 396,00)	2,77 EUR
+ Umlagen U2 (0,14 % × 396,00)	0,55 EUR
+ Insolvenzumlage (0,15 % × 396,00)	0,59 EUR
= **Gesamtbelastung**	**573,71 EUR**

Der pauschale Beitrag zur Renten- und Krankenversicherung ist zusammen mit der pauschalen Abgeltungssteuer (2 %) der Bundesknappschaft-Bahn-See in Essen (Minijob-Zentrale) zu überweisen. Außerdem sind die zusätzlichen zum Arbeitslohn entstehenden pauschalen Beiträge auf dem „Beitragsnachweis für geringfügig Beschäftigte" aufzuschlüsseln und bis zum drittletzten Banktag des Abrechnungsmonats der Bundesknappschaft zu melden.

5.2 Liegt das Arbeitsentgelt zwischen 450 und 850 EUR?

Mit dem Zweiten Gesetz für moderne Dienstleistungen am Arbeitsmarkt wurde eine Gleitzonenregelung für den Niedriglohnbereich eingeführt. Ziel der Gleitzonenregelung ist es, den Übergang in eine sozialversicherungspflichtige Beschäftigung für Arbeitnehmer attraktiver zu gestalten. Bei einem monatlichen Arbeitsentgelt zwischen **450,01 EUR bis 850,00 EUR** besteht zwar Beitragspflicht zu allen Zweigen der Sozialversicherung, allerdings hat der **Arbeitnehmer** nur einen reduzierten Beitragsanteil am Gesamtsozialversicherungsbeitrag zu zahlen. Der Beitragsanteil steigt von ca. 4 % bei 450,01 EUR auf den vollen Arbeitnehmerbeitrag von ca. 19,7 % bei 850,00 EUR. Der Arbeitgeberbeitrag bleibt durch die Gleitzonenregelung unverändert. Durch diese Regelung soll die Niedriglohnschwelle beseitigt werden, die in Beschäftigungsverhältnissen bei Überschreiten der Geringfügigkeitsgrenze zu einem abrupten Anstieg auf den vollen Sozialversicherungsbeitrag führen würde.

Die Lohnabrechnung

In der Gleitzone wird der **Arbeitnehmerbeitrag** zu den Sozialversicherungen nicht vom tatsächlich beitragspflichtigen Entgelt, sondern von einer **fiktiven Berechnungsbasis** ermittelt. Die Berechnungsbasis für die Sozialversicherungsbeiträge des Arbeitgebers ist das beitragspflichtige Arbeitsentgelt. Die Basis des Arbeitnehmers ergibt sich seit 2013 aus folgender Formel:

$$bE = F \times 450 + ([850/(850 - 450)] - [450/(850 - 450)] \times F) \times (\text{Arbeitsentgelt} - 450)$$

Der Faktor F wurde vom Bundesministerium für Gesundheit für das Jahr 2014 mit 0,7605 festgesetzt. Die Abkürzung bE steht für das beitragspflichtige Arbeitsentgelt. Die Formel lässt sich durch Einsetzen des Faktors F auflösen in:

$$\text{Beitragspflichtiges Entgelt} = 1{,}2694 \times \text{Arbeitsentgelt} - 229{,}00$$

Für die Berechnung der Sozialversicherungsbeiträge ist beim Arbeitnehmer von der ermäßigten Berechnungsbasis und für den Arbeitgeber vom tatsächlichen Arbeitsentgelt auszugehen. Bei der Berechnung sind die Arbeitgeber und Arbeitnehmeranteile getrennt zu ermitteln und jeweils kaufmännisch zu runden. Der gesamte Sozialversicherungsbeitrag ist aus der ermäßigten Berechnungsbasis zu berechnen. Steuerrechtlich ist in der Gleitzone keine Besonderheit zu berücksichtigen. Der Arbeitnehmer wird nach den persönlichen Besteuerungsmerkmalen versteuert. Es ist eine Steuer-ID und das Geburtsdatum für den Datenabruf aus der ELStAM-Datenbank erforderlich.

► **BEISPIEL**

Monika Waldmann hat seit 1.4.2012 eine sozialversicherungspflichtige Beschäftigung. Der regelmäßige monatliche Arbeitslohn beträgt 680 EUR. Zusätzlich erhält sie einen Zuschuss von 45 EUR für die regelmäßigen Fahrten mit öffentlichen Verkehrsmitteln zur Arbeitsstätte. Das Fahrgeld wird nicht pauschal versteuert. Der tägliche regelmäßige Weg zur Arbeit beträgt 8 km. Frau Waldmann hat dem Arbeitgeber die Steueridentifikationsnummer (Steuer-ID) mitgeteilt. Mit dem Abruf des ELStAM-Datensatzes wurde die Steuerklasse 4 und 0,5 Kinderfreibeträge übermittelt. Sie ist kirchensteuerpflichtig und bei einer gesetzlichen Krankenkasse pflichtversichert. Der Beitragssatz der Krankenversicherung liegt bei 15,5 %. Der Beschäftigungsort liegt in Baden-Württemberg. Frau Waldmann wählt die Aufstockung in der Rentenversicherung auf den vollen Beitrag von 18,9 %. Der Umlagesatz der Krankenkasse wird mit 1,9 % in der U1- und 0,2 % in der U2-Umlagekasse angenommen. Das Unternehmen nimmt am Umlageverfahren U1 teil.

5.2.1 Entgeltabrechnung

Abrechnung der Bruttobezüge	
Ermittlung des Arbeitslohnes/Arbeitsentgeltes	
Aushilfsbezüge	680,00 EUR
+ Fahrgeld (steuerpflichtig)	45,00 EUR
= **Bruttolohn**	**725,00 EUR**
Arbeitslohn (steuerpflichtig)	725,00 EUR
Arbeitsentgelt (beitragspflichtig)	725,00 EUR
Steuerliche Abzüge	
Lohnsteuer	0,00 EUR
+ Solidaritätszuschlag	0,00 EUR
+ Kirchensteuer	0,00 EUR
= **Summe steuerrechtliche Abzüge**	**0,00 EUR**
Sozialversicherungsbeiträge	
Krankenversicherung ((7,75 % von 691,32) × 2) — AgB	54,23 EUR
+ Pflegeversicherung ((1,025 % von 691,32) × 2) — AgB	6,75 EUR
+ Rentenversicherung ((9,45 % von 725) × 2) — AgB	68,51 EUR
+ Arbeitslosenversicherung ((1,50 % von 691,32) × 2) — AgB	9,86 EUR
= **Summe Sozialversicherungsbeiträge (Arbeitnehmer)**	**139,35 EUR**
Gesamtabrechnung	
Bruttolohn	725,00 EUR
— Steuerrechtliche Abzüge (Arbeitnehmer)	0,00 EUR
— Sozialversicherungsbeiträge (Arbeitnehmeranteil)	139,35 EUR
= **Auszahlungsbetrag**	**585,65 EUR**
Gesamtbelastung	
Bruttolohn	725,00 EUR
+ Sozialversicherungsbeiträge AG-Anteil	139,75 EUR
+ Umlagen U1 (1,9 % × 725)	13,78 EUR
+ Umlagen U2 (0,2 % × 725)	1,45 EUR
+ Insolvenzumlage (0,15 % von 725)	1,09 EUR
= **Gesamtbelastung**	**881,07 EUR**

Im Beispiel bestand die Beschäftigung auch schon vor 2013. Das Arbeitsentgelt liegt über 450 EUR pro Monat, somit ist die Beschäftigung nicht von einer Übergangsregelung betroffen. Seit 1.1.2013 ist die neue Gleitzonenberechnung anzuwenden. Im Beispiel wird von einer gewählten Option in der Rentenversicherung ausgegangen. Somit sind die Rentenversicherungsbeiträge nicht aus dem ermäßigten Entgelt, sondern aus dem tatsächlichen Entgelt zu berechnen.

5.2.2 Steuerrechtliche Abzüge

Steuerrechtlich gilt für den steuerpflichtigen Arbeitslohn in der Gleitzone **keine** Ausnahmebestimmung. Arbeitslohn über 450 EUR ist nach den Merkmalen einer Lohnsteuerkarte/Ersatzbescheinigung zu versteuern. Liegt keine Lohnsteuerkarte vor, ist von Steuerklasse 6 auszugehen. Eine pauschale Besteuerung mit 2 % oder 20 % kommt nicht in Betracht.

Im Beispiel beträgt der steuerpflichtige Arbeitslohn 725 EUR. In der Steuerklasse 4 entsteht für einen steuerpflichtigen Arbeitslohn bis 725 EUR keine Lohnsteuer, Kirchensteuer oder Solidaritätszuschlag. In den Steuerklassen 5 und 6 ergibt sich bereits ab 450,01 EUR Lohnsteuer.

Das Fahrgeld könnte vom Arbeitgeber mit einem pauschalen Steuersatz von 15 % versteuert werden. Eine pauschale Versteuerung durch den Arbeitgeber ist jedoch nur insoweit möglich, wie der Arbeitnehmer Werbungskosten in seiner Einkommensteuererklärung geltend machen darf. Der Mitarbeiter kann für Fahrten zur Arbeitsstätte 0,30 EUR pro Entfernungskilometer (einfache Entfernung) als Werbungskosten ansetzen. Dieser Betrag gilt auch für die Entgeltabrechnung. Ohne weiteren Nachweis kann der Arbeitgeber von durchschnittlich 15 Arbeitstagen pro Monat ausgehen (siehe Beispiel Kapitel 5.12).

5.2.3 Sozialversicherungsbeiträge

Arbeitgeberbeiträge

In der Gleitzone werden die **Arbeitgeber**anteile zur Sozialversicherung als halbe „normale" Beiträge aus dem Arbeitsentgelt ermittelt. Für den Arbeitgeber ergibt sich:

Arbeitgeberanteil zu den Sozialversicherungsbeiträgen	
Sozialversicherungsbeiträge	
Krankenversicherung (7,30 % von 725,00)	52,93 EUR
+ Pflegeversicherung (1,025 % von 725,00)	7,43 EUR[21]
+ Rentenversicherung (9,45 % von 725,00)	68,51 EUR
+ Arbeitslosenversicherung (1,50 % von 725,00)	10,88 EUR
= **Summe Sozialversicherungsbeiträge (Arbeitgeber)**	**139,75 EUR**

Mitarbeiterbeiträge

Aus dem § 249 SGB V ergibt sich die besondere Form der Beitragsermittlung für die Arbeitnehmeranteile zu den Sozialversicherungen. Der Arbeitnehmerbeitrag wird als halber Beitrag aus dem ermäßigten beitragspflichtigen Entgelt ermittelt. Aus der Gleitzonenformel ergibt sich als:

$$\text{Beitragspflichtiges Entgelt (AN)} = \mathbf{1{,}2694 \times 725 - 229{,}00}$$
$$\text{Beitragspflichtiges Entgelt (AN)} = 691{,}32 \text{ EUR}$$

Das ermäßigte beitragspflichtige Entgelt wird multipliziert mit dem **halben Beitragssatz** des jeweiligen Sozialversicherungszweiges. Der sich ergebende Betrag ist dann zu verdoppeln und davon der Arbeitgeberanteil (AgB) des Versicherungszweigs abzuziehen. Der **Arbeitgeberanteil** wird nicht aus dem ermäßigten beitragspflichtigen Entgelt, sondern aus dem „normalen" sozialversicherungspflichtigen Entgelt ermittelt. Durch den einheitlichen Krankenversicherungssatz ergibt sich für die Krankenversicherung eine Besonderheit. Im allgemeinen Beitrag von 15,5 % ist der Arbeitnehmerzuschlag von 0,9 % enthalten. Im Unterschied zum Arbeitsentgelt über der Gleitzone trägt der Arbeitgeber in der Gleitzone die Hälfte des Zuschlags, so dass sich der Arbeitnehmerbeitrag zur Krankenversicherung ergibt aus:

[(Berechnungsbasis × 7,75 %) × 2] — Arbeitgeberanteil

Das Ergebnis aus Berechnungsbasis × KV-Satz ist auf zwei Nachkommastellen zu runden, bevor es mit 2 multipliziert wird. Im Beispiel ergibt sich:

---

[21] Beachten Sie: In der Pflegeversicherung gilt im Bundesland Sachsen eine Sonderregelung. In Sachsen trägt der Arbeitnehmer 1,475 % und der Arbeitgeber 0,475 % des Gesamtbeitrags.

691,32 × 7,75 %	=	53,5773	=	53,58 EUR
53,58 EUR × 2	=			107,16 EUR
107,16 EUR	—	52,93 EUR	=	54,23 EUR

Tab. 13: KV-Beitrag in der Gleitzone

In der Rentenversicherung wurde von Frau Waldmann die Aufstockungsoption gewählt. Das bedeutet, dass die Beiträge zur Rentenversicherung für den **Arbeitnehmer** nicht vom ermäßigten Entgelt, sondern vom „normalen" beitragspflichtigen
Entgelt ermittelt werden — im Beispiel also aus 725 EUR. Weil Frau Waldmann einen
halben Kinderfreibetrag auf der Steuerkarte eingetragen hat, unterliegt sie nicht
dem Zuschlag zur Pflegeversicherung.

5.2.4   Arbeitgeberbelastung

Für den Arbeitnehmer entstehen in den Steuerklassen 1-4 keine Lohnsteuer, Kirchensteuer oder Solidaritätszuschlag. Der Arbeitslohn liegt unter dem monatlichen
Grundfreibetrag. Der Arbeitgeberanteil zu den Sozialversicherungen ist auch bei
Anwendung der Gleitzonenregelung zunächst niedriger als der Arbeitnehmeranteil — es besteht keine „echte Halbteilung" mehr. Durch die vom Arbeitgeber zu
tragenden Umlagen liegt der Gesamtsozialversicherungsbeitrag jedoch über dem
Arbeitnehmeranteil.

Arbeitgeberbelastung	
Gesamtbelastung	
Bruttolohn	725,00 EUR
Krankenversicherung (7,30 % von 725,00)	52,93 EUR
+ Pflegeversicherung (1,025 % von 725,00)	7,43 EUR[22]
+ Rentenversicherung (9,45 % von 725,00)	68,51 EUR
+ Arbeitslosenversicherung (1,50 % von 725,00)	10,88 EUR
= **Summe Sozialversicherungsbeiträge (Arbeitgeber)**	**139,75 EUR**

---

[22] Beachten Sie: In der Pflegeversicherung gilt im Bundesland Sachsen eine Sonderregelung. In
Sachsen trägt der Arbeitnehmer 1,475 % und der Arbeitgeber 0,475 % des Gesamtbeitrags.

Gesamtbelastung	
+ Umlagen U1 (1,9 % × 725,00)	13,78 EUR
+ Umlagen U2 (0,2 % × 725,00)	1,45 EUR
+ Insolvenzumlage (0,15 % × 725)	1,09 EUR
= **Summe Arbeitgeberbelastung**	**881,07 EUR**

Zur Arbeitgeberbelastung kommen im Beispiel die Umlagen zur U1/U2-Umlagekasse sowie die Insolvenzumlage. Die U1-Umlage entsteht nur bei einer Unternehmensgröße bis 30 (Vollzeit-)Mitarbeiter. Die U2-Umlage ist unabhängig von der Zahl der beschäftigten Mitarbeiter zu entrichten. Die Insolvenzumlage ist von allen Unternehmen zu entrichten. Als Besonderheit ist zu berücksichtigen, dass die Insolvenzumlage bei Anwendung der Gleitzone aus dem **ermäßigten beitragspflichtigen Entgelt** zu ermitteln ist. Hat der Arbeitnehmer jedoch auf die Reduktion der Beiträge in der Rentenversicherung verzichtet (die Aufstockung gewählt), ist der Beitrag zur Insolvenzumlage aus dem tatsächlichen Arbeitsentgelt zu berechnen und die dritte Nachkommastelle ist kaufmännisch zu runden. Die gleiche Regelung gilt für die Umlagen U1/U2. Zur Arbeitgeberbelastung zählen noch die Beiträge zur Berufsgenossenschaft und die Schwerbehindertenabgabe. Diese wird jedoch nur dann erhoben, wenn die Beschäftigungspflichtgrenze nicht erreicht wird.

5.3 Ist der Arbeitnehmer Auszubildender?

Einige Besonderheiten gelten für Arbeitnehmer, die zwar vollzeitbeschäftigt sind, deren Arbeitsentgelt aber unter der Sozialversicherungsfreigrenze von 325 EUR pro Monat liegt. Diese Geringverdiener sind steuerlich den Vollzeitbeschäftigten gleichgestellt. In den Sozialversicherungen gilt jedoch eine Ausnahmeregelung. Dazu gehören nur noch **Auszubildende** mit einer entsprechend geringen Ausbildungsvergütung.

Grundsätzlich tragen Arbeitgeber und Arbeitnehmer die Beiträge zur Kranken-, Pflege-, Renten- und Arbeitslosenversicherung je zur Hälfte. Beträgt das Arbeitsentgelt jedoch monatlich nicht mehr als durchschnittlich **325 EUR**, muss der Arbeitgeber die Sozialversicherungsbeiträge allein übernehmen.

Wird die Geringverdienergrenze durch eine einmalige Zahlung, wie z. B. Weihnachtsgeld oder Urlaubsgeld, überschritten, sind die Sozialversicherungsbeiträge für den übersteigenden Teil wieder je zur Hälfte vom Arbeitgeber und vom Arbeitnehmer zu tragen. Bis zur Geringverdienergrenze trägt der Arbeitgeber die Beiträge zur KV, PV, RV und ALV allein.

> **BEISPIEL**
>
> Ein Auszubildender in Baden-Württemberg erhält im ersten Lehrjahr eine Ausbildungsvergütung von monatlich 300 EUR. Im November erhält er zusätzlich ein Weihnachtsgeld in Höhe von ebenfalls 300 EUR. Der Auszubildende ist bei einer gesetzlichen Krankenkasse mit einem angenommenen Beitragssatz von 15,5 % krankenversichert. Er hat keine Steuerkarte und keine Kinder. Der Auszubildende ist 17 Jahre alt.

5.3.1 Entgeltabrechnung

Abrechnung der Bruttobezüge

Ermittlung des Arbeitslohnes/Arbeitsentgeltes

	Ausbildungsvergütung	300,00 EUR
+	Weihnachtsgeld	300,00 EUR
=	**Bruttolohn**	**600,00 EUR**
	Arbeitslohn (steuerpflichtig)	600,00 EUR
	Arbeitsentgelt (beitragspflichtig)	600,00 EUR

Steuerliche Abzüge

	Lohnsteuer	0,00 EUR
	Solidaritätszuschlag	0,00 EUR
	Kirchensteuer	0,00 EUR
=	**Summe steuerrechtliche Abzüge**	**0,00 EUR**

Sozialversicherungsbeiträge

	Krankenversicherung (8,2 % von 275,00 EUR)	22,55 EUR
	Pflegeversicherung (½ × (2,05 % von 275,00 EUR))	2,82 EUR
	Rentenversicherung (½ × (18,9 % von 275,00 EUR))	25,99 EUR
	Arbeitslosenversicherung (½ × (3,0 % von 275,00 EUR))	4,13 EUR
=	**Summe Sozialversicherungsbeiträge (Arbeitnehmer)**	**55,49 EUR**

Gesamtabrechnung		
	Bruttolohn	600,00 EUR
—	Steuerrechtliche Abzüge (Arbeitnehmer)	0,00 EUR
—	Sozialversicherungsbeiträge (Arbeitnehmeranteil)	55,49 EUR
=	**Auszahlungsbetrag**	**544,51 EUR**
Gesamtbelastung		
	Bruttolohn	600,00 EUR
	Sozialversicherungsbeiträge AG-Anteil	181,24 EUR
+	Umlagen U1 (1,9 % × 300,00)	5,70 EUR
+	Umlagen U2 (0,2 % × 300,00)	0,60 EUR
+	Insolvenzumlage (0,15 % × 600)	0,90 EUR
=	**Gesamtbelastung**	**788,44 EUR**

Der laufende Bezug von monatlich 300 EUR liegt unter der Geringverdienergrenze. Mit der Einmalzahlung im November wird die Grenze überschritten. Der Gesamtbezug des Jahres übersteigt jedoch nicht die Geringverdienergrenze von 3.900 EUR.

Bis zur Geringverdienergrenze von 325 EUR trägt der Arbeitgeber die Beiträge zur Kranken-, Pflege-, Renten- und Arbeitslosenversicherung allein. Bei einem Betrag zwischen 325 EUR und 600 EUR teilen sich Arbeitgeber und Arbeitnehmer die Beiträge.

5.3.2   Steuerrechtliche Abzüge

Steuerrechtlich besteht keine Sonderregelung für Geringverdiener. Der Arbeitnehmer ist entsprechend seinen persönlichen Besteuerungsmerkmalen (Steuerklasse) zu versteuern. Bei den Steuerklassen 1-4 entsteht jedoch für einen Arbeitslohn bis 325 EUR keine Lohnsteuer. Die Einmalzahlung ist nach der Jahreslohnsteuertabelle zu versteuern, was bei einem Jahresarbeitslohn unter 8.354 EUR bzw. 16.708 EUR bei Verheirateten (Grundfreibetrag) ebenfalls nicht zu einem Lohnsteuerabzug führt. Eine pauschale Versteuerung der Bezüge kommt nicht in Betracht.

Die Angaben für die Lohnsteuerermittlung müssen direkt von einem Server der Finanzverwaltung in das Abrechnungsprogramm übernommen werden — ELStAM-Verfahren. Für den Datenabruf muss der AZUBI seine Steuer-ID angeben. Für Auszubildende, die im Jahr 2014 erstmalig eine Ausbildung beginnen, ledig sind und keine Kinder haben, gilt eine Vereinfachungsregelung, wonach es ausreicht, wenn die Auszubildenden dem Arbeitgeber schriftlich bestätigen, dass es sich um ein erstes Dienstverhältnis handelt und gleichzeitig die Identifikationsnummer, das Geburtsdatum und die Religionszugehörigkeit mitteilt. Für Auszubildende ohne weitere Beschäftigung kann dann zunächst die Lohnsteuerklasse 1 unterstellt werden. Als Beleg dient die Erklärung des Auszubildenden.

> **! ACHTUNG**
>
> Der Geringverdiener ist vom geringfügig Beschäftigten (Aushilfe) zu unterscheiden. Geringverdiener sind Arbeitnehmer, die pflichtversichert in allen Zweigen der Sozialversicherung sind, bei denen der Arbeitgeber jedoch die Beiträge zu den Sozialversicherungen bis 325 EUR allein trägt. Davon zu unterscheiden sind geringfügig Beschäftigte, die von Beiträgen zur Sozialversicherung befreit sind, solange die Verdienstgrenze von durchschnittlich 450 EUR Arbeitsentgelt pro Monat eingehalten ist.

5.3.3 Sozialversicherungsbeiträge

Die Geringverdienerregelung ist gesetzlich auf zur Ausbildung beschäftigte Arbeitnehmer beschränkt. Neben Auszubildenden kann unter bestimmten Voraussetzungen die Geringverdienerregelung auch für Praktikanten angewendet werden (siehe Kapitel 4.2.7). Die Beiträge sind vom Arbeitsentgelt zu ermitteln. Das heißt: Erhält der Arbeitnehmer steuerfreie Bezüge, unterliegt dieser Teil des Bruttolohnes nicht den Beiträgen zu den Sozialversicherungen. Analoges gilt für Lohnbestandteile, die pauschal versteuert werden können, wie beispielsweise freie Kost (vgl. Kapitel 5.11). Mit der Einmalzahlung (Weihnachtsgeld) wird im Beispiel die monatliche Grenze von 325 EUR überschritten. Die sozialversicherungsrechtliche Jahresgrenze von 3.900 EUR ist jedoch eingehalten.

Somit setzen sich die Gesamtsozialversicherungsbeiträge bei einem laufenden Bezug von 300 EUR und einer zusätzlichen Einmalzahlung von 300 EUR wie folgt zusammen:

Aufteilung der Sozialversicherungsbeiträge bei Geringverdienern		
	Arbeitgeber	**Arbeitnehmer**
Krankenversicherung (15,5 %)	50,38 EUR + 20,08 EUR	22,55 EUR
Pflegeversicherung (2,05 %)	6,66 EUR + 2,82 EUR	2,82 EUR

	Arbeitgeber	Arbeitnehmer
Rentenversicherung (18,9 %)	61,43 EUR + 25,99 EUR	25,99 EUR
Arbeitslosenversicherung (3,0 %)	9,75 EUR + 4,13 EUR	4,13 EUR

Bei einem Arbeitsentgelt über der Geringverdienergrenze, trägt der Arbeitgeber die Sozialversicherungsbeiträge aus 325 EUR vollständig. Für den 325 EUR übersteigenden Teil des Arbeitsentgelts teilen sich Arbeitgeber und Arbeitnehmer die Sozialversicherungsbeiträge hälftig (Ausnahme: Krankenversicherung 7,3 % AG, 8,2 % AN).

Ohne die Einmalzahlung trägt der Arbeitgeber die Beiträge vollständig. Unter der Voraussetzung, dass die Ausbildungsvergütung von 300 EUR **ohne eine Einmalzahlung** geleistet wird, entstehen folgende Arbeitgeber- bzw. Arbeitnehmeranteile zu den Sozialversicherungen.

	Arbeitgeber	Arbeitnehmer
Krankenversicherung (15,5 %)	46,50 EUR	-.-
Pflegeversicherung (2,05 %)	6,15 EUR	-.-
Zuschlag zur Pflegeversicherung (0,25 %)	-.-	-.-
Rentenversicherung (18,9 %)	56,70 EUR	-.-
Arbeitslosenversicherung (3,0 %)	9,00 EUR	-.-

Tab. 14: Sozialversicherungsbeiträge für Geringverdiener bei 300 EUR Entgelt

Für sozialversicherungspflichtige Arbeitnehmer ist ein Zuschlag von 0,25 % zur Pflegeversicherung zu entrichten. Voraussetzung für die Beitragspflicht ist jedoch, dass der Arbeitnehmer das 23. Lebensjahr vollendet hat. Der Arbeitnehmer im Beispiel liegt unter dieser Altersgrenze, es entsteht somit kein Zuschlag, den der Arbeitgeber zu tragen hätte.

Beitragspflichtig für die Zuschläge zur Pflegeversicherung ist eigentlich der Arbeitnehmer, sofern er keine leiblichen oder adoptierten Kinder nachweisen kann. Die Spitzenverbände der Sozialversicherungen haben jedoch klargestellt, dass für Geringverdiener der Arbeitgeber nach § 20 Abs. 3 SGB IV auch den Zuschlag zur Pflege-versicherung bzw. Krankenversicherung trägt. Entsprechend ist für zur **Ausbildung beschäftigte Arbeitnehmer über 23 Jahre** ohne Kinder der Zuschlag zur Pflege-versicherung in Höhe von 0,25 % des beitragspflichtigen Entgelts vom Arbeitgeber vollständig zu übernehmen. Den Krankenversicherungsbeitrag von 15,5 % teilen sich Arbeitgeber (7,3 %) und Arbeitnehmer (8,2 %). Der Arbeitnehmer muss jedoch seinen Anteil nur für den Betrag über 325 EUR leisten. Bis 325 EUR übernimmt der Arbeitgeber den Gesamtbeitrag.

Maßgeblich für die Sozialversicherung ist das beitragspflichtige Entgelt. Erhält der Auszubildende einen Zuschuss zur Vermögensbildung, gehört dieser zum sozial-versicherungspflichtigen Entgelt. Hingegen sind Beiträge für eine betriebliche Al-tersvorsorge in der Regel steuer- und sozialversicherungsfreies Arbeitsentgelt (vgl. Kapitel 5.9).

5.3.4 Arbeitgeberbelastung

Für Auszubildende mit einer Ausbildungsvergütung bis 325 EUR pro Monat trägt der Arbeitgeber die Sozialversicherungsbeiträge als zusätzliche Arbeitgeberbelastung. Eine Abweichung von dieser Regelung besteht, wenn das laufende Entgelt mit einer Einmalzahlung die Geringverdienergrenze übersteigt. In diesem Fall findet in der Kranken-, Pflege-, Renten- und Arbeitslosenversicherung eine Aufteilung des übersteigenden Betrags zwischen Arbeitgeber und Arbeitnehmer statt. Im Bei-spiel sind für den Arbeitgeber neben den Sozialversicherungsbeiträgen aus 325 EUR auch aus 275 EUR zu ermitteln, diese jedoch nur hälftig. Somit ergeben sich für die Beiträge folgende Bemessungsgrundlagen bzw. Beitragsaufteilung:

	Arbeitgeber		Arbeitnehmer
Bemessungsgrundlage	325 EUR	275 EUR	275 EUR
Krankenversicherung	15,5 %	7,3 %	8,2 %
Pflegeversicherung	2,05 %	1,025 %	1,025 %
Zuschlag zur Pflegeversicherung	0,25 %	--	0,25
Rentenversicherung	18,9 %	9,45 %	9,45 %
Arbeitslosenversicherung	3,0 %	1,5 %	1,5 %

Tab. 15: Aufteilung der Sozialversicherungsbeiträge bei Überschreiten der Geringverdiener-grenze

Im Beispiel trägt der Arbeitgeber die Sozialversicherungsbeiträge bis 325 EUR voll und für 275 EUR je zur Hälfte. Eine Ausnahme besteht ggf. für den Zuschlag zur Pflegeversicherung. Beim Pflegeversicherungszuschlag trägt der Arbeitgeber die Beiträge für 325 EUR alleine, für den übersteigenden Teil (275 EUR) muss der Arbeitnehmer die Beitragslast tragen. Die Umlagen U1 und U2 sind nur aus dem laufenden Bezug zu berechnen. Eine Beitragspflicht für Einmalzahlungen besteht nicht. Die Insolvenzumlage ist aus dem rentenversicherungspflichtigen Entgelt zu berechnen, also auch aus der Einmalzahlung. In 2014 beträgt die Insolvenzumlage 0,15 % des Arbeitsentgelts. Für den Arbeitgeber ergibt sich im Beispiel folgende Gesamtbelastung unter Annahme der Umlagesätze U1/U2 von 1,9 % bzw. 0,2 %:

Arbeitgeberbelastung bei Arbeitsentgelt in der Geringverdienergrenze	
Gesamtbelastung	
Bruttolohn	600,00 EUR
+ Krankenversicherung (15,5 % von 325,00 EUR)	50,38 EUR
+ Krankenversicherung (7,3 % von 275,00 EUR)	20,08 EUR
+ Pflegeversicherung (2,05 % von 325,00 EUR)	6,66 EUR
+ Pflegeversicherung (1,025 % von 275,00 EUR)	2,82 EUR
+ Rentenversicherung (18,9 % von 325,00 EUR)	61,43 EUR
+ Rentenversicherung (9,45 % von 275,00 EUR)	25,99 EUR
+ Arbeitslosenversicherung (3,0 % von 325,00 EUR)	9,75 EUR
+ Arbeitslosenversicherung (1,5 % von 275,00 EUR)	4,13 EUR
= **Summe Sozialversicherungsbeiträge (Arbeitgeber)**	**184,01 EUR**
+ Umlagen U1 (1,9 % × 300,00 EUR)	5,70 EUR
+ Umlagen U2 (0,2 % × 300,00 EUR)	0,60 EUR
+ Insolvenzumlage (0,15 % × 600,00 EUR)	0,90 EUR
= **Gesamtbelastung**	**788,44 EUR**

Neben den Sozialversicherungsbeiträgen entsteht für Arbeitnehmer im Bau- und im Baunebengewerbe zusätzlich der Beitrag zur ZVK. Zusätzlich fallen auch für Auszubildende jährliche Beiträge zur Berufsgenossenschaft und unter Umständen eine Schwerbehindertenabgabe an. Auszubildende werden jedoch nicht in die Mitarbeiterzahl für die Ermittlung der Betriebsgröße eingerechnet. Für Betriebe über 30 vollzeitbeschäftigte Arbeitnehmer entsteht nicht die U1-Umlage. Die Umlagesätze hängen von der Krankenkasse ab, bei welcher der Arbeitnehmer krankenversichert ist.

5.4   Erhält der Arbeitnehmer VwL oder Fahrgeld?

Bei **Vermögenswirksamen Leistungen** (VwL**)** handelt es sich um Geldleistungen, die der Arbeitgeber für den Arbeitnehmer in einer bestimmten vorgeschriebenen Form anlegt. Erfolgt die Überweisung durch den Arbeitgeber, gibt es zwei verschiedene staatliche Förderarten:

- Anlage zum Wohnungsbau (Bausparkassenbeiträge oder Entschuldung von Wohnungseigentum) und geförderte Kapitalversicherungsverträge.
- Anlagen in betrieblichen oder außerbetrieblichen Beteiligungen (Erwerb von Aktien, Anteilen an Aktienfonds, Beteiligung an Unternehmungen des Arbeitgebers durch stille Beteiligung oder Darlehen).

Es können beide Sparformen mit der zugehörigen staatlichen Förderung nebeneinander in Anspruch genommen werden.

Arbeitgeberzuschüsse zur Vermögensbildung in Arbeitnehmerhand sind nicht lohnsteuerlich begünstigt. Sie gehören zum laufenden Arbeitslohn und Arbeitsentgelt und unterliegen damit der Lohnsteuer und den Beiträgen zur Sozialversicherung. Eine Pflicht des Arbeitgebers zur Gewährung eines Zuschusses zu einem Vermögensbildungsvertrag besteht nicht. In ca. 80 % der Tarifverträge ist jedoch ein Arbeitgeberzuschuss zu einem VL-Vertrag geregelt. Ist der Arbeitgeber nicht tarifgebunden, ist seine Zahlung eines Zuschusses freiwillig. Die Vermögensbildung des Arbeitnehmers wird staatlich gefördert, sofern bestimmte Einkommensgrenzen eingehalten sind. Die Förderung gewährt die Finanzverwaltung in Form einer Arbeitnehmer-Sparzulage im Zuge der **Einkommensteuererklärung**. Seit 2008 können Arbeitgeberzuschüsse zur Vermögensbildung auch in einer betrieblichen Altersvorsorge angespart werden. In diesem Fall besteht die staatliche Förderung darin, dass bis zu 4 % der Beitragsbemessungsgrenze der Rentenversicherung steuer- und sozialversicherungsfrei bleiben.

Leistet der Arbeitgeber für die Fahrten zur Arbeit (und zurück) einen Zuschuss zum **Fahrgeld**, ist dies zunächst steuer- und sozialversicherungspflichtiger Arbeitslohn. Für die Fahrten zwischen Wohnung und Arbeitsstätte (einfache Entfernung), kann das Fahrgeld jedoch pauschal mit einem Steuersatz von **15 %** versteuert werden. Die pauschale Besteuerung ist jedoch insoweit eingeschränkt, dass sie vom Arbeitgeber nur in dem Umfang durchgeführt werden darf, wie der Mitarbeiter Werbungskosten in seiner Einkommensteuererklärung geltend machen kann. Zusätzlich zur pauschalen Lohnsteuer ist der Solidaritätszuschlag in Höhe von 5,5 % und ggf. die pauschale Kirchensteuer mit 4 % bis 7 % auf den Betrag der Lohnsteuer zu entrichten.

▶ **BEISPIEL**

Monika Waldmann erhält ein monatliches Bruttogehalt von 1.900 EUR. Für den täglichen Weg zur Arbeit (27 km einfache Entfernung) erstattet ihr der Arbeitgeber die Kosten für den öffentlichen Nahverkehr in Höhe von 54 EUR. Das Fahrgeld soll soweit wie möglich pauschal versteuert werden. Die Pauschalsteuer trägt der Arbeitgeber. Außerdem zahlt er ihr einen Zuschuss von 14 EUR zu den vermögenswirksamen Leistungen (VwL). Den Zuschuss überweist er zusammen mit einem Eigenanteil von 26 EUR direkt an die Bausparkasse. Frau Waldmann ist bei einer gesetzlichen Krankenkasse (KK) krankenversichert, der Beitragssatz soll 15,5 % betragen. Der Datenabruf aus der ELStAM-Datenbank hat die Steuerklasse 1 und die Konfession „rk" zurückgemeldet. Der Firmensitz ist in Baden-Württemberg. Frau Waldmann hat keine Kinder. Der Umlagesatz wird mit 1,9 % in der U1-Umlage und mit 0,2 % in der U2-Umlage angenommen.

5.4.1 Entgeltabrechnung

Abrechnung der Bruttobezüge

Ermittlung des Arbeitslohnes/Arbeitsentgeltes

	Gehalt	1.900,00 EUR
+	Zuschuss VwL	14,00 EUR
+	Fahrgeld (pauschal versteuert — AG)	54,00 EUR
=	**Bruttolohn**	**1.968,00 EUR**
	Arbeitslohn (steuerpflichtig)	1.914,00 EUR
	Arbeitsentgelt (beitragspflichtig)	1.914,00 EUR

Steuerliche Abzüge

	Lohnsteuer (lt. Monatstabelle. f. 1.914,00 EUR bei Steuerklasse 1)	188,58 EUR
+	Solidaritätszuschlag	10,37 EUR
+	Kirchensteuer (8 %)	15,08 EUR
=	**Summe steuerrechtliche Abzüge**	**214,03 EUR**

Sozialversicherungsbeiträge

	Krankenversicherung (8,2 % von 1.914,00 EUR)	156,95 EUR
+	Pflegeversicherung (½ × (2,05 % von 1.914,00 EUR))	19,62 EUR
+	Zuschlag zur Pflegeversicherung (0,25 % von 1.914,00 EUR)	4,79 EUR

+	Rentenversicherung (½ × (18,9 % von 1.914,00 EUR))	180,87 EUR
+	Arbeitslosenversicherung (½ × (3,0 % von 1.914,00 EUR))	28,71 EUR
=	**Summe Sozialversicherungsbeiträge (Arbeitnehmer)**	**390,94 EUR**

Gesamtabrechnung

	Bruttolohn	1.968,00 EUR
—	Steuerrechtliche Abzüge (Arbeitnehmer)	214,03 EUR
—	Sozialversicherungsbeiträge (Arbeitnehmeranteil)	390,94 EUR
—	Überweisung an Bausparkasse	40,00 EUR
=	**Auszahlungsbetrag**	**1.323,03 EUR**

Gesamtbelastung

	Bruttolohn	1.968,00 EUR
+	Sozialversicherungsbeiträge AG-Anteil	368,92 EUR
+	Pauschale Lohnsteuer auf Fahrgeld	8,10 EUR
+	Pauschale Kirchensteuer auf Fahrgeld	0,48 EUR
+	Solidaritätszuschlag auf Fahrgeld	0,44 EUR
+	Umlagen U1 (1,9 % × 1.914,00 EUR)	36,37 EUR
+	Umlagen U2 (0,2 % × 1.914,00 EUR)	3,83 EUR
+	Insolvenzumlage (0,15 % × 1.914,00 EUR)	2,87 EUR
=	**Gesamtbelastung**	**2.389,01 EUR**

Tab. 16: Entgeltabrechnung mit VL und Fahrgeld

Arbeitslohn sind alle Leistungen des Arbeitgebers in Geld oder Geldeswert. Nicht zum steuerpflichtigen Arbeitslohn, der nach Tabelle versteuert wird, gehören pauschal versteuerte Leistungen oder steuerfreie Lohnnebenleistungen. Vom steuerpflichtigen Arbeitslohn ist die Lohn- und Kirchensteuer zu ermitteln. Die Höhe der Lohnsteuer bemisst sich nach den Besteuerungsmerkmalen des Arbeitnehmers. Steuermerkmale sind neben der Steuerklasse (1-5) die Lohnsteuerfreibeträge, die Kirchenzugehörigkeit und eventuell zum Haushalt gehörende Kinder. Die Höhe der Kirchensteuer richtet sich nach dem Kirchensteuersatz im Bundesland des Arbeitgebersitzes (8 % oder 9 % des Lohnsteuerbetrages). Im Beispiel wird mit dem Satz von 8 % für Baden-Württemberg gerechnet. Zusätzlich zur Lohn- und Kirchensteuer ist der Arbeitgeber verpflichtet, den Solidaritätszuschlag von 5,5 % auf den Lohnsteuerbetrag zu ermitteln und im Direktabzug vom Bruttolohn abzuziehen.

Berechnungsgrundlage für die Beiträge zur Sozialversicherung ist das Arbeitsentgelt. Pauschal versteuerte Lohnbestandteile und sozialversicherungsfreie Leistungen des Arbeitgebers zählen nicht zum Arbeitsentgelt. Vom Arbeitsentgelt sind die Beiträge zur Sozialversicherung zu ermitteln. Sie werden je zur Hälfte von Arbeitnehmer und Arbeitgeber getragen. Der Anteil des Arbeitgebers ist mit dem vom Arbeitnehmer einbehaltenen Teil an die Krankenkasse des Arbeitnehmers zu überweisen.

5.4.2 Steuerrechtliche Abzüge

Die Arbeitnehmerin war im Abrechnungsmonat durchgehend beschäftigt. Für die Lohnsteuerermittlung sind 30 Steuertage bzw. die Monatslohnsteuertabelle anzuwenden. Die Lohnsteuer kann aus einer Tabelle oder mithilfe eines Lohnsteuerprogramms ermittelt werden. Frau Waldmann gehört einer kirchensteuerberechtigten Glaubensgemeinschaft an. Aus dem Bundesland des Firmensitzes (Baden-Württemberg) ergibt sich die Höhe der Kirchensteuer (8 %) auf den Betrag der Lohnsteuer. Das Fahrgeld von 54 EUR ist steuer- und sozialversicherungspflichtig. Im Beispiel wird jedoch von der Möglichkeit der pauschalen Versteuerung Gebrauch gemacht. Der Zuschuss zu den vermögenswirksamen Leistungen (14 EUR im Beispiel) unterliegt, wie das Gehalt, den Abzügen zur Lohn- und Kirchensteuer, dem Solidaritätszuschlag sowie den Sozialversicherungen.

Vermögenswirksame Leistungen

Spart der Arbeitnehmer aus Einmalzahlungen oder einen Teil des Nettolohnes in speziellen vermögenswirksamen Sparverträgen oder in Vermögensbeteiligungen, kann er dafür im Rahmen seiner **Einkommensteuererklärung** eine Arbeitnehmer-Sparzulage erhalten. Die Sparzulage wird vom Finanzamt nur dann gewährt, wenn bestimmte Einkommenshöchstgrenzen nicht überschritten werden. Entscheidend ist das zu versteuernde Einkommen im Kalenderjahr. Der Arbeitgeber ist nur noch insoweit eingebunden, als er die vermögenswirksamen Leistungen für den Arbeitnehmer anlegen (überweisen) muss.

! ACHTUNG

Nicht der Bruttoarbeitslohn, sondern die Summe der Einkünfte im Kalenderjahr abzüglich Pauschalen und Freibeträgen ist für die Gewährung der Sparzulage maßgebend. Wird diese Grenze überschritten, erhält der Arbeitnehmer keine Sparzulage.

Für den Anspruch auf Sparzulage liegt seit 2009 die Höchstgrenze des zu versteuernden Einkommens bei:

- 20.000 EUR für Ledige und
- 40.000 EUR für Verheiratete.

Im Regelfall wird diese Einkommensgrenze bei einem jährlichen Bruttoarbeitslohn von ca. 25.700 EUR bzw. ca. 51.400 EUR gemeinsames Einkommen bei Verheirateten erreicht. Für die Anwendung der Einkommensgrenze von 40.000 EUR für Ehegatten ist allein maßgeblich, ob tatsächlich eine Zusammenveranlagung durchgeführt wird. Aus diesem Grunde ist die 40.000-Euro-Grenze auch bei der Zusammenveranlagung des überlebenden Ehegatten mit dem verstorbenen Ehegatten im Todesjahr des Ehegatten anzuwenden.

Die Arbeitnehmer-Sparzulage beträgt **20 %** für vermögenswirksame Leistungen auf einen Höchstbetrag von **400 EUR**, wenn diese in **Vermögensbeteiligungen** angelegt werden, d. h. auf:

- Sparverträge über Wertpapiere oder andere Vermögensbeteiligungen,
- Wertpapier-Kaufverträge,
- Beteiligungs-Verträge an Unternehmensbeteiligungen,
- Beteiligungs-Kaufverträge.

Die Maximalförderung beträgt somit 80 EUR pro Jahr. Ist die Sparleistung geringer als 400 EUR, ergibt sich ein geringerer Förderbetrag. Wird die Grenze des zu versteuernden Einkommens überschritten, erhält der Arbeitnehmer auf die Vermögensbeteiligungen **keine** Sparzulage.

▶ BEISPIEL

Ein Arbeitgeber bietet einmal jährlich seinen Mitarbeitern Aktien mit einem Börsenkurs in Höhe von 500 EUR zum Preis von 300 EUR an.
Beurteilung
Der geldwerte Vorteil aus der Vermögensbeteiligung beträgt 200 EUR und ist nach § 3 Nr. 39 EStG steuer- und sozialversicherungsfrei. Zusätzlich kann die Sparzulage im Rahmen der Einkommensteuererklärung gewährt werden, sofern die Einkommensgrenzen eingehalten sind.

! ACHTUNG

Die Steuerfreiheit für die vergünstigte Gewährung von Vermögensbeteiligungen besteht nur, wenn diese zusätzlich und freiwillig zum Arbeitslohn bezahlt werden. Eine Umwandlung zu Lasten von laufendem Arbeitslohn führt zu einer Steuerpflicht. Die Steuerpflicht kann auch entstehen, wenn die Vermögensbeteiligung aus betrieblicher Übung zu leisten ist.

Darüber hinaus kann der Mitarbeiter eine Arbeitnehmer-Sparzulage von **9 %** für vermögenswirksame Leistungen auf einen Höchstbetrag von **470 EUR** erhalten, sofern die vermögenswirksame Leistung angelegt wird

- nach dem Wohnungsbau-Prämiengesetz (§ 2 Abs. 1 Nr. 4 VermBG; Abschnitt 9) oder
- für den Bau, den Erwerb, den Ausbau, die Erweiterung oder die Entschuldung eines Wohngebäudes genutzt wird.

Für den Anspruch auf diese Sparzulage beim Bausparen liegt die Höchstgrenze des jährlich zu versteuernden Einkommens bei:

- 17.900 EUR für Ledige und
- 35.800 EUR für Verheiratete.

Wird die Grenze des zu versteuernden Einkommens in der Einkommensteuererklärung überschritten, besteht kein Anspruch auf die staatliche Sparzulage. Die Sparzulage von maximal **42,30 EUR** pro Jahr wird nur für vermögenswirksame Leistungen in Bausparverträgen gewährt. Die Sparzulage bezahlt nicht der Arbeitgeber, sondern der Mitarbeiter erhält sie im Erstattungsverfahren vom Finanzamt über seine Einkommensteuererklärung. Im Übrigen sind vermögenswirksame Leistungen nicht auf den zulagefähigen Höchstbetrag von 470 EUR beschränkt. Vermögenswirksame Leistungen liegen deshalb auch insoweit vor, als der begünstigte Höchstbetrag (400 EUR bzw. 470 EUR) überschritten wird oder der Anspruch auf Arbeitnehmer-Sparzulage nicht besteht, weil das Einkommen des Arbeitnehmers die Einkommensgrenze übersteigt. Spart der Arbeitnehmer über diesen Höchstbetrag hinaus, erhält er also für die zusätzliche Sparsumme keine Sparzulagen.

Ein Arbeitnehmer, der beide Sparformen voll nutzt (Bausparen und Erwerb von Beteiligungen), kann somit bis zu 122,30 EUR Sparzulage pro Jahr erhalten, sofern er 870 EUR in unterschiedliche Sparformen anlegt. Die höchstmögliche Arbeitnehmer-Sparzulage kann nur erhalten, wer sowohl in Vermögensbeteiligungen als auch in Bausparern bzw. in Anlagen für den Wohnungsbau anlegt. Dies bedingt zwei Anlageverträge. Da nur Zahlungen durch den Arbeitgeber mit Zulage begünstigt sind, muss dieser zwei Verträge bedienen.

Die Sparzulage wird erst nach Ablauf einer Sperrfrist ausgezahlt. Das bedeutet, dass der Arbeitnehmer die Gewährung der Sparzulage wie bisher im Rahmen seiner Einkommensteuererklärung jährlich beantragen muss. Sie wird ihm jedoch erst nach Ablauf der Sperrfrist (in der Regel 7 Jahre) ausgezahlt. Wurden die vermögenswirksamen Leistungen auf einen Bausparvertrag eingezahlt und wird dieser zugeteilt, so wird die Sparzulage bei Zuteilung des Bausparvertrags ausgezahlt. Hat der Arbeitnehmer Anspruch auf Sparzulage, muss er sich die Höhe des Anlagebetrages von seinem Kreditinstitut bescheinigen lassen.

Vermögenswirksame Leistungen nach dem 5. Vermögensbildungsgesetz können für alle Arbeitnehmer im Sinne des Arbeitsrechts erbracht werden, gleichgültig, ob sie beschränkt oder unbeschränkt steuerpflichtig sind. Der Arbeitnehmer kann vermögenswirksame Leistungen auf Verträge anlegen lassen, die von seinem Ehegatten abgeschlossen wurden. Dies gilt auch für Verträge von Kindern des Arbeitnehmers, solange die Kinder zu Beginn des Kalenderjahres, in dem die vermögenswirksame Leistung erbracht wird, das 17. Lebensjahr noch nicht vollendet haben. Der Arbeitgeber darf also in den genannten Fällen die vermögenswirksamen Leistungen seines Arbeitnehmers auf Verträge überweisen, die auf den Namen des Ehegatten oder eines Kindes lauten.

Eine Weiterentwicklung der vermögenswirksamen Leistungen ist die Altersvorsorgewirksame Leistung (AVwL). Bei der AVwL spart der Arbeitnehmer seine Vermögensbildung in einer Sparform der betrieblichen Altersvorsorge. Diese hat den Vorteil, dass sie bis zu 4 % der Beitragsbemessungsgrenze der jährlichen Rentenversicherung steuer- und sozialversicherungsfrei bleiben kann. Details dazu finden Sie im Kapitel 5.9.

Fahrgeld

Wird Fahrgeld als Ersatz für die Fahrt mit öffentlichen Verkehrsmitteln oder mit dem privaten Pkw gewährt, ist es steuer- und sozialversicherungspflichtiger Arbeitslohn. Der Arbeitgeber kann das Fahrgeld jedoch insoweit mit **15 % pauschal** versteuern, wie der Arbeitnehmer Werbungskosten in seiner Einkommensteuererklärung geltend machen kann. Das bedeutet, der Arbeitnehmer kann in 2013 für die einfache Entfernung zwischen Wohnung und Arbeitsstätte ab dem 1. Kilometer pro Kilometer folgende Werbungskosten geltend machen:

pro km = 0,30 EUR

Zusätzlich gilt für Fahrten mit öffentlichen Verkehrsmitteln ein Höchstbetrag von 4.500 EUR pro Jahr als Werbungskostenansatz.

Die Werbungskosten sind mit der Anzahl der Arbeitstage pro Monat zu multiplizieren. Der sich ergebende Betrag ist die Obergrenze für das Fahrgeld, wenn es pauschal versteuert werden soll. Wird ein höheres Fahrgeld bezahlt, unterliegt der übersteigende Betrag der Lohnsteuer entsprechend der Monatslohnsteuertabelle. Würde Frau Waldmann im Beispiel kein Fahrgeld für den Weg zur Arbeit erhalten, könnte sie arbeitstäglich folgende Werbungskosten in der Einkommensteuererklärung geltend machen:

$$27 \text{ km} \times 0{,}30 \text{ EUR} = 8{,}10 \text{ EUR}$$

Bei täglicher Nutzung des Fahrzeugs kann von **15 Arbeitstagen im Monat** ohne weiteren Nachweis ausgegangen werden. Somit können im Beispiel monatlich 121,50 EUR als Werbungskosten geltend gemacht werden. Zahlt der Arbeitgeber Fahrgeld für Fahrten mit dem privaten Pkw, kann er maximal diesen Betrag mit 15 % Pauschalsteuer der Lohnsteuer unterziehen. Übersteigt der Fahrgeldzuschuss die potentiellen Werbungskosten, ist die Differenz wieder dem Arbeitslohn des Arbeitnehmers zuzurechnen. Kann der Arbeitgeber, zum Beispiel durch einen Zeitnachweis, nachweisen, dass an mehr als 15 Tagen im Monat gearbeitet wurde, ist eine höhere Pauschalierung (z. B. 18 Tage) möglich. Aus der Aufzeichnung müssen jedoch Urlaub, Krankheit, Feiertage und sonstige Fehlzeiten hervorgehen. Im Beispiel erhält Frau Waldmann 54,00 EUR Fahrgelderstattung vom Arbeitgeber. Das Fahrgeld liegt unter dem steuerbaren Höchstbetrag von 121,50 EUR und kann vollständig pauschal versteuert werden. Darüber hinaus kann der Arbeitnehmer in der Einkommensteuererklärung die Differenz zum Höchstbetrag (67,50 EUR/Monat) als Werbungskosten geltend machen.

Wird der Werbungskostenanteil des Fahrgeldzuschusses durch den Arbeitgeber pauschal versteuert, ist dieser Betrag von Beiträgen zu den Sozialversicherungen befreit.

Im Beispiel wird das Fahrgeld pauschal versteuert. Bei einer pauschalen Versteuerung entstehen zunächst als Arbeitgeberbelastung zusätzlich:

Berechnung der Pauschalsteuern	
Pauschale Lohnsteuer (15 % auf 54 EUR)	8,10 EUR
+ Pauschale Kirchensteuer (6,0 % auf 8,10 EUR)	0,48 EUR
+ Pauschaler Solidaritätszuschlag (5,5 % auf 8,10 EUR)	0,44 EUR
= **Summe Pauschalsteuern**	**9,02 EUR**

Die Lohnabrechnung

Für die Kirchensteuer ist der pauschale Kirchensteuersatz anzuwenden. Dieser unterscheidet sich von Bundesland zu Bundesland. Im Beispiel wird der pauschale Kirchensteuersatz für Baden-Württemberg (6 %) unterstellt. Zusätzlich wird im Beispiel davon ausgegangen, dass der Arbeitgeber die pauschalen Steuern trägt. Im Gegenzug spart der Arbeitgeber bei einer pauschalen Versteuerung den Arbeitgeberanteil an den Sozialversicherungen auf den Betrag des pauschal versteuerten Fahrgelds:

Arbeitgeber-Sozialversicherungsbeiträge ohne pauschale Versteuerung	
Sozialversicherungsbeiträge	
Krankenversicherung (7,3 % von 54 EUR)	3,94 EUR
+ Pflegeversicherung (½ × (2,05 % von 54 EUR))	0,55 EUR
+ Rentenversicherung (½ × (18,9 % von 54 EUR))	5,10 EUR
+ Arbeitslosenversicherung (½ × (3,0 % von 54 EUR))	0,81 EUR
= **Summe Arbeitgeberanteil Sozialversicherungen**	**10,40 EUR**

Wird das Fahrgeld nicht pauschal versteuert, sondern wie Arbeitslohn der Lohnsteuer nach der Lohnsteuertabelle unterworfen, entfällt die Sozialversicherungsfreiheit. Zusätzlich hat der Arbeitgeber bei Pauschalversteuerung die Möglichkeit, die pauschalen Steuern im Innenverhältnis auf den Arbeitnehmer zu überwälzen. In diesem Fall wird der Gesamtbetrag von 9,02 EUR als Nettoabzug vom Auszahlungsbetrag an den Mitarbeiter abgezogen.

5.4.3 Sozialversicherungsbeiträge

Die Zuschüsse zur Vermögensbildung durch den Arbeitgeber und der Zuschuss zum Fahrgeld unterliegen grundsätzlich den Beiträgen zu den Sozialversicherungen. Wird der Zuschuss zur VwL in eine betriebliche Altersvorsorge einbezahlt, bleibt diese beitragsfrei, sofern der Höchstbetrag von 2.856 EUR pro Jahr (in 2014) nicht überschritten wird. Der Fahrgeldzuschuss ist nur in Höhe des pauschal versteuerten Anteils beitragsfrei. Die Beiträge zu den Sozialversicherungen ergeben sich als prozentualer Anteil vom Arbeitsentgelt. Im Unterschied zu den steuerlichen Abzügen ist dem Arbeitnehmer nur der halbe Beitrag vom Bruttolohn abzuziehen. Die zweite Hälfte muss der Arbeitgeber zusätzlich zum Bruttolohn leisten.

Eine Ausnahme besteht in der Pflegeversicherung. Kinderlose Arbeitnehmer müssen einen Zuschlag von 0,25 % des beitragspflichtigen Arbeitsentgelts als Zuschlag zur Pflegeversicherung entrichten, sofern sie 23 Jahre oder älter sind und nach

1940 geboren wurden. Beitragspflichtig ist nur der Arbeitnehmer — ein Arbeitgeberanteil besteht nicht. Keine Beitragspflicht besteht, wenn der Arbeitnehmer privat krankenversichert ist oder nachweisen kann, dass er Kinder bzw. Adoptivkinder hat oder hatte. Die Nachweispflicht obliegt dem Arbeitnehmer, ohne Nachweis muss der Arbeitgeber den Zuschlag zur Pflegeversicherung berechnen und abführen. Für Arbeitnehmer, die unter 23 Jahre oder im laufenden Abrechnungsmonat Eltern geworden sind, gilt die Befreiung von der Zuschlagspflicht ab dem Monat des Nachweises. Für alle gesetzlich krankenversicherten Arbeitnehmer gilt ein Zuschlag zur Krankenversicherung in Höhe von 0,9 % des krankenversicherungspflichtigen Arbeitsentgelts. Der Zuschlag ist im Gesamtbeitrag zur Krankenversicherung von 15,5 % enthalten. Die Aufteilung des Gesamtbeitrags ist jedoch: 7,3 % Arbeitgeberbeitrag und 8,2 % Arbeitnehmerbeitrag.

Der pauschal versteuerte Anteil des Fahrgelds unterliegt nicht den Beiträgen zu den Sozialversicherungen. Es entstehen weder ein Arbeitgeber- noch ein Arbeitnehmeranteil. Auf einen gegebenenfalls steuerpflichtigen Teil des Fahrgelds wären Beiträge zu allen Zweigen der Sozialversicherung zu entrichten. Ausnahmen bestehen, wenn der Arbeitnehmer in einem oder mehreren Versicherungszweigen von der Beitragspflicht befreit ist — z. B. Arbeitnehmer über 65 Jahre.

5.4.4 Arbeitgeberbelastung

Die Überweisung der Sparrate an die Bausparkasse erfolgt in der Regel zusammen mit dem Zahllauf der Lohnzahlung. Der Arbeitnehmer muss das Bestehen eines vermögenswirksamen Sparvertrages nachweisen und die Bankverbindung mitteilen. Der Arbeitgeber überweist monatlich die Sparrate des Mitarbeiters und ggf. den Arbeitgeberzuschuss zu den vermögenswirksamen Leistungen auf den Sparvertrag.

Die Aufteilung des Fahrgeldes in steuerpflichtig und pauschal versteuert muss mit dem Mitarbeiter geklärt werden. Die Abwälzung der pauschalen Steuern auf den Arbeitnehmer kann der Arbeitgeber entscheiden. Der Arbeitnehmer hat jedoch einen Anspruch auf eine Abrechnung der Brutto-Nettobezüge. Auf Wunsch des Arbeitnehmers ist der Arbeitgeber verpflichtet, die Abrechnung und die Zusammensetzung der Abzüge zu erläutern. Wird das Fahrgeld pauschal versteuert, ist der pauschale Anteil in **Zeile 18** auf der Lohnsteuerbescheinigung des Arbeitnehmers getrennt auszuweisen.

Die Lohnabrechnung

Zusätzlich zum Bruttolohn, dem Zuschuss zur Vermögensbildung und dem Fahrgeldzuschuss entstehen bei einer pauschalen Versteuerung des Fahrgelds folgende Arbeitgeberanteile zu den Sozialversicherungen:

Sozialversicherungsbeiträge	
Sozialversicherungsbeiträge	
Krankenversicherung (7,3 % von 1.914,00 EUR)	139,72 EUR
+ Pflegeversicherung (½ × (2,05 % von 1.914,00 EUR))	19,62 EUR
+ Rentenversicherung (½ × (18,9 % von 1.914,00 EUR))	180,87 EUR
+ Arbeitslosenversicherung (½ × (3,0 von 1.914,00 EUR))	28,71 EUR
= **Summe Sozialversicherungsbeiträge (Arbeitgeber)**	**368,92 EUR**

!   **ACHTUNG**

In den Sozialversicherungsbeiträgen für den Arbeitgeber ist nicht der Zuschlag für die Pflegeversicherung enthalten. Dieser ist nur vom Arbeitnehmer zu tragen.

Für den Arbeitgeber ergibt sich im Beispiel folgende Arbeitgeberbelastung:

Arbeitgeberbelastung	
Gesamtbelastung	
Bruttolohn	1.968,00 EUR
+ Sozialversicherungsbeiträge AG-Anteil	368,92 EUR
+ Pauschale Lohnsteuer auf Fahrgeld	8,10 EUR
+ Pauschale Kirchensteuer auf Fahrgeld	0,48 EUR
+ Solidaritätszuschlag auf Fahrgeld	0,44 EUR
+ Umlagen U1 (1,9 % × 1.914,00 EUR)	36,37 EUR
+ Umlagen U2 (0,2 % × 1.914,00 EUR)	3,83 EUR
+ Insolvenzumlage (0,15 % × 1.914,00 EUR)	2,87 EUR
= **Gesamtbelastung**	**2.389,01 EUR**

In der Arbeitgeberbelastung wird unterstellt, dass es sich um einen Betrieb mit nicht mehr als 30 in Vollzeit beschäftigten Arbeitnehmern handelt und die Umlage U1 zu entrichten ist. Diese entfällt für Betriebe mit mehr als 30 Vollzeitkräften. Die Umlage U2 ist von der Firmengröße unabhängig. Der Beitragssatz zu den Umlagekassen ist ebenfalls ein Annahmewert. Er ist abhängig von der Krankenkasse, bei der der Mitarbeiter krankenversichert ist. Seit 2009 müssen alle Unternehmen (mit wenigen Ausnahmen) zusätzlich die Insolvenzumlage entrichten und auf dem Beitragsnachweis an die Krankenkasse melden. In 2013 wurde der Beitragssatz auf 0,15 % des Arbeitsentgelts erhöht.

Für Arbeitnehmer im Bau- und im Baunebengewerbe sind zusätzlich der Beitrag zur ZVK und die pauschale Lohnsteuer auf die Beiträge zu berücksichtigen. Neben der monatlichen Belastung fallen jährliche Beiträge zur Berufsgenossenschaft und unter Umständen eine Schwerbehindertenabgabe an.

Übernimmt der Arbeitgeber die Pauschalsteuern auf das Fahrgeld, entstehen zusätzlich als Arbeitgeberbelastung 15 % pauschale Lohnsteuer auf den Betrag des Fahrgelds sowie 5,5 % Solidaritätszuschlag auf den Betrag der pauschalen Lohnsteuer. Bei Kirchensteuerpflicht können zwischen 4 % und 7 % pauschale Kirchensteuer auf den Betrag der Pauschalsteuer als zusätzliche Belastung entstehen. Diese pauschalen Steuern könnten jedoch durch einen Nettoabzug auf den Arbeitnehmer überwälzt werden.

5.5 Hat der Arbeitnehmer Kinder?

Hat der Arbeitnehmer Kinder und wurden diese mit dem ELStAM-Datensatz oder der Ersatzbescheinigung dem Arbeitgeber übermittelt, müssen die Kinderfreibeträge bei der Ermittlung der Kirchensteuer und des Solidaritätszuschlags berücksichtigt werden. Seit dem Jahr 2010 dürfen für jedes Kind jährlich **7.008 EUR** (monatlich 584 EUR) vom steuerpflichtigen Arbeitslohn abgezogen werden. Freibeträge für Kinder sind jedoch nicht mehr bei der Ermittlung der Lohnsteuer, sondern nur für die Kirchensteuer und den Solidaritätszuschlag zu berücksichtigen. Die Kirchensteuer und der Solidaritätszuschlag ergeben sich prozentual vom Betrag der Lohnsteuer. Durch diese Regelung lassen sich bei steuerrechtlich eingetragenen Kindern die Kirchensteuer und der Solidaritätszuschlag nicht mehr direkt aus dem Betrag der Lohnsteuer errechnen. Für die Ermittlung der Kirchensteuer und des Solidaritätszuschlags ist bei lohnsteuerlich bescheinigten Kindern eine „Schattenrechnung" unter Berücksichtigung der Kinderfreibeträge durchzuführen. Auf die fiktive Lohnsteuer, unter Berücksichtigung der Kinderfreibeträge, sind dann der Solidaritätszuschlag mit 5,5 % und die Kirchensteuer mit 8 % bzw. 9 % zu bilden. Der Kinderfreibetrag sowie die Freibeträge für Betreuungs-, Erziehungs- oder Ausbildungsbedarf sind bereits in die Lohnsteuertabellen eingearbeitet.

▶ **BEISPIEL**

Für Frau Monika Waldmann wurde aus der ELStAM-Datenbank die Steuerklasse 3 und zwei Kinderfreibeträge an den Arbeitgeber übermittelt. Das monatliche Bruttogehalt beträgt 1.900 EUR. Außerdem zahlt der Arbeitgeber ihr einen Zuschuss von 14 EUR zu den vermögenswirksamen Leistungen. Er überweist den monatlichen Eigenanteil von 26 EUR zusammen mit dem Zuschuss an die Bausparkasse. Der Betrag wird gleich vom Nettoverdienst abgezogen. Frau Waldmann ist bei einer gesetzlichen Krankenkasse krankenversichert, mit einem Beitragssatz von 15,5 %. Sie gehört einer kirchensteuerberechtigten Glaubensgemeinschaft an und der Firmensitz ist in Hamburg. Das Unternehmen nimmt am Umlageverfahren U1 teil. Die Umlagen werden mit 1,9 % in der Umlagekasse U1 und 0,2 % in der Umlagekasse U2 angenommen.

5.5.1 Entgeltabrechnung

Abrechnung der Bruttobezüge

Ermittlung des Arbeitslohnes/Arbeitsentgeltes

	Gehalt	1.900,00 EUR
+	Zuschuss VwL	14,00 EUR
=	**Bruttolohn**	**1.914,00 EUR**
	Arbeitslohn (steuerpflichtig)	1.914,00 EUR
	Arbeitsentgelt (beitragspflichtig)	1.914,00 EUR

Steuerliche Abzüge

	Lohnsteuer (lt. Monatstabelle f. 1.914 EUR bei Steuerklasse 3 / 2 Kinder)	15,16 EUR
+	Solidaritätszuschlag	0,00 EUR
+	Kirchensteuer	0,00 EUR
=	**Summe steuerrechtliche Abzüge**	**15,16 EUR**

Sozialversicherungsbeiträge

	Krankenversicherung (8,2 % von 1.914,00 EUR)	156,95 EUR
+	Pflegeversicherung (½ × (2,05 % von 1.914,00 EUR))	19,62 EUR
+	Rentenversicherung (½ × (18,9 % von 1.914,00 EUR))	180,87 EUR
+	Arbeitslosenversicherung (½ × (3,0 % von 1.914,00 EUR))	28,71 EUR
=	**Summe Sozialversicherungsbeiträge (Arbeitnehmer)**	**386,15 EUR**

Gesamtabrechnung		
Bruttolohn	1.914,00 EUR
— Steuerrechtliche Abzüge (Arbeitnehmer)	15,16 EUR
— Sozialversicherungsbeiträge (Arbeitnehmeranteil)	386,15 EUR
— Überweisung an Bausparkasse	40,00 EUR
= **Auszahlungsbetrag**	**1.472,69 EUR**
Gesamtbelastung	
Bruttolohn	1.914,00 EUR
+ Sozialversicherungsbeiträge AG-Anteil	**368,92 EUR**
+ Umlagen U1 (1,9 % × 1.914,00 EUR)	36,37 EUR
+ Umlagen U2 (0,2 % × 1.914,00 EUR)	3,83 EUR
+ Insolvenzumlage (0,15 % × 1.914,00 EUR)	2,87 EUR
= **Gesamtbelastung**	**2.325,99 EUR**

In der Entgeltabrechnung ist für die Ermittlung der Kirchensteuer und des Solidaritätszuschlags eine Schattenrechnung auf Basis des um zwei Kinderfreibeträge gekürzten Arbeitslohns durchzuführen.

5.5.2　Steuerrechtliche Abzüge

Kirchensteuer

Die Kirchensteuer ergibt sich als Prozentsatz auf den Betrag der Lohnsteuer. Die Höhe richtet sich nach dem Bundesland des Firmensitzes, im Beispiel Hamburg (9 %). Grundsätzlich wären als Kirchensteuer anzusetzen:

Berechnung der Kirchensteuer				
Betrag der Lohnsteuer	×	Kirchensteuersatz	=	Kirchensteuer
15,16 EUR	×	9 %	=	1,36 EUR

Für die Ermittlung der Kirchensteuer sind Steuerfreibeträge für Kinder zu berücksichtigen. Der Ansatz von Kinderfreibeträgen richtet sich nach den auf der Lohnsteuerkarte/Ersatzbescheinigung/ELStAM eingetragenen Kindern. Für jedes Kind kann pro Jahr ein Kinderfreibetrag von **7.008 EUR** berücksichtigt werden. Pro Monat ergibt sich somit bei zwei Kindern ein Freibetrag von 1.168 EUR ((7.008 EUR : 12) × 2). Der Freibetrag kann nicht rückwirkend für beschäftigungslose Monate geltend gemacht werden. Eine Verrechnung erfolgt im Rahmen des Einkommensteuerjahresausgleichs. Der Kinderfreibetrag ist für die Berechnung der Kirchensteuer vom Arbeitslohn abzuziehen. Nur der sich ergebende „fiktive Arbeitslohn" wird dann der Lohnsteuer unterworfen. Im Beispiel ist also zunächst die Lohnsteuer für einen fiktiven Arbeitslohn von 746 EUR (1.914 EUR — 1.168 EUR) bei Steuerklasse 3 zu ermitteln. Nach der Monatslohnsteuertabelle fällt für diesen Arbeitslohn in Steuerklasse 3 keine Lohnsteuer und somit auch keine Kirchensteuer an. In verschiedenen Bundesländern gibt es eine weitere kirchensteuerliche Besonderheit — eine Mindestkirchensteuer. Die Mindestkirchensteuer wird in diesen Ländern immer dann erhoben, wenn die sich aus der Lohnsteuer ergebende Kirchensteuer unter einem Mindestbetrag liegt. Dies gilt auch, wenn sich aufgrund von Kinderfreibeträgen eine „fiktive Lohnsteuer" und somit eine kleine Kirchensteuer ergibt. In den Bundesländern Hamburg, Niedersachsen, Sachsen, Sachsen-Anhalt, Mecklenburg-Vorpommern, Schleswig-Holstein und Thüringen liegt dieser Mindestbetrag bei 0,30 EUR pro Monat, im Bundesland Hessen 0,15 EUR pro Monat. Im Beispiel ist der Betrag der Lohnsteuer unter Berücksichtigung der Kinderfreibeträge 0 EUR und somit ist **kein** Mindestbetrag von 0,30 EUR anzusetzen.

Solidaritätszuschlag

Der Solidaritätszuschlag berechnet sich als prozentualer Anteil auf den Betrag der Lohnsteuer.

Bei einem Bruttolohn von 1.914 EUR ergibt sich im Beispiel eine Lohnsteuer von 15,16 EUR in der Steuerklasse 3. Der Solidaritätszuschlag beträgt 5,5 % auf den Betrag der Lohnsteuer, also 0,83 EUR.

Auch für den Solidaritätszuschlag gilt, wie für die Kirchensteuer, dass Kinderfreibeträge bei der Berechnung zu berücksichtigen sind. Im Beispiel ergibt sich unter Berücksichtigung von zwei Kinderfreibeträgen ein „fiktiver Arbeitslohn" von 746 EUR (1.914 EUR — 1.168 EUR Kinderfreibeträge für 2 Kinder). In der Steuerklasse 3 beträgt die Lohnsteuer für 746 EUR nach der Monatslohnsteuertabelle 0 EUR, und somit fällt auch kein Solidaritätszuschlag an.

Bei der Ermittlung des Solidaritätszuschlags gilt es zusätzlich eine Besonderheit zu berücksichtigen. Solidaritätszuschlag wird erst dann erhoben, wenn die sich aus dem fiktiven Arbeitslohn ergebende Lohnsteuer einen bestimmten Betrag übersteigt. Dieser Grenzbetrag ist außerdem von der Lohnsteuerklasse abhängig. Die folgende Tabelle zeigt die Grenzbeträge abhängig von der Steuerklasse.

Steuerklasse 1, 2, 4, 5 und 6	Steuerklasse 3
972,00 EUR jährliche Lohnsteuer	1.944,00 EUR jährliche Lohnsteuer
81,00 EUR monatliche Lohnsteuer	162,00 EUR monatliche Lohnsteuer
2,70 EUR tägliche Lohnsteuer	5,40 EUR tägliche Lohnsteuer

Tab. 17: Grenzen (Nullzone) für den Solidaritätszuschlag

Die Lohnsteuergrenze, bis zu der kein Solidaritätszuschlag entsteht, liegt in den Steuerklassen 1, 2, 4, 5, 6 bei 972 EUR (jährlich), in der Steuerklasse 3 bei 1.944 EUR (§ 3 Abs. 3 Solidaritätszuschlagsgesetz). Der Bereich von 0 EUR Lohnsteuer bis zum Grenzbetrag wird **Nullzone** genannt. Liegt die Lohnsteuer unter Berücksichtigung von Kinderfreibeträgen in der Nullzone, fällt kein Solidaritätszuschlag an, obwohl vom Arbeitnehmer Lohnsteuer gezahlt werden muss. Die tägliche Lohnsteuerberechnung bzw. der tägliche Grenzbetrag ist anzusetzen, wenn der Arbeitnehmer kürzer als einen Kalendermonat beschäftigt war bzw. während eines Kalendermonats in das Unternehmen ein- oder austritt. In diesem Fall ist der Grenzbetrag mit der Anzahl der beschäftigten Kalendertage des Abrechnungsmonats zu multiplizieren.

▶ **BEISPIEL**

Frau Waldmann hat im aktuellen Monat ein laufendes Gehalt von 2.900 EUR. Sie hat Steuerklasse 3 und keine Kinder. Für den Solidaritätszuschlag ergibt sich folgende Berechnung:

Ermittlung des Solidaritätszuschlags	
Ermittlung des Arbeitslohnes/Arbeitsentgeltes	
Gehalt	2.900,00 EUR
Lohnsteuer bei Steuerklasse 3 / keine Kinder	199,66 EUR
Steuerfreigrenze für Solidaritätszuschlag bei 30 St.-Tagen	162,00 EUR
= **Solidaritätszuschlag**	**7,53 EUR**

Wären zusätzlich Kinder zu berücksichtigen, ist zunächst die „fiktive Lohnsteuer" unter Berücksichtigung der Kinderfreibeträge zu ermitteln und darauf ist dann die „Freigrenze" anzuwenden.

Übersteigt die einzubehaltende Lohnsteuer die oben genannten Freigrenzen, so wird der Solidaritätszuschlag nicht sofort in voller Höhe erhoben. Nach § 3 Abs. 5 des Solidaritätszuschlagsgesetzes gilt vielmehr eine **Gleitregelung.** In einem Übergangsbereich darf der Solidaritätszuschlag **20 %** der Differenz zwischen der Lohnsteuer und der Freigrenze nicht übersteigen. Der Übergangsbereich wird oft als **Einschleifungsbereich** bezeichnet. Im Beispiel liegt die Lohnsteuer mit 199,66 EUR über dem Freibetrag von 162 EUR. Der Solidaritätszuschlag ermittelt sich dann aus:

5,5 % Solidaritätszuschlag auf 199,66 EUR	10,98 EUR
höchstens jedoch 20 % von (199,66 EUR — 162 EUR)	7,53 EUR

Auf die Lohnsteuer von 199,66 EUR wäre also nicht ein Solidaritätszuschlag von 10,98 EUR zu erheben, sondern nur von 7,53 EUR. Bei der Berechnung des Solidaritätszuschlags bleiben nach § 4 Satz 2 Solidaritätszuschlagsgesetz Cent-Bruchteile unberücksichtigt.

> **! ACHTUNG**
>
> Die Werte im Beispiel beziehen sich auf einen ganzen Abrechnungsmonat. Ist der Arbeitnehmer nur einen anteiligen Monat durchgängig beschäftigt, sind die täglichen Freigrenzen für den Solidaritätszuschlag zu berücksichtigen.

5.5.3 Sozialversicherungsbeiträge

Kinderfreibeträge haben keinerlei Auswirkungen auf das beitragspflichtige Arbeitsentgelt und somit auch nicht auf die Beiträge zur Kranken-, Pflege-, Renten- und Arbeitslosenversicherung. Die Gesamtbeiträge zur Pflege-, Renten- und Arbeitslosenversicherung werden je zur Hälfte vom Arbeitnehmer und vom Arbeitgeber getragen. Bemessungsgrundlage ist das beitragspflichtige **Arbeitsentgelt**. In der Entgeltabrechnung wird nur der Arbeitnehmeranteil ausgewiesen. Seit der Änderung des Gesundheitsfonds trägt der Arbeitgeber 7,3 % des Arbeitsentgelts und der Arbeitnehmer 8,2 % des Entgelts als Krankenkassenbeitrag (15,5 %). Der Gesamtbeitrag aus Arbeitnehmer- und Arbeitgeberanteil erscheint auf dem Beitragsnachweis und wird im Zahlungsverkehr an die Krankenkasse berücksichtigt.

Ein Zuschlag zur Pflegeversicherung ist im Beispiel aufgrund der zwei Kinder nicht zu berücksichtigen. Wäre der Arbeitnehmer kinderlos, müsste zusätzlich 0,25 % des Arbeitsentgelts als Zuschlag zur Pflegeversicherung berechnet werden. Dieser Zusatzbeitrag entsteht nur für den Arbeitnehmer.

5.5.4 Arbeitgeberbelastung

Der Arbeitgeber überweist den Sparbetrag zur Vermögensbildung zusammen mit seinem Zuschuss an die Bausparkasse. Den Gesamtbetrag (40 EUR im Beispiel) zieht er direkt vom Auszahlungsbetrag ab.

Das Kindergeld wird nicht mehr durch den Arbeitgeber ausgezahlt. Arbeitnehmer mit Kindern erhalten von der Kindergeldkasse eine Aufforderung zur Angabe der Bankverbindung, auf die das Kindergeld direkt überwiesen wird. Das Kindergeld beträgt für die ersten beiden Kinder 184 EUR und für das dritte Kind 190 EUR. Für das 4. und jedes weitere Kind liegt das Kindergeld bei 215 EUR pro Monat.

Kinder	Kindergeld von der Kindergeldkasse
1. Kind	184 EUR
2. Kind	184 EUR
3. Kind	190 EUR
4. Kind und jedes weitere	215 EUR

Tab. 18: Kindergeld pro Kind seit 1.1.2010

Das Kindergeld wird nur bis maximal zum 25. Lebensjahr gewährt. Seit 2007 wird zusätzlich ein einkommensabhängiges Elterngeld gezahlt. Das Elterngeld wird an Vater und Mutter für maximal 14 Monate gezahlt, beide können den Zeitraum frei untereinander aufteilen. Ein Elternteil kann höchstens zwölf Monate allein nehmen, zwei weitere Monate sind als Option für den anderen Partner reserviert. Ersetzt werden 67 Prozent des wegfallenden bereinigten Nettoeinkommens, maximal 1.800 EUR im Monat. Das Mindestelterngeld, das Eltern erhalten, die vor der Geburt des Kindes nicht erwerbstätig waren, beträgt 300 EUR. Zuständige Antragsstelle ist in der Regel das Einwohnermeldeamt. Das Elterngeld wird nicht über die Gehaltsabrechnung ausbezahlt, es ist bei der Kindergeldkasse zu beantragen.

Im Beispiel ist der Sozialversicherungsbeitrag des Arbeitgebers geringer als der des Arbeitnehmers, da der Arbeitgeber einen 0,9 % niedrigeren Beitrag zur Krankenversicherung entrichtet.

Arbeitgeberbelastung	
Gesamtbelastung	
Bruttolohn	1.914,00 EUR
Krankenversicherung (7,3 % von 1.914,00 EUR)	139,72 EUR
+ Pflegeversicherung (½ × (2,05 % von 1.914,00 EUR))	19,62 EUR
+ Rentenversicherung (½ × (18,9 % von 1.914,00 EUR))	180,87 EUR
+ Arbeitslosenversicherung (½ × (3,0 % von 1.914,00 EUR))	28,71 EUR
= **Summe Sozialversicherungsbeiträge (Arbeitgeber)**	**368,92 EUR**
+ Umlagen U1 (1,9 % × 1.914,00 EUR)	36,37 EUR
+ Umlagen U2 (0,2 % × 1.914,00 EUR)	3,83 EUR
+ Insolvenzumlage (0,15 % × 1.914,00 EUR)	2,87 EUR
= **Gesamtbelastung**	**2.325,99 EUR**

In der Arbeitgeberbelastung sind zusätzlich die Beiträge zu den Umlagekassen U1/U2 berücksichtigt. Handelt es sich um ein Unternehmen mit mehr als 30 in Vollzeit beschäftigten Personen, entfällt die U1-Umlage als Arbeitgeberbelastung. Die U2-Umlage ist jedoch für alle Mitarbeiter zu ermitteln und der zuständigen Annahmestelle zu melden. Die Beitragssätze zu den Umlagekassen unterscheiden sich von Krankenkasse zu Krankenkasse. Die Werte im Beispiel sind Annahmewerte. Neben den Umlagen ist zusätzlich die Insolvenzumlage zu ermitteln, an die Krankenkasse des Arbeitnehmers abzuführen und im Beitragsnachweis unter dem Beitragsgruppenschlüssel 0-0-5-0 zu melden.

Weiterhin fallen für Arbeitnehmer im Bau- und im Baunebengewerbe Beiträge zur ZVK (Versicherungsverein auf Gegenseitigkeit, mit Sitz in Wiesbaden) und die pauschale Lohnsteuer auf die Beiträge an. Neben der monatlichen Belastung fallen jährliche Beiträge zur Berufsgenossenschaft und unter Umständen eine Schwerbehindertenabgabe sowie ggf. Beiträge zur Künstlersozialversicherung an.

5.6 Erhält der Arbeitnehmer Erstattungen für Dienstreisen?

Die meisten Tarifverträge, Betriebsvereinbarungen oder Arbeitsverträge sehen eine Regelung für die Erstattung der Kosten, die dem Arbeitnehmer im Rahmen einer auswärtigen Beschäftigung entstehen, vor. Diese sogenannten Reisekostenerstattungen sind in bestimmtem Umfang steuerfreier und sozialversicherungsfreier Nettolohn (vgl. § 3 Nr. 16 EStG). Erstattet der Arbeitgeber die Kosten der Reisetätigkeit nicht, besteht für den Mitarbeiter die Möglichkeit, entsprechende Werbungskosten in seiner Einkommensteuererklärung geltend zu machen.

Beruflich veranlasste Auswärtstätigkeit

Die Erstattung von Reisekosten ist grundsätzlich bei einer beruflichen **Auswärtstätigkeit** des Arbeitnehmers möglich. Der Gesetzgeber hat zum 1.1.2014 die Auswärtstätigkeit mit dem Begriff „**erste Tätigkeitsstätte**" ersetzt und festgelegt, dass es pro Arbeitgeber nur **eine** erste Tätigkeitsstätte geben kann. Mit der Neudefinition wurde auch festgelegt, dass die Tätigkeitsstätte eine „**ortsfeste**" Einrichtung des Arbeitgebers oder eines Dritten sein muss. Somit können Fahrzeuge, Schiffe oder Flugzeuge keine erste Tätigkeitsstätte sein. Auch das Arbeitszimmer im Haus des Arbeitnehmers kann keine erste Tätigkeitsstätte sein, da diese zwar ortsfest, jedoch nicht eine betriebliche Einrichtung des Arbeitgebers ist. Ist der Arbeitnehmer an mehreren Orten für den Arbeitgeber tätig und erfüllen alle diese Voraussetzungen, so kann der Arbeitgeber die erste Tätigkeitsstätte bestimmen. Nimmt er diese Definition nicht vor, so wird die Tätigkeitsstätte, die am nächsten zur Wohnung des Arbeitnehmers liegt, als erste Tätigkeitsstätte angenommen. Immer dann, wenn der Arbeitnehmer **nicht** an seiner ersten Tätigkeitsstätte für den Arbeitgeber tätig wird, besteht die Möglichkeit, Fahrtkosten oder Verpflegungsund Unterkunftskosten zu vergüten.

Arbeitet der Arbeitnehmer außerhalb seiner ersten Tätigkeitsstätte für den Arbeitgeber, so kann dieser dem Mitarbeiter für die Auswärtstätigkeit die Auslagen und Pauschalen für Fahrzeug und Verpflegung steuer- und sozialversicherungsfrei erstatten.

Hat der Arbeitnehmer eine Auswärtstätigkeit mit seinem eigenen Pkw durchgeführt, dürfen **0,30 EUR** pro gefahrenen Kilometer steuer- und sozialversicherungsfrei erstattet werden. War der Arbeitnehmer während der Dienstreise nicht in einem Hotel, sondern privat untergebracht, kann ggf. eine Pauschale von **20 EUR** pro Inlandsübernachtung steuerfrei ersetzt werden. Für Dienstreisen ins Ausland gelten pro Land unterschiedliche Übernachtungspauschalen.

Zusätzlich darf der Arbeitgeber bei Dienstreisen von mehr als 8 Stunden einen steuerfreien Zuschuss zur Verpflegung des Arbeitnehmers bezahlen. Diese Verpflegungspauschale staffelt sich nach der Dauer der Reise. Für eine Dienstreise im

Die Lohnabrechnung

Inland können Verpflegungsmehraufwendungen bis zu folgenden Beträgen pro Kalendertag steuer- und sozialversicherungsfrei erstattet werden:

- 24 EUR bei einer Abwesenheit von mindestens 24 Stunden
- 12 EUR bei einer Abwesenheit von mehr als 8 Stunden, aber weniger als 24 Stunden
- 12 EUR für den An- und/oder Abreisetag

Maßgebend ist die Abwesenheitsdauer von der Wohnung bzw. der ersten Tätig-keitsstätte. Führt der Arbeitnehmer an einem Kalendertag mehrere Dienstreisen durch, können die Abwesenheitszeiten an diesem Kalendertag zusammengerech-net werden. Zusätzlich darf am An- und Abreisetag ebenfalls ein Pauschalbetrag von 12 EUR steuer- und sozialversicherungsfrei erstattet werden, unabhängig von einer Mindeststundenzahl der Abwesenheit.

Erhält der Arbeitnehmer bei einer Auswärtstätigkeit auf Veranlassung des Arbeit-gebers oder durch einen Dritten eine oder mehrere Mahlzeiten, so stellen diese ei-nen geldwerten Vorteil im Sinne des Lohnsteuerrechts dar. Übliche Mahlzeiten, mit einem Preis bis 60 Euro pro Mahlzeit, die der Mitarbeiter auf Veranlassung seines Arbeitgebers erhält, müssen mit den sogenannten Sachbezugswerten versteuert werden (vgl. Kapitel 5.11). Hat der Arbeitnehmer Anspruch auf eine Verpflegungs-pauschale, führt die Gewährung von Mahlzeiten zu einer Kürzung der Pauschalen. Die Kürzungen betragen:

- 20 % der Tagespauschale (24 Stunden) pro Frühstück
- 40 % der Tagespauschale (24 Stunden) pro Mittagessen oder Abendessen

Soll dem Arbeitnehmer eine Hotelrechnung erstattet werden, umfasst diese in der Regel auch die Kosten für ein Frühstück. Diese Kosten müssen herausgerechnet werden, da es sich hierbei um einen geldwerten Vorteil handelt. Weist die Hotel-rechnung nur einen Gesamtbetrag — Unterkunft mit Frühstück — aus, so ist für das Frühstück der Erstattungsbetrag um **20 %** der Verpflegungspauschale zu kürzen. Bemessungsgröße ist der Verpflegungssatz am Unterkunftsort für eine 24-stün-dige Abwesenheit — in Deutschland also 20 % von 24 EUR = 4,80 EUR.[23] Die Kürzung der Erstattung ist auch dann anzusetzen, wenn der Arbeitnehmer steuerlich keine Verpflegungspauschale erhalten kann, weil seine Reise an einem Tag weniger als 8 Stunden gedauert hat.

---

[23] Mit dem Wachstumsbeschleunigungsgesetz vom 18.12.2009 wurde eine Herabsetzung der Um-satzsteuer für Hotelrechnungen auf 7 % beschlossen. Die Mehrwertsteuer von 19 % gilt jedoch für das Frühstück. Somit ist der Betrag des Frühstücks, zumindest für die Umsatzsteuer, ge-trennt auf der Hotelrechnung auszuweisen.

Erhält der Arbeitnehmer alle Mahlzeiten auf Veranlassung des Arbeitgebers kostenlos, so hat er keinen Anspruch mehr auf eine steuerfreie Verpflegungspauschale. Außerdem ist auf der Lohnsteuerbescheinigung der Großbuchstabe „M" zu bescheinigen. Mit dem Ausweis wird der Finanzverwaltung mitgeteilt, dass vom Arbeitgeber kostenlose Mahlzeiten gewährt wurden und keine Verpflegungspauschale in der Einkommensteuererklärung geltend gemacht werden können.

Hat der Arbeitnehmer keinen Anspruch auf eine Verpflegungspauschale, weil zum Beispiel die Auswärtstätigkeit kürzer als 8 Stunden war, und erhält der Mitarbeiter aber eine kostenlose Mahlzeit, so ist diese mit den Sachbezugswerten in die Lohnabrechnung aufzunehmen und zu versteuern. In 2014 gelten für Mahlzeiten folgende Sachbezugswerte:

- 1,63 EUR pro Frühstück
- 3,00 EUR pro Mittagessen/Abendessen

Zusätzlich besteht ab 2014 die Möglichkeit, die Sachbezugswerte pauschal mit einem Steuersatz von 25 % zu versteuern. Die pauschale Versteuerung löst dann die Beitragsfreiheit in den Sozialversicherungen aus.

Bei Auslandsreisen sind ab 2014 Verpflegungsmehraufwendungen nur noch in Form von festen Pauschbeträgen möglich. Für die einzelnen Länder sind die maßgebenden Auslandstagegelder festgelegt. Bei Reisen vom Inland in das Ausland bestimmt sich der Pauschbetrag nach dem Ort, den der Arbeitnehmer vor 24 Uhr Ortszeit erreicht hat. Für eintägige Reisen in das Ausland und für Rückreisetage aus dem Ausland in das Inland ist der Pauschalbetrag des letzten Tätigkeitsortes im Ausland maßgebend. Das Bundesministerium der Finanzen veröffentlicht dazu pro Land die Festlegung der steuerfreien Pauschalen. Für Tätigkeiten im Ausland gibt es nur noch zwei Pauschalen in Höhe von **120 Prozent und 80 Prozent** der Auslandstagegelder nach dem Bundesreisekostengesetz unter den gleichen Voraussetzungen wie bei den inländischen Pauschalen.

▶ **BEISPIEL**

Frau Monika Waldmann war im Abrechnungsmonat auf Geschäftsreisen und besuchte Kunden im In- und Ausland. Die Reise beginnt am Sonntagabend um 20:00 Uhr und führt sie in die Niederlande. Sie erreicht das Hotel um 23:30 und übernachtet in Holland. Von Montag auf Dienstag übernachtet sie ebenfalls in den Niederlanden. Frau Waldmann legt dem Arbeitgeber **keine** Hotelrechnung für die Übernachtungen vor. Am Dienstag um 6 Uhr bricht Sie auf zu einem Kunden nach Köln. Von Dienstag auf Mittwoch übernachtet sie in einem deutschen Hotel. Der Zimmerpreis inklusive des Frühstücks beträgt laut Rechnung 110 EUR.

Das Frühstück ist auf der Rechnung nicht getrennt ausgewiesen. Die Dienstreise endet am Mittwoch um 20:30 Uhr in der Wohnung von Frau Waldmann. Sie hat die Dienstreise mit dem eigenen Pkw durchgeführt und ist 420 km gefahren. Frau Waldmann hat ein monatliches Gehalt von 1.900 EUR und erhält einen Zuschuss von 14 EUR zu den vermögenswirksamen Leistungen. Der Arbeitgeber überweist der Bausparkasse den Gesamtbetrag zur VwL in Höhe von 40 EUR. Frau Waldmann ist bei einer gesetzlichen Krankenkasse pflichtversichert, der Beitragssatz liegt bei 15,5 %. Sie gehört einer kirchensteuerberechtigten Glaubensgemeinschaft an, ist nicht verheiratet und hat keine Kinder. Der Firmensitz liegt in Hessen. Die Beiträge zu den Umlagekassen U1/U2 werden mit 1,9 % bzw. 0,2 % angenommen. Das Unternehmen nimmt am Umlageverfahren U1 teil.

5.6.1 Entgeltabrechnung

Abrechnung der Bruttobezüge	
Ermittlung des Arbeitslohnes/Arbeitsentgeltes	
Gehalt	1.900,00 EUR
+ Zuschuss VwL	14,00 EUR
= **Bruttolohn**	**1.914,00 EUR**
Arbeitslohn (steuerpflichtig)	1.914,00 EUR
Arbeitsentgelt (beitragspflichtig)	1.914,00 EUR
Steuerliche Abzüge	
Lohnsteuer (lt. Monatstabelle f. 1.914 EUR bei Steuerklasse 1)	188,58 EUR
+ Solidaritätszuschlag	10,37 EUR
+ Kirchensteuer	16,97 EUR
= **Summe steuerrechtliche Abzüge**	**215,92 EUR**
Sozialversicherungsbeiträge	
Krankenversicherung (8,2 % von 1.914,00 EUR)	156,95 EUR
+ Pflegeversicherung (½ × (2,05 % von 1.914,00 EUR))	19,62 EUR
+ Zuschlag zur Pflegeversicherung (0,25 % von 1.914,00 EUR)	4,79 EUR
+ Rentenversicherung (½ × (18,9 % von 1.914,00 EUR))	180,87 EUR
+ Arbeitslosenversicherung (½ × (3,0 % von 1.914,00 EUR))	28,71 EUR
= **Summe Sozialversicherungsbeiträge (Arbeitnehmer)**	**390,94 EUR**

Gesamtabrechnung		
	Bruttolohn	1.914,00 EUR
—	Steuerrechtliche Abzüge (Arbeitnehmer)	215,92 EUR
—	Sozialversicherungsbeiträge (Arbeitnehmeranteil)	390,94 EUR
—	Überweisung an Bausparkasse	40,00 EUR
+	Erstattung Reisekosten	626,00 EUR
=	**Auszahlungsbetrag**	**1.893,14 EUR**
Gesamtbelastung		
	Bruttolohn	1.914,00 EUR
+	Sozialversicherungsbeiträge AG-Anteil	368,92 EUR
+	Erstattung Reisepauschalen	626,00 EUR
+	Umlagen U1 (1,9 % × 1.914,00 EUR)	36,37 EUR
+	Umlagen U2 (0,2 % × 1.914,00 EUR)	3,83 EUR
+	Insolvenzumlage (0,15 % × 1.914,00 EUR)	2,87 EUR
=	**Gesamtbelastung**	**2.951,99 EUR**

5.6.2 Steuerrechtliche Abzüge

Für die Dienstreise am Sonntag kann der Arbeitgeber 40 EUR als steuerfreie **Verpflegungspauschale** bezahlen. Es gilt der Auslandsverpflegungssatz für die Niederlande, der Ort, der vor 24 Uhr erreicht wurde. Am Anreisetag darf der Arbeitgeber die Pauschale für mehr als 8 Stunden, jedoch weniger als 24 Stunden steuerfrei bezahlen. Dieser Pauschalsatz beträgt 2014 für die Niederlande 40 EUR.

Ohne die Vorlage des Hotelbelegs ist für die Übernachtung in den Niederlanden eine Pauschale von 115 EUR pro Nacht steuerfrei möglich (**Übernachtungspauschale**).

Für den gesamten Dienstag gilt noch die ausländische Verpflegungspauschale von 60 EUR für die Berechnung von Kürzungen. Der Hotelbeleg für die Übernachtung in Deutschland (110 EUR) kann nur mit der Kürzung der Verpflegungspauschale für das Frühstück ausbezahlt werden. Die Kürzung beträgt 20 % von 60 EUR = 12 EUR. Für den Mittwoch darf der Arbeitgeber die deutsche Verpflegungspauschale von 12 EUR steuerfrei bezahlen, da die Dienstreise mehr als 8 Stunden, aber weniger als 24 Stunden an diesem Tag angedauert hat.

Die Lohnabrechnung

Für die Fahrten mit dem eigenen Pkw (420 km) darf der Arbeitgeber pauschal **0,30 EUR** für jeden gefahrenen Kilometer erstatten. In den 30 Cent pro Kilometer sind die Kosten für Treibstoff, Öl und die allgemeine Abnutzung enthalten. Straßennutzungsgebühren dürfen zusätzlich erstattet werden. Somit ergibt sich ein Gesamterstattungsbetrag für Frau Waldmann von:

Tag	Verpflegung	Übernachtung	Fahrtkosten
Sonntag	40,00 EUR	115,00 EUR	
Montag	60,00 EUR	115,00 EUR	
Dienstag	60,00 EUR	98,00 EUR	
Mittwoch	12,00 EUR	--	
So — Mi			126,00 EUR
Gesamt	**172,00 EUR**	**328,00 EUR**	**126,00 EUR**

Für die Verpflegungspauschale am Dienstag gilt der Pauschalsatz zum Zeitpunkt 0:00 Uhr. Da Frau Waldmann zu diesem Zeitpunkt noch in den Niederlanden war, wird für den Dienstag der niederländische Pauschalsatz angesetzt. Werden an einem Kalendertag Auswärtstätigkeiten im In- und Ausland durchgeführt, ist für diesen Tag das entsprechende Auslandstagegeld maßgebend, selbst dann, wenn die überwiegende Zeit im Inland verbracht wird. Die Pauschalen bzw. Erstattungen kann der Arbeitgeber steuer- und sozialversicherungsfrei an den Arbeitnehmer ausbezahlen.

Gewährt der Arbeitgeber Tagespauschalen über die steuerlich zulässigen Höchstwerte hinaus, sind diese zunächst steuerpflichtiger Arbeitslohn. Die übersteigenden Pauschalen können jedoch mit einem pauschalen Steuersatz von 25 % versteuert werden, soweit sie nicht 100 % des zulässigen Höchstbetrags übersteigen. Dies bedeutet, dass bei einer Abwesenheitszeit je Kalendertag von:

- mindestens 8 Stunden 24 EUR gezahlt werden dürfen, wovon 12 EUR pauschal zu versteuern sind,
- bei 24 Stunden können 48 EUR gezahlt werden dürfen, wovon 24 EUR pauschal zu versteuern sind.

Die steuerfrei ausbezahlten Verpflegungszuschüsse müssen außerdem in der Lohnsteuerbescheinigung in Zeile 20 ausgewiesen werden. Zusätzlich ist auf der Lohnsteuerbescheinigung der Großbuchstabe „M" immer dann zu bescheinigen, wenn bei einer Auswärtstätigkeit Verpflegungspauschalen durch den Arbeitgeber bezahlt werden. Der Ausweis kann jedoch entfallen, wenn die Reisekosten nicht über die Lohnabrechnung abgerechnet werden.

> ● **TIPP**
>
> Die steuerfreien Pauschalen sind Höchstgrenzen. Es ist auch zulässig, niedrigere Pauschalen zu bezahlen oder auf die Vergütung von Pauschalen zu verzichten.

5.6.3   Sozialversicherungsbeiträge

Reisespesen können vom Arbeitgeber im Rahmen der Höchstbeträge steuerfrei und somit auch sozialversicherungsfrei erstattet werden. Die Pauschalen sind sozialversicherungsfreies Arbeitsentgelt und unterliegen bis zu den Höchstsätzen nicht den Beiträgen zu den Sozialkassen. Werden Tagespauschalen über die steuerlich zulässigen Höchstbeträge hinaus gewährt, unterliegt der übersteigende Anteil den Beiträgen zu den Sozialversicherungen. Der übersteigende Anteil kann mit einem pauschalen Steuersatz versteuert werden. Nimmt der Arbeitgeber die pauschale Versteuerung mit 25 % vor, entsteht Beitragsfreiheit in den Sozialversicherungen. Die pauschale Versteuerung ist jedoch nur bis zum Doppelten der steuerfreien Pauschalen möglich (Beispiel: 24 EUR Verpflegungspauschale bei mehr als 8 Stunden Abwesenheit).

Die Erstattung der Auslagen für Hotel und Pkw sind kein sozialversicherungspflichtiges Arbeitsentgelt. Die berufliche Veranlassung der Auswärtstätigkeit, die Reisedauer und den Reiseweg muss der Mitarbeiter aufzeichnen und anhand geeigneter Unterlagen, z. B. Fahrtenbuch, Tankquittungen, Hotelrechnungen, Schriftverkehr, nachweisen oder glaubhaft machen. Der Mitarbeiter muss dazu Unterlagen führen, aus denen Anlass und Art der beruflichen Auswärtstätigkeit sowie die Dauer der Reise ersichtlich sind.

5.6.4   Arbeitgeberbelastung

Werden die Reisekosten über die Entgeltabrechnung ausbezahlt, sind die steuerfrei gewährten Verpflegungspauschalen grundsätzlich in die elektronische Lohnsteuerbescheinigung aufzunehmen. Eine Bescheinigung ist jedoch nicht zwingend erforderlich, wenn das Betriebsstättenfinanzamt eine andere Aufzeichnung als im Lohnkonto zugelassen hat, weil die Reisekosten beispielsweise nicht über die Lohnabrechnung ausbezahlt werden.

Arbeitgeberbelastung	
Gesamtbelastung	
Bruttolohn	1.914,00 EUR
Krankenversicherung (7,3 % von 1.914,00 EUR)	139,72 EUR
+ Pflegeversicherung (½ × (2,05 % von 1.914,00 EUR))	19,62 EUR
+ Rentenversicherung (½ × (18,9 % von 1.914,00 EUR))	180,87 EUR
+ Arbeitslosenversicherung (½ × (3,0 % von 1.914,00 EUR))	28,71 EUR
= **Summe Sozialversicherungsbeiträge (Arbeitgeber)**	**368,92 EUR**
+ Erstattung Reisepauschalen	626,00 EUR
+ Umlagen U1 (1,9 % × 1.914,00 EUR)	36,37 EUR
+ Umlagen U2 (0,2 % × 1.914,00 EUR)	3,83 EUR
+ Insolvenzumlage (0,15 % × 1.914,00 EUR)	2,87 EUR
= **Gesamtbelastung**	**2.951,99 EUR**

Der Arbeitgeberbeitrag zu den Sozialversicherungen ist zunächst geringer als der Arbeitnehmerbeitrag. Dies resultiert aus dem um 0,9 % geringeren Krankenkassensatz und dem Fehlen des Zuschlags zur Pflegeversicherung (0,25 % des Arbeitsentgelts). In der Arbeitgeberbelastung sind zusätzlich die Beiträge zu den Umlagekassen U1/U2 berücksichtigt. Die Umlage U1 entsteht jedoch nur für Unternehmen mit bis zu 30 in Vollzeit beschäftigten Personen als Arbeitgeberbelastung. Unternehmen über durchschnittlich 30 Vollzeitäquivalente unterliegen nicht der U1-Umlage. Die U2-Umlage ist für alle Mitarbeiter zu ermitteln und der zuständigen Annahmestelle zu melden. Die Beitragssätze zu den Umlagekassen unterscheiden sich von Krankenkasse zu Krankenkasse. Die Werte im Beispiel sind Annahmewerte. In 2014 ist der Beitrag zur Insolvenzumlage mit 0,15 % des rentenversicherungspflichtigen Arbeitsentgelts als Arbeitgeberbelastung mit einzurechnen. Der Wert wird jährlich zum 1. Januar neu festgelegt.

Zusätzlich fallen für Arbeitnehmer im Bau- und im Baunebengewerbe Beiträge zur ZVK (Versicherungsverein auf Gegenseitigkeit, mit Sitz in Wiesbaden) und die pauschale Lohnsteuer auf die Beiträge an. Neben der monatlichen Belastung fallen jährliche Beiträge zur Berufsgenossenschaft und unter Umständen eine Schwerbehindertenabgabe sowie ggf. Beiträge zur Künstlersozialversicherung an.

5.7 Hat der Arbeitnehmer nicht zum Ersten eines Monats angefangen?

Ist der Lohnzahlungszeitraum der Kalendermonat, bleibt es für die Lohnsteuerberechnung ohne Bedeutung, ob dieser 28, 29, 30 oder 31 Kalendertage hat. Die Lohnsteuer bemisst sich nach einem Zwölftel der Jahreslohnsteuertabelle (Monatstabelle), also nach **30 Steuertagen**. Bei Ein- oder Austritt während des Lohnzahlungszeitraums verkürzt sich dieser jedoch entsprechend, und es entsteht ein **Teillohnzahlungszeitraum**. Die Lohnsteuer ergibt sich in diesem Fall aus der Zahl der beschäftigten **Kalendertage** des Monats. Ein Teillohnzahlungszeitraum bewirkt außerdem eine Verringerung der monatlichen Sozialversicherungstage. Entsprechend den Steuertagen ergeben sich bei Ein- oder Austritt während des Kalendermonats die Sozialversicherungstage aus der Anzahl „beschäftigter" Kalendertage.

> **! WICHTIG**
>
> Bei Ein- oder Austritt während des Monats ist für die Berechnung der Lohnsteuer nicht von 30 Steuertagen auszugehen, sondern von der Anzahl der Kalendertage, an denen der Arbeitnehmer beschäftigt war. Entsprechend ist für die Ermittlung der Lohnsteuer nicht die Monatslohnsteuertabelle, sondern die Tageslohnsteuertabelle anzuwenden. Der Lohnzahlungszeitraum verkürzt sich jedoch nicht durch unbezahlten Urlaub, Kurzarbeit, Streik, Arbeitsunfähigkeit von mehr als 6 Wochen, Mutterschutz oder Erziehungsurlaub.

> **▶ BEISPIEL**
>
> Frau Monika Waldmann beginnt ein neues Arbeitsverhältnis. Laut Arbeitsvertrag ist der erste Arbeitstag nach „Heilige drei Könige", also am 7.1.2014. Vertraglich wird vereinbart, dass Frau Waldmann ein Bruttogehalt von 2.100 EUR monatlich erhält. Diese wird im Januar anteilig gekürzt. Außerdem gewährt ihr der Arbeitgeber einen Zuschuss von 14 EUR zu den vermögenswirksamen Leistungen. Der Arbeitgeber überweist der Bausparkasse den Gesamtbetrag zur VwL in Höhe von 40 EUR. Frau Waldmann ist bei einer gesetzlichen Krankenkasse pflichtversichert, der Beitragssatz liegt bei 15,5 %. Sie gehört einer kirchensteuerberechtigten Glaubensgemeinschaft an, ist nicht verheiratet und hat keine Kinder. Aus der ELStAM-Datenbank wurden Steuerklasse 1 und keine Kinderfreibeträge übermittelt. Der Firmensitz liegt in Sachsen. Die Beiträge zu den Umlagekassen U1/U2 werden mit 1,9 % bzw. 0,2 % angenommen. Das Unternehmen nimmt am Umlageverfahren U1 teil.

5.7.1 Entgeltabrechnung

Abrechnung der Bruttobezüge

Ermittlung des Arbeitslohnes/Arbeitsentgeltes

	Gehalt	2.100,00 EUR
	Anteiliges Gehalt für Januar (30stel Methode)	1.750,00 EUR
+	Zuschuss VwL	14,00 EUR
=	**Bruttolohn**	**1.764,00 EUR**
	Arbeitslohn (steuerpflichtig)	1.764,00 EUR
	Arbeitsentgelt (beitragspflichtig)	1.764,00 EUR

Steuerliche Abzüge

	Lohnsteuer (lt. Tagestabelle für 1.764 EUR bei Steuerkl. 1 / 25 Steuertage)	193,25 EUR
+	Solidaritätszuschlag	10,50 EUR
+	Kirchensteuer	17,25 EUR
=	**Summe steuerrechtliche Abzüge**	**221,00 EUR**

Sozialversicherungsbeiträge

	Krankenversicherung 8,2 % von 1.764 EUR)	144,65 EUR
+	Pflegeversicherung (1,525 % von 1.764 EUR)	26,90 EUR
+	Zuschlag zur Pflegeversicherung (0,25 % von 1.764 EUR)	4,41 EUR
+	Rentenversicherung ($\frac{1}{2}$ × (18,9 % von 1.764 EUR))	166,70 EUR
+	Arbeitslosenversicherung ($\frac{1}{2}$ × (3,0 % von 1. 1.764 EUR))	26,46 EUR
=	**Summe Sozialversicherungsbeiträge (Arbeitnehmer)**	**369,12 EUR**

Gesamtabrechnung

	Bruttolohn	1.764 ,00 EUR
—	Steuerrechtliche Abzüge (Arbeitnehmer)	221,00 EUR
—	Sozialversicherungsbeiträge (Arbeitnehmeranteil)	369,12 EUR
—	Überweisung an Bausparkasse	40,00 EUR
=	**Auszahlungsbetrag**	**1.133,88 EUR**

Gesamtbelastung		
	Bruttolohn	1.764 ,00 EUR
+	Sozialversicherungsbeiträge AG-Anteil	331,19 EUR
+	Umlagen U1 (1,9 % × 1.764 EUR)	33,52 EUR
+	Umlagen U2 (0,2 % × 1.764 EUR)	3,53 EUR
+	Insolvenzumlage (0,15 % × 1.764 EUR)	2,65 EUR
=	**Gesamtbelastung**	**2.134,89 EUR**

Die Beschäftigung von Frau Waldmann beginnt erst zum 7. des Monats. Somit wird die Lohnsteuer im Januar aus der Tageslohnsteuertabelle für die verbleibenden Kalendertage des Monats ermittelt. Im Beispiel ergeben sich 25 steuerpflichtige Kalendertage (31 Tage minus 6 Tage). Im Februar bemisst sich die Lohnsteuer trotz 28 Kalendertagen an der Monatslohnsteuertabelle, sofern der Mitarbeiter durchgängig beschäftigt ist.

5.7.2 Steuerrechtliche Abzüge

Lohnsteuer

War ein Arbeitnehmer vom ersten bis zum letzten Tag eines Monats durchgehend beschäftigt, geht das Steuerrecht immer von 30 Steuertagen aus. In diesem Fall ist es für die steuerliche Berechnung unerheblich, ob der Monat nur 20 Arbeitstage hat oder ob es sich um einen Monat mit 31 Kalendertagen handelt. Bei Ein- oder Austritt während des Monats ist für die Berechnung der Lohnsteuer von den tatsächlichen **Kalendertagen** auszugehen. Ist der Arbeitnehmer also nicht den vollen Monat beschäftigt, wie im Beispiel von Frau Waldmann, hat dies zwei Wirkungen:

- Die Steuertage kürzen sich nach folgender Formel:
  Steuertage = Kalendertage des Monats — Kalendertage vor Eintritt des Arbeitnehmers.
- Die Lohnsteuer wird nicht nach der Monatslohnsteuertabelle, sondern nach der Tageslohnsteuertabelle ermittelt.
  Die Lohnsteuer auf den Arbeitslohn ist nach der Tageslohnsteuertabelle für 25 Steuertage zu bestimmen. Im Beispiel ergibt sich 1.764 : 25 = 70,56 EUR Bruttoverdienst pro Tag.

Die Lohnabrechnung

Vergleicht man die Lohnsteuer laut Tageslohnsteuertabelle im Beispiel mit der in der Monatstabelle, ergibt sich eine etwas höhere Lohnsteuer. Würde der Arbeitslohn von 1.764 EUR für den gesamten Kalendermonat bezahlt (Monatslohnsteuertabelle) ergeben sich folgende steuerrechtlichen Abzüge.

Steuerliche Abzüge	
Arbeitslohn (steuerpflichtig)	1.764,00 EUR
Lohnsteuer (lt. Tagestabelle für 1.764 EUR bei 30 Steuertagen)	153,00 EUR
+ Solidaritätszuschlag	8,41 EUR
+ Kirchensteuer	13,77 EUR
= **Summe steuerrechtliche Abzüge**	**175,18 EUR**

Die höhere Steuerbelastung ist im Vergleich zur Tagestabelle nicht weiter verwunderlich, da der gleiche Arbeitslohn in weniger Steuertagen erzielt wurde und somit ein höherer, fiktiver Arbeitslohn für den gesamten Monat mit einer entsprechend höheren Lohnsteuer entsteht. Wäre Frau Waldmann beispielsweise nicht später eingetreten, sondern vor dem Monatsende aus dem Unternehmen ausgeschieden, würden sich die Steuertage um die verbleibenden Tage zwischen Austrittstag und Monatsende reduzieren.

! ACHTUNG

Im Bundesland Sachsen trägt der Mitarbeiter einen höheren Anteil an der Pflegeversicherung. Die Sozialversicherungsbeiträge werden auf die Lohnsteuer angerechnet. Im Beispiel wird unterstellt, dass der Zuschuss zur Vermögensbildung nicht anteilig gekürzt wird, sondern in vollem Umfang auch für den Teillohnzahlungszeitraum bezahlt wird.

Kirchensteuer

Auch für die Kirchensteuer ist analog zur Lohnsteuer im Beispiel die Tageslohnsteuertabelle anzuwenden. Bei einem Arbeitslohn von 1.764 EUR ergibt sich bei 25 Steuertagen ein Tageslohn von 70,56 EUR. Entsprechend der Tagestabelle ist darauf bei der Steuerklasse 1 eine Lohnsteuer von 7,73 EUR pro Tag zu bezahlen. Die Kirchensteuer ergibt sich nun aus 9 % (Sachsen) von 7,73 EUR (0,69 EUR) multipliziert mit der Anzahl der Steuertage (25 Tage). Bei der Ermittlung der Kirchensteuer bleiben Bruchteile eines Cent nicht berücksichtigt. Der Prozentsatz der Kirchensteuer richtet sich nach dem Bundesland des Firmensitzes — im Beispiel 9 % für Sachsen.

Solidaritätszuschlag

Wie bei der Lohnsteuer ist für den Solidaritätszuschlag die Tageslohnsteuertabelle anzuwenden. Der Solidaritätszuschlag ergibt sich im Beispiel aus 5,5 % von 7,73 EUR (0,42 EUR) × 25 Steuertage. Auch bei Teillohnzahlungszeiträumen ist die Freigrenze für den Solidaritätszuschlag zu berücksichtigen. Sie ergibt sich als 1/30 des jeweiligen Monatswertes. Bei der Steuerklasse 1 liegt die Freigrenze bei 2,70 EUR Lohnsteuer pro Tag. Für die Prüfung des Übergangsbereichs (Einschleifungsbereich) ist folgende Vergleichsrechnung anzustellen:[24]

5,5 % Solidaritätszuschlag von 7,73 EUR =	0,42 EUR
höchstens jedoch 20 % von (7,73 EUR — 2,70 EUR) =	1,00 EUR

Im Beispiel liegt der Höchstbetrag des Übergangsbereichs mit 1,00 EUR pro Tag über dem tatsächlichen Solidaritätszuschlag (0,42 EUR pro Tag). Somit sind als Solidaritätszuschlag 10,50 EUR (25 × 0,42 EUR) anzusetzen. Hätte der Arbeitnehmer Kinder, wäre zusätzlich für die Berechnung des Solidaritätszuschlags der Kinderfreibetrag zu berücksichtigen (vgl. Kapitel 5.5).

> **❗ ACHTUNG**
>
> Hat ein Arbeitnehmer wegen Krankheit, Urlaub, Streik, unerlaubtem Fernbleiben o. Ä. nicht den vollen Monat gearbeitet, kommt es nicht zu einer Kürzung der Steuertage. Eine Kürzung tritt nur dann ein, wenn der Arbeitnehmer nach dem Monatsbeginn in die Firma eintritt oder vor Monatsende aus dem Unternehmen ausscheidet.

5.7.3 Sozialversicherungsbeiträge

Einstellung oder Austritt während des Kalendermonats verringert entsprechend den Steuertagen auch die Sozialversicherungstage (SV-Tage). Hat der Arbeitnehmer in einem Monat weniger als 30 SV-Tage, ist die anteilige Beitragsbemessungsgrenze (BBG) zu berücksichtigen. Die BBG ist der Höchstbetrag des Arbeitsentgeltes, von dem Beiträge zu den Sozialversicherungen berechnet werden. Für über der BBG liegende Teile des Arbeitsentgeltes sind keine Beiträge zu erheben und abzuführen. Die Jahresbeitragsbemessungsgrenze (JBBG) liegt für die Renten- und Arbeitslosenversicherung (RV/ALV) bei 71.400 EUR (60.000 EUR in den neuen Bundesländern), für die Kranken- und Pflegeversicherung (KV/PV) bei 48.600 EUR. Aus der

---

[24] Vgl. Kapitel 4.2.3 „Berechnung des Solidaritätszuschlags".

Die Lohnabrechnung

Jahresbeitragsbemessungsgrenze lässt sich die entsprechende Tagesgrenze nach folgender Formel ermitteln:

$$\text{Tagesbeitragsbemessungsgrenze (TBBG)} = \frac{\text{JBBG}}{360}$$

Wie das Steuerrecht geht das Sozialversicherungsrecht von 360 Sozialversicherungstagen pro Jahr aus. Besteht das Beschäftigungsverhältnis nicht den durchgehenden Kalendermonat, ist für die BBG die Tagesgrenze mit der Anzahl Kalendertage zu multiplizieren, an denen das Arbeitsverhältnis bestand. Im Beispiel bestand das Arbeitsverhältnis an 25 Kalendertagen und entsprechend liegt die Grenze, bis zu der Arbeitsentgelt beitragspflichtig ist, bei 4.166,67 EUR für die RV/ALV (Grenze Ost) und 3.375,00 EUR für die KV/PV. Die Grenze ergibt sich aus 4.050,00 EUR / 30 = 135,00 EUR pro Tag multipliziert mit 25 Tagen. Für die Renten und Arbeitslosenversicherung lautet die Berechnung:

BBG Ost: 5.000 EUR / 30	166,67 EUR
166,67 EUR × 25	4.166,67 EUR

▶ **BEISPIEL**

Frau Waldmann tritt am 7.1.2012 in die Firma ein. Angenommen ihr laufendes Gehalt beträgt 5.100 EUR pro Monat. Für den Monat Januar erhält sie ihr anteilig auf 25 Tage umgerechnetes Gehalt von 4.250 EUR. Die Firma liegt in Sachsen, es gelten also die Bemessungsgrenzen Ost in der Renten- und Arbeitslosenversicherung.

Für die Berechnung der Beiträge zu den Sozialversicherungen ist von folgenden Grenzen auszugehen:

BBG in der RV/ALV (TBBG × 25 Tage)	4.166,67 EUR
BBG in der KV/PV (TBBG × 25 Tage)	3.375,00 EUR

Im Beispiel von Frau Waldmann würden sich bei einem anteilig laufenden Bruttolohn von 4.250 EUR folgende Beiträge (Arbeitnehmeranteil) ergeben:

Sozialversicherungsbeiträge		
Sozialversicherungsbeiträge		
	Krankenversicherung (8,2 % von 3.375,00 EUR)	276,75 EUR
+	Pflegeversicherung (1,525 % von 3.375,00 EUR)	51,47 EUR
+	Zuschlag zur Pflegeversicherung (0,25 % von 3.375,00 EUR)	8,44 EUR
+	Rentenversicherung (½ × (18,9 % von 4.166,67 EUR))	393,75 EUR
+	Arbeitslosenversicherung (½ × (3,0 % von 4.166,67 EUR))	62,50 EUR
=	**Summe Sozialversicherungsbeiträge (Arbeitnehmer)**	**792,91 EUR**

Das anteilige beitragspflichtige Entgelt für 25 Sozialversicherungstage ist auf Basis der Beitragsbemessungsgrenzen Ost (48.600 EUR/60.000 EUR) zu ermitteln und liegt bei 3.375,00 EUR in der Kranken- und Pflegeversicherung. In der Renten- und Arbeitslosenversicherung unterliegen für 25 Kalendertage maximal 4.166,67 EUR den Beiträgen (anteilige Beitragsbemessungsgrenze). Bei der Ermittlung des Zuschlags zur Pflegeversicherung wird davon ausgegangen, dass Frau Waldmann keine Kinder und keine Adoptivkinder hat oder hatte.

! **WICHTIG**

Liegt das beitragspflichtige Arbeitsentgelt unter der Beitragsbemessungsgrenze für die Kranken- und Pflegeversicherung, hat eine Kürzung der Sozialversicherungstage keine direkten Auswirkungen auf die Berechnung der Sozialversicherungsbeiträge. Die anteilige Beitragsbemessungsgrenze (BBG) bei weniger als 30 SV-Tagen ist nur bei einer Überschreitung einer oder beider BBGs von Bedeutung.

Besonderheit im Bundesland Sachsen

Im Bundesland Sachsen gilt es, eine Besonderheit zu beachten. In Sachsen trägt der Arbeitgeber nur 0,525 % von den 2,05 %-Beitrag zur Pflegeversicherung. In der Pflegeversicherung gilt in diesem Bundesland also nicht der Halbteilungsgrundsatz. Entsprechend wurde im Beispiel von Frau Waldmann die Pflegeversicherung nicht aus 1,025 % × 1.764 EUR ermittelt, sondern aus 1.525 % × 1.764 EUR. Der für Sachsen gültige Prozentsatz ist ggf. auch auf eine anteilige Beitragsbemessungsgrenze anzuwenden.

5.7.4 Arbeitgeberbelastung

Der Arbeitgeber überweist den Sparbetrag zur Vermögensbildung zusammen mit seinem Zuschuss der Bausparkasse. Der Gesamtbetrag von 40 EUR wird direkt vom Auszahlungsbetrag abgezogen (Nettoabzug). Der im Vergleich zur Monatstabelle höhere Steuerbetrag gilt nur für den Eintrittsmonat. Für die Berechnung der Beiträge zur Sozialversicherung ist die anteilige monatliche Beitragsbemessungsgrenze zu berücksichtigen. Das Entgelt von Frau Waldmann liegt jedoch unter dieser Grenze, so dass die anteilige Beitragsbemessungsgrenze keine Rolle spielt.

Aus der Gesamtabrechnung ergibt sich für den Arbeitgeber folgende Arbeitgeberbelastung:

▶	**Arbeitgeberbelastung**	
	Gesamtbelastung	
	Bruttolohn	1.764,00 EUR
	Krankenversicherung (7,3 % von 1.764,00 EUR)	128,77 EUR
+	Pflegeversicherung (0,525 % von 1.764,00 EUR)	9,26 EUR
+	Rentenversicherung (½ × (18,9 % von 1.764,00 EUR))	166,70 EUR
+	Arbeitslosenversicherung (½ × (3,0 % von 1.764,00 EUR))	26,46 EUR
=	**Summe Sozialversicherungsbeiträge (Arbeitgeber)**	**331,19 EUR**
+	Umlagen U1 (1,9 % × 1.764,00 EUR)	33,52 EUR
+	Umlagen U2 (0,2 % × 1.764,00 EUR)	3,53 EUR
+	Insolvenzumlage (0,15 % × 1.764,00 EUR)	2,65 EUR
=	**Gesamtbelastung**	**2.134,89 EUR**

Der Arbeitgeberanteil zu den Sozialversicherungen ist aufgrund des Fehlens des Zuschlags zur Pflegeversicherung und des geringeren Beitrags zur Krankenversicherung geringer als der Arbeitnehmeranteil. Außerdem beträgt der Arbeitgeberanteil zur Pflegeversicherung nur 0,525 %, der Anteil des Arbeitnehmers 1,525 %. Die Insolvenzumlage beträgt 0,15 % des rentenversicherungspflichtigen Arbeitsentgelts. In der Arbeitgeberbelastung sind zusätzlich die Beiträge zu den Umlagekassen U1/U2 berücksichtigt. Handelt es sich um ein Unternehmen mit mehr als 30 in Vollzeit beschäftigten Personen, entfällt die U1-Umlage als Arbeitgeberbelastung. Die U2-Umlage ist jedoch unabhängig von der Firmengröße für alle Mitarbeiter zu berechnen. Die Beitragssätze zu den Umlagekassen unterscheiden sich von Krankenkasse zu Krankenkasse und wurden beispielhaft angenommen.

Zur Gesamtarbeitgeberbelastung sind noch die Beiträge zur Berufsgenossenschaft, unter Umständen die Schwerbehindertenabgabe und im Bau- und Baunebengewerbe die Beiträge zur ZVK zu rechnen.

5.8 Arbeitet der Mitarbeiter nachts, an Sonn- und Feiertagen?

Grundsätzlich ist der Arbeitgeber verpflichtet, für gesetzliche Feiertage den Arbeitslohn so fortzuzahlen, als ob an diesem Tag ohne Feiertag zu arbeiten gewesen wäre (Lohnausfallprinzip). Für Arbeitnehmer mit einem festen monatlichen Gehalt wird der Feiertag ohne Gehaltsabzug bezahlt. Arbeitnehmer, die auf Stundenlohnbasis vergütet werden, sind so zu stellen, als wäre am Feiertag gearbeitet worden. Insbesondere sind in den sogenannten Feiertagslohn

- Zulagen und Schichtzuschläge (z. B. Erschwerniszulage),
- ausgefallene Überstunden,
- durchschnittliche Akkord- und Prämienleistungen,
- Krankstunden und
- Urlaubsstunden

mit einzurechnen. Den Anspruch auf Entgeltfortzahlung haben nach § 2 Entgeltfortzahlungsgesetz (EFZG) alle Arbeitnehmer, also auch Aushilfen und Teilzeitkräfte. Die gesetzlichen Feiertage ergeben sich aus den Bundes- und Ländervorschriften zur Feiertagsregelung.

Arbeiten Mitarbeiter zu unüblichen Tageszeiten (nach 20 Uhr bis 6 Uhr) oder an Sonn- und Feiertagen, können zum Ausgleich steuerfreie Zuschläge zusätzlich zum (fortgezahlten) Grundlohn gezahlt werden. Zuschläge für Sonn- und Feiertagsarbeit sind jedoch nicht unbegrenzt steuerfrei. § 3b Einkommensteuergesetz (EStG) regelt die steuerfreien Höchstgrenzen für Arbeit zu ungünstigen Arbeitszeiten. Zahlt der Arbeitgeber Zuschläge über die Höchstgrenzen hinaus, ist der übersteigende Zuschlag dem laufenden Arbeitslohn zuzurechnen und unterliegt der normalen Besteuerung sowie den Beiträgen zu den Sozialversicherungen. Treten mehrere steuerbegünstigte Umstände zusammen (z. B. Nachtarbeit am Sonntag), dürfen die steuerfreien Höchstgrenzen zum Teil addiert werden. Zahlt der Arbeitgeber hingegen Zuschläge für Mehrarbeit (Überstunden), die nicht nachts oder an Sonn- und Feiertagen geleistet werden, sind diese voll steuerpflichtig. Steuerfreie Zulagen zum Grundlohn sind von Beiträgen zu den Sozialversicherungen befreit.

Für die Nacht-, Sonntags- und Feiertagszuschläge besteht jedoch eine steuer-rechtliche Begrenzung. Die Steuerfreiheit der Zuschläge wurde auf ein monat-liches Einkommen von **8.000 EUR bzw. 50 EUR Stundenlohn** begrenzt. Übersteigt der steuerpflichtige Arbeitslohn eine dieser Grenzen, unterliegen Zuschläge für Nacht-, Sonntags- und Feiertagsarbeit grundsätzlich der Lohnsteuer.

Außerdem wurde die Sozialversicherungsfreiheit von Zuschlägen eingeschränkt. Zuschläge für Sonntags-, Feiertags- und Nachtarbeit unterliegen den Beiträgen zu den Sozialversicherungen, sobald der durchschnittliche Stundenlohn **25 EUR** übersteigt. Die Ermittlung des maßgeblichen Grundlohns orientiert sich am Steu-errecht. Hiernach handelt es sich um das laufende Arbeitsentgelt, das dem Arbeit-nehmer für seine regelmäßige Arbeitszeit im jeweiligen Entgeltabrechnungszeit-raum zusteht. Zum Grundlohn gehören insbesondere:

- laufender Arbeitslohn, laufendes Gehalt
- Nachzahlungen, Vorauszahlungen von laufendem Arbeitslohn
- Sachbezüge
- Zuschüsse zu vermögenswirksamen Leistungen
- Zuschläge und Zulagen, die wegen der Besonderheit der Arbeit regelmäßig ge-zahlt werden, z. B. Erschwerniszulagen oder Schichtzuschläge
- Zuschläge, die für Arbeit in nicht begünstigten Zeiten gezahlt werden
- steuerfreie Beiträge für eine Direktversicherung, Pensionskasse oder Pensions-fonds, soweit der Arbeitgeber diese laufend bezahlt. Dies gilt auch, sofern der Betrag die Grenze von 4 % der Beitragsbemessungsgrenze Rentenversicherung übersteigt.

Wird das laufende Arbeitsentgelt nicht auf Stundenbasis abgerechnet, sondern als Monatsgehalt gezahlt, ist es in einen Stundenlohn umzurechnen. Dazu muss zunächst aus der individuellen wöchentlichen Arbeitszeit des Arbeitnehmers seine monatliche Stundenzahl ermittelt werden, indem die wöchentliche Arbeitszeit mit dem Faktor **4,35** multipliziert wird. Anschließend ist das laufende monatliche Ar-beitsentgelt durch die so ermittelte Stundenzahl zu teilen.

▶ **BEISPIEL**

Monika Waldmann hat eine wöchentliche Arbeitszeit von 39 Stunden. Ihr mo-natliches Gehalt beträgt 2.400 EUR.
Beurteilung
Die durchschnittliche monatliche Arbeitszeit beträgt:

4,35 × 39	169,65 Stunden
2.400 EUR / 169,65	14,15 EUR Grundlohn

Alternativ ist auch die durchschnittliche Stundenzahl der letzten 12 Wochen für die Ermittlung des Grundlohns als Berechnungsbasis zulässig.

Wird ein Stundenlohn von 25 EUR überschritten, sind die Zuschläge, die auf den überschreitenden Teil des Stundenlohns entfallen, gemäß § 1 Satz 2 Arbeitsentgeltverordnung (ArEV) dem Arbeitsentgelt zuzurechnen und damit beitragspflichtig. Dieser Betrag kann ermittelt werden, indem der Differenzbetrag zwischen 25 EUR und dem tatsächlichen Grundlohn mit dem für die geleistete Arbeit als zu berücksichtigenden Wert multipliziert und dieses Produkt anschließend mit der Anzahl der Zuschlagsstunden multipliziert wird.

▶ **BEISPIEL**

Monika Waldmann erhält ein monatliches Bruttogehalt in Höhe von 4.300 EUR. Ihre regelmäßige wöchentliche Arbeitszeit beträgt 38 Stunden. Sie hat im vergangenen Monat 20 Überstunden in der Zeit von 20.00 Uhr bis 0.00 Uhr gearbeitet. Für diese Nachtarbeitsstunde erhält sie einen Zuschlag in Höhe von 25 % auf den Stundenlohn. Die Mehrarbeit wird mit dem durchschnittlichen Grundlohn vergütet. Außerdem zahlt der Arbeitgeber ihr einen Zuschuss von 17,50 EUR zu den vermögenswirksamen Leistungen (VwL). Den Gesamtbetrag von 40 EUR überweist er an die Bausparkasse und zieht ihn vom Nettoverdienst ab. Die Arbeitnehmerin ist bei einer gesetzlichen Krankenkasse krankenversichert (Beitragssatz 15,5 %) und gehört einer kirchensteuerberechtigten Glaubensgemeinschaft an. Der Firmensitz ist im Bundesland Bremen. Frau Waldmann hat Steuerklasse 1 und keine Kinder. Die Beiträge zu den Umlagekassen U1/U2 werden mit 1,9 % bzw. 0,2 % angenommen. Das Unternehmen nimmt am Umlageverfahren U1 teil.

5.8.1   Entgeltabrechnung

Abrechnung der Bruttobezüge	
Ermittlung des Arbeitslohnes/Arbeitsentgeltes	
Monatsstundenzahl (38 × 4,35)	165,30 Std.
Durchschnittlicher Stundenlohn (4.300 EUR / 165,30)	26,01 EUR
Überstundenzuschlag (25 % von 26,01 EUR)	6,50 EUR
Basis Arbeitslohn (4.300 EUR + 17,50 EUR)	4.317,50 EUR
+ Überstunden (20 × 26,01 EUR)	520,20 EUR

Die Lohnabrechnung

+	Überstundenzuschlag (20 × 6,50 EUR steuerfrei)	130,00 EUR
=	**Bruttolohn**	**4.967,70 EUR**
	Arbeitslohn (steuerpflichtig)	4.837,70 EUR
	Arbeitsentgelt (beitragspflichtig)	4.842,70 EUR

Steuerliche Abzüge

	Lohnsteuer (lt. Monatstabelle f. 4.837,70 EUR bei Steuerkl. 1, keine Kinder)	1.047,50 EUR
+	Solidaritätszuschlag	57,61 EUR
+	Kirchensteuer	94,27 EUR
+	Kammerbeitrag	7,25 EUR
=	**Summe steuerrechtliche Abzüge**	**1.206,63 EUR**

Sozialversicherungsbeiträge

	Krankenversicherung (8,2 % von 4.050,00 EUR)	332,10 EUR
+	Pflegeversicherung (½ × (2,05 % von 4.050,00 EUR))	41,51 EUR
+	Zuschlag zur Pflegeversicherung (0,25 % von 4.050,00 EUR)	10,13 EUR
+	Rentenversicherung (½ × (18,9 % von 4.842,70 EUR))	457,64 EUR
+	Arbeitslosenversicherung (½ × (3,0 % von 4.842,70 EUR))	72,64 EUR
=	**Summe Sozialversicherungsbeiträge (Arbeitnehmer)**	**914,02 EUR**

Gesamtabrechnung

	Bruttolohn	4.967,70 EUR
—	Steuerrechtliche Abzüge (Arbeitnehmer)	**1.206,63 EUR**
—	Sozialversicherungsbeiträge (Arbeitnehmeranteil)	**914,02 EUR**
—	Überweisung an Bausparkasse	40,00 EUR
=	**Auszahlungsbetrag**	**2.807,05 EUR**

Gesamtbelastung

	Bruttolohn	4.967,70 EUR
+	Sozialversicherungsbeiträge AG-Anteil	**867,44 EUR**
+	Umlagen U1 (1,9 % × 4.842,70 EUR)	92,01 EUR
+	Umlagen U2 (0,2 % × 4.842,70 EUR)	9,69 EUR
+	Insolvenzumlage (0,15 % × 4.842,70 EUR)	7,26 EUR
=	**Gesamtbelastung**	**5.944,10 EUR**

Aus den Personalunterlagen von Frau Waldmann kann die regelmäßige Wochenarbeitszeit (38 Stunden) entnommen werden. Frau Waldmann erhält ein monatliches Festgehalt, die Überstunden bzw. der Zuschlag auf die Überstunden werden jedoch auf Stundenbasis berechnet. Deshalb gilt es, zunächst den durchschnittlichen Stundenlohn zu ermitteln, um die Zuschläge entsprechend errechnen zu können.

Bei einem monatlichen Lohnzahlungszeitraum ist die regelmäßige Wochenarbeitszeit mit dem Faktor **4,35** zu multiplizieren, um die durchschnittliche Monatsgesamtstundenzahl zu erhalten. Der Faktor 4,35 ist steuerrechtlich vorgegeben. Alternativ ist der Stundendurchschnitt der vergangenen 3 Monate ohne Mehrarbeit (Überstunden) zulässig. Der durchschnittliche Stundenlohn wird ermittelt, indem der Arbeitslohn ohne Überstunden durch die Monatsstundenzahl dividiert wird. Der Arbeitslohn ergibt sich aus:

Laufender Arbeitslohn
+ vermögenswirksame Leistungen
+ Sachbezüge (z. B. Firmenwagen)
+ sonstige Zulagen zum laufenden Arbeitslohn (z. B. Erschwerniszulagen)

Im Beispiel wird nur der Grundlohn für die Überstundenberechnung herangezogen. Zulässig wäre jedoch auch, den Grundlohn zuzüglich Zulagen heranzuziehen.

5.8.2 Steuerrechtliche Abzüge

Lohnsteuer

Tarifvertragliche Regelungen sehen oftmals vor, dass für Überstunden, Arbeit an Sonn- und Feiertagen sowie in den Nachtstunden gestaffelte Zulagen zu zahlen sind. Zuschläge zum Grundlohn für tatsächlich geleistete Sonntags-, Feiertags- und Nachtarbeit sind bis zu bestimmten Grenzen steuerfrei. Werden vom Arbeitgeber über diese Freigrenzen hinaus Zulagen gewährt, ist der übersteigende Teil in vollem Umfang steuer- und sozialversicherungspflichtiger Arbeitslohn bzw. Arbeitsentgelt (Freibetrag). Die nachstehende Tabelle gibt einen Überblick über die tageszeitabhängigen steuerfreien Zuschläge auf den Grundlohn.

Zeit von:	Steuerfreier Zuschlag auf den Grundlohn
Nachtarbeit 20-6 Uhr	25 %
Nachtarbeit 0-4 Uhr	40 %
Sonntagsarbeit von 0-24 Uhr	50 %
Montag von 0-4 Uhr**	50 %
Gesetzlicher Feiertag 0-24 Uhr	125 %
Tag auf Feiertag folgend 0-4 Uhr*	125 %
Silvester 14-24 Uhr	125 %
Weihnachten 0-24 Uhr	150 %
Weihnachtsfeiertage 0-4 Uhr*	150 %
Heiligabend 14-24 Uhr	150 %
1. Mai 0-24 Uhr	150 %
2. Mai 0-4 Uhr*	150 %

Tab. 19: Übersicht Freigrenzen für Sonn-, Feiertags- und Nachtzuschläge

*   Als Feiertagsarbeit gilt auch die Arbeit am dem Feiertag folgenden Tag von 0-4 Uhr, wenn die Nachtarbeit vor 0 Uhr aufgenommen wurde.

**   Als Sonntagsarbeit gilt auch die Arbeit am darauf folgenden Montag von 0-4 Uhr, wenn die Nachtarbeit vor 0 Uhr aufgenommen wurde.

Die steuerfreien Zuschläge gelten für alle Arbeitnehmer, also auch für pauschal versteuerte Aushilfen, Teilzeitkräfte sowie für Gesellschafter-Geschäftsführer einer GmbH. Grundsätzlich können steuerfreie Zuschläge nicht kumulativ gewährt werden. Eine Ausnahme besteht für den **Nachtzuschlag**. Der **Nachtzuschlag** ist als einzige Zulagenart kumulativ. Wird die Nachtarbeit an Sonn- und Feiertagen geleistet, kann zusätzlich zum Feiertags- ein Nachtarbeitszuschlag steuerfrei gewährt werden. Die Steuerfreiheit für Zuschläge ist jedoch auf einen steuerpflichtigen Arbeitslohn von **8.000 EUR** pro Monat bzw. **50 EUR** pro Stunde beschränkt. Liegt der Arbeitslohn ohne Überstunden und ohne Zuschlag über **einer** dieser Grenzen, ist der gesamte Zuschlag in vollem Umfang steuerpflichtig. Ist bei Gehaltsempfängern der durchschnittliche Stundenlohn unter 50,01 EUR/Stunde, bleibt der Zuschlag im Rahmen der zeitabhängigen Höchstgrenzen steuerfrei. Würde Frau Waldmann beispielsweise am 1. Mai von 22 Uhr bis 6 Uhr morgens (2. Mai) arbeiten, könnte sie folgende Zulagen steuerfrei **zusätzlich** zum Grundgehalt erhalten:

Zuschlag	Zuschlag auf den Grundlohn	Gesamtzuschlag (steuerfrei)
Für 1. Mai	150 %	
Für Nachtarbeit 22-0 Uhr	25 %	175 %
Für Nachtarbeit 0-4 Uhr	40 %	190 %
Für Nachtarbeit 4-6 Uhr	25 %	25 %

Tab. 20: Kumulativer Zuschlag für Nachtarbeit

Fällt beispielsweise der 1. Mai auf einen Sonntag, ist jedoch keine Kumulierung mit dem Sonntagszuschlag möglich. Nur der steuerfreie Zuschlag für Nachtarbeit darf bis zur Höchstgrenze von 40 % (25 %) zu anderen Zulagen addiert werden.

Im Beispiel liegt der Grundlohn bei 4.300 EUR bzw. der Stundenlohn bei 26,01 EUR. Damit sind die Grenzen für eine steuerrechtliche Freiheit des Zuschlags eingehalten. Der Zuschlag von 25 % wird nur für die begünstigte Nachtzeit 20 Uhr — 0 Uhr gewährt und erfüllt somit auch die Voraussetzung für eine Steuerfreiheit. Entsprechend ist die Grundvergütung für die Mehrarbeit (520,20 EUR) steuer- und beitragspflichtig, der Zuschlag (130,00 EUR) bleibt von der Lohnsteuer befreit.

! WICHTIG

Zuschläge für Sonn-, Feiertags- und Nachtarbeit sind nur insoweit steuerfrei, wie sie zusätzlich zum laufenden Grundlohn gezahlt werden. Eine Umwandlung von laufendem Arbeitslohn in Zuschläge führt nicht zu einer Steuerfreiheit.

Kammerbeitrag

In den Bundesländern Bremen und Saarland gibt es eine steuerliche Besonderheit — den Kammerbeitrag. Beitragspflichtig sind in Bremen alle nicht selbstständig beschäftigten Arbeitnehmer. Der Beitrag zur Arbeitskammer beträgt **0,15 %** des steuerpflichtigen Arbeitslohnes. Den Beitrag muss der Arbeitgeber ermitteln und vom laufenden Arbeitslohn einbehalten. Er ist auf der Lohnsteueranmeldung auszuweisen und mit der Lohnsteuer abzuführen. Bei der Berechnung werden Bruchteile eines Cents auf volle Cent abgerundet.

5.8.3 Sozialversicherungsbeiträge

Sozialversicherungsfreier Zuschlag

Steuerfreie Zuschläge für Sonntags-, Feiertags- und Nachtarbeit sind bis zu einem Stundenlohn von 25 EUR von Beiträgen zu den Sozialversicherungen befreit (Freibetrag). Übersteigt der durchschnittliche Stundenlohn diese Grenze, so ist der auf den übersteigenden Anteil entfallende Zuschlag beitragspflichtiges Arbeitsentgelt. Die Grundvergütung für die Mehrarbeit zählt in jedem Fall zum laufenden Arbeitsentgelt, nur die Zuschläge sind steuerlich und beitragsrechtlich begünstigt. Für die Ermittlung der Beitragspflicht ist beim Gehaltsempfänger zunächst der durchschnittliche Stundenlohn zu ermitteln. Im Beispiel ist die vertragliche Wochenstundenzahl mit 4,35 zu multiplizieren und durch das Monatsgehalt zu dividieren. Der sich ergebende Stundenlohn (26,01 EUR) liegt über dem Freibetrag von 25 EUR. Somit ist der anteilige Zuschlag (1,01 EUR × 25 % × 20 Stunden) den Beiträgen zur Kranken-, Pflege-, Renten- und Arbeitslosenversicherung zu unterwerfen. Beitragsfrei bleibt der Anteil des Zuschlags, der auf den Freibetrag von 25 EUR Stundenlohn entfällt. Es ergibt sich:

Sozialversicherungspflicht bei Überstundenzuschlag	
38 Wochenstunden × 4,35	165,30 Std.
Durchschnittlicher Stundenlohn (4.300 EUR / 165,30)	26,01 EUR
Überstundenzuschlag (25 % von 26,01 EUR)	6,50 EUR
Überstundenzuschlag steuerfrei (bis 50 EUR Stundenlohn)	6,50 EUR
Überstundenzuschlag sozialversicherungsfrei (25 EUR × 25 %)	6,25 EUR
Überstundenzuschlag sozialversicherungspflichtig (1,01 EUR × 25 %)	0,25 EUR

Als Gesamtwerte für die 20 Überstunden ergeben sich:

Berechnung des Überstundenzuschlags	
Überstundengrundvergütung (20 × 26,01 EUR)	520,20 EUR
Überstundenzuschlag steuerfrei (20 × 6,5 EUR)	130,00 EUR
Überstundenzuschlag sozialversicherungsfrei (20 × 6,25 EUR)	125,00 EUR
Überstundenzuschlag sozialversicherungspflichtig (20 × 0,25 EUR)	5,00 EUR

Bei beitragspflichtigen Zulagen empfiehlt es sich, den sozialversicherungspflichtigen Teil getrennt vom sozialversicherungsfreien Teil auszuweisen — zum Beispiel mit zwei Lohnarten.

> **! ACHTUNG**
>
> Nur eine Zulage zusätzlich zum Grundlohn kann steuer- und sozialversicherungsfrei gewährt werden. Die Umwandlung von laufendem Arbeitslohn zugunsten von Zulagen bewirkt keine Steuerbefreiung bzw. Beitragsfreiheit in den Sozialversicherungen. Der laufende Bezug bleibt auch bei Gewährung von Zulagen zum Grundlohn stets beitragspflichtiges Arbeitsentgelt.

Pflegeversicherung

Frau Waldmann hat keine Kinder, somit ist ein Zuschlag zur Pflegeversicherung von 0,25 % des beitragspflichtigen Arbeitsentgeltes zu erheben und mit dem Beitrag zur Pflegeversicherung abzuführen. Beitragspflichtig sind nur gesetzlich und freiwillig in einer gesetzlichen Krankenkasse versicherte Arbeitnehmer.

Steuerrechtlich liegt die Höchstgrenze bei einem durchschnittlichen Stundenlohn von 50 EUR. Im Sozialversicherungsrecht wurde der durchschnittliche Stundensatz für die Beitragsfreiheit auf 25 EUR begrenzt. In der Regel bleibt die Grenze von 25 EUR pro Stunde für die Kranken- und Pflegeversicherung jedoch ohne Wirkung. Die Beitragsbemessungsgrenze von 4.050 EUR pro Monat wird bei einer durchschnittlichen Arbeitszeit von monatlich 168 Stunden à 25 EUR/Stunde überschritten. Somit besteht in diesen Fällen Sozialversicherungsfreiheit in der Kranken- und Pflegeversicherung aufgrund des Überschreitens der Beitragsbemessungsgrenze. Für die Ermittlung des regelmäßigen Jahresarbeitsentgelts sind aber alle dem Grunde nach beitragspflichtigen Zuschläge zu berücksichtigen, soweit die Sonntags-, Feiertags- oder Nachtarbeit regelmäßig geleistet wird.

5.8.4   Arbeitgeberbelastung

Für den Arbeitgeber entsteht zusätzlich zum Bruttolohn und den steuerfreien Zuschlägen folgende Arbeitgeberbelastung:

Arbeitgeberbelastung

Gesamtbelastung

	Bruttolohn	4.967,70 EUR
	Krankenversicherung (7,3 % von 4.050,00 EUR)	295,65 EUR
+	Pflegeversicherung (½ × (2,05 % von 4.050,00 EUR))	41,51 EUR
+	Rentenversicherung (½ × (18,9 % von 4.842,70 EUR))	457,64 EUR
+	Arbeitslosenversicherung (½ × (3,0 % von 4.842,70 EUR))	72,64 EUR
=	**Summe Sozialversicherungsbeiträge (Arbeitgeber)**	**867,44 EUR**
+	Umlagen U1 (1,9 % × 4.842,70 EUR)	92,01 EUR
+	Umlagen U2 (0,2 % × 4.842,70 EUR)	9,69 EUR
+	Insolvenzumlage (0,15 % × 4.842,70 EUR)	7,26 EUR
=	**Gesamtbelastung**	**5.944,10 EUR**

Der Arbeitgeberanteil zu den Sozialversicherungen ist aufgrund des Fehlens des Zuschlags zur Pflegeversicherung und des geringeren Anteils zur Krankenversicherung (7,3 %) niedriger als der Arbeitnehmeranteil. In der Arbeitgeberbelastung sind zusätzlich die Beiträge zu den Umlagekassen U1/U2 berücksichtigt. Die Insolvenzumlage trägt ausschließlich der Arbeitgeber. Sie beträgt 0,15 % des rentenversicherungspflichtigen Arbeitsentgelts (in 2014). Handelt es sich um ein Unternehmen mit mehr als 30 in Vollzeit beschäftigte Personen, entfällt die U1-Umlage als Arbeitgeberbelastung. Die U2-Umlage ist für alle Mitarbeiter, unabhängig von der Zahl der Beschäftigten, zu entrichten. Bemessungsgrundlage für die Umlage ist das rentenversicherungspflichtige Entgelt. Die Beitragssätze zu den Umlagekassen U1/U2 sind von der Krankenkasse, bei welcher der Arbeitnehmer versichert ist, abhängig. Somit kann für jeden Mitarbeiter eine unterschiedliche Arbeitgeberbelastung entstehen.

Zur Gesamtarbeitgeberbelastung sind noch die Beiträge zur Berufsgenossenschaft, unter Umständen die Schwerbehindertenabgabe und im Bau- und Baunebengewerbe die Beiträge zur ZVK zu rechnen.

5.9 Hat der Arbeitnehmer eine betriebliche Altersvorsorge?

Arbeitnehmer haben einen Rechtsanspruch auf die Durchführung einer betrieblich geförderten privaten Altersvorsorge. Als sogenannte Durchführungswege der Altersvorsorge stehen

- die Direktzusage,
- die Pensionskasse,
- der Pensionsfonds,
- die Unterstützungskasse und
- die Direktversicherung

zur Verfügung.

Wird vom Arbeitgeber keine eigene betriebliche Altersvorsorge angeboten, so muss er mindestens die Durchführung einer Direktversicherung seinen Mitarbeitern anbieten. Anspruch auf einen Zuschuss zur betrieblichen Altersvorsorge vom Arbeitgeber besteht nicht. Die betriebliche Altersvorsorge kann auch rein aus Beiträgen des Arbeitnehmers finanziert sein.

Direktzusage

Bei einer Direktzusage (Pensionszusage) gibt der Arbeitgeber dem Arbeitnehmer die vertragliche Zusage einer zukünftigen Altersversorgungsleistung (Rentenzahlung des Unternehmens). Diese Versorgungszusage führt beim Arbeitnehmer nicht zum Zufluss von Arbeitslohn. Somit entsteht steuerrechtlich kein Zufluss von Arbeitslohn und keine Lohnsteuer oder Sozialversicherungspflicht. Der später fließende Versorgungsbezug unterliegt jedoch der Lohnsteuer und den Beiträgen zur Kranken- und Pflegeversicherung.

Pensionskasse/Pensionsfonds/Unterstützungskasse

Der Durchführungsweg **Pensionsfonds** wurde erst mit der Neuregelung der betrieblichen Altersvorsorge gefördert. Pensionsfonds sind, wie die Pensionskassen, rechtlich selbstständige Einrichtungen, häufig in Form einer Aktiengesellschaft oder eines Pensionsfondsvereins. Der Pensionsfonds zahlt an ehemalige Arbeitnehmer eines Mitgliedsunternehmens ausschließlich Altersrenten sowie Invaliditäts- und Hinterbliebenenrenten. Einmalige Kapitalzahlungen, wie sie beispielsweise Direktversicherungen gewähren, dürfen Pensionsfonds nicht leisten. Eine Zahlung von Rentenleistungen kann ab Vollendung des 60. Lebensjahres erfolgen.

Pensionskassen sind, meist von einem Versicherungsunternehmen getragene, eigenständige Unternehmen in der Rechtsform eines Versicherungsvereins auf Gegenseitigkeit oder einer Kapitalgesellschaft. Aufgabe der Pensionskassen ist es, die betriebliche und private Altersvorsorge, neben der gesetzlichen Rentenversicherung durchzuführen. Träger einer Pensionskasse sind entweder Großbetriebe oder Gruppen von Unternehmen oder Unternehmensverbände. Kleinere Unternehmen können bei Versicherungsunternehmen oft einer „Sammelpensionskasse" beitreten. Die Versorgungsleistungen von Pensionskassen bestehen ausschließlich in Rentenzahlungen an die Arbeitnehmer des an der Pensionskasse teilnehmenden Unternehmens. Die Mittel für die Versorgungsleistungen werden aus Beiträgen des Arbeitgebers **oder** des Arbeitnehmers **oder** von beiden gemeinsam aufgebracht. Von der Gestaltungsform der Direktversicherung unterscheiden sich die Pensionskassen durch die Bindung an ein oder mehrere Unternehmen.

Der Unterschied einer **Unterstützungskasse** zur Pensionskasse liegt im Wesentlichen in der staatlichen Versicherungsaufsicht und dem garantierten Rechtsanspruch des Arbeitnehmers auf eine Rentenleistung. Die Rentenleistung aus der Pensionskasse wird in der Regel jährlich neu ermittelt und dem Mitarbeiter von der Kassenverwaltung mitgeteilt.

Direktversicherung

Direktversicherungen sind eine besondere Form der Lebens-, Unfall- oder Pensionsversicherung, bei der der **Arbeitgeber** Versicherungsnehmer, Begünstigter aus der Versicherung jedoch der Arbeitnehmer ist. Beiträge zu Versicherungen gehören eigentlich zu den Kosten der privaten Lebensführung und wären somit aus dem versteuerten Arbeitslohn zu tragen. Die besondere Form der Direktversicherung wird vom Gesetzgeber als Vorsorge und Zukunftssicherungsmaßnahme gesehen und ist gem. § 3 Abs. 63 EStG bzw. bis 31.12.2004 nach § 40b EStG bzw. § 2 Abs. 2 Lohnsteuer-Durchführungsverordnung (LStDV) steuerlich begünstigt.

Mit der Änderung des Alterseinkünftegesetzes wurden die steuerrechtliche und damit auch die beitragsrechtliche Behandlung der betrieblichen Altersvorsorge vollständig neu geregelt. Aus Bestandsschutzgründen blieben jedoch die steuer- und sozialversicherungsrechtlichen Regelungen für Verträge, die vor diesem Zeitpunkt geschlossen wurden, erhalten. Aus diesem Grund ist für die Lohnabrechnung zwischen einer „Altvertragsregelung" (vor 2005) und einer „Neuvertragsregelung" (ab 1.1.2005) zu unterscheiden.

Altvertragsregelung — Lohnsteuer

Beiträge zu Versicherungen gehören eigentlich zu den Kosten der privaten Lebensführung und wären somit aus dem versteuerten Arbeitslohn zu tragen. Die besondere Form der Direktversicherung wird vom Gesetzgeber als Vorsorge und Zukunftssicherungsmaßnahme gesehen und ist gemäß § 40b EStG bzw. § 2 Abs. 2 Lohnsteuer-Durchführungsverordnung (LStDV) steuerlich begünstigt. § 40b EStG regelt, dass der Arbeitgeber Bruttolohnbestandteile, die in eine Direktversicherung eingezahlt werden, mit einem pauschalen Steuersatz von **20 %** versteuern kann. Sind die Voraussetzungen für eine Direktversicherung erfüllt, kann ein **Höchstbetrag von 1.752 EUR** pro Jahr (2.148 EUR bei Gruppenverträgen) pauschal versteuert werden. Eine pauschale Besteuerung mit 20 % führt in der Regel dazu, dass der pauschalierte Arbeitslohn kein Arbeitsentgelt und somit von Beiträgen zur Sozialversicherung befreit ist.

! WICHTIG

Nur der pauschal zu versteuernde Teil einer Prämie für eine Direktversicherung ist von Beiträgen zu den Sozialversicherungen befreit. Kann nur ein Teil der Prämie mit 20 % pauschal versteuert werden, unterliegt jener Teil, der nach der Monats- oder Jahreslohnsteuertabelle versteuert wird, den Beiträgen zur Kranken-, Renten-, Arbeitslosen- und Pflegeversicherung.

Die Möglichkeit der pauschalen Versteuerung gilt für Verträge, die vor dem 1.1.2005 geschlossen wurden. Alle Verträge, die ab 2005 neu abgeschlossen wurden, unterliegen der sogenannten Neuvertragsregelung.

Altvertragsregelung — Sozialversicherung

Die Befreiung der Versicherungsprämie von Beiträgen zu den Sozialversicherungen ist davon abhängig, ob der **Arbeitgeber** die Versicherungsprämie zusätzlich zum laufenden Arbeitslohn übernimmt (Zusatzleistung), ob sie der Arbeitnehmer durch **Verzicht von laufendem Arbeitslohn** (Bruttolohnumwandlung) zahlt oder ob der Arbeitnehmer die Prämie aus einer **sonstigen Zahlung** (Einmalzahlung), wie beispielsweise dem Weihnachtsgeld, bestreitet. Nur die Zusatzleistung und die Umwandlung einer Einmalzahlung sind sozialversicherungsrechtlich begünstigt. Das heißt: in diesen beiden Fällen führt eine pauschale Versteuerung zur Beitragsfreiheit in der Sozialversicherung.

Altvertragsregelung — Barlohnumwandlung

Im Falle der Barlohnumwandlung besteht zwar die Möglichkeit der pauschalen Versteuerung der Prämienzahlung, die Prämie unterliegt jedoch den Beiträgen zu den Sozialversicherungen. Übersteigen die Prämienzahlungen den Freibetrag von 1.752 EUR pro Jahr (2.148 EUR), unterliegt der übersteigende Teil der Lohnsteuer und den Beiträgen zur Sozialversicherung. Das heißt, diese Beiträge sind aus zuvor vom Arbeitnehmer versteuertem Arbeitslohn zu tragen.

▶ **BEISPIEL**

Frau Waldmann hat über ihren Arbeitgeber 1999 eine Direktversicherung (DV) abgeschlossen. Sie bezahlt seit 1999 monatlich 100 EUR als Prämie in die DV ein. Die Prämienzahlung erfolgt als Gehaltsverzicht von ihrem laufenden Gehalt. Der Arbeitgeber ist mit Frau Waldmann übereingekommen, dass sie die Pauschalsteuern für die Versicherung selbst trägt. Frau Waldmann erhält ein monatliches Bruttogehalt von 2.100 EUR und einen Zuschuss von 14 EUR zu den vermögenswirksamen Leistungen (VwL), der zusammen mit dem Arbeitnehmeranteil von 26 EUR der Bausparkasse überwiesen wird. Frau Waldmann ist bei einer gesetzlichen Krankenkasse krankenversichert (Beitragssatz 15,5 %) und gehört einer kirchensteuerberechtigten Glaubensgemeinschaft an. Der Firmensitz liegt in Bayern. Monika Waldmann hat Steuerklasse 1 und keine Kinder. Die Beiträge zu den Umlagekassen U1/U2 werden mit 1,9 % und 0,2 % (U2) angenommen. Das Unternehmen unterliegt der Umlage U1.

Abrechnung der Bruttobezüge

Ermittlung des Arbeitslohnes/Arbeitsentgeltes

	Gehalt	2.100,00 EUR
+	Zuschuss VwL	14,00 EUR
=	**Bruttolohn**	**2.114,00 EUR**
-	Beitrag zur Direktversicherung (Bruttolohnumwandlung)	100,00 EUR
	Arbeitslohn (steuerpflichtig)	2.014,00 EUR
	Arbeitsentgelt (beitragspflichtig)	2.114,00 EUR

Steuerliche Abzüge		
	Lohnsteuer (lt. Monatstabelle f. 2.014 EUR bei Steuerklasse 1 / keine Kinder)	211,25 EUR
+	Solidaritätszuschlag	11,61 EUR
+	Kirchensteuer (8 % auf den Betrag der Lohnsteuer)	16,90 EUR
+	Pauschale Lohnsteuer (20 % von 100 EUR)	20,00 EUR
+	Pauschale Kirchensteuer (7 % von 20 EUR)	1,40 EUR
+	Solidaritätszuschlag (5,5 % von 20 EUR)	1,10 EUR
=	**Summe steuerrechtliche Abzüge**	**262,26 EUR**
Sozialversicherungsbeiträge		
	Krankenversicherung (8,2 % von 2.114 EUR)	173,35 EUR
+	Pflegeversicherung (½ × (2,05 % von 2.114 EUR))	21,67 EUR
+	Zuschlag zur Pflegeversicherung (0,25 % von 2.114 EUR)	5,29 EUR
+	Rentenversicherung (½ × (18,9 % von 2.114 EUR))	199,77 EUR
+	Arbeitslosenversicherung (½ × (3,0 % von 2.114 EUR))	31,71 EUR
=	**Summe Sozialversicherungsbeiträge (Arbeitnehmer)**	**431,79 EUR**
Gesamtabrechnung		
	Bruttolohn	2.114,00 EUR
—	Steuerrechtliche Abzüge (Arbeitnehmer)	**262,26 EUR**
—	Sozialversicherungsbeiträge (Arbeitnehmeranteil)	431,79 EUR
—	Überweisung an Direktversicherung	100,00 EUR
—	Überweisung an Bausparkasse	40,00 EUR
=	**Auszahlungsbetrag**	**1.279,95 EUR**
Gesamtbelastung		
	Bruttolohn	2.114,00 EUR
=	**Sozialversicherungsbeiträge (AG-Anteil)**	**407,47 EUR**
+	Umlagen U1 (1,9 % × 2.114 EUR)	40,17 EUR
+	Umlagen U2 (0,2 % × 2.114 EUR)	4,23 EUR
+	Insolvenzumlage (0,15 % × 2.114 EUR)	3.17 EUR
=	**Gesamtbelastung**	**2.569,04 EUR**

Sind die vertraglichen Voraussetzungen erfüllt, besteht die Möglichkeit, Brut-tolohnbestandteile, die in eine Direktversicherung eingezahlt werden, mit 20 % Lohnsteuer, 7 % pauschaler Kirchensteuer (abhängig vom Bundesland) und 5,5 % Solidaritätszuschlag zu versteuern. Die Bruttolohnumwandlung ist jedoch von der Sozialversicherung nicht begünstigt. Somit entstehen trotz pauschaler Versteue-rung Beiträge zu den Sozialversicherungen für den Betrag des Entgelts, der in die Direktversicherung einbezahlt wird.

Eine Besonderheit ist bei Altverträgen zu beachten, die als **Auszahlungsplan eine monatliche Rente** vorsehen. Für diese Direktversicherung gilt die Neuvertrags-regelung, auch wenn der Vertrag bereits vor 2005 abgeschlossen wurde. Der Ar-beitnehmer kann dem Arbeitgeber jedoch schriftlich den Verzicht auf die Steuer-freiheit zugunsten einer pauschalen Versteuerung erklären. Bei einer pauschalen Versteuerung in der Ansparphase entfällt die nachgelagerte Versteuerung in der Auszahlungsphase.

Ist der Arbeitnehmer kirchensteuerpflichtig, unterliegt der pauschal versteuerte Lohnbestandteil einer pauschalen Kirchensteuer. Der pauschale Kirchensteuersatz ist nicht bundeseinheitlich, sondern unterscheidet sich von Bundesland zu Bun-desland. Der pauschale Kirchensteuersatz liegt je nach Bundesland um 1 bis 5 Pro-zentpunkte unter dem normalen Kirchensteuersatz.

Altvertragsregelung — Zusatzleistung

Wird die Prämie vom Arbeitgeber zusätzlich zum laufenden Gehalt gezahlt, stellt diese zusätzliche Zahlung kein sozialversicherungspflichtiges Arbeitsentgelt dar.

► **BEISPIEL**

Frau Waldmann hat 1999 mit ihrem Arbeitgeber vereinbart, dass dieser statt einer Gehaltserhöhung monatlich 100 EUR für sie in eine Direktversicherung einbezahlt. Der Arbeitgeber übernimmt auch die pauschalen Steuern für die Zusatzleistung. Die Direktversicherung wird als Kapitalleistung mit 65 Jahren ausbezahlt.

Betriebliche Altersvorsorge als Zusatzleistung		
Ermittlung des Arbeitslohnes/Arbeitsentgeltes		
	Gehalt	2.000,00 EUR
+	Direktversicherung als Zusatzleistung	100,00 EUR
+	Zuschuss VwL	14,00 EUR
=	**Bruttolohn**	**2.114,00 EUR**
−	Beitrag zur Direktversicherung	100,00 EUR
=	Arbeitslohn (steuerpflichtig)	2.014,00 EUR
=	**Arbeitsentgelt (beitragspflichtig)**	**2.014,00 EUR**
Sozialversicherungsbeiträge		
	Krankenversicherung (8,2 % von 2.014 EUR)	165,15 EUR
+	Pflegeversicherung (½ × (2,05 % von 2.014 EUR))	20,64 EUR
+	Zuschlag zur Pflegeversicherung (0,25 % von 2.014 EUR)	5,04 EUR
+	Rentenversicherung (½ × (18,9 % von 2.014 EUR))	190,32 EUR
+	Arbeitslosenversicherung (½ × (3,0 % von 2.014 EUR))	30,21 EUR
=	**Summe Sozialversicherungsbeiträge (Arbeitnehmer)**	**411,36 EUR**

Obwohl der Arbeitgeber Frau Waldmann einen um 100 EUR höheren Bruttolohn zahlt (Zusatzleistung), erhöht sich das Arbeitsentgelt nicht, da die Zusatzleistung voll in die beitragsfreie Form der Direktversicherung eingezahlt wird.

Altvertragsregelung — aus Einmalzahlung

Eine weitere Möglichkeit der Prämienzahlung ist es, diese aus einer Sonderzahlung, wie Weihnachts- oder Urlaubsgeld, zu entrichten. Prämienleistungen an Direktversicherungen aus Einmalzahlungen sind, wie die Zusatzleistung des Arbeitgebers, von Beiträgen zu den Sozialversicherungen befreit. Würde Frau Waldmann beispielsweise in diesem Monat ein anteiliges Urlaubsgeld von 100 EUR erhalten und diesen Betrag in ihre Direktversicherung einbezahlen, wäre das Urlaubsgeld bzw. die Prämie zur Direktversicherung von Beiträgen zur Kranken-, Pflege-, Renten- und Arbeitslosenversicherung befreit. Das Arbeitsentgelt ergibt sich aus:

Betriebliche Altersvorsorge aus Einmalzahlung	
Ermittlung des Arbeitslohnes/Arbeitsentgeltes	
Gehalt	2.000,00 EUR
+ Einmalzahlung (anteiliges Urlaubsgeld)	100,00 EUR
+ Zuschuss VwL	14,00 EUR
= Bruttolohn	**2.114,00 EUR**
— Beitrag zur Direktversicherung	100,00 EUR
= Arbeitslohn (steuerpflichtig)	2.014,00 EUR
= Arbeitsentgelt (beitragspflichtig)	2.014,00 EUR
Sozialversicherungsbeiträge	
Krankenversicherung (8,2 % von 2.014 EUR)	165,15 EUR
+ Pflegeversicherung (½ × (2,05 % von 2.014 EUR))	20,64 EUR
+ Zuschlag zur Pflegeversicherung (0,25 % von 2.014 EUR)	5,04 EUR
+ Rentenversicherung (½ × (18,9 % von 2.014 EUR))	190,32 EUR
+ Arbeitslosenversicherung (½ × (3,0 % von 2.014 EUR))	30,21 EUR
= Summe Sozialversicherungsbeiträge (Arbeitnehmer)	**411,36 EUR**

Ist die Einmalzahlung höher als die Prämie für die Direktversicherung, ist der übersteigende Teil sozialversicherungspflichtiges Arbeitsentgelt. Ebenfalls sind Prämien für eine Direktversicherung nur bis zu einem jährlichen Gesamtbetrag von 1.752 EUR bzw. monatlich 146 EUR von Beiträgen zu den Sozialversicherungen befreit (Altvertrag). Werden über den Höchstbetrag hinaus Prämien aus Einmalzahlungen oder als Zusatzleistung gezahlt, bleibt der übersteigende Betrag beitragspflichtiges Arbeitsentgelt.

TIPP

Die wohl häufigste Form der Prämienzahlung in eine Direktversicherung aus Altverträgen ist, dass der Beitrag aus dem Weihnachtsgeld und/oder dem Urlaubsgeld getragen wird. Auch eine Aufteilung der Gesamtprämie auf Urlaubs- und Weihnachtsgeld ist möglich. Entscheidend für die Sozialversicherungsfreiheit ist nur, dass im Monat der Prämienzahlung eine Einmalzahlung fließt und die Versicherungsprämie auf die Einmalzahlung angerechnet wird.

Die Prämienzahlung aus einer Einmalzahlung oder als Zusatzleistung des Arbeitgebers führt neben dem Beitragsvorteil für den Mitarbeiter zu einer Ersparnis des

Arbeitgeberanteils zu den Sozialversicherungen ungefähr in gleich großer Höhe. Außerdem fallen keine Beiträge zu den U1/U2 bzw. zur Insolvenzumlage für den Beitrag an. Direktversicherungen, die aus Bruttolohnumwandlung getragen werden, sind aus dem Blickwinkel der Sozialversicherungspflicht nur dann sinnvoll, wenn der Arbeitnehmer mit seinem laufenden Arbeitsentgelt nach Abzug der Direktversicherung über der Beitragsbemessungsgrenze in der Kranken- und Pflegeversicherung oder besser über der Renten- und Arbeitslosenversicherung liegt. Der Steuervorteil durch eine pauschale Versteuerung des Arbeitslohnes, der in die Prämie fließt, bleibt erhalten.

Neuvertragsregelung — Lohnsteuer

Mit der Neuregelung des Alterseinkünftegesetzes wurde die Direktversicherung in die steuerfreie Altersvorsorge des § 3 EStG integriert. Seit 2005 sind Beiträge zur betrieblichen Altersvorsorge bis zu **4 %** der Jahresbeitragsbemessungsgrenze der Rentenversicherung sozialversicherungsfrei. Dies bedeutet, dass in 2014 bis zu **2.856 EUR** (4 % von 71.400 EUR) beitragsfrei in eine oder mehrere Altersvorsorgeverträge einbezahlt werden können.

Zusätzlich kann bei Neuverträgen ein steuerfreier Höchstbetrag von **1.800 EUR** pro Jahr für Vorsorgeleistungen steuerfrei (beitragspflichtig) bleiben. Die Steuerfreiheit besteht, sofern über **2.856 EUR** hinaus Lohnbestandteile in eine Direktversicherung, einen Pensionsfonds oder eine Pensionskasse einbezahlt werden. Die Anwendung der Steuerfreiheit ist jedoch ausgeschlossen, wenn **neben** der Neuzusage Beiträge für eine Direktversicherung aus „Altzusage" pauschal nach § 40b versteuert werden. Der zusätzliche Höchstbetrag von 1.800 EUR führt **nicht** zu einer Beitragsfreiheit in den Sozialversicherungen (Steuerfreiheit, aber Sozialversicherungspflicht). Die pauschale Besteuerung nach § 40b ist auch nach einem Firmenwechsel möglich. Es ist jedoch zu prüfen, ob die Bedingungen einer Neuzusage erfüllt wären, und ggf. eine Umstellung des Vertrags vorzunehmen ist, wenn der Mitarbeiter nicht schriftlich auf die Steuerfreiheit verzichtet.

> **! ACHTUNG**
>
> Wird für einen Arbeitnehmer aufgrund einer Altzusage eine Direktversicherung pauschal nach § 40b versteuert, kann für eine Neuzusage nicht der zusätzliche Steuerfreibetrag von 1.800 EUR in Anspruch genommen werden.

Neuvertragsregelung — Sozialversicherung

Seit 2005 sind Beiträge, die aus dem Arbeitslohn in eine betriebliche Altersvorsorge einbezahlt werden, bis zu **4 % der Jahresbeitragsbemessungsgrenze** der Rentenversicherung sozialversicherungsfrei. Dies bedeutet, dass in 2014 bis zu **2.856 EUR** (4 % von 71.400 EUR) beitragsfrei in eine oder mehrere Altersvorsorgeverträge einbezahlt werden können. Diese Regelung gilt jedoch nur für sogenannte Neuverträge, die nach dem 31.12.2004 abgeschlossen wurden.

Übersteigt die Vorsorgeleistung den jährlichen Höchstbetrag, sind Beiträge, die über die Höchstgrenze von **2.856 EUR** hinaus in betriebliche Altersvorsorgeverträge einbezahlt werden, mit Beiträgen zu den Sozialversicherungen zu belegen. Eine pauschale Besteuerung von zusätzlichen Vorsorgeleistungen und einer daraus entstehenden Beitragsfreiheit in den Sozialversicherungen ist bei Neuverträgen nicht möglich.

▶ BEISPIEL

Frau Waldmann wollte zusätzlich etwas für ihre Altersversorgung tun und hat im März 2008 eine Direktversicherung (DV) über ihren Arbeitgeber abgeschlossen. Die DV bezahlt sie durch einen monatlichen Gehaltsverzicht von 100 EUR aus ihrem laufenden Gehalt. Frau Waldmann erhält ein monatliches Bruttogehalt von 2.100 EUR und einen Zuschuss von 14 EUR zu den vermögenswirksamen Leistungen (VwL), der zusammen mit dem Arbeitnehmeranteil von 26 EUR der Bausparkasse überwiesen wird. Frau Waldmann ist bei einer gesetzlichen Krankenkasse krankenversichert (Beitragssatz 15,5 %) und gehört einer kirchensteuerberechtigten Glaubensgemeinschaft an. Der Firmensitz liegt in Bayern. Monika Waldmann hat Steuerklasse 1 und keine Kinder. Die Beiträge zu den Umlagekassen U1/U2 werden mit 1,9 % bzw. 0,2 % angenommen. Das Unternehmen nimmt am Umlageverfahren U1 teil.

5.9.1 Entgeltabrechnung

Abrechnung der Bruttobezüge

Ermittlung des Arbeitslohnes/Arbeitsentgeltes

	Gehalt	2.100,00 EUR
+	Zuschuss VwL	14,00 EUR
=	**Bruttolohn**	**2.114,00 EUR**

—	Beitrag zur Direktversicherung	100,00 EUR
	Arbeitslohn (steuerpflichtig)	2.014,00 EUR
	Arbeitsentgelt (beitragspflichtig)	2.014,00 EUR
Steuerliche Abzüge		
	Lohnsteuer (lt. Monatstabelle f. 2.014 EUR bei Steuerklasse 1 / keine Kinder)	211,25 EUR
+	Solidaritätszuschlag	11,61 EUR
+	Kirchensteuer (8 % auf den Betrag der Lohnsteuer)	16,90 EUR
=	**Summe steuerrechtliche Abzüge**	**239,76 EUR**
Sozialversicherungsbeiträge		
	Krankenversicherung (8,2 % von 2.014 EUR)	165,15 EUR
+	Pflegeversicherung (½ × (2,05 % von 2.014 EUR))	20,64 EUR
+	Zuschlag zur Pflegeversicherung (0,25 % von 2.014 EUR)	5,04 EUR
+	Rentenversicherung (½ × (18,9 % von 2.014 EUR))	190,32 EUR
+	Arbeitslosenversicherung (½ × (3,0 % von 2.014 EUR))	30,21 EUR
=	**Summe Sozialversicherungsbeiträge (Arbeitnehmer)**	**411,36 EUR**
Gesamtabrechnung		
	Bruttolohn	2.114,00 EUR
—	Steuerrechtliche Abzüge (Arbeitnehmer)	**239,76 EUR**
—	Sozialversicherungsbeiträge (Arbeitnehmeranteil)	411,36 EUR
—	Überweisung an Direktversicherung	100,00 EUR
—	Überweisung an Bausparkasse	40,00 EUR
=	**Auszahlungsbetrag**	**1.322,88 EUR**
Gesamtbelastung		
	Bruttolohn	2.114,00 EUR
+	Sozialversicherungsbeiträge AG-Anteil	388,19 EUR
+	Umlagen U1 (1,9 % × 2.014 EUR)	38,27 EUR
+	Umlagen U2 (0,2 % × 2.014 EUR)	4,03 EUR
+	Insolvenzumlage (0,15 % × 2.014 EUR)	3,02 EUR
=	**Gesamtbelastung**	**2.547,51 EUR**

Tab. 21: Entgeltabrechnung mit betrieblicher Altersvorsorge – Neuvertragsregelung

Im Beispiel wird von einem Neuvertrag, der nach 2005 geschlossen wurde, ausgegangen. Voraussetzung für die Steuer- und Beitragsfreiheit der Prämien für eine Direktversicherung sind:

- Es muss ein erstes Dienstverhältnis bestehen, also keine Versteuerung nach Steuerklasse 6 vorliegen und
- die Versorgungsleistung aus der Direktversicherung muss in Form einer lebenslangen Rente bestehen und
- es muss sich um einen Neuvertrag ab dem 1.1.2005 handeln.

5.9.2 Steuerrechtliche Abzüge

Im Beispiel handelt es sich um eine betriebliche Altersvorsorge nach der Neuvertragsregelung. Seit 2014 können monatlich bis zu 388 EUR ((**2.856 EUR** + 1.800 EUR)/12) steuerfrei in eine oder mehrere Verträge der betrieblichen Altersvorsorge (Pensionskasse, Pensionsfonds, Unterstützungskasse, Direktversicherung) einbezahlt werden. Dabei ist die Steuerfreiheit unabhängig davon, ob die Vorsorgeleistung aus Einmalzahlung oder durch monatlichen Lohnverzicht aufgebracht wird. Ebenso unerheblich ist, ob die Vorsorgeleistung vom Arbeitgeber als Zusatzleistung oder vom Arbeitnehmer im Wege der Entgeltumwandlung aufgebracht wird. Der monatliche Wert ist abhängig von der jährlichen Beitragsbemessungsgrenze der Rentenversicherung (4 % von BBG-RV-West + 1.800 EUR). Die Beitragsbemessungsgrenze (BBG) wird jährlich zum 1. Januar angepasst. Somit ändert sich der Betrag, der steuerfrei in die Vorsorgeleistung einbezahlt werden kann, jährlich.

> **! ACHTUNG**
>
> Die Steuerfreiheit in der Ansparphase der Altersvorsorge führt zu einer Besteuerung in der Auszahlungsphase (Rentenbezug) — der sogenannten nachgelagerten Besteuerung. Rentenzahlungen aus steuerfreien Direktversicherungen unterliegen in voller Höhe der Einkommensteuer bei Auszahlung.

5.9.3 Sozialversicherungsbeiträge

Im Beispiel handelt es sich um eine Neuvertragsregelung. Die Beiträge bleiben bei einer **Neuzusage** bis 4 % der Jahresbeitragsbemessungsgrenze (JBBG) der Rentenversicherung (West) sozialversicherungsfrei. Für 2014 bedeutet dies, dass monatlich bis zu 238 EUR in einen oder mehrere Verträge (Pensionskasse, Pensionsfonds, Direktversicherung, Unterstützungskasse) einbezahlt werden können und darauf keine Beiträge zu den Sozialversicherungen entstehen. Die Sozialversicherungs-freiheit ist unabhängig davon, ob der Arbeitgeber oder der Arbeitnehmer durch Gehaltsverzicht die Beiträge leistet. Übersteigen die Vorsorgeleistungen den jährlichen Freibetrag von 2.856 EUR, ist der übersteigende Teil beitragspflichtiges Arbeitsentgelt.

> **ACHTUNG**
>
> Der zusätzliche steuerfreie Betrag von jährlich 1.800 EUR für Beiträge an Vor-sorgeleistungen ist beitragspflichtig in den Sozialversicherungen.

In der Praxis werden bei Einzahlungen in eine betriebliche Altersvorsorge häufig die Arbeitgeberanteile der Beitragsersparnis als Zuschuss zum Sparvertrag gewährt. Auch dieser Zuschuss bleibt sozialversicherungsfrei, solange die Gesamtsumme von 2.856 EUR pro Jahr nicht überschritten wird. In der Regel ermittelt der Arbeit-geber die Ersparnis der Sozialversicherungsbeiträge und gewährt diese dann als Zuschuss. Im Beispiel bei einer monatlichen Zahlung von 100 EUR ergeben sich für den Arbeitgeber folgende Sozialversicherungsvorteile:

Sozialversicherungsvorteile des AG durch die bAV	
Sozialversicherungsbeiträge des AG bei einer Einzahlung von monatlich 100 EUR in die bAV	
Krankenversicherung (7,3 % von 2.014 EUR)	147,02 EUR
+ Pflegeversicherung (1,025 % von 2.014 EUR)	20,64 EUR
+ Rentenversicherung (9,45 % von 2.014 EUR)	190,32 EUR
+ Arbeitslosenversicherung (1,5 % von 2.014 EUR)	30,21 EUR
= **Sozialversicherungsbeiträge AG-Anteil**	**388,19 EUR**
Sozialversicherungsbeiträge des AG ohne die bAV	
Krankenversicherung (7,3 % von 2.114 EUR)	154,32 EUR
+ Pflegeversicherung (1,025 % von 2.114 EUR)	21,67 EUR
+ Rentenversicherung (9,45 % von 2.114 EUR)	199,77 EUR
+ Arbeitslosenversicherung (1,5 % von 2.114 EUR)	31,71 EUR
= **Sozialversicherungsbeiträge AG-Anteil**	**407,47 EUR**

Die Ersparnis an Sozialversicherungsbeiträgen des Arbeitgebers durch die betrieb-liche Altersvorsorge (bAV) des Arbeitnehmers beträgt im Beispiel 19,28 EUR pro Mo-nat (407,47 EUR — 388,19 EUR).

> **TIPP**
>
> Bei der Sozialversicherungsersparnis durch die bAV gilt es für den Arbeitneh-
> mer zu beachten, dass durch die Einzahlung in die bAV die Beitragszahlungen
> in die gesetzliche Rentenversicherung sinken. Da sich die gesetzliche Rente
> aus der Höhe der Beitragszahlungen und dem Versicherungszeitraum ergibt,
> ist die Rente aus der gesetzlichen Rente geringer als wenn der Arbeitslohn voll
> verbeitragt würde.

5.9.4 Arbeitgeberbelastung

Entscheidend für die Entgeltabrechnung von betrieblichen Altersvorsorgen ist, ob
der Vertag vor dem 1.1.2005 oder ab 2005 abgeschlossen wurde. Dem entsprechend
ist die Altvertragsregelung bzw. die Neuvertragsregelung anzuwenden. Im Beispiel
wurde die Direktversicherung nach 2005 neu abgeschlossen, sie ist deshalb bis
2.856 EUR pro Jahr steuer- und sozialversicherungsfrei. In Höhe der Sozialversicherungsfreiheit entstehen auch keine Umlagepflichten für den Arbeitgeber.

Arbeitgeberbelastung	
Gesamtbelastung	
Bruttolohn	2.114,00 EUR
+ Krankenversicherung (7,3 % von 2.014 EUR)	147,02 EUR
+ Pflegeversicherung (1,025 % von 2.014 EUR)	20,64 EUR
+ Rentenversicherung (9,45 % von 2.014 EUR)	190,32 EUR
+ Arbeitslosenversicherung (1,5 % von 2.014 EUR)	30,21 EUR
= **Sozialversicherungsbeiträge AG-Anteil**	**388,19 EUR**
+ Umlagen U1 (1,9 % × 2.014 EUR)	38,27 EUR
+ Umlagen U2 (0,2 % × 2.014 EUR)	4,03 EUR
+ Insolvenzumlage (0,15 % × 2.014 EUR)	3,02 EUR
= **Gesamtbelastung**	**2.547,51 EUR**

In den Sozialversicherungsbeiträgen für den Arbeitgeber ist kein Zuschlag für die
Kranken- und Pflegeversicherung enthalten. Somit beträgt der Arbeitgeberanteil zur
Krankenversicherung nur 7,3 %, der des Arbeitnehmers 8,2 %. Handelt es sich bei dem
Arbeitgeber um ein Unternehmen mit bis zu 30 Vollzeitbeschäftigten, ist neben der
U2 auch die Umlage U1 zu ermitteln. Die Insolvenzumlage beträgt 0,15 % des renten-
versicherungspflichtigen Arbeitsentgelts. In der Arbeitgeberbelastung nicht berück-

sichtigt sind Beiträge zur Berufsgenossenschaft und Rückstellungen. Diese werden in der Regel erst zum Ende des Kalenderjahres ermittelt. Im Bau- und Baunebengewerbe sind zusätzlich noch Beiträge zur Zusatzversorgung (ZVK) zu berücksichtigen.

5.10 Hat der Arbeitnehmer eine Beihilfe oder einen Vorschuss erhalten?

Beihilfen oder Unterstützungsleistungen des Arbeitgebers bei Studium oder Erholung sind bis zu bestimmten Höchstgrenzen steuerfrei. Übersteigen die Zahlungen den Freibetrag, ist nur der übersteigende Betrag steuer- und sozialversicherungspflichtig. Die Freibeträge sind für alle begünstigten Beihilfen in § 3 Einkommensteuergesetz (EStG) einzeln geregelt. Der steuerfreie Teil einer Beihilfe ist immer von Beiträgen zu den Sozialversicherungen befreit. Beihilfen bei Heirat oder Geburt sind nicht mehr steuerlich begünstigt. Übernimmt der Arbeitgeber für Mitarbeiter, die an einer Berufsakademie bzw. Dualen Hochschule studieren, die Studiengebühren, entsteht dem Mitarbeiter wegen des ganz überwiegenden betrieblichen Interesses des Arbeitgebers daraus kein steuerpflichtiger geldwerter Vorteil. Für die Sozialversicherung gilt jedoch, dass die Übernahme von Studiengebühren jeglicher Art durch den Arbeitgeber einen beitragspflichtigen geldwerten Vorteil darstellt und somit das beitragspflichtige Arbeitsentgelt erhöht.

Mit der Neuregelung **der Dualen Studiengänge** hat der Gesetzgeber festgelegt, dass Studierende an Dualen Hochschulen zur Ausbildung beschäftigt sind. Somit unterliegen sie seit 2012 den vollen Beiträgen zur Kranken-, Renten-, Pflege- und Arbeitslosenversicherung. Wird eine Ausbildungsvergütung von bis zu 325 EUR pro Monat bezahlt, greift zusätzlich die Geringverdiener Regelung (vgl. Kapitel 5.3). Liegt das Arbeitsentgelt über 450 EUR aber unter 850,01 EUR darf für die zur Ausbildung Beschäftigten die Gleitzonenregelung jedoch **nicht** angewendet werden. Die Versicherungspflicht gilt ausdrücklich für alle Phasen des Studiums, also sowohl während der Praxisphase, wie auch während der Studienphase.

TIPP

In der Phase des Studiums an der Dualen Hochschule besteht für den Studenten Beitragsfreiheit in der Unfallversicherung. Dementsprechend ist das Arbeitsentgelt, welches während der Studienphase gezahlt wird, nicht in der Jahresmeldung als beitragspflichtiges Entgelt zur Unfallversicherung zu berücksichtigen. Während des Aufenthalts an der Hochschule ist diese für den Unfallschutz verantwortlich.

Vorschüsse sind Vorauszahlungen von Arbeitslohn, der erst zukünftig verdient wird. Ein Vorschuss wird in der Regel zwischen zwei Lohnabrechnungsperioden ungekürzt ausgezahlt und hat somit den Charakter einer Nettozahlung. Bei der Lohnabrechnung kann die Nettozahlung auf den Bruttobetrag hochgerechnet werden oder die Vorauszahlung wird mit dem Auszahlungsbetrag aus dem laufenden Bruttolohn verrechnet. Erhält der Arbeitnehmer entsprechend seinem Arbeitsfortschritt eine Abschlagszahlung auf den Gesamtlohn, handelt es sich nicht um Vorschuss im eigentlichen Sinne. Abschlagszahlungen sind jedoch genau wie Vorschüsse mit der Lohnabrechnung zu verrechnen, wenn der Lohnzahlungszeitraum nicht länger als fünf Wochen dauert.

> ▶ **BEISPIEL**
>
> Monika Waldmann möchte im Folgemonat heiraten. Der Arbeitgeber will das junge Paar bei der Hochzeit mit einer Heiratsbeihilfe von 400 EUR unterstützen. Diese zahlt er zusammen mit dem monatlichen Bruttogehalt von 2.100 EUR aus. Außerdem braucht Frau Waldmann für die Hochzeitsvorbereitungen einen Vorschuss von 600 EUR, der zum 15. des Monats netto ausgezahlt wird. Wie in jedem Monat erhält Frau Waldmann einen Zuschuss von 14 EUR zu den vermögenswirksamen Leistungen (VwL). Der Zuschuss zur VwL wird vom Nettolohn einbehalten und zusammen mit dem Arbeitnehmeranteil von 26 EUR der Bausparkasse überwiesen. Frau Waldmann gehört einer kirchensteuerberechtigten Glaubensgemeinschaft an und ist bei einer gesetzlichen Krankenkasse pflichtversichert. Der Beitragssatz zur Krankenversicherung beträgt 15,5 % des Arbeitsentgelts. Als Firmensitz für die Ermittlung der Kirchensteuer wird Nordrhein-Westfalen unterstellt. Frau Waldmann hat zum Zeitpunkt der Lohnabrechnung noch Steuerklasse 1 und keine Kinder. Als Beitragssatz für die Umlagekasse U1 wird 1,9 % und für die Umlagekasse U2 0,2 % angenommen.

5.10.1 Entgeltabrechnung

Abrechnung der Bruttobezüge

Ermittlung des Arbeitslohnes/Arbeitsentgeltes

	Gehalt	2.100,00 EUR
+	Zuschuss VwL	14,00 EUR
+	Heiratsbeihilfe	400,00 EUR
=	**Bruttolohn**	**2.514,00 EUR**
	Arbeitslohn (steuerpflichtig)	2.514,00 EUR
	Arbeitsentgelt (beitragspflichtig)	2.514,00 EUR

Steuerliche Abzüge

	Lohnsteuer (lt. Monatstabelle f. 2.114 EUR bei Steuerklasse 1)	234,41 EUR
+	Solidaritätszuschlag (5,5 % auf den Betrag der Lohnsteuer)	12,89 EUR
+	Kirchensteuer (9 % auf den Betrag der Lohnsteuer)	21,09 EUR
+	Lohnsteuer (lt. Jahrestabelle für 400 EUR bei Steuerklasse 1)	94,00 EUR
+	Solidaritätszuschlag (5,5 % auf den Betrag der Jahreslohnsteuer)	5,17 EUR
+	Kirchensteuer (9 % auf den Betrag der Jahreslohnsteuer)	8,46 EUR
=	**Summe steuerrechtliche Abzüge**	**376,02 EUR**

Sozialversicherungsbeiträge

	Krankenversicherung (8,2 % von 2.514 EUR)	206,15 EUR
+	Pflegeversicherung (½ × (2,05 % von 2.514 EUR))	25,77 EUR
+	Zuschlag zur Pflegeversicherung (0,25 % von 2.514 EUR)	6,29 EUR
+	Rentenversicherung (½ × (18,9 % von 2.514 EUR))	237,57 EUR
+	Arbeitslosenversicherung (½ × (3,0 % von 2.514 EUR))	37,71 EUR
=	**Summe Sozialversicherungsbeiträge (Arbeitnehmer)**	**513,49 EUR**

Gesamtabrechnung

	Bruttolohn	2.514,00 EUR
—	Steuerrechtliche Abzüge (Arbeitnehmer)	**376,02 EUR**
—	Sozialversicherungsbeiträge (Arbeitnehmeranteil)	513,49 EUR
—	Überweisung an Bausparkasse	40,00 EUR
—	Vorschuss (ausbezahlt)	600,00 EUR
=	**Auszahlungsbetrag**	**984,49 EUR**

Gesamtbelastung

	Bruttolohn	2.514,00 EUR
+	Sozialversicherungsbeiträge AG-Anteil	484,57 EUR
+	Umlagen U1 (1,9 % × 2.114 EUR)	40,17 EUR
+	Umlagen U2 (0,2 % × 2.114 EUR)	4,23 EUR
+	Insolvenzumlage (0,15 % × 2.514 EUR)	3,77 EUR
=	**Gesamtbelastung**	**3.046,83 EUR**

Heirats- und Geburtsbeihilfen sind nicht mehr steuerfrei. Außerdem fallen Beiträge zu den Sozialversicherungen für Heirats- und Geburtsbeihilfen an. Die Heiratsbeihilfe ist als sonstiger Bezug beziehungsweise Einmalzahlung zu versteuern und mit Beiträgen zu den Sozialversicherungen zu belegen. Der Vorschuss ist ein steuer- und sozialversicherungsfreier Abzug vom Nettoverdienst — er reduziert nur die Auszahlung.

5.10.2 Steuerrechtliche Abzüge

Nicht alles, was der Arbeitgeber seinem Arbeitnehmer zukommen lässt, ist steuerpflichtiger Arbeitslohn. Beihilfen, die aufgrund besonderer Belastungen, wie Krankheit oder Unfall, gezahlt werden, sind bis zu bestimmten Freibeträgen von der Lohnsteuer befreit. Private Unterstützungen des Arbeitgebers sind bis 600 EUR jährlich steuerfrei, wenn diese aufgrund von Unglücksfällen, Krankheit, Tod oder Vermögensverlust gezahlt werden. Bezahlt beispielsweise der Arbeitgeber seinem Arbeitnehmer nach Vorlage der Rechnung einen Zuschuss von 200 EUR zu den von der Krankenkasse nicht übernommenen Kosten für Zahnersatz, handelt es sich um eine Beihilfe, die nach R 3.11 Lohnsteuerrichtlinien steuerfrei bleiben kann.

Betriebsinterne Maßnahmen des Arbeitgebers zur Verbesserung des allgemeinen Gesundheitszustands seiner Mitarbeiter oder zur betrieblichen Gesundheitsförderung bleiben bis zu **500 EUR** im Kalenderjahr je Arbeitnehmer steuerfrei, wenn sie hinsichtlich Qualität, Zweckbindung und Zielgerichtetheit die Anforderungen der §§ 20 und 20a SGB V erfüllen und zusätzlich zum ohnehin geschuldeten Arbeitslohn erbracht werden. Bei der steuerfreien Förderung handelt es sich um einen Höchstbetrag, das heißt, übersteigende Beträge gehören zum steuerpflichtigen Arbeitslohn.

Die Steuerfreiheit gilt ausschließlich für Leistungen, die durch die Spitzenverbände der Krankenkassen konkretisiert wurden. Die begünstigten Maßnahmen sind demnach:

- allgemeine Reduzierung von Bewegungsmangel sowie Vorbeugung und Reduzierung spezieller gesundheitlicher Risiken durch verhaltens- und gesundheitsorientierte Bewegungsprogramme,
- Vorbeugung und Reduzierung arbeitsbedingter Belastungen des Bewegungsapparats, allgemeine Vermeidung von Mangel- und Fehlernährung sowie Vermeidung und Reduktion von Übergewicht,
- gesundheitsgerechte betriebliche Gemeinschaftsverpflegung (z. B. Ausrichtung der Betriebsverpflegungsangebote an Ernährungsrichtlinien und Bedürfnissen der Beschäftigten, Schulung des Küchenpersonals, Informations- und Motivierungskampagnen),

- Stressbewältigung und Entspannung (Vermeidung stressbedingter Gesundheitsrisiken), Förderung der individuellen Kompetenzen der Stressbewältigung am Arbeitsplatz, gesundheitsgerechte Mitarbeiterführung,
- Einschränkung des Suchtmittelkonsums (allgemeine Förderung des Nichtrauchens, „rauchfrei" im Betrieb, gesundheitsgerechter Umgang mit Alkohol, allgemeine Reduzierung des Alkoholkonsums, Nüchternheit am Arbeitsplatz).

Unter die Steuerbefreiung fallen auch Barzuschüsse des Arbeitgebers an seine Mitarbeiter für extern durchgeführte Maßnahmen. Die Übernahme bzw. Bezuschussung von Mitgliedsbeiträgen an Sportvereine und Fitnessstudios ist jedoch nicht steuerbefreit.

Heirat oder Geburt eines Kindes können vom Arbeitgeber nicht mehr steuerfrei gefördert werden. Bei Zuwendungen, die nicht regelmäßig bezahlt werden, handelt es sich um sonstige Bezüge bzw. Einmalzahlungen. Diese sind gesondert vom laufenden Bezug mit der Jahreslohnsteuertabelle zu versteuern (siehe Kapitel 6). Eine Umwandlung von laufendem Arbeitslohn in eine steuerbegünstigte Zulage ist nicht möglich. Die Zulage muss zusätzlich zum laufenden Bezug bezahlt werden.

Freibetrag bzw. Freigrenze

Vom Freibetrag zu unterscheiden ist die Freigrenze. Übersteigt beispielsweise der Wert einer Sachzuwendung die Freigrenze von 40 EUR (Gelegenheitsgeschenke) bzw. monatlich 44 EUR bei Sachzuwendungen, ist der Lohnbestandteil in vollem Umfang steuer- und sozialversicherungspflichtig. Wird die Freigrenze überschritten, ist im Vergleich zum Freibetrag nicht nur der übersteigende Teil steuer- und sozialversicherungspflichtig, sondern die gesamte Zuwendung gehört zum laufenden Arbeitslohn bzw. zum beitragspflichtigen Arbeitsentgelt.

Die nachfolgende Tabelle gibt einen Überblick über die häufigsten steuerlich begünstigten Zuwendungen mit den jeweiligen Höchstgrenzen. Bis zu diesen Höchstbeträgen sind die Zuwendungen steuer- und sozialversicherungsfrei.

Art des steuerfreien Bezuges	Steuerfrei bis zum Höchstbetrag von
Beihilfe für Notfälle, wie Krankheit, Unfall, Todesfall	600 EUR pro Jahr
Maßnahmen zur Gesundheitsförderung	500 EUR pro Jahr
Gelegenheitsgeschenke (z. B. Geburtstagsgeschenk)	40 EUR*

Die Lohnabrechnung

Art des steuerfreien Bezuges	Steuerfrei bis zum Höchstbetrag von
Auslagenersatz	ohne Begrenzung
Personalrabatt (monatlich)	90 EUR
Trinkgelder (monatlich)	ohne Begrenzung
Sachbezüge monatlich	44 EUR*
Fehlgeldentschädigung an der Kasse (monatlich)	16 EUR
Betriebsveranstaltung (eintägig)	110 EUR*
Umzugskostenpauschale bei Arbeitgeberwechsel für Ledige Verheiratete Pro Kind zusätzlich Auslagen für zusätzlichen Unterricht für Kinder pro Kind	695 EUR 1.390 EUR 306 EUR 1.752 EUR
Kindergartenzuschuss (mit Originalbeleg)	Ohne Begrenzung
Verpflegungsmehraufwand bei Reisen von mehr als 8 Stunden abwesend mehr als 24 Stunden abwesend	12 EUR** 24 EUR**

Tab. 22: Steuerfreie Zuwendungen des Arbeitgebers

*   Übersteigt der Wert der Zuwendung die Höchstgrenze, so ist die gesamte Zuwendung steuer- und sozialversicherungspflichtig.

**   Übersteigt der Wert der Zuwendung die Höchstgrenze, so ist die gesamte Zuwendung steuer- und sozialversicherungspflichtig. Es besteht jedoch die Möglichkeit, den Gesamtbetrag mit 25 % pauschal zu versteuern.

5.10.3   Sozialversicherungsbeiträge

Das beitragspflichtige Arbeitsentgelt ergibt sich durch Kürzung des Bruttolohns um den steuerfreien Teil der Zuwendung. Im Beispiel ist eine Heiratszulage voll steuerpflichtig und somit auch beitragspflichtig in den Sozialversicherungen. Wie im Lohnsteuerrecht sind sonstige Bezüge bzw. Einmalzahlungen besonders zu behandeln und auszuweisen (siehe Kapitel 6). Besteht die Möglichkeit, bei Überschreitung einer Freigrenze die Lohnsteuer zu pauschalieren (Reisekosten, Betriebsveranstaltung), so ist der pauschalierungsfähige Betrag von Beiträgen zur

Sozialversicherung befreit. Zahlungen bzw. Zuschüsse des Arbeitgebers sind bis 500 EUR pro Jahr beitragsfrei in den Sozialversicherungen, wenn der Arbeitgeber diese für Maßnahmen zur:

- Verbesserung des allgemeinen Gesundheitszustands bzw.
- für die betriebliche Gesundheitsförderung

erstattet.

> **! WICHTIG**
>
> **Die Höchstbeträge für die Steuer- bzw. Sozialversicherungsfreiheit von Zuschüssen bei Krankheit oder Rehabilitation unterscheiden sich.**

Der steuerfrei ausbezahlte Vorschuss hat keinen Einfluss auf die Beitragsberechnung in den Sozialversicherungen. Der Vorschuss wird als „durchlaufender Posten" nach der Verbeitragung vom Nettolohn abgezogen.

Im Beispiel wird für den Arbeitnehmer der Zuschlag zur Pflegeversicherung für Kinderlose berechnet. Dieser Zuschlag entsteht nicht, wenn mindestens ein leibliches oder adoptiertes Kind nachgewiesen werden kann oder konnte (mind. 1 Monat).

Im Krankenversicherungsbeitragssatz von 15,5 % des Arbeitsentgelts ist der Zuschlag von 0,9 % für den Arbeitnehmer enthalten. Die Aufteilung des Gesamtbeitrags ist: 7,3 % Arbeitgeber und 8,2 % Arbeitnehmer.

5.10.4 Arbeitgeberbelastung

Ein Vorschuss ist ein im Voraus ausgezahlter laufender Arbeitslohn bzw. laufendes Arbeitsentgelt und somit vollständig steuer- und beitragspflichtiges Arbeitsentgelt. Der am 15. des Monats ausgezahlte Vorschuss vermindert also nur den Auszahlungsbetrag.

Von der Vorschusszahlung ist die Abschlagszahlung zu unterscheiden. Bei der Abschlagszahlung erhält der Arbeitnehmer eine ungefähre Zahlung für bereits geleistete Arbeit. Die genaue Lohnabrechnung mit der endgültigen Lohnsteuer und den Beiträgen zur Sozialversicherung kann bis zu fünf Wochen nach der Abschlagszahlung vorgenommen werden.

Der Arbeitgeber überweist den Zuschuss zur VwL und den Sparbetrag von Frau Waldmann direkt der Bausparkasse. Zuschuss und Sparbetrag werden deshalb vom Auszahlungsbetrag abgezogen. Im Beispiel ergibt sich für den Arbeitgeber folgende Belastung.

Arbeitgeberbelastung	
Gesamtbelastung	
Bruttolohn	2.514,00 EUR
+ Krankenversicherung (7,3 % von 2.514 EUR)	183,52 EUR
+ Pflegeversicherung (½ × (2,05 % von 2.514 EUR))	25,77 EUR
+ Rentenversicherung (½ × (18,9 % von 2.514 EUR))	237,57 EUR
+ Arbeitslosenversicherung (½ × (3,0 % von 2.514 EUR))	37,71 EUR
= Summe Sozialversicherungsbeiträge (Arbeitgeber)	**484,57 EUR**
+ Umlagen U1 (1,9 % × 2.114 EUR)	40,17 EUR
+ Umlagen U2 (0,2 % × 2.114 EUR)	4,23 EUR
+ Insolvenzumlage (0,15 % × 2.514 EUR)	3,77 EUR
= Gesamtbelastung	**3.046,83 EUR**

Der Gesamtbeitrag zu den Sozialversicherungen ist geringer als der Mitarbeiterbeitrag. Dies liegt am Zuschlag zur Pflegeversicherung und am geringeren Beitragsanteil zur Krankenversicherung (7,3 %).

Nimmt das Unternehmen aufgrund seiner Mitarbeiterzahl am Umlageverfahren teil, ist die Umlage U1 zu entrichten. Sie entfällt für Betriebe mit mehr als 30 Mitarbeitern, die über 30 Wochenstunden arbeiten. Bei der Heiratsbeihilfe handelt es sich um eine Einmalzahlung, diese unterliegt **nicht** den Beiträgen zu den Umlagekassen U1/U2. Der Beitrag zur Insolvenzumlage ist aus dem rentenversicherungspflichtigen Entgelt zu ermitteln. Somit ist die Heiratsbeihilfe für die Ermittlung der Insolvenzumlage zu berücksichtigen. Der Satz zur Insolvenzumlage beträgt 0,15 % des rentenversicherungspflichtigen Arbeitsentgelts bis maximal zur Beitragsbemessungsgrenze der Rentenversicherung. Ist der Arbeitnehmer nicht rentenversicherungspflichtig, muss der Beitrag aus einem fiktiven Arbeitsentgelt ermittelt werden, das sich bei einer Rentenversicherungspflicht ergeben würde.

Nicht in der Arbeitgeberbelastung berücksichtigt sind Beiträge zur Berufsgenossenschaft sowie Rückstellungen für Jubiläen, Urlaub oder Pensionen. Diese werden in der Regel erst zum Ende des Kalenderjahres ermittelt, gehören jedoch zur Arbeitgeberbelastung. Im Bau- und Baunebengewerbe sind zusätzlich noch Beiträge zur Zusatzversorgung (ZVK) zu berücksichtigen. Beschäftigt das Unternehmen nicht seiner Größe entsprechend behinderte Mitmenschen, ist zusätzlich noch eine anteilige Schwerbehindertenabgabe in die Berechnung aufzunehmen. Beschäftigt das Unternehmen Künstler oder hat regelmäßig Aufträge an Publizisten oder Künstler vergeben, entstehen ggf. noch Beiträge zur Künstlersozialabgabe.[25]

5.11 Hat der Arbeitnehmer eine Sachleistung erhalten?

Neben Geldzuwendungen kann der Arbeitgeber dem Arbeitnehmer Leistungen in Form von Sachzuwendungen zukommen lassen. Sachleistungen, wie z. B. freie Kost, freie Wohnung, Firmenwagen, Waren und anderes, verschaffen dem Arbeitnehmer einen geldwerten Vorteil und sind laufender Arbeitslohn oder sonstige Bezüge (vgl. § 8 EStG). Sachzuwendungen erhöhen das Arbeitsentgelt und sind somit in Höhe des steuerpflichtigen Teils beitragspflichtig in der Kranken-, Pflege-, Renten- und Arbeitslosenversicherung.

Gewährt der Arbeitgeber seinem Arbeitnehmer einen geldwerten Vorteil in Form eines Sachbezugs, stellt sich die Frage, mit welchem Wert dieser anzusetzen ist. Für Sachleistungen in Form von Unterkunft, Mahlzeiten, Heizung und Beleuchtung gibt es amtliche Sachbezugswerte, in denen festgelegt wird, mit welchem Wert („Bruttolohn") der Sachbezug anzusetzen ist. Sachbezüge, für die keine amtlichen Sachbezugswerte festgelegt sind, müssen mit den Endpreisen am Abgabeort, gemindert um die üblichen Preisnachlässe, bewertet werden. Für 2014 gelten folgende Sachbezugswerte:

Sachbezug	Sachbezugswert für alle Arbeitnehmer
Frühstück pro Mahlzeit	1,63 EUR
Mittagessen pro Mahlzeit	3,00 EUR
Abendessen pro Mahlzeit	3,00 EUR
freie Unterkunft monatlich	221 EUR
freie Verpflegung monatlich	229 EUR

Tab. 23: Amtliche Sachbezugswerte für Mahlzeiten ab 2014

---

[25] Vgl. Kapitel 4.3.2 – Stichwort „Künstlersozialabgabe".

Erhalten Arbeitnehmer Waren verbilligt oder kostenlos, die der Arbeitgeber herstellt oder vertreibt, bleibt der geldwerte Vorteil hieraus gemäß § 8 Abs. 3 EStG bis zu einem Rabattfreibetrag von **1.080 EUR** jährlich steuerfrei. Der Rabattvorteil des Arbeitnehmers wird dadurch ermittelt, dass der Preis, den der Arbeitnehmer bezahlt hat, mit einem Endkundenpreis verglichen wird. Für die Ermittlung des Endkundenpreises ist der günstigste Preis am Markt um einen Abschlag von **4 % zu verringern.** Der Endkundenpreis ist der Preis, den der Verbraucher bezahlen muss, inklusive Umsatzsteuer. Ist dieser Betrag kleiner oder gleich 90 EUR pro Monat bzw. 1.080 EUR im Jahr, besteht keine Steuerpflicht für die kostenlos oder verbilligt erhaltenen Waren oder Leistungen. Übersteigt der Preisvorteil den Rabattfreibetrag, ist der übersteigende Teil steuer- und beitragspflichtiger Arbeitslohn.

Erhält der Mitarbeiter über den Arbeitgeber Waren oder Leistungen, die dieser nicht selbst herstellt oder vertreibt, kann der Rabattfreibetrag (1.080 EUR) nicht angewendet werden. Es ist jedoch zu prüfen, ob der amtliche Sachbezugswert oder die Kleinbetragsregelung angewendet werden kann.

Eine Vereinfachung bewirkt die **Kleinbetragsregelung** des § 8 Abs. 2 EStG. Zuwendungen in Form von geldwerten Vorteilen, die nach Anrechnung etwaiger vom Arbeitnehmer gezahlter Eigenanteile im Kalendermonat nicht mehr als **44 EUR** betragen, und für die keine Sachbezugswerte angesetzt werden, sind **nicht** steuerpflichtig. Für die Berechnung der 44-Euro-Grenze ist auf den einzelnen Kalendermonat abzustellen, eine Kumulierung des Freibetrags für mehrere Monate ist nicht möglich. Mehrere geldwerte Vorteile, die unter die Kleinbetragsregelung fallen, sind zusammenzurechnen. Übersteigt der Gesamtwert danach den Betrag von 44 EUR, unterliegen alle einzelnen Sachbezüge dem Lohnsteuerabzug.

▶ **BEISPIEL**

Ein Arbeitnehmer erhält monatlich 5 Freikarten für ein Hallenbad im Wert von 38 EUR. Zusätzlich überreicht ihm sein Vorgesetzter im aktuellen Monat einen Gutschein für ein Essen im Wert von 40 EUR.
Beurteilung
Beide Sachbezüge müssen zusammengerechnet werden und die Summe übersteigt die Freigrenze von 44 EUR pro Monat. Somit unterliegen beide Sachbezüge der Lohnsteuer und den Beiträgen zu den Sozialversicherungen.

Die unten stehende Grafik gibt einen Überblick, wie Sachbezüge zu bewerten sind.

Ist für eine Sachleistung ein amtlicher Sachbezugswert vorhanden, ist mindestens dieser als Wert für die Sachleistung anzusetzen. Eine Anwendung der Kleinbetragsregelung oder des Rabattfreibetrages ist ausgeschlossen. Dafür ist eine pauschale

Versteuerung des Sachbezuges in der Regel möglich. Ist für die Sachleistung kein Sachbezugswert vorgegeben, muss der gekürzte Endpreis als Wert angesetzt werden. Ist der geldwerte Vorteil bzw. der Rabatt größer als der Rabattfreibetrag bzw. die Freigrenze, entsteht steuerpflichtiger Arbeitslohn bzw. beitragspflichtiges Entgelt.

Für Sachleistungen oder Dienstleistungen, die der Arbeitnehmer als Geschenk oder sogenanntes Incentive zusätzlich zu seiner Entlohnung erhält, wurde mit dem § 37b EStG eine zusätzliche Pauschalbesteuerungsmöglichkeit geschaffen. Sachgeschenke an einen Arbeitnehmer aufgrund eines persönlichen Anlasses bleiben pro Anlass bis zu einem Höchstbetrag von 40 EUR steuer- und sozialversicherungsfrei.

▶ **BEISPIEL**

Ein Arbeitnehmer hat am 10. August 40. Geburtstag und erhält anlässlich des runden Geburtstags ein Buchgeschenk im Wert von 40 EUR. Am 1. August hatte der Mitarbeiter 10-jähriges Firmenjubiläum. Bei der Jubiläumsfeier am 25. August erhält er einen Blumenstrauß und eine Flasche Sekt im Wert von 38 EUR.
Beurteilung
Zu beiden Anlässen erhält der Mitarbeiter ein Sachgeschenk. Beide Geschenke bleiben innerhalb der Freigrenze von 40 EUR. Da die Geschenke jeweils zu unterschiedlichen persönlichen Anlässen gewährt werden, sind beide Geschenke steuer- und beitragsfrei in den Sozialversicherungen, obwohl sie in einem Abrechnungsmonat gewährt werden.

Übersteigen die Zuwendungen an den Arbeitnehmer die Kleinbetragsregelung des § 8 EStG (40 EUR), besteht die Möglichkeit für Geschenke bis **10.000 EUR** pro Kalenderjahr mit einer pauschalen Steuer von **30 %,** durch den Arbeitgeber zu versteuern. Zusätzlich entstehen auf den Betrag der Pauschalsteuer noch der Solidaritätszuschlag und ggf. die pauschale Kirchensteuer. Als Bemessungsgrundlage für die Steuer sind die tatsächlichen Kosten des Geschenks bzw. der Incentiveleistung inklusive der Umsatzsteuer heranzuziehen. Eine Umwandlung von laufendem oder einmaligem Arbeitslohn zugunsten der Sachleistung ist explizit ausgeschlossen. Der Arbeitgeber hat auch zum Zwecke der Nachprüfung Aufzeichnungen über die Betriebsausgaben und beim Mitarbeiter Aufzeichnungen im Lohnkonto zu führen. Die Grenze von 10.000 EUR für die pauschale Versteuerung stellt eine Freigrenze dar. Dies bedeutet, dass, wenn der Bruttowert des Geschenkes diese Grenze übersteigt, das gesamte Geschenk/Incentive der Lohnsteuer entsprechend den Merkmalen der Lohnsteuerkarte unterliegt. Eine pauschale Besteuerung von Geschenken nach § 37b bewirkt auch eine Beitragsfreiheit in den Sozialversicherungen. Außerdem hat der Arbeitgeber die Möglichkeit, die pauschale Lohnsteuer im Innenverhältnis auf den Arbeitnehmer zu überwälzen.

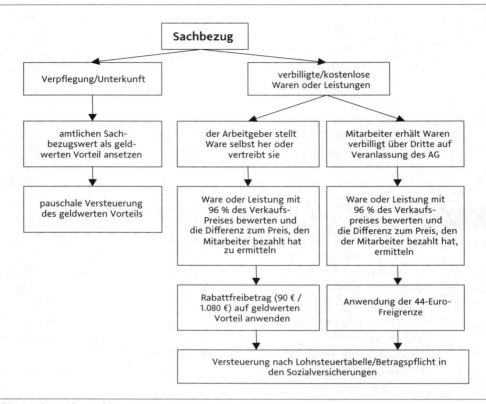

Abb. 4: Schema des Sachbezugs

▶ **BEISPIEL**

Frau Waldmann hat keine Möglichkeit, tagsüber im Unternehmen eine warme Mahlzeit einzunehmen. In der Nachbarschaft ihres Büros befindet sich jedoch ein preisgünstiges italienisches Restaurant. Der Arbeitgeber vereinbart mit dem Restaurant die Entgegennahme von Essensgutscheinen. Für den Gutschein erhält Frau Waldmann arbeitstäglich eine Mahlzeit im Wert von 5,80 EUR. Außerdem bezieht Frau Waldmann ein Bruttogehalt von 2.100 EUR und bekommt einen Zuschuss von 14 EUR zu den vermögenswirksamen Leistungen (VwL). Zusammen mit dem Arbeitnehmeranteil überweist der Arbeitgeber 40 EUR an die Bausparkasse. Monika Waldmann hat in diesem Monat an 21 Tagen gearbeitet. Sie ist bei einer gesetzlichen Krankenkasse krankenversichert (Beitragssatz 15,5 %). Frau Waldmann gehört einer kirchensteuerberechtigten Glaubensgemeinschaft an. Der Firmensitz liegt in Hamburg. Sie hat laut der ELStAM-Datenbank Steuerklasse 1 und keine Kinder. Das Unternehmen nimmt am U1-Umlageverfahren teil. Die Umlagesätze werden mit 1,9 % U1- und 0,2 % U2-Umlage angenommen.

5.11.1 Entgeltabrechnung

Abrechnung der Bruttobezüge

Ermittlung des Arbeitslohnes/Arbeitsentgeltes

	Gehalt	2.100,00 EUR
+	Zuschuss VwL	14,00 EUR
+	Geldwerter Vorteil (21 × 3,00 EUR)	63,00 EUR
=	**Bruttolohn**	**2.177,00 EUR**
	Arbeitslohn (steuerpflichtig)	2.177,00 EUR
	Arbeitsentgelt (beitragspflichtig)	2.177,00 EUR

Steuerliche Abzüge

	Lohnsteuer (lt. Monatstabelle f. 2.177,00 EUR bei Steuerklasse 1)	249,16 EUR
+	Solidaritätszuschlag	13,70 EUR
+	Kirchensteuer (9 % auf den Betrag der Lohnsteuer)	22,42 EUR
=	**Summe steuerrechtliche Abzüge**	**285,28 EUR**

Sozialversicherungsbeiträge

	Krankenversicherung (8,2 % von 2.177,00 EUR)	178,51 EUR
+	Pflegeversicherung (½ × (2,05 % von 2.177,00 EUR))	22,31 EUR
+	Zuschlag zur Pflegeversicherung (0,25 % von 2.177,00 EUR)	5,44 EUR
+	Rentenversicherung (½ × (18,9 % von 2.177,00 EUR))	205,72 EUR
+	Arbeitslosenversicherung (½ × (3,0 % von 2.177,00 EUR))	32,66 EUR
=	**Summe Sozialversicherungsbeiträge (Arbeitnehmer)**	**444,65 EUR**

Gesamtabrechnung

	Bruttolohn	2.177,00 EUR
−	Steuerrechtliche Abzüge (Arbeitnehmer)	**285,28 EUR**
−	Sozialversicherungsbeiträge (Arbeitnehmeranteil)	**444,65 EUR**
−	Sachbezugswert	63,00 EUR
−	Überweisung an Bausparkasse	40,00 EUR
=	**Auszahlungsbetrag**	**1.344,07 EUR**

Gesamtbelastung

	Bruttolohn	2.114,00 EUR
+	Essensgutscheine	121,80 EUR
+	Summe Sozialversicherungsbeiträge (Arbeitgeber)	419,62 EUR
+	Umlagen U1 (1,9 % × 2.177,00 EUR)	41,36 EUR
+	Umlagen U2 (0,2 % × 2.177,00 EUR)	4,35 EUR
+	Insolvenzumlage (0,15 % × 2.177,00 EUR)	3,27 EUR
=	**Gesamtbelastung**	**2.704,40 EUR**

Frau Waldmann hat durch die arbeitstäglichen Mahlzeiten einen geldwerten Vorteil (GwV). Damit ist der Geldbetrag gemeint, den sie selbst ausgeben müsste, um diese Leistung (Mittagessen) zu erhalten. Durch die Gewährung der Essensgutscheine ist Frau Waldmann besser gestellt als ein vergleichbarer Arbeitnehmer mit gleichem Bruttogehalt. Aus diesem Grund muss der durch den Arbeitgeber getragene GwV als zusätzlicher Arbeitslohn angesetzt werden.

Für die Abgabe von Mahlzeiten bzw. wenn der Arbeitnehmer auf Veranlassung des Arbeitgebers von einem Dritten Mahlzeiten erhält, gelten amtliche Sachbezugswerte. Der amtliche Sachbezugswert ist der Betrag, der dem Arbeitslohn mindestens zugerechnet werden muss, wenn ein Arbeitnehmer die entsprechende Leistung verbilligt oder kostenlos erhält. Die amtlichen Sachbezugswerte werden jährlich überprüft und angepasst.

5.11.2 Steuerrechtliche Abzüge

Bei dem an den Mitarbeiter ausgegebenen Essensgutschein handelt es sich um eine steuerpflichtige und beitragspflichtige Sachleistung. Grundsätzlich unterliegt der Wert der Sachleistung der Lohnsteuer und den Beiträgen zu den Sozialversicherungen. Für die Abgabe von Mahlzeiten durch den Arbeitgeber oder einen Dritten sehen die Lohnsteuerrichtlinien jedoch eine Sonderregelung vor (R 8.1 LStR). Bei der kostenlosen oder verbilligten Abgabe von Mahlzeiten kann, bei einem Wert der Mahlzeit bis 6,10 EUR (in 2014), der amtliche Sachbezugswert als geldwerter Vorteil angesetzt werden. Der Arbeitslohn ist um den Sachbezugswert (3,00 EUR pro Mahlzeit) bzw. den steuerpflichtigen Teil des geldwerten Vorteils zu erhöhen. Somit ergibt sich für die 21 Mahlzeiten bei Frau Waldmann ein steuerpflichtiger Sachbezugswert von 63,00 EUR. Zusätzlich kann der geldwerte Vorteil noch pauschal durch den Arbeitgeber versteuert werden.

> **! ACHTUNG**
>
> Für die Ermittlung des Arbeitslohnes bzw. des Arbeitsentgeltes wird **nicht** die tatsächliche Zahlung an das Restaurant (21 × 5,80 EUR = 121,80 EUR) herangezogen, sondern nur der Sachbezugswert in Höhe von 63,00 EUR (21 × 3,00 EUR).

Auf den steuerpflichtigen Teil des Sachbezugs (amt. Sachbezugswert) sind Lohnsteuer, Kirchensteuer und Solidaritätszuschlag gemäß der Monats- bzw. Tageslohnsteuertabelle zu entrichten. Will der Arbeitgeber vermeiden, dass der Arbeitnehmer mit dem geldwerten Vorteil steuerlich belastet wird, besteht für Mahlzeiten die Möglichkeit, den amtlichen Sachbezugswert pauschal zu versteuern. Der Arbeitgeber kann im Beispiel den Sachbezug von 63,00 EUR mit dem Pauschalsteuersatz von 25 % versteuern. Übernimmt der Arbeitgeber bei pauschaler Versteuerung die Steuern, erhöht sich der Arbeitslohn nicht um den Sachbezug. Bei einer pauschalen Versteuerung und Übernahme der Pauschalsteuer durch den Arbeitgeber ergibt sich aus dem obigen Beispiel:

Abrechnung bei pauschaler Versteuerung des Sachbezuges

Gesamtabrechnung

	Bruttolohn	2.177,00 EUR
	Arbeitslohn/Arbeitsentgelt	2.114,00 EUR
—	Steuerrechtliche Abzüge (Arbeitnehmer)	268,39 EUR
—	Sozialversicherungsbeiträge (Arbeitnehmeranteil)[26]	431,79 EUR
—	Sachbezug (pauschal versteuert AG)	63,00 EUR
—	Überweisung an Bausparkasse	40,00 EUR
=	**Auszahlungsbetrag**	**1.373,82 EUR**

Ein weiterer Vorteil der Pauschalversteuerung ergibt sich bei der Kirchensteuer. Für pauschal versteuerte Lohnbestandteile ist nicht die „normale" Kirchensteuer anzusetzen, sondern nur die ermäßigte pauschale Kirchensteuer. Diese beträgt beispielsweise in Hamburg 4 % im Vergleich zu 9 % Normalkirchensteuer.[27]

Als pauschale Steuern ergeben sich:

---

[26] Bei der Berechnung wird der Zuschlag zur Pflegeversicherung von 0,25 % des Arbeitsentgelts unterstellt.

[27] Gehört der Arbeitnehmer keiner kirchensteuerberechtigten Konfession an, kann die Ermittlung der pauschalen Kirchensteuer unterbleiben. Für kirchensteuerpflichtige Arbeitnehmer ist dann jedoch der normale Kirchensteuersatz auf den Pauschalsteuerbetrag anzuwenden.

Pauschale Lohnsteuer und Zuschlagssteuern

Pauschale Lohnsteuern

	Pauschalsteuer (25 % auf 63,00 EUR)	15,75 EUR
+	Solidaritätszuschlag (5,5 % auf Betrag der Lohnsteuer)	0,86 EUR
+	Kirchensteuer (4 % auf den Betrag der Lohnsteuer)[28]	0,63 EUR
=	**Summe Pauschalsteuern**	**17,24 EUR**

Nur der pauschal versteuerte Lohnbestandteil unterliegt der pauschalen Kirchensteuer. Lohnbestandteile, die nicht pauschal versteuert werden, sind mit dem normalen Kirchensteuersatz zu versteuern. Im Beispiel würde sich bei pauschaler Versteuerung durch den Arbeitgeber ein Steuernachteil ergeben.

Lohnsteuer Differenzbetrachtung

	Lohnsteuer + Kirchensteuer + Solidaritätszuschlag, wenn der Sachbezug mit dem Gehalt versteuert wird	**285,28 EUR**
—	Lohnsteuer + Kirchensteuer + Solidaritätszuschlag, wenn der Sachbezug pauschal versteuert wird	268,39 EUR
=	**Differenz**	16,89 EUR
—	Summe Pauschalsteuern	17,24 EUR
=	**Steuervorteil aus pauschaler Versteuerung**	**− 0,35 EUR**

Wird der Sachbezug mit dem Gehalt versteuert, ergibt sich eine Lohnsteuer von **285,28 EUR**. Versteuert der Arbeitgeber den Sachbezug nach § 40 EStG pauschal mit 25 %, entsteht für Frau Waldmann zunächst eine Steuerbelastung von 268,39 EUR (Basis: 2.100 EUR Gehalt + 14 EUR VwL). Sie hat einen Steuervorteil von 16,89 EUR. Für den Arbeitgeber entsteht eine zusätzliche Pauschalsteuer in Höhe von **17,24 EUR**. Der Arbeitgeber hat die Möglichkeit, die pauschalen Steuern im Innenverhältnis auf den Arbeitnehmer abzuwälzen. Trägt der Arbeitnehmer die Pauschalsteuern, sind diese vom Nettoverdienst abzuziehen.

! ACHTUNG

Eine pauschale Versteuerung mit 25 % ist nicht grundsätzlich für Sachbezüge zulässig. Eine Pauschalierung der Lohnsteuer nach § 40 EStG ist jedoch für die Abgabe von Mahlzeiten durch den Arbeitgeber oder auf Veranlassung des Arbeitgebers möglich.

---

[28] Als pauschale Kirchensteuer wird der Satz von Hamburg angenommen.

Zahlt der Arbeitnehmer für die Mahlzeiten einen Eigenanteil, verringert sich der steuerpflichtige Sachbezug entsprechend. Würde Frau Waldmann beispielsweise täglich 3,00 EUR im Restaurant selbst bezahlen, entstünde kein zusätzlicher steuerpflichtiger Arbeitslohn. Bei einer Zuzahlung von 2 EUR beträgt der geldwerte Vorteil nur noch (3,00 EUR — 2,00 EUR) = 1,00 EUR. Auch dieser Betrag könnte wieder durch den Arbeitgeber pauschal mit 25 % versteuert werden.

Der Verrechnungswert des Essensgutscheins bzw. des Zuschusses durch den Arbeitgeber darf arbeitstäglich nicht höher als 6,10 EUR (4,73 EUR für ein Frühstück) sein. Übersteigt der Zuschuss des Arbeitgebers den Sachbezugswert arbeitstäglich um mehr als **3,10 EUR**, darf nicht mehr der Sachbezugswert von 3,00 EUR (Mittagessen/Abendessen) bzw. 1,63 EUR (Frühstück) angesetzt werden, stattdessen ist der volle Preis der Mahlzeit dem Arbeitslohn als geldwerter Vorteil zuzurechnen.

Wäre im Beispiel der Verrechnungswert des Essensgutscheins 6,20 EUR, müsste sich Frau Waldmann bei 21 Arbeitstagen einen geldwerten Vorteil von 130,20 EUR auf den Arbeitslohn anrechnen lassen.

Übernimmt hingegen bei einem Preis von 6,20 EUR Frau Waldmann einen Eigenanteil von 0,10 EUR arbeitstäglich, liegt der Zuschuss bzw. der Verrechnungswert nicht über 6,10 EUR und der Arbeitgeber kann weiterhin den amtlichen Sachbezugswert von 3,00 EUR je Mahlzeit als geldwerten Vorteil anrechnen. Die folgende Tabelle gibt einen Überblick über die Steuerpflicht und die pauschale Versteuerung bei Essenzuschüssen durch den Arbeitgeber.

Essenszuschuss				
Preis pro Essen	**Zuschuss des Arbeitgebers**	**Eigenanteil des Mitarbeiters**	**Steuer-/SV-Pflicht**	**pauschale Versteuerung mit 25 % möglich**
5,00 EUR	5,00 EUR	0,00 EUR	3,00 EUR	ja
6,20 EUR	6,20 EUR	0,00 EUR	6,20 EUR	nein
6,20 EUR	5,00 EUR	1,20 EUR	1,80 EUR[29]	ja
6,20 EUR	3,10 EUR	3,10 EUR	0,00 EUR	—
8,00 EUR	3,00 EUR	5,00 EUR	0,00 EUR	—
12,00 EUR	6,20 EUR	5,80 EUR	6,20 EUR	nein

---

[29] Der Eigenanteil des Mitarbeiters wird auf den Sachbezugswert in Höhe von 3,00 EUR angerechnet.

Essenszuschuss				
Preis pro Essen	Zuschuss des Arbeitgebers	Eigenanteil des Mitarbeiters	Steuer-/SV-Pflicht	pauschale Versteuerung mit 25 % möglich
5,50 EUR	2,30 EUR	3,20 EUR	0,00 EUR	—
5,00 EUR	3,00 EUR	2,00 EUR	1,00 EUR	ja

Tab. 24: Steuerpflicht bei Essenszuschüssen

TIPP

Eine Besonderheit ist im Hotel- und Gaststättengewerbe zu beachten. In Hotels und Gaststätten ist bei Abgabe von Mahlzeiten an Arbeitnehmer neben der Pauschalbesteuerung der Rabattfreibetrag von 1.080 EUR pro Jahr anwendbar. Voraussetzung ist jedoch, es handelt sich nicht um Personalessen, sondern um Speisen von der Speisekarte.

5.11.3 Sozialversicherungsbeiträge

Der geldwerte Vorteil erhöht das Arbeitsentgelt und unterliegt damit den Beiträgen zur Sozialversicherung. Ist der Ansatz eines amtlichen Sachbezugswertes möglich, unterliegt nur dieser den Beiträgen zur Sozialversicherung. Wird der Wertansatz des Sachbezugswertes vom Arbeitgeber pauschal versteuert, entsteht aus dem geldwerten Vorteil kein beitragspflichtiges Arbeitsentgelt. Somit bleibt der gesamte Sachbezug sozialversicherungsfrei. Im Beispiel von Frau Waldmann würde die Differenz aus dem GwV für den Arbeitgeber 12,15 EUR betragen, für den Arbeitnehmer ergibt sich ein Vorteil von 12,86 EUR.

Sozialversicherungsbeiträge Arbeitnehmer	
Sozialversicherungsbeiträge **Arbeitnehmer**	
Kranken-, Pflege-, Renten- und Arbeitslosenversicherung, wenn der Sachbezug mit dem Gehalt versteuert wird[30]	**444,65 EUR**
— Kranken-, Pflege-, Renten- und Arbeitslosenversicherung, wenn der Arbeitgeber den Sachbezug pauschal versteuert	431,79 EUR
= **Differenz**	**12,86 EUR**

---

[30] Berechnungsgrundlage ist das Arbeitsentgelt von 2.175,53 EUR.

Sozialversicherungsbeiträge **Arbeitgeber**	
	Kranken-, Pflege-, Renten- und Arbeitslosenversicherung, wenn der Sachbezug mit dem Gehalt versteuert wird	419,62 EUR
—	Kranken-, Pflege-, Renten- und Arbeitslosenversicherung, wenn der Arbeitgeber den Sachbezug pauschal versteuert	407,47 EUR
=	**Differenz**	**12,15 EUR**

Für Arbeitnehmer und Arbeitgeber zusammen entsteht im Beispiel durch die pauschale Versteuerung ein Sozialversicherungsvorteil von 25,01 EUR. Auch wenn der Arbeitgeber die pauschale Steuer im Innenverhältnis dem Arbeitnehmer in Rechnung stellt, ergibt sich der Vorteil in den Sozialversicherungen für Arbeitnehmer und Arbeitgeber.

> **!** **ACHTUNG**
>
> Sozialversicherungsfreiheit für Sachbezüge entsteht nur insoweit, wie der Sachbezug pauschal versteuert werden kann. Übersteigt der Sachbezug den pauschal besteuerbaren Betrag, entsteht Steuerpflicht entsprechend der Lohnsteuertabelle und Beitragspflicht zu den Sozialversicherungen.

Sozialversicherungsbeiträge für den Arbeitgeber ergeben sich bei pauschaler Versteuerung aus:

Sozialversicherungsbeiträge Arbeitgeber	
Sozialversicherungsbeiträge Arbeitgeber	
	Krankenversicherung (7,3 % von 2.114 EUR)	154,32 EUR
+	Pflegeversicherung (½ × (2,05 % von 2.114 EUR))	21,67 EUR
+	Rentenversicherung (½ × (18,9 % von 2.114 EUR))	199,77 EUR
+	Arbeitslosenversicherung (½ × (3,0 % von 2.114 EUR))	31,71 EUR
=	**Summe Sozialversicherungsbeiträge (Arbeitnehmer)**	**407,47 EUR**

5.11.4 Gesamtabrechnung

Trägt der **Arbeitnehmer** die Lohnsteuer und Nebensteuern für den geldwerten Vorteil, erhöhen sich sein Arbeitslohn und sein beitragspflichtiges Arbeitsentgelt. Es ist die Lohnsteuer entsprechend der Lohnsteuertabelle und die Beiträge zu den Sozialversicherungen zu ermitteln und vom Bruttolohn abzuziehen.

Die Lohnabrechnung

Gesamtabrechnung bei Versteuerung nach Tabelle

Gesamtabrechnung

	Bruttolohn	2.177,00 EUR
—	Steuerrechtliche Abzüge (Arbeitnehmer)	**285,28 EUR**
—	Sozialversicherungsbeiträge (Arbeitnehmeranteil)	**444,65 EUR**
—	Sachbezugswert	63,00 EUR
—	Überweisung an Bausparkasse	40,00 EUR
=	**Auszahlungsbetrag**	**1.344,07 EUR**

Wird der geldwerte Vorteil **pauschal** durch den **Arbeitgeber** versteuert und trägt dieser die pauschale Steuer, ergibt sich folgende Abrechnung:

Gesamtabrechnung bei pauschaler Versteuerung

Gesamtabrechnung

	Bruttolohn	2.177,00 EUR
—	Steuerrechtliche Abzüge (Arbeitnehmer)	268,39 EUR
—	Sozialversicherungsbeiträge (Arbeitnehmeranteil)	431,79 EUR
—	Sachbezug (pauschal versteuert AG)	63,00 EUR
—	Überweisung an Bausparkasse	40,00 EUR
=	**Auszahlungsbetrag**	**1.373,82 EUR**

Versteuert der Arbeitgeber den geldwerten Vorteil **pauschal** mit 25 % und **überwälzt** die Steuer im Innenverhältnis **auf den Arbeitnehmer**, ergibt sich die folgende Gesamtabrechnung:

Gesamtabrechnung bei pauschaler Versteuerung — Pauschalsteuer trägt AN

Gesamtabrechnung

	Bruttolohn	2.177,00 EUR
—	Steuerrechtliche Abzüge (Arbeitnehmer)	268,39 EUR
—	Sozialversicherungsbeiträge (Arbeitnehmeranteil)	431,79 EUR
—	Sachbezugswert	63,00 EUR
—	Pauschale Lohnsteuer/Kirchensteuer/Soli	**17,24 EUR**
—	Überweisung an Bausparkasse	40,00 EUR
=	**Auszahlungsbetrag**	**1.356,58 EUR**

Beim Vergleich von normaler zu pauschaler Versteuerung und Übernahme der pauschalen Lohnsteuer durch den Arbeitnehmer ergibt sich im Beispiel von Frau Waldmann für sie ein Gesamtvorteil von 12,51 EUR (**1.356,58 EUR — 1.344,07 EUR**). Durch die pauschale Versteuerung verringern sich nicht nur die steuerpflichtigen Abzüge, sondern auch der Arbeitnehmer- und Arbeitgeberanteil zur Sozialversicherung. Beim Arbeitgeber entsteht im Beispiel, unabhängig von der Übernahme der pauschalen Steuern, ein Beitragsvorteil von **12,15 EUR**. Neben dem Beitragsvorteil in den Sozialversicherungen ergibt sich ein Vorteil in der U2-Umlage, der Insolvenzumlage und gegebenenfalls in der U1-Umlage für Unternehmen mit weniger als 30 Vollzeitbeschäftigten. Durch die pauschale Besteuerung sinken das beitragspflichtige Entgelt und damit die Bemessungsgrundlage für die Umlagebeträge.

Wird die **pauschale Versteuerung** durchgeführt und trägt der **Arbeitgeber** die pauschale Versteuerung, ergibt sich für den Arbeitgeber eine Gesamtarbeitgeberbelastung von:

Gesamtbelastung	
Gesamtbelastung	
Bruttolohn	2.114,00 EUR
+ Essensgutscheine	121,80 EUR
+ Pauschale Lohnsteuer/Kirchensteuer/Soli	**17,24 EUR**
= **Summe Bruttolohn + Lohnsteuer**	**2.253,04 EUR**
+ Krankenversicherung (7,3 % von 2.114 EUR)	154,32 EUR
+ Pflegeversicherung (½ × 2,05 % von 2.114 EUR)	21,67 EUR
+ Rentenversicherung (½ × 18,9 % von 2.114 EUR)	199,77 EUR
+ Arbeitslosenversicherung (½ × 3,0 % von 2.114 EUR)	31,71 EUR
= **Summe Sozialversicherungsbeiträge (AG-Anteil)**	**407,47 EUR**
+ Umlagen U1 (1,9 % × 2.114,00 EUR)	40,17 EUR
+ Umlagen U2 (0,2 % × 2.114,00 EUR)	4,23 EUR
+ Insolvenzumlage (0,15 % × 2.114,00 EUR)	3,17 EUR
= **Gesamtbelastung**	**2.708,08EUR**
Gesamtbelastung bei Versteuerung nach Lohnsteuertabelle	2.704,40 EUR
Gesamtbelast. bei pauschaler Versteuerung durch AG und Übernahme der Steuer	2.708,08 EUR

Obwohl der Arbeitgeber die pauschale Steuer trägt, erhöht sich die Arbeitgeberbelastung im Beispiel nur um 3,68 EUR. Die geringe Zusatzbelastung resultiert aus dem Sozialversicherungsvorteil und dem Vorteil in den Umlagen bei einer pauschalen Versteuerung.

> **!** **ACHTUNG**
>
> Der Sachbezug ist in voller Höhe Arbeitgeberbelastung. Für die Ermittlung der Lohnsteuer und der Beiträge zu den Sozialversicherungen ist jedoch nur der amtliche Sachbezugswert anzusetzen.

Nicht in der Arbeitgeberbelastung berücksichtigt sind Beiträge zur Berufsgenossenschaft und Rückstellungen für Jubiläen, Urlaub oder Pensionen. Im Bau- und Baunebengewerbe sind zusätzlich noch Beiträge zur Zusatzversorgung (ZVK) zu berücksichtigen. Gegebenenfalls, wenn der Arbeitgeber nicht die Pflichtzahl der Schwerbehindertenplätze besetzt hat, entsteht noch eine anteilige Schwerbehindertenabgabe als Arbeitgeberbelastung. Die U1-Umlage fällt nur in Betrieben mit bis zu 30 Vollzeitbeschäftigten an. Die U2-Umlage und die Insolvenzumlage müssen alle Arbeitgeber leisten. Die Berechnung der Umlagen ist jedoch auf ein Arbeitsentgelt bis maximal der Beitragsbemessungsgrenze in der Rentenversicherung begrenzt. Ist der Arbeitnehmer nicht rentenversicherungspflichtig, muss der Beitrag aus einem fiktiven Arbeitsentgelt ermittelt werden, das sich bei einer Rentenversicherungspflicht ergeben würde.

5.12 Hat der Arbeitnehmer einen Firmenwagen?

Überlässt der Arbeitgeber seinem Arbeitnehmer einen Firmenwagen zur privaten Nutzung, entsteht dem Arbeitnehmer ein geldwerter Vorteil. Der Arbeitnehmer erhält zwar keine direkte Zahlung vom Arbeitgeber, aber durch die private Nutzung des Wagens spart er Kosten für einen eigenen Pkw. Dieser geldwerte Vorteil erhöht den steuerpflichtigen Arbeitslohn und das beitragspflichtige Arbeitsentgelt. Für die Bewertung des Vorteils aus der Pkw-Nutzung muss unterschieden werden zwischen

- privater Nutzung des Wagens allgemein,
- Nutzung des Wagens für Fahrten zwischen Wohnung und Arbeitsstätte und
- Nutzung des Wagens für Familienheimfahrten bei doppelter Haushaltsführung.

Für die Ermittlung des geldwerten Vorteils der privaten Nutzung des Firmenwagens sind zwei Verfahren zulässig:

- Führung eines Fahrtenbuches mit einer Anrechnung der Vollkosten pro gefahrenem Kilometer,
- monatliche 1-%-Pauschale des Brutto-Listenpreises als geldwerter Vorteil.

Bei der 1 %-Methode ist monatlich ein Prozent des Bruttolistenpreises des Fahrzeugs zum Zeitpunkt der Erstzulassung als geldwerter Vorteil in die Lohnabrechnung aufzunehmen. Der Betrag erhöht den steuerpflichtigen Arbeitslohn. Wird der Wagen jedoch ausschließlich für Fahrten zwischen Wohnung und Arbeitsstätte genutzt, kann der Ansatz des geldwerten Vorteils für die private Nutzung (1 %-Pauschale) unterbleiben. Der Arbeitgeber muss in diesem Fall jedoch den Nachweis führen, dass die Privatnutzung ausgeschlossen ist.

Neben der allgemeinen privaten Nutzung ist für die tägliche Fahrt zur Arbeit ein zusätzlicher Nutzungsvorteil zu versteuern. Der geldwerte Vorteil ist mit **0,03 % des Bruttolistenpreises** je Entfernungskilometer nach der Pauschalmethode anzusetzen. Die Regelung geht davon aus, dass der Firmenwagen mindestens **15 Arbeitstage** pro Monat genutzt wird. Ist die Nutzung weniger als 15 Arbeitstage pro Monat kann der Arbeitgeber eine Einzelbewertung vornehmen. Bei einer Einzelbewertung ist der geldwerte Vorteil mit **0,002 % des Bruttolistenpreises pro Nutzungstag** anzusetzen.

▶ **BEISPIEL**

Ein Arbeitnehmer hat einen Firmenwagen. Der Mitarbeiter ist teilzeitbeschäftigt und nutzt den Wagen durchschnittlich nur an 10 Tagen im Monat für die Fahrten zwischen Wohnung und Arbeitsstätte. Im Monat April hatte er nachweislich den Wagen an 11 Tagen für die Fahrten zur Arbeit genutzt. Der Wagen hat einen Listenpreis von 36.480 EUR und die Entfernung Wohnung —Arbeit beträgt 21 km.

Beurteilung

Der geldwerte Vorteil für die Fahrten Wohnung — Arbeitsstätte kann bei einer Festlegung für das gesamte Kalenderjahr nach der 0,002 %-Methode berechnet werden. Im Beispiel ergibt sich für April als geldwerter Vorteil:

$$0,002 \% \times 36.400 \times 21 \times 11 = 168,17 \text{ EUR}$$

Würde die 0,03%-Methode verwendet, wäre der steuerpflichtige geldwerte Vorteil:

$$0,03 \% \times 36.400 \times 21 = 229,32 \text{ EUR}$$

Die Lohnabrechnung

Die Bewertungsmethode 0,03 % des Bruttolistenpreises oder 0,002 % des Brutto-listenpreises pro Nutzungstag kann nicht fallbezogen gewählt werden. Vielmehr ist pro Mitarbeiter die Methode der pauschalen Besteuerung für **ein** Kalenderjahr festzulegen und anzuwenden.

! WICHTIG

Die Berechnungsmethode für die Pauschalversteuerung der Fahrten zwischen Wohnung und Arbeitsstätte muss vom Arbeitgeber für ein Jahr in Abstimmung mit dem Mitarbeiter festgelegt werden. Ein Wechsel zwischen der Methode 0,03 % und 0,002 % mit Einzelnachweis kann für jedes Kalenderjahr neu ge-troffen werden. Der Arbeitgeber ist nicht verpflichtet, die 0,002 %-Methode anzuwenden, auch dann nicht, wenn der Arbeitnehmer ihm die Nutzungstage nachweist.

Für die Anwendung der Einzelbewertung wurden von der Finanzverwaltung zu-sätzliche Vereinfachungsregelungen zugelassen:

- Die Lohnabrechnung des aktuellen Monats darf für die Einzelbewertung mit 0,002 % von der Erklärung Nutzungstage des Vormonats ausgehen. Allerdings ist eine Korrektur der Abrechnung ggf. im Folgemonat vorzunehmen
- Der Arbeitgeber muss die Angaben des Arbeitnehmers nicht nachprüfen. Nur offenkundige Unrichtigkeiten sind zu beanstanden
- Bei der Einzelbewertung sind auch Nutzungen **über 15 Tage** pro Monat abzu-rechnen. Der Arbeitgeber muss jedoch die Grenze von 180 Abrechnungstagen pro Jahr beachten.

Hat der Arbeitnehmer keine erste Arbeitsstätte oder lebt direkt bei seiner Arbeits-stätte (weniger als 1 km entfernt) kann der Ansatz des geldwerten Vorteils für die Fahrten zwischen Wohnung und Arbeitsstätte vollständig unterbleiben. In diesem Fall muss ggf. nur der geldwerte Vorteil für die private Nutzung des Firmenwagens als Arbeitslohn angesetzt werden.

● TIPP

Die neue Rechtsprechung des BFH zur Arbeitsstätte geht davon aus, dass, wenn ein Arbeitnehmer nur für wenige Stunden (weniger als ein Tag) eine Einrichtung des Arbeitgebers aufsucht, an diesem Ort keine regelmäßige Ar-beitsstätte entsteht. Ohne das Bestehen einer regelmäßigen Arbeitsstätte kann der Ansatz des geldwerten Vorteils für Fahrten zwischen Wohnung und Arbeitsstätte unterbleiben.

Lebt die Familie des Arbeitnehmers an einem weiter entfernten Wohnort und nutzt der Arbeitnehmer den Firmenwagen zu **Familienheimfahrten**, entsteht ein weiterer steuerpflichtiger geldwerter Vorteil. Eine Familienheimfahrt wöchentlich wird steuerlich freigestellt. Mehrere Familienheimfahrten pro Woche sind ein steuerpflichtiger Sachbezug. Als steuerpflichtiger Sachbezug für die Familienheimfahrten sind **0,002 % des Bruttolistenpreises** je Entfernungskilometer zwischen Beschäftigungsort und Wohnsitz je Heimfahrt anzurechnen. Der geldwerte Vorteil ist zusätzlich zur 1%-Methode und eventuell zusätzlich zum Sachbezug für die Fahrten zwischen Wohnung und Arbeitsstätte anzusetzen.

Hat der Arbeitnehmer wechselnde Arbeitsstätten oder arbeitet er mehrmals im Jahr an unterschiedlichen Arbeitsorten, führt die Fahrzeugnutzung nicht zu einem geldwerten Vorteil von Fahrten zwischen Wohnung und Arbeitsstätte. Hat der Arbeitnehmer keine erste Arbeitsstätte, fallen die Fahrten von der Wohnung zum Einsatzort unter das Reisekostenrecht und stellen keinen geldwerten Vorteil dar, auch dann nicht, wenn die Entfernung nur wenige Kilometer beträgt.

Der geldwerte Vorteil aus Privatnutzung, Nutzung für Fahrten Wohnung — Arbeitsstätte und Familienheimfahrten kann mit einem Fahrtenbuch oder mit monatlichen Pauschalsätzen ermittelt werden. Er erhöht den Bruttolohn und ohne pauschale Versteuerung den Arbeitslohn und das beitragspflichtige Arbeitsentgelt.

Leistet der Arbeitnehmer eine Zuzahlung zur Anschaffung des Pkw oder laufend während der Nutzung, so sind diese Zahlungen auf den geldwerten Vorteil anzurechnen. Wird vom Arbeitnehmer, beispielsweise weil er eine andere Ausstattung wünscht, ein Eigenanteil bei der Anschaffung übernommen, kann der übernommene Anteil der Anschaffung auf den geldwerten Vorteil vollständig angerechnet werden. Ist die Zuzahlung höher als der geldwerte Vorteil im Jahr der Anschaffung, kann der übersteigende Teil der Zuzahlung in den Folgejahren angerechnet werden. Vergleichbares gilt, wenn die Zuzahlung des Arbeitnehmers auf den Kaufpreis oder die Leasingrate in monatlichen Anteilen bzw. Raten erfolgt. Die Verminderung des geldwerten Vorteils bezieht sich jedoch immer auf ein Fahrzeug. Das bedeutet: Gibt der Arbeitnehmer das Fahrzeug zurück, ohne die volle Anrechnung der geleisteten Zuzahlung erhalten zu haben, verfällt der Arbeitnehmerbeitrag. Eine Übertragung auf einen neuen Firmenwagen ist nicht möglich.

Leistet der Arbeitnehmer einen festen Betrag pro Monat oder einen kilometerabhängigen Betrag (z. B. 0,20 EUR pro km) als Eigenanteil und lässt diesen vom Nettoverdienst einbehalten, so ist die Zuzahlung vom errechneten geldwerten Vorteil abzuziehen. Eine laufende Zuzahlung kann auch sein, dass der Mitarbeiter einen Teil der monatlichen Leasingrate übernimmt. Eine Zuzahlung kann auch einmalig aus dem Weihnachtsgeld oder Urlaubsgeld oder aus einer Prämie oder Tantieme geleistet werden.

Die Lohnabrechnung

Die Berechnungsverfahren des geldwerten Vorteils für die private Nutzung und die Nutzung für Fahrten zwischen Wohnung und Arbeitsstätte, sowie Auswärtstätigkeit gelten auch für **Leasingfahrzeuge**. Die Anrechnung von Zuzahlungen auf den Leasingvertrag ist analog wie bei einem gekauften Fahrzeug zu behandeln. Für Leasingfahrzeuge gilt jedoch zu beachten, dass der geldwerte Vorteil des Arbeitnehmers aus dem Listenpreis bei Erstzulassung des Fahrzeuganbieters ermittelt werden muss.

Eine Sonderregelung zur Förderung von Elektro- und Hybridfahrzeugen wurde mit dem Amtshilferichtlinie-Umsetzungsgesetz geschaffen. Elektro- und Hybridfahrzeuge sind aufgrund der aufwendigen Batterie- und Akkumulator-Technik noch durchschnittlich ca. 10.000 EUR teurer als vergleichbare Benzin- oder Dieselfahrzeuge. Damit entsteht bei den Firmenwagen durch die 1%-Regelung ein steuerlicher Nachteil von mindestens 100 EUR pro Monat. Zum Ausgleich dieses Nachteils sieht das Umsetzungsgesetz vor, dass der Bruttolistenpreis um 500 EUR pro kWh für die Berechnung des geldwerten Vorteils gekürzt werden darf. Die Kürzung ist auf einen Maximalbetrag von 10.000 EUR bzw. 20 kWh beschränkt. Für die Berechnung der Kürzung des Listenpreises kommt es nicht auf die tatsächlichen Kosten für die Batterie und den Akkumulator an. Entscheidend ist die im Fahrzeugschein ausgewiesene Leistung von kWh. Der Kürzungsbetrag und der Höchstbetrag verringern sich ab 1.1.2014 jährlich um 50 EUR pro KWh bzw. um 500 EUR beim Höchstbetrag.

Es ergeben sich folgende Höchstgrenzen:

Höchstbeträge für Hybrid-Fahrzeuge		
Jahr	Betrag pro KWh	Jährlicher Höchstbetrag
2013	500 EUR	10.000 EUR
2014	450 EUR	9.500 EUR
2015	400 EUR	9.000 EUR
2016	350 EUR	8.500 EUR

Die jährlichen Höchstgrenzen gelten jeweils für neu angeschaffte oder neu geleaste Fahrzeuge. Die Höchstbeträge zum Zeitpunkt der Anschaffung gelten für die Nutzungsdauer des Fahrzeugs. Die Begünstigung ist jedoch beschränkt bis zum 31.12.2022.

▶ **BEISPIEL**

Ein Mitarbeiter erhält zum 1.3.2014 einen neuen Firmenwagen. Das Fahrzeug ist ein Hybrid Modell mit einer Leistung von 22 kWh durch die Batterie/Akku.

Das Fahrzeug hat einen Listenpreis inkl. Sonderausstattung von 46.000 EUR. Darin enthalten sind die Kosten für Batterie und Akku-Elektronik im Wert von 8.600 EUR.

Beurteilung

Für die Berechnung des geldwerten Vorteils (1 %-Regel und Fahrten zwischen Wohnung und Arbeitsstätte) ist von folgendem Wertansatz auszugehen:

Bruttolistenpreis inkl. Sonderausstattung	46.000 EUR
Abzug für Hybrid-Technologie (22 × 450 EUR, max. 9.500 EUR)	9.500 EUR
Bemessungsgrundlage für geldwerten Vorteil	36.500 EUR

Die Minderung der Bemessungsgrundlage ist nur dann zulässig, wenn der Kauf- oder Leasingpreis die Hybrid-Technologie beinhaltet. Werden Batterie und/oder Akku-Technik gesondert gemietet, ist eine entsprechende Kürzung nicht zulässig. Die Kürzung der Bemessungsgrundlage gilt auch für „Altfahrzeuge", die bereits vor dem 1.1.2013 angeschafft wurden.

▶ **BEISPIEL**

Der Arbeitgeber stellt Frau Waldmann einen Firmenwagen zur Verfügung und erlaubt, den Wagen auch für Privatfahrten zu nutzen. Dies schließt ein, dass sie ihn z. B. für Einkaufs- oder Urlaubsfahrten verwenden kann. Der Wagen ist geleast und hat einen Listenpreis inkl. Umsatzsteuer von 19.571 EUR. Ein Schiebedach als Sonderausstattung schlägt mit weiteren 410 EUR zu Buche. Der Händler überlässt dem Arbeitgeber den Wagen inklusive Sonderausstattung für 18.850 EUR (brutto). Die Entfernung zwischen der Wohnung von Frau Waldmann und dem Büro beträgt 25 km (einfache Entfernung). Als Eigenanteil für die private Nutzung übernimmt sie 60 EUR monatlich. Der Eigenanteil wird vom Nettoverdienst abgezogen. Frau Waldmann bekommt neben dem Firmenwagen ein Bruttogehalt von 2.100 EUR und einen Zuschuss von 14 EUR zu den vermögenswirksamen Leistungen (VwL). Die VwL werden zusammen mit dem Eigenanteil von 26 EUR vom Arbeitgeber auf einen Bausparvertrag eingezahlt. Auf die Führung eines Fahrtenbuches wird verzichtet. Frau Waldmann gehört einer kirchensteuerberechtigten Kirche an und ist bei einer gesetzlichen Krankenkasse pflichtversichert (Beitragssatz 15,5 %). Sie hat Steuerklasse 1 und keine Kinder. Der Firmensitz ist im Bundesland Hessen (9 % Kirchensteuer). Die Beiträge zu den Umlagekassen U1/U2 werden mit 1,9 % und 0,2 % des Arbeitsentgelts angenommen.

Die Lohnabrechnung

Abrechnung der Bruttobezüge

Ermittlung des Arbeitslohnes/Arbeitsentgeltes

	Gehalt	2.100,00 EUR
+	Zuschuss VwL	14,00 EUR
+	Geldwerter Vorteil private Nutzung Pkw (19.900 EUR)	199,00 EUR
+	Geldwerter Vorteil Fahrten Wohnung — Arbeitsstätte (Pauschalmethode: 0,03 % × 19.900 EUR × 25 km)	149,25 EUR
=	**Bruttolohn**	**2.462,25 EUR**
	Arbeitslohn (steuerpflichtig)	2.402,25 EUR
	Arbeitsentgelt (beitragspflichtig)	2.402,25 EUR

Steuerliche Abzüge

	Lohnsteuer (lt. Monatstabelle für 2.402,25 EUR bei Steuerklasse 1/ 0 Kinder)	303,25 EUR
+	Solidaritätszuschlag	16,67 EUR
+	Kirchensteuer (9 % auf den Betrag der Lohnsteuer)	27,29 EUR
=	**Summe steuerrechtliche Abzüge**	**347,21 EUR**

Sozialversicherungsbeiträge

	Krankenversicherung (8,2 % von 2.402,25 EUR)	196.98 EUR
+	Pflegeversicherung (½ × (2,05 % von 2.402,25 EUR))	24,62 EUR
+	Zuschlag zur Pflegeversicherung (0,25 % von 2.402,25 EUR)	6,01 EUR
+	Rentenversicherung (½ × (18,9 % von 2.402,25 EUR))	227,01 EUR
+	Arbeitslosenversicherung (½ × (3,0 % von 2.402,25 EUR))	36.03 EUR
=	**Summe Sozialversicherungsbeiträge (Arbeitnehmer)**	**490,65 EUR**

Gesamtabrechnung

	Bruttolohn (2.100 EUR + 14 EUR + 348,25 EUR)	2.462,25 EUR
—	Steuerrechtliche Abzüge (Arbeitnehmer)	**347,21 EUR**
—	Sozialversicherungsbeiträge (Arbeitnehmeranteil)	**490,65 EUR**
—	Zuzahlung Firmenwagen	60,00 EUR
—	Sachbezug (Firmenwagen)	288,25 EUR
—	Überweisung an Bausparkasse	40,00 EUR
=	**Auszahlungsbetrag**	**1.236,14 EUR**

Gesamtbelastung		
	Bruttolohn	2.114,00 EUR
+	Sozialversicherungsbeiträge AG-Anteil	**463,02 EUR**
+	Umlagen U1 (1,9 % × 2.402,25 EUR)	45,64 EUR
+	Umlagen U2 (0,2 % × 2.402,25 EUR)	4,80 EUR
+	Insolvenzumlage (0,15 % × 2.402,25 EUR)	3,60 EUR
=	**Gesamtbelastung**	**2.631,06 EUR**

5.12.1 Entgeltabrechnung

Für den Firmenwagen wird kein Fahrtenbuch geführt. Die Ermittlung des geldwerten Vorteils muss mit der 1 %-Methode bzw. über 0,03 % des Listenpreises pro Entfernungskilometer erfolgen. Der Wagen wird regelmäßig auch für private Fahrten genutzt.

Bei der 1 %-Methode muss sich der Arbeitnehmer pro Kalendermonat 1 % des Listenpreises plus etwaiges Zubehör als geldwerten Vorteil auf den Arbeitslohn anrechnen lassen. Für die Berechnung ist grundsätzlich vom Bruttolistenpreis bei Zulassung des Fahrzeugs auszugehen. Das heißt: Gewährte Preisnachlässe oder der Abzug von Vorsteuer dürfen nicht berücksichtigt werden. Der Listenpreis ist sogar um „Extras" wie Schiebedach, Radio, Klimaanlage etc. nach oben zu korrigieren. Auch bei Überlassung eines Gebrauchtfahrzeuges sind der ursprüngliche Listenpreis und Extras anzusetzen. Zur rechnerischen Vereinfachung ist der Listenpreis mit Zubehör auf **volle 100 EUR abzurunden.** Mit der 1 %-Methode wird der geldwerte Vorteil für Privatfahrten wie Urlaubs-, Freizeit- oder Einkaufsfahrten steuerlich erfasst. Leistet der Arbeitnehmer eine Zuzahlung, kann diese auf den geldwerten Vorteil aus der 1 %-Methode angerechnet werden. Die Zuzahlung kürzt das Steuerbrutto und das sozialversicherungspflichtige Entgelt. Im Beispiel reduziert die Zuzahlung von Frau Waldmann den steuerpflichtigen geldwerten Vorteil für die private Nutzung (1 % des Listenpreises) um 60 EUR.

Bei der Pauschalmethode für die Entfernungskilometer sind dem Arbeitnehmer **0,03 %** des Listenpreises pro Entfernungskilometer (einfache Entfernung zwischen Wohnung und Arbeitsstätte) als geldwerter Vorteil anzurechnen. Die Entfernungspauschale **kann** abhängig von der Anzahl der tatsächlich genutzten Arbeitstage im Kalendermonat angesetzt werden. Eine Anrechnung des geldwerten Vorteils kann unterbleiben, wenn der Arbeitnehmer am Ort des Firmensitzes wohnt (weniger als 1 km), den Wagen nachweislich nicht für Fahrten zwischen Wohnung und Arbeitsstätte nutzt oder wegen Urlaub, Krankheit, Fortbildung etc. den Wagen den gesamten Monat nachweislich nicht nutzen konnte.

5.12.2 Steuerrechtliche Abzüge

Für die private Nutzung des Firmenwagens entsteht ein geldwerter Vorteil (GwV) in Höhe von 1 % des Listenpreises + Zubehör (19.981 EUR). Der Brutto-Listenpreis darf auf volle 100 EUR abgerundet werden. Der Rabatt des Händlers darf für die 1%-Methode nicht berücksichtigt werden. Gleiches gilt für Gebrauchtwagen oder Leasingfahrzeuge. Sie müssen mit dem Listenpreis des Herstellers (Neupreis ohne Rabatte) bei Erstzulassung angesetzt werden. Der Listenpreis ist immer der Kaufpreis inklusive Mehrwertsteuer (Bruttopreis). Im Beispiel ergibt sich für die private Nutzung ein geldwerter Vorteil von 199,00 EUR.

Zusätzlich zur privaten Nutzung muss sich Frau Waldmann einen geldwerten Vorteil für die Nutzung des Firmenwagens für die Fahrten zwischen Wohnung und Büro anrechnen lassen. Bei Anwendung der Pauschalmethode ergibt sich als GwV:

$$0,03 \% \times 19.900 \text{ EUR} \times 25 \text{ km} = 149,25 \text{ EUR}$$

Der geldwerte Vorteil von 149,25 EUR ist pro Nutzungsmonat dem steuerpflichtigen Arbeitslohn zuzurechnen. Es besteht jedoch die Möglichkeit, den geldwerten Vorteil für die Fahrten zwischen Wohnung und erste Arbeitsstätte mit einem fixen Steuersatz pauschal zu versteuern.

Pauschalversteuerung der Fahrten Wohnung — Arbeitsstätte

Bei der Pauschalmethode für die Fahrten zwischen Wohnung und **erste Arbeitsstätte** besteht die Möglichkeit, dass der Arbeitgeber die Lohnsteuer ganz oder teilweise übernimmt. Der Arbeitgeber kann den geldwerten Vorteil für die Fahrten zwischen Wohnung und Arbeitsstätte mit **15 % Pauschalsteuer** insoweit versteuern, wie der Arbeitnehmer in seiner Einkommensteuererklärung Werbungskosten für diese Fahrten geltend machen kann. Dies bedeutet: Der Arbeitgeber ermittelt zunächst den geldwerten Vorteil für die Fahrten zwischen der Wohnung und der ersten Arbeitsstätte mit der Pauschalmethode. Anschließend wird ermittelt, welchen Betrag der Arbeitnehmer in seiner jährlichen Einkommensteuererklärung für die Fahrten zwischen Wohnung und Arbeitsstätte geltend machen kann. Für diese Berechnung müssen Sie die tatsächlichen Arbeitstage des Arbeitnehmers kennen. Aus Vereinfachungsgründen darf jedoch mit **15 Tagen** pro Monat gerechnet werden.

Der Arbeitnehmer kann pro Kilometer (einfache Entfernung) zwischen Wohnung und Arbeitsstätte **0,30 EUR** als Werbungskosten in seiner Einkommensteuererklärung geltend machen (§ 9 EStG). Für unser Beispiel ergibt sich somit:

$$0,30 \text{ EUR} \times 25 \text{ km} \times 15 \text{ Tage} = 112,50 \text{ EUR}$$

Bei Benutzung eines privaten Pkws könnte Frau Waldmann pro Monat Kosten von 112,50 EUR in ihrer Steuererklärung geltend machen. Bei Nutzung eines Firmenwagens kann der Arbeitgeber genau diesen Betrag mit 15 % Pauschalsteuer der Lohnsteuer unterziehen. Übersteigt der Betrag aus der Pauschalmethode die potenziellen Werbungskosten, ist die Differenz wieder dem Arbeitslohn des Arbeitnehmers zuzurechnen.

Geldwerter Vorteil (GwV) bei Pauschalmethode ohne Eigenanteil	
GwV aus Pauschalmethode	149,25 EUR
— potenzielle Werbungskosten des Arbeitnehmers	112,50 EUR
= **GwV für Fahrten zwischen Wohnung und Arbeitsstätte, den der Arbeitnehmer tragen muss**	**36,75 EUR**

Im Beispiel könnte der Arbeitgeber maximal 112,50 EUR des geldwerten Vorteils (149,25 EUR) mit 15 % Pauschalsteuer der Lohnsteuer unterwerfen. Der Rest von 36,75 EUR erhöht den steuer- und sozialversicherungspflichtigen Arbeitslohn bzw. das Arbeitsentgelt des Arbeitnehmers. Leistet der Arbeitnehmer eine Zuzahlung pro Kilometer, ist dieser Betrag vom geldwerten Vorteil nach der Pauschalmethode abzuziehen. Würde Frau Waldmann beispielsweise die Zuzahlung von 36,75 EUR auf die Fahrten zwischen Wohnung und Arbeitsstätte leisten, könnte der geldwerte Vorteil vom Arbeitgeber vollständig pauschal versteuert werden.

Geldwerter Vorteil (GwV) bei Pauschalmethode mit Eigenanteil	
Geldwerter Vorteil	
GwV aus Pauschalmethode	149,25 EUR
— Eigenanteil des Mitarbeiters	36,75 EUR
— potenzielle Werbungskosten des Arbeitnehmers	112,50 EUR
= **GwV für Fahrten zwischen Wohnung und Arbeitsstätte, den der Arbeitnehmer tragen muss**	**0,00 EUR**

Wird der Werbungskostenanteil des geldwerten Vorteils durch den Arbeitgeber pauschal versteuert, ist dieser Betrag von Beiträgen zu den Sozialversicherungen befreit. Im Innenverhältnis besteht die Möglichkeit, dass der Arbeitgeber die

Pauschalsteuer vom Nettolohn des Arbeitnehmers abzieht. Aus einer pauschalen Versteuerung durch den Arbeitgeber würde sich also immer der Vorteil in den Sozialversicherungen und in den meisten Fällen eine geringere Lohnsteuer ergeben.[31]

Sofern der Arbeitnehmer kirchensteuerpflichtig ist, entsteht durch die Pauschalversteuerung ein weiterer Vorteil. Für pauschal versteuerte Lohnbestandteile ist nicht der Regelkirchensteuersatz anzusetzen, sondern nur der ermäßigte pauschale Kirchensteuersatz. Im Bundesland Hessen beträgt dieser nur 7 % im Vergleich zu 9 % Normalkirchensteuersatz. Voraussetzung ist jedoch, dass die pauschale Kirchensteuer für alle Arbeitnehmer mit pauschalen Lohnbestandteilen bezahlt wird, unabhängig davon, ob diese einer Glaubensgemeinschaft angehören oder nicht.

! WICHTIG

Es können jedoch nur die pauschal versteuerten Lohnbestandteile mit dem pauschalen Kirchensteuersatz versteuert werden. Lohnbestandteile, die der normalen Lohnsteuer unterliegen, sind mit dem normalen Kirchensteuersatz zu versteuern.

Wird im Beispiel der geldwerte Vorteil für die Fahrten zwischen Wohnung und Arbeitsstätte soweit wie möglich pauschal versteuert und übernimmt der Arbeitgeber die Pauschalsteuer, ergibt sich folgende Abrechnung:

Ermittlung des Arbeitslohnes/Arbeitsentgeltes	
Gehalt	2.100,00 EUR
+ Zuschuss VwL	14,00 EUR
+ Geldwerter Vorteil private Nutzung Pkw (1 % v. 19.900 EUR)	199,00 EUR
+ Geldwerter Vorteil Fahrten Wohnung — erste Arbeitsstätte (pauschal durch Arbeitgeber versteuert)	112,50 EUR
+ Fahrten Wohnung — erste Arbeitsstätte (steuerpflichtig Arbeitnehmer)	36,75 EUR
= **Bruttolohn**	**2.462,25 EUR**
— Zuzahlung des Mitarbeiters	60,00 EUR
Arbeitslohn (steuerpflichtig)	2.289,75 EUR
Arbeitsentgelt (beitragspflichtig)	2.289,75 EUR

---

[31] Der Vorteil in den Sozialversicherungen durch eine pauschale Versteuerung besteht nur insoweit, wie das laufende Arbeitsentgelt nicht über der Beitragsbemessungsgrenze der Rentenversicherung liegt.

Der steuerpflichtige Arbeitslohn bzw. das beitragspflichtige Arbeitsentgelt reduziert sich um den Teil des GwV, den der Arbeitgeber pauschal versteuert, und um die vom Arbeitnehmer übernommene Zuzahlung (112,50 EUR + 60 EUR).

Aus dem geringeren Arbeitslohn ergeben sich die folgenden steuerlichen Abzüge:

Steuerliche Abzüge	
Lohnsteuer (lt. Monatstabelle für 2.289,75 EUR bei Steuerklasse 1/ 0 Kinder)	284,00 EUR
+ Solidaritätszuschlag	15.62 EUR
+ Kirchensteuer (9 % auf den Betrag der Lohnsteuer)	25,56 EUR
= **Summe steuerrechtliche Abzüge**	**325,18 EUR**

Wälzt der Arbeitgeber im Innenverhältnis die von ihm gezahlte pauschale Lohnsteuer, die pauschale Kirchensteuer und den Solidaritätszuschlag auf den Arbeitnehmer über, entstehen für diesen weitere steuerliche Abzüge:

Pauschale Lohnsteuern	
pauschale Lohnsteuer (15 % auf 112,50 EUR)	16,87 EUR
+ pauschale Kirchensteuer (7,0 % auf 16,87 EUR)[32]	1,18 EUR
+ Solidaritätszuschlag 5,5 % auf Betrag der Lohnsteuer	0,92 EUR
= **Summe steuerrechtliche Abzüge**	**18,97 EUR**

Das Beispiel zeigt: Selbst im Fall der Abwälzung der pauschalen Steuern auf den Arbeitnehmer ist die Summe aus „steuerrechtlichen Abzügen" und „abgewälzter Pauschalsteuer" geringer, als wenn der geldwerte Vorteil nach der Monatslohnsteuertabelle versteuert wird (325,18 EUR + 18,97 EUR = 344,15 EUR ist kleiner als **347,21 EUR**).

Führt der Arbeitnehmer ein Fahrtenbuch und fährt nachweislich an mehr als 15 Tagen zur Arbeitsstätte, erhöhen sich die Werbungskosten und somit der vom Arbeitgeber pauschalierbare Betrag. Würde Frau Waldmann im Beispiel nachweislich durchschnittlich an 20 Tagen im Monat mit dem Firmenwagen zur Arbeit fahren, ergeben sich:

$$0,30 \text{ EUR} \times 25 \text{ km} \times 20 \text{ Tage} = 150 \text{ EUR}$$

---

[32] Für den pauschalen Kirchensteuersatz wird das Bundesland Baden-Württemberg herangezogen.

als potenzielle Werbungskosten pro Monat. Der Arbeitgeber kann in diesem Fall den gesamten geldwerten Vorteil für die Fahrten zur Arbeitsstätte mit 15 % Pauschalsteuer versteuern.

> **TIPP**
>
> Für die Einkommensteuererklärung können in der Regel mehr als 180 Steuertage nachgewiesen werden. Somit könnten für die Berechnung der Werbungskosten zusätzliche Kosten für die Fahrten Wohnung — Arbeit vom Arbeitnehmer geltend gemacht werden. Zur Vermeidung einer Steuernachzahlung sollten Sie die „prüfungssicheren" Arbeitstage beim Betriebsstättenfinanzamt erfragen bzw. von 15 Arbeitstagen pro Monat ausgehen.

Bei der Zuzahlung wäre natürlich auch eine Anrechnung auf den geldwerten Vorteil für die Fahrten zwischen Wohnung und Arbeitsstätte möglich. Die Anrechnung ist jedoch nur dann sinnvoll, wenn der geldwerte Vorteil nicht pauschal versteuert wird. Die Zuzahlung führt zu einer Beitragsfreiheit in den Sozialversicherungen, diese kann jedoch auch über die pauschale Versteuerung erreicht werden.

> **ACHTUNG**
>
> Der pauschal versteuerte Anteil des geldwerten Vorteils „Fahrten Wohnung — Arbeitsstätte" ist auf der Jahreslohnsteuerbescheinigung für den Mitarbeiter anzugeben. Er ist in der Zeile 18 auszuweisen und kann damit nicht mehr bei der Einkommensteuererklärung geltend gemacht werden. Sofern die Fahrten nicht mit dem Pkw durchgeführt werden, sind die Werbungskosten auf 4.500 EUR pro Jahr begrenzt (z. B. bei öffentlichen Verkehrsmitteln).

5.12.3 Sozialversicherungsbeiträge

Der geldwerte Vorteil aus der privaten Nutzung des Firmenwagens (1%-Regel) ist immer sozialversicherungspflichtiges Arbeitsentgelt. Bei dem geldwerten Vorteil (GwV) aus der Nutzung des Wagens für die Fahrten zwischen Wohnung und Arbeitsstätte kommt es darauf an, ob dieser soweit wie möglich pauschal versteuert wird oder den persönlichen Steuermerkmalen unterliegt. Im Beispiel wurde keine pauschale Versteuerung vorgenommen. Somit unterliegt der geldwerte Vorteil den Beiträgen zu den Sozialversicherungen. Für den Arbeitgeber ergeben sich folgende Beitragspflichten:

Sozialversicherungsbeiträge — Arbeitgeber	
Krankenversicherung (7,3 % von 2.402,25 EUR)	175,36 EUR
+ Pflegeversicherung (½ × (2,05 % von 2.402,25 EUR))	24,62 EUR
+ Rentenversicherung (½ × (18,9 % von 2.402,25 EUR))	227,01 EUR
+ Arbeitslosenversicherung (½ × (3,0 % von 2.402,25 EUR))	36,03 EUR
= **Summe Sozialversicherungsbeiträge (Arbeitgeber)**	**463,02 EUR**

Keine Beitragspflicht für Arbeitgeber und Arbeitnehmer besteht, sofern das laufende Arbeitsentgelt schon die Beitragsbemessungsgrenze in der Renten- und Arbeitslosenversicherung übersteigt. Eine eingeschränkte Beitragspflicht besteht, wenn das laufende Arbeitsentgelt über der Beitragsbemessungsgrenze der Kranken- und Pflegeversicherung liegt. Würde das laufende Arbeitsentgelt von Frau Waldmann 4.500 EUR pro Monat betragen, so hätte die Versteuerung des Firmenwagens (pauschal oder nach Besteuerungsmerkmalen) keine Auswirkung auf die Beitragspflicht zur Kranken- und Pflegeversicherung. Bei einem laufenden Bezug über 5.950 EUR pro Monat (in 2014) hat die Art der Versteuerung keinerlei Bedeutung mehr für die Höhe der Sozialversicherungsbeiträge.

Wird der pauschalierbare Betrag vom Arbeitgeber pauschal versteuert, so ist dieser Teil von Beiträgen zu den Sozialversicherungen befreit. Im Beispiel ergeben sich bei einer pauschalen Versteuerung durch den Arbeitgeber folgende Beiträge

Sozialversicherungsbeiträge bei Pauschalierung	
Krankenversicherung (8,2 % von 2.289,75 EUR)	187.76 EUR
+ Pflegeversicherung (½ × (2,05 % von 2.289,75 EUR))	23,47 EUR
+ Zuschlag zur Pflegeversicherung (0,25 % von 2.289,75 EUR)	5,72 EUR
+ Rentenversicherung (½ × (18,9 % von 2.289,75 EUR))	216,38 EUR
+ Arbeitslosenversicherung (½ × (3,0 % von 2.289,75 EUR))	34.35 EUR
= **Summe Sozialversicherungsbeiträge (Arbeitnehmer)**	**467,68 EUR**
Sozialversicherungsbeiträge — Arbeitgeber	
Krankenversicherung (7,3 % von 2.289,75 EUR)	167,15 EUR
+ Pflegeversicherung (½ × (2,05 % von 2.289,75 EUR))	23,47 EUR
+ Rentenversicherung (½ × (18,9 % von 2.289,75 EUR))	216,38 EUR
+ Arbeitslosenversicherung (½ × (3,0 % von 2.289,75 EUR))	34.35 EUR
= **Summe Sozialversicherungsbeiträge (Arbeitgeber)**	**441,35 EUR**

Die Lohnabrechnung

Durch die pauschale Versteuerung ergibt sich ein Vorteil in den Sozialversicherungen von 45,30 EUR.

Sozialversicherungen	Versteuerung nach pers. Steuermerkmalen	Pauschale Versteuerung	Differenz
Arbeitgeber	463,02 EUR	441,35 EUR	21,67 EUR
Arbeitnehmer	490,65 EUR	467,68 EUR	22,97 EUR

Der Sozialversicherungsvorteil entsteht auch, wenn der Arbeitgeber zunächst eine Pauschalversteuerung vornimmt, die pauschalen Steuern dann aber im Innenverhältnis auf den Arbeitnehmer überwälzt.

5.12.4 Arbeitgeberbelastung

Für die private Nutzung muss sich Frau Waldmann 1 % des Listenpreises als monatlichen geldwerten Vorteil anrechnen lassen. Der geldwerte Vorteil stellt zwar Bruttolohn dar, führt aber zu keiner direkten Arbeitgeberbelastung. Das steuer- und sozialversicherungspflichtige „fiktive" Entgelt hat jedoch Auswirkungen auf die Beitragspflicht zu den Sozialversicherungen und über den Arbeitgeberanteil auf die Arbeitgeberbelastung. Übernimmt der Arbeitgeber die pauschale Lohnsteuer für den geldwerten Vorteil der Fahrten zur Arbeit, erhöht sich die Arbeitgeberbelastung. Aber durch die Reduzierung des beitragspflichtigen Arbeitsentgelts ergibt sich ein niedriger Beitragszuschuss zu den Sozialversicherungen und geringere Umlagebeiträge. Trägt der Arbeitgeber die pauschalen Steuern, ergibt sich die folgende Arbeitgeberbelastung:

Gesamtbelastung	
Bruttolohn	2.114,00 EUR
Krankenversicherung (7,3 % von 2.289,75 EUR)	167,15 EUR
+ Pflegeversicherung (½ × (2,05 % von 2.289,75 EUR))	23,47 EUR
+ Rentenversicherung (½ × (18,9 % von 2.289,75 EUR))	216,38 EUR
+ Arbeitslosenversicherung (½ × (3,0 % von 2.289,75 EUR))	34.35 EUR
= **Summe Sozialversicherungsbeiträge (Arbeitgeber)**	**441,35 EUR**
+ Pauschale Lohnsteuern	18,97 EUR
+ Umlagen U1 (1,9 % × 2.289,75 EUR)	43,51 EUR

Gesamtbelastung	
+ Umlagen U2 (0,2 % × 2.289,75 EUR)	4,57 EUR
+ Insolvenzumlage (0,15 % × 2.289,75 EUR)	3,43 EUR
= **Gesamtbelastung**	**2.625,83 EUR**

In die Arbeitgeberbelastung sind noch die Kosten für den Firmenwagen einzurechnen. Bei Leasingfahrzeugen sind dies die monatliche Leasingrate und sonstige Kosten für Tank, Service etc. Bei gekauften Fahrzeugen sind die Kosten aus der Vollkostenrechnung (Abschreibung, Reifen, Service, Tanken etc.) zu ermitteln.

Die in die Arbeitgeberbelastung einbezogene U1-Umlage entsteht nur bei Unternehmen mit bis zu 30 Vollzeitbeschäftigten. Zusätzlich sind in der Arbeitgeberbelastung anteilige Kosten für die Berufsgenossenschaft, die Schwerbehindertenabgabe und gegebenenfalls Beiträge zur ZVK und/oder Künstlersozialabgabe zu berücksichtigen. Die Insolvenzumlage als zusätzliche Arbeitgeberbelastung ist für 2014 auf 0,15 % des rentenversicherungspflichtigen Arbeitsentgelts festgesetzt.

5.13　Ist für den Arbeitnehmer ein Lohnsteuerfreibetrag zu berücksichtigen?

Die Finanzverwaltung bildet für Arbeitnehmer als Grundlage für den Lohnsteuerabzug die Steuerklasse sowie die Zahl der Kinderfreibetragszähler und die Merkmale für den Kirchensteuerabzug und speichert diese in dem ELStAM-Datensatz.[33] Auf Antrag des Arbeitnehmers werden auch Freibeträge und Hinzurechnungsbeträge nach § 39a EStG oder ein Faktor nach § 39f EStG in den ELStAM-Datensatz aufgenommen. Das Finanzamt leitet den Freibetrag an das Bundeszentralamt für Steuern zum Zwecke des Arbeitgeberabrufs im ELStAM-Verfahren weiter. Ist der ELStAM-Abruf gesperrt, stellt das Finanzamt eine Ersatzbescheinigung für den Arbeitgeber aus. Für die Erfassung eines Freibetrags in der ELStAM-Datenbank muss der Arbeitnehmer bei seinem Finanzamt einen Antrag auf Lohnsteuerermäßigung stellen. Die Erfassung eines vom „Arbeitslohn abzuziehenden Betrages" in der ELStAM-Datenbank bzw. eine Bescheinigung auf der Ersatzbescheinigung bewirkt, dass sich bei gleichem Bruttolohn der steuerpflichtige Arbeitslohn und

---

[33]　ELStAM – **E**lektronische **L**ohn**st**euer**a**bzugs**m**erkmale.

damit die Lohnsteuer verringern. Die Eintragung eines Freibetrages ist unter anderem möglich für:

- Behinderte, Hinterbliebene und Personen, die die Pflege Angehöriger übernommen haben,
- Werbungskosten, die den Pauschalbetrag von 1.000 EUR pro Jahr übersteigen,
- erhöhte Sonderausgaben (außer Vorsorgeaufwendungen),
- außergewöhnliche Belastungen, die die zumutbare Eigenbelastung übersteigen,
- Aufwendungen für steuerlich gefördertes Wohneigentum,
- Ausbildungskosten, Kinderbetreuungskosten.

Die Eintragung im ELStAM-Datensatz bzw. auf der Ersatzbescheinigung erfolgt als Jahres- und Monatsfreibetrag sowie bei Bedarf als Wochen- oder Tagesfreibetrag. Ein Freibetrag wird von der Finanzverwaltung nur dann gewährt, wenn der Arbeitnehmer in seiner Einkommensteuererklärung Sonderausgaben, außergewöhnliche Belastungen und Werbungskosten von mehr als 600 EUR jährlich geltend machen kann.

Das Einkommensteuerrecht zählt zu steuerlich abziehbaren Sonderausgaben unter anderem Unterhaltsleistungen, Rentenzahlungen, gezahlte Kirchensteuer, Spenden, Schulgeld oder Berufsausbildungskosten. Von der Einkommensteuer begünstigte außergewöhnliche Belastungen sind beispielsweise Krankheitskosten, Beerdigungskosten, Pflegekosten oder Aufwendungen für Kuren. Zu den Werbungskosten zählen alle Aufwendungen des Arbeitnehmers zum Erwerb, zur Sicherung und zur Erhaltung seines Arbeitslohnes. Beispiele hierfür sind Arbeitskleidung, Fahrten zwischen Wohnung und Arbeitsstätte, Fortbildungskosten oder Umzugskosten. Werbungskosten werden in die 600-EUR-Grenze nur dann einbezogen, wenn sie den Arbeitnehmerpauschbetrag von 1.000 EUR jährlich übersteigen.

Freibeträge dürfen, mit Ausnahme des Altersentlastungsbetrages, erst dann bei der Lohnabrechnung berücksichtigt werden, wenn sie von der Finanzverwaltung mit dem ELStAM-Datensatz übermittelt wurden bzw. eine entsprechende Ersatzbescheinigung mit einem entsprechenden Eintrag vorliegt. Gleiches gilt für Kinderfreibeträge.

Arbeitnehmern, die zu Beginn des Kalenderjahres das 65. Lebensjahr (65. Geburtstag) vollendet haben, kann ein Altersentlastungsbetrag gewährt werden. Ist der Arbeitnehmer vor dem 1.1.1949 geboren, kann ohne die Übermittlung eines Altersentlastungsbetrags mittels des ELStAM-Datensatzes ein Freibetrag in Höhe von 40 % des steuerpflichtigen Arbeitslohns, höchstens 1.900 EUR jährlich bzw.

158,33 EUR monatlich, angerechnet werden (§ 24a EStG). Mit dem Alterseinkünfte-gesetz wurde die stufenweise „Abschmelzung" des Altersentlastungsbetrags be-schlossen. Seit 2006 verringert sich der Altersentlastungsbetrag um jährlich 1,6 % bzw. 76 EUR pro Jahrgang. Dies bedeutet, Arbeitnehmer mit Jahrgang 1948 erhal-ten für die Dauer ihrer Beschäftigung einen Altersentlastungsbetrag von maximal 1.292 EUR pro Jahr. Für Mitarbeiter des Jahrgangs 1949 sinkt der Altersentlastungs-betrag auf max. 1.216 EUR pro Jahr.[34] Im Einzelnen gelten für folgende Jahrgänge als jährlicher Altersentlastungsbetrag:

Jahr	Prozentsatz	Betrag
2005	40,0	1.900 EUR
2006	38,4	1.824 EUR
2007	36,8	1.748 EUR
2008	35,2	1.672 EUR
2009	33,6	1.596 EUR
2010	32,0	1.520 EUR
2011	30,4	1.444 EUR
2012	28,8	1.368 EUR
2013	27,2	1.292 EUR
2014	25,6	1.216 EUR
2015	24,0	1.140 EUR
2016	22,4	1.064 EUR
2017	20,8	988 EUR
2018	19,2	912 EUR
2019	17,6	836 EUR
2020	16,0	760 EUR
2021	15,2	722 EUR
2022	14,4	684 EUR
2023	13,6	646 EUR
2024	12,8	608 EUR

---

[34] Auf www.haufe.de/arbeitshilfen finden Sie eine Übersicht der Altersentlastungsbeträge nach Jahrgängen gestaffelt.

Jahr	Prozentsatz	Betrag
2025	12,0	570 EUR
2026	11,2	532 EUR
2027	10,4	494 EUR
2028	9,6	456 EUR
2029	8,8	418 EUR
2030	8,0	380 EUR
2031	7,2	342 EUR
2032	6,4	304 EUR
2033	5,6	266 EUR
2034	4,8	228 EUR
2035	4,0	190 EUR
2036	3,2	152 EUR
2037	2,4	114 EUR
2038	1,6	76 EUR
2039	0,8	38 EUR
2040	0,0	0 EUR

Tab. 25: Übersicht Altersentlastungsbetrag

Für Kinder, die von den Gemeinden in den ELStAM Datensatz eingetragen wurden, ist pro Jahr ein Freibetrag von 7.008 EUR (monatlich 584 EUR) für die Berechnung der Kirchensteuer und des Solidaritätszuschlags zu berücksichtigen. Kinderfreibeträge sind jedoch nicht mehr bei der Ermittlung der Lohnsteuer anzurechnen.

▶ **BEISPIEL**

Frau Waldmann wird von ihrem Ehegatten geschieden und muss jährlich Unterhaltsleistungen von 3.036 EUR zahlen. Aus diesem Grund hat sie sich beim Finanzamt einen monatlichen Freibetrag von 253 EUR in den ELStAM-Datensatz eintragen lassen. Monika Waldmann hat ein Bruttogehalt von 2.100 EUR und bekommt von ihrem Arbeitgeber einen Zuschuss von 40 EUR zu den vermögenswirksamen Leistungen (VwL). Die VwL werden in eine Pensionskasse einbezahlt. Der VL-Vertrag wurde zum 1.4.2009 geschlossen. Sie ist bei einer gesetzlichen Krankenkasse pflichtversichert (Beitragssatz 15,5 %) und gehört einer kirchensteuerberechtigten Religionsgemeinschaft an. Sie hat nach der

Scheidung Steuerklasse 1. Der Firmensitz ist im Bundesland Berlin. Frau Waldmann hat keine Kinder. Das Unternehmen nimmt am Umlageverfahren U1 teil. Die Umlagesätze liegen bei 1,9 % (U1-Umlage) und 0,2 % (U2-Umlage).

5.13.1 Entgeltbrechnung

Abrechnung der Bruttobezüge	
Ermittlung des Arbeitslohnes/Arbeitsentgeltes	
Gehalt	2.100,00 EUR
+ Zuschuss VwL	40,00 EUR
= Bruttolohn	**2.140,00 EUR**
Arbeitslohn (steuerpflichtig)	2.100,00 EUR
Arbeitsentgelt (beitragspflichtig)	2.100,00 EUR
Steuerliche Abzüge	
Lohnsteuer (lt. Monatstabelle für 2.100,00 EUR bei Steuerklasse 1 / 0 Kinder mit Lohnsteuerfreibetrag)	164,08 EUR
+ Solidaritätszuschlag	9,02 EUR
+ Kirchensteuer (9 % auf den Betrag der Lohnsteuer)	14,76 EUR
= Summe steuerrechtliche Abzüge	**187,86 EUR**
Sozialversicherungsbeiträge	
Krankenversicherung (8,2 % von 2.100 EUR)	172.20 EUR
+ Pflegeversicherung (½ × (2,05 % von 2.100 EUR))	21,53 EUR
+ Zuschlag zur Pflegeversicherung (0,25 % von 2.100 EUR)	5,25 EUR
+ Rentenversicherung (½ × (18,9 % von 2.100 EUR))	198,45 EUR
+ Arbeitslosenversicherung (½ × (3,0 % von 2.100 EUR))	31.50 EUR
= Summe Sozialversicherungsbeiträge (Arbeitnehmer)	**428,93 EUR**
Gesamtabrechnung	
Bruttolohn (2.100 EUR + 40 EUR)	2.140,00 EUR
— Steuerrechtliche Abzüge (Arbeitnehmer)	**187,86 EUR**
— Sozialversicherungsbeiträge (Arbeitnehmeranteil)	428,93 EUR
— Überweisung an Pensionskasse	40,00 EUR
= Auszahlungsbetrag	**1.483,21 EUR**

Gesamtbelastung		
	Bruttolohn	2.140,00 EUR
+	Sozialversicherungsbeiträge AG-Anteil (von 2.100 EUR)	404,78 EUR
+	Umlagen U1 (1,9 % × 2.100,00 EUR)	39,90 EUR
+	Umlagen U2 (0,2 % × 2.100,00 EUR)	4,20 EUR
+	Insolvenzumlage (0,15 % × 2.100,00 EUR)	3,15 EUR
=	**Gesamtbelastung**	**2.592,03 EUR**

Bei der Ermittlung des steuerpflichtigen Arbeitslohnes sind die aus der ELStAM-Datenbank übermittelten „Steuerfreibeträge" zu berücksichtigen. Entsprechend dem Lohnabrechnungszeitraum wird der Freibetrag als Jahres-, Monats-, Wochen- oder Tagesfreibetrag übermittelt. Beiträge zur betrieblichen Altersvorsorge können bis zu einem Höchstbetrag von 238 EUR (in 2014) monatlich steuer- und sozialversicherungsfrei in einen sogenannten Durchführungsweg, wie zum Beispiel eine Pensionskasse, einbezahlt werden.

Ist für die Ermittlung der steuerlichen Abzüge ein Steuerfreibetrag zu berücksichtigen, muss zunächst der Monatslohn auf den voraussichtlichen Jahresarbeitslohn hochgerechnet werden. Vom Jahresarbeitslohn sind dann gegebenenfalls der Versorgungsfreibetrag, ein Altersentlastungsbetrag oder ein Lohnsteuerfreibetrag bzw. Lohnsteuerhinzurechnungsbeträge zu berücksichtigen. Die Lohnsteuer für den Monatsarbeitslohn ergibt sich dann aus 1/12 der so ermittelten Jahreslohnsteuer. Die Wochen- oder Tageslohnsteuer ergibt sich entsprechend aus 7/360 bzw. 1/360 der Jahreslohnsteuer. Der Freibetrag verringert zwar die monatliche Lohnsteuer, bedeutet jedoch nicht, dass ein Teil des Arbeitslohnes steuerfrei bleibt. In der Einkommensteuererklärung wird die tatsächliche Steuerpflicht auf Basis des Gesamteinkommens ermittelt.

5.13.2 Steuerrechtliche Abzüge

Steuerfreibeträge werden von der Finanzverwaltung aufgrund von ungewöhnlichen Belastungen gewährt. Kauf oder Bau von Wohnungseigentum, Scheidung, Unterhaltsleistungen und anderes mehr kann der Arbeitnehmer bei seiner Einkommensteuererklärung geltend machen. Sind die besonderen Belastungen von Dauer, würde sich Jahr für Jahr am Jahresende eine hohe Einkommensteuererstattung ergeben. Der Arbeitnehmer würde also neben seiner Belastung dem Finanzamt noch einen zinslosen Kredit gewähren. Mit der Eintragung des Freibetrages soll eine größere Vorauszahlung gegenüber der tatsächlichen Jahreslohnsteuer vermieden werden.

Ohne die Berücksichtigung des Lohnsteuerfreibetrags würden sich bei Frau Waldmann folgende steuerlichen Abzüge ergeben:

Steuerliche Abzüge		
	Lohnsteuer (lt. Monatstabelle für 2.100,00 EUR bei Steuerklasse 1/ 0 Kinder)	231,16 EUR
+	Solidaritätszuschlag	12,71 EUR
+	Kirchensteuer (9 % auf den Betrag der Lohnsteuer)	20,80 EUR
=	**Summe steuerrechtliche Abzüge**	**264,67 EUR**

Der Steuerfreibetrag und damit die Reduzierung des steuerpflichtigen Arbeitslohnes führen im Beispiel von Frau Waldmann zu einer monatlichen Steuererleichterung von 76,81 EUR.

Bei einer Verwendung der vermögenswirksamen Leistung für die betriebliche Altersvorsorge bleibt der Zuschuss des Arbeitgebers (40 EUR) steuer- und sozialversicherungsfrei. Der Arbeitgeber kann nach § 3 Nr. 63 Einkommensteuergesetz (EStG) für einen Arbeitnehmer bis zu **4 %** der jährlichen Beitragsbemessungsgrenze der Rentenversicherung (West) steuerfrei in einen Pensionsfonds oder eine Pensionskasse einbezahlen. Für 2014 sind dies 2.856 EUR bzw. monatlich 238 EUR. Voraussetzung für die steuerfreien Zuführungen zu einer Pensionskasse ist das Bestehen eines ersten Dienstverhältnisses. Die begrenzte Steuerfreiheit ist somit für eine geringfügige oder nicht geringfügige **Neben**beschäftigung ausgeschlossen. Eine weitere Voraussetzung ist, dass der Vertrag für die Pensionskasse oder Pensionsfonds nach dem 1.1.2005 geschlossen wurde. Im Beispiel sind alle Voraussetzungen erfüllt.

> **!** **ACHTUNG**
>
> Die Berücksichtigung von Freibeträgen bei der Lohnabrechnung führt zu einem geringeren Abzug von Lohn- und Kirchensteuer sowie einem geringeren Solidaritätszuschlag. Treten die Belastungen nicht oder nicht in der Höhe des Freibetrages ein, wird sich bei der Einkommensteuererklärung eine Nachzahlung ergeben. Es entstehen in diesem Fall also nur ein Zinsvorteil und kein eigentlicher Steuervorteil für den Arbeitnehmer.

5.13.3 Sozialversicherungsbeiträge

Der Steuerfreibetrag berührt nicht das sozialversicherungspflichtige Arbeitsentgelt. Steuerfreibeträge führen also nicht zu einer Entlastung bei den Beiträgen zu den Sozialversicherungen. Beiträge zu den Sozialversicherungen sind vom beitragspflichtigen Arbeitsentgelt zu ermitteln. Dieses Beispiel zeigt ein Auseinanderfallen von Bruttolohn, Arbeitslohn (Steuerrecht) und Arbeitsentgelt (sozialversicherungsrechtliche Bemessungsbasis). Im Bruttolohn ist der steuer- und sozialversicherungsfreie Zuschuss zur betrieblichen Altersvorsorge enthalten.

Seit 2007 gibt es einen Zusatzbeitrag zur Krankenversicherung von 0,9 % des Arbeitsentgelts und einen Zuschlag zur Pflegeversicherung für Arbeitnehmer ohne Kinder (0,25 %). Der Zuschlag ist von allen freiwillig und gesetzlich krankenversicherten Arbeitnehmern zu erheben. Beitragspflichtig ist nur der Arbeitnehmer.

! **ACHTUNG**

Der Zuschlag zur Pflegeversicherung ist nur dann zu leisten, wenn keine leiblichen oder adoptierten Kinder nachgewiesen werden können. Der Zusatzbeitrag zur Krankenversicherung ist nur vom Arbeitnehmer zu leisten — es gibt keinen Arbeitgeberanteil.

Der Arbeitgeber kann für einen Arbeitnehmer bis zu 4 % der jährlichen Beitragsbemessungsgrenze der Rentenversicherung (71.400 EUR) beitragsfrei in eine Pensionskasse oder Pensionsfonds einbezahlen. Für 2014 sind dies monatlich 238 EUR. Übersteigt die Vorsorgeleistung des Arbeitgebers oder des Arbeitnehmers den Freibetrag, ist der übersteigende Anteil zunächst beitragspflichtiges Arbeitsentgelt. Für Verträge, die vor dem 1.1.2005 geschlossen wurden, besteht zusätzlich die Möglichkeit, den übersteigenden Anteil bis zur Höhe von 1.752 EUR pro Jahr nach § 40b EStG pauschal mit 20 % zu versteuern. Eine pauschale Versteuerung führt zur Beitragsfreiheit in den Sozialversicherungen. Die Kombination von steuerfreien Vorsorgeleistungen (4 % der BBG) und pauschal versteuerter Altersvorsorge besteht nur für Altverträge, die vor dem 1.1.2005 geschlossen wurden, und nur für die betriebliche Altersvorsorge in Form einer Pensionskasse. Für Direktversicherungen oder Pensionsfonds besteht die Möglichkeit der Pauschalversteuerung eines übersteigenden Anteils nicht.

5.13.4 Arbeitgeberbelastung

Aus der ELStAM-Datenbank übernommene Freibeträge oder über eine Ersatzbescheinigung dokumentierte Lohnsteuerfreibeträge verringern den steuerpflichtigen Arbeitslohn und damit die steuerrechtlichen Abzüge für den **Arbeitnehmer**. Hat der Arbeitnehmer durch außergewöhnliche Belastungen, Sonderausgaben oder hohe Werbungskosten ungewöhnlich hohe Ausgaben, wird die Finanzverwaltung dem Arbeitnehmer auf schriftlichen Antrag einen Freibetrag in den ELStAM-Datensatz eintragen. Ist der ELStAM-Datensatz aufgrund von anderen Änderungen oder wegen Klärungen gesperrt, muss das Finanzamt dem Arbeitnehmer eine Ersatzbescheinigung ausstellen. Für die Lohnabrechnung dürfen nur aus der ELStAM-Datenbank abgerufene oder in einer Bescheinigung eingetragene Freibeträge berücksichtigt werden. Die Kenntnis einer höheren Belastung reicht nicht aus, um einen reduzierten Steuerabzug vorzunehmen.

TIPP

Scheidet der Arbeitnehmer während des laufenden Kalenderjahres aus dem Unternehmen aus, muss der Arbeitnehmer bei der ELStAM-Datenbank abgemeldet werden. Die Abmeldung sollte unmittelbar nach dem Austritt erfolgen. Eine Abmeldung ist in der Regel direkt aus dem Lohnabrechnungsprogramm heraus möglich.

Steuerfreibeträge führen zu **keiner** Veränderung der Arbeitgeberbelastung, auch dann nicht, wenn der Arbeitgeber pauschale Steuern für den Arbeitnehmer übernimmt. Steuerfreibeträge sind nur bei der Ermittlung der Lohnsteuer entsprechend der Lohnsteuertabelle zu berücksichtigen. Sie finden keine Anwendung bei pauschaler Besteuerung wie zum Beispiel bei Mahlzeiten oder Fahrgeld. Durch die Verwendung des Zuschusses zur Vermögensbildung in einer Pensionskasse sinken das beitragspflichtige Entgelt und damit die Bemessungsgrundlage für die Umlagebeträge. Für den Arbeitgeber ergibt sich eine Gesamtarbeitgeberbelastung von:

Gesamtbelastung		
	Bruttolohn	2.140,00 EUR
+	Krankenversicherung (7,3 % von 2.100 EUR)	153,30 EUR
+	Pflegeversicherung (½ × (2,05 % von 2.100 EUR))	21,53 EUR
+	Rentenversicherung (½ × (18,9 % von 2.100 EUR))	198,45 EUR
+	Arbeitslosenversicherung (½ × (3,0 % von 2.100 EUR))	31,50 EUR
=	**Sozialversicherungsbeiträge AG-Anteil (von 2.100 EUR)**	**404,78 EUR**
+	Umlagen U1 (1,9 % × 2.100,00 EUR)	39,90 EUR
+	Umlagen U2 (0,2 % × 2.100,00 EUR)	4,20 EUR
+	Insolvenzumlage (0,15 % × 2.100,00 EUR)	3,15 EUR
=	**Gesamtbelastung**	**2.592,03 EUR**

Die U1-Umlage im Beispiel ist nur dann zu entrichten, wenn das Unternehmen nicht mehr als 30 Mitarbeiter in Vollzeit beschäftigt. Die U2-Umlage entsteht auch dann, wenn das Unternehmen ausschließlich männliche Arbeitnehmer beschäftigt. Die Insolvenzumlage wurde für 2014 auf 0,15 % des rentenversicherungspflichtigen Arbeitsentgelts festgelegt. Außerdem besteht eine Begrenzung auf die Beitragsbemessungsgrenze der Rentenversicherung pro Arbeitnehmer. Die Umlagen sind an die Krankenkasse des Mitarbeiters abzuführen und auf dem entsprechenden Beitragsnachweis zu melden. Zusätzlich können die Beiträge für die Berufsgenossenschaft, ggf. die Schwerbehindertenabgabe oder Beiträge zur Künstlersozialkasse in die Arbeitgeberbelastung aufgenommen werden. Im Bau- und Baunebengewerbe sind auch die Beiträge zur Zusatzversorgungskasse (ZVK) zu berücksichtigen.

5.14 Hat der Arbeitnehmer eine Entgeltfortzahlung bei Krankheit erhalten?

Arbeitnehmer haben in der Regel Anspruch auf Fortzahlung des Arbeitsentgelts bei Krankheit, Rehabilitation, Vorsorge oder Arbeitsunfall für die Dauer von sechs Wochen (§ 3 EFZG) bzw. **42 Kalendertagen**. Der Anspruch auf Entgeltfortzahlung gilt für alle Arbeitnehmer, unabhängig von der Arbeitszeit. Es haben also auch geringfügig Beschäftigte und Arbeitnehmer mit einem Zeitarbeitsvertrag Anspruch auf Entgeltfortzahlung. Ausgenommen vom Anspruch auf Entgeltfortzahlung sind Heimarbeiter. Für diesen Personenkreis leistet die Krankenkasse vom ersten Tag der Krankheit an Krankengeldzahlungen. Für Heimarbeiter ist auch der allgemeine Beitrag zur Krankenversicherung (15,5 %) zu entrichten.

Gemäß § 4 Entgeltfortzahlungsgesetz (EFZG) ist bei Arbeitsunfähigkeit infolge von Krankheit das Arbeitsentgelt so fortzuzahlen, wie es bei normaler Arbeitsleistung zu vergüten gewesen wäre (Lohnausfallprinzip). Somit sind bei Krankheit auch Schichtzuschläge, Erschwerniszulagen oder Nachtzuschläge, Sachbezüge, vermögenswirksame Leistungen oder Provisionen fortzuzahlen. Vergütungen für Mehrarbeit (Überstunden) müssen nur dann gezahlt werden, wenn sie erbracht wurden. Somit sind bei Krankheit oder Kur keine Überstundenvergütungen mehr zu leisten. Bei Mitarbeitern, die nach geleisteten Arbeitsstunden bezahlt werden, ist die Lohnfortzahlung entsprechend den Sollstunden zu leisten. Für die Zuschlagsberechnung ist der Durchschnitt der letzten 90 Kalendertage zulässig (3-Monatsschnitt). Das fortgezahlte Arbeitsentgelt ist vollständig steuer- und sozialversicherungspflichtiger Arbeitslohn bzw. Arbeitsentgelt.

Eine Ausnahme von der Pflicht zur Entgeltfortzahlung besteht für Neueintritte. Bei einem neu begründeten Arbeitsverhältnis muss der Arbeitgeber erst dann, wenn die Beschäftigung mindestens **28 Kalendertage** (4 Wochen) besteht, Entgeltfortzahlung leisten. Erkrankt der Arbeitnehmer innerhalb der ersten 4 Wochen, erhält er in der Regel Krankengeld von seiner Krankenkasse statt Arbeitsentgelt.

Endet die Lohnfortzahlung des Arbeitgebers, hat der Arbeitnehmer in der Regel auch Anspruch auf Krankengeld von seiner Krankenkasse. Für privat krankenversicherte Arbeitnehmer muss das Krankengeld in der Versicherungspolice extra abgesichert werden. Das Krankengeld von der Krankenkasse/Krankenversicherung ist steuer- und sozialversicherungsfrei, unterliegt aber dem sogenannten Progressionsvorbehalt, das heißt, es wird zur Berechnung der Einkommensteuer herangezogen. Einmalzahlungen während des Krankengeldbezugs durch den Arbeitgeber unterliegen jedoch der Lohnsteuer und den Sozialversicherungsbeiträgen. Wird hingegen bei Krankengeldbezug die VwL fortbezahlt, bleibt diese in der Regel beitragsfrei. Die Klarstellung des **§ 23c SGB IV** regelt, dass arbeitgeberseitige Leistungen, die für die Zeit des Bezugs von Krankengeld, Versorgungskrankengeld, Verletztengeld, Übergangsgeld und Mutterschaftsgeld sowie von Krankentagegeld oder für eine Elternzeit erzielt werden, nicht als beitragspflichtiges Arbeitsentgelt gelten, soweit die Zahlungen zusammen mit den genannten Sozialleistungen das Nettoarbeitsentgelt im Durchschnitt der letzten drei Monate der Beschäftigung nicht übersteigen. Dies gilt sowohl für Versicherte der gesetzlichen Krankenversicherung als auch für Versicherte der privaten Krankenversicherung.

Endet die Entgeltfortzahlung des Arbeitgebers, entsteht beitragsrechtlich ein Teillohnzahlungszeitraum. Mit dem Ende der Entgeltfortzahlung enden die anrechenbaren **Sozialversicherungstage**. Dies führt auch zu einer anteiligen Kürzung der monatlichen Beitragsbemessungsgrenze. **Kein** Teillohnzahlungszeitraum besteht hingegen im Steuerrecht beim Ende der Entgeltfortzahlung im laufenden Abrechnungsmonat. Steuerrechtliche Teillohnzahlungszeiträume entstehen nur dann, wenn der Mitarbeiter vor dem kalendarischen Monatsende aus dem Unternehmen ausscheidet oder nach dem ersten des laufenden Abrechnungsmonats in das Unternehmen eintritt.

▶ **BEISPIEL: Steuerliche Abzüge**

Frau Monika Waldmann ist seit 6 Wochen ärztlich krankgeschrieben. Die Lohnfortzahlung endet am 15. März 2014. Ab dem 16. März bezieht Frau Waldmann Krankengeld. Frau Waldmann hat ein Bruttogehalt von 2.100 EUR und bekommt von ihrem Arbeitgeber einen Zuschuss von 14 EUR zu den vermögenswirksamen Leistungen (VwL). Der Zuschuss zu den VwL wird auch während eines Krankengeldbezuges gewährt. Der Arbeitgeberbeitrag wird mit dem Eigenanteil von 26 EUR einer Bausparkasse mit der Gehaltsabrechnung überwiesen. Monika Waldmann ist bei einer gesetzlichen Krankenkasse pflichtversichert (Beitragssatz 15,5 %). Sie gehört einer kirchensteuerberechtigten Religionsgemeinschaft an. Sie hat die Steuerklasse 1 und keine Kinderfreibeträge eingetragen. Kinder können auch nicht nachgewiesen werden. Der Firmensitz ist im Bundesland Saarland. Das Unternehmen nimmt am Umlageverfahren U1 teil. Der Beitragssatz zur U1-Umlage beträgt 1,9 %, der zur U2-Umlage 0,2 %.

5.14.1 Entgeltabrechnung

Abrechnung der Bruttobezüge	
Ermittlung des Arbeitslohnes/Arbeitsentgeltes	
Gehalt	1.050,00 EUR
+ Zuschuss VwL	14,00 EUR
= **Bruttolohn**	**1.064,00 EUR**
Arbeitslohn (steuerpflichtig)	1.064,00 EUR
Arbeitsentgelt (beitragspflichtig)	1.064,00 EUR
Steuerliche Abzüge	
Lohnsteuer (lt. Monatstabelle für 1.064,00 EUR bei Steuerklasse 1/ 0 Kinder)	14,75 EUR
+ Solidaritätszuschlag	0,00 EUR
+ Kirchensteuer (9 % auf den Betrag der Lohnsteuer)	1,32 EUR
+ Kammerbeitrag	1,59 EUR
= **Summe steuerrechtliche Abzüge**	**17,66 EUR**
Sozialversicherungsbeiträge	
Krankenversicherung (8,2 % von 1.064,00 EUR)	87,25 EUR
+ Pflegeversicherung (½ × (2,05 % von 1.064,00 EUR))	10,91 EUR
+ Zuschlag zur Pflegeversicherung (0,25 % von 1.064,00 EUR)	2,66 EUR
+ Rentenversicherung (½ × (18,9 % von 1.064,00 EUR))	100,55 EUR
+ Arbeitslosenversicherung (½ × (3,0 % von 1.064,00 EUR))	15,96 EUR
= **Summe Sozialversicherungsbeiträge (Arbeitnehmer)**	**217,33 EUR**

Gesamtabrechnung		
	Bruttolohn (anteilig 1.050 EUR + 14 EUR)	1.064,00 EUR
—	Steuerrechtliche Abzüge (Arbeitnehmer)	**17,66 EUR**
—	Sozialversicherungsbeiträge (Arbeitnehmeranteil)	217,33 EUR
—	Überweisung an Bausparkasse	40,00 EUR
=	**Auszahlungsbetrag**	**780,01 EUR**
Gesamtbelastung		
	Bruttolohn	1.064,00 EUR
+	Sozialversicherungsbeiträge AG-Anteil (von 1.064,00 EUR)	205,09 EUR
+	Umlagen U1 (1,9 % × 1.064,00 EUR)	20,22 EUR
+	Umlagen U2 (0,2 % × 1.064,00 EUR)	2,13 EUR
+	Insolvenzumlage (0,15 % × 1.064,00 EUR)	1,60 EUR
=	**Gesamtbelastung**	**1.293,04 EUR**

Die Lohnfortzahlung endet mit dem 15. März. Ab 16. März bezieht der Arbeitnehmer Krankengeld. Das anteilige Arbeitsentgelt bestimmt sich nach den tatsächlichen Arbeitstagen. Der März 2014 hat 21 Arbeitstage. Die Entgeltfortzahlung ist für 10 Arbeitstage zu leisten. Somit ergibt sich das anteilige Gehalt aus:

$$\frac{10}{21} \times 2.100 \text{ EUR} = 1.000,00 \text{ EUR}$$

Neben der anteiligen Gehaltsrechnung auf Basis der Arbeitstage ist die sogenannte Dreißigstel-Methode oder eine kalendertägliche Berechnung möglich. Bei der Dreißigstel-Methode wird von einer festen Anzahl von 30 Tagen pro Monat ausgegangen. Diese werden in das Verhältnis zu den Kalendertagen der Entgeltfortzahlung gesetzt. Im Beispiel würde sich ergeben:

$$\frac{15}{30} \times 2.100 \text{ EUR} = 1.050,00 \text{ EUR}$$

Bei der kalendertäglichen Methode wird die Anzahl Kalendertage mit Entgeltfortzahlung zu den tatsächlichen Kalendertagen des Monats ins Verhältnis gesetzt.

$$\frac{15}{31} \times 2.100 \text{ EUR} = 1.016,13 \text{ EUR}$$

Welche Methode zur anteiligen Berechnung der Entgeltfortzahlung heranzuziehen ist, entscheiden Tarifverträge, Betriebsvereinbarungen oder einzelvertragliche Regelungen. Sind diese nicht gegeben, ist die sogenannte betriebliche Übung maßgebend. Falls keine Regelung durchgängig angewandt wurde, ist nach der arbeitstäglichen Methode vorzugehen. Im Beispiel wird unterstellt, dass der Arbeitgeber nach der Dreißigstel-Methode rechnet, welche in der Praxis die meist verwendete ist.

Im Beispiel wird unterstellt, dass der Arbeitgeber die VwL für den Monat, in dem die Entgeltfortzahlung endet, vollständig fortbezahlt. Eine anteilige Kürzung entsprechend dem Gehalt wäre zulässig und möglich. Für die Zeit ab dem 16. März erhält der Mitarbeiter Krankengeld von seiner Krankenkasse. Die Krankengeldberechnung erfolgt nach den Angaben des Arbeitgebers. Die Meldung des Arbeitsentgelts für die Berechnung des Krankengeldes durch die Krankenkasse kann nur noch elektronisch vorgenommen werden. In der Regel erfolgt die Übermittlung direkt aus dem Entgeltabrechnungsprogramm heraus. Auch eine Online-Bescheinigung über sv.net ist möglich.

5.14.2 Steuerrechtliche Abzüge

Steuerrechtlich entsteht durch den Bezug des Krankengelds kein Teillohnzahlungszeitraum. Somit ist für die Abrechnung im März die **Monatslohnsteuertabelle** anzuwenden. Durch die Anwendung der Monatslohnsteuertabelle entsteht eine Lohnsteuer unter 81 EUR. Dadurch liegt der Arbeitslohn in der Nullzone für die Berechnung des Solidaritätszuschlags. Abhängig von der Steuerklasse ergeben sich folgende Freibeträge:

Steuerfreibeträge für den Solidaritätszuschlag	
Steuerklasse 1, 2, 4, 5, 6	**Steuerklasse 3**
81,00 EUR monatliche Lohnsteuer	162,00 EUR monatliche Lohnsteuer

Der Bereich von 0 EUR Lohnsteuer bis zum Grenzbetrag wird Nullzone genannt. Liegt die Lohnsteuer in der Nullzone, fällt kein Solidaritätszuschlag an, obwohl vom Arbeitnehmer Lohnsteuer gezahlt werden muss. Die tägliche Lohnsteuerberechnung bzw. der tägliche Grenzbetrag ist anzusetzen, wenn für den Arbeitnehmer ein steuerrechtlicher Teillohnzahlungszeitraum entsteht, was im Beispiel nicht gegeben ist.

Die Firma hat den Sitz im Bundesland Saarland. Im Saarland ist zusätzlich zur Lohn- und Kirchensteuer der Kammerbeitrag einzubehalten. Er beträgt 0,15 % des krankenversicherungspflichtigen Entgelts. Im Beispiel ist dies mit dem Arbeitsentgelt identisch. Die Höchstgrenze des krankenversicherungspflichtigen Entgelts liegt nicht bei der Beitragsbemessungsgrenze, sondern bei 75 % der Beitragsbemessungsgrenze in der Renten- und Arbeitslosenversicherung (4.462,50 EUR) pro Monat.

Die Kürzung der SV-Tage sind im Lohnkonto zu dokumentieren. Außerdem ist zur Kontrolle für die Finanzbehörden auf der Lohnsteuerbescheinigung ab 5 Arbeitstagen, an denen Krankengeld bezogen wurde, die „**Anzahl U**" um eins zu erhöhen. Bei 2 Wochen Krankengeldbezug wäre im Beispiel auf der Lohnsteuerbescheinigung unter Anzahl U der Zähler 1 einzutragen.

Unterliegt der Arbeitnehmer dem allgemeinen Beitrag zur gesetzlichen Krankenversicherung, erhält er nach Ablauf der Lohnfortzahlung Krankengeld von seiner Krankenkasse. Das Krankengeld ist steuer- und sozialversicherungsfrei, unterliegt jedoch dem sogenannten Progressionsvorbehalt. Dies bedeutet, das Krankengeld ist in der Einkommensteuer-Erklärung anzugeben und zählt zum steuerpflichtigen Einkommen.

! **WICHTIG**

Wochenenden und Feiertage führen nicht zu einer Unterbrechung oder Kürzung der Anzahl U.

5.14.3   Sozialversicherungsbeiträge

Sozialversicherungsrechtlich entsteht mit dem Ende der Entgeltfortzahlung ein **Teillohnzahlungszeitraum**. Der Teillohnzahlungszeitraum führt zu einer Kürzung der Sozialversicherungstage (SV-Tage) und zur Anwendung der anteiligen Beitragsbemessungsgrenze.

Reduzieren sich die Sozialversicherungstage eines Abrechnungsmonats auf 0 — weil ein gesamter Kalendermonat Krankengeld bezogen wurde — ist eine Unterbrechungsmeldung durchzuführen (siehe Kapitel 11.3).

! **ACHTUNG**

Eine Unterbrechungsmeldung ist nur dann zu erstellen, wenn ein vollständiger Kalendermonat ohne Entgeltzahlung ist.

Die Lohnabrechnung

Das Sozialversicherungsrecht geht von 360 Sozialversicherungstagen (SV-Tagen) pro Jahr bzw. 30 SV-Tagen pro Monat aus. Die jährlichen bzw. monatlichen Beitragsbemessungsgrenzen beziehen sich immer auf volle SV-Monate. Kommt es durch das Ende der Lohnfortzahlung oder durch Wehrdienst, die Krankheit eines Kindes oder eine andere Fehlzeit zu einer Kürzung der SV-Tage, ist die anteilige monatliche Beitragsbemessungsgrenze zu ermitteln. Für die Ermittlung der anteiligen Beitragsbemessungsgrenze ist die jährliche Beitragsbemessungsgrenze durch 360 zu dividieren und mit der Anzahl der SV-Tage des Monats zu multiplizieren. Die täglichen Beitragsbemessungsgrenzen (TBBG) in 2014 zeigt die folgende Übersicht.

Sozialversicherungszweig	BBG-Monat	BBG-Tag
KV/PV	4.050,00 EUR	135,00 EUR
RV/AV (West)	5.950,00 EUR	198,33 EUR
RV/AV (Ost)	5.000,00 EUR	166,67 EUR

Tab. 26: Tab.: Tagesbeitragsbemessungsgrenzen

Die täglichen Beitragsbemessungsgrenzen sind mit der Anzahl der verbleibenden SV-Tage im Abrechnungszeitraum zu multiplizieren. Das Ergebnis ist die anteilige monatliche Beitragsbemessungsgrenze. Übersteigt das Arbeitsentgelt die anteilige BBG, sind nur Beiträge bis zur Bemessungsgrenze zu ermitteln. Im Beispiel von Frau Waldmann liegt die anteilige BBG im Monat März bei:

KV/PV	135,00 EUR × 15 Tage	=	2.025,00 EUR
RV/AV (West)	198,33 EUR × 15 Tage	=	2.975,00 EUR

Das beitragspflichtige Arbeitsentgelt (1.064,00 EUR) liegt unter der anteiligen BBG und ist somit vollständig beitragspflichtig zur Kranken- und Pflegeversicherung sowie auch zur Renten- und Arbeitslosenversicherung.

TIPP

Wird in einem gesamten Abrechnungsmonat außer den VwL kein Arbeitsentgelt fortgezahlt, bleibt der Zuschuss zu den vermögenswirksamen Leistungen sozialversicherungsfrei, solange nicht das Gesamtentgelt (Zuschuss + Ersatzleistung) höher ist als das Nettoentgelt der vergangenen drei Arbeitsmonate.

Würde das gekürzte Arbeitsentgelt von Frau Waldmann beispielsweise über der anteiligen Beitragsbemessungsgrenze liegen, sind nur Beiträge bis zu dieser Grenze zu berechnen.

> **BEISPIEL**

Angenommen das laufende monatliche Arbeitsentgelt von Frau Waldmann liegt bei 4.500 EUR. Außerdem erhält sie einen Zuschuss von 14 EUR zu den vermögenswirksamen Leistungen. Sie ist seit 6 Wochen erkrankt und die Lohnfortzahlung endet am 15. März 2014. Ab dem 16. März bezieht Frau Waldmann Krankengeld von der Krankenkasse. Die VwL werden den gesamten Monat fortbezahlt. Frau Waldmann hat Steuerklasse 1 und keine Kinder. Monika Waldmann ist bei einer gesetzlichen Krankenkasse pflichtversichert (Beitragssatz 15,5 %). Der Firmensitz ist im Bundesland Saarland. Das Unternehmen nimmt am Umlageverfahren U1 teil. Der Beitragssatz zur U1-Umlage beträgt 1,9 %, der zur U2-Umlage 0,2 %. Die Bezüge werden nach der Methode „Dreißigstel" anteilig auf 15/30 gekürzt.

Abrechnung der Bruttobezüge

Ermittlung des Arbeitslohnes/Arbeitsentgeltes

	Gehalt	2.250,00 EUR
+	Zuschuss VwL	14,00 EUR
=	**Bruttolohn**	**2.264,00 EUR**
	Arbeitslohn (steuerpflichtig)	2.264,00 EUR
	Arbeitsentgelt (beitragspflichtig KV/PV)	2.025,00 EUR
	Arbeitsentgelt (beitragspflichtig RV/AV)	2.264,00 EUR

Steuerliche Abzüge

	Lohnsteuer (lt. Monatstabelle für 2.264,00 EUR bei Steuerklasse 1/ 0 Kinder)	268,83 EUR
+	Solidaritätszuschlag	14,84 EUR
+	Kirchensteuer (9 % auf den Betrag der Lohnsteuer)	24,28 EUR
+	Kammerbeitrag	3,39 EUR
=	**Summe steuerrechtliche Abzüge**	**312,34 EUR**

Sozialversicherungsbeiträge

	Krankenversicherung (8,2 % von 2.025,00 EUR)	166,05 EUR
+	Pflegeversicherung (½ × (2,05 % von 2.025,00 EUR))	20,76 EUR
+	Zuschlag zur Pflegeversicherung (0,25 % von 2.025,00 EUR)	5,06 EUR
+	Rentenversicherung (½ × (18,9 % von 2.264,00 EUR))	213,95 EUR
+	Arbeitslosenversicherung (½ × (3,0 % von 2.264,00 EUR))	33,96 EUR
=	**Summe Sozialversicherungsbeiträge (Arbeitnehmer)**	**439,78 EUR**

Die Lohnabrechnung

Gesamtabrechnung	
Bruttolohn (2.500 EUR + 14 EUR)	2.514,00 EUR
— Steuerrechtliche Abzüge (Arbeitnehmer)	**312,34 EUR**
— Sozialversicherungsbeiträge (Arbeitnehmeranteil)	**439,78 EUR**
— Überweisung an Bausparkasse	40,00 EUR
= **Auszahlungsbetrag**	**1.471,88 EUR**

Das anteilige beitragspflichtige Arbeitsentgelt (2.514,00 EUR) liegt unter der monatlichen Beitragsbemessungsgrenze der Kranken- und Pflegeversicherung (4.050,00 EUR) und würde eigentlich vollständig mit Beiträgen zur KV/PV belegt. Die monatliche Beitragsbemessungsgrenze geht jedoch von 30 Sozialversicherungstagen aus. Im Beispiel von Frau Waldmann bestehen im März nur 15 Sozialversicherungstage. Dies führt zu einer anteiligen Kürzung der Beitragsbemessungsgrenze:

$$(4.050,00 \text{ EUR} / 30 \text{ Tage}) \times 15 \text{ Tage} = 2.025,00 \text{ EUR}$$

Nur dieser Teil des Arbeitsentgelts unterliegt den Beiträgen in der Kranken- und Pflegeversicherung. In der Renten- und Arbeitslosenversicherung liegt die anteilige monatliche Beitragsbemessungsgrenze bei 2.975,00 EUR (5.950 EUR / 30 × 15 Tage). Das gekürzte Arbeitsentgelt von Frau Waldmann liegt unter der Beitragsbemessungsgrenze RV/AV und somit ist das gesamte Arbeitsentgelt mit Beiträgen für diese Sozialversicherungszweige zu belegen.

Arbeitnehmer ohne leibliche oder adoptierte Kinder müssen zusätzlich einen Zuschlag von 0,25 % des Arbeitsentgelts zur Pflegeversicherung entrichten. Im Beispiel wird dieser Zusatzbeitrag erhoben, da der Nachweis von Kindern nicht geführt werden konnte.

Mit dem Gesetz zur Vereinfachung der Verwaltungsverfahren im Sozialversicherungsrecht wurde der § 23c SGB IV eingeführt. Nach dieser Regelung sind Arbeitgeberleistungen, die während des Bezugs von Krankengeld, Mutterschaftsgeld, Verletztengeld oder Übergangsgeld gezahlt werden, nicht mehr beitragspflichtiges Arbeitsentgelt. Die Zahlungen des Arbeitgebers zusätzlich zu den Sozialversicherungsleistungen bleiben jedoch nur so lange beitragsfrei, wie sie zusammen mit den Sozialleistungen nicht das Nettoarbeitsentgelt bei Arbeitstätigkeit (Vergleichs-Nettoarbeitsentgelt) übersteigen. Diese Regelung gilt sowohl für in der gesetzlichen Krankenversicherung pflichtversicherte Arbeitnehmer, wie für freiwillig in einer gesetzlichen Kasse Versicherte und privat krankenversicherte Arbeitnehmer. Beispiele für vom Arbeitgeber weiterbezahlte laufende Lohnzahlungen können sein:

- Vermögenswirksame Leistungen
- Kontoführungsgebühren
- Telefonkostenzuschüsse
- Beiträge zur betrieblichen Altersvorsorge
- Sachleistungen wie Firmenwagen oder freie Wohnung
- Zuschuss zum Krankengeld
- Zinsersparnisse aus Darlehen
- Zuschuss zum Mutterschaftsgeld

Eine beitragspflichtige Einnahme nach § 23c SGB IV entsteht aber erst dann, wenn die Summe der weitergezahlten Arbeitgeberleistungen (inklusive Zuschüsse) das Nettoarbeitsentgelt um mehr als **50 EUR** überschreitet. Bei der Bagatellgrenze handelt es sich um eine **Freigrenze**, nicht um einen Freibetrag, d. h. wenn beitragspflichtige Einnahmen über der 50-Euro-Freigrenze vorliegen, dann erfolgt die anschließende Verbeitragung wie bisher ohne Abzug der 50 EUR. Bei der Ermittlung des Nettoarbeitsentgelts sind die Arbeitnehmerbeiträge an ein berufsständisches Versorgungswerk abzuziehen. Dadurch werden die in einem berufsständischen Versorgungswerk Versicherten mit denen in der gesetzlichen Rentenversicherung Versicherten gleichgestellt. Das Brutto-Krankengeld wird nach dem Einkommen vor Beginn der Arbeitsunfähigkeit berechnet. Es beträgt 70 % des letzten Brutto-, aber höchstens 90 % des durchschnittlichen Nettoeinkommens der letzten 12 Monate. Regelmäßige Überstunden und Abweichungen vom vereinbarten Entgelt erhöhen das Krankengeld. Regelmäßig bedeutet z. B. bei Überstunden, dass in den letzten drei abgerechneten Monaten vor Eintritt der Arbeitsunfähigkeit pro Monat mindestens eine Überstunde angefallen sein muss. Bei schwankendem Entgelt (z. B. Akkordlohn) wird der Durchschnitt der letzten drei Monate (12 Wochen) zugrunde gelegt. Die Berechnung des Krankengeldes erfolgt für den Kalendertag.

Zahlt der Arbeitgeber bei Bezug von Lohnersatzleistungen (wie z. B. Krankengeld) Teile des Arbeitsentgelts fort, ist das Vergleichs-Nettoarbeitsentgelt zu ermitteln und ggf. die Beiträge zu den Sozialversicherungen einzubehalten und abzuführen. Das Vergleichs-Nettoarbeitsentgelt ist der Krankenkasse zu melden. Eine Entgeltfortzahlung kann auch durch die Beibehaltung einer Sachleistung, wie zum Beispiel eines Firmenwagens, entstehen.

! **ACHTUNG**

Entstehen aufgrund einer Überschreitung des Vergleichs-Nettolohnes Beiträge zu den Sozialversicherungen, kommt es nicht zu einer Kürzung der SV-Tage.

5.14.4 Arbeitgeberbelastung

Der Arbeitgeber bezahlt bei Krankheit das anteilige Arbeitsentgelt für maximal **42 Kalendertage** fort. Endet während des laufenden Abrechnungsmonats die Lohnfortzahlung, ist eine Teillohnberechnung vorzunehmen. Mit dem Ende der Lohnfortzahlung tritt die Krankenkasse mit der Zahlung von Krankengeld ein. Der Arbeitgeber kann bei Teilnahme am Ausgleichsverfahren U1 eine Erstattung bis zu 80 % des während der Lohnfortzahlung fortgezahlten Bruttoentgelts erhalten. Die Höhe der Erstattung ist abhängig vom gewählten Erstattungssatz des Unternehmens bei der Krankenkasse, die für den Mitarbeiter zuständig ist. Erstattet die Krankenkasse den Arbeitgeberanteil zu den Sozialversicherungen, entfällt auch dieser Teil bei der Arbeitgeberbelastung. Erstattungen für fortgezahltes Entgelt sind für alle Arbeitnehmer möglich, sofern die Grenze von 30 in Vollzeit beschäftigten Arbeitnehmern eingehalten ist. Als Gesamtbelastung fallen nur das anteilig fortgezahlte Arbeitsentgelt und die darauf entstehenden Beiträge zu den Sozialversicherungen an.

Bietet die Krankenkasse eine Erstattung von beispielsweise 70 % des fortgezahlten Bruttolohnes entsteht als Arbeitgeberbelastung:

Gesamtbelastung mit Erstattung der Krankenkasse	
Bruttolohn	1.064,00 EUR
Krankenversicherung (7,3 % von 1.064,00 EUR)	77,67 EUR
+ Pflegeversicherung (½ × (2,05 % von 1.064,00 EUR))	10,91 EUR
+ Rentenversicherung (½ × (18,9 % von 1.064,00 EUR))	100,55 EUR
+ Arbeitslosenversicherung (½ × (3,0 % von 1.064,00 EUR))	15,96 EUR
= **Summe Sozialversicherungsbeiträge (AG-Anteil)**	**205,09 EUR**
+ Umlagen U1 (1,9 % × 1.064,00 EUR)	20,22 EUR
+ Umlagen U2 (0,2 % × 1.064,00 EUR)	2,13 EUR
+ Insolvenzumlage (0,15 % × 1.064,00 EUR)	1,80 EUR
— Erstattung aus Umlage U1 (angenommen 70 %)	744,80 EUR
= **Gesamtbelastung**	**548,24 EUR**

Erstattet die Krankenkasse zusätzlich die Arbeitgeberanteile zu den Sozialversicherungen auf das fortgezahlte Arbeitsentgelt, sinkt die Gesamtbelastung im Beispiel auf:

Gesamtbelastung mit Erstattung der SV-Arbeitgeberanteile durch die Krankenkasse	
Bruttolohn	1.064,00 EUR
Krankenversicherung (7,3 % von 1.064,00 EUR)	77,67 EUR
+ Pflegeversicherung (½ × (2,05 % von 1.064,00 EUR))	10,91 EUR
+ Rentenversicherung (½ × (18,9 % von 1.064,00 EUR))	100,55 EUR
+ Arbeitslosenversicherung (½ × (3,0 % von 1.064,00 EUR))	15,96 EUR
= **Summe Sozialversicherungsbeiträge (AG-Anteil)**	**205,09 EUR**
+ Umlagen U1 (1,9 % × 1.064,00 EUR)	20,22 EUR
+ Umlagen U2 (0,2 % × 1.064,00 EUR)	2,13 EUR
+ Insolvenzumlage (0,15 % × 1.064,00 EUR)	1,80 EUR
− Erstattung aus Umlage U1 (angenommen 70 %)	744,80 EUR
− Erstattung AG-Anteil SV aus 1.064,00 EUR	205,09 EUR
= **Gesamtbelastung**	**343,15 EUR**

TIPP

Viele Krankenkassen schließen die Erstattung der Arbeitgeberanteile zu den Sozialversicherungen per Satzung aus. Es ist mit jeder Krankenkasse die Erstattungsmöglichkeit der Arbeitgeberbeiträge zu den Sozialversicherungen für die bei Krankheit fortgezahlten Arbeitsentgelte zu klären. Der Erstattungsantrag ist an die Krankenkasse des erkrankten Mitarbeiters zu richten.

Die vermögenswirksamen Leistungen werden in der Regel aus Verfahrensgründen in voller Höhe fortbezahlt und sind ggf. erstattungsfähig.

Die U1-Umlage im Beispiel ist nur dann zu entrichten, wenn das Unternehmen nicht mehr als 30 Mitarbeiter in Vollzeit beschäftigt. Die U2-Umlage entsteht auch dann, wenn das Unternehmen ausschließlich männliche Arbeitnehmer beschäftigt. Ohne die Beitragspflicht zur U1-Umlage besteht kein Erstattungsanspruch. Die Insolvenzumlage liegt in 2014 bei 0,15 % des rentenversicherungspflichtigen Entgelts des Arbeitnehmers. Die Umlagen sind an die Krankenkasse des Mitarbeiters abzuführen und im elektronischen Meldeverfahren zu melden. Zusätzlich können die Beiträge für die Berufsgenossenschaft, ggf. die Schwerbehindertenabgabe oder Beiträge zur Künstlersozialkasse, in die Arbeitgeberbelastung aufgenommen werden. Im Bau- und Baunebengewerbe sind auch die Beiträge zur Zusatzversorgungskasse (ZVK) zu berücksichtigen.

5.15 Hat der Arbeitnehmer eine Nettolohnzahlung erhalten?

Der Arbeitgeber schuldet dem Arbeitnehmer grundsätzlich einen Bruttolohn. Beide Partner können jedoch vereinbaren, dass der Arbeitnehmer einen fixen auszuzahlenden Betrag erhält. Eine solche Vereinbarung ist eine Nettolohnvereinbarung. Das Steuer- und Sozialversicherungsrecht kennt keine Nettolöhne. Wird ein fixer auszuzahlender Betrag vereinbart, trägt der Arbeitgeber quasi die Lohnabzüge für den Arbeitnehmer. Übernimmt der Arbeitgeber die Lohnsteuer und die Sozialversicherungsbeiträge für den Mitarbeiter, entsteht daraus ein geldwerter Vorteil, der wiederum steuer- und sozialversicherungspflichtigen Arbeitslohn darstellt. Zur Ermittlung der übernommenen Lohnsteuer und Sozialversicherungsbeiträge muss der vereinbarte Nettolohn somit auf einen Bruttolohn hochgerechnet werden. Dieser Bruttolohn ist der Arbeitslohn im Sinne der Lohnsteuer und das Arbeitsentgelt im Sinne der Sozialversicherung. Diese Berechnung erfolgt nach den gleichen Grundsätzen wie bei einer Bruttolohnvereinbarung. Das Hochrechnen des Bruttolohns geschieht durch ein „Abtasten".

Wird eine Nettozahlung geleistet, ist der Bruttowert zu bestimmen, welcher unter Abzug der Lohnsteuern und der Sozialversicherungsbeiträge den Nettobetrag ergibt. Die Brutto-Einmalzahlung ergibt sich durch eine rekursive Rechnung aus der Nettozahlung. In diesem rekursiven Prozess werden aus der Nettozahlung die Lohnsteuer und die Sozialversicherungsbeiträge bestimmt. Da diese bei einer Nettozahlung durch den Arbeitgeber übernommen werden, stellen sie einen steuer- und beitragspflichtigen geldwerten Vorteil dar. Dieser ist der Nettozahlung zuzurechnen und erneut sind die daraus entstehenden Steuern und Sozialversicherungsbeiträge zu ermitteln. Dieses Verfahren muss so lange wiederholt werden, bis sich der entstehende Bruttobetrag nicht mehr ändert.

▶ **BEISPIEL**

Als Jubiläumsgeschenk hat der Arbeitgeber Frau Waldmann im Mai einen Scheck von 300 EUR (netto) übergeben. Sie erhält monatlich einen Bruttoarbeitslohn von 2.100 EUR und erhält einen Zuschuss von 14 EUR zu den vermögenswirksamen Leistungen. Frau Waldmann hat einen Sparvertrag über 40 EUR bei einer Bausparkasse. Frau Waldmann hat Steuerklasse 1, keine Kinder, ist kirchensteuerpflichtig, sie ist pflichtversichert in der Sozialversicherung (15,5 % KV-Beitrag) und hat einen geschätzten Jahresbruttolohn von 25.368 EUR. Als Bundesland für die Kirchensteuerberechnung wird Thüringen angenommen.

5.15.1   Entgeltabrechnung

Abrechnung der Bruttobezüge

Ermittlung des Arbeitslohnes/Arbeitsentgeltes

	Gehalt	2.100,00 EUR
+	Zuschuss VwL	14,00 EUR
+	Jubiläumsgeschenk (brutto)	568,38 EUR
=	**Bruttolohn**	**2.682,38 EUR**
	Arbeitslohn (steuerpflichtig)	2.114,00 EUR
	Arbeitsentgelt (beitragspflichtig)	2.114,00 EUR

Steuerliche Abzüge

	Lohnsteuer (lt. Monatstabelle für 2.114,00 EUR bei Steuerklasse 1/ 0 Kinder)	234,41 EUR
+	Solidaritätszuschlag	12,89 EUR
+	Kirchensteuer (9 % auf den Betrag der Lohnsteuer)	21,09 EUR
=	**Summe steuerrechtliche Abzüge**	**268,39 EUR**

Sozialversicherungsbeiträge

	Krankenversicherung (8,2 % von 2.114,00 EUR)	173,35 EUR
+	Pflegeversicherung (½ × (2,05 % von 2.114,00 EUR))	21,67 EUR
+	Zuschlag zur Pflegeversicherung (0,25 % von 2.114,00 EUR)	5,29 EUR
+	Rentenversicherung (½ × (18,9 % von 2.114,00 EUR))	199,77 EUR
+	Arbeitslosenversicherung (½ × (3,0 % von 2.114,00 EUR))	31,71 EUR
=	**Summe Sozialversicherungsbeiträge (Arbeitnehmer)**	**431,79 EUR**

Gesamtabrechnung

	Bruttolohn	2.114,00 EUR
—	Steuerrechtliche Abzüge (Arbeitnehmer)	**268,39 EUR**
—	Sozialversicherungsbeiträge (Arbeitnehmeranteil)	**431,79 EUR**
—	Überweisung an Bausparkasse	40,00 EUR
—	Scheck (Nettozahlung)	300,00 EUR
=	**Auszahlungsbetrag**	**1.673,82 EUR**

Gesamtbelastung		
	Bruttolohn	2.414,00 EUR
+	Sozialversicherungsbeiträge AG-Anteil (von 2.682,38 EUR)	**517,03 EUR**
+	Sozialversicherungsbeiträge vom AN übernommen (568,38 EUR)	**116,10 EUR**
+	Umlagen U1 (1,9 % × 2.114,00EUR)	40,17 EUR
+	Umlagen U2 (0,2 % × 2.114,00 EUR)	4,23 EUR
+	Insolvenzumlage (0,15 % × 2.682,38 EUR)	4,02 EUR
+	Lohnsteuer, Kirchensteuer, Soli vom AN übernommen (für 568,38 EUR)	**152,28 EUR**
=	**Gesamtbelastung**	**3.247,83 EUR**

Bei der Jubiläumszahlung handelt es sich um eine Netto-Einmalzahlung. Die Nettozahlung ist für die Berechnung der Lohnsteuer und der Beiträge zu den Sozialversicherungen auf den Bruttowert hochzurechnen. Da der Arbeitnehmer die Nettozahlung erhalten hat und nicht mit Beiträgen bzw. der Lohnsteuer belastet werden soll, trägt der Arbeitgeber die gesamten Abzüge von der Einmalzahlung.

5.15.2 Steuerrechtliche Abzüge

Bei dem Jubiläumsgeschenk handelt es sich um eine Einmalzahlung. Diese ist steuerlich anders zu behandeln als der laufende Arbeitslohn. Zur Berechnung der Lohnsteuer ist, wie bei einer Einmalzahlung, der geschätzte Jahresbruttoarbeitslohn aus den bisherigen laufenden Bezügen hochzurechnen. Für den geschätzten Jahresbruttolohn ergibt sich die Lohnsteuer aus der Jahreslohnsteuertabelle. Anschließend ist aus der Jahreslohnsteuertabelle die Lohnsteuer für den geschätzten Jahresbruttolohn plus Nettobezug zu ermitteln. Die Differenz der beiden Steuerwerte ist die vorläufige Lohnsteuer für den Nettobezug. Die Kirchensteuer und der Solidaritätszuschlag ergeben sich entsprechend als Zuschlag auf die Jahressteuer. Anschließend sind die Beiträge zu den Sozialversicherungen auf die Netto-Einmalzahlung zu bestimmen. Im nächsten Schritt muss die Netto-Einmalzahlung um die Summe der steuerrechtlichen Abzüge und der SV-Beiträge erhöht werden. Es ergibt sich das „Zwischen brutto 1". Mit dem Zwischen brutto 1 ist die Steuer- und Beitragsberechnung erneut durchzuführen. Das Zwischen brutto 1 plus die Summe dieser Abzüge ist das „Zwischen brutto 2", mit dem erneut in die Berechnung einzusteigen ist. Diese Rechenschritte sind so lange zu wiederholen, bis sich das „Zwischen brutto X" nicht mehr ändert. Der sich abschließend ergebende Wert ist der Bruttobetrag der Einmalzahlung bzw. des sonstigen Bezuges.

Netto-Einmalzahlung auf Brutto hochgerechnet

	Nettozahlung	300,00 EUR
+	Lohnsteuer (lt. Jahrestabelle auf 568,38 EUR)	133,00 EUR
+	Kirchensteuer (9 % auf die Lohnsteuer)	11,97 EUR
+	Solidaritätszuschlag (5,5 % auf Lohnsteuer)	7,31 EUR
+	Krankenversicherung. (8,2 % von 568,38 EUR)	46,61 EUR
+	Pflegeversicherung (1,025 % von 568,38 EUR)	5,83 EUR
+	Zuschlag z. Pflegeversicherung (0,25 % von 568,38 EUR)	1,42 EUR
+	Rentenversicherung (9,45 % von 568,38 EUR)	53,71 EUR
+	Arbeitslosenversicherung (1,5 % von 568,38 EUR)	8,53 EUR
=	**Brutto-Einmalzahlung/sonstiger Bezug**	568,38 EUR

Im Beispiel wurde ein Kirchensteuersatz von 9 % unterstellt. Der Arbeitnehmer unterliegt dem Zuschlag zur Pflegeversicherung wegen des fehlenden Kindernachweises. Außerdem wird von keiner weiteren Einmalzahlung im laufenden Kalenderjahr ausgegangen. Der Bruttowert des Schecks von 300 EUR an den Arbeitnehmer beträgt 568,38 EUR. Daraus ergeben sich folgende steuerlichen Abzüge:

Lohnsteuer aus Einmalzahlung

	Bruttozahlung	300,38 EUR
+	Lohnsteuer (lt. Jahrestabelle auf 568,38 EUR)	133,00 EUR
+	Kirchensteuer (9 % auf die Lohnsteuer)	11,97 EUR
+	Solidaritätszuschlag (5,5 % auf Lohnsteuer)	7,31 EUR
=	**Summe steuerrechtliche Abzüge aus Einmalzahlung/sonstiger Bezug**	152,28 EUR

Die eigentlich vom Arbeitnehmer zu tragenden Lohnsteuer und Sozialversicherungsbeiträge in Höhe von 152,28 EUR werden vom Arbeitgeber getragen. Der Arbeitnehmer entrichtet nur Lohn- und Kirchensteuer sowie den Solidaritätszuschlag für den laufenden Bezug in Höhe von 2.114,00 EUR.

5.15.3 Sozialversicherungsbeiträge

Wie bei der Lohnsteuer sind die Beiträge zu den Sozialversicherungen für den Arbeitnehmer nur aus dem laufenden Bezug zu ermitteln. Die Beiträge aus der

Die Lohnabrechnung

Einmalzahlung übernimmt der Arbeitgeber zusammen mit seinem Arbeitgeberanteil. Dazu ist die Nettozahlung in einer wiederholenden Nebenrechnung auf den Bruttobetrag hochzurechnen. Im ersten Schritt ergeben sich für die 300 EUR Nettozahlung folgende Sozialversicherungswerte:

Sozialversicherungsbeiträge	
Krankenversicherung (8,2 % von 300 EUR)	24,60 EUR
+ Pflegeversicherung (½ × (2,05 % von 300 EUR))	3,08 EUR
+ Zuschlag zur Pflegeversicherung (0,25 % von 300 EUR)	0,75 EUR
+ Rentenversicherung (½ × (18,9 % von 300 EUR))	28,35 EUR
+ Arbeitslosenversicherung (½ × (3,0 % von 300 EUR))	4,50 EUR
= **Summe Sozialversicherungsbeiträge (Arbeitnehmer)**	**61,28 EUR**

Die Summe von 61,28 EUR, die der Arbeitgeber übernimmt, stellt einen geldwerten Vorteil dar. Dieser Betrag unterliegt somit wiederum den Beiträgen zu den Sozialversicherungen. In Schritt 2 ist auf 61,28 EUR die Kranken-, Pflege-, Renten- und Arbeitslosenversicherung zu ermitteln. Auch diese Summe ist ein weiterer geldwerter Vorteil, der vom Arbeitgeber übernommen wurde und mit Beiträgen zu belegen ist. Das Verfahren wird so lange wiederholt, bis der verbleibende geldwerte Vorteil 0 EUR ist. Die Summe aus allen geldwerten Vorteilen ergibt den gesamten vom Arbeitgeber übernommenen Arbeitgeberanteil für die Nettozahlung.

Sozialversicherungsbeiträge Arbeitnehmer — vom Arbeitgeber übernommen	
Krankenversicherung	46,61 EUR
+ Pflegeversicherung	5,83 EUR
+ Zuschlag zur Pflegeversicherung	1,42 EUR
+ Rentenversicherung	53,71 EUR
+ Arbeitslosenversicherung	8,53 EUR
= **Summe Sozialversicherungsbeiträge (Arbeitnehmer übernommen von AG)**	**116,10 EUR**

Der aus dem geldwerten Vorteil hochgerechnete Sozialversicherungsvorteil für den Mitarbeiter beträgt 116,10 EUR. Dieser wird zusätzlich zur Einmalzahlung vom Arbeitgeber getragen.

5.15.4 Gesamtabrechnung

Bei dem Jubiläumsgeschenk handelt es sich um eine Einmalzahlung. Die auf den Bruttobetrag hochgerechnete Netto-Einmalzahlung unterliegt den Beiträgen zu den Sozialversicherungen und der Lohnsteuer. Im Beispiel sind die Beiträge aus laufendem Bezug und Einmalzahlung mit Arbeitgeberbeiträgen belegt. Für die Einmalzahlung übernimmt der Arbeitgeber die Lohnsteuer und trägt die Beiträge zu den Sozialversicherungen alleine. Einmalzahlungen unterliegen jedoch nicht den Beiträgen zur U1- bzw. U2-Umlage. Insolvenzumlage ist jedoch von einer Einmalzahlung zu berechnen. Sie ist auf Basis des rentenversicherungspflichtigen Entgelts zu ermitteln und beträgt 0,15 %. Die Insolvenzumlage ist jedoch auf die Beitragsbemessungsgrenze der Rentenversicherung pro Arbeitnehmer begrenzt.

Für den Arbeitgeber ergibt sich somit folgende Bruttobelastung:

Gesamtbelastung	
Bruttolohn (laufender Arbeitslohn)	2.114,00 EUR
+ Jubiläumszahlung	300,00 EUR
+ Krankenversicherung (7,3 % 2.682,38 EUR)	195,81 EUR
+ Pflegeversicherung (½ × (2,05 % von 2.682,38 EUR))	27,50 EUR
+ Rentenversicherung (½ × (18,9 % von 2.682,38 EUR))	253,48 EUR
+ Arbeitslosenversicherung (½ × (3,0 % von 2.682,38 EUR))	40,24 EUR
+ Sozialversicherungsbeiträge Arbeitnehmer — vom Arbeitgeber übernommen	116,10 EUR
+ Steuerrechtliche Abzüge auf sonstigen Bezug — vom Arbeitgeber übernommen	152,28 EUR
+ Umlagen U1 (1,9 % × 2.114,00EUR)	40,17 EUR
+ Umlagen U2 (0,2 % × 2.114,00 EUR)	4,23 EUR
+ Insolvenzumlage (0,15 % × 2.682,38 EUR)	4,02 EUR
= **Gesamtbelastung**	**3.247,83 EUR**

Die Bruttozahlung des Arbeitgebers beträgt 2.414 EUR (2.100 EUR + 14 EUR + 300 EUR). Beiträge zu den Sozialversicherungen sind jedoch aus dem hochgerechneten Bruttolohn von 2.682,38 EUR zu ermitteln. Außerdem zählt die vom Arbeitgeber übernommene Lohnsteuer zur Arbeitgeberbelastung.

5.16 Hat der Arbeitnehmer mehrere Beschäftigungsverhältnisse?

Arbeitnehmer, die bei mehreren Arbeitgebern gleichzeitig beschäftigt sind, unterliegen in der Regel bei allen Arbeitgebern den Beiträgen zu den Sozialversicherungen (Ausnahme: Minijob). Hat der Arbeitnehmer gleichzeitig zwei oder mehrere sozialversicherungspflichtige Beschäftigungen, ist er mehrfachbeschäftigt. Eine Mehrfachbeschäftigung liegt nur dann vor, wenn der Arbeitnehmer bei mehreren **verschiedenen** Arbeitgebern gleichzeitig beschäftigt ist. Mehrere Arbeitsverhältnisse bei einem Arbeitgeber gelten im Sozialversicherungsrecht, unabhängig von der arbeitsvertraglichen Gestaltung, als ein Beschäftigungsverhältnis. Werden mehrere sozialversicherungspflichtige Beschäftigungsverhältnisse bei verschiedenen Arbeitgebern gleichzeitig ausgeübt, müssen die Arbeitsentgelte für die sozialversicherungsrechtliche Beurteilung addiert werden. Jeder Arbeitgeber unterliegt dann mit seinem anteiligen Gesamtentgelt den Beiträgen zu den Sozialversicherungen und den Umlagen.

Problematisch an dieser Regelung war, dass die Arbeitgeber oft keine Kenntnis von der Mehrfachbeschäftigung hatten bzw. selbst wenn diese bekannt war, dass das Arbeitsentgelt des jeweils anderen Arbeitgebers nicht für die Lohnabrechnung zur Verfügung stand. Im Zuge der Einführung des Sozialausgleichs wurde das Meldewesen zu den Sozialversicherungen so angepasst, dass zum einen die Mehrfachbeschäftigungen durch die Annahmestellen der Krankenkassen erkannt werden und zum anderen, dass das Gesamtarbeitsentgelt über alle Arbeitgeber hinweg mitarbeiterbezogen an die Arbeitgeber zurückgemeldet wird. Bei einer Mehrfachbeschäftigung muss der Arbeitgeber für diesen Mitarbeiter monatlich eine sogenannte **GKV-Monatsmeldung** erstellen und der Krankenkasse übermitteln. Die GKV-Monatsmeldung darf **nicht** übermittelt werden für:

- geringfügig und kurzfristig beschäftigte Arbeitnehmer
- Mitglieder einer landwirtschaftlichen Krankenkasse
- Arbeitnehmer, die ausschließlich in der Unfallversicherung versichert sind

Die GKV-Monatsmeldung enthält unter anderem das laufende rentenversicherungspflichtige Entgelt und zusätzlich ggf. Einmalzahlungen. Übersteigt das beitragspflichtige Entgelt bei **einem** Arbeitgeber bereits die Beitragsbemessungsgrenze der Rentenversicherung, darf in der GKV-Monatsmeldung maximal das auf die Bemessungsgrenze reduzierte Entgelt gemeldet werden. Die Krankenkasse kumuliert die Arbeitsentgelte aus allen Beschäftigungen und meldet das **Gesamtentgelt** an alle Arbeitgeber monatlich zurück. Eine Rückmeldung erfolgt bei einem

Arbeitsentgelt in der Gleitzone bzw. bei Überschreitung der Beitragsbemessungsgrenze in der KV/PV. Die Mitteilung erfolgt ausschließlich durch eine gesicherte und verschlüsselte Datenübertragung von dem sogenannten GKV-Kommunikationsserver.

Die Rückmeldung erfolgt monatlich — allerdings erst bis zu 3 Tagen nach der Meldung des Arbeitsentgelts. Aufgrund der Rückmeldung muss der Arbeitgeber, ggf. mit einer Korrekturabrechnung, die Sozialversicherungsbeiträge für sein anteiliges Gesamtarbeitsentgelt berechnen. Der Arbeitgeber muss außerdem sicherstellen, dass das aufgrund der Rückmeldung berechnete „neue" beitragspflichtige Arbeitsentgelt in den Abrechnungsunterlagen dokumentiert wird und in die Beitragsberechnung einfließt. Da das Gesamtentgelt für einen zurückliegenden Abrechnungszeitraum zurückgemeldet wird, führt die Rückmeldung in der Regel zu einer Aufrollung und Korrektur der Vormonatsabrechnung(en). Außerdem ist keine zeitliche Beschränkung der Rückrechnung für die Beitragsberechnung bei Mehrfachbeschäftigung vorgesehen. Somit können auch Gesamtentgelte für weiter zurückliegende Abrechnungsmonate von der Annahmestelle der Krankenkasse zurückgemeldet werden.

Mit der Krankenkassenrückmeldung wird dem Arbeitgeber auch die Höhe des beitragspflichtigen Entgelts einer Einmalzahlung übermittelt. Bei Einmalzahlung, wie Urlaubsgeld oder Weihnachtsgeld, müssen die Beiträge nicht anteilig von mehreren Arbeitgebern ermittelt werden, sondern sie unterliegt nur beim Arbeitgeber, der die Einmalzahlung gewährt, der Beitragspflicht. Die Einmalzahlung fließt jedoch in das Gesamtentgelt ein und beeinflusst somit zukünftige Beitragsberechnungen, sofern eine Beitragsbemessungsgrenze erreicht oder überschritten wird.

▶ **BEISPIEL**

Monika Waldmann hat im April eine zweite sozialversicherungspflichtige Beschäftigung bei Arbeitgeber B aufgenommen. Im Mai erhält Arbeitgeber A die Mitteilung von der Krankenkasse, dass zukünftig eine GKV-Monatsmeldung abzugeben ist. Außerdem wird im Mai an beide Arbeitgeber das beitragspflichtige Gesamtentgelt für April übermittelt. Frau Waldmann erhält bei Arbeitgeber A einen monatlichen Bruttoarbeitslohn von 3.400 EUR und einen Zuschuss von 14 EUR zu den vermögenswirksamen Leistungen. Sie hat einen Sparvertrag über 40 EUR bei einer Bausparkasse. Frau Waldmann hat Steuerklasse 1, keine Kinder, ist kirchensteuerpflichtig und ist pflichtversichert in den Sozialversicherungen. Als Bundesland für die Kirchensteuerberechnung wird Niedersachsen unterstellt. Aus der Rückmeldung der Krankenkasse erhält Arbeitgeber A die Information, dass das beitragspflichtige Entgelt für April 4.108,00 EUR beträgt.

5.16.1 Entgeltabrechnung

Abrechnung der Bruttobezüge für Mai

Ermittlung des Arbeitslohnes/Arbeitsentgeltes

	Gehalt	3.400,00 EUR
+	Zuschuss VwL	14,00 EUR
=	**Bruttolohn**	**3.414,00 EUR**
	Arbeitslohn (steuerpflichtig)	3.414,00 EUR
	Arbeitsentgelt (beitragspflichtig KV/PV)	3.365,80 EUR
	Arbeitsentgelt (beitragspflichtig RV/AV)	3.414,00 EUR

Steuerliche Abzüge

	Lohnsteuer (lt. Monatstabelle für 3.414,00 EUR bei Steuerklasse 1/ 0 Kinder)	571,50 **EUR**
+	Solidaritätszuschlag	31,43 **EUR**
+	Kirchensteuer (9 % auf den Betrag der Lohnsteuer)	51,43 **EUR**
=	**Summe steuerrechtliche Abzüge**	**654,36 EUR**

Sozialversicherungsbeiträge

	Krankenversicherung (8,2 % von 3.365,80 EUR)	276,00 EUR
+	Pflegeversicherung (½ × (2,05 % von 3.365,80 EUR)	34,49 EUR
+	Zuschlag zur Pflegeversicherung (0,25 % von 3.365,80 EUR)	8,42 EUR
+	Rentenversicherung (½ × (18,9 % von 3.414,00 EUR))	322,62 EUR
+	Arbeitslosenversicherung (½ × (3,0 % von 3.414,00 EUR))	51,21 EUR
=	**Summe Sozialversicherungsbeiträge (Arbeitnehmer)**	**692,74 EUR**

Gesamtabrechnung

	Bruttolohn	3.414,00 EUR
—	Steuerrechtliche Abzüge (Arbeitnehmer)	**654,36 EUR**
—	Sozialversicherungsbeiträge (Arbeitnehmeranteil)	**692,74 EUR**
—	Überweisung an Bausparkasse	40,00 EUR
—	Rückrechnung Monat April (Erstattung)	— 4,57 EUR
=	**Auszahlungsbetrag**	**2.031,47 EUR**

Gesamtbelastung

	Bruttolohn	3.414,00 EUR
+	Sozialversicherungsbeiträge AG-Anteil (von 3.365,80 EUR / 3.414,00 EUR)	654,02EUR
+	Umlagen U1 (1,9 % × 3.414,00 EUR)	64,87 EUR
+	Umlagen U2 (0,2 % × 3.414,00 EUR)	6,83 EUR
+	Insolvenzumlage (0,15 % × 3.414,00 EUR)	5,12 EUR
−	Erstattung Sozialversicherung AG-Anteil aus Monat April	4,02 EUR
=	**Gesamtbelastung**	**4.140,82 EUR**

Abrechnung der Bruttobezüge für April (Korrekturabrechnung)

Ermittlung des Arbeitslohnes/Arbeitsentgeltes

	Gehalt	3.400,00 EUR
+	Zuschuss VwL	14,00 EUR
=	**Bruttolohn**	**3.414,00 EUR**
	Arbeitslohn (steuerpflichtig)	3.414,00 EUR
	Arbeitsentgelt (beitragspflichtig KV/PV)	3.365,80 EUR
	Arbeitsentgelt (beitragspflichtig RV/AV)	3.414,00 EUR

Steuerliche Abzüge

	Lohnsteuer (lt. Monatstabelle für 3.414,00 EUR bei Steuerklasse 1/ 0 Kinder)	571,50 **EUR**
+	Solidaritätszuschlag	31,43 **EUR**
+	Kirchensteuer (9 % auf den Betrag der Lohnsteuer)	51,43 **EUR**
=	**Summe steuerrechtliche Abzüge**	**654,36 EUR**

Sozialversicherungsbeiträge

	Krankenversicherung (8,2 % von 3.365,80 EUR)	276,00 EUR
+	Pflegeversicherung (½ × (2,05 % von 3.365,80 EUR)	34,49 EUR
+	Zuschlag zur Pflegeversicherung (0,25 % von 3.365,80 EUR)	8,42 EUR
+	Rentenversicherung (½ × (18,9 % von 3.414,00 EUR))	322,62 EUR
+	Arbeitslosenversicherung (½ × (3,0 % von 3.414,00 EUR))	51,21 EUR
=	**Summe Sozialversicherungsbeiträge (Arbeitnehmer)**	**692,74 EUR**

Gesamtabrechnung	
Bruttolohn	3.414,00 EUR
— Steuerrechtliche Abzüge (Arbeitnehmer)	**654,36 EUR**
— Sozialversicherungsbeiträge (Arbeitnehmeranteil)	**692,74 EUR**
— Überweisung an Bausparkasse	40,00 EUR
= **Auszahlungsbetrag**	**2.026,90 EUR**
Gesamtbelastung	
Bruttolohn	3.414,00 EUR
+ Sozialversicherungsbeiträge AG-Anteil (von 3.365,80 EUR / 3.414,00 EUR)	654,03 EUR
+ Umlagen U1 (1,9 % × 3.414,00 EUR)	64,87 EUR
+ Umlagen U2 (0,2 % × 3.414,00 EUR)	6,83 EUR
+ Insolvenzumlage (0,15 % × 3.414,00 EUR)	5,12 EUR
= **Gesamtbelastung**	**4.144,85 EUR**

Arbeitgeber A meldet zunächst nach der Abrechnung für April 3.414 EUR als Arbeitsentgelt der Krankenkassen. Nach der Kumulierung aller Beschäftigungen meldet die Krankenkasse an Arbeitgeber A das Gesamtentgelt von 4.094 EUR zurück. Die Rückmeldung der Krankenkasse löst eine Berechnung der anteiligen Beitragsbemessungsgrenze und eine Korrekturabrechnung für den Monat April aus. Aus dem gesamten Arbeitsentgelt kann Arbeitgeber A den beitragspflichtigen Anteil seines Arbeitsentgelts zur Kranken- und Pflegeversicherung berechnen. Im Beispiel wurden in der Originalabrechnung für April zu hohe Beiträge für die Kranken- und Pflegeversicherung berechnet. In der ursprünglichen Abrechnung wurde für KV/PV von einem beitragspflichtigen Entgelt von 3.414,00 EUR ausgegangen. Durch die Mehrfachbeschäftigung beträgt das anteilige beitragspflichtige Entgelt jedoch nur 3.365,80 EUR. Somit ergibt sich eine Erstattung der Beiträge aus dem Differenzbetrag von 48,20 EUR sowohl für den Arbeitnehmer wie für den Arbeitgeber. Die Erstattung und Verrechnung findet mit der Abrechnung für den Monat Mai statt. Das gesamte Arbeitsentgelt liegt unter der Beitragsbemessungsgrenze für die Renten- und Arbeitslosenversicherung. In diesem Fall hat die Rückmeldung der Krankenkasse keine Auswirkung auf die Beitragsberechnung für diese Versicherungszweige.

5.16.2 Steuerrechtliche Abzüge

Mehrere Beschäftigungsverhältnisse haben grundsätzlich keine Auswirkung auf den steuerpflichtigen Arbeitslohn. Die Aufnahme einer zweiten oder weiteren Beschäftigung führt jedoch dazu, dass der Arbeitgeber des zweiten oder weiteren Beschäftigungsverhältnisses zum Nebenarbeitgeber wird. Nebenarbeitgeber erhalten automatisch von der ELStAM-Datenbank die Steuerklasse 6 — zweite Beschäftigung — zurückgemeldet. Im Beispiel müsste Arbeitgeber B den Arbeitslohn nach Steuerklasse 6 versteuern. Die Steuerklasse 6 wird nach der Anmeldung des zweiten Beschäftigungsverhältnisses bei der ELStAM-Datenbank an Arbeitgeber B zurückgemeldet. Arbeitgeber A versteuert den Arbeitslohn nach Steuerklasse 1. Der Arbeitnehmer hat die Möglichkeit im Rahmen seiner Einkommensteuer-Erklärung, einen Ausgleich der zu viel bezahlten Steuer zu beantragen. Mit der Einkommensteuer wird das Gesamteinkommen nach Steuerklasse 1 bewertet. Alternativ besteht die Möglichkeit, sich für das zweite Arbeitsverhältnis einen Freibetrag und für die erste Beschäftigung einen Hinzurechnungsbetrag beim zuständigen Finanzamt zu beantragen.

Im Beispiel wird Arbeitgeber A als Hauptarbeitgeber unterstellt und eine Versteuerung nach Steuerklasse 1 vorgenommen.

5.16.3 Sozialversicherungsbeiträge

Erfährt der Arbeitgeber von seinem Mitarbeiter selbst oder von dessen Krankenkasse, dass der Mitarbeiter neben dem Arbeitsentgelt noch mindestens eine weitere beitragspflichtige Einnahme hat, muss der Arbeitgeber der Krankenkasse das monatliche rentenversicherungspflichtige Arbeitsentgelt mit einer GKV-Monatsmeldung mitteilen. Von der Annahmestelle der Krankenkasse erhält der Arbeitgeber monatlich (nachträglich) das beitragspflichtige Gesamtentgelt zurückgemeldet. Bei einer Mehrfachbeschäftigung ist jeder Arbeitgeber verpflichtet, aus dem Gesamtarbeitsentgelt die anteiligen Beiträge zu den Sozialversicherungen zu ermitteln, ggf. Vorabrechnungen zu korrigieren und die (korrigierten) Beiträge an die Krankenkasse abzuführen. Für die Berechnung des anteiligen beitragspflichtigen Entgelts ist das Gesamtentgelt über alle Einnahmen hinweg erforderlich. Das beitragspflichtige Entgelt beim jeweiligen Arbeitgeber ergibt sich aus folgender Formel:

$$\text{anteilige Beitragsbemessungsgrundlage} = \frac{\text{Arbeitsentgelt pro VZ} \times \text{Beitragsbemessungsgrenze des VZ}}{\text{Gesamtarbeitsentgelt aus allen Beschäftigungen}}$$

Die Lohnabrechnung

Arbeitsentgelt pro VZ: ist das für den Sozialversicherungszweig maßgebliche laufende monatliche Arbeitsentgelt aus dem einzelnen Beschäftigungsverhältnis, ggf. reduziert auf die maßgebliche monatliche Beitragsbemessungsgrenze

Beitragsbemessungsgrenze des VZ: Beitragsbemessungsgrenze des jeweiligen Versicherungszweiges (KV/RV/AV)

Gesamtarbeitsentgelt: Summe des laufenden monatlichen Arbeitsentgelts aus allen Beschäftigungsverhältnissen (Gesamtentgelt). Übersteigt das Einzelentgelt die RV-Beitragsbemessungsgrenze, ist nur das auf die Bemessungsgrenze reduzierte Arbeitsentgelt in das Gesamtentgelt einzubeziehen.

Ziel der Aufteilung des Gesamtarbeitsentgelts ist es, dass keine Beiträge über die Beitragsbemessungsgrenze hinaus von den Arbeitgebern entrichtet werden. Dies ist regelmäßig der Fall, wenn bei einer Mehrfachbeschäftigung das jeweilige andere Arbeitsentgelt nicht bekannt ist. In diesem Fall verbeitragen beide Arbeitgeber das Arbeitsentgelt bis zur Beitragsbemessungsgrenze und somit werden gesamthaft möglicherweise zu hohe Beiträge bezahlt. In der Vergangenheit entstanden Fälle, bei denen den Beiträgen keine Leistungen gegenüber standen. Im Beispiel erhält der Arbeitgeber A von der Krankenkasse folgende Bemessungsgrenze bzw. Arbeitsentgelte zurückgemeldet:

KV/PV Gesamtentgelt	4.094,00 EUR
RV Gesamtentgelt	4.094,00 EUR
AV Gesamtentgelt	4.094,00 EUR

Aus der Rückmeldung ermittelt der **Arbeitgeber A** für Frau Waldmann folgende anteilige Beitragsbemessungsgrundlagen für die Beiträge zu den Sozialversicherungen:

$$KV/PV = \frac{3.414,00 \text{ EUR} \times 4.050,00 \text{ EUR}}{4.108,00 \text{ EUR}} = 3.365,80 \text{ EUR}$$

Das Gesamtentgelt von beiden Arbeitgebern übersteigt zusammen die Beitragsbemessungsgrenze in der KV/PV. Somit muss eine Ermittlung des **anteiligen beitragspflichtigen Entgelts** auf Basis des Gesamtentgelts vorgenommen werden. Arbeitgeber A würde im Beispiel von Frau Waldmann als beitragspflichtiges Entgelt für die Berechnung der Beiträge zur Kranken- und Pflegeversicherung nur 3.365,80 EUR statt 3.414,00 EUR berücksichtigen. Die Differenz bis zur Beitragsbemessungsgrenze wird von Arbeitgeber B erhoben. Es findet eine anteilige Aufteilung des Gesamtbeitrags statt. Die Aufteilung wird im Verhältnis der einzelnen Arbeitsentgelte zum Gesamtentgelt vorgenommen. **Arbeitgeber B** müsste aus seinem Arbeitsentgelt als anteilige Beitragsbemessungsgrundlage für die Berechnung der Beiträge zur Kranken- und Pflegeversicherung folgenden Wert heranziehen:

$$KV/PV = \frac{694{,}00 \text{ EUR} \times 4.050{,}00 \text{ EUR}}{4.108{,}00 \text{ EUR}} = 684{,}20 \text{ EUR}$$

Von beiden Arbeitgebern zusammen werden maximal Beiträge bis zur Beitragsbemessungsgrenze (4.050,00 EUR in 2014) erhoben. Für die Berechnung der Beiträge zur Renten- und Arbeitslosenversicherung findet keine anteilige Aufteilung der Arbeitsentgelte statt, weil das Gesamtentgelt im Beispiel unter der Beitragsbemessungsgrenze (5.950 EUR in 2014) liegt. Somit ermittelt Arbeitgeber A aus 3.414,00 EUR Beiträge zur Renten- und Arbeitslosenversicherung und Arbeitgeber B aus 694,00 EUR.

Würde das Arbeitsentgelt von Frau Waldmann bei Arbeitgeber A nicht 3.414 EUR sondern 4.300 EUR betragen, würden sich folgende anteilige Beitragsbemessungsgrenzen für die Arbeitgeber ergeben:

$$KV/PV \text{ bei Arbeitgeber A} = \frac{4.050{,}00 \text{ EUR} \times 4.050{,}00 \text{ EUR}}{4.744{,}00 \text{ EUR}} = 3.457{,}53 \text{ EUR}$$

$$KV/PV \text{ bei Arbeitgeber B} = \frac{694{,}00 \text{ EUR} \times 4.050{,}00 \text{ EUR}}{4.744{,}00 \text{ EUR}} = 592{,}47 \text{ EUR}$$

Im Beispiel meldet Arbeitgeber A der Krankenkasse das beitragspflichtige Arbeitsentgelt 4.300,00 EUR (maximal bis zur Beitragsbemessungsgrenze RV/AV). Zusammen mit dem Arbeitsentgelt bei Arbeitgeber B (694 EUR) entsteht ein Gesamtentgelt von 4.744 EUR. Von der Krankenkasse werden folgende Bemessungsgrundlagen bzw. Arbeitsentgelt zurückgemeldet:

KV/PV Gesamtentgelt	4.744,00 EUR
RV Gesamtentgelt	4.994,00 EUR
AV Gesamtentgelt	4.994,00 EUR

Mit der Rückmeldung verfügt jeder Arbeitgeber über die beitragspflichtigen Gesamtentgelte pro Versicherungszweig. Übersteigt das laufende Arbeitsentgelt bei einem Arbeitgeber bereits eine Bemessungsgrenze, ist das laufende Arbeitsentgelt für die Berechnung der anteiligen Bemessungsgrenze zu kürzen.

Die Lohnabrechnung

Im Beispiel fließt in die Berechnungsformel bei Arbeitgeber A nicht 4.300 EUR ein, sondern nur 4.050,00 EUR — die Bemessungsgrenze. Das entsprechende Gesamtentgelt für die KV/PV-Berechnung erhält der Arbeitgeber von der Krankenkasse zurückgemeldet. Das Entgeltprogramm muss dann die Aufteilung der Beiträge nach der oben dargestellten Formel vornehmen.

> **!** **WICHTIG**
>
> Beachten Sie, das Gesamtentgelt ergibt sich aus dem gekürzten Arbeitsentgelt bei Arbeitgeber A — 4.050,00 EUR und dem ungekürzten Arbeitsentgelt bei Arbeitgeber B — 694 EUR. Arbeitgeber A meldet in der GKV-Monatsmeldung maximal das rentenversicherungspflichtige Arbeitsentgelt von 4.300,00 EUR und bekommt als KV/PV-pflichtiges Entgelt 4.744,00 EUR zurückgemeldet.

Übersteigt das kumulierte gemeldete Arbeitsentgelt auch die Bemessungsgrenze der Renten- und Arbeitslosenversicherung, tritt auch bei diesen Versicherungszweigen eine Kürzung und eine anteilige Aufteilung ein. Würde Frau Waldmann beispielsweise als monatliche Arbeitsentgelte erhalten:

Arbeitgeber A:	4.500 EUR
Arbeitgeber B:	1.500 EUR

ergeben sich folgende anteilige Beitragsbemessungsgrundlagen:

$$\text{KV/PV bei Arbeitgeber A} = \frac{4.050{,}00 \text{ EUR} \times 4.050{,}00 \text{ EUR}}{5.550{,}00 \text{ EUR}} = 2.955{,}41 \text{ EUR}$$

$$\text{KV/PV bei Arbeitgeber B} = \frac{1.500{,}00 \text{ EUR} \times 4.050{,}00 \text{ EUR}}{5.550{,}00 \text{ EUR}} = 1.094{,}59 \text{ EUR}$$

$$\text{RV/AV bei Arbeitgeber A} = \frac{4.500{,}00 \text{ EUR} \times 5.950{,}00 \text{ EUR}}{6.000{,}00 \text{ EUR}} = 4.462{,}50 \text{ EUR}$$

$$\text{RV/AV bei Arbeitgeber B} = \frac{1.500{,}00 \text{ EUR} \times 5.950{,}00 \text{ EUR}}{6.000{,}00 \text{ EUR}} = 1.487{,}50 \text{ EUR}$$

Zur Durchführung der Berechnung der anteiligen Beitragsbemessungsgrundlage erhalten die Arbeitgeber folgende Gesamtentgelte zurückgemeldet:

KV/PV Gesamtentgelt	5.550,00 EUR
RV Gesamtentgelt	6.000,00 EUR
AV Gesamtentgelt	6.000,00 EUR

Im Beispiel müsste Arbeitgeber A aus 4.462,50 EUR die Beiträge zur RV/AV berechnen und melden und Arbeitgeber B aus 1.487,50 EUR — der jeweiligen anteiligen Beitragsbemessungsgrundlage.

! ACHTUNG

Beachten Sie: Das Gesamtentgelt aller Arbeitgeber übersteigt zwar die Beitragsbemessungsgrenze zur Renten- und Arbeitslosenversicherung, jedoch übersteigt das laufende Arbeitsentgelt der einzelnen Arbeitgeber jeweils nicht die Bemessungsgrenze. In der Renten- und Arbeitslosenversicherung muss also keine Kürzung des Arbeitsentgelts vorgenommen werden, sondern nur die Berechnung der anteiligen Beitragsberechnungsgrundlage. In der Kranken- und Pflegeversicherung muss bei Arbeitgeber A eine Kürzung des laufenden Arbeitsentgelts auf 4.050 EUR **und** die Berechnung der anteiligen Beitragsberechnungsgrundlage auf 2.955,41 EUR vorgenommen werden.

! WICHTIG

Die GKV-Monatsmeldung ist auch für privat krankenversicherte und freiwillig in der gesetzlichen Krankenversicherung versicherte Arbeitnehmer zu erstatten. Die Krankenkasse prüft, ob durch die Mehrfachbeschäftigung die Beitragsbemessungsgrenze zur Renten- und Arbeitslosenversicherung überschritten wird.

5.16.4 Gesamtabrechnung

Die Berechnung der Beiträge aus dem anteiligen beitragspflichtigen Arbeitsentgelt darf erst durchgeführt werden, nachdem die Rückmeldung des Gesamtentgelts von der Krankenkasse erfolgt ist. Somit ist im Beispiel von Frau Waldmann im Mai eine Rückrechnung der Abrechnung für April vorzunehmen. Die Differenz aus der „korrigierten" April-Abrechnung zur ursprünglichen Abrechnung wird mit der Entgeltabrechnung des Mai verrechnet.

Die Lohnabrechnung

Im Beispiel von Frau Waldmann wurden im April die Beiträge aus dem tatsächlichen Arbeitsentgelt in Höhe von 3.414,00 EUR bei Arbeitgeber A verbeitragt. Für die Kranken- und Pflegeversicherung hatten sich folgende Beiträge ergeben:

Sozialversicherungsbeiträge April (original)	
Krankenversicherung (8,2 % von 3.414,00 EUR)	279,95 EUR
+ Pflegeversicherung (½ × (2,05 % von 3.414,00 EUR))	34,99 EUR
+ Zuschlag zur Pflegeversicherung (0,25 % von 3.414,00 EUR)	8,54 EUR

Aufgrund der Rückmeldung des Gesamtarbeitsentgelts von der Krankenkasse berechnet der Arbeitgeber A zunächst seine anteilige Beitragsbemessungsgrundlage. Aus der Berechnungsformel ergibt sich 3.365,80 EUR als Bemessungsgrundlage für die KV/PV Beiträge. Mit der neuen Bemessungsgrundlage werden dann die „korrigierten" Beiträge für die Abrechnung April ermittelt.

Sozialversicherungsbeiträge April (korrigiert)	
Krankenversicherung (8,2 % von 3.365,80 EUR)	276,00 EUR
+ Pflegeversicherung (½ × (2,05 % von 3.365,80 EUR))	34,49 EUR
+ Zuschlag zur Pflegeversicherung (0,25 % von 3.365,80 EUR)	8,42 EUR

Die Differenz aus den ursprünglich gemeldeten Beiträgen und den Beiträgen nach der Rückrechnung (Korrektur) erhält der Arbeitnehmer mit der Abrechnung für den Monat Mai erstattet.

Versicherung	Im April gemeldet	Korrekturbeträge nach Rückmeldung im Mai	Differenz
Krankenversicherung	279,95 EUR	276,00 EUR	3,95 EUR
Pflegeversicherung	34,99 EUR	34,49 EUR	0,50 EUR
Zuschlag zur Pflegeversicherung	8,54 EUR	8,42 EUR	0,12 EUR
Summe			4,57 EUR

Auch für den Arbeitgeber ergeben sich aus der Korrektur Erstattungsansprüche gegenüber den Sozialversicherungträgern.

Sozialversicherungsbeiträge April (korrigiert)	
Krankenversicherung (7,3 % von 3.365,80 EUR)	245,70 EUR
+ Pflegeversicherung (½ × (2,05 % von 3.365,80 EUR))	34,49 EUR

Aus der ermäßigten Bemessungsgrundlage ergeben sich als Arbeitgeberanteile:

Versicherung	Im April gemeldet	Korrekturbeträge nach Rückmeldung im Mai	Differenz
Krankenversicherung (7,3 %)	249,22 EUR	245,70 EUR	3,52 EUR
Pflegeversicherung	34,99 EUR	34,49 EUR	0,50 EUR
Summe			4,02 EUR

Der Erstattungsanspruch des Arbeitnehmers wird mit der Mai-Abrechnung als Nettobetrag an den Mitarbeiter ausbezahlt. Die Erstattung von der Krankenkasse erfolgt über eine Verrechnung der Beitragsschuld im Mai. Der Arbeitgeber meldet für Mai 8,59 EUR (4,57 EUR + 4,02 EUR) weniger Kranken- und Pflegeversicherungsbeiträge im Beitragsnachweis.

Die Umlagen U1/U2 und die Insolvenzumlage werden aus dem rentenversicherungspflichtigen Entgelt berechnet. Somit ergeben sich durch die Rückrechnung (Korrektur) keine Änderungen. Für den Arbeitgeber ergibt sich somit folgende Bruttobelastung:

Gesamtbelastung	
Gesamtbelastung	
Bruttolohn	3.414,00 EUR
+ Krankenversicherung (7,3 % von 3.365,80 EUR)	245,70 EUR
+ Pflegeversicherung (½ × (2,05 % von 3.365,80 EUR))	34,49 EUR
+ Rentenversicherung (½ × (18,9 % von 3.414,00 EUR))	322,62 EUR
+ Arbeitslosenversicherung (½ × (3,0 % von 3.414,00 EUR))	51,21 EUR
+ Umlagen U1 (1,9 % × 3.414,00 EUR)	64,87 EUR
+ Umlagen U2 (0,2 % × 3.414,00 EUR)	6,83 EUR
+ Insolvenzumlage (0,15 % × 3.414,00 EUR)	5,12 EUR
— Verrechnung aus April	4,02 EUR
= **Gesamtbelastung**	**4.140,82 EUR**

6   Einmalzahlungen

Einmalige Zahlungen, die zusätzlich zum laufenden Bruttolohn gezahlt werden, sind steuerlich und sozialversicherungsrechtlich anders zu behandeln als laufender Arbeitslohn. Lohnzahlungen, die einmalig oder unregelmäßig im Jahr zusätzlich zum laufenden Bruttolohn fließen, werden im Steuerrecht als **„sonstige Bezüge"** bezeichnet. Im Sozialversicherungsrecht lautet das Pendant „einmalige Zuwendung" oder kurz **„Einmalzahlung"**. Eine Ausnahmeregelung gilt für Überstunden. Die Abgeltung von Mehrarbeit (Überstunden) ist kein sonstiger Bezug bzw. keine Einmalzahlung. Bezüge für Mehrarbeit sind steuer- und sozialversicherungsrechtlich dem laufenden Arbeitslohn/Arbeitsentgelt zuzurechnen, auch wenn diese einmalig nachträglich gezahlt werden.

6.1   Was sind Einmalzahlungen?

Zu den sonstigen Bezügen gehören insbesondere einmalige Arbeitslohnzahlungen, die neben dem laufenden Arbeitslohn gezahlt werden, wie:

- dreizehnte und vierzehnte Monatsgehälter
- einmalige Abfindungen und Entschädigungen
- Gratifikationen und Tantiemen, die nicht fortlaufend gezahlt werden
- Jubiläumszuwendungen, Prämien
- Urlaubsgelder, die nicht fortlaufend gezahlt werden, und Entschädigungen zur Abgeltung nicht genommenen Urlaubs
- Vergütungen für Erfindungen
- Weihnachtszuwendungen
- Bonuszahlung oder jährliche/halbjährliche Prämien
- Entlohnung für mehrjährige Tätigkeit

Neben diesen Beispielen gibt es zahlreiche Zahlungen, die nicht mit dem laufenden monatlichen Bezug gezahlt werden. Die zusätzlichen Zahlungen werden als sonstige Bezüge bzw. Einmalzahlungen bezeichnet.

6.1.1 Steuerliche Abzüge

Lohnsteuerrechtlich sind sonstige Bezüge nicht nach der Tages-, Wochen- oder Monatslohnsteuertabelle zu versteuern, sondern nach der Jahreslohnsteuertabelle. Dies bedeutet, für die Ermittlung der Lohnsteuer auf die sonstigen Bezüge ist zunächst der **voraussichtliche Jahresarbeitslohn** zu bestimmen. Der voraussichtliche Jahresarbeitslohn ergibt sich aus den im laufenden Jahr bereits geflossenen laufenden Zahlungen zuzüglich der voraussichtlichen laufenden Zahlungen für das Kalenderjahr inklusive der bereits geflossenen sonstigen Bezüge. Auf diese Summe ist die Lohnsteuer aus der **Jahreslohnsteuertabelle** zu ermitteln. Anschließend ist die voraussichtliche Jahressumme um den aktuellen sonstigen Bezug zu erhöhen und wieder die Lohnsteuer aus der Jahreslohnsteuertabelle zu ermitteln. Aus der Differenz der Jahreslohnsteuern — mit und ohne sonstigen Bezug — ergibt sich die Lohnsteuer auf die ergänzende Zahlung (Einmalzahlung).

Werden sonstige Bezüge gezahlt, nachdem der Arbeitnehmer aus dem Arbeitsverhältnis ausgeschieden ist, richtet sich die Versteuerung danach, ob der Arbeitnehmer eine Beschäftigung bei einem neuen Arbeitgeber hat oder keine steuerpflichtige Beschäftigung mehr durchführt. Bei einer Anschlussbeschäftigung ist der sonstige Bezug (Nachzahlung) nach Steuerklasse 6 zu besteuern (Vermutung der zweiten steuerpflichtigen Beschäftigung). Ohne eine Anschlussbeschäftigung ist die Steuerklasse der Beschäftigung beim Arbeitgeber, der die Nachzahlung leistet, anzusetzen. Für die Ermittlung der Lohnsteuer ist dann der beim ehemaligen Arbeitgeber geflossene steuerpflichtige Arbeitslohn als Jahresarbeitslohn zu unterstellen (R 39b Nr. 6 Lohnsteuerrichtlinien).

Unter bestimmten Voraussetzungen können sonstige Bezüge mit einer ermäßigten Lohnsteuer versteuert werden (z. B. Arbeitslohn für mehrere Jahre). Trifft ein ermäßigt besteuerter sonstiger Bezug mit einem sonstigen Bezug zusammen, der nicht ermäßigt besteuert werden darf, so ist zuerst die Lohnsteuer auf den „normalen" sonstigen Bezug und anschließend die Lohnsteuer nach dem ermäßigten Verfahren für den besonderen sonstigen Bezug zu ermitteln. In diesem Fall sind zwei getrennte Steuerberechnungen für die zwei unterschiedlichen sonstigen Bezüge anzuwenden.

Ein weiterer Unterschied zur Steuerermittlung bei laufenden Bezügen besteht darin, dass für die Berechnung der Kirchensteuer und des Solidaritätszuschlags **keine Kinderfreibeträge** berücksichtigt werden dürfen. Sowohl die Kirchensteuer wie der Solidaritätszuschlag ergeben sich als direkte Zuschlagsteuern auf den Betrag der Lohnsteuer. Auch der Einschleifungsbereich bei der Ermittlung des Solidaritätszuschlags ist nicht anzuwenden. Dies gilt auch für die Nullzone — sie ist nur für Ermittlung des Solidaritätszuschlags auf laufenden Arbeitslohn zulässig.

Die nachfolgende Übersicht zeigt ein grundsätzliches Berechnungsschema für die Ermittlung der steuerlichen Abzüge bei Arbeitslohn mit sonstigen Bezügen.

● TIPP

Ergeben sich bei sonstigen Bezügen Differenzen zu Vergleichsabrechnungen, liegt dies in der Regel im Berechnungsverfahren für die Einmalzahlung begründet. Es gibt zwei zulässige Verfahren, um den Jahresbruttoarbeitslohn zu „schätzen". Entsprechend entstehen bei abweichendem Jahresarbeitslohn unterschiedliche Lohnsteuerbeträge laut Jahreslohnsteuertabelle. Der Arbeitnehmer muss jedoch nicht fürchten, durch ein bestimmtes Berechnungsverfahren benachteiligt zu werden. Eventuelle Überzahlungen im laufenden Jahr werden mit dem internen Lohnsteuerjahresausgleich im Dezember oder bei der Einkommensteuererklärung wieder ausgeglichen. Es entsteht lediglich ein Zinseffekt für die Zeit der Vorauszahlung.

In der Regel unterliegt der volle sonstige Bezug der Lohnsteuer. Es gibt jedoch Ausnahmeregelungen für sonstige Bezüge, bei denen Steuerfreibeträge zu berücksichtigen sind, die Lohnsteuer nur anteilig erhoben wird oder nur ein Teil des sonstigen Bezuges der Lohnsteuer unterliegt. Entsprechende Beispiele sind in den folgenden Kapiteln dieses Abschnitts dargestellt.

Berechnung der Lohnsteuer für sonstige Bezüge

Schritt 1: Lohnsteuer auf steuerpflichtigen Jahresarbeitslohn

	Bereits von früheren Arbeitgebern gezahlter Arbeitslohn im laufenden Kalenderjahr (soweit bekannt)
+	Laufender steuerpflichtiger Arbeitslohn bis einschließlich zum Monat der Einmalzahlung (ohne frühere sonstige Bezüge und ohne den aktuellen sonstigen Bezug)
=	**Summe aufgelaufener laufender Arbeitslohn (A)**

Voraussichtlicher laufender Arbeitslohn für die Restzeit des laufenden Kalenderjahres

$$\text{VJA} = \frac{A}{X\text{-Tage}} \times Y\text{-Tage}$$

VJA	=	voraussichtlicher laufender Jahresarbeitslohn
A	=	Summe aufgelaufener laufender Arbeitslohn im Jahr
X-Tage	=	Steuertage im laufenden Kalenderjahr inkl. aktueller Monat, wobei jeder volle Monat 30 Steuertage hat
Y-Tage	=	verbleibende Steuertage im laufenden Jahr, wobei jeder volle Monat 30 Steuertage hat

Berechnung der Lohnsteuer für sonstige Bezüge	
	VJA
+	Summe sonstiger Bezüge im laufenden Jahr (ohne aktuelle)
+	Hinzurechnungsbetrag lt. Lohnsteuerkarte
-	abzüglich eines Altersentlastungsbetrags
-	abzüglich eines Jahresfreibetrags lt. Lohnsteuerkarte
=	**Voraussichtlicher steuerpflichtiger Jahresarbeitslohn (VSA)**
→	**Lohnsteuer lt. Jahreslohnsteuertabelle auf voraussichtlichen steuerpflichtigen Jahresarbeitslohn (LSA)**

Schritt 2: Voraussichtlicher steuerpflichtiger Gesamtarbeitslohn	
	VSA — voraussichtlicher steuerpflichtiger Jahresarbeitslohn
+	sonstiger Bezug im laufenden Abrechnungsmonat
=	**Voraussichtlicher steuerpflichtiger Gesamtjahresarbeitslohn (VGA)**
→	**Lohnsteuer lt. Jahreslohnsteuertabelle auf den voraussichtlichen steuerpflichtigen Gesamtjahresarbeitslohn (LGA)**

Schritt 3: Differenz der Jahreslohnsteuern bilden	
	LGA (Lohnsteuer lt. Jahreslohnsteuertabelle auf Gesamtjahresarbeitslohn)
-	**LSA** (Lohnsteuer auf voraussichtlicher steuerpflichtigen Jahresarbeitslohn)
=	**Lohnsteuer auf sonstigen Bezug**

Tab. 27: Schema für die Lohnsteuerberechnung auf Einmalzahlungen

6.1.2 Sozialversicherungsbeiträge

Auch im Sozialversicherungsrecht gibt es einige Ausnahmeregelungen für die Beitragspflicht von Einmalzahlungen. Grundsätzlich unterliegen Einmalzahlungen voll der Beitragspflicht zu allen Sozialkassen. Allerdings ist die Beitragspflicht durch die anteiligen jährlichen Beitragsbemessungsgrenzen eingeschränkt. Teilweise sind Einmalzahlungen ganz von Beiträgen zur Kranken-, Pflege-, Renten- und Arbeitslosenversicherung befreit (z. B. bei Abfindungen) oder unterliegen nur mit dem steuerpflichtigen Anteil der Beitragspflicht (z. B. Beiträge zur betrieblichen Altersvorsorge).

Märzklausel

Eine weitere Besonderheit besteht bei einmalig gezahltem Arbeitsentgelt in den Monaten Januar bis März. Übersteigt die Einmalzahlung zusammen mit dem laufenden Bezug die anteilige jährliche Beitragsbemessungsgrenze (BBG) in der Kranken- und Pflegeversicherung (KV/PV), ist die Einmalzahlung nicht im laufenden Monat zu verbeitragen, sondern im letzten Abrechnungszeitraum des Vorjahres — in der Regel Dezember (Märzklausel). Die anteilige Beitragsbemessungsgrenze in 2014 liegt bei der:

Renten- und Arbeitslosenversicherung

	alte Bundesländer	**neue Bundesländer**
Januar	5.950 EUR	5.000 EUR
Februar	11.900 EUR	10.000 EUR
März	17.850 EUR	15.000 EUR

Kranken- und Pflegeversicherung

	alle Bundesländer
Januar	4.050 EUR
Februar	8.100 EUR
März	12.150 EUR

Liegt das aufsummierte beitragspflichtige Entgelt in den Monaten Januar bis März unter der anteiligen jährlichen BBG und übersteigt mit der Einmalzahlung die anteilige jährliche BBG in der KV/PV, muss die Einmalzahlung im Monat Dezember des Vorjahres verbeitragt werden. Bei der Aufrollung des Dezembers ist dann zu prüfen, ob das aufgelaufene Entgelt des Vorjahres die jährliche Beitragsbemessungsgrenze erreicht hat oder ob sogenannte SV-Luft besteht. Die jährliche Beitragsbemessungsgrenze **in 2013** lag bei:

	alte Bundesländer	**neue Bundesländer**
Renten-/Arbeitslosenversicherung	69.600 EUR	58.800 EUR
Kranken-/Pflegeversicherung	47.250 EUR	47.250 EUR

Einmalzahlungen

Bei einem beitragspflichtigen Einkommen in 2013 unter 47.250 EUR sind bei Anwendung der Märzklausel Beiträge bis zur jährlichen Bemessungsgrenze aus der Einmalzahlung zu ermitteln und abzuführen. Für die Renten- und Arbeitslosenversicherung sind die Beiträge bis zur Grenze von 69.600 EUR (58.800 EUR Ost) aus der Einmalzahlung einzubehalten.

▶ **BEISPIEL**

Ein Arbeitnehmer mit einem laufenden monatlichen Arbeitsentgelt von 3.500 EUR erhält im Februar eine Prämienzahlung von 2.000 EUR. Der Beitragssatz der Krankenkasse beträgt 15,5 % in 2013 und 2014. Der Arbeitnehmer unterliegt dem Zuschlag zur Pflegeversicherung. Aus der Jahresmeldung an die Krankenkasse ergibt sich ein beitragspflichtiges Jahresentgelt von 46.800 EUR für das Jahr 2013.

Sozialversicherungsbeiträge bei Anwendung der Märzklausel	
Aufgelaufenes Arbeitsentgelt	
Laufender Bezug Januar	3.500,00 EUR
+ Laufender Bezug Februar	3.500,00 EUR
+ Einmalzahlung Februar	2.000,00 EUR
= **Summe Bezüge**	**9.000,00 EUR**
Sozialversicherungsbeiträge	
Krankenversicherung (8,2 % von 3.500 EUR)	287,00 EUR
+ Pflegeversicherung (½ × (2,05 % von 3.500 EUR))	35,88 EUR
+ Zuschlag zur Pflegeversicherung (0,25 % von 3.500 EUR)	8,75 EUR
+ Rentenversicherung (½ × (18,9 % von 3.500 EUR))	330,75 EUR
+ Arbeitslosenversicherung (½ × (3,0 % von 3.500 EUR))	52,50 EUR
+ Krankenversicherung (8,2 % von 450 EUR))	36,90 EUR
+ Pflegeversicherung (½ × (1,95 % von 450 EUR))	4,39 EUR
+ Zuschlag zur Pflegeversicherung (0,25 % von 450 EUR)	1,13 EUR
+ Rentenversicherung (½ × (18,9 % von 2.000 EUR))	189,00 EUR
+ Arbeitslosenversicherung (½ × (3,0 % von 2.000 EUR))	30,00 EUR
= **Summe Sozialversicherungsbeiträge (Arbeitnehmer)**	**976,30 EUR**

Das aufgelaufene Arbeitsentgelt inklusive Einmalzahlung (Prämie) liegt im Februar bei 9.000 EUR und übersteigt die anteilige Beitragsbemessungsgrenze KV/PV für Februar 2014 (8.100 EUR). Somit sind die Beiträge zu den Sozialversicherungen **für die Einmalzahlung** nicht für Februar 2014 zu berechnen, sondern für Dezember 2013. Die Beiträge für den laufenden Bezug richten sich nach den Sozialversicherungssätzen des laufenden Abrechnungsmonats und sind in diesem zu verbeitragen.

Die Beitragsbemessungsgrenze in der KV/PV lag in 2013 bei 47.250 EUR und in der Renten- und Arbeitslosenversicherung bei 69.600 EUR. Für den Arbeitnehmer wurden in 2013 Beiträge von 46.800 EUR Arbeitsentgelt entrichtet — es bestehen folgende „SV-Lüfte" — d. h. nicht verbeitragtes Entgelt bis zur Beitragsbemessungsgrenze in 2013:

KV/PV: 47.250 EUR — 46.800 EUR = 450 EUR

RV/AV: 69.600 EUR — 46.800 EUR = 22.800 EUR

Die Einmalzahlung im Februar ist im Dezember des Vorjahres bis zur jährlichen Beitragsbemessungsgrenze 2013 zu verbeitragen. Das bedeutet, für die Kranken- und Pflegeversicherung sind für die Prämie Beiträge aus 450 EUR (SV-Luft) zu berechnen. In der Renten- und Arbeitslosenversicherung müssen die Beiträge für die gesamten 2.000 EUR (SV-Luft 22.800 EUR) ermittelt werden.

! ACHTUNG

Bei Anwendung der Märzklausel sind die Beiträge mit den Beitragssätzen vom Dezember des Vorjahres zu ermitteln. Hat sich beim Jahreswechsel eine Änderung der Beitragssätze (z. B. Rentenversicherung) ergeben, sind die Beiträge mit den Werten des Vorjahres zu ermitteln. Zusätzlich ist ggf. der Zuschlag zur Pflegeversicherung für Kinderlose zu berücksichtigen. Der Zuschlag zur Pflegeversicherung ist nur für den Arbeitnehmer zu berechnen, ein Arbeitgeberanteil entsteht nicht.

Die Beitragsberechnung auf Basis der Sozialversicherungswerte des Dezembers im Vorjahr ist sowohl für den Arbeitnehmer wie für den Arbeitgeberanteil durchzuführen. Es ist eine Aufrollung der Abrechnung für Dezember des Vorjahres erforderlich. Die Aufrollung führt zu neuen Meldepflichten und zu geänderten Dokumentationen, wie beispielsweise Lohnkonto und Meldung zur Sozialversicherung (Jahresmeldung).

! ACHTUNG

Eine Aufrollung der Dezemberabrechnung aufgrund der Märzklausel führt zu einer geänderten Jahresmeldung für den Mitarbeiter. Wurde die Jahresmeldung (Grund der Abgabe: 50) bereits durchgeführt, ist eine Korrekturmeldung zu erstatten. Durch die Verbeitragung der Einmalzahlung im Dezember des Vorjahres erhöht sich das gemeldete Jahresentgelt und ist in einer korrigierten Jahresmeldung den Sozialversicherungsträgern zu melden.

Eine Ausnahme von der Märzklausel besteht bei einem Arbeitgeberwechsel in den Monaten Januar bis März. In diesem Fall greift die Märzklausel nicht. Hat das Arbeitsverhältnis beispielsweise zum 1.1. bei einem neuen Arbeitgeber begonnen, müssen nicht die Vorjahreswerte des Vorarbeitgebers berücksichtigt werden. In diesem Fall findet eine Verbeitragung im laufenden Jahr bis zur anteiligen Beitragsbemessungsgrenze statt. Im Beispiel würden sich ergeben:

Sozialversicherungsbeiträge		
	Krankenversicherung (8,2 % von 3.500 EUR)	287,00 EUR
+	Pflegeversicherung (½ × (2,05 % von 3.500 EUR))	35,88 EUR
+	Zuschlag zur Pflegeversicherung (0,25 % von 3.500 EUR)	8,75 EUR
+	Rentenversicherung (½ × (18,9 % von 3.500 EUR))	330,75 EUR
+	Arbeitslosenversicherung (½ × (3,0 % von 3.500 EUR))	52,50 EUR
+	Krankenversicherung (8,2 % von 1.100 EUR)	90,20 EUR
+	Pflegeversicherung (½ × (2,05 % von 1.100 EUR))	11,28 EUR
+	Zuschlag zur Pflegeversicherung (0,25 % von 1.100 EUR)	2,75 EUR
+	Rentenversicherung (½ × (18,9 % von 2.000 EUR))	189,00 EUR
+	Arbeitslosenversicherung (½ × (3,0 % von 2.000 EUR))	30,00 EUR
=	**Summe Sozialversicherungsbeiträge (Arbeitnehmer)**	**1.038,11 EUR**

Tab. 28: Sozialversicherungsbeiträge ohne Anwendung der Märzklausel

Die anteilige Beitragsbemessungsgrenze KV/PV liegt in 2014 im Februar bei 8.100 EUR. Das gesamte Arbeitsentgelt inklusive Einmalzahlung beträgt im Februar 9.000 EUR. Somit sind im Februar für die Kranken- und Pflegeversicherung aus (8.100 − 3.500) = 4.600 EUR Beiträge zu entrichten. Im Januar wurden bereits für 3.500 EUR Beiträge berechnet und abgeführt.

! **ACHTUNG**

Kann die Märzklausel nicht angewendet werden, so ist die anteilige jährliche Beitragsbemessungsgrenze für das laufende Jahr pro Versicherungszweig heranzuziehen. Für 2014 ergibt sich für den Februar in der KV/PV 8.100 EUR und in der RV/AV 11.900 EUR. Diese ist der Summe aus aufgelaufenem Arbeitsentgelt inklusive Einmalzahlung gegenüberzustellen.

Werden Einmalzahlungen erst nach Ablauf des Beschäftigungsverhältnisses gezahlt (Nachzahlungen) oder während ruhender Beschäftigungsverhältnisse (z. B. Wehr-/Zivildienst), ist die Einmalzahlung dem letzten laufenden Abrechnungszeitraum im Kalenderjahr zuzuordnen. Der letzte Abrechnungszeitraum, zu dem laufende Bezüge entstanden sind, ist für die Einmalzahlung auch dann heranzuziehen, wenn in diesem Monat zum Beispiel aufgrund von Verrechnungen kein laufendes Arbeitsentgelt mehr gezahlt wird. Bei Nachzahlungen an ausgeschiedene Mitarbeiter kann dies eine Aufrollung der letzten Entgeltabrechnung zur Folge haben.

Aufgrund der unterschiedlichen steuerlichen und sozialversicherungsrechtlichen Behandlung sind sonstige Bezüge bzw. Einmalzahlungen auf der Lohnabrechnung und im Lohnkonto getrennt vom laufenden Arbeitslohn auszuweisen.

> **!** **WICHTIG**
>
> Eine Besonderheit gilt jedoch für Einmalzahlungen und der Märzklausel für die Unfallversicherung. In der Unfallversicherung findet die Märzklausel keine Anwendung. Das bedeutet, für die Berechnung der Beiträge und das Meldewesen gilt ausschließlich das Zufluss-Prinzip. Somit sind einmalig gezahlte Arbeitsentgelte, die ausschließlich in der Unfallversicherung beitrags- und meldepflichtig sind, mit einer gesonderten Meldung zur Sozialversicherung zu melden. Seit dem Dezember 2011 steht für diese Meldungen der Abgabegrund 91 im Meldewesen zur Verfügung.

6.2 Wie sind Urlaubsgeld, Weihnachtsgeld oder Tantiemen abzurechnen?

Unregelmäßige Zahlungen zusätzlich zum laufenden Arbeitslohn sind steuerlich und beitragsrechtlich anders zu behandeln als laufende Zahlungen. Neben der Steuerermittlung auf Grundlage der Jahreslohnsteuertabelle sind die Beiträge zu den Sozialversicherungen nur bis zur anteiligen jährlichen Beitragsbemessungsgrenze zu ermitteln. Sonstige Bezüge sind zwar im Zeitpunkt der Zahlung zu versteuern (Zufluss-Prinzip), jedoch ist für die Besteuerung der voraussichtliche Jahresarbeitslohn maßgeblich. Das heißt: Werden sonstige Bezüge vor Dezember geleistet, muss der voraussichtliche Jahresarbeitslohn **„geschätzt"** werden. Die Lohnsteuer für den sonstigen Bezug ergibt sich als Differenz aus den Steuern für den Jahresarbeitslohn ohne sonstigen Bezug und dem Jahresarbeitslohn mit sonstigem Bezug. Mit der Besteuerung nach der Jahreslohnsteuertabelle soll vermieden werden, dass der Arbeitnehmer durch eine einmalige Sonderzahlung überproportional steuerlich belastet wird und ein Ausgleich eventuell erst über die Einkommen-steuererklärung erfolgen kann.

▶ **BEISPIEL**

Monika Waldmann erhält von Januar bis April ein Gehalt von 2.100 EUR und einen Zuschuss von 14 EUR zu den vermögenswirksamen Leistungen (VwL). Zusammen mit ihrem Eigenanteil von 26 EUR überweist der Arbeitgeber monatlich 40 EUR der Bausparkasse. Zum 1. Mai hat Frau Waldmann eine Lohnerhöhung um 200 EUR auf 2.300 EUR erhalten. Im Juli erhält sie ein Urlaubsgeld von 2.200 EUR. Im November soll sie ein Weihnachtsgeld von 2.300 EUR zusätzlich zum Gehalt bekommen. Frau Waldmann hat Steuerklasse 1, keine Kinder. Sie ist bei einer gesetzlichen Krankenkasse krankenversichert (15,5 % Beitrag) und Mitglied einer kirchensteuerberechtigten Religionsgemeinschaft. Der Firmensitz ist in Hessen. Das Unternehmen nimmt am Umlageverfahren teil. Die Umlagesätze betragen 1,9 % (U1-Umlage) bzw. 0,2 % (U2-Umlage). Beispielhaft soll die Entgeltabrechnung für Juli dargestellt werden.

6.2.1 Entgeltabrechnung

Abrechnung der Bruttobezüge

Ermittlung des Arbeitslohnes/Arbeitsentgeltes

	Gehalt	2.300,00 EUR
+	Zuschuss VwL	14,00 EUR
+	Urlaubsgeld	2.200,00 EUR
=	**Bruttolohn**	**4.514,00 EUR**
	Arbeitslohn (steuerpflichtig)	4.514,00 EUR
	Arbeitsentgelt (beitragspflichtig)	4.514,00 EUR

Steuerliche Abzüge

	Lohnsteuer (lt. Monatstabelle für 2.314 EUR bei Steuerklasse 1)	281,83 EUR
+	Solidaritätszuschlag 5,5 % auf Betrag LSt. laufender Bez.	15,50 EUR
+	Kirchensteuer (9 % auf Steuer für laufenden Bezug)	25,36 EUR
+	Lohnsteuer (lt. Jahrestabelle. für 2.200 EUR bei Steuerklasse 1)	529,00 EUR
+	Solidaritätszuschlag 5,5 % für sonstigen Bezug	29,09 EUR
+	Kirchensteuer (9 % auf Steuer für sonstigen Bezug)	47,61 EUR
=	**Summe steuerrechtliche Abzüge**	**928,39 EUR**

Sozialversicherungsbeiträge	
Krankenversicherung (8,2 % von 4.514 EUR)	370,15 EUR
+ Pflegeversicherung (½ × (2,05 % von 4.514 EUR))	46,27 EUR
+ Zuschlag zur Pflegeversicherung (0,25 % von 4.514 EUR)	11,29 EUR
+ Rentenversicherung (½ × (18,9 % von 4.514 EUR))	426,57 EUR
+ Arbeitslosenversicherung (½ × (3,0 % von 4.514 EUR))	67,71 EUR
= **Summe Sozialversicherungsbeiträge (Arbeitnehmer)**	**921,99 EUR**

Gesamtabrechnung	
Bruttolohn	4.514,00 EUR
— Steuerrechtliche Abzüge (Arbeitnehmer)	**928,39 EUR**
— Sozialversicherungsbeiträge (Arbeitnehmeranteil)	921,99 EUR
— Überweisung an Bausparkasse	40,00 EUR
= **Auszahlungsbetrag**	**2.623,62 EUR**

Gesamtbelastung	
Bruttolohn	4.514,00 EUR
+ Summe Sozialversicherungsbeiträge (Arbeitgeber)	870,07 EUR
+ Umlagen U1 (1,9 % × 2.314 EUR)	43,97 EUR
+ Umlagen U2 (0,2 % × 2.314 EUR)	4,63 EUR
+ Insolvenzumlage (0,15 % × 4.514 EUR)	6,77 EUR
= **Gesamtbelastung**	**5.439,44 EUR**

Die Lohnsteuer auf den sonstigen Bezug ist aus der Jahreslohnsteuertabelle zu ermitteln. Dazu ist zunächst der geschätzte Bruttolohn für das laufende Jahr zu bestimmen. In den voraussichtlichen Jahresbruttolohn sind bereits gezahlte sonstige Bezüge, erfolgte Lohnerhöhungen und Steuerfreibeträge einzubeziehen. Künftige Lohnerhöhungen oder bereits feststehende sonstige Bezüge in der Zukunft (z. B. Weihnachtsgeld) dürfen hingegen in die Schätzung des Jahresbruttolohnes nicht einfließen. Hat der Arbeitnehmer im laufenden Kalenderjahr bei einem anderen Arbeitgeber bereits steuerpflichtigen Arbeitslohn bezogen, ist dieser ebenfalls in die Schätzung des Jahresbruttolohnes einzubeziehen. Ist bei einem Arbeitgeberwechsel die Höhe des bei einem anderen Arbeitgeber bezogenen Arbeitslohnes nicht bekannt, darf der laufende Arbeitslohn beim jetzigen Arbeitgeber hochgerechnet werden.

Einmalzahlungen

Der geschätzte Jahresbruttolohn für Frau Waldmann errechnet sich wie folgt:

Lohnsteuer laut Jahreslohnsteuertabelle für geschätzten Jahresarbeitslohn	
Ermittlung des Jahresarbeitslohn/Jahreslohnsteuer	
Arbeitslohn von Januar bis April (4 × 2.114 EUR)	8.456,00 EUR
+ Arbeitslohn von Mai bis Juli (3 × 2.314 EUR)	6.942,00 EUR
= **Bruttolohn bis Juli**	**15.398,00 EUR**
= Geschätzter Jahresbruttolohn (15.398 EUR / 7) × 12	26.396.57 EUR
= Lohnsteuer lt. Jahreslohnsteuertabelle für 26.396,57 EUR	3.054,00 EUR
Ermittlung der Lohnsteuer für sonstigen Bezug	
= Geschätzter Jahresbruttolohn für Lohnsteuerberechnung	26.396.57 EUR
+ Sonstiger Bezug/Einmalzahlung	2.200,00 EUR
= **Geschätzter Jahresbruttolohn mit sonstigem Bezug**	**28.596,57 EUR**
= Lohnsteuer lt. Jahreslohnsteuertabelle für 28.596,57 EUR	3.583,00 EUR
= Differenz der Jahreslohnsteuern (Steuer auf sonstigen Bezug 3.583 — 3.054)	529,00 EUR

! ACHTUNG

Der bereits bekannte sonstige Bezug im November (Weihnachtsgeld) wird für die Berechnung des geschätzten Jahresbruttolohnes nicht berücksichtigt. Außerdem werden steuerfreie Bezüge und pauschal besteuerter Bezug nicht in die Berechnung einbezogen. Bereits gezahlte sonstige Bezüge müssen in die Berechnung des Jahresarbeitslohnes einfließen.

Wäre beispielsweise im April bereits ein sonstiger Bezug in Höhe von 1.000 EUR geflossen, ergibt sich der geschätzte Jahresarbeitslohn aus:

Ermittlung des Jahresarbeitslohn	
Arbeitslohn von Januar bis April (4 × 2.114 EUR)	8.456,00 EUR
+ Arbeitslohn von Mai bis Juli (3 × 2.314 EUR)	6.942,00 EUR
= Bruttolohn bis Juli	15.398,00 EUR
= Geschätzter Jahresbruttolohn (15.398 EUR / 7) × 12	26.396.57 EUR
+ Sonstiger Bezug im April	1.000,00 EUR
= **Geschätzter Jahresbruttolohn für Lohnsteuerberechnung**	**27.396,57 EUR**

Der sonstige Bezug erhöht den geschätzten Jahresarbeitslohn. Er ist jedoch aus dem bis Juni gezahlten Bruttoarbeitslohn herauszurechnen, so dass er nicht in die Durchschnittsberechnung ((15.398 EUR ÷ 7) × 12)) einfließt.

6.2.2 Steuerrechtliche Abzüge

Die Lohnsteuer aus dem laufenden Arbeitslohn wird aus der Monatslohnsteuertabelle ermittelt. Bei der Ermittlung der Kirchensteuer und des Solidaritätszuschlags sind zusätzlich eventuelle Kinderfreibeträge oder ein Altersentlastungsbetrag zu berücksichtigen (vgl. Kapitel 5.5 bzw. 5.13). Die Lohnsteuer auf den sonstigen Bezug ergibt sich aus der Jahreslohnsteuertabelle. Es wird die Differenz der Lohnsteuer auf den geschätzten Jahresarbeitslohn mit und ohne Urlaubsgeld gebildet. Kirchensteuer und der Solidaritätszuschlag für den sonstigen Bezug dürfen nicht um einen Kinderfrei- oder einen Altersentlastungsbetrag gekürzt werden.

Bei monatlich unterschiedlichen Lohnzahlungen ist die Vorgehensweise ähnlich wie bei einer Gehaltszahlung. Für die Ermittlung des geschätzten Jahresbruttolohnes wird die Summe aus den bereits gezahlten Monaten gebildet. Diese ist durch die Anzahl der gezahlten Monate zu dividieren und mit 12 zu multiplizieren. Das Produkt ist der durchschnittlich geschätzte Jahresbruttolohn.

▶ **BEISPIEL**

Monat	Bruttolohn
Januar	2.117 EUR
Februar	2.083 EUR
März	2.248 EUR
April	2.319 EUR
Summe	8.767 EUR

Der durchschnittlich geschätzte Jahresbruttolohn beträgt (8.767 EUR ÷ 4 = 2.191,75 EUR) × 12 = 26.301 EUR. Der durchschnittlich geschätzte Jahresbruttolohn entspricht dem geschätzten Jahresbruttolohn bei Gehaltszahlungen.

❗ **ACHTUNG**

Auch bei der Ermittlung des durchschnittlich geschätzten Jahresbruttolohnes dürfen bereits gezahlte sonstige Bezüge nicht in die Durchschnittsrechnung einbezogen werden. Sie müssen, wie bei der Gehaltszahlung, zunächst für

Einmalzahlungen

die Ermittlung des monatlichen Durchschnittslohnes herausgerechnet und zur Summe des geschätzten Jahresbruttolohnes addiert werden.

Durch die Versteuerung des sonstigen Bezuges mit der Jahreslohnsteuertabelle entsteht ein kurzfristiger steuerlicher Vorteil. Würde der sonstige Bezug wie laufender Arbeitslohn behandelt, ergäbe sich auf Basis der Monatslohnsteuertabelle ein höherer Steuerabzug.

Steuerliche Abzüge bei Versteuerung als laufender Arbeitslohn		
	Lohnsteuer (lt. Monatstabelle für 4.514 EUR bei Steuerklasse 1)	926,16 EUR
+	Solidaritätszuschlag 5,5 % auf den Betrag der Lohnsteuer	50,93 EUR
+	Kirchensteuer (9 % auf Steuer für laufenden Bezug)	83,35 EUR
=	**Summe steuerrechtlicher Abzüge**	**1.060,44 EUR**

Im Vergleich dazu entsteht bei einer Versteuerung als sonstiger Bezug ein Vorteil von 132,05 EUR.

Steuerliche Abzüge		
	Lohnsteuer (lt. Monatstabelle für 2.314 EUR bei Steuerklasse 1)	281,83 EUR
+	Solidaritätszuschlag 5,5 % auf Betrag LSt. laufender Bez.	15,50 EUR
+	Kirchensteuer (9 % auf Steuer für laufenden Bezug)	25,36 EUR
+	Lohnsteuer (lt. Jahrestabelle. für 2.200 EUR bei Steuerklasse 1)	529,00 EUR
+	Solidaritätszuschlag 5,5 % für sonstigen Bezug	29,09 EUR
+	Kirchensteuer (9 % auf Steuer für sonstigen Bezug)	47,61 EUR
=	**Summe steuerrechtliche Abzüge**	**928,39 EUR**

Die Differenz (**1.060,44 EUR** zu **928,39 EUR**) zwischen Versteuerung als laufender Bezug und Versteuerung als sonstiger Bezug würde der Arbeitnehmer bei seiner jährlichen Einkommensteuererklärung erstattet bekommen. Er hätte aber dem Fiskus den Betrag bis zur Erstattung zinslos zur Verfügung gestellt.

6.2.3 Sozialversicherungsbeiträge

Im Sozialversicherungsrecht spricht man bei einmalig oder unregelmäßig gezahltem Bruttolohn von Einmalzahlungen. **Einmalzahlungen** unterliegen, wie das laufende Arbeitsentgelt, der Beitragspflicht zu den Sozialversicherungen. Beiträge zur Kranken-, Pflege-, Renten- und Arbeitslosenversicherung werden jedoch nur bis zu den jeweiligen Beitragsbemessungsgrenzen (BBG) erhoben. Das heißt, für jeden Sozialversicherungszweig gibt es eine Einkommensobergrenze, bis zu der Beiträge vom Arbeitsentgelt zu berechnen sind. Der Teil des Arbeitsentgeltes, der diese Obergrenzen übersteigt, ist nicht mehr beitragspflichtig. Die Beitragsbemessungsgrenzen für die Sozialversicherungen werden jährlich angepasst und liegen 2014 in der Renten- und Arbeitslosenversicherung bei 71.400 EUR (West) bzw. 60.000 EUR (neue Bundesländer). In der Kranken- und Pflegeversicherung liegt die jährliche Grenze bei 48.600 EUR bundeseinheitlich.

Für die Beurteilung, welcher Teil des Arbeitsentgeltes beitragsfrei bleibt, werden die anteilige jährliche Beitragsbemessungsgrenze und das bereits im Kalenderjahr verbeitragte Arbeitsentgelt benötigt. Außerdem muss die Zahl der Sozialversicherungstage (SV-Tage), an denen der Arbeitnehmer sozialversicherungspflichtig beschäftigt war, bekannt sein. Die nachfolgende Tabelle zeigt die anteiligen jährlichen Beitragsbemessungsgrenzen unter der Voraussetzung, dass der Arbeitnehmer den ganzen Monat sozialversicherungspflichtig beschäftigt war (jeweils 30 SV-Tage).

Renten- und Arbeitslosenversicherung

Anteilige jährliche Beitragsbemessungsgrenzen in der Renten- und Arbeitslosenversicherung		
Monat	alte Bundesländer	neue Bundesländer
Januar	5.950 EUR	5.000 EUR
Februar	11.900 EUR	10.000 EUR
März	17.850 EUR	15.000 EUR
April	23.800 EUR	20.000 EUR
:	:	:
Dezember	71.400 EUR	60.000 EUR

Kranken- und Pflegeversicherung

Anteilig jährliche Beitragsbemessungsgrenzen in der Kranken- und Pflege-versicherung	
Monat	**alle Bundesländer**
Januar	4.050,00 EUR
Februar	8.100,00 EUR
März	12.150,00 EUR
April	16.200,00 EUR
:	:
Dezember	48.600,00 EUR

Ist ein Arbeitnehmer nicht den vollen Monat beschäftigt, weil er beispielsweise erst zum 15. des Monats in die Firma eintritt, muss die anteilige Monatsgrenze auf die Tagesgrenze umgerechnet werden. In diesem Fall ist nicht mehr von 30 SV-Tagen pro Monat, sondern von den Kalendertagen auszugehen. Pro Kalendertag ergeben sich in 2014 folgende Beitragsbemessungsgrenzen:

Beitragsbemessungsgrenzen pro Tag		
	alte Bundesländer	**neue Bundesländer**
Renten- und Arbeitslosenversicherung	198,33 EUR	166,67 EUR
Kranken- und Pflegeversicherung	135,00 EUR	135,00 EUR

Im Beispiel ergeben sich für Frau Waldmann im Juli folgende anteilige Beitrags-bemessungsgrenzen in den Sozialversicherungen:

Sozialversicherungszweig	Betrag
Anteilige BBG in der RV/ALV im Juli (7 × 5.950,00 EUR)	41.650,00 EUR
Anteilige BBG in der KV/PV im Juli (7 × 4.050,00 EUR)	28.350,00 EUR

Das bis Juli aufgelaufene Arbeitsentgelt beträgt im Beispiel von Frau Waldmann:

Ermittlung des Jahresarbeitslohn	
Arbeitsentgelt von Januar bis April (4 × 2.114 EUR)	8.456,00 EUR
+ Arbeitsentgelt von Mai bis Juli (3 × 2.314 EUR)	6.942,00 EUR
+ Einmalzahlung	2.200,00 EUR
= **Beitragspflichtiges Entgelt bis Juli**	**17.598,00 EUR**

Das aufgelaufene Arbeitsentgelt bis Juli (17.598 EUR) liegt unter den anteiligen jährlichen Beitragsbemessungsgrenzen für Juli (RV/ALV 41.650,00 EUR bzw. 28.350,00 EUR für KV/PV). Somit ist das Arbeitsentgelt für Juli einschließlich Urlaubsgeld voll beitragspflichtig in allen vier Sozialversicherungszweigen. Das gesamte Entgelt unterliegt ebenfalls dem Zuschlag zur Pflegeversicherung. Als Beiträge ergeben sich:

Sozialversicherungsbeiträge	
Krankenversicherung (8,2 % von 4.514 EUR)	370,15 EUR
+ Pflegeversicherung (½ × (2,05 % von 4.514 EUR))	46,27 EUR
+ Zuschlag zur Pflegeversicherung (0,25 % von 4.514 EUR)	11,29 EUR
+ Rentenversicherung (½ × (18,9 % von 4.514 EUR))	426,57 EUR
+ Arbeitslosenversicherung (½ × (3,0 % von 4.514 EUR))	67,71 EUR
= **Summe Sozialversicherungsbeiträge (Arbeitnehmer)**	**921,99 EUR**

Obwohl das beitragspflichtige Arbeitsentgelt mit 4.514 EUR über der monatlichen Beitragsbemessungsgrenze von 4.050,00 EUR in der KV/PV liegt, ist das gesamte Arbeitsentgelt beitragspflichtig. Die Beitragspflicht ergibt sich durch die Unterschreitung der anteiligen BBG für Juli.

Für Arbeitnehmer ohne leibliche oder adoptierte Kinder ist ein Zuschlag von 0,25 % zur Pflegeversicherung zu ermitteln. Dieser Zuschlag entsteht auf das gesamte beitragspflichtige Entgelt. Der Zuschlag wird nur von Arbeitnehmern, die keine Kinder nachweisen können, erhoben und ist nicht zwischen Arbeitgeber und Arbeitnehmer geteilt, sondern geht vollständig zu Lasten des Mitarbeiters. Arbeitnehmer, die Kinder nachweisen können, sind von diesem Zuschlag ausgenommen.

> **! ACHTUNG**
>
> War der Arbeitnehmer nicht das gesamte Jahr durchgängig beim gleichen Arbeitgeber beschäftigt (z. B. wegen Arbeitslosigkeit oder Wechsel des Arbeitgebers), sind nur die seit Arbeitsbeginn aufgelaufenen Arbeitsentgelte bzw. SV-Tage für die anteilige BBG zu berücksichtigen. Arbeitsentgelt und SV-Tage aus Vorbeschäftigungen bei anderen Arbeitgebern sind bei der Berechnung nicht zu berücksichtigen.

6.2.4 Gesamtabrechnung

Die Lohnsteuer muss in einem zweistufigen Verfahren berechnet werden.

Die 1. Stufe ist für die Berechnung des laufenden Bezugs. Die 2. Stufe für die Berechnung des sonstigen Bezuges. Für die Lohnsteuer auf den sonstigen Bezug ist der voraussichtliche Jahresarbeitslohn **ohne** die aktuelle Einmalzahlung zu schätzen. Aus der Jahreslohnsteuertabelle kann dann die Lohnsteuer für den voraussichtlichen Jahresarbeitslohn mit und ohne den sonstigen Bezug ermittelt werden. Die Differenz der beiden Jahreslohnsteuern ist die Lohnsteuer auf die Prämienzahlung.

> **! ACHTUNG**
>
> Für die Ermittlung der Lohnsteuer entsprechend der Jahrestabelle ist der gesamte aufgelaufene Arbeitslohn anzusetzen. Entsprechend sind in die „Schätzung" des Jahresarbeitslohnes bereits bei Vorarbeitgebern bezogener Arbeitslohn bzw. Steuertage einzubeziehen. Die Daten können bei einem Arbeitgeberwechsel der Lohnsteuerbescheinigung entnommen werden. Liegt diese nicht vor, kann die Berechnung auf Basis der voraussichtlichen Bezüge beim aktuellen Arbeitgeber vorgenommen werden. Auf der Lohnsteuerbescheinigung bzw. im Lohnkonto ist dann jedoch der Buchstabe „S" in Zeile drei zu vermerken.

Die anteilige Beitragsbemessungsgrenze ist nicht nur bei Einmalzahlungen von Bedeutung. Hat der Arbeitnehmer laufende monatliche Bezüge über 4.050,00 EUR bzw. 5.950,00 EUR (Ost 5.000 EUR), sind nur Beiträge bis zur jeweiligen Bemessungsgrenze zu ermitteln. Wird darüber hinaus eine Einmalzahlung gewährt, ist diese vollständig beitragsfrei. Würde das Gehalt von Frau Waldmann beispielsweise bei 4.100 EUR statt bei 2.300 EUR liegen, ist die Einmalzahlung in der Kranken- und Pflegeversicherung beitragsfrei. Für die Renten- und Arbeitslosenversicherung wären die anteilige BBG zu ermitteln und Beiträge für die Einmalzahlung abzuführen.

> **! ACHTUNG**
>
> Nimmt das Unternehmen am Umlageverfahren teil, unterliegt das laufende Entgelt bis zur Renten-/Arbeitslosenversicherungsbemessungsgrenze der U1- und der U2-Umlage. **Keine Beitragspflicht besteht für Einmalzahlungen.**

Im Beispiel ergibt sich für Frau Waldmann folgende Arbeitgeberbelastung:

Gesamtbelastung	
Bruttolohn	4.514,00 EUR
Krankenversicherung (7,3 % von 4.514 EUR)	329,52 EUR
Pflegeversicherung (½ × (2,05 % von 4.514 EUR)	46,27 EUR
Rentenversicherung (½ × (18,9 % von 4.514 EUR))	426,57 EUR
Arbeitslosenversicherung (½ × (3,0 % von 4.514 EUR))	67,71 EUR
= **Summe Sozialversicherungsbeiträge (Arbeitgeber)**	**870,07 EUR**
+ Umlagen U1 (1,9 % × 2.314 EUR)	43,97 EUR
+ Umlagen U2 (0,2 % × 2.314 EUR)	4,63 EUR
+ Insolvenzumlage (0,15 % × 4.514 EUR)	6,77 EUR
= **Gesamtbelastung**	**5.439,44 EUR**

Der Arbeitgeberanteil zu den Sozialversicherungen ergibt sich ohne den Zuschlag zur Pflegeversicherung und mit einem geringeren Arbeitgeberbeitrag zur Krankenversicherung (7,3 %). Zur Gesamtarbeitgeberbelastung hinzu kommt der anteilige Beitrag zur Berufsgenossenschaft und unter Umständen die Schwerbehindertenabgabe. Außerdem ist die Insolvenzumlage mit einzubeziehen. Der Beitrag zur Insolvenzumlage wurde für 2014 auf 0,15 % des rentenversicherungspflichtigen Entgelts festgesetzt. Einmalzahlungen unterliegen **nicht** der U1/U2-Umlage, wohl aber der Insolvenzumlage. Die Umlage U1 ist nur von Unternehmen, die durchschnittlich maximal 30 Mitarbeiter in Vollzeit beschäftigen, zu entrichten. Im Bau- und Baunebengewerbe sind noch die Beiträge zur ZVK zu berücksichtigen. Außerdem sind gegebenenfalls Rückstellungen für Urlaub und eine betriebliche Altersvorsorge in die Arbeitgeberbelastung mit aufzunehmen. Werden Beiträge an die Künstlersozialkasse geleistet, können diese in die Arbeitgeberbelastung aufgenommen werden.

6.3   Wie ist eine Abfindung abzurechnen?

Eine besondere Form des sonstigen Bezuges bzw. der Einmalzahlung sind Abfindungen. Abfindungen sind Zahlungen an den Arbeitnehmer als Entschädigung für die Auflösung seines Arbeitsverhältnisses. Der Arbeitgeber muss keinen Hinweis auf eine Abfindung in den Arbeitsvertrag aufnehmen. Damit ist die Abfindung im außergerichtlichen Stadium immer eine freiwillige Leistung des Arbeitgebers. Es gibt keinen gesetzlichen Anspruch auf eine Abfindung. Abfindungen sind steuerpflichtiger Arbeitslohn. Da es sich bei Abfindungen um Arbeitslohn (rückwirkend) für mehrere Jahre handelt, ist eine Versteuerung nach der sogenannten **Fünftel-Methode** möglich. Bei der Fünftel-Methode ist nur 1/5 des sonstigen Bezuges steuerpflichtiger Arbeitslohn. Entsprechend § 34 Abs. 1 EStG ist die Lohnsteuer auf den steuerpflichtigen Teil dann aber zu verfünffachen. Im Unterschied zum sonstigen Bezug wird für die Besteuerung in der Regel nicht der „voraussichtliche" Jahresarbeitslohn ermittelt, sondern nur der bis zum Zeitpunkt der Abfindung geflossene Arbeitslohn. Bei dieser „Fiktion" wird unterstellt, dass kein weiteres steuerpflichtiges Beschäftigungsverhältnis im laufenden Kalenderjahr aufgenommen wird. Voraussetzung für die Anwendung der Fünftel-Methode ist eine **Zusammenballung** von Einkünften. Kriterium für die **Zusammenballung von Einkünften** ist, dass mit der Abfindung der normale Jahresarbeitslohn überschritten wird. Für die Anwendung der Fünftel-Methode ist also immer zu prüfen, wie hoch die Einkünfte bei Fortbestand der Beschäftigung bis zum Jahresende gewesen wären. Ergibt diese **„Günstigerprüfung"** keinen steuerlichen Vorteil gegenüber einer Versteuerung als sonstiger Bezug, darf die Fünftel-Methode nicht angewandt werden. Der Arbeitgeber muss deshalb neben der Prüfung auf Zusammenballung eine Vergleichsrechnung zum sonstigen Bezug durchführen.

> **! ACHTUNG**
>
> Die Fünftel-Methode darf nur angewendet werden, wenn die Günstigerprüfung eine Vorteilhaftigkeit für den Mitarbeiter ergibt.

Abfindungen sind in den Sozialversicherungen begünstigt, wenn die Abfindung für den Verlust des Arbeitsplatzes gezahlt wird. Abfindungen sind daher nicht beitragspflichtig zur Kranken-, Pflege-, Renten- und Arbeitslosenversicherung. Der steuerpflichtige Teil der Abfindung ist nach Urteilen des Bundesarbeitsgerichtes und des Bundessozialgerichtes ebenfalls **kein** beitragspflichtiges Arbeitsentgelt, weil die Abfindung für den Verlust des Arbeitsplatzes und damit für Zeiten nach dem Ende des Arbeitsverhältnisses gezahlt wird.

> **BEISPIEL**
>
> Der Arbeitgeber veranlasst nach einer sechsjährigen Betriebszugehörigkeit die Auflösung des Arbeitsverhältnisses von Monika Waldmann zum 31.8.2014. Im August zahlt er ihr ein Gehalt von 2.800 EUR. Mit dem Gehalt im August wird eine Abfindung von 12.200 EUR bezahlt. Außerdem erhält sie jeden Monat neben ihrem Gehalt einen Zuschuss von 14 EUR zu den vermögenswirksamen Leistungen (VwL). Der Zuschuss wird zusammen mit dem Arbeitnehmeranteil von 26 EUR der Bausparkasse überwiesen. Im Mai hatte Frau Waldmann bereits einen sonstigen Bezug (Urlaubsgeld) in Höhe von 2.200 EUR bekommen. Für November ist ihr vertraglich ein Weihnachtsgeld von 2.400 EUR zugesichert. Das Weihnachtsgeld erhält sie anteilig (8/12) mit der letzten Abrechnung im August ausbezahlt. Frau Waldmann hat Steuerklasse 1 und keine Kinder. Sie ist bei einer gesetzlichen Krankenkasse pflichtversichert (Beitragssatz von 15,5 %) und gehört einer kirchensteuerberechtigten Glaubensgemeinschaft an. Als Bundesland für den Firmensitz wird Rheinland-Pfalz angenommen. Das Unternehmen nimmt am Umlageverfahren teil — die Umlagesätze liegen bei 1,9 % (U1) und 0,2 % (U2).

6.3.1 Entgeltabrechnung

Abrechnung der Bruttobezüge	
Ermittlung des Arbeitslohnes/Arbeitsentgeltes	
Gehalt	2.800,00 EUR
+ Zuschuss VwL	14,00 EUR
+ Abfindung (steuerpflichtig)	12.200,00 EUR
+ Weihnachtsgeld (anteilig)	1.600,00 EUR
= **Bruttolohn**	**16.614,00 EUR**
Arbeitslohn (steuerpflichtig)	16.614,00 EUR
Arbeitsentgelt (beitragspflichtig)	4.414,00 EUR
Steuerliche Abzüge	
Lohnsteuer (laufender Bezug für 2.814 EUR bei Steuerklasse 1)	407,41 EUR
+ Solidaritätszuschlag 5,5 % auf Betrag der Lohnsteuer laufender Bezug	22,40 EUR
+ Kirchensteuer (9 % auf Steuer für laufenden Bezug)	36,66 EUR
+ Lohnsteuer für sonstigen Bezug (anteiliges Weihnachtsgeld)	435,00 EUR

Einmalzahlungen

+	Solidaritätszuschlag auf LSt. für sonstigen Bezug	23,92 EUR
+	Kirchensteuer auf LSt für sonstigen Bezug	39,15 EUR
+	Lohnsteuer für Abfindung (5 × 587 EUR)	2.935,00 EUR
+	Solidaritätszuschlag (5,5 %) auf Lohnsteuerbetrag für Abfindung	161,42 EUR
+	Kirchensteuer (9 %) auf Lohnsteuerbetrag für Abfindung	264,15 EUR
=	**Summe steuerrechtliche Abzüge**	**4.325,11 EUR**
Sozialversicherungsbeiträge		
	Krankenversicherung (8,2 % von 4.414 EUR)	361,95 EUR
+	Pflegeversicherung (½ × (2,05 % von 4.414 EUR))	45,24 EUR
+	Zuschlag zur Pflegeversicherung (0,25 % von 4.414 EUR)	11,04 EUR
+	Rentenversicherung (½ × (18,9 % von 4.414 EUR))	417.12 EUR
+	Arbeitslosenversicherung (½ × (3,0 % von 4.414 EUR))	66,21 EUR
=	**Summe Sozialversicherungsbeiträge (Arbeitnehmer)**	**901,56 EUR**
Gesamtabrechnung		
	Bruttolohn	16.614,00 EUR
—	Steuerrechtliche Abzüge (Arbeitnehmer)	**4.325,11 EUR**
—	Sozialversicherungsbeiträge (Arbeitnehmeranteil)	901,56 EUR
—	Überweisung an Bausparkasse	40,00 EUR
=	**Auszahlungsbetrag**	**11.347,33 EUR**
Gesamtbelastung		
	Bruttolohn	16.614,00 EUR
+	Sozialversicherungsbeiträge AG-Anteil (von 4.414 EUR)	850,79 EUR
+	Umlagen U1 (1,9 % × 2.814 EUR)	53.47 EUR
+	Umlagen U2 (0,2 % × 2.814 EUR)	5,63 EUR
+	Insolvenzumlage (0,15 % × 4.414 EUR)	6,62 EUR
=	**Gesamtbelastung**	**17.530,51 EUR**

Die Abfindung unterliegt vollständig der Lohnsteuer, sie kann jedoch mit der Fünftel-Methode versteuert werden. Voraussetzung für die Anwendung der Fünftel-Methode ist eine Zusammenballung von Einkünften. Das Kriterium der Zusammenballung ist erfüllt, wenn der aufgelaufene Arbeitslohn plus Abfindung den voraussichtlichen Jahresarbeitslohn übersteigt. Dazu ist zunächst der Arbeitslohn zu ermitteln, welcher bei Fortbestand der Beschäftigung bis zum Jahresende geflossen wäre.

Ermittlung des Arbeitslohnes/Arbeitsentgeltes bei Weiterbeschäftigung	
Bruttoarbeitslohn (12 × 2.814 EUR)	33.768,00 EUR
+ Sonstiger Bezug im Mai	2.200,00 EUR
+ Sonstiger Bezug im November (lt. Vertrag)	2.400,00 EUR
= **Jahresbruttoarbeitslohn (ohne Austritt)**	**38.368,00 EUR**
Ermittlung des Arbeitslohnes/Arbeitsentgeltes bei Austritt	
Bruttoarbeitslohn (8 × 2.814 EUR)	22.512,00 EUR
+ Sonstiger Bezug im Mai	2.200,00 EUR
+ Anteiliger sonstiger Bezug (Weihnachtsgeld)	1.600,00 EUR
+ Abfindung	12.200,00 EUR
= **Jahresbruttoarbeitslohn (bei Austritt)**	**38.512,00 EUR**

Der Jahresbruttoarbeitslohn mit der Abfindung übersteigt den Jahresarbeitslohn bei fortbestehendem Beschäftigungsverhältnis. Somit ist das Kriterium der Zusammenballung erfüllt und die Fünftel-Methode kann angewendet werden.

6.3.2 Steuerrechtliche Abzüge

Die Lohnsteuer auf den laufenden Arbeitslohn wird aus der Monatslohnsteuertabelle ermittelt. Bei der Ermittlung der Kirchensteuer und des Solidaritätszuschlags sind zusätzlich eventuelle Kinderfreibeträge oder ein Altersentlastungsbetrag zu berücksichtigen (vgl. Kapitel 5.5 bzw. Kapitel 5.13).

Steuerrechtliche Abzüge für den laufenden Bezug	
Lohnsteuer (laufender Bezug für 2.814 EUR bei Steuerklasse 1)	407,41 EUR
+ Solidaritätszuschlag 5,5 % auf Betrag LSt. laufender Bezug	22,40 EUR
+ Kirchensteuer (9 % auf Steuer für laufenden Bezug)	36,66 EUR
= **Summe steuerrechtliche Abzüge**	**466,47 EUR**

Einmalzahlungen

Die Lohnsteuer für den sonstigen Bezug (anteiliges Weihnachtsgeld) ergibt sich aus der Jahreslohnsteuertabelle. Für den Steuerabzug ist zunächst der maßgebende laufende Jahresbruttoarbeitslohn zu ermitteln.

Im Laufe des Jahres bereits geleistete sonstige Bezüge sind in der Steuerbasis zu berücksichtigen. Der sonstige Bezug unterliegt der Besteuerung nach der Jahreslohnsteuertabelle ohne eine Anwendung der Fünftel-Methode. Im Beispiel ergibt sich die Lohnsteuer auf das anteilige Weihnachtsgeld aus:

Ermittlung des Arbeitslohnes/Arbeitsentgeltes	
Bruttoarbeitslohn (12 × 2.814 EUR)	33.768,00 EUR
+ Sonstiger Bezug im Mai	2.200,00 EUR
= **Jahresbruttoarbeitslohn (ohne Austritt)**	**35.968,00 EUR**
Lohnsteuer (lt. Jahrestabelle f. 35.968 EUR bei Steuerklasse 1)	5.472,00 EUR
Ermittlung Lohnsteuer auf sonstigen Bezug	
Jahresbruttoarbeitslohn (bis Jahresende)	35.968,00 EUR
+ Sonstiger Bezug (anteiliges Weihnachtsgeld)	1.600,00 EUR
= **Jahresbruttoarbeitslohn (ohne Abfindung mit sonst. Bez.)**	**37.568,00 EUR**
Lohnsteuer (lt. Jahrestabelle f. 37.568 EUR bei Steuerklasse 1)	5.907,00 EUR
Lohnsteuer für sonstigen Bezug (5.907,00 EUR − 5.472,00 EUR)	435,00 EUR
+ Solidaritätszuschlag auf LSt. für sonstigen Bezug	23,92 EUR
+ Kirchensteuer auf LSt. für sonstigen Bezug	39,15 EUR
= **Summe steuerrechtliche Abzüge für sonstigen Bezug**	**498,07 EUR**

! **ACHTUNG**

Für die Ermittlung der Lohnsteuer auf die Einmalzahlung wird auf den „voraussichtlichen" Jahresarbeitslohn bei Fortbestand des Arbeitsverhältnisses abgestellt. Es wäre auch zulässig, als Berechnungsgrundlage den aufgelaufenen Arbeitslohn bis zum Zeitpunkt des Austritts heranzuziehen (im Beispiel 8 × 2.814 EUR + 2.200 = 24.712 EUR). Tritt der Arbeitnehmer im laufenden Kalenderjahr eine Beschäftigung bei einem anderen Arbeitgeber an, ist dann aber bei einer Einkommensteuererklärung mit einer Steuernachzahlung zu rechnen.

Für die Ermittlung der Lohnsteuer auf die Abfindung sind alle bereits geleisteten laufenden Bezüge, die Einmalzahlung im Mai und der sonstige Bezug zum Zeitpunkt der Abfindung zu berücksichtigen. Der aufgelaufene Jahresarbeitslohn inklusive aller sonstigen Bezüge ggf. abzüglich eines Jahressteuerfreibetrags laut Lohnsteuerkarte ist die Steuerbasis 1. Von dieser Steuerbasis ist die Lohnsteuer aus der Jahreslohnsteuertabelle zu ermitteln.

Ermittlung des Arbeitslohnes/Arbeitsentgeltes bei Austritt	
Bruttoarbeitslohn (8 × 2.814 EUR)	22.512,00 EUR
+ Sonstiger Bezug im Mai	2.200,00 EUR
+ Sonstiger Bezug im August (anteiliges Weihnachtsgeld)	1.600,00 EUR
= **Jahresbruttoarbeitslohn (bis zum Austritt)**	**26.312,00 EUR**
Lohnsteuer (lt. Jahrestabelle für 26.312 EUR bei Steuerklasse 1)	3.034,00 EUR
Ermittlung Lohnsteuer auf Abfindung	
Jahresbruttoarbeitslohn (bei Austritt)	26.312,00 EUR
+ 1/5 Abfindung	2.440,00 EUR
= **Jahresbruttoarbeitslohn (mit Abfindung und sonst. Bez.)**	**28.752,00 EUR**
Lohnsteuer (lt. Jahrestabelle für 28.752 EUR bei Steuerklasse 1)	3.621,00 EUR
Lohnsteuer für 1/5 der Abfindung (3.621,00 EUR — 3.034,00 EUR)	587,00 EUR
+ Lohnsteuer für Abfindung (5 × 587 EUR)	2.935,00 EUR
+ Solidaritätszuschlag auf LSt. für Abfindung	161,42 EUR
+ Kirchensteuer auf LSt. für Abfindung	264,15 EUR
= **Summe steuerrechtliche Abzüge für Abfindung**	**3.360,57 EUR**

! ACHTUNG

Für die Ermittlung der Lohnsteuer auf die Abfindung wird auf den „voraussichtlichen" Jahresarbeitslohn abgestellt. Im Beispiel wird unterstellt, dass in 2014 kein weiteres steuerpflichtiges Beschäftigungsverhältnis aufgenommen wird. Es wäre auch zulässig, den voraussichtlichen Jahresbruttolohn bei Fortbestand der Beschäftigung (12 × 2.814 EUR) in die Steuerberechnung einzubeziehen. Nimmt der Arbeitnehmer nach dem Austritt eine steuerpflichtige Beschäftigung auf, ist mit einer Steuernachzahlung in der Einkommensteuererklärung zu rechnen.

Die Steuerbasis 1 ist dann um 1/5 der Abfindung zu erhöhen. Der sich ergebende Betrag ist die Steuerbasis 2. Aus der Steuerbasis 2 ist wiederum die Lohnsteuer aus der Jahreslohnsteuertabelle zu ermitteln. Die Differenz der beiden Jahreslohnsteuerbeträge ergibt zunächst die Lohnsteuer für den fünften Teil der Abfindung. Da es sich bei dem sonstigen Bezug um eine Abfindung handelt, muss der Steuerbetrag verfünffacht werden. Wie bei anderen sonstigen Bezügen ist es nicht zulässig, die Lohnsteuer für die Ermittlung der Kirchensteuer und des Solidaritätszuschlags um eventuelle Kinderfreibeträge oder einen Altersentlastungsbetrag zu kürzen.

! ACHTUNG

Der sonstige Bezug im Mai wird nicht bei der Kumulierung des Jahresarbeitslohnes berücksichtigt, sondern fließt nur in den maßgebenden Jahresbruttoarbeitslohn ein.

Bei der Kumulierung des Jahresbruttolohnes fließen die aufgelaufenen laufenden Bezüge ein. Es wird nicht, wie bei anderen sonstigen Bezügen, eine „Schätzung" des voraussichtlichen Jahresarbeitslohnes auf Basis der bisherigen Bezüge angestellt.

Neben der Prüfung auf eine Zusammenballung von Bezügen ist die Günstigerprüfung durchzuführen. Bei der Günstigerprüfung ist die Versteuerung nach der Fünftel-Methode einer Versteuerung als sonstiger Bezug gegenüberzustellen. Würde die Abfindung als sonstiger Bezug und nicht mit der Fünftel-Methode besteuert, ergibt sich folgender steuerlicher Abzug:

Günstigerprüfung der Versteuerung nach der Fünftel-Methode	
Ermittlung des Arbeitslohnes/Arbeitsentgeltes bei Austritt	
Bruttoarbeitslohn (8 × 2.814 EUR)	22.512,00 EUR
+ Sonstiger Bezug im Mai	2.200,00 EUR
+ Sonstiger Bezug im August (anteiliges Weihnachtsgeld)	1.600,00 EUR
= **Jahresbruttoarbeitslohn (bis zum Austritt)**	**26.312,00 EUR**
Lohnsteuer (lt. Jahrestabelle f. 26.312 EUR bei Steuerklasse 1)	3.034,00 EUR
Ermittlung Lohnsteuer auf Abfindung	
Jahresbruttoarbeitslohn (bis zum Austritt)	26.312,00 EUR
+ Abfindung	12.200,00 EUR
= **Jahresbruttoarbeitslohn (mit Abfindung und sonst. Bez.)**	**38.512,00 EUR**
Lohnsteuer (lt. Jahrestabelle f. 38.512 EUR bei Steuerklasse 1)	6.167,00 EUR
Lohnsteuer für Abfindung (6.167,00 EUR — 3.034,00 EUR)	3.133,00 EUR
+ Solidaritätszuschlag auf Betrag der LSt. für Abfindung	172,31 EUR
+ Kirchensteuer auf Betrag der LSt. für Abfindung	281,97 EUR
= **Summe steuerrechtliche Abzüge für Abfindung**	**3.587,28 EUR**

Die Günstigerprüfung zeigt, dass eine Versteuerung mit der Fünftel-Methode im Beispiel für den Mitarbeiter vorteilhafter ist: 2.935,00 EUR ist geringer als 3.133,00 EUR.

Die Möglichkeit zur Anwendung der sogenannten Fünftel-Methode ist jedoch nur dann gegeben, wenn der Arbeitnehmer nicht selbst kündigt, es sich nicht ohnehin um ein Zeitarbeitsverhältnis handelt und der Arbeitnehmer nicht das Rentenalter erreicht hat.

Die Kirchensteuer ist für den Mitarbeiter nur zu berücksichtigen, wenn er einer steuerberechtigten Glaubensgemeinschaft angehört und diese auf der Lohnsteuerkarte eingetragen ist. Die Kirchensteuer beträgt im Bundesland Rheinland-Pfalz 9 % auf den Betrag der Lohnsteuer. Gegebenenfalls sind bei der Kirchensteuer auf den laufenden Arbeitslohn Kinderfreibeträge zu berücksichtigen. Diese werden nicht berücksichtigt für die Kirchensteuerberechnung auf sonstige Bezüge oder Abfindungen.

TIPP

Die im Beispiel gewählte Versteuerung der Abfindung nur mit dem steuerpflichtigen Arbeitslohn bis zum Austritt ist zunächst für den Mitarbeiter steuerlich günstiger. Wird der Arbeitnehmer nach dem Austritt in einem anderen Unternehmen beschäftigt, kann dies zu einer Steuernachzahlung in der Einkommensteuererklärung führen. Die Schätzbasis für den Jahresarbeitslohn verändert sich nachträglich, was zu einer höheren Steuer auf den sonstigen Bezug führen kann. Aus diesem Grund verwenden manche EDV-Programme als Schätzbasis nicht den Jahresarbeitslohn bis zum Austritt, sondern führen die Schätzung bis zum Jahresende ohne Austritt durch.

Wird für die Berechnung der Lohnsteuer aus der Abfindung unterstellt, dass der Arbeitnehmer wieder eine Beschäftigung findet, ergibt sich folgende Steuerberechnung.

Versteuerung nach der Fünftel-Methode bei Nachbeschäftigung	
Ermittlung des Arbeitslohnes/Arbeitsentgeltes bei Austritt	
Bruttoarbeitslohn (12 × 2.814 EUR)	33.768,00 EUR
+ Sonstiger Bezug im Mai	2.200,00 EUR
= **Jahresbruttoarbeitslohn**	**35.968,00 EUR**
Lohnsteuer (lt. Jahrestabelle für 35.968 EUR bei Steuerklasse 1)	5.472,00 EUR

Einmalzahlungen

Ermittlung Lohnsteuer auf Abfindung	
Jahresbruttoarbeitslohn	**35.968,00 EUR**
+ Abfindung (1/5 von 12.200 EUR)	2.440,00 EUR
= **Jahresbruttoarbeitslohn (mit 1/5 der Abfindung)**	**38.408,00 EUR**
Lohnsteuer (lt. Jahrestabelle für **38.408,00 EUR** bei Steuerklasse 1)	6.138,00 EUR
Lohnsteuer für Abfindung (6.138,00 EUR — 5.472,00 EUR) × 5	3.330,00 EUR
+ Solidaritätszuschlag (5,5 %) auf Lohnsteuerbetrag für Abfindung	183,15 EUR
+ Kirchensteuer (9 %)auf Lohnsteuerbetrag für Abfindung	299,70 EUR
= **Summe steuerrechtliche Abzüge für Abfindung**	**3.812,85 EUR**

6.3.3 Sozialversicherungsbeiträge

Abfindungen sind in der Regel vollständig von Beiträgen zur Sozialversicherung ausgenommen. Das heißt: Trotz Steuerpflicht bleiben auch 2014 Abfindungszahlungen in voller Höhe von Beiträgen zu den Sozialversicherungen befreit. Sind die Voraussetzungen des § 3 Nr. 9 EStG für eine Abfindung erfüllt, erhöht die Abfindung nicht das Arbeitsentgelt. Anders sind dagegen Zahlungen von rückständigem Arbeitsentgelt anlässlich einer einvernehmlichen Beendigung von Arbeitsverhältnissen oder der gerichtlichen Auflösung im Kündigungsschutzprozess zu beurteilen. Diese Zahlungen sind sozialversicherungspflichtiges laufendes Arbeitsentgelt und unterliegen somit der Beitragspflicht. Abfindungen, die bei einem weiteren Bestehen eines versicherungspflichtigen Beschäftigungsverhältnisses — z. B. nach einer Änderungskündigung oder nach einer einvernehmlichen Änderung des Arbeitsvertrages — gezahlt werden, sind Arbeitsentgelt im Sinne des Sozialversicherungsrechts. Im Beispiel von Frau Waldmann sind das laufende Gehalt, der Zuschuss zu den VwL und die Einmalzahlung in der Kranken-, Pflege-, Renten- und Arbeitslosenversicherung beitragspflichtiges Arbeitsentgelt, nicht jedoch die Abfindung.

Werden beim Austritt andere Einmalzahlungen, wie Urlaubsabgeltung oder anteiliges Weihnachtsgeld, bezahlt, unterliegen diese bis zur anteiligen jährlichen Beitragsbemessungsgrenze den Beiträgen zu den Sozialversicherungen (vgl. Kapitel 6.1). Im Beispiel von Frau Waldmann unterliegen somit der laufende Bezug und das anteilige Weihnachtsgeld der Sozialversicherung. Für die Berechnung der Beiträge ist die anteilige Beitragsbemessungsgrenze für August 2014 heranzuziehen. Diese beträgt in der:

Renten- und Arbeitslosenversicherung

alte Bundesländer	neue Bundesländer
47.600 EUR	40.000 EUR

Kranken- und Pflegeversicherung

alle Bundesländer
32.400 EUR

Das aufgelaufene beitragspflichtige Entgelt beträgt:

Ermittlung des Arbeitslohnes/Arbeitsentgeltes bei Austritt	
Bruttoarbeitslohn (8 × 2.814 EUR)	22.512,00 EUR
+ Sonstiger Bezug im Mai	2.200,00 EUR
+ Sonstiger Bezug im August (anteiliges Weihnachtsgeld)	1.600,00 EUR
= **Beitragspflichtiges Entgelt (bis zum Austritt)**	**26.312,00 EUR**

Das aufgelaufene beitragspflichtige Entgelt liegt, inklusive des anteiligen Weihnachtsgelds, unter der anteiligen jährlichen Beitragsbemessungsgrenze (32.400 EUR bzw. 47.600 EUR). Somit ist die gesamte Einmalzahlung beitragspflichtiges Entgelt.

Der Zuschlag zur Pflegeversicherung für Arbeitnehmer ohne Kinder ist zu berücksichtigen. Den Zuschlag trägt Frau Waldmann alleine — es gibt keine Halbteilung. Die Abfindung ist kein beitragspflichtiges Entgelt und wird somit nicht bei der Ermittlung des Zuschlags berücksichtigt.

6.3.4   Gesamtabrechnung

Die Anwendung der Fünftel-Methode setzt voraus, dass die Abfindung einen „Schadensersatz" für entgangene Einkünfte darstellt. Es muss aus dem Aufhebungsvertrag klar hervorgehen, dass die Abfindung alle bestehenden und künftigen Forderungen abgelten soll. Wird ein Arbeitnehmer mit sofortiger Wirkung von seinen Pflichten freigestellt und erhält bis zum Ablauf der gesetzlichen Kündigungsfrist seinen Lohn fortgezahlt, können diese Zahlungen, auch wenn sie als Einmalzahlungen gewährt werden, nicht mit der Fünftel-Methode versteuert werden.

Einmalzahlungen

Bei Anwendung der Fünftel-Methode entsteht in der Regel eine geringere Lohn-steuer als bei der Versteuerung als sonstiger Bezug. Im Beispiel von Frau Waldmann entsteht eine Lohnsteuer von 2.935,00 EUR, im Vergleich zu 3.133,00 EUR bei Ver-steuerung als sonstiger Bezug. Der Arbeitgeber ist jedoch verpflichtet, die Vor-teilhaftigkeit der Fünftel-Methode zu prüfen und gegebenenfalls die Abfindung als sonstigen Bezug zu versteuern, wenn diese Methode für den Arbeitnehmer vorteilhafter ist.

Abfindungen müssen auf der Lohnabrechnung gesondert ausgewiesen werden. Auch die Versteuerung als sonstiger Bezug und die Einbehaltung des fünffachen Steuerbetrages müssen aus dem Lohnkonto des Arbeitnehmers hervorgehen. Auf der Lohnsteuerbescheinigung wird der steuerpflichtige Teil der Abfindung in Zeile 10 ausgewiesen. Die aus dem steuerpflichtigen Teil einbehaltene Lohnsteuer, Kir-chensteuer und der Solidaritätszuschlag sind in den Zeilen 11 bis 13 zu vermerken. Bei einer Besteuerung als sonstiger Bezug ist die Abfindung in den Zeilen 3 und 19 auf der Lohnsteuerbescheinigung auszuweisen. Für den Arbeitgeber von Frau Waldmann ergibt sich im August folgende Arbeitgeberbelastung:

Übersicht der Arbeitgeberbelastung	
Gesamtbelastung	
Bruttolohn	16.614,00 EUR
+ Krankenversicherung (7,3 % von 4.414 EUR)	322,22 EUR
+ Pflegeversicherung (½ × (2,05 % von 4.414 EUR))	45,24 EUR
+ Rentenversicherung (½ × (18,9 % von 4.414 EUR))	417,12 EUR
+ Arbeitslosenversicherung (½ × (3,0 % von 4.414 EUR))	66,21 EUR
= **Summe Sozialversicherungsbeiträge (Arbeitgeber)**	**850,79 EUR**
+ Umlagen U1 (1,9 % × 2.814 EUR)	53.47 EUR
+ Umlagen U2 (0,2 % × 2.814 EUR)	5,63 EUR
+ Insolvenzumlage (0,15 % × 4.414 EUR)	6,62 EUR
= **Gesamtbelastung**	**17.530,51 EUR**

Der Arbeitgeberanteil zu den Sozialversicherungen ergibt sich **ohne** den Zuschlag von 0,25 % zur Pflegeversicherung. Der Beitrag zur Krankenversicherung liegt mit 7,3 % unter dem Arbeitnehmeranteil von 8,2 %. Die Umlagen U1/U2 bemessen sich nur aus dem laufenden Arbeitsentgelt. Einmalzahlungen und sozialversicherungs-freie Lohnbestandteile unterliegen nicht der Umlagepflicht. Die Insolvenzumlage bemisst sich am rentenversicherungspflichtigen Entgelt. Somit ist für das anteilige

Weihnachtsgeld die Insolvenzumlage zu entrichten. Der Beitragssatz zur Insolvenzumlage wurde für 2014 auf 0,15 % des rentenversicherungspflichtigen Entgelts festgelegt. Der steuerpflichtige Teil einer Abfindung gehört zum meldepflichtigen Arbeitsentgelt für die Berufsgenossenschaft. Er erhöht die Lohnsumme, sofern diese nicht über dem meldepflichtigen Höchstbetrag liegt (siehe Kapitel 12.5). Für die Gesamtbelastung ist unter Umständen auch eine Schwerbehindertenabgabe zu berücksichtigen. Außerdem ist im Bau- und Baunebengewerbe die ZVK zu berücksichtigen. Für Unternehmen mit bis zu 30 Vollzeitbeschäftigten ist die Umlage U1 einzubeziehen. Ist die durchschnittliche Mitarbeiterzahl des vergangenen Jahres größer als 30 in Vollzeit beschäftigte Arbeitnehmer, entsteht nur die Belastung durch die U2-Umlage. Zu prüfen ist auch, ob ggf. die Beiträge zur Künstlersozialabgabe in die Gesamtbelastung mit einbezogen werden müssen.

6.4 Wie ist Arbeitslohn für mehrere Jahre abzurechnen?

Arbeitslohn für mehrere Jahre ist eine weitere Sonderform eines sonstigen Bezugs bzw. einer Einmalzahlung. Jubiläumsgeschenke für langjährige Betriebszugehörigkeit, Tantiemen für mehrere Jahre oder Erfindervergütungen für mehrjährige Entwicklungsarbeit sind einige Beispiele für Arbeitslohn, der mehreren Jahren zuzurechnen ist. Immer dann, wenn Arbeitslohn für Leistungen gezahlt wird, die sich über mehr als ein Kalenderjahr erstrecken, handelt es sich um Arbeitslohn für mehrere Jahre. Diese Sonderform des sonstigen Bezuges kann mit der Fünftel-Methode versteuert werden.

Bei einer Besteuerung nach der Fünftel-Methode ist nur der fünfte Teil des steuerpflichtigen sonstigen Bezuges der Lohnsteuer zu unterwerfen. Die sich ergebende Lohnsteuer ist dann aber zu verfünffachen. Ziel dieses Verfahrens ist es, im Vergleich zu einer Besteuerung als sonstiger Bezug die Steuerprogression abzuschwächen. Der Einkommensteuertarif und somit der Lohnsteuertarif sind zunehmend ansteigend (progressiv). Das heißt: Liegt der jährliche Arbeitslohn über einem Grundfreibetrag von 8.354 EUR (16.708 EUR für Verheiratete), ist dieser mit dem Eingangssteuersatz von 14,0 % zu versteuern. Je höher der jährliche Arbeitslohn, desto höher ist der darauf entfallende Lohnsteuersatz. Der Spitzensteuersatz von 42 % wird erreicht bei einem jährlich zu versteuernden Einkommen von:

- 52.882 EUR bei Ledigen
- 105.764 EUR bei Verheirateten

Einmalzahlungen

Bei der Ermittlung des zu versteuernden Einkommens sind der Grundfreibetrag und eventuelle andere Freibeträge zu berücksichtigen. Zusätzlich wird ein Steuerzuschlag von 3 % für Einkommen von mehr als 250.730 EUR (Ledige) bzw. 501.460 EUR (Verheiratete) erhoben. Für diesen Personenkreis liegt der Spitzensteuersatz bei 45 %. Das bedeutet, der 250.730 EUR übersteigende Teil der Einkünfte wird mit einem Steuerzuschlag von 3 % belegt. Liegt beispielsweise das steuerpflichtige Jahreseinkommen eines Ledigen bei 400.000 EUR, so ist auf 149.270 EUR ein Zuschlag von 3 %, also 4.478,10 EUR, zu bezahlen. Ausgenommen von dieser Änderung werden Einkünfte aus Gewerbebetrieb und selbstständiger Arbeit.

> **BEISPIEL**

Frau Waldmann ist 10 Jahre in ihrer Firma tätig. Anlässlich ihres zehnjährigen Betriebsjubiläums erhält sie im Mai neben dem monatlichen Gehalt in Höhe von 4.100 EUR ein Jubiläumsgeschenk von 2.000 EUR. Zusätzlich zum Gehalt zahlt der Arbeitgeber einen Zuschuss zu den vermögenswirksamen Leistungen (VwL) von 14 EUR. Die VwL überweist der Arbeitgeber mit dem Arbeitnehmeranteil von 26 EUR direkt an die Bausparkasse. Frau Waldmann hat Steuerklasse 1 und keine Kinder eingetragen. Sie ist bei einer gesetzlichen Krankenkasse pflichtversichert und gehört einer kirchensteuerberechtigten Glaubensgemeinschaft an. Der Beitragssatz zur Krankenversicherung liegt bei 15,5 %. Als Bundesland des Firmensitzes wird Berlin angenommen. Das Unternehmen nimmt am Umlageverfahren U1/U2 teil. Die Umlagesätze bei der Krankenkasse des Mitarbeiters betragen 1,9 % (U1) und 0,2 % (U2) des beitragspflichtigen Arbeitsentgelts.

6.4.1 Entgeltabrechnung

Abrechnung der Bruttobezüge	
Ermittlung des Arbeitslohnes/Arbeitsentgeltes	
Arbeitslohn von Januar bis Mai (5 × 4.114 EUR)	20.570,00 EUR
Geschätzter Jahresarbeitslohn (20.570 EUR ÷ 5) × 12	49.368,00 EUR
Geschätzter Jahresarbeitslohn + 1/5 sonstiger Bezug	49.768,00 EUR
Gehalt	4.100,00 EUR
+ Zuschuss VwL	14,00 EUR
+ Jubiläumszuwendung	2.000,00 EUR
= **Bruttolohn**	**6.114,00 EUR**
Arbeitslohn (steuerpflichtig)	6.114,00 EUR
Arbeitsentgelt (beitragspflichtig)	6.114,00 EUR

Steuerliche Abzüge

	Lohnsteuer (lt. Monatstabelle für 4.114 EUR bei Steuerklasse 1)	783,25 EUR
+	Solidaritätszuschlag 5,5 % auf Betrag LSt. für laufenden Bezug	43,07 EUR
+	Kirchensteuer (9 % auf Steuer für laufenden Bezug)	70,49 EUR
+	Lohnsteuer (lt. Jahrestabelle für 2.000 EUR mit 1/5-Methode)	696,00 EUR
+	Solidaritätszuschlag 5,5 % für sonstigen Bezug	38,28 EUR
+	Kirchensteuer (9 % auf Steuer für sonstigen Bezug)	62,64 EUR
=	**Summe steuerrechtliche Abzüge**	**1.693,73 EUR**

Sozialversicherungsbeiträge

	Krankenversicherung (8,2 % von 4.050,00 EUR)	332,10 EUR
+	Pflegeversicherung (½ × (2,05 % von 4.050,00 EUR))	41,51 EUR
+	Zuschlag zur Pflegeversicherung (0,25 % von 4.050,00 EUR)	10,13 EUR
+	Rentenversicherung (½ × (18,9 % von 6.114 EUR))	577,77 EUR
+	Arbeitslosenversicherung (½ × (3,0 % von 6.114 EUR))	91,71 EUR
=	**Summe Sozialversicherungsbeiträge (Arbeitnehmer)**	**1.053,22 EUR**

Gesamtabrechnung

	Bruttolohn	6.114,00 EUR
−	Steuerrechtliche Abzüge (Arbeitnehmer)	**1.693,73 EUR**
−	Sozialversicherungsbeiträge (Arbeitnehmeranteil)	**1.053,22 EUR**
−	Überweisung an Bausparkasse	40,00 EUR
=	**Auszahlungsbetrag**	**3.327,05 EUR**

Gesamtbelastung

	Bruttolohn	6.114,00 EUR
+	Sozialversicherungsbeiträge AG-Anteil (von 6.114 EUR)	**1.006,64 EUR**
+	Umlagen U1 (1,9 % × 4.114 EUR)	78,17 EUR
+	Umlagen U2 (0,2 % × 4.114 EUR)	8,23 EUR
+	Insolvenzumlage (0,15 % × 6.114 EUR)	9,17 EUR
=	**Gesamtbelastung**	**7.216,21 EUR**

Die Jubiläumszuwendung anlässlich des zehnjährigen Firmenjubiläums von Frau Waldmann kann als Arbeitslohn für mehrere Jahre mit der Fünftel-Methode versteuert werden. Für die Anwendung der Fünftel-Methode muss zunächst der voraussichtliche Jahresbruttolohn ermittelt werden. Dieser ergibt sich durch Addition der laufenden Bezüge im Kalenderjahr. Zur Ermittlung des durchschnittlichen Monatslohnes ist der laufende Gesamtlohn durch die Anzahl der Beschäftigungsmonate im laufenden Kalenderjahr zu dividieren. Der sich ergebende durchschnittliche Monatsarbeitslohn wird dann mit den voraussichtlichen Beschäftigungsmonaten des Arbeitnehmers multipliziert. Der so ermittelte voraussichtliche Jahresarbeitslohn ist der Versteuerung mit der Jahreslohnsteuertabelle zu unterwerfen. Im zweiten Schritt wird der voraussichtliche Jahresarbeitslohn um 1/5 der Sonderzahlung erhöht und die Lohnsteuer aus dem erhöhten Betrag ermittelt. Die Differenz der beiden Jahreslohnsteuern ist dann zu verfünffachen.

In einem dritten Schritt ist zusätzlich die Vorteilhaftigkeit der Besteuerung gegenüber einer Versteuerung als sonstiger Bezug zu prüfen (Günstigerprüfung). Eine Prüfung auf Zusammenballung von Einkünften ist nicht erforderlich, da bei Arbeitslohn für mehrere Jahre immer von einer Zusammenballung ausgegangen werden kann. Eine Ausnahme besteht nur in dem Fall, dass im Monat des sonstigen Bezuges kein laufender Arbeitslohn bezahlt wird.

> **! ACHTUNG**
>
> Wurden in vorangegangenen Abrechnungen neben dem laufenden Arbeitslohn bereits sonstige Bezüge bezahlt (z. B. bereits gezahltes Urlaubsgeld), sollten diese für die Ermittlung des durchschnittlichen Monatslohnes aus der Durchschnittsbildung herausgerechnet werden. Sie sind dann aber dem geschätzten Jahresarbeitslohn wieder zuzurechnen (vgl. Kapitel 6.3).

6.4.2   Steuerrechtliche Abzüge

Die Fünftel-Methode ist nicht in jedem Fall vorteilhafter als eine Versteuerung entsprechend einem sonstigen Bezug. Aus diesem Grund ist immer eine Vergleichsrechnung zum normalen sonstigen Bezug durchzuführen. Ergibt sich aus der Fünftel-Methode eine höhere Steuerbelastung als bei einem vergleichbaren sonstigen Bezug, so darf die Fünftel-Methode **nicht** angewandt werden (Günstigerprüfung). Stattdessen ist der Arbeitslohn für mehrere Jahre wie ein sonstiger Bezug (z. B. Urlaubsgeld) zu berechnen.

Ermittlung der Lohnsteuer bei einer Versteuerung nach der Fünftel-Methode	
Arbeitslohn von Januar bis Mai (5 × 4.114 EUR)	20.570,00 EUR
Geschätzter Jahresarbeitslohn (20.570 EUR ÷ 5) × 12	49.368,00 EUR
Lohnsteuer (lt. Jahrestabelle für 49.368 EUR Steuerklasse 1)	9.399,60 EUR
1/5 der steuerpflichtigen Jubiläumszuwendung	400,00 EUR
Geschätzter Jahresarbeitslohn + 1/5 sonstiger Bezug	49.768,00 EUR
Lohnsteuer lt. Jahrestabelle für 49.768 EUR bei Steuerklasse 1)	9.538,80 EUR
Lohnsteuer für Jubiläumszuwendung (5 × 139,20 EUR)	696,00 EUR

Ermittlung der Lohnsteuer bei einer Versteuerung als sonstiger Bezug	
Arbeitslohn von Januar bis Mai (5 × 4.114 EUR)	20.570,00 EUR
Geschätzter Jahresarbeitslohn (20.570 EUR ÷ 5) × 12	49.368,00 EUR
Lohnsteuer (lt. Jahrestabelle für 49.368 EUR Steuerklasse 1)	9.399,00 EUR
Jubiläumszuwendung (als sonstiger Bezug)	2.000,00 EUR
Geschätzter Jahresarbeitslohn + sonstiger Bezug	51.368,00 EUR
Lohnsteuer (lt. Jahrestabelle für 51.368 EUR bei Steuerklasse 1)	10.102,00 EUR
Lohnsteuer für Jubiläumszuwendung (10.102,00 EUR — 9.399,00 EUR)	703,00 EUR

Die Vergleichsrechnung zeigt: Die Besteuerung mit der Fünftel-Methode (696 EUR) ist steuergünstiger im Vergleich zu einer Versteuerung als sonstiger Bezug (703 EUR). Der Steuervorteil durch die Fünftel-Methode beträgt im Beispiel 8,01 EUR. Dieser ergibt sich aus dem Vergleich zwischen der Lohn- und Kirchensteuer sowie dem Solidaritätszuschlag bei einer Versteuerung als sonstiger Bezug bzw. bei der Anwendung der Fünftel-Methode.

Steuervergleich		Sonstiger Bezug	Fünftel-Methode
	Lohnsteuer (lt. Jahrestabelle für 2.000 EUR)	703,00 EUR	696,00 EUR
+	Solidaritätszuschlag 5,5 % auf Lohnsteuer	38,66 EUR	38,28 EUR
+	Kirchensteuer (9 % auf Lohnsteuerbetrag)	63,27 EUR	62,64 EUR
=	**Summe steuerrechtliche Abzüge**	**804,93 EUR**	**796,92 EUR**

Die Steuerdifferenz mag im Beispiel nicht sehr hoch erscheinen. Die Fünftel-Methode wirkt sich in kleineren bis mittleren Einkommen nicht sehr stark aus. Bei höheren Einkommen wird eine Versteuerung nach der Fünftel-Methode immer vorteilhafter sein. Wird die Einmalzahlung erst nach Austritt des Mitarbeiters gewährt, ist diese mit Steuerklasse 6 zu versteuern.

> **!** **WICHTIG**
>
> Nur wenn die Fünftel-Methode angewendet wird, ist der Arbeitslohn für mehrere Jahre gesondert in Zeile 10 auf der Lohnsteuerbescheinigung auszuweisen. Er darf nicht im Bruttoarbeitslohn in Zeile 3 enthalten sein. Bei Versteuerung als sonstiger Bezug ist der Arbeitslohn hingegen in Zeile 3 und Zeile 19 auszuweisen.

6.4.3 Sozialversicherungsbeiträge

Arbeitslohn für mehrere Jahre wird für die Ermittlung der Beiträge zur Sozialversicherung wie eine Einmalzahlung behandelt. Im Sozialversicherungsrecht sind laufende Bezüge zum Zeitpunkt der Entstehung zu verbeitragen (**Entstehungsprinzip**). Abweichend von dieser Regelung können Einmalzahlungen zum Zeitpunkt der Zuwendung verbeitragt werden. Wird Arbeitsentgelt für mehrere Jahre als Einmalzahlung bezahlt, ist somit eine Aufrollung vergangener Abrechnungsperioden **nicht** erforderlich. Vom steuerpflichtigen Teil der Einmalzahlung sind Beiträge bis zur anteiligen Beitragsbemessungsgrenze in allen Zweigen der Sozialversicherung zu erheben (vgl. Kapitel 6.2). Wenn Arbeitsentgelt für mehrere Jahre gezahlt wird, unterliegt dieses den aktuellen Beitragssätzen in den Sozialversicherungen. Eine anteilige Rückrechnung auf die Jahre, denen das Entgelt zuzuordnen ist, ist nicht erforderlich. Eine Ausnahme besteht, wenn die Einmalzahlung in den Monaten Januar bis März gezahlt wird. Übersteigt der laufende Arbeitslohn mit einer Einmalzahlung die anteilige Beitragsbemessungsgrenze KV/PV im Januar, Februar oder März, ist die Einmalzahlung dem letzten Abrechnungszeitraum des Vorjahres zuzuordnen (siehe Märzklausel im Kapitel 6.1). Im Vorjahr ist dann wiederum die anteilige Jahresbeitragsbemessungsgrenze zu prüfen (in der Regel ist dies die BBG im Dezember). Liegt das gesamte Entgelt im Vorjahr unter der anteiligen Jahresbeitragsbemessungsgrenze (JBBG) in der Kranken- und Pflegeversicherung, ist dieses bis zur JBBG aufzufüllen und zu verbeitragen.

Im Beispiel von Frau Waldmann unterliegen der laufende Bezug und das Jubiläumsgeld den Beiträgen zu den Sozialversicherungen. Für die Berechnung der Beiträge ist die anteilige Beitragsbemessungsgrenze für Mai heranzuziehen.

Diese liegt in der **Renten- und Arbeitslosenversicherung** bei:

alte Bundesländer	neue Bundesländer
29.750 EUR	25.000 EUR

in der **Kranken- und Pflegeversicherung** bei:

alle Bundesländer
20.250 EUR

Das aufgelaufene beitragspflichtige Entgelt von Frau Waldmann beträgt:

+	Gehalt + VwL (Jan. — Mai)	20.570,00 EUR
+	Jubiläumszuwendung	2.000,00 EUR
=	**Summe beitragspflichtiges Entgelt**	**22.570,00 EUR**

Das aufgelaufene beitragspflichtige Entgelt liegt, inklusive des Jubiläumsgeldes, über der anteiligen jährlichen Beitragsbemessungsgrenze in der Kranken- und Pflegeversicherung (20.250 EUR). Bereits der laufende Bezug ohne die Jubiläumszuwendung übersteigt die Beitragsbemessungsgrenze für diesen Versicherungszweig. Somit ist die Jubiläumszuwendung in der Kranken- und Pflegeversicherung zwar sozialversicherungspflichtig, jedoch beitragsfrei. In der Renten- und Arbeitslosenversicherung liegt die anteilige jährliche Beitragsbemessungsgrenze (29.750 EUR) über dem aufgelaufenen Arbeitsentgelt inklusive der Einmalzahlung. Somit unterliegen das laufende Arbeitsentgelt und die gesamte Einmalzahlung den Beiträgen zur Renten- und Arbeitslosenversicherung.

In der Pflegeversicherung wird im Beispiel ein Zuschlag in Höhe von 0,25 % des beitragspflichtigen Arbeitsentgelts für Kinderlose erhoben. Der Zuschlag ist nur von Arbeitnehmern ohne leibliche oder adoptierte Kinder zu entrichten. Die Beitragspflicht besteht auch für Einmalzahlungen, soweit sie zum beitragspflichtigen Entgelt gehören. Ist der Arbeitnehmer privat kranken- und pflegeversichert besteht keine Beitragspflicht für den Zuschlag.

6.4.4 Gesamtabrechnung

Die Lohnsteuer auf den Arbeitslohn für mehrere Jahre wird nicht rückwirkend erhoben, sondern bei Zufluss der Zahlung (Zuflussprinzip). Alle steuerrechtlichen Abzüge auf Arbeitslohn für mehrere Jahre sind zusammen mit der Lohnsteuer für den laufenden Bezug einzubehalten und abzuführen.

Im Beispiel von Frau Waldmann ergibt sich im Mai folgende Arbeitgeberbelastung:

Arbeitgeberbelastung bei Arbeitslohn für mehrere Jahre	
Gesamtbelastung	
Bruttolohn	6.114,00 EUR
— Krankenversicherung (7,3 % von 4.050,00 EUR)	295,65 EUR
— Pflegeversicherung (½ × (2,05 % von 4.050,00 EUR))	41,51 EUR
— Rentenversicherung (½ × (18,9 % von 6.114 EUR))	577,77 EUR
— Arbeitslosenversicherung (½ × (3,0 % von 6.114 EUR))	91,71 EUR
= **Summe Sozialversicherungsbeiträge (Arbeitgeber)**	**1.006,64 EUR**
+ Umlagen U1 (1,9 % × 4.114 EUR)	78,17 EUR
+ Umlagen U2 (0,2 % × 4.114 EUR)	8,23 EUR
+ Insolvenzumlage (0,15 % × 6.114 EUR)	9,17 EUR
= **Gesamtbelastung**	**7.216,21 EUR**

Die Einmalzahlung unterliegt zwar den Beiträgen zur Renten- und Arbeitslosenversicherung, nicht jedoch den Umlagen U1 bzw. U2. Entsprechend ist die Umlage nur aus dem laufenden Bezug und dem Zuschuss zur VwL zu berechnen. Für die Berechnung der Insolvenzumlage ist das rentenversicherungspflichtige Entgelt inklusive Einmalzahlungen heranzuziehen. Der Beitragssatz für die Insolvenzumlage liegt bei 0,15 % des rentenversicherungspflichtigen Entgelts bis zur Beitragsbemessungsgrenze. Im Arbeitgeberbeitrag zu den Sozialversicherungen ist kein Zuschlag zur Pflegeversicherung (0,25 %) enthalten. Außerdem beträgt der Krankenkassenbeitrag nur 7,3 % für den Arbeitgeber.

Bei der Arbeitgebergesamtbelastung sind in der Regel zusätzlich noch die Beiträge zur Berufsgenossenschaft, die Beiträge zur ZVK (nur Baugewerbe) und unter Umständen die anteilige Schwerbehindertenabgabe zu berücksichtigen. Die Umlage U1 entsteht nur, sofern das Unternehmen aufgrund seiner Betriebsgröße am Umlageverfahren teilnimmt. Umlagepflichtig sind nur Unternehmen mit bis zu 30 Vollzeitbeschäftigten zum Ende des Vorjahres. Die U2-Umlage ist für alle Mitarbeiter unabhängig von der Betriebsgröße zu ermitteln und an die Krankenkasse des Arbeitnehmers abzuführen. Beitragspflichtig ist nur der Arbeitgeber. Zu prüfen ist auch, ob der Arbeitgeber der Künstlersozialversicherung unterliegt und ggf. sind die Beiträge in die Arbeitgeberbelastung mit aufzunehmen.

TIPP

Jubiläumszuwendungen können anlässlich eines Arbeitnehmer- oder Arbeitgeberjubiläums gezahlt werden. Mit dem Wegfall der Freibeträge können somit auch Jubiläumszuwendungen nach 3 oder 5 oder 8 oder 10 oder 20 Jahren gezahlt werden. Eine Beschränkung für die Anwendung der Fünftel-Methode ist nicht vorgesehen.

7   Bruttolohnbestandteile

Für die Erstellung einer korrekten Abrechnung ist es wichtig zu wissen, welche Lohnart bzw. welcher Lohnbestandteil steuerpflichtig ist, welcher pauschal versteuert werden kann, welcher sozialversicherungsfrei ist oder welcher den Sozialversicherungen unterliegt. Leider bestehen im Lohnsteuer- und Sozialversicherungsrecht zahlreiche Ausnahmeregelungen, so dass an dieser Stelle keine eindeutige Regel formuliert werden kann. Für die Praxis lassen sich jedoch einige Grundsätze als Faustregeln formulieren.

- Als **erster Grundsatz** gilt — Bestandteile des laufenden Arbeitslohns sind steuerpflichtig und sozialversicherungspflichtig.
  Regelmäßiger Bruttolohn und sonstige Bezüge unterliegen der Lohnsteuer entsprechend den Lohnsteuertabellen. Lohnbestandteile, die nach der Lohnsteuertabelle versteuert werden, sind Arbeitsentgelt und unterliegen der Beitragspflicht zu den Sozialversicherungen. Lohnbestandteile, die regelmäßig oder unregelmäßig zusätzlich zum Grundlohn gezahlt werden, sind auf Steuerfreiheit oder die Möglichkeit der Versteuerung mit einem pauschalen Steuersatz (15 %, 20 %, 25 %, 30 %) zu prüfen. Lohnarten, die der Arbeitgeber mit einem pauschalen Steuersatz versteuern kann, sind von Beiträgen zur Sozialversicherung befreit. Es gibt wenige Ausnahmen von dieser Regel, wie das Beispiel Direktversicherung aus Barlohnumwandlung zeigt.
- Als **zweiter Grundsatz** gilt — die Sozialversicherung folgt der Lohnsteuer.
  Alle Lohnbestandteile, die steuerfrei sind, sind von Beiträgen zur Sozialversicherung befreit. Zu den steuerfreien Lohnbestandteilen gehören u. a. Zuschüsse des Arbeitgebers zur privaten oder freiwilligen Kranken- und Pflegeversicherung (KV/PV). Die steuerfreien Lohnbestandteile sind in § 3 Einkommensteuergesetz (EStG) geregelt. Aber auch von dieser Regel gibt es einige wenige Ausnahmen. So sind beispielsweise Arbeitgeberzuschüsse zur KV/PV bei beherrschenden Gesellschafter-Geschäftsführern einer GmbH steuerpflichtiger Arbeitslohn.

TIPP

In Zweifelsfällen sollte eines der zahlreichen Lohnlexika zu Rate gezogen werden. Zu Detailfragen empfiehlt es sich, Rücksprache mit dem Finanzamt bzw. der zuständigen Krankenkasse zu nehmen.

- Als **dritter Grundsatz** gilt das sogenannte **Zuflussprinzip** im Steuerrecht bzw. **Entstehungsprinzip** im Sozialversicherungsrecht. Nach dem Zuflussprinzip sind Arbeitslöhne erst dann steuerpflichtig, wenn sie dem Arbeitnehmer zufließen. D. h. wird Urlaubsgeld oder eine Prämie anteilig jährlich „erdient", entsteht die Steuerpflicht erst bei Auszahlung des Arbeitslohnes. Im Regelfall ist die Einmalzahlung dem Entgeltabrechnungszeitraum zuzuordnen, in dem sie gezahlt wird (§ 23a SGB IV). Das gilt sogar dann, wenn für keinen Tag des Monats laufendes Arbeitsentgelt bezogen wird und demzufolge keine Beitragspflicht aus laufendem Arbeitsentgelt besteht — z. B. bei erkrankten Mitarbeitern außerhalb der Entgeltfortzahlung.
- Einmalzahlungen, die nach Beendigung eines Beschäftigungsverhältnisses gezahlt werden, sind dem letzten Entgeltabrechnungsmonat **des laufenden Kalenderjahrs** zuzuordnen, in dem das Beschäftigungsverhältnis bestanden hat.
- Eine Ausnahme besteht für Arbeitsentgelte, die im Rahmen der Altersteilzeit erarbeitet werden. Bei den Blockmodellen der Altersteilzeit arbeitet ein Arbeitnehmer 1,5 bis 3 Jahre Vollzeit, erhält jedoch nur den halben normalen Arbeitslohn. In den 1,5 bis 3 Jahren der Freistellungsphase erhält er die andere Hälfte des Arbeitsentgeltes und verbeitragt es auch zu diesem Zeitpunkt. In den sogenannten Störfällen wird diese Regelung jedoch wieder aufgehoben.
- Für Einmalzahlungen, die in der Zeit vom 1.1. bis 31.3. eines Jahrs gezahlt werden, gelten unter bestimmten Umständen Besonderheiten. Sie sind bei Überschreitung der anteiligen Beitragsbemessungsgrenze dem letzten Entgeltabrechnungszeitraum des vergangenen Kalenderjahrs, in der Regel dem Dezember des Vorjahres zuzuordnen (Anwendung der „Märzklausel" siehe Kapitel 6.1.2). In solchen Fällen gelten die Beitragssätze, Beitragsbemessungsgrenzen und das bisher beitragspflichtige Arbeitsentgelt des Vorjahres für die Beitragsberechnung aus der Einmalzahlung.

In der nachfolgenden Tabelle sind alle in den Beispielen verwendeten Lohnarten nach ihrer Steuerpflicht, der Möglichkeit einer pauschalen Versteuerung und der Beitragspflicht zur Sozialversicherung zusammengestellt.

Übersicht der Steuer- und Sozialversicherungspflicht von Lohnarten			
Lohnart	Steuerpflichtig	Pauschal zu versteuern	Sozialversicherungspflichtig
Abfindungen	ja [2]	—	nein
Arbeitslohn	ja	—	ja
Ausbildungsvergütung	ja	—	ja

Lohnart	Steuerpflichtig	Pauschal zu versteuern	Sozialversiche-rungspflichtig
Aushilfslohn für geringfügig beschäftigte Arbeitnehmer	—[3]	2 % 20 %	13 % KV 15 % RV
Aushilfslohn für kurzfristig beschäftigte Arbeitnehmer	—	25 %	nein
Beiträge zur betrieblichen Alters-vorsorge bis 4 % der Bemessungs-grenze	nein	—	nein
Berufskleidung (Zuschuss des Arbeitgebers)	nein	—	nein
Bonus	ja[1]	—	ja
Darlehen	ja	—	ja
Dienstwagen (1 % des Listen-preises + Zubehör)	ja	—	ja
Dienstwagen (km Wohnung — Arbeitsstätte)	ja	15 %	nein
Direktversicherung (Zuschuss des Arbeitgebers)	—	20 %[7]	nein
Erschwerniszulage	ja	—	ja
Fahrgelderstattung für öffentliche Verkehrsmittel	ja	15 %[6]	ja/ nein[6]
Fahrgeldzuschuss des Arbeit-gebers	—	15 %[6]	nein
Feiertagszuschlag (125 % vom Grundlohn)	nein	—	nein
Feiertagszuschlag (150 % vom Grundlohn)	nein	—	nein
Gehalt	ja	—	ja
Geburtsbeihilfe	ja	—	ja
Getränke (frei vom Arbeitgeber)	nein	—	nein
Geschenke bis 40 EUR	nein	—[5]	nein
Heiratsbeihilfe	ja	—	ja
Kindergeld/Kindergartenzuschuss	nein	—	nein

Bruttolohnbestandteile

Lohnart	Steuerpflichtig	Pauschal zu versteuern	Sozialversiche-rungspflichtig
Mitarbeiterbeteiligung/ Vermögensbeteiligung bis 360 EUR pro Jahr	nein	—	nein
Mutterschaftsgeld (Zuschuss des Arbeitgebers)	nein	—	nein
Nachtarbeitszuschlag (25 % vom Stundenlohn)	nein	—	nein
Nachtarbeitszuschlag (40 % vom Stundenlohn)	nein	—	nein
Mahlzeiten	ja	ja[4]	ja/nein
Nachzahlung	ja[1]	—	ja
Prämie	ja	—	ja
Preisnachlass b. 1.080 EUR/Jahr	nein	—	nein
Reisekostenerstattung	nein	—	nein
Reisekostenzuschuss des Arbeit-gebers	—	25 %	nein
Sachbezug bis 44 EUR monatlich	nein	—	nein
Sachbezüge als Incentives bis 10.000 EUR (§ 37b EStG)	ja	30 %	ja
Sonntagszuschlag (50 % vom Stundenlohn)	nein	—	nein
Tantieme	ja[1]	—	ja
Trinkgelder	nein	—	nein
Überstunden	ja	—	ja
Überstundenzuschlag	ja	—	ja
Umzugskostenpauschale bis 1.390 EUR pro Umzug	ja[9]	—	ja
Urlaubsgeld	ja[1]	—	ja
Unfallversicherung f. Mitarbeiter	nein	20 %[8]	nein
Vermögenswirksame Leistungen (Arbeitgeberzuschuss)	ja	—	ja
Vorschuss (Abzug des Vorschuss)	nein	—	nein

Lohnart	Steuerpflichtig	Pauschal zu versteuern	Sozialversicherungspflichtig
Weihnachtsgeld	ja[1]	—	ja
13. Gehalt	ja[1]	—	ja
Zulage (sonstige)	ja	—	ja
Zuschuss zur betriebl. Gesundheitsförderung bis 500 EUR/Jahr	nein	—	nein
Zuschuss Pensionskasse oder Pensionsfonds bis 4 % BBG	nein	—	nein

Tab. 29: Steuer- und Sozialversicherungspflicht von Lohnarten

[1] Bei diesen Lohnarten handelt es sich um Einmalzahlungen, die mit der Jahreslohnsteuertabelle versteuert werden.

[2] Die Steuerlast ist für den steuerpflichtigen Teil mit der Fünftel-Regelung zu versteuern (siehe Kapitel 6.4).

[3] Sind die steuerrechtlichen Grenzen 450 EUR/pauschaler Beitrag zur Rentenversicherung eingehalten, kann eine pauschale Versteuerung mit 2 % Lohnsteuer auf den Arbeitslohn erfolgen. Ist die Bedingung des pauschalen Rentenbeitrags nicht gegeben, kann nur mit 20 % pauschal versteuert werden.

[4] Eine pauschale Versteuerung ist nur möglich, sofern der Arbeitgeberzuschuss 3,10 EUR des Sachbezugswertes nicht übersteigt. Bei pauschaler Versteuerung besteht Sozialversicherungsfreiheit. Bei Steuerpflicht besteht Beitragspflicht zu den Sozialversicherungen.

[5] Eine pauschale Versteuerung ist nur bei Geschenken im Rahmen einer Betriebsveranstaltung möglich.

[6] Wird das Fahrgeld pauschal versteuert, ist es sozialversicherungsfrei, erfolgt eine Versteuerung mit dem Arbeitslohn, besteht Sozialversicherungspflicht.

[7] Gilt nur für Altverträge, die vor dem 1.1.2005 geschlossen wurden.

[8] Wenn Nettobetrag pro Mitarbeiter ohne Versicherungssteuer nicht höher liegt als 62 EUR (Gruppenunfallversicherung).

[9] Für Singles gilt der halbe Betrag von 695 EUR pro Umzug. Der Pauschbetrag erhöht sich nach § 6 BUKG für jede weitere Person mit Ausnahme des Ehegatten um 306 Euro. Für Eheleute gilt die doppelte Pauschale wie für Singles.

8 Wer erhält welche Lohnabzüge und wie sind diese zu melden?

Die Abzüge vom Bruttoarbeitslohn lassen sich in drei Gruppen einteilen.

Zur ersten Gruppe, den steuerrechtlichen Abzügen, gehören die Lohnsteuer, die Kirchensteuer, der Solidaritätszuschlag sowie die Pauschalsteuern. Daneben gibt es regionale Besonderheiten, wie der Kammerbeitrag (Saarland, Bremen) und das Kirchgeld bzw. die Mindestkirchensteuer.

In der zweiten Gruppe sind die sozialversicherungsrechtlichen Abzüge vom Bruttolohn zusammengefasst. Beiträge zur Kranken- und Pflegeversicherung, zur Rentenversicherung und zur Arbeitslosenversicherung gehören zu dieser Gruppe. In diese Gruppe gehört auch der Zuschlag zur Pflegeversicherung. Ist der Arbeitgeber aufgrund der Betriebsgröße verpflichtet, am Umlageverfahren für die Lohnfortzahlung (U1-Umlage) teilzunehmen, gehören die Umlage-Beiträge sowie die Pflichtbeiträge zur U2-Umlage in diese Gruppe. Die vom Arbeitgeber monatlich zu leistende Insolvenzumlage ist zwar keine Sozialversicherung im engeren Sinne, da die Beiträge jedoch zusammen mit den Sozialversicherungen zu melden sind, können Sie verfahrenstechnisch der Gruppe der Sozialversicherungsbeiträge zugeordnet werden.

Eine dritte Gruppe sind die Beiträge zur Berufsgenossenschaft (BG) und zur Zusatzversorgung im Baugewerbe bzw. Baunebengewerbe (Handwerk). Die Beiträge zur BG werden einmal jährlich in Form einer Kostenumlage erhoben. Die Beiträge zur Zusatzversorgung stellen steuerpflichtige Aufwendungen des Arbeitgebers dar. Eine Pauschalierung der Lohnsteuer mit 20 % ist möglich. Beide Beiträge trägt der Arbeitgeber alleine zuzüglich der pauschalen Lohnsteuer für die Zahlungen an die Zusatzversorgungskasse. Die Schwerbehindertenabgabe wir ebenfalls jährlich in einem Umlageverfahren erhoben, sofern die Pflichtquote nicht erreicht wird. Sie ist nur vom Arbeitgeber zu tragen.

Alle Beiträge und Abgaben müssen den erhebenden Stellen (Krankenkasse, Minijob-Zentrale, Finanzamt, BG, Integrationsamt, ZVK) in regelmäßigen Meldungen nachgewiesen werden. Die Meldungen bzw. Nachweise sind elektronisch zu übermitteln.

8.1 Was erhält das Finanzamt?

Arbeitgeber sind verpflichtet, von jedem Arbeitnehmer die Lohn- und Kirchensteuer vom Bruttolohn einzubehalten. Zusätzlich werden 5,5 % auf den Lohnsteuerbetrag als Solidaritätszuschlag erhoben. Dieser Betrag wird ebenfalls vom Bruttolohn abgezogen. Außerdem ist der Arbeitgeber verpflichtet, die pauschalen Lohnsteuern für begünstigte Bezüge zu ermitteln und an das zuständige Finanzamt abzuführen.

8.1.1 Lohnsteueranmeldung mit ELSTER erstellen

Von den Arbeitnehmern einbehaltene Steuern und der Solidaritätszuschlag sind regelmäßig dem Finanzamt mitzuteilen und in einer Summe zu überweisen. Die kumulierten Werte für alle Mitarbeiter sind in einer sogenannten Lohnsteueranmeldung dem Finanzamt mitzuteilen. Die pauschale Lohn- und Kirchensteuer sind getrennt auf der Lohnsteueranmeldung auszuweisen. Für Abschlagszahlungen und Vorschüsse, die im folgenden Lohnabrechnungszeitraum verrechnet werden, ist die Lohnsteuer erst bei der endgültigen Lohnabrechnung einzubehalten und zu melden. In welcher Regelmäßigkeit die Meldung an das Betriebsstättenfinanzamt abgegeben werden muss, hängt von der Höhe der jährlich abzuführenden Lohnsteuer ab.

Fristen für die Lohnsteueranmeldung

Der Rhythmus, nach dem die Lohnsteuer dem Finanzamt gemeldet und abgeführt werden muss, ist abhängig von der Höhe des betrieblichen Lohnsteueraufkommens. Die Tabelle gibt eine Übersicht.

Meldefristen für die Lohnsteueranmeldung		
Meldefrist	**Höhe des Lohnsteueraufkommens pro Jahr (Vorjahr)**	**Abgabetermin bis spätestens**
Monatlich	Mehr als 4.000 EUR	10. des Folgemonats
Vierteljährlich	Zwischen 1.000 EUR und 4.000 EUR	10. April, 10. Juli, 10. Oktober, 10. Januar
Jährlich	Bis 1.000 EUR	10. Januar

Entstanden im vergangenen Kalenderjahr oder entstehen bei neuen Unternehmen voraussichtlich im laufenden Kalenderjahr nicht mehr als **1.000 EUR Lohnsteuer**, werden alle zu meldenden Steuern des gesamten Kalenderjahres in einer Lohnsteueranmeldung zusammengefasst. Abgabetermin für diese „Jahresmeldung" ist spätestens der 10. Januar des folgenden Kalenderjahres. Lag oder liegt der Gesamtbetrag der einbehaltenen Lohnsteuer zwar **über 1.000 EUR, aber unter 4.000 EUR,** so muss die Lohnsteueranmeldung vierteljährlich erfolgen (vgl. § 41a EStG). Abgabetermin in diesem Fall ist jeweils der 10. des dem Quartalsmonat folgenden Monats. Entstand im vergangenen Kalenderjahr für alle Arbeitnehmer eine Lohnsteuersumme von **mehr als 4.000 EUR**, muss die Lohnsteuer monatlich angemeldet werden und dem Finanzamt bis zum 10. des Folgemonats überwiesen sein. Bei der Bestimmung des Melderhythmus ist nur die Summe der Lohnsteuer maßgeblich. Die Kirchensteuer und der Solidaritätszuschlag werden für die Berechnung der Grenzen nicht berücksichtigt.

▶ **BEISPIEL**

In einem Unternehmen sind im Vorjahr folgende steuerrechtlichen Gesamtabzüge entstanden:

Steuer	Summe gesamt
Gesamtlohnsteuersumme 2013	3.800 EUR
Kirchensteuersumme 2013	324 EUR
Solidaritätszuschlagssumme 2013	254 EUR
Gesamt	**4.378 EUR**

Der Lohnsteueranmelderhythmus für das Kalenderjahr 2014 ist das Quartal, da die Summe der Lohnsteuer im Vorjahr über 1.000 EUR, aber unter 4.000 EUR liegt. Ein monatlicher Melderhythmus ist nicht möglich.

Bei einer monatlichen Entgeltabrechnung und quartalsweiser oder jährlicher Lohnsteuermeldung ist die Lohnsteuer zwar monatlich einzubehalten, wird jedoch erst zum Ende des Quartals bzw. des Jahres an das Finanzamt abgeführt.

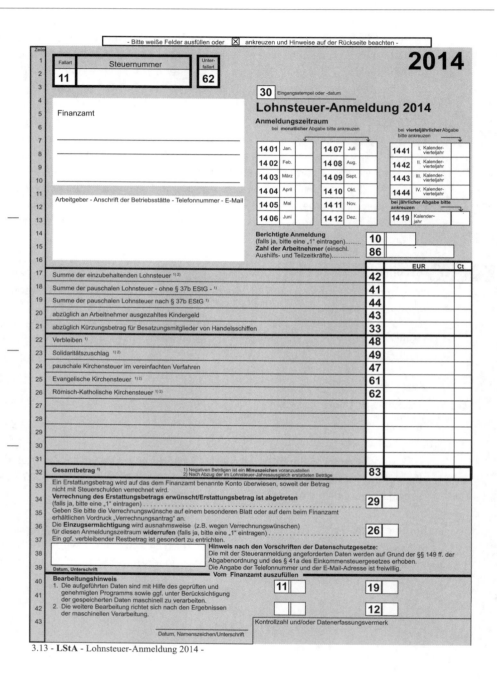

Die Meldung der einbehaltenen Lohnsteuer ist nur noch elektronisch möglich. Verfügt das Abrechnungsprogramm des Arbeitgebers bzw. der Rechner über einen Internet-Zugang, müssen die Daten direkt an die Clearingstelle der Finanzbehörden gemeldet werden. Die Datenübertragung erfolgt in einem verschlüsselten Format, für die Verschlüsselung müssen die Software-Anbieter sorgen. Die Verschlüsselung erfolgt nach einer von den Finanzbehörden festgelegten Form — dem ELSTER-Verfahren. Es besteht zusätzlich die Möglichkeit, über ein von den Finanzbehörden zur Verfügung gestelltes Programm die Lohnsteueranmeldung zu erstellen und diese online an die Clearingstelle zu übertragen. Voraussetzung ist auch bei diesem Verfahren, dass ein Rechner mit einem Internetzugang vorhanden ist. Der Gesetzgeber sieht die Anschaffung einer entsprechenden Ausstattung als zumutbare Belastung an.

TIPP

Das Programm für die elektronische Steueranmeldung kann aus dem Internet kostenlos heruntergeladen werden (http://www.elsterformular.de/). Voraussetzung für die Nutzung ist ein PC mit einem Internetanschluss. Die Programm-CD-ROM kann auch bei jedem Finanzamt kostenlos bezogen werden.

Die elektronische Übermittlung der Steuerdaten erfordert eine Authentifizierung des Arbeitgebers. § 6 der Steuerdaten-Übermittlungsverordnung sieht vor, dass eine vom Arbeitgeber oder dessen Bevollmächtigten unterschriebene Erklärung dem Finanzamt eingereicht wird. Die Erklärung entspricht der Versicherung auf dem amtlichen Vordruck, dass alle Angaben vollständig und wahrheitsgemäß vorgenommen werden. Ein entsprechender Vordruck ist bei den Finanzämtern verfügbar und muss **einmalig** eingereicht werden. Seit 2010 ist eine zusätzliche Authentifizierung erforderlich. Das für die Authentifizierung erforderliche Zertifikat muss vom Datenübermittler einmalig — möglichst frühzeitig — im ELSTER-Online-Portal (http://www.elsteronline.de/eportal) beantragt werden. Ohne Authentifizierung ist eine elektronische Übermittlung der Lohnsteueranmeldung und Lohnsteuerbescheinigung 2013 nicht möglich. Werden die Daten von einem Lohnbüro oder einem Steuerberater übermittelt, ist die Authentifizierung des Datenlieferanten erforderlich. Ein zusätzliches Zertifikat für den Kunden oder Mandanten wird nicht benötigt.

Die Lohnsteueranmeldung muss bis zum **10. Tag** des dem Meldezeitraum folgenden Monats beim Betriebsstättenfinanzamt eingegangen sein. Die Meldefrist ist zugleich die Zahlungsfrist, bis zu der die einbehaltenen Steuerabzüge und der einbehaltene Solidaritätszuschlag beim Finanzamt eingegangen sein müssen. Es gibt jedoch für die Zahlung eine 3-tägige Schonfrist. Bei verspäteter Abführung entsteht entsprechend ein Säumniszuschlag. Der Säumniszuschlag beträgt monatlich

Wer erhält welche Lohnabzüge und wie sind diese zu melden?

1 % des rückständigen, auf 50 EUR abgerundeten Steuerschuldbetrags, also im Jahr 12 %. Für rückständige Beträge unter 50 EUR entsteht kein Säumniszuschlag. Für die Berechnung des Säumniszuschlages wird immer auf volle 50 EUR zugunsten des Schuldners abgerundet.

Keine Pflicht zur Übermittlung oder Abgabe einer Lohnsteuer-Anmeldung besteht, wenn dem Betriebsstättenfinanzamt mitgeteilt wurde, dass keine Lohnsteuer einzubehalten oder zu übernehmen ist. Gleiches gilt, wenn nur Arbeitnehmer beschäftigt werden, für die lediglich die 2 %-ige Pauschsteuer an die Bundesknappschaft-Bahn-See abzuführen ist (geringfügig Beschäftigte).

Für jede Betriebsstätte und für jeden Anmeldezeitraum darf nur eine Lohnsteueranmeldung gemeldet werden. Entstehen nachträglich Änderungen, müssen diese in einer Korrekturmeldung sofort nach Bekanntwerden der Änderung gemeldet werden. Das heißt: Entsteht bei Quartalsmeldung in den beiden Folgemonaten eine Änderung, welche die Quartalsmeldung betrifft, ist diese außerhalb des Zyklus zu korrigieren. Muss beispielsweise die Lohnsteueranmeldung des ersten Quartals im Mai korrigiert werden, so ist die korrigierte Meldung im Mai dem Finanzamt einzureichen. Durch die außerordentliche Korrekturmeldung verschiebt sich jedoch nicht der Melderhythmus. Nach der Korrekturmeldung ist die „regelmäßige" Meldung zum Quartalsende bzw. bis zum 10. des Folgemonats abzugeben. Ergibt sich aus der korrigierten Meldung ein Lohnsteuererstattungsanspruch, wird der Erstattungsbetrag dem Arbeitgeberkonto gutgeschrieben; Nachzahlungen müssen sofort mit der Meldung geleistet werden.

Auf der Lohnsteueranmeldung sind zahlreiche Pflichtangaben vorzunehmen. Zu den wichtigsten Angaben einer vollständigen Meldung gehören:

Steuernummer des Unternehmens

Jeder Arbeitgeber bzw. jede Betriebsstätte erhält vom zuständigen Betriebsstättenfinanzamt eine Steuernummer. Diese wird automatisch mit der Anmeldung der Betriebsstätte vergeben und ist in jedem Fall auf der Lohnsteueranmeldung zu melden. Wurde die Steuernummer noch nicht vergeben, ist eine Zuteilung der Steuernummer beim zuständigen örtlichen Finanzamt zu beantragen.

Zahl der beschäftigten Arbeitnehmer

In dieses Feld ist die Anzahl der Arbeitnehmer einzutragen, die zum Zeitpunkt der Meldung beschäftigt werden. Tritt ein Mitarbeiter während des Meldezeitraums aus, ist dieser in der Zahl der beschäftigten Arbeitnehmer noch zu berücksichtigen. Zu den beschäftigten Arbeitnehmern zählen Aushilfen ebenso wie Auszubildende und Praktikanten oder in Teilzeit beschäftigte Arbeitnehmer. Auch sozialversicherungsfreie kurzfristig Beschäftigte oder Gesellschafter-Geschäftsführer sind in den Angaben zu berücksichtigen. Nicht gemeldet werden passive Mitarbeiter, die beispielsweise in Elternzeit oder in der Passivphase der Altersteilzeit sind.

Berichtigung der Anmeldung

Ergeben sich nach Abgabe der Lohnsteueranmeldung Änderungen in den Lohnabrechnungen, die Auswirkungen auf die Lohnsteuer haben, ist eine berichtigte Meldung für den entsprechenden Zeitraum abzugeben. Die berichtigte Meldung wird durch eine 1 im Feld 10 (Zeile 15) besonders gekennzeichnet. Auf der berichtigten Meldung sind nochmals alle korrigierten Angaben für den Meldezeitraum einzutragen — nicht nur die Korrekturwerte. Müssen aufgrund geänderter Lohnabrechnungen mehrere Meldezeiträume korrigiert werden, ist für jeden Meldezeitraum eine gesonderte korrigierte Meldung einzureichen. Entsteht aus der Korrektur eine höhere Steuerschuld als aus der ursprünglichen Meldung, ist die Nachzahlung mit der korrigierten Meldung abzuführen.

Lohnsteuer

Die auf den Arbeitslohn erhobene Lohnsteuer hängt im Wesentlichen von drei Größen ab — der Höhe des Arbeitslohnes, der Lohnsteuerklasse und der anzuwendenden Lohnsteuertabelle. In Zeile 18 der Anmeldung ist die pauschale Lohnsteuer auszuweisen. Dabei ist es unerheblich, ob die pauschale Lohnsteuer vom Arbeitgeber oder vom Arbeitnehmer getragen wird. In Zeile 17 sind die Summen der einbehaltenen Lohnsteuer auf laufende und sonstige Bezüge auszuweisen. Ist die Lohnsteuer vierteljährlich oder jährlich dem Finanzamt zu melden, ist unter der Position 42 die Lohnsteuersumme **aller Arbeitnehmer** der letzten drei Monate bzw. des vergangenen Kalenderjahres anzugeben.

Wer erhält welche Lohnabzüge und wie sind diese zu melden?

Kindergeld

Das Kindergeld wird von der Kindergeldkasse ausgezahlt. Eine Ausnahme von der Befreiung der Kindergeldzahlung besteht für den öffentlichen Dienst. Arbeitnehmer im öffentlichen Dienst erhalten auch 2014 von ihrem Arbeitgeber das Kindergeld ausbezahlt.

Solidaritätszuschlag

In Zeile 23 der Lohnsteueranmeldung ist die Summe des von allen Arbeitnehmern einbehaltenen Solidaritätszuschlags anzuweisen. Der Solidaritätszuschlag ergibt sich als 5,5%-Aufschlag auf den Lohnsteuerbetrag. Bei der Ermittlung des Solidaritätszuschlags sind jedoch Kinderfreibeträge und der Altersentlastungsbetrag zu berücksichtigen. Außerdem besteht eine Freigrenze (81 EUR/162 EUR) und eine Gleitregelung bei Überschreitung der Freigrenze (vgl. Kapitel 5.5). Für sonstige Bezüge gilt, dass der Solidaritätszuschlag grundsätzlich 5,5 % der Lohnsteuer auf den steuerpflichtigen Teil des einmaligen Bezuges ausmacht. Kinderfreibeträge und der Altersentlastungsbetrag werden bei sonstigen Bezügen nicht berücksichtigt.

Kirchensteuer

Kirchensteuer ist nur von den Arbeitnehmern einzubehalten, die einer steuerberechtigten Religionsgemeinschaft angehören. Nicht alle Religionsgemeinschaften sind bundeseinheitlich zur Erhebung von Kirchensteuer berechtigt. Welche Religionsgemeinschaften im Bundesland des Arbeitgebers kirchensteuerberechtigt sind, ist in den Zeilen 25 bis 31 auf der Lohnsteueranmeldung vermerkt. Gehört der Arbeitnehmer keiner kirchlichen Religionsgemeinschaft oder einer nicht steuerpflichtigen Religionsgemeinschaft an, ist er von der Kirchensteuer befreit. In Zeile 24 ist die vom Arbeitgeber zu leistende pauschale Kirchensteuer anzugeben. Die pauschale Kirchensteuer darf nicht in den Kirchensteuerbeträgen der Zeilen 25 bis 28 enthalten sein. Die Aufteilung der pauschalen Kirchensteuer auf die erhebungsberechtigten Glaubensgemeinschaften übernimmt die Finanzverwaltung.

Arbeiter-/Angestelltenkammerbeiträge

Eine steuerliche Besonderheit gilt in den Bundesländern Saarland und Bremen. In diesen Bundesländern sind die Arbeitgeber verpflichtet, von jedem Arbeitnehmer einen Beitrag zur Arbeiter- bzw. Angestelltenkammer zu erheben. Der Kammerbeitrag ist vom Arbeitgeber im Lohnabzugsverfahren einzubehalten und an das Betriebsstättenfinanzamt abzuführen und mit der Lohnsteueranmeldung zu melden. Der Ausweis erfolgt in Zeile 32 der Lohnsteuer-Anmeldung.

Übermittlungspflicht

Eine Lohnsteueranmeldung ist selbst dann zu übertragen, wenn der Arbeitgeber in einem Lohnsteueranmeldezeitraum **keine** Lohnsteuer und keinen Solidaritätszuschlag einbehält und selbst keine pauschale Lohnsteuer übernommen hat. In diesem Fall erklärt der Arbeitgeber in einer **Nullanmeldung**, dass er keine Lohnsteuer für den Anmeldezeitraum einbehalten hat. Die Nullanmeldung kann entfallen, wenn der Arbeitgeber zukünftig keine Arbeitnehmer beschäftigt und dies dem Finanzamt schriftlich mitteilt.

8.1.2 Änderungen von Besteuerungsmerkmalen aus ELStAM übernehmen

Seit dem Jahr 2013 ist die Finanzverwaltung für die Übermittlung der zur Besteuerung des Arbeitnehmers notwendigen Merkmale zuständig. Alle für die Besteuerung der Arbeitnehmer erforderlichen Daten sind beim Bundeszentralamt für Steuern (BZSt) aktuell gespeichert. Sobald ein Mitarbeiter eine neue Arbeitsstelle antritt und lohnsteuerpflichtig ist, übernimmt der Arbeitgeber aus der Datenbank des BZSt die notwendigen Daten in sein Abrechnungsprogramm. Für die Übernahme meldet der Arbeitgeber zunächst das Beschäftigungsverhältnis mit einer Meldeliste dem BZSt. Die Übermittlung der Daten erfolgt nach einer Prüfung des BZSt bis spätestens **fünf Tage** nach der Anmeldung.

Sind im laufenden Abrechnungsmonat Mitarbeiter ausgeschieden oder haben sich sonstige steuerrechtliche Änderungen ergeben, sind diese Angaben mit einer Meldeliste an die ELStAM-Datenbank zu übermitteln. Für den Abruf bzw. die Übermittlung der Daten muss sich der Arbeitgeber an der ELStAM-Datenbank anmelden. Als Authentifizierung sind die Steuernummer der Betriebsstätte und das Elster-Zertifikat zu übermitteln.

! **WICHTIG**

Keine Datenübermittlung bzw. Datenabrufe sind für geringfügig beschäftigte Arbeitnehmer, deren Arbeitslohn pauschal versteuert wird (Mini-Jobber), vorzunehmen. Führt ein Dritter, z. B. Steuerberater oder Lohnbüro, die Meldung bzw.

den Datenabruf durch, muss dieser neben seiner eigenen Authentifizierung über Steuernummer und Zertifikat auch die Angaben des Arbeitgebers übermitteln. Dabei ist ein eigenes Zertifikat des Arbeitgebers nicht erforderlich.

Damit ggf. weitere Arbeitgeber die Steuerdaten für einen Mitarbeiter aus der ELStAM-Datenbank abrufen können, muss der Arbeitgeber neben der Steuer-ID, Geburtsdatum, unter anderem den **Beginn bzw. das Ende der Beschäftigung** und das Merkmal **„Hauptarbeitgeber"** für neue Mitarbeiter melden. Ohne die Angabe, ob es sich um ein erstes oder weiteres Beschäftigungsverhältnis handelt, wird immer eine Zweitbeschäftigung mit Steuerklasse 6 unterstellt. Übermittelt der Arbeitgeber das Merkmal Hauptarbeitgeber, kann in der ELStAM-Datenbank eine Steuerklasse 1-5 gespeichert werden bzw. wird an den Arbeitgeber zurückgemeldet. Hat der Arbeitnehmer weitere Beschäftigungsverhältnisse, erhalten diese Arbeitgeber beim nächsten Datenabruf automatisch die Steuerklasse 6 übermittelt. Gilt für einen Arbeitnehmer aufgrund von Änderungen in den persönlichen Verhältnissen eine andere Steuerklasse, muss dies der Arbeitnehmer dem zuständigen Finanzamt melden. Meldet der Arbeitnehmer die Veränderung nicht, führt die Finanzverwaltung nach Meldung von Gemeinden und Behörden selbstständig eine Änderung der ELStAM-Daten durch.

Scheidet ein Arbeitnehmer im oder zum Ende des Abrechnungsmonats aus dem Unternehmen aus, muss der Arbeitgeber oder ein von ihm beauftragter Dienstleister den Arbeitnehmer bei der ELStAM-Datenbank **abmelden**. Die Abmeldung beinhaltet neben dem Enddatum der Beschäftigung, der Steuer-ID und des Geburtsdatums des Mitarbeiters auch die Steuernummer und Authentifizierung des Arbeitgebers. Als Rückmeldung erhält der Arbeitgeber eine Abmeldebestätigung. Verstirbt der Arbeitnehmer, wird das Sterbedatum von der Gemeinde an die ELStAM-Datenbank übermittelt. Der Arbeitgeber erhält bei der Protokollabholung die Rückmeldung, dass kein Datenabruf für den ehemaligen Mitarbeiter mehr möglich ist. Eine Abmeldung ist auch dann zu übermitteln, wenn das Finanzamt für den Arbeitnehmer eine Sperre des Datenabrufs eingetragen hat. Keine Abmeldung ist für Grenzgänger und Arbeitnehmer im Diplomatischen Dienst im Ausland vorzunehmen. Diese Personen können aufgrund der fehlenden deutschen Steuer-ID nicht angemeldet und infolge auch nicht bei der ELStAM-Datenbank abgemeldet werden.

Nachzahlungen

Erhält der Arbeitnehmer nach einer Abmeldung noch Arbeitslohn (z. B. Nachzahlung oder Korrekturabrechnung), ist zu unterscheiden, ob es sich um laufenden

Arbeitslohn oder eine Einmalzahlung handelt. Wird nach dem Austritt noch laufender Arbeitslohn bezahlt — Nachzahlung von Überstundenvergütung — ist eine Korrektur des letzten Abrechnungszeitraums vorzunehmen. Für die Lohnsteuerberechnung muss der zu diesem Abrechnungszeitraum gültige ELStAM-Datensatz angewendet werden. Eine erneute Anmeldung mit anschließender Abmeldung ist nicht vorzunehmen. Die zusätzliche Lohnsteuer ist in die Lohnsteuer-Anmeldung des Abrechnungsmonats aufzunehmen.

Wird eine Einmalzahlung nach dem Ausscheiden gewährt — z. B. Abfindung oder anteilige Prämien oder Bonuszahlung — muss der Arbeitnehmer erneut bei ELStAM angemeldet werden. Als Anmeldezeitraum ist der Monat der Entgeltabrechnung zu melden. Der Arbeitgeber muss die Meldung als „Nebenarbeitgeber" erstellen und erhält als Steuerklasse die 6 zurückgemeldet. Wurde für den Arbeitnehmer zwischenzeitlich keine weitere Beschäftigung angemeldet, wird von der ELStAM die Steuerklasse entsprechend dem Familienstatus zurückgemeldet. Mit der zurückgemeldeten Steuerklasse ist die Abrechnung für die Einmalzahlung vorzunehmen. Außerdem ist der Mitarbeiter am Ende des Abrechnungsmonats wieder abzumelden.

Wechsel des Datenübermittlers

Werden die Daten von einem Lohn- oder Steuerbüro übermittelt und wechselt dieses im Laufe des Monats, ist eine neue Anmeldung vom zukünftigen Datenübermittler vorzunehmen. Der alte Datenübermittler hält beim Versuch des Datenabrufs aus ELStAM die Rückmeldung „Keine Abrufberechtigung für Steuer-ID xxx". Der alte Datenübermittler muss zuvor alle Mitarbeiter bei ELStAM abmelden. Die Abmeldung nimmt er in der Regel nach der letzten Lohnabrechnung vor. Der alte Datenübermittler erhält eine Abmeldebestätigung, der neue Datenübermittler eine Anmeldebestätigung für die Arbeitnehmer. Nach der Anmeldebestätigung können die Besteuerungsmerkmale für die neu angemeldeten Arbeitnehmer abgerufen werden. Alternativ besteht die Möglichkeit, dass der neue Datenübermittler eine Ummeldung vornimmt.

Eine Ummeldung ist im Prinzip identisch mit einer Neuanmeldung, aber mit dem Unterschied, dass der neue Datenübermittler keine Ummeldebestätigung bekommt und die Arbeitgeberdaten/Arbeitgeberzuordnung erhalten bleiben. Der alte Datenübermittler erhält mit der nächsten Monatsliste den Hinweis, dass er nicht mehr abrufberechtigt ist. Nach der Ummeldung kann der neue Datenübermittler die ELStAM-Datensätze für die umgemeldeten Arbeitnehmer abrufen.

Wer erhält welche Lohnabzüge und wie sind diese zu melden?

Geänderte Besteuerungsmerkmale

Änderungen an den Besteuerungsmerkmalen der Mitarbeiter werden durch sogenannte „Änderungslisten" an die Arbeitgeber übermittelt. Dies bedingt, dass möglichst monatlich vor der Lohnabrechnung eine ggf. vorhandene Änderungsliste in das
Lohnabrechnungsprogramm übernommen wird. Die Abholung muss aktiv durch den
Arbeitgeber erfolgen — ein Informationsdienst per E-Mail ist verfügbar. Bestandteil
der „Änderungsdatei" ist eine Versionsnummer und für jeden Änderungssatz ein Gül-
tigkeitsdatum. Ergeben sich rückwirkende Änderungen, wird dies zu einer Aufrollung
der Lohnabrechnung für zurückliegende Monate führen. Die Änderungsliste beinhaltet alle Änderungen für die Arbeitnehmer, die der Steuer-ID des Arbeitgebers zugeordnet sind. Die Änderungsliste wird in der Nacht zum 1. des laufenden Monats von
der Finanzverwaltung erzeugt. Ein Abruf ist für den gesamten Monat verfügbar. Bei
einem Jahreswechsel bleiben die Änderungen bis zum 28. Februar des Folgemonats
in der Änderungsliste enthalten. Werden die Änderungen nicht im Monat des Entste-
hens abgerufen, sind sie Bestandteil der Änderungsliste des Folgemonats.

Arbeitgeberwechsel

Bei einem Arbeitgeberwechsel ist der Arbeitnehmer spätestens zum Monatsende
abzumelden. Erfolgt die Abmeldung verspätet, erhält der Folgearbeitgeber dennoch die Besteuerungsinformationen gemäß dem Familienstand. Sofern der Folgearbeitgeber das Beschäftigungsverhältnis als „Hauptarbeitgeber" anmeldet, erhält
der ursprüngliche Hauptarbeitgeber beim Abruf der Änderungsliste die Steuerklasse 6 für den ausgeschiedenen Mitarbeiter zurückgemeldet. Dieser Datensatz
wird mit der Abmeldung des Arbeitnehmers wieder gelöscht.

! **WICHTIG**

Seit 1.12.2013 ist das Verfahren für alle Arbeitgeber verpflichtend. Muss die
Finanzverwaltung aufgrund eines Änderungsantrags eines Arbeitnehmers eine
Klärung der Daten herbeiführen, wird der ELStAM-Datensatz in der Regel für
diesen Mitarbeiter bis zur Klärung gesperrt. Für die Durchführung des Lohnsteuerabzugs erstellt die Finanzverwaltung eine zeitlich befristete Ersatzbescheinigung, die dann für den Lohnsteuerabzug maßgeblich ist. Die Ersatzbescheinigung enthält auch eventuelle Änderungen in Kinderfreibeträgen,
Lohnsteuerfreibeträgen oder einen Steuerklassenwechsel. Ansprechpartner
für alle inhaltlichen Fragen ist das zuständige Finanzamt. Bei technischen Pro-
blemen sollten Sie sich zunächst an den Softwarehersteller/Dienstleister wenden. Bei Fragen zum ElsterOnline-Portal oder zum ElsterFormular steht Ihnen
die ELSTER-Hotline unter der Telefonnummer 0800 52 35 099 zur Verfügung.

Gesamtabruf (Bruttolisten)

In Fällen des Datenverlusts kann der Arbeitgeber einen Gesamtdatenabruf bei der zuständigen Finanzverwaltung beantragen. Der Arbeitgeber erhält beim nächsten Datenabruf der Änderungslisten eine sogenannte Bruttoliste mit allen Besteuerungsmerkmalen der aktuell unter der Arbeitgeber-Steuer-ID gespeicherten Arbeitnehmer. Die Bruttoliste enthält jedoch keinerlei Historie, sondern lediglich den aktuellen Status zum Punkt des Datenabrufs. Als Referenzdatum wird der Erste des aktuellen Monats gemeldet.

8.2 Was ist der Krankenkasse zu melden?

Die im Zuge der Entgeltabrechnung ermittelten Beiträge zur Kranken-, Pflege-, Renten- und Arbeitslosenversicherung sowie die Umlagen sind regelmäßig den Annahmestellen der Krankenkassen zu melden. Dabei ist zu beachten, dass der Stichtag für die Meldung und die Bezahlung der Beiträge auseinanderfallen.

8.2.1 Ermittlung der Beitragsschuld

Mit dem Gesetz zur vorgezogenen Beitragsfälligkeit wurde die Fälligkeit des Gesamtsozialversicherungsbeitrags neu geregelt. Durch die Neuregelung ist der **voraussichtliche Gesamtsozialversicherungsbeitrag** bis spätestens am drittletzten Banktag des Abrechnungsmonats an die Krankenkassen zu überweisen. Zur Überprüfung der Zahlung müssen die sogenannten Beitragsnachweise **2 Arbeitstage** vor der Zahlungsfälligkeit bei den Annahmestellen der Krankenkassen eingegangen sein. Der zum drittletzten Banktag fällige Gesamtsozialversicherungsbeitrag enthält:

- die voraussichtlichen Beiträge aller Sozialversicherungszweige für den gesamten laufenden Abrechnungsmonat und
- die verbleibende Restzahlung aus dem Vormonat.

Die Problematik dieser Regelung liegt in der Ermittlung der „voraussichtlichen" Höhe der Beitragsschuld für den gesamten Abrechnungsmonat. Nach der gesetzlichen Regelung ist die voraussichtliche Höhe der Beitragsschuld so zu bemessen, dass eine Restzahlung im Folgemonat 10 % der ursprünglichen Beitragsschuld nicht übersteigt. Dies führt zu einer „Schätzung" der Beitragsschuld zum Zeitpunkt der Entgeltabrechnung. Die Schätzung basiert auf dem voraussichtlichen beitragspflichtigen Arbeitsentgelt für den laufenden Monat. In die Schätzung müssen alle voraussichtlichen laufenden Bezüge und Einmalzahlungen bis zum Monatsende einbezogen werden. Für Mitarbeiter, die nach geleisteten Arbeitsstunden bezahlt werden, ist das Arbeitsentgelt für die Sollarbeitszeit sowie bereits bekannte Mehrarbeit der Schätzung zugrunde zu legen. Auch alle variablen Entgeltbestandteile, wie Umsatzprämien oder Boni, die zum Monatsende fließen, sind für die Schätzung zu berücksichtigen. Die Regelung führt ggf. zu einer vorgezogenen „Pro-Forma-Abrechnung" zur Ermittlung der Sozialversicherungsbeiträge. In einem zweiten Abrechnungslauf werden dann die tatsächlichen Beiträge zu den Sozialversicherungen und die Differenzen zu den gemeldeten Beiträgen ermittelt. Diese Differenzen sind dann auf den Folgemonat vorzutragen und in die „Schätzung" des Folgemonats einzubeziehen. Die Schätzung der Beiträge entfällt in der Regel, wenn nur Gehälter und fixe sonstige Bezüge bezahlt werden. In diesem Fall wird die Entgeltabrechnung bereits zwei Arbeitstage vor dem drittletzten Banktag durchgeführt und die sich ergebenden tatsächlichen Beiträge gemeldet.

! **ACHTUNG**

Die Berechnungsgrundlagen, nach denen die voraussichtliche Gesamtsozialversicherungsbeitragsschuld ermittelt wird, sind zu dokumentieren. Sie sind unter anderem Gegenstand einer Prüfung durch die Sozialversicherungsträger. Wird die voraussichtliche Beitragsschuld fahrlässig zu niedrig „geschätzt", können Säumniszuschläge festgesetzt werden.

Vereinfachtes Schätzverfahren

Bei monatlich schwankenden Bezügen gibt es eine Vereinfachungsregelung für die Ermittlung der Beitragsschuld. Unternehmen mit einem regelmäßigen Mitarbeiterwechsel **oder** variablen Entgeltbestandteilen können als „Schätzung" des laufenden Monats die „reale Abrechnung" des Vormonats ansetzen. Ergeben sich zur Schätzung Abweichungen, sind diese in die Beitragsberechnung des Folgemonats aufzunehmen. Die Spitzenverbände der Sozialversicherungen haben in einem Rundschreiben festgelegt, dass von „regelmäßigem Mitarbeiterwechsel" auszugehen ist, wenn im aktuellen Abrechnungsmonat und in den beiden vorangegangenen Monaten **ein** Eintritt oder Austritt stattgefunden hat. Ein Wechsel zwischen Betriebsstätten wird dabei nicht als Mitarbeiterwechsel gesehen.

Als alternative Bedingung für die Anwendung der Vereinfachungsregelung haben die Spitzenverbände die Zahlung von variablen Entgeltbestandteilen genannt. Unter variable Entgeltbestandteile fallen Zahlungen, die **zusätzlich** zu Löhnen oder Gehältern gezahlt werden und deren Höhe von Monat zu Monat schwankt. Beispiele können variable Zulagen, Zuschläge für Sonntags-, Feiertags- und Nachtarbeit oder Schichtzuschläge sein. Somit kann (muss aber nicht) bei regelmäßiger Zahlung von Zuschlägen die Abrechnung des Vormonats als „Schätzung" für den aktuellen Abrechnungsmonat herangezogen werden.

Tritt ein Arbeitnehmer aus dem Unternehmen aus und war er der einzige im Unternehmen, der bei dieser Krankenkasse versichert ist, muss bei einer Schätzung im Folgemonat des Austritts ggf. nochmals ein Beitragsnachweis mit Korrekturen eingereicht werden.

TIPP

Bestehen monatlich weitgehend gleiche Bezüge (z. B. nur Gehaltsempfänger) wird in aller Regel die vollständige Entgeltabrechnung zwischen dem 22. und 24. des Monats durchgeführt. Die „geschätzten" Beiträge entsprechen in diesem Fall den korrekten Beiträgen. Entstehen nach der Entgeltabrechnung nochmals Änderungen für den aktuellen Monat, sind diese im Beitragsnachweis des Folgemonats enthalten.

8.2.2 Fälligkeit der Beiträge

Sind mehrere Arbeitnehmer in der gleichen Krankenkasse versichert, sind deren kumulierte Beiträge bis zum **drittletzten Banktag** des laufenden Monats zu überweisen. Die Meldung der Beiträge erfolgt mit dem Beitragsnachweis. Dieser ist zwei Arbeitstage vor der Zahlfrist der Annahmestelle einzureichen. Die Regelung gilt auch für Beiträge von geringfügig Beschäftigten, welche an die Bundesknappschaft-Bahn-See in Essen zu melden sind. Mit der Fälligkeit des Gesamtsozialversicherungsbeitrags werden auch die vom Arbeitgeber zu tragenden Umlagen (U1/U2-Umlage) und die Insolvenzumlage fällig. Aus der Regelung des drittletzten Bankarbeitstags für die Fälligkeit der Zahlung ergeben sich für 2013 folgende Zahlungsfristen für die Beiträge zu den Sozialversicherungen:

Meldefristen für die Beitragsnachweise 2014		
Monat	Fälligkeit Beitragsnachweis	Fälligkeit der Beiträge
Januar	27.01.2014	29.01.2014
Februar	24.02.2014	26.02.2014
März	25.03.2014	27.03.2014
April	24.04.2014	28.04.2014
Mai	23.05.2014	27.05.2014

Wer erhält welche Lohnabzüge und wie sind diese zu melden?

Monat	Fälligkeit Beitragsnachweis	Fälligkeit der Beiträge
Juni	24.06.2014	26.06.2014
Juli	25.07.2014	29.07.2014
August	25.08.2014	27.08.2014
September	24.09.2014	26.09.2014
Oktober[1]	24.10.2014 27.10.2014	28.10.2014 29.10.2014
November	24.11.2014	26.11.2014
Dezember[2]	19.12.2014	23.12.2014

Tab. 30: Beitragsfälligkeitstermine in 2014

[1] In einigen Bundesländern ist der Reformationstag am 31.10. ein Feiertag.
[2] Beachten Sie: der 24.12. und 31.12. gelten nicht als bankübliche Arbeitstage.

Zu den Fälligkeitsterminen sind auch die Beiträge der freiwillig in einer gesetzlichen Krankenkasse versicherten Arbeitnehmer zu leisten und zu melden.

8.2.3 Meldung der Sozialversicherungsbeiträge

Einzugsstelle aller Sozialversicherungsbeiträge ist die jeweilige Krankenkasse des Arbeitnehmers. Das heißt: Ist der Arbeitnehmer beispielsweise bei der AOK versichert, werden Arbeitgeber- und Arbeitnehmeranteil für die Kranken- und Pflegeversicherung, Renten- und Arbeitslosenversicherung an die AOK abgeführt. Die Krankenkassen überweisen anschließend die vereinnahmten Beiträge anteilig an die Deutsche Rentenversicherung und an die Bundesagentur für Arbeit (Arbeitslosenversicherung) weiter.

Um die Beitragssumme an die anderen Sozialversicherungsträger weiterleiten zu können, benötigen die Krankenkassen die Aufteilung der Beitragssumme auf Kranken-, Pflege-, Renten- und Arbeitslosenversicherung. Die Mitteilung erfolgt mit dem **Beitragsnachweis**. Ein Beitragsnachweis ist monatlich jeder Krankenkasse, an die Beiträge abgeführt werden, einzureichen. Die nachzuweisenden Beiträge setzen sich zusammen aus:
dem geschätzten Beitrag des laufenden Monats pro Sozialversicherungszweig und
der Differenz zwischen Schätzung und Endabrechnung des Vormonats.

War die Schätzung des Vormonats im Vergleich zur tatsächlichen Abrechnung zu niedrig, ist die **Restschuld** pro Versicherungszweig zusammen mit der Schätzung des laufenden Monats auszuweisen. War die Schätzung zu hoch, wird die Überzahlung vom aktuellen Beitragsnachweis abgezogen. War im Unternehmen nur ein Mitarbeiter bei der Krankenkasse versichert und tritt dieser im laufenden Monat aus, so ist im nächsten Monat ein „Storno-Beitragsnachweis" einzureichen. Mit dem stornierten Beitragsnachweis ist ein neuer „korrigierter Beitragsnachweis" einzureichen. Führte die Schätzung zu einer Überzahlung, gilt der Beitragsnachweis mit negativen Werten als „Erstattungsantrag". Sind für den ausgeschiedenen Mitarbeiter noch Nachzahlungen zu leisten, ist deren Fälligkeit die Zahlungsfrist im Folgemonat des Austritts.

> **! ACHTUNG**
>
> Über- bzw. Unterzahlungen können nur eintreten, sofern die Sozialversicherungsbeiträge aufgrund einer fiktiven Abrechnung geschätzt werden. Wird die „endgültige" Lohnabrechnung bereits am 21. des Monats durchgeführt, entstehen in der Regel keine Abweichungen. Diese können jedoch bei Korrekturen von Lohnabrechnungen für Vormonate auftreten. Eine möglicherweise entstehende Restschuld ist in den Beitragsnachweisen nicht getrennt ausgewiesen. Sie ist in den Summen des Folgemonats enthalten.

> **! ACHTUNG**
>
> Bis zum 31.12.2013 waren Krankenversicherungsbeiträge für Zeiten vor dem 01.01.2009 nicht dem Gesundheitsfonds (§ 271 SGB V), sondern der jeweiligen Krankenkasse zuzurechnen. Durch das Ende dieser zeitlichen Rechnungsabgrenzung zum 31.12.2013 fließen ab 2014 auch die Krankenversicherungsbeiträge für Zeiten vor dem 01.01.2009 in den Gesundheitsfonds. Die bisherige Notwendigkeit, Beitragskorrekturen für Zeiten vor dem 01.01.2009 in einen gesonderten „Korrektur-Beitragsnachweis" zu melden, ist entfallen. Stattdessen gilt für derartige Beitragskorrekturen, dass sie in den aktuellen Beitragsnachweis als „Verrechnungsgröße" aufgenommen werden.

Selbstzahler/Firmenzahler

Arbeitnehmer, die freiwillig in einer gesetzlichen Krankenkasse versichert sind, haben die Möglichkeit, die Beiträge zur Kranken- und Pflegeversicherung selbst zu überweisen (Selbstzahler) oder der Arbeitgeber überweist und meldet die Beiträge zusammen mit den Pflichtbeiträgen (Firmenzahler). Überweist der Mitarbeiter die Beiträge selbst, sind der Krankenkasse nur die Renten- und Arbeitslosenversicherung für diesen Mitarbeiter auf dem Beitragsnachweis zu melden.

Wer erhält welche Lohnabzüge und wie sind diese zu melden?

Privat Krankenversicherte

Für Arbeitnehmer, die in einer privatwirtschaftlichen Krankenversicherung kranken- und pflegeversichert sind, ist die zuständige Einzugsstelle der Beiträge zur Renten- und Arbeitslosenversicherung die Krankenkasse, die kraft Gesetzes für die Krankenversicherung zuständig wäre. In der Regel ist es die Krankenkasse, bei der der Arbeitnehmer zuletzt pflichtversichert war. Ist diese nicht bekannt, können die Beiträge an eine vom Arbeitgeber gewählte Kasse gemeldet werden. Bei dieser Krankenkasse muss der Arbeitnehmer zuvor angemeldet sein (vgl. Kapitel 3.1).

Versorgungswerk

Ist der Arbeitnehmer in einem berufsständischen Versorgungswerk rentenversichert (z. B. Apothekerkammer, Architektenkammer, Ärztekammer), muss bei privater Krankenversicherung nur der Beitrag zur Arbeitslosenversicherung der gesetzlichen Krankenkasse gemeldet und überwiesen werden. Ist der Arbeitnehmer mit einer Rentenversicherung bei einem Versorgungswerk in einer gesetzlichen Krankenkasse versichert (z. B. Barmer, Techniker etc.), ist die Kranken-, Pflege- und Arbeitslosenversicherung an die Einzugsstelle der Krankenkasse zu melden und die Beiträge an diese Krankenkasse abzuführen. Der Rentenversicherungsbeitrag fließt unter Angabe der Mitgliedsnummer der Ständeversorgung zu. Die nachfolgende Tabelle gibt einen Überblick, welche Beiträge der Krankenkasse zu melden sind.

Kranken-/Pflegeversicherung bei	Rentenversicherung bei	Der Krankenkasse ist zu melden
Gesetzliche Krankenkasse (pflicht- oder freiwillig versichert)	Deutsche Rentenversicherung	KV-Beitrag PV-Beitrag RV-Beitrag AV-Beitrag
Gesetzliche Krankenkasse (pflicht- oder freiwillig versichert)	Versorgungswerk	KV-Beitrag PV-Beitrag AV-Beitrag
Privates Versicherungsunternehmen	Deutsche Rentenversicherung	RV-Beitrag AV-Beitrag
Privates Versicherungsunternehmen	Versorgungswerk	AV-Beitrag

Tab. 31: Zuständige Annahmestelle für Sozialversicherungsbeiträge

Meldung des Sozialausgleichs

Mit dem Gesetz zur nachhaltigen und sozial ausgewogenen Finanzierung der gesetzlichen Krankenversicherung — kurz GKV-Finanzierungsgesetz — sollte die Belastung durch den von den Krankenkassen erhobenen Zusatzbeitrag für einkommensschwache Arbeitnehmer gemindert werden. Das Gesetz sieht die Durchführung eines sogenannten Sozialausgleichs direkt mit der Lohnabrechnung durch den Arbeitgeber vor. Der Sozialausgleich soll die nicht mehr einkommensabhängigen Zusatzbeiträge der Krankenkassen, ganz oder teilweise dem Arbeitnehmer erstatten. Ein Sozialausgleich ist nach dem GKV-Finanzierungsgesetz dann vorzunehmen, wenn der **durchschnittliche Zusatzbeitrag 2 %** des individuellen sozialversicherungspflichtigen Einkommens übersteigt. Der durchschnittliche Zusatzbeitrag wurde vom Bundesministerium für Arbeit und Soziales für das Jahr 2014 auf **0 EUR** festgesetzt. Somit kann der Zusatzbeitrag niemals die individuelle Belastungsgrenze überschreiten und es ist in 2014 kein Sozialausgleich durch den Arbeitgeber durchzuführen.

Obwohl der Sozialausgleich für 2014 nicht durchzuführen ist, wirken sich die Änderungen auf die Meldebestandteile des Beitragsnachweises aus.

Seit 2012 sind in einem Beitragsnachweis der allgemeine und der ermäßigte Krankenversicherungsbeitrag sowohl **mit** als auch **ohne** Sozialausgleich getrennt auszuweisen.

Da die Durchführung des Sozialausgleichs aufgrund der Festlegung des durchschnittlichen Zusatzbeitrags auf 0 EUR für 2014 entfällt, sind die Beiträge im Nachweis identisch.

8.2.4   Meldung der Umlagen

Zuständige Umlage-Krankenkasse

Alle Krankenkassen müssen sowohl das U1- wie auch das U2-Umlageverfahren anbieten. Die Umlage U1 erstattet dem Arbeitgeber den fortgezahlten Lohn bei Krankheit von Mitarbeitern, die Umlage U2 erstattet einen ggf. zu zahlenden Zuschuss des Arbeitgebers zum Mutterschaftsgeld. Die Krankenkassen sind auch für den Einzug und die Abführung der Insolvenzumlage zuständig. Somit sind die Umlagen immer an die Krankenkasse abzuführen, bei der der Mitarbeiter kranken- und pflegeversichert ist. Eine Ausnahme besteht bei der Landwirtschaftlichen Kranken-

Wer erhält welche Lohnabzüge und wie sind diese zu melden?

kasse (LKK). Für Mitarbeiter, die bei der LKK krankenversichert sind, müssen die Umlagen an die AOK abgeführt werden. Für Mitarbeiter, die bei einer privaten Versicherung krankenversichert sind (Privatversicherte), müssen die Umlagen an die letzte gesetzliche Krankenkasse des Arbeitnehmers abgeführt werden. War der Arbeitnehmer noch nicht gesetzlich krankenversichert, kann der Arbeitgeber die Umlagekasse wählen bzw. die Umlagen sind an die Krankenkasse zu entrichten, an welche die Renten- und Arbeitslosenversicherung gemeldet wird. Mit der Neuregelung der geringfügigen Beschäftigung wurde auch die Zuständigkeit der Umlagen für Aushilfen (geringfügig/kurzfristig Beschäftigte) neu geregelt. Zuständig für die Entgegennahme der Umlagen und alle Meldungen für diesen Mitarbeiterkreis ist die Zweigstelle der Bundesknappschaft in Essen (Minijob-Zentrale). Die folgende Tabelle gibt nochmals einen Überblick über die zuständige Krankenkasse:

Arbeitnehmer	Kranken-versichert bei	U1-Umlage	U2-Umlage	Insolvenz-umlage
Arbeiter Angestellter Auszubildender	Ersatzkasse (z. B. Barmer Ersatzkasse)	Barmer Ersatzkasse	Barmer Ersatzkasse	Barmer Ersatzkasse
Arbeiter Angestellter Auszubildender	AOK	AOK	AOK	AOK
Arbeiter Angestellter Auszubildender	Private Krankenversicherung	Letzte gesetzliche Krankenkasse sonst freie Kassenwahl durch AG	Letzte gesetzliche Krankenkasse sonst freie Kassenwahl durch AG	Letzte gesetzliche Krankenkasse sonst freie Kassenwahl durch AG
Arbeiter Angestellter Auszubildender	Betriebskrankenkasse (BKK)	Betriebskrankenkasse (BKK)	Betriebskrankenkasse (BKK)	Betriebskrankenkasse (BKK)
Arbeiter Angestellter Auszubildender	Landwirtschaftliche Krankenkasse (LKK)	AOK	AOK	AOK
Aushilfe/Minijob	Gesetzlicher Krankenkasse (z. B. Techniker Krankenkasse)	Bundesknappschaft Essen	Bundesknappschaft Essen	Bundesknappschaft Essen

Tab. 32: Zuständige Einzugsstelle für Umlagen

> **! ACHTUNG**
>
> Die Umlage U1 ist nur dann zu entrichten, wenn das Unternehmen aufgrund seiner Betriebsgröße (bis 30 Vollzeitarbeitnehmer) am Umlageverfahren teilnehmen muss. Die U2-Umlage ist von allen Betrieben — unabhängig von der Betriebsgröße — zu entrichten. Die Insolvenzumlage ist ebenfalls von allen Betrieben mit Ausnahme der öffentlich rechtlichen Betriebe und von privaten Haushalten zu entrichten.

Die Umlagebeträge zur U1/U2-Umlage und die Insolvenzumlage sind auf dem Beitragsnachweis den Krankenkassen zu melden. Ein besonderer Vermerk in den Meldungen zur Sozialversicherung ist nicht erforderlich.

8.2.5 Übermittlung der Beitragsnachweise

Die einbehaltenen Beiträge zur Kranken-, Pflege-, Renten- und Arbeitslosenversicherung sind bis zum drittletzten Banktag im Monat den Krankenkassen zu überweisen. Die Übermittlung des Beitragsnachweises muss mindestens zwei Arbeitstage vor dem drittletzten Banktag erfolgen. Die Datenübertragung erfolgt in der Regel direkt aus dem Entgeltabrechnungsprogramm. Bei manueller Abrechnung oder als Alternative zum Abrechnungsprogramm stellt die Informationstechnische Servicestelle der gesetzlichen Krankenkassen (ITSG) ein kostenloses Programm für die Erfassung und Übermittlung der Beitragsnachweise zur Verfügung. Das Programm mit Namen sv.net wird kostenlos im Internet bereitgestellt (http://www.itsg.de/). Für die verschlüsselte Datenübermittlung ist ein Zertifikat von einem Trustcenter erforderlich. Das Zertifikat muss schriftlich bzw. via E-Mail bei der ITSG beantragt werden und ist in das Datenübermittlungsprogramm einzuspielen. Zuvor sind eine Anmeldung und ein **Zertifizierungsverfahren** von den Datenlieferanten zu durchlaufen. Wird die Datenübermittlung durch ein Lohnbüro oder einen Steuerberater vorgenommen, kann die Datenübermittlung mit deren Zertifikat erfolgen, es ist kein eigenes für den Arbeitgeber erforderlich.

Es gibt für jeden Krankenkassentyp (AOK, BKK, Ersatzkassen etc.) eine eigene Annahmestelle für die Entgegennahme der Datei mit den Beitragsnachweisen. Die Bundesknappschaft (Minijob-Zentrale) unterhält zusätzlich eine eigene Annahmestelle.

Die Tabelle gibt eine Übersicht der Annahmestellen und Mailadressen für die Beitragsnachweise.

Wer erhält welche Lohnabzüge und wie sind diese zu melden?

Kassenart	Annahmestelle	Betriebsnummer	Mailadresse
Ersatzkassen	VdeK	15451439	dav01@b2b.mailorbit.de
Betriebskranken-kassen (BKK)	BITMARCK Service GmbH	35382142	ag@bkk-bv.de
Minijob-Zentrale	Bundesknappschaft-Bahn-See	98000006	dav01@b2b.mailorbit.de
AOK	Landesverband 8 Annahmestellen bundesweit		da@dta.aok.de
IKK	BITMARCK Service GmbH	37912580	dav01@b2b.mailorbit.de
LKK	Spitzenverband der landwirtschaftlichen Sozialversicherung	47056789	da@dta.aok.de
See Kasse	Seekrankenkasse	99086875	meldungen.see-kk@sebg.de

Tab. 33: Annahmestellen für Beitragsnachweise

Die E-Mail an die Annahmestelle muss eine Auftragssatzdatei und eine Nutzdaten-datei enthalten. Sind diese nicht im richtigen Format angefügt, kann die Meldung nicht verarbeitet werden.

Aufbau des Beitragsnachweises

Im Beitragsnachweis sind nach Beitragsgruppen (1000, 0100, 0020 etc.) getrennt die Gesamtsummen der Kranken-, Pflege-, Renten- und Arbeitslosenversicherung aus-zuweisen. Die Gesamtsummen setzen sich aus den Arbeitnehmer- und den Arbeit-geberanteilen zusammen. Bei einer manuellen Meldung der Beiträge über eine Aus-füllhilfe wie sv.net sind folgende Angaben auf dem Beitragsnachweis erforderlich.

sv.net 14.0.0.47

Beitragsnachweis

Angaben zur Firma

Betriebsnummer	88888888
Betriebsstätte	West
Name	Lohn- und Gehaltsabrechnung
Straße	(Nicht angegeben)
Land/PLZ/Ort	D 79100 Freiburg im Breisgau

Erstellungsdatum	11.01.2014
Sendedatum	_____ *
TAN	_____ *

Beitragsnachweis

Stornierung	Nein	
Zeitraum von	01.01.2014	
Zeitraum bis	31.01.2014	
Dauer-Beitragsnachweis	Nein	
Korrektur-Beitragsnachweis für Zeiträume vor dem 01.01.2009	Nein	
Währung	Euro	
Beiträge zur Krankenversicherung - allgemeiner Beitrag - (1000)		0,00
Beiträge zur Krankenversicherung - allgemeiner Beitrag - (1000 ohne Sozialausgleich)		0,00
Beiträge zur Krankenversicherung - erhöhter Beitrag - (2000)		0,00
Beiträge zur Krankenversicherung - ermäßigter Beitrag - (3000)		0,00
Beiträge zur Krankenversicherung - ermäßigter Beitrag - (3000 ohne Sozialausgleich)		0,00
Beiträge zur Krankenversicherung für geringfügig Beschäftigte (6000)		0,00
Beiträge zur gesetzlichen Rentenversicherung - voller Beitrag - (0100)		0,00
Beiträge zur gesetzlichen Rentenversicherung - halber Beitrag - (0300)		0,00
Beiträge zur gesetzlichen Rentenversicherung für geringfügig Beschäftigte (0500)		0,00
Beiträge zur Arbeitsförderung - voller Beitrag - (0010)		0,00
Beiträge zur Arbeitsförderung - halber Beitrag - (0020)		0,00
Beiträge zur sozialen Pflegeversicherung (0001)		0,00
Umlage - Krankheitsaufwendungen - (U1)		0,00
Umlage - Mutterschaftsaufwendungen - (U2)		0,00
Umlage zur Insolvenzgeldversicherung - (INSO)		0,00
Gesamtsumme		**0,00**
Beiträge für freiwillig Krankenversicherte zur Krankenversicherung		0,00
Beiträge für freiwillig Krankenversicherte zur Krankenversicherung ohne Sozialausgleich		0,00
Beiträge für freiwillig Krankenversicherte zur Pflegeversicherung		0,00
Abzüglich Erstattung U1 / U2		0,00
Zu zahlender Betrag / Guthaben		**0,00**

Angaben zur Einzugsstelle

Betriebsnummer	67450665
Name	AOK Baden-Württemberg Hauptverwaltung

WICHTIGES DOKUMENT - SORGFÄLTIG AUFBEWAHREN

* Diese Informationen stehen erst nach dem elektronischen Versand zur Verfügung. Sie finden die Daten im Journal von sv.net.
Möchten Sie die Daten auf dem Beleg eingedruckt haben, wählen Sie bitte im Menüpunkt "Optionen"->"Druck" den Punkt "Ausdruck erst nach dem Versand".

Abb. 6: Muster – Beitragsnachweis 2014

Wer erhält welche Lohnabzüge und wie sind diese zu melden?

Betriebsnummer

Bei Meldungen an die AOK, IKK oder BKK ist in dieses Feld die Betriebsnummer der Firma einzutragen, die von der Agentur für Arbeit vergeben wurde. Die Betriebsnummer erhält der Arbeitgeber bei der Gewerbeanmeldung von der Agentur für Arbeit.

Dauer-Betragsnachweis

Ergeben sich monatlich immer wiederkehrende gleiche Zahlungen, besteht die Möglichkeit, den Beitragsnachweis als Dauer-Beitragsnachweis zu kennzeichnen. Der Nachweis gilt für zukünftige Monate so lange, bis er durch erneute Einsendung eines Beitragsnachweises außer Kraft gesetzt wird. Weiß der Lohnabrechnende, dass zukünftig über mehrere Monate gleiche Gehälter gezahlt werden und somit gleichbleibende Beitragsnachweise entstehen, kann der Beitragsnachweis als Dauer-Beitragsnachweis gekennzeichnet werden. Es ist dann so lange kein Beitragsnachweis einzureichen, wie sich die Höhe der Zahlung nicht ändert.

Korrektur Beitragsnachweis

Durch die Einführung des Gesundheitsfonds mussten bei Korrekturen der Entgeltabrechnungen vor 2009, die Auswirkungen auf die Sozialversicherungsbeiträge haben, Korrekturbeitragsnachweise erstellt werden. Seit 2014 sind Korrektur-Beitragsnachweise nicht mehr zu erstellen. Bei Korrekturen ist der Differenzbetrag im Korrekturmonat zu verrechnen und zu melden.

Beiträge zur Krankenversicherung

In das Feld „Allgemeiner Beitrag — 1000" ist vom Lohnabrechnenden die Gesamtsumme der Krankenversicherungsbeiträge aller Arbeitnehmer, die in der jeweiligen Krankenkasse versichert sind, einzutragen. In diesem Feld sind also nicht nur die Summen der Arbeitnehmeranteile, sondern auch die Arbeitgeberanteile kumuliert anzugeben. Unter „Allgemeiner Beitrag" sind jedoch nur die Pflichtbeiträge auszuweisen. Die Beiträge von Arbeitnehmern, die freiwillig bei dieser gesetzlichen Krankenkasse versichert sind, müssen getrennt am Ende des Beitragsnachweises im Feld „Beiträge zur Krankenversicherung für freiwillig Krankenversicherte" ausgewiesen werden. Diese Beiträge dürfen nicht im Feld „Allgemeiner Beitrag" enthalten sein. Bei einem Arbeitsentgelt zwischen 450,01 EUR und 850,00 EUR trägt der Arbeitgeber einen höheren Beitragsanteil als der Arbeitnehmer (siehe Gleitzonenregelung im Kapitel 5.2). Der Gesamtbeitrag ist in der Zeile „Allgemeiner Beitrag — 1000" auszuweisen.

Beiträge von Arbeitnehmern, die dem erhöhten Beitragssatz in der Krankenversicherung unterliegen, sind getrennt im Feld „Erhöhter Beitrag — 2000" auszuweisen. Dieser Beitrag ist seit dem 1.1.2009 entfallen. Gilt für einen Arbeitnehmer der ermäßigte Beitragssatz, ist die Summe aus Arbeitgeber- und Arbeitnehmeranteil in das Feld „Ermäßigter Beitrag — 3000" einzutragen. Dem ermäßigten Beitrag unterliegen Arbeitnehmer, die keinen Anspruch auf Krankengeld nach Ablauf der Lohnfortzahlung haben (vgl. Kapitel 2.2).

Beiträge zur Pflegeversicherung

Die Summe aus Arbeitgeber- und Arbeitnehmeranteil zur Pflegeversicherung ist im Feld „Beiträge zur sozialen Pflegeversicherung — 0001" anzugeben. In dieser Zeile sind jedoch nur die Pflichtbeiträge einzutragen. Arbeitnehmer, die freiwillig in der gesetzlichen Krankenkasse versichert sind, entrichten freiwillige Beiträge zur Pflegeversicherung. Diese sind getrennt am Ende des Beitragsnachweises auszuweisen.

Unter der Beitragsgruppe 0001 ist auch der Gesamtbeitrag zur Pflegeversicherung für Arbeitsentgelte in der Gleitzone (450,01 EUR bis 850,00 EUR) auszuweisen. Das Feld enthält auch den Beitragszuschlag zur Pflegeversicherung für Arbeitnehmer ohne leibliche Kinder (0,25 %).

Wer erhält welche Lohnabzüge und wie sind diese zu melden?

Beiträge zur Rentenversicherung

Von Arbeitern, Auszubildenden und Angestellten sind die einbehaltenen Beiträge zur gesetzlichen Rentenversicherung zusammen mit dem Arbeitgeberanteil unter „Rentenversicherung für Arbeiter — 0100" einzutragen. Die Gesamtsumme aus Arbeitgeber- und Arbeitnehmeranteil wird von der Krankenkasse an die Deutsche Rentenversicherung weitergeleitet. Auch die Rentenversicherungsbeiträge von Arbeitsentgelten in der Gleitzone (450,01 EUR bis 850,00 EUR) sind unter der Beitragsgruppe 0100 auszuweisen.

Ist aufgrund des Status des Arbeitnehmers nur der Arbeitgeberanteil zur Rentenversicherung zu entrichten (z. B. für in Vollzeit beschäftigte Arbeitnehmer über 65 Jahre), sind diese „halben Beiträge" getrennt in der Zeile 0300 auszuweisen (vgl. Kapitel 3.1). Die Beiträge dürfen **nicht** in den Beiträgen für Arbeiter und Angestellte (Zeile 0100) enthalten sein.

! **ACHTUNG**

Bei der Zeile 0300 handelt es sich nicht generell um den Arbeitgeberanteil der Beiträge zur Rentenversicherung, sondern um die Arbeitgeberbeiträge, wenn keine Arbeitnehmeranteile entstehen.

Die pauschalen Beiträge für geringfügig Beschäftigte sind an die Bundesknappschaft in Essen (Minijob-Zentrale) zu melden. Für die Meldung ist der gesonderte „Beitragsnachweis für geringfügig Beschäftigte (einschließlich einheitlicher Pauschalsteuer)" zu verwenden.

Die Beiträge von **Geringverdienern** (Auszubildende) sind unter der Beitragsgruppe 0100 auszuweisen, obwohl der Gesamtsozialversicherungsbeitrag vom Arbeitgeber alleine getragen wird. Es ist also nicht, wie bei Arbeitnehmern in Vollzeit über 65 Jahre, nur der Arbeitgeberanteil zu melden und zu entrichten.

Beiträge zur Bundesagentur für Arbeit

Die Summe aus Arbeitgeber- und Arbeitnehmeranteil zur Arbeitslosenversicherung ist im Feld „Bundesagentur für Arbeit — 0010" einzutragen. Auch die ermäßigten Beiträge für Arbeitnehmer mit einem Arbeitsentgelt in der Gleitzone sind unter der Beitragsgruppe 0010 auszuweisen.

Wie bei der Rentenversicherung kann nur der Arbeitgeber beitragspflichtig zur Arbeitslosenversicherung sein — z. B. in Vollzeit beschäftigte Arbeitnehmer über 65. Jahre. Für den Arbeitgeberanteil ist dann der halbe normale Beitrag vom Arbeitsentgelt zu ermitteln. Bei einer ausschließlichen Beitragspflicht des Arbeitgebers ist der Beitrag unter „Arbeitgeberanteil — 0020" auf dem Beitragsnachweis einzutragen. Unter der Beitragsgruppe 0020 sind auch die Beiträge auszuweisen, die nur vom Arbeitnehmer erhoben werden. Wurde vor 2008 ein Mitarbeiter mit 55 Jahren oder älter aus Arbeitslosigkeit eingestellt, besteht keine Beitragspflicht des Arbeitgebers — der Arbeitnehmer bleibt mit seinem (halben) Beitragssatz versicherungspflichtig in der Arbeitslosenversicherung. Dieser „Arbeitnehmeranteil" zur Arbeitslosenversicherung ist in Zeile 0020 getrennt auszuweisen und darf **nicht** in der Zeile 0010 enthalten sein.

Für Geringverdiener gilt, wie bei der Rentenversicherung, dass der Arbeitgeber den vollen Beitrag (3,0 % des Arbeitsentgeltes) allein trägt. Der Beitrag ist in der Zeile „Bundesagentur für Arbeit — 0010" auszuweisen. In der **Zeile 0050** ist die kumulierte **Insolvenzumlage** für alle Mitarbeiter, die bei der Krankenkasse versichert sind, auszuweisen. Die Insolvenzumlage trägt ausschließlich der Arbeitgeber.

Umlagen für Lohnfortzahlung (U1) und Mutterschutzaufwendungen (U2)

Ist der Arbeitgeber aufgrund der Anzahl beschäftigter Arbeitnehmer (bis zu 30 Vollzeitbeschäftigte) berechtigt, am Ausgleichsverfahren U1 teilzunehmen, müssen von der Arbeitsentgeltsumme die Beiträge zu den Umlagen ermittelt werden (siehe Kapitel 2.2 — Umlage-Krankenkasse). Unabhängig von der Anzahl Beschäftigter ist die U2-Umlage zu ermitteln und auf jedem Beitragsnachweis der Krankenkasse zu melden. Gemeldet wird die Umlage, die sich für diejenigen Mitarbeiter ergibt, die bei der Krankenkasse versichert sind. Beispielsweise müssen auf dem Beitragsnachweis an die Techniker Krankenkasse die U2- und gegebenenfalls die U1-Umlage für alle Mitarbeiter des Unternehmens, die bei der Techniker Krankenkasse versichert sind, gemeldet werden. Für Mitarbeiter, die bei einem Versicherungsunternehmen privat krankenversichert sind, ist die Umlage an die Kasse zu melden, die für die Renten- und Arbeitslosenversicherung zuständig ist — die letzte gesetzliche Krankenkasse des Arbeitnehmers.

Wer erhält welche Lohnabzüge und wie sind diese zu melden?

Die 5 Mitarbeiter eines Unternehmens sind bei folgenden Krankenkassen versichert:

	Mitarbeiter	Krankenkasse	RV-Entgelt
1)	Gert Müller	AOK	2.500 EUR
2)	Rita Heller	Techniker Krankenkasse	1.900 EUR
3)	Lea Klein	Schwenninger BKK	2.100 EUR
4)	Hinz Claasen	AOK	1.600 EUR
5)	Ralf Werner	Techniker Krankenkasse	1.800 EUR

Der Umlagesatz der AOK in der U1-Umlage soll 2,1 %, in der U2-Umlage 0,2 % betragen. Die Umlagesätze der BKK sollen im Beispiel bei U1 = 1,9 % und bei der U2 = 0,2 % liegen. Die Umlagesätze der Techniker Krankenkasse betragen im Beispiel U1 = 2,4 % und U2 = 0,2 %.

Beurteilung

Auf dem Beitragsnachweis an die AOK sind die Beiträge der Mitarbeiter 1 und 4 zu melden.

U1 (Entgeltsumme: 4.100 EUR × 2,1 %) = 86,10 EUR

U2 (Entgeltsumme: 4.100 EUR × 0,2 %) = 8,20 EUR

Auf dem Beitragsnachweis an die Schwenninger BKK ist die Umlage für Mitarbeiter 3 zu melden.

U1 (Entgeltsumme: 2.100 EUR × 1,9 %) = 39,90 EUR

U2 (Entgeltsumme: 2.100 EUR × 0,2 %) = 4,20 EUR

Auf dem Beitragsnachweis an die Techniker Krankenkasse ist die Umlage für Mitarbeiter 2 und 5 zu melden.

U1 (Entgeltsumme: 3.700 EUR × 2,4 %) = 88,80 EUR

U2 (Entgeltsumme: 3.700 EUR × 0,2 %) = 7,40 EUR

Für Aushilfen (geringfügig/kurzfristig Beschäftigte) ist die Umlage getrennt auf dem „Beitragsnachweis für geringfügig Beschäftigte (einschließlich einheitlicher Pauschalsteuer)" auszuweisen. Umlagen für Aushilfen sind nicht im Beitragsnachweis an die AOK, IKK oder BKK anzugeben, sondern müssen der Bundesknappschaft-Bahn-See in Essen gemeldet werden.

Beiträge für freiwillig Kranken-/Pflegeversicherte

Arbeitnehmer, deren laufendes Arbeitsentgelt über der Versicherungspflichtgrenze liegt, sind nicht mehr Pflichtmitglieder in der gesetzlichen Krankenversicherung. Liegt das laufende Jahresarbeitsentgelt in 2014 voraussichtlich über 53.550 EUR und lag in 2013 über 52.200 EUR, hat er die Möglichkeit, die gesetzliche Krankenversicherung zu verlassen und sich stattdessen privat gegen das Krankheits- und Pflegerisiko zu versichern. Da bei Überschreitung der Versicherungspflichtgrenze keine Pflichtmitgliedschaft mehr besteht, kann der Arbeitnehmer auch als **freiwilliges Mitglied** in einer gesetzlichen Krankenkasse bleiben. Die Summe der Beiträge von freiwillig kranken- und pflegeversicherten Arbeitnehmern ist gesondert in den entsprechenden Feldern im Beitragsnachweis auszuweisen. Die Beitragssummen dürfen nicht in den „Allgemeinen Beiträgen" enthalten sein.

Erstattungen aus der U1/U2-Umlage

Nimmt der Betrieb am Ausgleichsverfahren für Entgeltfortzahlung (U1) und Mutterschutz (U2) teil, kann auf dem Beitragsnachweis ein Ausgleichsanspruch mit den abzuführenden Beiträgen verrechnet werden. Der Erstattungsbetrag von fortgezahltem Lohn infolge Krankheit oder Mutterschutzfrist richtet sich nach dem gewählten Erstattungssatz. Je nach Krankenkasse kann der Arbeitgeber Erstattungen von bis zu 80 % des fortgezahlten Entgelts an Arbeiternehmer und Auszubildende erhalten. Zusätzlich erstatten einzelne Krankenkassen die Arbeitgeberbeiträge zu den Sozialversicherungen für das während der Krankheit fortgezahlte Arbeitsentgelt. Auch dieser Teil ist im Betrag der U1-Erstattung auszuweisen.

TIPP

Der Erstattungsanspruch der Arbeitgeberbeiträge zu den Sozialversicherungen auf das fortgezahlte Entgelt kann von der Krankenkasse per Satzung ausgeschlossen werden. Die meisten Krankenkassen begrenzen außerdem für die Berechnung des fortgezahlten Entgelts die Höhe auf die Beitragsbemessungsgrenze in der Rentenversicherung. Sie sollten vor der Berechnung Rücksprache mit der erstattenden Krankenkasse halten.

8.2.6 Beitragsnachweis für geringfügig Beschäftigte

Mit der Neuregelung der geringfügigen Beschäftigung hat sich die Zuständigkeit für das Meldewesen von Aushilfen geändert. Die Bundesknappschaft-Bahn-See in Essen ist für alle Meldungen und die Weiterleitung der Sozialversicherungsbeiträge sowie der pauschalen Abgeltungssteuer zuständig. Die vom Arbeitgeber zu leistenden Beiträge zur Kranken- und Rentenversicherung sowie die Umlage auf das beitragspflichtige Arbeitsentgelt sind auf einem besonderen „Beitragsnachweis für geringfügig Beschäftigte (einschließlich einheitlicher Pauschalsteuer)" zu melden. Der Beitragsnachweis enthält seit 2013 sowohl die pauschalen Beiträge zur Rentenversicherung, wie auch die allgemeinen Beiträge, sofern der Mitarbeiter nicht auf die Rentenversicherungspflicht verzichtet hat.

Die Kopfdaten entsprechen den Angaben des „Allgemeinen Beitragsnachweises". Diese Angaben sind im vorausgegangenen Abschnitt dieses Kapitels erläutert.

! WICHTIG

Im Unterschied zu den Beitragsnachweisen an die Krankenkassen, sind für alle Aushilfen, unabhängig bei welcher Krankenkasse diese versichert sind, die Beiträge in einem Beitragsnachweis an die Bundesknappschaft-Bahn-See zusammenzufassen.

Die nachfolgende Abbildung zeigt das allgemeine Muster eines Beitragsnachweises für geringfügig Beschäftigte. Auf dem Beitragsnachweis sind folgende Angaben vorzunehmen:

sv.net 14.0.0.47

Beitragsnachweis für geringfügig Beschäftigte (einschließlich einheitlicher Pauschsteuer)

Angaben zur Firma

Betriebsnummer	88888888
Steuernummer	(Nicht angegeben)
Betriebsstätte	West
Name	Lohn- und Gehaltsabrechnung
Straße	(Nicht angegeben)
Land/PLZ/Ort	D 79100 Freiburg im Breisgau

Erstellungsdatum	12.01.2014	
Sendedatum	_____	*
TAN	_____	*

Beitragsnachweis

Stornierung	Nein
Zeitraum von	01.01.2014
Zeitraum bis	31.01.2014
Dauer-Beitragsnachweis	Nein
Korrektur-Beitragsnachweis für Zeiträume vor dem 01.01.2009	Nein
Währung	Euro
Beiträge zur Krankenversicherung für geringfügig Beschäftigte (6000)	0,00
Beiträge zur gesetzlichen Rentenversicherung - voller Beitrag - (0100)	0,00
Beiträge zur gesetzlichen Rentenversicherung für geringfügig Beschäftigte (0500)	0,00
Umlage - Krankheitsaufwendungen - (U1)	0,00
Umlage - Mutterschaftsaufwendungen - (U2)	0,00
Umlage zur Insolvenzgeldversicherung - (INSO)	0,00
einheitliche Pauschsteuer	0,00
Gesamtsumme	**0,00**
Abzüglich Erstattung U1 / U2	0,00
Zu zahlender Betrag / Guthaben	**0,00**

Angaben zur Einzugsstelle

Betriebsnummer	98000006
Name	Knappschaft allg. und Minijob-Zentrale

WICHTIGES DOKUMENT - SORGFÄLTIG AUFBEWAHREN

* Diese Informationen stehen erst nach dem elektronischen Versand zur Verfügung. Sie finden die Daten im Journal von sv.net.
Möchten Sie die Daten auf dem Beleg eingedruckt haben, wählen Sie bitte im Menüpunkt "Optionen"->"Druck" den Punkt "Ausdruck erst nach dem Versand".

Abb. 7: Beitragsnachweis für geringfügig Beschäftigte

Wer erhält welche Lohnabzüge und wie sind diese zu melden?

Beiträge zur Krankenversicherung

In der Zeile „Beiträge zur Krankenversicherung für geringfügig Beschäftigte — 6000" ist der pauschale Arbeitgeberbeitrag (13 %) zur Krankenversicherung auszuweisen. Keine pauschalen Beiträge zur Krankenversicherung entstehen für privat versicherte geringfügig Beschäftigte. Die Ermittlung der Beiträge ist in Kapitel 4.3 dargestellt.

Beiträge zur Rentenversicherung

Seit 2013 besteht für geringfügig Beschäftigte die allgemeine Beitragspflicht zur Rentenversicherung (18,9 % des Arbeitsentgelts). Der Arbeitnehmer hat jedoch die Möglichkeit, schriftlich auf die Rentenversicherungspflicht zu verzichten. Widerspricht die Minijob-Zentrale nicht dem Verzicht, ist nur der pauschale Beitrag zur Rentenversicherung (15 %) durch den Arbeitgeber zu entrichten. Die pauschalen Beiträge zur Rentenversicherung sind in der Zeile „Beiträge zur gesetzlichen Rentenversicherung — 0500" auszuweisen. Bei den Pauschalbeiträgen gibt es keinen Arbeitnehmeranteil.

Erklärt der geringfügig Beschäftigte **nicht** den Verzicht auf die Rentenversicherungspflicht (sogenannte Option out), ist der gesamte Beitrag nicht in der Zeile 0500, sondern unter „Beiträge zur gesetzlichen Rentenversicherung — voller Beitrag mit Verzicht auf die Rentenversicherungsfreiheit — 0100" auszuweisen. Bei der seit 2013 geltenden Versicherungspflicht in der Rentenversicherung entsteht neben dem pauschalen Arbeitgeberbeitrag ein Arbeitnehmeranteil in Höhe von 3,9 % des Arbeitsentgeltes (13,9 % in Privathaushalten). Der gesamte Beitrag — Arbeitgeber- und Arbeitnehmeranteil — ist unter den Beitragsgruppen 0100 zu melden. Es erfolgt keine Aufteilung auf die Zeilen 0100 und 0500.

Insolvenzgeldumlage

Mit dem Unfallversicherungsmodernisierungsgesetz (UVMG) überträgt der Gesetzgeber den Einzug der Insolvenzgeldumlage auf die Krankenkassen bzw. die Minijob-Zentrale. Zur Weiterleitung der Insolvenzumlage an die Bundesagentur für Arbeit muss die Umlage auf dem Beitragsnachweis ausgewiesen sein. In Zeile „Umlage zur Insolvenzgeldversicherung — INSO" ist die auf das geringfügige beitragspflichtige Entgelt zu leistende Umlage auszuweisen. Ausgewiesen wird nur die Insolvenzumlage auf **alle** geringfügigen Entgelte im Abrechnungsmonat.

Umlagen U1/U2

Die Bundesknappschaft-Bahn-See (Minijob-Zentrale) ist für alle geringfügig Beschäftigten die zuständige Lohnausgleichskasse, unabhängig davon, bei welcher Krankenkasse die Aushilfe krankenversichert ist. Am Ausgleichsverfahren bei der Bundesknappschaft nehmen gemäß § 1 Aufwendungsausgleichsgesetz (AAG) grundsätzlich alle Arbeitgeber mit maximal 30 Vollzeitäquivalenten teil (Ausnahme: öffentlich-rechtliche Arbeitgeber). Beitragspflicht zur U1-Umlage besteht für alle Aushilfen (Arbeiter und Angestellte), sofern das Unternehmen U1-umlagepflichtig ist. Die Pflicht zur U2-Umlage besteht unabhängig vom Status (Arbeiter/Angestellter) und von der Anzahl der beschäftigten Arbeitnehmer.

Die Umlagen sind auf das sozialversicherungspflichtige Arbeitsentgelt zu entrichten und in den Zeilen „Umlage Krankheitsaufwendungen — U1 bzw. Umlage Mutterschaftsaufwendungen — U2" auf dem Beitragsnachweis auszuweisen.

Erstattungen für Lohnfortzahlung

Geringfügig Beschäftigte, die durch Arbeitsunfähigkeit infolge Krankheit oder infolge einer medizinischen Vorsorge- bzw. Rehabilitationsmaßnahme an ihrer Arbeitsleistung verhindert sind, haben grundsätzlich Anspruch auf Entgeltfortzahlung durch den Arbeitgeber für längstens 42 Tage. Das fortgezahlte Entgelt kann von der Bundesknappschaft zum Teil erstattet werden. Die Erstattung durch die Lohnausgleichskasse der Bundesknappschaft beträgt für alle Aushilfen **80 %** des fortgezahlten Bruttoarbeitsentgelts ohne Einmalzahlungen. Des Weiteren gehören Leistungen nach dem Mutterschutzgesetz zu den erstattungsfähigen Arbeitgeberaufwendungen. Danach erstattet die Bundesknappschaft für Arbeiter und Angestellte **100 %** des Arbeitgeberzuschusses zum Mutterschaftsgeld während der Schutzfristen vor und nach der Entbindung. Zusätzlich sind die pauschalen Kranken- und Rentenversicherungsbeiträge für den Zeitraum der Entgeltfortzahlung aus der U2-Kasse erstattungsfähig. Der Erstattungsanspruch entsteht sofort nach geleisteter Entgeltfortzahlung und kann auf dem nächsten Beitragsnachweis in der Zeile „abzüglich Erstattung gemäß § 1 AAG" ausgewiesen werden.

Pauschale Steuer

In der Pauschalsteuer für Aushilfen (2 %) sind die Kirchensteuer und der Solidaritätszuschlag enthalten. Die Pauschalsteuer trägt der Arbeitgeber. Wird die Pauschalsteuer vom Arbeitgeber übernommen, ist sie auf dem Beitragsnachweis an die

Wer erhält welche Lohnabzüge und wie sind diese zu melden?

Bundesknappschaft in der Zeile „einheitliche Pauschalsteuer — ST" auszuweisen. **Kein** Eintrag in der Zeile ist vorzunehmen für die geringfügig Beschäftigten, welche nach einer Lohnsteuerklasse (nicht pauschal) besteuert werden. Werden aufgrund der Angaben aus der ELStAM-Datenbank bzw. einer Ersatzbescheinigung die Lohnsteuern ermittelt, sind diese auf der Lohnsteueranmeldung an das Finanzamt auszuweisen.

> **! ACHTUNG**
>
> In der Zeile „Einheitliche Pauschalsteuer" ist nur die vom Arbeitgeber übernommene pauschale Abgeltungssteuer von 2 % auszuweisen. Wird für einzelne Aushilfen eine pauschale Versteuerung mit 20 % Lohnsteuer zuzüglich pauschale Kirchensteuer und Solidaritätszuschlag durchgeführt oder die Lohnsteuer nach einer Steuerklasse (1-6) ermittelt, sind diese Steuern in der Lohnsteueranmeldung an das Finanzamt anzugeben.

Übermittlung des Beitragsnachweises

Die Beitragsnachweise für geringfügig Beschäftigte können nur noch durch eine elektronische Datenübertragung mittels zugelassener systemgeprüfter Programme oder über die maschinelle Ausfüllhilfe sv.net übermittelt werden. In der Regel stellen die Lohnabrechnungsprogramme eine Funktion für die Übertragung der Daten zur Verfügung — z. B. über das Tool Dakota der ITSG. Die Übertragung der Daten in Papierform oder auf Datenträgern ist nicht mehr zulässig. Die Übersendung der Daten per E-Mail muss in verschlüsselter Form an die E-Mail-Adresse dav01@b2b.mailorbit.de erfolgen.

8.2.7 Beitragserhebung für Mitglieder in einem Versorgungswerk

Angestellte Arbeitnehmer der freien Berufe (Ärzte, Apotheker, Rechtsanwälte, Architekten, Tierärzte, Steuerberater u. a.) können sich in ihrer Ständeversorgung rentenversichern. Grundsätzlich besteht dann für die Rentenversicherung ein Vertragsverhältnis zwischen dem Versorgungswerk und dem Arbeitnehmer — nicht zum Arbeitgeber. Die Zahlung der Beiträge an das Versorgungswerk erfolgt häufig durch den Versicherten selbst (Selbstzahler). Durch eine Änderung im Sozialgesetzbuch (SGB IV) müssen die Rentenversicherungsbeiträge an berufsständische Versorgungswerke auch elektronisch gemeldet werden. Die Meldepflicht ist unabhängig davon, ob der Arbeitgeber (Firmenzahler) oder der Arbeitnehmer (Selbstzahler) die Beiträge an das Versorgungswerk überweist. Beschäftigt der Arbeitgeber Mitarbeiter, die in einem berufsständischen Versorgungswerk rentenversichert sind, müssen dem Versorgungsträger die einbehaltenen Beiträge monatlich in elektronischer Form gemeldet werden. Der Arbeitgeber ist verpflichtet, für jeden Arbeitnehmer, der in einem berufsständischen Versorgungswerk versichert ist und Anspruch auf einen Arbeitgeberanteil gemäß § 172 Abs. 2 SGB VI hat, **monatlich eine arbeitnehmerbezogene** Meldung, die sogenannte Beitragserhebung, an die Datenannahmestelle DASBV[35] zu übermitteln. Die in der gesetzlichen Sozialversicherung vorgesehenen Beitragsnachweise sind für die berufsständischen Versorgungswerke nicht verwendbar und können deshalb auch nicht übermittelt werden. Stattdessen benötigen die Versorgungswerke mitgliedsbezogene Informationen. Die zu übermittelnden Daten sind:

- Abrechnungsmonat
- Rentenversicherungstage (RV-Tage)
- ungekürztes laufendes Rentenversicherungsbrutto
- ungekürztes laufendes Rentenversicherungsbrutto aus EGA
- rentenversicherungspflichtige Einmalzahlungen, aus denen tatsächlich der Beitrag bezahlt wurde
- Firmenzahler oder Selbstzahler
- gesamter Pflichtbeitrag ohne Höherversicherung
- Höherversicherungsfreibeitrag (sofern Eigenbetrag in der Rentenversicherung)

Der Datensatz zur Beitragserhebung beinhaltet alle Informationen, die das berufsständische Versorgungswerk zur Abwicklung des Beitragsverfahrens benötigt.

Für Versicherte in Versorgungswerken sind der Beitragssatz und die Beitragsbemessungsgrenzen in der Rentenversicherung identisch mit denen der gesetzlichen Rentenversicherung. Teilweise wird der zu zahlende Beitrag aber auf volle Euro gerundet. In der Regel muss immer ein gewisser Mindestbeitrag gezahlt werden. Versorgungswerke bieten in ihrer Satzung meist auch Höherversicherungen an.

Die Meldung lässt sich in der Regel direkt aus dem Entgeltabrechnungsprogramm erstellen und übertragen. Alternativ besteht die Möglichkeit, die Ausfüllhilfe sv.net/online (https://www.gkvnet-ag.de/svnet-online) oder das Programm Perfidia ab der Version 2.90 für die Erstellung der Meldungen an das Versorgungswerk zu nutzen. Für die Beitragserhebung stellt auch die DASBV eine Online-Meldemaske zur Verfügung. Diese kann über das Internet unter https://www.da.dasbv.de/ aufgerufen werden. Zuvor ist eine Anmeldung bzw. das Einrichten einer Benutzerkennung erforderlich.

---

[35] Datenservice für berufsständische Versorgungseinrichtungen.

8.2.8 Beitragsnachweise für Versorgungsbezüge

Unternehmen, die an ehemalige Arbeitnehmer Renten bzw. Versorgungsleistungen ausbezahlen, sind sogenannte Zahlstellen. Auf die Versorgungsleistungen an ehemalige Arbeitnehmer fallen Beiträge zur Kranken- und Pflegeversicherung an, die vom ehemaligen Arbeitgeber zu berechnen und an die Krankenkassen abzuführen sind. Neben der Berechnung und Abführung der Beiträge bestehen Meldepflichten für die Versorgungsbezüge. Die Meldepflichtigen sind im § 202 SGB V geregelt:

(1) Die Zahlstelle hat bei der erstmaligen Bewilligung von Versorgungsbezügen sowie bei Mitteilung über die Beendigung der Mitgliedschaft eines Versorgungsempfängers die zuständige Krankenkasse des Versorgungsempfängers zu ermitteln und dieser Beginn, Höhe, Veränderungen und Ende der Versorgungsbezüge unverzüglich mitzuteilen. Der Versorgungsempfänger hat der Zahlstelle seine Krankenkasse anzugeben und einen Kassenwechsel sowie die Aufnahme einer versicherungspflichtigen Beschäftigung anzuzeigen. Die Krankenkasse hat der Zahlstelle der Versorgungsbezüge und dem Bezieher von Versorgungsbezügen unverzüglich die Beitragspflicht des Versorgungsempfängers, deren Umfang und den Beitragssatz aus Versorgungsbezügen mitzuteilen. Die Krankenkasse kann mit der Zahlstelle der Versorgungsbezüge Abweichendes vereinbaren.

(2) Die Zahlstelle hat der zuständigen Krankenkasse die Meldung durch gesicherte und verschlüsselte Datenübertragung aus systemgeprüften Programmen oder mittels maschineller Ausfüllhilfen zu erstatten. Den Aufbau des Datensatzes, notwendige Schlüsselzahlen und Angaben legt der Spitzenverband Bund der Krankenkassen in Grundsätzen fest, die vom Bundesministerium für Arbeit und Soziales im Einvernehmen mit dem Bundesministerium für Gesundheit zu genehmigen sind; die Bundesvereinigung der Deutschen Arbeitgeberverbände ist anzuhören.

(3) Übermittelt die Zahlstelle die Meldungen nach Absatz 2, so hat die Krankenkasse alle Angaben gegenüber der Zahlstelle durch Datenübertragung zu erstatten. Absatz 2 Satz 2 gilt entsprechend.

Versorgungsbezüge zählen zu den beitragspflichtigen Einnahmen. Sowohl bei den pflichtversicherten als auch bei den freiwillig versicherten Rentnern gilt für die Berechnung der Beiträge aus Betriebsrenten oder Versorgungsbezügen der allgemeine Beitragssatz in der gesetzlichen Krankenversicherung (§ 248 SGB V). Nur für die Bemessung der Beiträge aus Versorgungsbezügen nach § 229 Abs. 1 Satz 1 Nr. 4 SGB V (Renten und Landabgaberenten nach dem Gesetz über die Alterssicherung der Landwirte mit Ausnahme einer Übergangshilfe) gilt die Hälfte des allgemeinen Beitragssatzes zuzüglich 0,45 Beitragssatzpunkte.

Für Personen, bei denen eine Elterneigenschaft vorliegt, beträgt der Beitragssatz in der Pflegeversicherung seit 2013 2,05 %. Liegt keine Elterneigenschaft vor, beträgt der Beitragssatz 2,30 %. Für Versicherte, die vor dem 1. Januar 1940 geboren sind, gilt ohne weitere Prüfung der Beitragssatz in Höhe von 2,05 % des Arbeitsentgeltes.

8.2.9 GKV-Monatsmeldung – Sozialausgleich

Aus dem Gesetz zur nachhaltigen und sozial ausgewogenen Finanzierung der gesetzlichen Krankenversicherungentstanden in 2012 neue Meldepflichten für bestimmte Personenkreise. Arbeitgeber müssen eine **monatliche Entgeltmeldung** (GKV-Monatsmeldung) für **mehrfachbeschäftigte Arbeitnehmer** den Annahmestellen der Krankenkassen übermitteln. Zur Prüfung und Durchführung des zukünftigen Sozialausgleichs benötigt die zuständige Einzugsstelle die Information aller Beschäftigungen und das dabei entstandene beitragspflichtige Arbeitsentgelt. Die gesetzliche Regelung sieht die Abgabe der GKV-Monatsmeldung auch dann vor, wenn kein Sozialausgleich durchzuführen ist. Die GKV-Monatsmeldung ist jedoch nur bei mehreren **sozialversicherungspflichtigen** Beschäftigungen, unabhängig von der Höhe des Entgelts, abzugeben. Somit ist die GKV-Monatsmeldung **nicht** für eine geringfügige Nebenbeschäftigung bei einer bestehenden sozialversicherungspflichtigen Hauptbeschäftigung vorzunehmen. Auch bei mehreren geringfügigen Beschäftigungen mit einem Gesamtentgelt innerhalb der 450-EUR-Grenze sind **keine** GKV-Monatsmeldungen zu erstellen.

Erfährt der Arbeitgeber von seinem Beschäftigten selbst oder durch eine Rückmeldung von der Krankenkasse, dass der Arbeitnehmer noch in einem weiteren sozialversicherungspflichtigen Beschäftigungsverhältnis steht, muss die GKV-Monatsmeldung von allen Arbeitgebern dieses Mitarbeiters übermittelt werden. Die Krankenkassen sind verpflichtet, den Arbeitgebern die Aufnahme einer weiteren Beschäftigung oder den Bezug mehrerer beitragspflichtiger Einnahmen für deren Beschäftigte mitzuteilen, sofern ihnen die Information vorliegt.

Die melderechtlichen Vorschriften wurden zum 01.01.2012 dahingehend ergänzt, dass der Arbeitgeber Meldungen über eine gesicherte und verschlüsselte Datenübertragung monatlich an die zuständige Einzugsstelle der Krankenkasse übermitteln muss für:

- Arbeitnehmer, die bei mehreren Arbeitgebern beschäftigt sind (Grundeinstellung ohne Besonderheiten — 00)

Wer erhält welche Lohnabzüge und wie sind diese zu melden?

- für unständig Beschäftigte (01 — GKV Monatsmeldung für unständig Beschäftigte)[36]
- in den Fällen, in denen der Arbeitnehmer weitere in der gesetzlichen Krankenversicherung beitragspflichtige Einnahmen erzielt, soweit bekannt. (03 — GKV Monatsmeldung bei nicht vollständigem Sozialausgleich.

Die GKV-Monatsmeldung (Grund der Abgabe: 58) ist mit der ersten Entgeltabrechnung nach Aufnahme einer weiteren sozialversicherungspflichtigen Beschäftigung bzw. nach der Rückmeldung der Krankenkasse abzugeben und danach monatlich zu erstellen bis der Arbeitnehmer keine weiteren beitragspflichtigen Einnahmen mehr erzielt. Die GKV-Monatsmeldung muss auch dann übermittelt werden, wenn nur in der Renten- und/oder Arbeitslosenversicherung Beitragspflicht besteht — zum Beispiel bei privat krankenversicherten Arbeitnehmern. Bei Mehrfachbeschäftigten mit einem monatlichen Gesamtentgelt innerhalb der Gleitzone (bis 850 EUR), meldet die Krankenkasse den Arbeitgebern die Höhe des Gesamtentgelts zur anteiligen Berechnung der Sozialversicherungsbeiträge zurück.

GKV-Monatsmeldung — Ausnahmeregelungen

- Für geringfügig und kurzfristig Beschäftigte ist nach § 8 SGB IV keine GKV-Monatsmeldung abzugeben. Dies gilt auch, wenn bei einer geringfügigen Beschäftigung die Option zur Rentenversicherungsfreiheit nicht ausgeübt wurde (also Rentenversicherungspflicht besteht).
- Für Arbeitnehmer, die ausschließlich in der gesetzlichen Unfallversicherung versichert sind, ist ebenfalls keine GKV-Monatsmeldung vorzunehmen. Hierzu zählen unter anderem Praktikanten, die ein vorgeschriebenes Zwischenpraktikum absolvieren und daneben eine sozialversicherungspflichtige Beschäftigung ausüben.
- Keine GKV-Monatsmeldung ist für Arbeitnehmer, die bei der landwirtschaftlichen Krankenkasse versichert sind, zu übermitteln.

Somit ist zu differenzieren, ob lediglich eine Mehrfachbeschäftigung vorliegt oder ob es sich bei Mehrfachbeschäftigung um mehrere sozialversicherungspflichtige Beschäftigungen handelt.

Basiert die Mehrfachbeschäftigung auf mehreren sozialversicherungspflichtigen Beschäftigungen, spricht man von einem Mehrfachtatbestand.

---

[36] Unständig Beschäftigte sind Arbeitnehmer, die regelmäßig nicht länger als eine Woche bei unterschiedlichen Arbeitgebern beschäftigt werden. Sie sind grundsätzlich sozialversicherungspflichtig, ausgenommen ist lediglich die Arbeitslosenversicherung.

> **! ACHTUNG**
>
> Handelt es sich bei der Mehrfachbeschäftigung um mehrere nicht sozialversicherungspflichtige Beschäftigungen, führt dies lediglich zu einer Kennzeichnung in den Sozialversicherungsmeldungen, dass eine Mehrfachbeschäftigung vorliegt. Eine GKV-Monatsmeldung ist nicht vorzunehmen.

8.2.10 Erstellen der GKV-Monatsmeldung

Arbeitgeber mit mehrfach sozialversicherungspflichtig beschäftigten Arbeitnehmern müssen **monatlich** nach der Entgeltabrechnung einen elektronischen Datensatz für jeden sozialversicherungspflichtigen Mehrfachbeschäftigten an die Annahmestelle der Krankenkasse übermitteln. Als Meldegrund ist der Grund der Abgabe: 58 — GKV Monatsmeldung zu melden. In der GKV- Monatsmeldung sind der Annahmestelle zu melden:

- die Sozialversicherungsnummer des Arbeitnehmers
- Beitragsgruppe (1-1-1-1 in der Regel)
- Name und Vorname
- Name und Betriebsnummer des Beschäftigungsbetriebs
- das in der Rentenversicherung beitragspflichtige Arbeitsentgelt
- regelmäßiges Jahresarbeitsentgelt
- den Zeitraum, für den dieses Entgelt gezahlt wurde (von/bis)

Zu melden ist das auf die Beitragsbemessungsgrenze begrenzte sozialversicherungspflichtige Entgelt in der Rentenversicherung. Auch Entgelte aus Einmalzahlungen sind zu melden, soweit sie den Rentenversicherungsbeiträgen unterliegen. Für die Anwendung der Gleitzone kommt es bei Einmalzahlungen, wie Urlaubs- oder Weihnachtsgeld, darauf an, ob diese als regelmäßig gelten. Bei der Ermittlung des regelmäßigen monatlichen Arbeitsentgelts sind Einmalzahlungen nur dann einzubeziehen, wenn der Arbeitnehmer einen Rechtsanspruch darauf hat (z. B. durch Tarifvertrag oder Betriebsvereinbarung) oder die Zuwendungen mit hinreichender Sicherheit mindestens einmal jährlich gezahlt werden. Zur Klärung des Bestehens der Gleitzone wurde in die GKV-Monatsmeldung ein zusätzliches Feld **„regelmäßiges Jahresentgelt"** aufgenommen. Die Angabe hilft der Krankenkasse auch für die Feststellung der Gleitzone bei Entgelterhöhungen sowie bei schwankenden monatlichen Bezügen.

Die Angabe des regelmäßigen Jahresentgelts wird nur erforderlich, wenn der Arbeitgeber in der GKV-Monatsmeldung das Kennzeichen Gleitzone mit 1 (Arbeitsentgelt innerhalb der Gleitzone) angibt. In die Rückmeldung der Annahmestelle an den Arbeitgeber wurde die Angabe der maßgeblichen Sozialversicherungstage (SV-Tage) aufgenommen. Diese Angabe wird vom Arbeitgeber für eine korrekte Beitragsberechnung benötigt, wenn die Beschäftigung im Laufe eines Monats beginnt oder endet.

Seit 2013 prüft die Krankenkasse bei Mehrfachbeschäftigung monatlich, ob die in einem Kalendermonat erzielten (umgerechneten) laufenden Arbeitsentgelte aus **allen** versicherungspflichtigen Beschäftigungen des Arbeitnehmers in der Summe die monatliche Beitragsbemessungsgrenze (BBG) überschreitet. Eine Rückmeldung der Krankenkasse erfolgt immer dann, wenn die maßgebliche Beitragsbemessungsgrenze mindestens in einem Sozialversicherungszweig überschritten wird. Die Krankenkasse übermittelt dann die Summe der laufenden beitragspflichtigen Arbeitsentgelte (Gesamtarbeitsentgelt) an alle Arbeitgeber — auch in den anderen Versicherungszweigen, in denen die BBG nicht überschritten wird. So können auch die Fälle berücksichtigt werden, in denen für die einzelnen Versicherungszweige unterschiedliche beitragsrechtliche Regelungen gelten, z. B. bei Kurzarbeit oder Altersteilzeit. Altersteilzeitfälle erfordern zusätzliche Angaben. Sofern Arbeitsentgelt aus Altersteilzeitarbeit vorliegt, gelten besondere Regelungen für die Ermittlung der beitragspflichtigen Einnahmen. Dazu wurde das Feld „Beitragsbemessungsgrundlage Entgelt Altersteilzeit" in die GKV-Monatsmeldung aufgenommen. Arbeitgeber müssen diese Angabe in allen Meldesachverhalten der GKV-Monatsmeldung mit Berücksichtigung von Altersteilzeit vornehmen.

Die Abgabe einer GKV-Monatsmeldung ist auch nach Beendigung eines Beschäftigungsverhältnisses erforderlich, sofern beitragspflichtige Einmalzahlungen nach dem Austritt gewährt werden. Die GKV-Monatsmeldung löst bei der Krankenkasse eine Prüfung aus, ob es durch die Mehrfachbeschäftigung zu einem Überschreiten der Beitragsbemessungsgrenzen **oder** der Gleitzonengrenze kommt. In beiden Fällen müssen Arbeitgeber geänderte Beitragsberechnungen in den Sozialversicherungen vornehmen. Die Rückmeldung erfolgt monatlich, aber in der Regel rückwirkend. Somit kann sie ggf. eine Korrekturabrechnung auslösen. In beiden Fällen wird dem Arbeitgeber das Gesamtentgelt zurückgemeldet. Die Beispiele zur Berechnung des beitragspflichtigen Entgelts finden Sie im Kapitel 5.16.

! **WICHTIG**

Die GKV-Monatsmeldung ist mit der ersten Entgeltabrechnung abzugeben, die auf den Beginn der Mehrfachbeschäftigung bzw. der weiteren beitragspflichtigen Einnahme folgt, spätestens jedoch innerhalb von sechs Wochen, nachdem der Arbeitgeber Kenntnis von dem Mehrfachtatbestand erlangt hat.

Die GKV-Monatsmeldung kann in der Regel direkt aus dem Entgeltabrechnungs-programm heraus erstellt werden. Alternativ besteht die Möglichkeit, die GKV-Mo-natsmeldung mit dem kostenlosen Programm sv.net der ITSG zu erstellen und zu versenden. Für die Rückantwort des GKV-Kommunikationsservers muss das Lohn-abrechnungsprogramm in der Lage sein, maschinelle Rückantworten der Kranken-kassen zu verarbeiten und deren Inhalte bei der Berechnung der Gesamtsozialver-sicherungsbeiträge zu berücksichtigen.

> **TIPP**
>
> In einem Rundschreiben der Spitzenverbände der Krankenkassen finden Sie einen Fragen- und Antworten-Katalog zu der GKV-Monatsmeldung und den Rückmeldungen der Krankenkassen. Das Rundschreiben ist auf der Internet-seite der AOK verfügbar.

8.2.11   Rückmeldung vom Kommunikationsserver abholen

Seit 2012 erhalten die Arbeitgeber mit mehrfachbeschäftigten sozialversicherungs-pflichtigen Arbeitnehmern eine Rückmeldung vom sogenannten GKV-Kommunika-tionsserver. Es werden Rückmeldungen für folgende Sachverhalte gegeben:

1. die Aufforderung zur Abgabe von GKV-Monatsmeldungen bei Mehrfachtatbe-ständen, wenn diese der Arbeitgeber nicht bereits gemeldet hat,
2. Rückmeldung des Gesamtentgelts bei Fällen von Mehrfachbeschäftigung mit einem Arbeitsentgelt in der Gleitzone,
3. Rückantwort des Gesamtentgelts pro Versicherungszweig bei Mehrfachbe-schäftigung in Fällen der Überschreitung einer Beitragsbemessungsgrenze.

Liegt ein Mehrfachtatbestand vor, ohne dass der Arbeitgeber davon Kenntnis hat, wird er von den Krankenkassen beim nächsten Datenabruf über eine Rückmeldung informiert und aufgefordert, für den betroffenen Mitarbeiter regelmäßig GKV-Monatsmeldungen zu übermitteln. Werden für Mitarbeiter GKV-Monatsmeldungen übermittelt, löst dies nicht in allen Fällen eine Rückmeldung des Gesamtentgelts aus. Eine Rückmeldung erfolgt nur in Fällen einer Mehrfachbeschäftigung in der Gleitzone und beim Überschreiten der Beitragsbemessungsgrenze einer Sozialver-sicherung.

Neben der Aufforderung zur Abgabe einer GKV-Monatsmeldung über die Rück-meldung, werden dem Arbeitgeber die Datenbausteine zur Beitragsberechnung für Mehrfachbeschäftigte in der Gleitzone von den Krankenkassen übermittelt. Die Krankenkassen melden den Arbeitgebern Beginn und Ende von Mehrfachbe-

Wer erhält welche Lohnabzüge und wie sind diese zu melden?

schäftigungen und damit den Zeitraum für die Abgabepflicht einer GKV-Monatsmeldung. Die Meldegründe wurden in Anlehnung an die DEÜV- Meldepflichten wie folgt definiert:

Meldetatbestand	Schlüssel
Beginn einer Mehrfachbeschäftigung	10
Ende einer Mehrfachbeschäftigung	30
Beginn und Ende in einem Zeitraum	40

Als Rückmeldung vom GKV-Server erhält der Arbeitgeber folgende Rückmeldegründe:

Rückmeldetatbestand	Schlüssel
Mitteilung über eine weitere beitragspflichtige Einnahme	01
Prüfergebnis des Sozialausgleich	02
Beitragsberechnung für Mehrfachbeschäftigte in der Gleitzone	03
Beitragsberechnung für Mehrfachbeschäftigte bei Überschreiten der Beitragsbemessungsgrenzen	04

9 Wo werden die Bezüge/Abzüge dokumentiert?

Auf der Entgeltabrechnung sind unter anderem der Bruttolohn, steuerliche Lohnabzüge, sozialversicherungsrechtliche Abzüge, Urlaub, Krankheit und aufgelaufene Summenwerte dokumentiert. Zusätzlich ist der Arbeitgeber nach § 41 Abs. 1 Einkommensteuergesetz (EStG) verpflichtet, die Einkünfte und Abzüge jedes Arbeitnehmers getrennt in Lohnkonten zu erfassen. Ein Lohnkonto ist eine kontenartige Übersicht aller Be- und Abzüge des Mitarbeiters. Eine besondere Form ist für das Lohnkonto nicht vorgeschrieben. Der Inhalt des Lohnkontos ergibt sich jedoch weitgehend aus den Vorschriften des § 4 Abs. 1 und 2 der Lohnsteuer-Durchführungsverordnung (LStDV). Die in § 4 vorgeschriebenen Angaben im Lohnkonto lehnen sich stark an die Angaben auf der Lohnsteuerbescheinigung an.

Bei mehreren Beschäftigten empfiehlt es sich, neben dem Lohnkonto für alle Arbeitnehmer eine Übersicht über die gesamten Lohn- und Sozialversicherungsverpflichtungen zu führen. Diese Übersichten sind in der Regel wie ein Buchhaltungsjournal aufgebaut, weshalb man in der Lohnbuchhaltung von einem Lohnjournal spricht. Eine gesetzliche Verpflichtung zum Führen eines Lohnjournals besteht nicht. Jedoch erleichtert eine Übersicht mit kumulierten Werten die Planung und Entscheidung von Personalfragen.

9.1 Entgeltbescheinigung mit dem Entgeltnachweis

Der Arbeitgeber hat in Betrieben mit in der Regel **mindestens zwanzig Arbeitnehmern** eine schriftliche Lohnabrechnung mit Angaben des verdienten Lohns und der einzelnen Abzüge zu erstellen (§§ 133h und 134 GewO). Nach Ansicht des Bundesarbeitsgerichts (BAG) haben alle Arbeitnehmer auch einen Anspruch auf eine schriftliche Lohnabrechnung. Mit der am 1.7.2013 in Kraft getretenen Entgeltbescheinigungsverordnung wurde erstmals eine verbindliche Definition des Aufbaus und Inhalts von Entgeltnachweisen geschaffen. Die Entgeltbescheinigungsverordnung löst damit die bis zum 30.06.2013 freiwillig anzuwendende Entgeltbescheinigungsrichtlinie ab. Die rechtliche Grundlage zur Bescheinigungsverordnung ist der § 108 Gewerbeordnung, welcher die Mindeststandards für einen Entgeltabrechnungsbeleg definiert. Die Entgeltbescheinigung dient Arbeitnehmern auch als

Wo werden die Bezüge/Abzüge dokumentiert?

Nachweis gegenüber Dritten, insbesondere gegenüber Leistungsbehörden, wie der Wohngeldstelle. Die Entgeltbescheinigung muss alle Angaben zur Identifikation des Arbeitgebers, des Arbeitnehmers sowie die relevanten Angaben, die ein Nachvollziehen der Abrechnung ermöglichen, enthalten. Dazu gehören:

- Name und Anschrift des Arbeitgebers,
- Name, Anschrift und Geburtsdatum des Arbeitnehmers,
- Sozialversicherungsnummer des Arbeitnehmers,
- Datum des Beginns der Beschäftigung,
- Ende der Beschäftigung, wenn es in den letzten Entgeltabrechnungszeitraum fällt,
- bescheinigter Abrechnungszeitraum sowie Anzahl der darin enthaltenen Steuer- und Sozialversicherungstage,
- Steuerklasse und Zahl der Kinderfreibeträge,
- Merkmale für den Kirchensteuerabzug sowie ggf. Steuerfreibeträge und Steuerhinzurechnungsbeträge,
- Beitragsgruppenschlüssel und zuständige Einzugsstelle für den Gesamtsozialversicherungsbeitrag,
- ggf. Angabe, dass ein Beitragszuschlag für Kinderlose erhoben wird.

Die neue Verordnung regelt die differenzierte Darstellung der Entgeltzahlung nach Steuern und Sozialversicherung. Der Arbeitnehmer kann damit die Art und den Umfang der jeweiligen Abzüge bzw. Zuwendungen erkennen. So muss die Entgeltbescheinigung mindestens enthalten:

- den steuerpflichtigen Arbeitslohn,
- das Gesamtbruttoentgelt mit Trennung nach laufenden und einmaligen Bezügen,
- Arbeitgeberzuschuss zur freiwilligen und privaten Kranken- und Pflegeversicherung,
- Arbeitgeberzuschuss zu einer berufsständischen Versorgungseinrichtung,
- Entgeltaufstockung nach dem Altersteilzeitgesetz,
- geldwerte Vorteile,
- Entgeltumwandlungen bei betrieblicher Altersvorsorge.

Der Arbeitnehmer kann darüber hinaus vom Arbeitgeber eine Bescheinigung verlangen, die alle Angaben, die für eine Erlangung einer Sozialleistung erforderlich bzw. zu diesem Zweck notwendig sind, enthält.

Über die Grundregeln des § 108 Gewerbeordnung hinaus verlangt die Entgeltbescheinigungsverordnung:

- den Ausweis der Steuer-Identifikationsnummer
- den Ausweis der Beiträge an Versorgungseinrichtung bei Firmenzahler getrennt nach Arbeitgeberbeitrag und Gesamtbeitrag unter Netto-Be- und Abzüge
- den Ausweis der Mehrfachbeschäftigung und der Gleitzone
- die Entgeltumwandlung zur betrieblichen Altersvorsorge getrennt nach Arbeitgeber- und Arbeitnehmeranteilen
- bei Abrechnung von Baulohn den Anteil zur Zusatzversorgung im ZVK-Beitrag
- für den Öffentlichen Dienst die Anteile zur ZVK/VBLU
- für die Seeschifffahrt die Arbeitnehmeranteile zur Seemannskasse.

Der Arbeitgeber muss jedoch nur dann monatlich eine Entgeltbescheinigung erstellen, wenn sich gegenüber dem Vormonat eine Veränderung ergeben hat. Dies kann eine Änderung der Bezüge oder auch eine steuerliche oder sozialversicherungsrechtliche Änderung sein. Es ist auch zulässig, Entgeltnachweise in elektronischer Form zur Verfügung zu stellen, sofern der Arbeitnehmer die Möglichkeit hat, sich den Entgeltnachweis selbst auszudrucken. Dabei muss ggf. ein Drucker beim Arbeitgeber zur Verfügung gestellt werden.

9.2 Übersicht der Bezüge und Abzüge im Lohnkonto

Das Lohnkonto dient als Grundlage für die lohnsteuerliche Betriebsprüfung. Aus diesem Grund muss der Arbeitgeber für jeden Arbeitnehmer und jedes Kalenderjahr ein Lohnkonto führen. Bei der maschinellen Lohnabrechnung wird in der Regel für jeden Arbeitnehmer ein Stammblatt geführt, das alle für den Steuerabzug maßgebenden Merkmale enthält. Unabhängig von der Form — manuell oder maschinell — ist zu Beginn eines Kalenderjahres ein neues Lohnkonto anzulegen.

Jedes Lohnkonto muss gemäß § 4 LStDV die nachfolgenden Daten des Arbeitnehmers beinhalten:

Persönliche Daten des Mitarbeiters

- Familienname, Vorname, PLZ, Wohnort
- Geburtsdatum
- Gültigkeitszeitraum des Lohnkontos (z. B. von 1.1.2014 bis 31.12.2014)
- Beschäftigungsdauer von … bis …

Wo werden die Bezüge/Abzüge dokumentiert?

Steuerliche Daten des Mitarbeiters

- Anschrift des Finanzamtes
- Steuerklasse
- Steueridentifikationsnummer (Steuer ID)
- Kirchenzugehörigkeit
- Erhebung der Steuer nach der „allgemeinen" oder „besonderen" Lohnsteuertabelle
- jährlicher und monatlicher Steuerfreibetrag
- Zahl der Kinderfreibeträge
- Datum der Änderung von Steuerdaten wie Steuerklasse oder Freibeträge
- steuerlicher Hinzurechnungsbetrag
- steuerliche Besonderheiten (Großbuchstaben U, S, F, M)
- Zeiträume, für die keine ELStAM-Daten bzw. eine Ersatzbescheinigung vorgelegen haben.

Lohnabrechnungsdaten des Mitarbeiters

- Lohnzahlungszeitraum (Tag, Woche, Monat)
- Tag der Lohnzahlung
- Tag der Ermittlung des voraussichtlichen Arbeitslohnes
- steuerpflichtiger laufender Bruttoarbeitslohn (ohne Abzug von Freibeträgen)
- steuerpflichtige Sachbezüge
- sonstige Bruttobezüge
- Nettolohnzahlungen
- Zuschuss zu vermögenswirksamen Leistungen
- steuerfreie Bruttobezüge (z. B. Zuschuss zur Krankenversicherung) ohne Trinkgelder
- steuerfreie Verpflegungszuschüsse des Arbeitgebers bei Reisen
- sonstige Bezüge für mehrjährige Tätigkeit
- pauschal versteuerte Bezüge (z. B. Direktversicherung, Dienstwagen)
- ermäßigt besteuerte Bezüge
- einbehaltene Lohnsteuer (täglich, wöchentlich, monatlich)
- einbehaltene Kirchensteuer
- einbehaltener Solidaritätszuschlag
- pauschale Lohnsteuer
- pauschale Kirchensteuer
- Solidaritätszuschlag auf pauschale Lohnsteuer
- Zuschuss zum Mutterschaftsgeld
- Lohnersatzleistungen (z. B. Kurzarbeit-/Winterausfallgeld)

- Kammerbeiträge (nur im Saarland und in Bremen)
- Aufstockungsbetrag zum Altersteilzeitgeld,
- Versorgungsbezüge einschließlich Sonderzahlungen
- Monat, Jahr des ersten Versorgungsbezugs
- Versorgungsfreibetrag
- Zuschlag zum Versorgungsfreibetrag
- Arbeitgeberanteil zur gesetzlichen Rentenversicherung.

> **! ACHTUNG**
>
> Auch wenn das Lohnkonto über ein Lohnabrechnungsprogramm erstellt wird, müssen Sie auf die Vollständigkeit der Angaben achten. Lohnkonten sind relevant für die Steuer- und Sozialversicherungsprüfung.

Arbeitsunterbrechungen

Auf dem Lohnkonto muss die Anzahl der Arbeitsunterbrechungen ohne Anspruch auf Lohnzahlung unter dem Punkt „**Anzahl U**" vermerkt sein. Der Buchstabe „**U**" steht für Unterbrechungen und bedeutet, dass der Arbeitnehmer für mindestens fünf aufeinanderfolgende Arbeitstage keinen Anspruch auf Lohnzahlung gehabt hat, obwohl das Arbeitsverhältnis fortbestand. Beispiele für Unterbrechungszeiten bei fortbestehendem Arbeitsverhältnis sind der Bezug von Mutterschaftsgeld ohne Arbeitgeberzuschuss, unbezahlter Urlaub, kurz- oder langfristige Pflegezeit oder der Bezug von Krankengeld. Für jedes Ereignis, das länger als **fünf aufeinanderfolgende Arbeitstage** dauert, ist die „Anzahl U" um einen Zähler zu erhöhen. Ein Wochenende zwischen den Arbeitstagen unterbricht nicht die zusammenhängende Arbeitszeit.

Vorarbeitgeberdaten

In der Zeile 2a der Lohnsteuerbescheinigung ist der **Buchstabe „S"** einzutragen, sofern der Arbeitnehmer im laufenden Kalenderjahr eingestellt wurde und er in diesem Kalenderjahr sonstige Bezüge bzw. Einmalzahlungen erhält. Der **Buchstabe S** ist nur einzutragen, sofern die Bezüge bei einem Vorarbeitgeber nicht bekannt sind. Sind die Vorverdienste dem Arbeitgeber nicht bekannt, so ist für die „Schätzung" des voraussichtlichen Jahresarbeitslohn, als Grundlage für die Besteuerung von Einmalzahlungen, der Jahresarbeitslohn beim aktuellen Arbeitgeber anzusetzen. In diesem Fall ist im Lohnkonto der Buchstabe „S" zu vermerken. Außerdem darf für diesen Arbeitnehmer kein interner Lohnsteuerjahresausgleich durchgeführt werden.

Steuerfreie Sammelbeförderung

Erhalten Mitarbeiter eine steuerfreie Sammelbeförderung zwischen Wohnung und Arbeitsstätte, ist diese auf der Lohnsteuerbescheinigung mit dem **Buchstabe „F"** kenntlich zu machen. Der Arbeitgeber wurde mit dem Steueränderungsgesetz 2003 (StÄndG) verpflichtet, sofern der Mitarbeiter eine kostenlose Beförderung zwischen Wohnung und Arbeitsplatz nutzt, diese auf der Lohnsteuerbescheinigung anzugeben. Zu einer kostenlosen Beförderung kann eine vom Arbeitgeber angebotene Sammelbeförderung oder die kostenlose Nutzung eines Shuttleservice, der durch einen Dritten betrieben wird, fallen. Eine kostenlose Sammelbeförderung stellt auch die Überlassung von Bahn-, U-Bahn- oder Straßenbahnkarten dar.

Verpflegungszuschüsse

Ab 2014 muss der **Großbuchstabe „M"** im Lohnkonto aufgezeichnet und in der elektronischen Lohnsteuerbescheinigung bescheinigt werden, wenn der Arbeitnehmer anlässlich einer beruflichen Auswärtstätigkeit eine mit dem Sachbezugswert zu bewertende Mahlzeit erhalten hat. Hintergrund ist die ab 2014 grundsätzlich erforderliche Kürzung der Verpflegungspauschalen, wenn dem Arbeitnehmer während einer beruflichen Auswärtstätigkeit eine vom Arbeitgeber veranlasste Mahlzeit zur Verfügung gestellt wurde. Die Eintragung muss auch erfolgen, wenn der Arbeitgeber die Mahlzeit individuell oder pauschal besteuert. Für den Kennbuchstaben „M" spielt die Anzahl der gewährten Mahlzeiten keine Rolle — er muss bereits ab der ersten Mahlzeit bescheinigt werden. Es gibt jedoch eine Übergangsregelung für die Fälle, dass der Arbeitgeber eine getrennte Lohn- und Reisekostenabrechnung durchführt und das Betriebsstättenfinanzamt für die Reisekostenabrechnung eine andere Aufzeichnung als im Lohnkonto zugelassen hat. Die Übergangsregelung sieht vor, dass in diesen Fällen bis Ende 2014 eine Bescheinigung des Großbuchstaben „M" nicht zwingend erforderlich ist.

9.3 Übersicht der sozialversicherungsrechtlichen Angaben im Lohnkonto

Die Angabe der Beiträge zu den Sozialversicherungen (KV/PV/RV/ALV) ist kein Pflichtbestandteil des Lohnkontos. Der Arbeitgeber hat jedoch nach § 2 Beitragsüberwachungsverordnung (BÜVO) für jeden Arbeitnehmer Lohnunterlagen zu führen, die die Beitragsberechnung der Sozialversicherungsbeiträge dokumentieren.

Aus diesem Grund bietet es sich an, die sozialversicherungsrechtlichen Angaben in das Lohnkonto aufzunehmen.

Neben den steuerrechtlichen und den sozialversicherungsrechtlichen Mindestangaben kann das Lohnkonto um weitere „Kennzahlen" erweitert werden. Als Ergänzung bieten sich Werte an, die für die Lohnabrechnung bereits ermittelt wurden. Beispielhaft könnten folgende Größen zusätzlich dokumentiert werden:

- Nettoverdienst
- Auszahlungsbetrag
- Summe der steuerrechtlichen Abzüge
- Summe der sozialversicherungsrechtlichen Abzüge
- Anzahl steuerpflichtiger Arbeitstage (ST-Tage)
- Anzahl der sozialversicherungsrechtlichen Arbeitstage (SV-Tage)
- Krankheits- und Urlaubstage
- Summe der monatlichen Arbeitsstunden (für die Berufsgenossenschaftsmeldung)
- Summe sonstiger Abzüge (z. B. Vorschusszahlungen)
- Sonstige Vermerke (z. B. Korrekturen, Lohnsteuerjahresausgleich etc.)

Führt der Arbeitgeber den Lohnsteuerjahresausgleich durch, sind zusätzlich die Steuererstattungen (Lohnsteuer, Kirchensteuer, Solidaritätszuschlag) auf dem Lohnkonto zu vermerken. Auch für Aushilfen (kurzfristig/geringfügig Beschäftigte) ist die Führung eines Lohnkontos erforderlich. Der Arbeitgeber muss zusätzlich zum Zwecke der steuerlichen Dokumentation folgende Daten für jede Aushilfskraft schriftlich festhalten:

- Art der Beschäftigung (geringfügig/kurzfristig)
- allgemeiner Beitrag zur Rentenversicherung
- pauschale Beiträge zur Kranken- und Rentenversicherung
- pauschale Lohnsteuer, pauschale Abgeltungssteuer

Das Lohnkonto ist beim Ausscheiden eines Arbeitnehmers, spätestens jedoch zum Jahresende abzuschließen. Nach dem Abschluss muss es für sechs weitere Jahre in gedruckter und leicht lesbarer Form aufbewahrt werden oder jederzeit aus dem Abrechnungssystem oder einem Archiv wieder herzustellen sein. Eine Archivierung auf optische Datenträger oder in einem Archivsystem ist zulässig.

Bei Beendigung des Beschäftigungsverhältnisses bzw. zum Jahreswechsel muss der Arbeitgeber die Abrechnungsdaten auf der Lohnsteuerbescheinigung bescheinigen. Grundlage für die Bescheinigung ist das Lohnkonto.

● **TIPP**

Mit dem § 147 Abgabe Ordnung (AO) wurde den Finanzbehörden das Recht eingeräumt, bei einer Steuerprüfung neben den gedruckten Belegen direkt auf die DV-Systeme zuzugreifen. Das Recht der Finanzverwaltung geht so weit, dass alle steuerrelevanten Daten in digitaler Form den Prüfungsdiensten überlassen werden müssen. Die steuerrelevanten Daten inklusive der notwendigen Angaben zu Datei- und Datenstrukturen sind auch dann zur Verfügung zu stellen, wenn sich die Daten bei einem Steuerberater oder Lohnbüro befinden oder in Archiven von Rechenzentren abgelegt sind. Die Finanzverwaltung setzt für die Auswertung die Prüfsoftware IDEA der Firma Audicom ein. Zur Vermeidung von hohen Kosten bei einer Betriebsprüfung sollte das Entgeltabrechnungssystem die Möglichkeit zum Datenexport bieten.

9.4 Die Jahresübersicht im Lohnjournal

Die meisten elektronischen Lohnabrechnungssysteme bieten neben dem Lohnkonto eine Abrechnungsübersicht für die gesamte Firma oder rechtlich selbstständige Einheiten in einem sogenannten Lohnjournal. Im Lohnjournal sind die kumulierten Werte der steuer- und sozialversicherungsrechtlichen Be- und Abzüge über eine Gruppe von Mitarbeitern (oder alle) ausgewiesen. Die Führung eines Lohnjournals unterliegt keinen gesetzlichen Bestimmungen. Ob der Lohnabrechnende ein Lohnjournal führt und welche Größen darin ausgewiesen sind, hängt von den Zielen der Lohnbuchhaltung ab.

Um die gesamte Arbeitgeberbelastung durch Lohnkosten zu ermitteln, müssen neben laufenden und einmaligen Zahlungen pauschale Steuern, Arbeitgeberanteile zu den Sozialversicherungen, steuerfreie Zuschüsse und Erstattungen, Beiträge in Pensionskassen oder zu Direktversicherungen, Kindergeldzahlungen[37] und Beiträge zu Verbänden berücksichtigt werden. Es bietet sich an, diese Größen in ein Lohnjournal aufzunehmen.

! **ACHTUNG**

Das Lohnjournal muss keinen gesetzlichen Vorschriften genügen, sondern soll sich an den Erfordernissen der Lohnbuchhaltung bzw. der Personalpolitik ausrichten. Kumulierte Werte, wie zum Beispiel die gesamten Arbeitsstunden pro Jahr, die Gesamtsumme des Bruttoarbeitslohnes oder die Summe der Fehlzei-

---

[37] Seit 1999 nur noch bei öffentlichen Arbeitgebern.

ten, erleichtern jährlich durchzuführende Meldungen an die Krankenkassen oder an die Berufsgenossenschaft (siehe Kapitel 12.4 und 12.5). Darüber hinaus dienen aufgelaufene Jahreswerte nicht nur dem Summenabgleich zur Buchhaltung, sondern sind in der Regel Grundlage für externe Prüfungen durch die Sozialversicherungsträger oder die Finanzbehörden.

Die Führung von Lohnjournalen ist mit einem hohen zusätzlichen Rechenaufwand verbunden. Sie bietet sich in der Regel also nur dann an, wenn ein maschinelles Lohnabrechnungssystem zum Einsatz kommt. Wenn nur Abrechnungen für einige wenige Arbeitnehmer vorgenommen werden, können Abstimmungsarbeiten ohne Lohnjournal durchgeführt werden. Häufig werden Lohnjournale für die Abstimmung der Lohnbuchhaltung mit der Finanzbuchhaltung herangezogen.

9.5 Checkliste Entgeltabrechnung

Zu einer vollständigen Entgeltabrechnung gehören die Überarbeitung der Stammdaten(-blätter), die Anpassung von Bezügen, Abzügen, ergänzenden Zahlungen und die Durchführung der Entgeltabrechnung zur Ermittlung der steuerlichen und sozialversicherungsrechtlichen Abzüge. Aus der Entgeltabrechnung ergeben sich die Beiträge zu den Sozialversicherungen, die abzuführenden Steuern sowie die Umlagen. Diese Daten sind den Krankenkassen, der Bundesknappschaft und dem Finanzamt zu melden. Sind Arbeitnehmer bei einem Versorgungswerk rentenversichert, erhält das Versorgungswerk eine Meldung der Summe der Beiträge. Die Meldungen können ausschließlich elektronisch vorgenommen werden. Bestehende Erstattungsansprüche aus Entgeltfortzahlung sind gegenüber der Firmenkrankenkasse oder der Bundesknappschaft geltend zu machen. Für die Mitarbeiter sind die Entgeltabrechnungen zu erstellen, der Zahlungslauf durchzuführen und das Meldewesen vorzunehmen. Zur Vervollständigung der Lohnunterlagen ist das Lohnkonto fortzuschreiben und gegebenenfalls ein Lohnjournal zu erstellen. An die Finanzbuchhaltung ist eine Buchungsliste mit den kumulierten Angaben der Lohnabrechnung weiterzugeben. Mit der vorgezogenen Beitragsfälligkeit ergeben sich zusätzliche Aufgaben. So sind die voraussichtlichen Arbeitsentgelte bis zum Monatsende zu schätzen. Für die korrekte Ermittlung des beitragspflichtigen Entgelts müssen abrechnungsrelevante Fehlzeiten, wie das Ende der Lohnfortzahlung, berücksichtigt werden. Gegebenenfalls sind Differenzen zur Schätzung des Vormonats zu ermitteln und die neue Schätzung des Entgelts für den laufenden Monat aufzunehmen. Unten ist eine Checkliste für die Entgeltabrechnung zusammengestellt.

Wo werden die Bezüge/Abzüge dokumentiert?

Checkliste Entgeltabrechnung	Erledigt
Sind neue Mitarbeiter bei der Entgeltabrechnung zu berücksichtigen?	☐
Sind für neue Mitarbeiter Vorarbeitgeberdaten zu berücksichtigen?	☐
Wurden für neue Mitarbeiter die ELStAM-Daten abgerufen?	☐
Wurden die ELStAM-Änderungslisten abgerufen und übernommen?	☐
Liegen neue Ersatzbescheinigungen des Finanzamts vor?	☐
Haben sich die Bankverbindungen, Anschriften etc. von Mitarbeitern geändert?	☐
Haben sich Bezüge von Mitarbeitern geändert?	☐
Sind Einmalzahlungen oder sonstige Bezüge zu berücksichtigen?	☐
Welche zusätzlichen Entgelte entstehen aus geplanten Überstunden, Mehrarbeit, Prämien, Boni etc. bis zum Monatsende?	☐
Sind Beiträge zu Pensionskassen, Direktversicherungen, Unterstützungskassen zu berücksichtigen?	☐
Sind neue VL-Verträge zu berücksichtigen oder laufen VL-Verträge aus?	☐
Haben sich bei Firmenwagen Änderungen ergeben?	☐
Haben sich steuerrechtliche Daten (Steuerklasse, Kinder etc.) bei Mitarbeitern geändert?	☐
Haben sich die sozialversicherungsrechtlichen Daten (Mitgliedschaft in der Krankenkasse, Beitragspflicht zur Kranken- oder Rentenversicherung etc.) geändert?w	☐
Sind Differenzbeträge für die Ermittlung des voraussichtlichen Arbeitsentgelts aus dem Vormonat zu berücksichtigen?	☐
Haben sich die Umlagesätze von Krankenkassen geändert?	☐
Ist der Zuschuss zur freiwilligen oder privaten Krankenversicherung anzupassen?	☐
Liegen Änderungen bei Kostenstellen vor?	☐
Sind für die Abrechnung Fehlzeiten, wie Krankheit, Kind krank, unbezahlte Freistellung etc., zu berücksichtigen?	☐
Sind die Entgeltbelege/Lohnabrechnungen erstellt?	☐
Wurden die Beitragsnachweise für jede Krankenkasse erstellt?	☐
Wurde der Beitragsnachweis für die Bundesknappschaft (Minijob-Zentrale) erstellt?	☐
Wurde die Lohnsteueranmeldung erstellt?	☐

Checkliste Entgeltabrechnung	Erledigt
Wurden Abmeldungen für ausgeschiedene Mitarbeiter an die ELStAM-Datenbank übermittelt?	☐
Wurden die Meldungen an die Krankenkassen nach DEÜV durchgeführt (Anmeldung, Unterbrechungsmeldung, Abmeldung etc.)?	☐
Wurde ggf. die GKV-Monatsmeldung übermittelt?	☐
Wurde der Erstattungsantrag für fortgezahlten Arbeitslohn oder Zuschüsse zum Mutterschaftsgeld an die Krankenkasse übermittelt?	☐
Wurden die Bescheinigungen für die Entgeltersatzleistungen (EEL) an die Annahmestellen der Krankenkassen übermittelt?	☐
Wurden die Zahlungsträger erstellt bzw. der Zahlungslauf durchgeführt?	☐
Sind die Lohnkonten fortgeschrieben?	☐
Wurde das Lohnjournal erstellt?	☐
Wurden die Lohnabrechnungsdaten an die Buchhaltung weitergegeben?	☐
Sind die Mitarbeiterstatistiken fortgeschrieben (z. B. FTE für Umlagen)?	☐

Tab. 34: Checkliste: Entgeltabrechnung

10 Arbeitnehmer scheidet aus oder wechselt den Status

Mit dem Ausscheiden eines Arbeitnehmers aus dem Unternehmen sind auch in der Entgeltabrechnung einige Formalakte verbunden. Zum Austritt muss der Arbeitgeber dem Arbeitnehmer eine Steuerbescheinigung zukommen lassen, er ist bei seiner Krankenkasse oder der Minijob-Zentrale abzumelden und zugleich ist das aufgelaufene Arbeitsentgelt zu melden. Neben der Abmeldung bei den Sozialversicherungsträgern ist das Ende der Beschäftigung an die ELStAM-Datenbank zu melden. In den Lohnunterlagen ist das Lohnkonto abzuschließen und im Personaldatenblatt der Austritt zu vermerken. Außerdem ist zu prüfen, ob laufende Überweisungen, wie die vermögenswirksamen Leistungen (VwL), Zuschüsse zu Direktversicherungen, Fahrgeldpauschalen, Pfändungen oder Ähnliches storniert werden müssen. Zu prüfen ist auch, ob der Arbeitnehmer noch Anspruch auf einen Teil des Weihnachts- oder Urlaubsgeldes hat. Steht dem Arbeitnehmer noch anteiliger Jahresurlaub zu, kann dieser eventuell ausgezahlt werden. Hat der Arbeitnehmer ein Darlehen erhalten, kann die Rückzahlung mit der letzten Lohnzahlung verrechnet werden.

Gleiches gilt, wenn er beispielsweise einen Dauerreisekostenvorschuss erhalten hat. Scheidet der Arbeitnehmer zum Jahresende aus, ist unter Umständen ein Lohnsteuerjahresausgleich durchzuführen. In jedem Fall sind die im laufenden Kalenderjahr geleisteten Arbeitsstunden für die Meldung an die Berufsgenossenschaft zu vermerken. Für die Lohnsteuerbescheinigung ist die Anzahl der Unterbrechungen von mehr als 5 Tagen (Anzahl U) zu ermitteln und zu prüfen, ob vom Arbeitgeber veranlasste Mahlzeiten entstanden sind. Zahlt der Arbeitgeber dem Arbeitnehmer eine Abfindung, ist diese Zahlung in der letzten Lohnabrechnung zu berücksichtigen. Hat der Arbeitnehmer eine betriebliche Altersvorsorge, muss die Übertragung auf einen neuen Arbeitgeber vorbereitet werden. Gegebenenfalls ist ein Auszug aus dem Rentenkonto zu erstellen bzw. der Anspruch auf Versorgungsbezüge zu ermitteln. Aus der Übergangsregelung der vorgezogenen Beitragsfälligkeit ergeben sich weitere Aufgaben. Sind aus dem geschätzten Arbeitslohn noch Restzahlungen an die Krankenkasse vorhanden, müssen diese auf den Folgemonat vorgetragen werden. Erstattungsansprüche gegenüber der Krankenkasse werden im Folgemonat mit den Verbindlichkeiten verrechnet. Wichtige Unterlagen für alle Abschlussarbeiten sind die Personaldaten und das Lohnkonto des Arbeitnehmers. Für die Vollständigkeit aller Abschlussarbeiten bietet es sich an, eine Checkliste anzufertigen, in der alle Aufgaben abgehakt werden können. Die folgende Tabelle zeigt beispielhaft, wie eine „Checkliste Austritt" aussehen könnte.

Arbeitnehmer scheidet aus oder wechselt den Status

Checkliste Austritt	Erledigt
Verbleibende Zahlungen ermitteln	☐
Urlaubsgeld	☐
Weihnachtsgeld	☐
Provision	☐
Tantiemen	☐
Arbeitslohn aus Vorjahr(en)	☐
Abfindung	☐
Abgeltung von Resturlaub	☐
Abgeltung von Überstunden, Prämien	☐
Sonstiges	☐
Verbleibende Rückzahlungen ermitteln (Vorschuss/Darlehen etc.)	☐
Letzte Reisekostenabrechnung durchführen	☐
Anzahl U-Tage ermitteln	☐
Anzahl Verpflegungspauschalen ermitteln	☐
Letzte Lohnabrechnung erstellen	☐
Lohnkonto abschließen	☐
Lohnsteuerbescheinigung erstellen	☐
Abmeldung bei der ELStAM Datenbank erstellen	☐
Abmeldung/Jahresmeldung für die Krankenkasse erstellen	☐
Arbeitsstundenzahl für Berufsgenossenschaft ermitteln	☐
Laufende Zahlungen stornieren	☐
Zahlungen an VL-Träger stornieren	☐
Abschluss des Kontos für betriebliche Altersvorsorge	☐
Ermittlung der Versorgungsansprüche	☐
Rückgabe Fahrzeug und km-Stand festhalten	☐
Ggf. Rückgabe einer Lohnsteuer-Ersatzbescheinigung	☐
Austritt im Personalstamm vermerken	☐

Tab. 35: Checkliste: Austritt

10.1 Lohnsteuerbescheinigung an das Finanzamt übermitteln

Bei Beendigung des Arbeitsverhältnisses während des laufenden Kalenderjahres 2014 ist dem Arbeitnehmer eine ggf. erhaltene Ersatzbescheinigung wieder auszuhändigen. Zusätzlich erhält er einen Ausdruck der elektronisch übermittelten Lohnsteuerbescheinigung. Vor dem Ausdruck der Lohnsteuerbescheinigung müssen die Daten elektronisch an die Finanzverwaltung übermittelt werden. Die Lohnsteuerbescheinigung ist **nicht** mit der Ersatzbescheinigung zu verbinden. Bestand die Beschäftigung schon seit 2010, ist die damals überreichte Lohnsteuerkarte beim Arbeitgeber bis Ende 2014 zu archivieren.[38] Ist der Arbeitnehmer uneingeschränkt steuerpflichtig in der Bundesrepublik Deutschland, müssen im Austrittsmonat oder spätestens zum 28.2. des Folgejahres die steuerlichen Abzüge elektronisch per verschlüsselte Datenfernübertragung dem Finanzamt übermittelt werden. Sofern für den Arbeitnehmer kein ELStAM-Datensatz oder eine Ersatzbescheinigung des Finanzamts vorliegen, wird eine Versteuerung nach Steuerklasse 6 durchgeführt und die einbehaltenen Steuern im Ausdruck der elektronischen Lohnsteuerbescheinigung dokumentiert.[39]

---

[38] Die Lohnsteuerkarte 2010 gilt für die Steuerjahre 2010, 2011 2012 und 2013.

[39] Für Aushilfen (geringfügig/kurzfristig Beschäftigte), die pauschal versteuert werden, ist keine Lohnsteuerbescheinigung erforderlich.

Ausdruck der elektronischen Lohnsteuerbescheinigung für 2014
Nachstehende Daten wurden maschinell an die Finanzverwaltung übertragen.

Datum:

eTIN:

Identifikationsnummer:

Personalnummer:

Geburtsdatum:

Transferticket:

Dem Lohnsteuerabzug wurden zugrunde gelegt:

Steuerklasse/Faktor	gültig ab

Zahl der Kinderfreibeträge	gültig ab

Steuerfreier Jahresbetrag	gültig ab

Jahreshinzurechnungsbetrag	gültig ab

Kirchensteuermerkmale	gültig ab

Anschrift und Steuernummer des Arbeitgebers:

		vom - bis	
1. Dauer des Dienstverhältnisses			
2. Zeiträume ohne Anspruch auf Arbeitslohn	Anzahl „U"		
Großbuchstaben (S, M, F)			
		EUR	Ct
3. Bruttoarbeitslohn einschl. Sachbezüge ohne 9. und 10.			
4. Einbehaltene Lohnsteuer von 3.			
5. Einbehaltener Solidaritätszuschlag von 3.			
6. Einbehaltene Kirchensteuer des Arbeitnehmers von 3.			
7. Einbehaltene Kirchensteuer des Ehegatten von 3. (nur bei konfessionsverschiedener Ehe)			
8. In 3. enthaltene Versorgungsbezüge			
9. Ermäßigt besteuerte Versorgungsbezüge für mehrere Kalenderjahre			
10. Ermäßigt besteuerter Arbeitslohn für mehrere Kalenderjahre (ohne 9.) und ermäßigt besteuerte Entschädigungen			
11. Einbehaltene Lohnsteuer von 9. und 10.			
12. Einbehaltener Solidaritätszuschlag von 9. und 10.			
13. Einbehaltene Kirchensteuer des Arbeitnehmers von 9. und 10.			
14. Einbehaltene Kirchensteuer des Ehegatten von 9. und 10. (nur bei konfessionsverschiedener Ehe)			
15. Kurzarbeitergeld, Zuschuss zum Mutterschaftsgeld, Verdienstausfallentschädigung (Infektionsschutzgesetz), Aufstockungsbetrag und Altersteilzeitzuschlag			
16. Steuerfreier Arbeitslohn nach	a) Doppelbesteuerungsabkommen		
	b) Auslandstätigkeitserlass		
17. Steuerfreie Arbeitgeberleistungen für Fahrten zwischen Wohnung und erster Tätigkeitsstätte			
18. Pauschalbesteuerte Arbeitgeberleistungen für Fahrten zwischen Wohnung und Tätigkeitsstätte			
19. Steuerpflichtige Entschädigungen und Arbeitslohn für mehrere Kalenderjahre, die nicht ermäßigt besteuert wurden - in 3. enthalten			
20. Steuerfreie Verpflegungszuschüsse bei Auswärtstätigkeit			
21. Steuerfreie Arbeitgeberleistungen bei doppelter Haushaltsführung			
22. Arbeitgeberanteil	a) zur gesetzlichen Rentenversicherung		
	b) an berufsständische Versorgungseinrichtungen		
23. Arbeitnehmeranteil	a) zur gesetzlichen Rentenversicherung		
	b) an berufsständische Versorgungseinrichtungen		
24. Steuerfreie Arbeitgeberzuschüsse	a) zur gesetzlichen Krankenversicherung		
	b) zur privaten Krankenversicherung		
	c) zur gesetzlichen Pflegeversicherung		
25. Arbeitnehmerbeiträge zur gesetzlichen Krankenversicherung			
26. Arbeitnehmerbeiträge zur sozialen Pflegeversicherung			
27. Arbeitnehmerbeiträge zur Arbeitslosenversicherung			
28. Beiträge zur privaten Kranken- und Pflege-Pflichtversicherung oder Mindestvorsorgepauschale			
29. Bemessungsgrundlage für den Versorgungsfreibetrag zu 8.			
30. Maßgebendes Kalenderjahr des Versorgungsbeginns zu 8. und/oder 9.			
31. Zu 8. bei unterjähriger Zahlung: Erster und letzter Monat, für den Versorgungsbezüge gezahlt wurden			
32. Sterbegeld; Kapitalauszahlungen/Abfindungen und Nachzahlungen von Versorgungsbezügen - in 3. und 8. enthalten			
33. Ausgezahltes Kindergeld			–
Finanzamt, an das die Lohnsteuer abgeführt wurde (Name und vierstellige Nr.)			

6.13

Abb. 8: Lohnsteuerbescheinigung 2014

Auf dem Ausdruck der elektronischen Lohnsteuerbescheinigung sind in den Zeilen 1 bis 33 alle steuerlich relevanten Be- und Abzüge entsprechend § 41b Einkommensteuergesetz (EStG) aufgelistet. Zusätzlich sind Angaben zur Personalnummer, zur Steuer-Identifikationsnummer (Steuer-ID) sowie zur Steuerklasse, zu Steuerfrei- und Hinzurechnungsbeträgen und zu Kirchensteuermerkmalen anzugeben. Die Anschrift des Arbeitgebers und die sogenannte Transferticket-Nummer sind ebenfalls in das gedruckte Formular aufzunehmen.

Für die Übermittlung der elektronischen Lohnsteuerbescheinigung ist grundsätzlich die Steuer-ID als Identifikationsmerkmal des Mitarbeiters zu verwenden. Lohnsteuerbescheinigungen mit der eTIN (elektronische Transfer-Identifikations-Nummer) sind nur noch für **beschränkt steuerpflichtige** Mitarbeiter (Mitarbeiter ohne Steuer-ID) zulässig. Diese, in der Regel ausländische Arbeitnehmer, werden erst im Laufe des Jahres 2014 auf die Steuer-ID umgestellt. Für die Übertragung der Lohnsteuerbescheinigung muss der Arbeitgeber oder ein beauftragter Dienstleister autorisiert sein. Eine Authentifizierung mit dem Erhalt eines elektronischen Zertifikats kann über das ELSTER-Online-Portal der Finanzverwaltung vorgenommen werden (http://www.elsteronline.de/).

Die Verpflichtung zur elektronischen Übermittlung der Lohnsteuerauszüge und der Lohnsteueranmeldung setzt fast zwangsweise den Einsatz eines Lohnabrechnungsprogramms voraus. Soll die Übermittlung der Daten nicht aus dem Abrechnungsprogramm heraus erfolgen, besteht die Möglichkeit, die Daten über das kostenlose Programm „ELSTER-Formular" der Finanzverwaltung zu übermitteln. Das Programm kann über die Finanzämter bezogen werden oder über das Internet (http://www.elsterformular.de/) auf den Rechner heruntergeladen werden. Bei einer elektronischen Datenübermittlung sind die Möglichkeiten zur Kontrolle der Angaben nur noch eingeschränkt vorhanden. Umso wichtiger ist, die Angaben auf dem Ausdruck der Lohnsteuerbescheinigung zu überprüfen. Welche Angaben die Lohnsteuerbescheinigung enthalten muss, ist in Kapitel 12.3 beschrieben. Wird ein geringfügig beschäftigter Arbeitnehmer in eine steuerpflichtige Vollzeitbeschäftigung übernommen, ist der Abruf des ELStAM-Datensatzes oder eine Ersatzbescheinigung 2014 des Finanzamts erforderlich. Für den Abruf des ELStAM-Datensatzes müssen Sie die Steuer-ID und das Geburtsdatum kennen. Eine steuerrechtliche Ummeldung der Beschäftigung ist nicht erforderlich. Die pauschal versteuerten Bezüge der geringfügigen Beschäftigung sind der Bundesknappschaft-Bahn-See (Minijob-Zentrale) und nicht dem Finanzamt zu melden. Sie dürfen dementsprechend nicht in der Lohnsteuerbescheinigung bei einer elektronischen Datenübermittlung enthalten sein.

ELStAM

Mit der Einführung der ELStAM-Datenbank ist **ab 1.1.2013** das Ende einer Beschäftigung mit einer Abmeldeliste dem Bundeszentralamt für Steuern zu melden. Die Abmeldeliste wird direkt aus dem Lohnabrechnungsprogramm erstellt und kann mittels Elster übertragen werden. Alternativ ist eine Übermittlung über Elster-Formular bzw. das ELSTER-Portal möglich. Mit der Abmeldung endet die „Hauptarbeitgeber"-Eigenschaft des Unternehmens. Somit kann ein Folgearbeitgeber zum „Hauptarbeitgeber" werden und die steuerlichen Merkmale des Mitarbeiters (Steuerklasse, Freibeträge, Kirchensteuerpflicht, etc.) aus der ELStAM-Datenbank abrufen. Ohne die Abmeldung können zukünftige Arbeitgeber nur bedingt Hauptarbeitgeber werden, in jedem Fall wird die Abmeldebestätigung nicht erstellt. Eine Abmeldung bei der ELStAM ist auch vorzunehmen, wenn der Datensatz durch das Finanzamt oder dem Mitarbeiter gesperrt wurde. Eine Ausnahme von der Pflicht zur Abmeldung bei der ELStAM-Datenbank besteht nur dann, wenn der Mitarbeiter verstorben ist. In diesem Fall übernimmt die zuständige Gemeinde die Abmeldung.

Als Rückmeldung auf die Abmeldung erhält der Arbeitgeber eine Abmeldebestätigung aus der ELStAM-Datenbank.

10.2 Abmeldung bei der Krankenkasse

Endet das Arbeitsverhältnis eines Arbeitnehmers, muss die Beendigung seiner Krankenkasse mit einer Abmeldung mitgeteilt werden. Eine Abmeldung ist für Aushilfen und für Vollzeitbeschäftigte erforderlich. Geringfügig und kurzfristig Beschäftigte sind bei der Bundesknappschaft-Bahn-See in Essen an- und abzumelden. Vollständig sozialversicherungspflichtige Arbeitnehmer müssen bei der zuständigen Krankenkasse an- und abgemeldet werden. Die gesetzliche Krankenkasse ist auch für die Abmeldung von privat krankenversicherten Arbeitnehmern zuständig. Die Abmeldung ist bei der Krankenkasse vorzunehmen, an die die Beiträge zur Renten- und Arbeitslosenversicherung entrichtet wurden. Die versicherungspflichtige Beschäftigung endet mit Ablauf des letzten Arbeitstages. Das heißt: Sollte der Arbeitnehmer vor seinem Austritt noch Urlaub nehmen oder von der Arbeit freigestellt sein, besteht die Versicherungspflicht bis zum vertraglichen Arbeitsende weiter. Ist der Arbeitnehmer an seinem vertraglichen Arbeitsende erkrankt und liegt die Krankheit innerhalb der Lohnfortzahlungsfrist, endet die Versicherungspflicht nicht mit dem Ende des Arbeitsverhältnisses, sondern erst mit Ende der Entgeltfortzahlung.

Statuswechsel

Ist die Ausbildung eines Auszubildenden beendet, muss dieser ebenfalls bei seiner Krankenkasse abgemeldet und im Falle der Weiterbeschäftigung mit seinem neuen Status als Angestellter wieder angemeldet werden. Eine Abmeldung muss auch erfolgen, wenn die Voraussetzung für die Pflichtversicherung weggefallen ist. Das ist beim **Überschreiten** der **Jahresarbeitsentgeltgrenze** oder bei Erreichen des Rentenalters der Fall. **Wechselt** der Arbeitnehmer seine Krankenkasse bei fortbestehendem Arbeitsverhältnis, ist er ebenfalls bei seiner bisherigen Kasse abzumelden und bei der neuen Krankenkasse mit dem „Grund der Abgabe: 11 — Anmeldung wegen Krankenkassenwechsel" anzumelden. Weitere Gründe für eine Abmeldung bei der Krankenkasse können eine Arbeitsunterbrechung ohne Entgeltzahlung von mehr als einem Kalendermonat (Krankheit), unbezahlter Urlaub von mehr als einem Monat, rechtmäßiger Streik, Beginn der Pflegezeit oder der Tod des Arbeitnehmers sein.

Die Abmeldung bei der zuständigen Krankenkasse sollte innerhalb von sechs Wochen nach dem vertraglichen Arbeitsende bzw. dem Ende der Entgeltfortzahlung, spätestens mit der **letzten Entgeltabrechnung** erfolgen. Die Meldungen können nur noch in elektronischer Form der Krankenkasse eingereicht werden. In der Regel bieten die Abrechnungssysteme ein entsprechendes Übermittlungsmodul. Ersatzweise kann die Meldung mit der Ausfüllhilfe sv.net erstellt und elektronisch versendet werden. Die Krankenkassen stellen das Programm „sv.net" zur Verfügung. Für die Übermittlung ist ein Computer mit einem Internetanschluss erforderlich. Bei **geringfügigen und kurzfristig** beschäftigten Arbeitnehmern entsteht, außer ggf. in der Rentenversicherung, kein beitragspflichtiges Entgelt, das Ende der Beschäftigung ist jedoch mit einer Abmeldung der Bundesknappschaft-Bahn-See (Minijob-Zentrale) zu melden. Hat ein geringfügig Beschäftigter den Verzicht auf die Versicherungspflicht in der Rentenversicherung gewählt (Opt Out), muss das Entgelt, von dem die Arbeitgeberbeiträge berechnet wurden, gemeldet werden. Wurden aus dem geringfügigen Entgelt volle Beiträge zur Rentenversicherung (18,9 %) ermittelt, ist das rentenversicherungspflichtige Entgelt zu melden. Dies gilt auch für Studenten, die in der Regel nur rentenversicherungspflichtig sind.

TIPP

Das Programm sv.net kann über das Internet unter http://www.itsg.de/ in der Rubrik „svnet → Downloads" auf den Rechner heruntergeladen werden.

Empfänger der Abmeldung von sozialversicherungspflichtig Beschäftigten ist die Annahmestelle der zuständigen Krankenkasse. Zuständig ist die Kasse, bei der der Arbeitnehmer krankenversichert ist oder zuletzt krankenversichert war. Ist der Arbeitnehmer nicht krankenversicherungspflichtig oder privat krankenversichert, ist die zuständige Kasse diejenige, welche die Beiträge zur Rentenversicherung entgegennimmt — in der Regel die AOK oder IKK oder die letzte gesetzliche Krankenkasse.

Die Abmeldung eines vollzeitbeschäftigten Arbeitnehmers ist mit dem elektronischen Formular „Meldung zur Sozialversicherung" zu erstatten. Die sozialversicherungsrechtlichen Angaben wie Versicherungsnummer, Land, Tätigkeitsschlüssel, Betriebsnummer etc. unterscheiden sich nicht von den Angaben bei einer Anmeldung und sind in Kapitel 3 „Anmeldung eines vollzeitbeschäftigten Arbeitnehmers" erläutert. Die Felder Straße und Hausnummer, Land, Postleitzahl und Wohnort sind bei einer Abmeldung nicht mehr anzugeben.

Wichtige Bestandteile der Abmeldung sind neben Beginn und Ende der Beschäftigung:

- Grund der Abgabe
- Beitragsgruppenschlüssel
- beitragspflichtiges Entgelt
- Betriebsnummer des Unfallversicherungsträgers (BG)
- BG-Mitgliedsnummer des Betriebes
- beitragspflichtiges Arbeitsentgelt für die BG
- Gefahrenstelle des Mitarbeiters
- im Abrechnungsjahr geleistete Arbeitsstunden

! ACHTUNG

Auf der Abmeldung, Unterbrechungsmeldung und Jahresmeldung ist die Angabe der Sozialversicherungsnummer erforderlich. Liegt die SV-Nummer zum Zeitpunkt der Anmeldung nicht vor, so kann eine Abmeldung nur mit der korrekten Sozialversicherungsnummer erfolgen. Eine Ausnahmeregelung besteht für die Personengruppe 997 — sozialversicherungsfreie Arbeitnehmer.

Meldung der Berufsgenossenschaftsdaten an die Krankenkassen

Mit dem Unfallversicherungsmodernisierungsgesetz (UVMG) haben sich die Meldepflichten, Meldewege, Meldetermine und der Meldeumfang der Sozialversicherungsmeldungen geändert. Die Pflichten der Arbeitgeber im Rahmen des DEÜV-Meldeverfahrens[40] wurden erweitert. Bei Austritt eines Arbeitnehmers sind folgende Angaben für jeden Mitarbeiter zusätzlich erforderlich:

---

[40]   DEÜV steht für Datenerfassungs- und Übermittlungsverordnung.

- Mitgliedsnummer des Unternehmens bei der Berufsgenossenschaft
- Betriebsnummer des Unfallversicherungsträgers (BG)
- UV-Grund
- Unfallversicherungspflichtiges Entgelt jedes Arbeitnehmers
- Zuordnung jedes Arbeitnehmers zu einer Gefahrtarifstelle
- geleistete Arbeitsstunden jedes Arbeitnehmers

Diese Angaben zu Berufsgenossenschaftsdaten sind bei jeder Meldung zur Sozialversicherung (Jahresmeldung, Unterbrechungsmeldung, Abmeldung, sonstige Entgeltmeldung, Sondermeldung Unfallversicherung) der Krankenkasse zu melden. Seit 2011 können auch mit einer Meldung Daten an mehr als einen Unfallversicherungsträger gemeldet werden. In der Meldung zur Sozialversicherung ist ggf. auch der Grund für die Abgabe der Unfallversicherungsdaten mit einer Schlüsselziffer zu melden. In dem Feld „UV-Grund" sind jedoch nur dann Eingaben vorzugeben, wenn es sich um Besonderheiten handelt, die bei der Beitragsberechnung in der Unfallversicherung berücksichtigt werden müssen. Liegen keine Besonderheiten vor, bleibt das Feld „UV-Grund" leer.

Die nachstehende Tabelle enthält eine Übersicht aller UV-Gründe nebst Erläuterungen sowie den jeweils erforderlichen bzw. entbehrlichen Daten zur Unfallversicherung.

UV Grund	Hinweis	Zu melden sind	Nicht gemeldet werden müssen
A07	Meldungen für Arbeitnehmer/Mitarbeiter des Trägers der Unfallversicherung	Betriebsnummer des UV-Trägers	Mitgliedsnummer, Betriebsnummer des UV-Trägers, des Gefahrtarifs, der angewendet wird, Gefahrtarifstelle, UV-Entgelt und Arbeitsstunden
A08	Beitragsbemessung bei landwirtschaftlicher Berufsgenossenschaft	Betriebsnummer des UV-Trägers	Mitgliedsnummer, Betriebsnummer des UV-Trägers, des Gefahrtarifs, der angewendet wird, Gefahrtarifstelle, UV-Entgelt und Arbeitsstunden
A09	Beitragsbemessung nicht nach dem Entgelt (z. B. Kopfpauschale)	Betriebsnummer des UV-Trägers	Mitgliedsnummer, Betriebsnummer des UV-Trägers, des Gefahrtarifs, der angewendet wird, Gefahrtarifstelle, UV-Entgelt und Arbeitsstunden

Arbeitnehmer scheidet aus oder wechselt den Status

UV Grund	Hinweis	Zu melden sind	Nicht gemeldet werden müssen
B01	Entsparung von ausschließlich sozialversicherungspflichtigem Wertguthaben Beitragspflicht i. der UV bereits i. der Ansparphase	Betriebsnummer des UV-Trägers und Mitgliedsnummer	Mitgliedsnummer, Betriebsnummer des UV-Trägers, des Gefahrtarifs, der angewendet wird, Gefahrtarifstelle, UV-Entgelt und Arbeitsstunden
B02	Keine UV-Pflicht wegen Auslandsbeschäftigung	Betriebsnummer des UV-Trägers und Mitgliedsnummer	Mitgliedsnummer, Betriebsnummer des UV-Trägers, des Gefahrtarifs, der angewendet wird, Gefahrtarifstelle, UV-Entgelt und Arbeitsstunden
B03	UV-Freiheit gemäß SGB VII	Betriebsnummer des UV-Trägers und Mitgliedsnummer	Mitgliedsnummer, Betriebsnummer des UV-Trägers, des Gefahrtarifs, der angewendet wird, Gefahrtarifstelle, UV-Entgelt und Arbeitsstunden
B04	Erreichen des Höchstjahresarbeitsentgeltes in einer vorangegangenen Entgeltmeldung	Mitgliedsnummer, Betriebsnummer des UV-Trägers, dessen Gefahrtarif, Gefahrtarifstelle	UV-Entgelt und Arbeitsstunden
B05	UV-Entgelt wird in einer weiteren Meldung mit Abgabegrund 91 gemeldet	Betriebsnummer des UV-Trägers, Mitgliedsnummer, dessen Gefahrtarif, Gefahrtarifstelle	UV-Entgelt und Arbeitsstunden
B06	UV-Entgelt wird in einer anderen Gefahrtarifstelle dieser Entgeltmeldung angegeben	Betriebsnummer des UV-Trägers, Mitgliedsnummer, dessen Gefahrtarif, Gefahrtarifstelle	UV-Entgelt und Arbeitsstunden
B09	Sonstige Sachverhalte, die kein UV-Entgelt in der Meldung erfordern	Betriebsnummer des UV-Trägers, Mitgliedsnummer, dessen Gefahrtarif, Gefahrtarifstelle	UV-Entgelt und Arbeitsstunden

Tab. 36: Meldegründe für die Berufsgenossenschaft

> **! ACHTUNG**
>
> In der Abmeldung müssen die Jahresarbeitsstunden für den Arbeitnehmer für 2014 gemeldet werden. Tritt der Arbeitnehmer im Laufe des Jahres 2014 aus, sind die seit Januar aufgelaufenen Arbeitsstunden zu melden. Fehlerhafte Stundenangaben in Sozialversicherungsmeldungen führen zu korrigierten Abmeldungen bzw. Unterbrechungsmeldungen. Sind die tatsächlichen Arbeitsstunden nicht ermittelbar, darf in 2014 von einer durchschnittlichen Arbeitszeit pro Mitarbeiter von 1.580 Stunden (1.560 Stunden in 2013) ausgegangen werden. Dieser sogenannte Vollarbeitsrichtwert ist nur für Vollzeitbeschäftigte mit 8 Stunden pro Tag anzunehmen.

10.2.1 Grund der Abgabe der Sozialversicherungsmeldung

.Mit dem neuen Meldewesen — DEÜV[41] — wurde der Meldeschlüssel erweitert und umgestellt. Als Abgabegrund für eine Abmeldung sind folgende Schlüssel anzugeben:

Schlüssel	Grund der Abgabe der Meldung
30	bei Abmeldung wegen Ende der Beschäftigung
31	bei Abmeldung wegen Krankenkassenwechsels
32	bei Abmeldung wegen Beitragsgruppenwechsels
33	bei Abmeldung wegen sonstiger Gründe/bei Änderung des Beschäftigungsverhältnisses
34	bei Abmeldung wegen Ende einer sozialversicherungsrechtlichen Beschäftigung nach einer Unterbrechung von länger als einem Kalendermonat
35	bei Abmeldung wegen Arbeitskampfes von länger als einem Monat
36	bei Abmeldung wegen Wechsels des Entgeltabrechnungssystems[42]
40	bei gleichzeitiger Ab- und Anmeldung wegen Ende der Beschäftigung
49	bei Abmeldung wegen Tod
71	Meldung des Vortages der Insolvenz
72	Entgeltmeldung zum rechtlichen Ende der Beschäftigung

Tab. 37: Meldegründe – Abmeldung

---

[41] DEÜV – **D**aten**e**rfassungs- und **Ü**bermittlungs-**V**erordnung

[42] Keine Pflichtmeldung.

Meldegrund: 30

Endet das Beschäftigungsverhältnis und verlässt der Arbeitnehmer das Unternehmen, ist als Grund der Abmeldung die Schlüsselzahl 30 zu übermitteln. Der Grund der Abgabe 30 ist anzugeben, unabhängig davon, ob der Arbeitnehmer oder Arbeitgeber gekündigt hat, der Arbeitsvertrag ausläuft oder ein sonstiger Grund (außer Tod) zur Beendigung des Arbeitsverhältnisses geführt hat. Eine Abmeldung mit „Grund der Abgabe: 30" ist auch für geringfügig und kurzfristig beschäftigte Arbeitnehmer — Aushilfen — vorzunehmen. Empfänger der Meldungen für Aushilfen ist die Bundesknappschaft-Bahn-See in Essen (Minijob-Zentrale).

Aus dem **Pflegezeitgesetz** hat der Arbeitnehmer die Möglichkeit, sich bis zu 6 Monate für die Pflege eines nahen Angehörigen freistellen zu lassen. Bei einer Freistellung zur (Langzeit-)Pflege bleibt das Arbeitsverhältnis arbeitsrechtlich erhalten (Kündigungsschutz), der Arbeitnehmer ist jedoch zum Beginn der Aufnahme der Pflegezeit bei der Krankenkasse abzumelden. Die Abmeldung ist mit „Grund der Abgabe: 30" zu melden. Da während der Pflegezeit das Arbeitsverhältnis ruht, muss sich der Arbeitnehmer selbst um den Krankenversicherungsschutz kümmern. Nach dem Ende der Pflegezeit ist der Arbeitnehmer wieder anzumelden mit Grund der Abgabe: 10.

Meldegrund: 31

Alle gesetzlich Krankenversicherten haben das Wahlrecht, zu einer anderen Krankenkasse zu wechseln. Die Kündigungsfrist beträgt einheitlich 2 Monate zum Monatsende. Die neue Mitgliedschaft nach dem Wechsel muss dann mindestens 18 Monate bestehen. Ein Sonderkündigungsrecht besteht jedoch bei einer Beitragssatzerhöhung oder der Einführung eines Zusatzbeitrags der Krankenkasse. Die Kündigungsfrist beträgt 2 Monate. Eine Kündigung beim Arbeitgeberwechsel oder der Eintritt eines neuen versicherungpflichtigen Tatbestandes, beispielsweise der Wechsel vom Arbeitnehmer zum Rentner, führt nicht mehr zu einem Sonderkündigungsrecht.

Bleibt das Beschäftigungsverhältnis bestehen und wechselt der Arbeitnehmer seine Krankenkasse, ist er mit dem Meldeschlüssel 31 bei seiner „alten Kasse" abzumelden. Gleichzeitig muss er bei seiner neuen Krankenkasse angemeldet werden. Als Grund der Abgabe ist auf der Anmeldung dann der Meldeschlüssel 11 zu melden.

Meldegrund: 32

Übersteigt nach einer Gehaltserhöhung das jährliche Arbeitsentgelt die Pflicht-versicherungsgrenze, kann sich der Arbeitnehmer im folgenden Kalenderjahr bei einem Versicherungsunternehmen privat krankenversichern oder als freiwilliges Mitglied in einer der gesetzlichen Krankenkassen verbleiben. Voraussetzung für einen Wechsel ist, dass die Pflichtversicherungsgrenze im vergangenen **Kalenderjahr** überschritten war und im aktuellen Kalenderjahr voraussichtlich ebenfalls überschritten wird (1+1 Regel). In beiden Fällen kommt es zu einem Wechsel des Beitragsgruppenschlüssels (0-1-1-0 privat/9-1-1-1 freiwillig gesetzlich versichert). Ein anderes Beispiel könnte die Versicherungspflicht einer Aushilfe wegen Überschreitung der Entgeltgrenze sein. Möglich ist auch das Erreichen der Altersgrenze 65 Jahre (+ 3 Monate in 2014)[43] mit einer Versicherungsfreiheit des Arbeitnehmers in der Renten- und Arbeitslosenversicherung. In all diesen Fällen (und einigen mehr) ändert sich der Beitragsgruppenschlüssel. Der Arbeitnehmer ist mit dem ursprünglichen Beitragsgruppenschlüssel abzumelden und gleichzeitig mit seiner neuen Beitragsgruppe anzumelden. Als Grund für die Abgabe der Abmeldung ist der Meldeschlüssel 32 (Abmeldung wegen Beitragsgruppenwechsel) bzw. 12 (Anmeldung wegen Beitragsgruppenwechsel) zu melden.

Meldegrund: 33

Wechselt ein Arbeitnehmer seinen Status — zum Beispiel vom Auszubildenden zum Angestellten —, ist die Änderung des Beschäftigungsverhältnisses der Krankenkasse mitzuteilen. Bei einem Statuswechsel ist eine Abmeldung mit dem Meldegrund 33 und zusätzlich eine Anmeldung mit dem Meldegrund 13 bei der zuständigen Krankenkasse einzureichen. Ein Statuswechsel liegt auch vor, wenn ein geringfügig beschäftigter Arbeitnehmer (Aushilfe) in eine Vollzeitbeschäftigung übernommen wird. In diesem Fall ist er bei der Bundesknappschaft abzumelden und bei seiner Krankenkasse anzumelden. Ist der Arbeitnehmer privat krankenversichert, ist die Kasse der letzten Pflichtversicherung zuständig. War noch keine Pflichtversicherung gegeben, kann die Anmeldung bei einer frei wählbaren Kasse erfolgen.

---

[43] Für die Geburtsjahrgänge ab 1949 erhöht sich die Regelaltersgrenze zunächst um je einen weiteren Monat; ab 2023 wird die Grenze in Stufen von zwei Monaten pro Jahrgang angehoben. Für die Jahrgänge 1964 und jünger liegt die Regelaltersgrenze bei 67 Jahren.

> **! ACHTUNG**
>
> Wird der Auszubildende nach bestandener Prüfung in ein Angestelltenverhältnis übernommen und wechselt er gleichzeitig seine Krankenkasse, entstehen zwei Meldegründe — 31 und 33. Bei zwei oder mehreren Meldegründen ist die kleinste Schlüsselzahl der möglichen Abgabegründe anzugeben. Analoges gilt für eine eventuelle gleichzeitige Wiederanmeldung.

Meldegrund: 34

Nimmt ein Arbeitnehmer unbezahlten Urlaub von mehr als einem Monat, endet mit Ablauf des Monats seine Versicherungspflicht. Der Arbeitgeber muss den Arbeitnehmer zum Ende der Vier-Wochen-Frist mit dem Meldegrund 34 abmelden. Eine Abmeldung mit Grund 34 ist auch abzugeben, wenn der Arbeitnehmer mehr als einen Monat unentschuldigt der Arbeit fern bleibt oder bei einem unrechtmäßigen Arbeitskampf.

> **▶ BEISPIEL**
>
> Monika Waldmann möchte eine ausgedehnte USA-Reise unternehmen. Zu diesem Zweck nimmt sie neben ihrem Erholungsurlaub noch sieben Wochen unbezahlten Urlaub. Der unbezahlte Urlaub beginnt am 22.8.2014 und endet am 13.10.2014. Am 14.10.2014 nimmt Frau Waldmann die Arbeit wieder auf.
>
> **Beurteilung**
> Die Versicherungspflicht besteht ohne Arbeitsentgelt für längstens einen Monat weiter. Zum 19.9. endet die Versicherungspflicht in der Sozialversicherung trotz weiter bestehendem Beschäftigungsverhältnis. Frau Waldmann ist zum 20.9.2014 bei der zuständigen Krankenkasse mit Abgabegrund 34 abzumelden. Bei Wiederaufnahme der Beschäftigung am 14.10. muss Frau Waldmann neu angemeldet werden. Als Grund der Anmeldung ist der Meldeschlüssel 13 „Anmeldung wegen sonstiger Gründe" zu melden.

Meldegrund: 35

Arbeitskampfmaßnahmen, wie Streik oder Aussperrung, können unter Umständen lange andauern. Ist der Arbeitskampf rechtmäßig, endet bei einem Streik von mehr als einem Monat die Versicherungspflicht in der Renten- und Arbeitslosenversicherung. Übersteigt ein Streik 30 zusammenhängende Tage, sind die streikenden Arbeitnehmer mit dem Meldeschlüssel 35 bei ihrer Krankenkasse abzumelden. Nach Wiederaufnahme der Beschäftigung muss der Kasse eine Anmeldung mit „Grund der Abgabe: 13" eingereicht werden. Ist der Arbeitskampf rechtmäßig, bleibt der Versicherungsschutz auch ohne Beiträge in der Kranken- und Pflegeversicherung bestehen, unabhängig davon, wie lange der Arbeitskampf andauert.

Ist der Streik widerrechtlich (wilder Streik), muss ebenfalls nach Ablauf eines Kalendermonats eine Abmeldung durchgeführt werden. In diesem Fall ist der Abgabegrund jedoch 34, wie bei anderen Arbeitsunterbrechungen ohne Entgeltfortzahlung.

Meldegrund: 36

Führt der Arbeitgeber eine computergestützte Entgeltabrechnung durch und wird das Abrechnungssystem gewechselt, kann dies den Krankenkassen mitgeteilt werden. In diesem Fall sind alle Arbeitnehmer mit „Grund der Abgabe: 36" bei ihrer Krankenkasse abzumelden und gleichzeitig auf einer zusätzlichen Meldung mit „Grund der Abgabe: 13" wieder anzumelden.

Meldegrund: 40

Beginnt und endet eine Beschäftigung innerhalb der Meldefrist — in der Regel zwei Wochen bei einer Anmeldung —, kann die Abmeldung zusammen mit der Anmeldung in der elektronischen Meldung zur Sozialversicherung vorgenommen werden. Eine gesonderte Abmeldung kann entfallen, der Arbeitnehmer ist mit dem Meldegrund 40 zu melden.

Meldegrund: 49

Endet die Beschäftigung durch Tod des Arbeitnehmers, ist das Beschäftigungsende mit dem gesonderten „Grund der Abgabe: 49" der Krankenkasse bzw. der Bundesknappschaft-Bahn-See zu melden. Bei Tod des Arbeitnehmers während des laufenden Monats kann das Beschäftigungsverhältnis erst zum Monatsende enden. Entsprechend ist der letzte Tag des Abrechnungsmonats als Ende der Beschäftigung auf der Meldung an die Sozialversicherung anzugeben.

Meldegrund: 91

Einmalzahlungen sind unter bestimmten Voraussetzungen nur in der Unfallversicherung sozialversicherungs- und meldepflichtig. Für die Unfallversicherung gilt — wie in der Kranken-, Pflege-, Renten- und Arbeitslosenversicherung das Entstehungsprinzip. Davon ausgenommen sind jedoch Einmalzahlungen, sie sind dem Monat der Zahlung zuzuordnen (Zuflussprinzip). Abweichend vom Zuflussprinzip sind für Einmalzahlungen, die in den Monaten Januar bis März gezahlt werden und zusammen mit dem laufenden Bezug die anteilige jährliche Beitragsbemessungsgrenze überschreiten (Märzklausel-Fall), die Beitragsberechnung dem Vorjahr zuzuordnen. Die Unfallversicherung hat jedoch keine Märzklausel-Regelung für die Ermittlung des beitragspflichtigen Entgeltes; hier gilt ausschließlich das Zuflussprinzip. Um einmalig gezahltes Arbeitsentgelt, das nur in der Unfallversicherung beitrags- und meldepflichtig ist, zu melden, ist der Abgabegrund 91 zu verwenden.

▶ **BEISPIEL**

Das Beschäftigungsverhältnis eines Arbeitnehmers endet zum 31.12. Der Arbeitnehmer erhält nachträglich eine Einmalzahlung im April des Folgejahres.
Beurteilung
Es ist eine Meldung zur Sozialversicherung mit dem Grund der Abgabe: 91 (Sondermeldung UV) für den Meldezeitraum 01.04. bis 30.04. des Jahres der Krankenkasse des Mitarbeiters zu melden. Die Meldung enthält das Arbeitsentgelt der Einmalzahlung.
Die nachträgliche Einmalzahlung ist einzig im Datenbaustein Unfallversicherung unter „unfallversicherungsbeitragspflichtiges Arbeitsentgelt" vorzugeben. Das Feld „beitragspflichtiges Bruttoarbeitsentgelt" im Datenbaustein Meldung ist **nicht** auszufüllen.

10.2.2 Entgelt in der Gleitzone

Mit der Einführung der Gleitzonenregelung wurde die Meldung zur Sozialversicherung erweitert bzw. umgestellt. Neu in das Melderecht wurde das Feld „Entgelt in Gleitzone" aufgenommen. Somit gilt, dass bei allen Meldungen, in denen das beitragspflichtige Entgelt anzugeben ist (Unterbrechungsmeldung, Jahresmeldung, Abmeldung), das Kennzeichen für die „Gleitzone" zu melden ist. Das Kennzeichen hat folgende Ausprägungen:

0	keine Gleitzone
1	Gleitzone; die Arbeitsentgelte in allen Abrechnungszeiträumen lagen zwischen 450,01 EUR und 850 EUR.
2	teilweise Gleitzone; das gemeldete Entgelt umfasst sowohl Entgelt, auf das die Gleitzone angewandt wurde, wie auch Entgelt außerhalb der Gleitzone. Die Entgelte außerhalb der Gleitzone können über 850 EUR oder unter 450,01 EUR liegen.

> **! ACHTUNG**
>
> Die Kennzeichnung der Gleitzone ist immer für Mitarbeiter, deren Arbeitsentgelt in der Gleitzone liegt, vorzunehmen. Für alle Mitarbeiter, deren Arbeitsentgelt im Bereich von 450,01 EUR bis 850 EUR liegt und bei denen die Gleitzonenregelung jedoch nicht angewendet wurde, ist die 0 in der Jahresmeldung, Unterbrechungsmeldung oder Abmeldung zu melden.

Der **Meldeschlüssel 1** im Feld „Gleitzone" ist zu übermitteln, wenn seit der letzten Jahresmeldung oder Unterbrechungsmeldung das beitragspflichtige Arbeitsentgelt immer zwischen 450,01 EUR und 850 EUR lag und die Gleitzonenregelung durchgehend angewendet wurde. Die Meldung zur Sozialversicherung enthält unter „Beitragspflichtiges Bruttoarbeitsentgelt" immer das rentenversicherungspflichtige Entgelt. Bei Anwendung der Gleitzonenregelung ist jedoch nur das reduzierte Entgelt, von dem die **Arbeitnehmerbeiträge** ermittelt wurden, anzugeben.

Eine **Sonderregelung** gilt für Arbeitnehmer, deren Arbeitsentgelt in der Gleitzone liegt, die die Aufstockung in der Rentenversicherung gewählt haben. Verzichtet der Arbeitnehmer auf die Beitragsermittlung von dem reduzierten Arbeitsentgelt (wählt die Aufstockung auf 18,9 %), ist das tatsächliche Arbeitsentgelt in der Meldung anzugeben. Das ungekürzte Arbeitsentgelt ist auch dann zu melden, wenn in der Kranken-, Pflege- und Arbeitslosenversicherung die Gleitzonenregelung angewendet wurde.

Sonderregelungen für den Eintritt oder Austritt in die Gleitzone wurden nicht in das Melderecht aufgenommen. Wird für einen beschäftigten Mitarbeiter die Gleitzonenregelung erstmalig angewandt, ist keine gesonderte Meldung erforderlich. Dies gilt auch, wenn durch eine Entgelterhöhung das Arbeitsentgelt über die Gleitzonengrenze steigt und die Gleitzonenregelung nicht mehr angewendet werden darf. In beiden Fällen ist jedoch bei der Jahresmeldung die entsprechende **Kennzeichnung 2** im Feld „Entgelt in Gleitzone" zu melden. Der Schlüssel kennzeichnet, dass das gemeldete Gesamtentgelt sowohl Entgelt enthält, auf das die Gleitzonenregelung angewendet wurde, wie auch Entgelt, auf das die Gleitzonenregelung nicht angewendet werden konnte.

10.2.3 Beitragspflichtiges Bruttoentgelt

In der Abmeldung bei der Krankenkasse ist die Summe des rentenversicherungspflichtigen Arbeitsentgeltes für das laufende Kalenderjahr bzw. während der Beschäftigungszeit des Arbeitnehmers zu melden. Cent-Beträge des Arbeitsentgeltes sind kaufmännisch zu runden. Das heißt: Cent-Beträge bis 49 Cent sind nach unten abzurunden, ab 50 Cent ist auf volle Euro aufzurunden. Das Entgelt ist immer sechsstellig anzugeben. Gegebenenfalls sind dem Entgeltbetrag Nullen voranzustellen.

> **BEISPIEL**
>
> Zu bescheinigendes Arbeitsentgelt: 47.836,48 EUR
> **Beurteilung**
> Als Entgelt ist im Feld „Bruttoarbeitsentgelt" zu bescheinigen: 047836

> **! ACHTUNG**
>
> Es handelt sich nicht um die Summe des Bruttoarbeitslohnes, sondern um die Summe der monatlichen Entgelte, von denen Beiträge zur Renten- und Arbeitslosenversicherung berechnet wurden (RV-Brutto). Im RV-Brutto sind also Einmalzahlungen enthalten, soweit diese beitragspflichtiges Arbeitsentgelt waren. Entgelte über der Beitragsbemessungsgrenze der Rentenversicherung dürfen nicht gemeldet werden. Ebenfalls nicht enthalten sind rentenversicherungsfreie Lohnbestandteile, die zum Beispiel in eine betriebliche Altersvorsorge einbezahlt wurden.

Ist das RV/ALV-Entgelt höher als das KV/PV-Entgelt, ist das höhere rentenversicherungspflichtige Entgelt zu melden. Eine Abweichung kann entstehen, wenn der Arbeitnehmer ein laufendes Arbeitsentgelt über der Beitragsbemessungsgrenze für die Kranken- und Pflegeversicherung (KV/PV) hat, also in 2014 über 48.600 EUR verdient. Scheidet der Arbeitnehmer unterjährig aus, ist die Jahresgrenze (JBBG) anteilig auf die Monatsgrenze umzurechnen (JBBG ÷ 360 × Anzahl Sozialversicherungstage). Der Höchstbetrag des zu bescheinigenden Arbeitsentgeltes liegt in 2014 bei 71.400 EUR (60.000 EUR neue Bundesländer) — die Beitragsbemessungsgrenze in der Renten- und Arbeitslosenversicherung.

Wurde das Arbeitsentgelt z. B. aufgrund einer Unterbrechung bereits im laufenden Jahr gemeldet, ist bei einer Abmeldung, Unterbrechungs- oder Jahresmeldung nur das Arbeitsentgelt zu melden, das seit der letzten Abmeldung/Unterbrechungs- oder Jahresmeldung beitragspflichtig war. Gleiches gilt, wenn der Arbeitnehmer vor der Beschäftigung in Ihrem Unternehmen bereits bei einem anderen Arbeitgeber beschäftigt war. Eine Ausnahmeregelung besteht auch in der Gleitzone (siehe Stichwort oben in diesem Abschnitt).

10.2.4 Entgelt für die Unfallversicherung

Aus dem Unfallversicherungsmodernisierungsgesetz ergeben sich zusätzliche Pflichtangaben für die Abmeldung von Arbeitnehmern. Neben dem sozialversicherungspflichtigen Arbeitsentgelt ist das beitragspflichtige Entgelt für die Unfallversicherung in der Meldung zur Sozialversicherung zu melden. Das beitragspflichtige Entgelt zur Unfallversicherung kann (muss aber nicht) vom rentenversicherungspflichtigen Entgelt abweichen. Im unfallversicherungspflichtigen Entgelt sind über das rentenversicherungspflichtige Arbeitsentgelt hinaus enthalten:

- Arbeitsentgelt über der Beitragsbemessungsgrenze der Rentenversicherung
- Zuschläge für Sonn-, Feiertags- und Nachtarbeit, auch wenn diese sozialversicherungsfrei sind
- Arbeitsentgelte von geringfügig und kurzfristig Beschäftigten.

Nicht zum meldepflichtigen Entgelt gehören Arbeitsentgelte, die den **Höchstbetrag** des unfallversicherungspflichtigen Entgelts überschreiten. Der Höchstbetrag des BG-Entgelts unterscheidet sich von Berufsgenossenschaft zu Berufsgenossenschaft. Der Höchstbetrag ist jedoch nicht anteilig zu zwölfteln. Das bedeutet: Tritt der Arbeitnehmer erst im laufenden Abrechnungsjahr ein, gilt für diesen Arbeitnehmer **die gesamte** Entgelthöchstgrenze. Gleiches gilt für Arbeitnehmer, die unterm Jahr aus dem Unternehmen ausscheiden.

> **BEISPIEL**
>
> Die Entgelthöchstgrenze der Berufsgenossenschaft liegt bei 72.000 EUR pro Jahr. Der Arbeitnehmer scheidet zum 31.10. des Jahres aus und hatte ein monatliches beitragspflichtiges Entgelt in Höhe von 7.000 EUR.
> **Beurteilung**
> Als beitragspflichtiges Entgelt für die Berufsgenossenschaft sind 70.000 EUR zu melden. Eine anteilige Kürzung (10/12 = 60.000 EUR) ist nicht zulässig.

Wechselt der Arbeitnehmer während des Kalenderjahres die Beschäftigung innerhalb des Unternehmens und unterliegt einer anderen Gefahrenstelle, sind für den Arbeitnehmer bei Austritt oder in der Jahresmeldung zwei Datensätze in der Sozialversicherungsmeldung zu übermitteln.

> **BEISPIEL**
>
> Ein Arbeitnehmer wechselt zum 1.5. vom Außendienst in den Innendienst. Im Außendienst hatte er die Gefahrenklasse 6.32, im Innendienst gilt die Gefahrenklasse 2.74. Der Arbeitnehmer bezieht ein Gehalt von 3.200 EUR in den Monaten Januar bis April und 3.500 EUR von Mai bis Oktober. Zum 31.10. scheidet

der Arbeitnehmer aus dem Unternehmen aus. Der Arbeitnehmer hat eine vertragliche Arbeitszeit von 40 Stunden pro Woche.

Beurteilung

Die Meldung zur Sozialversicherung — Grund der Abgabe: 30 (Abmeldung) muss für die Unfallversicherung folgende Sätze enthalten:

UV-Träger	Mitglieds-nummer bei der BG	UV-Grund	Unfallvers. Entgelt	Gefahrenklasse/ Gefahrenstelle	Arbeits-stunden
14066582	774689736	000	12.800 EUR	0000 0632	696
14066582	774689736	000	21.000 EUR	0000 0274	1.044

Für den Arbeitnehmer ist nur eine Meldung mit zwei Sätzen für die Unfallversicherung zu erstellen. Bei der Ermittlung der Arbeitsstunden kann von 4,35 Wochen pro Monat ausgegangen werden. Viele Berufsgenossenschaften haben jedoch feste Jahresstunden, die auf den Monat umgerechnet werden können. Die Gefahrenklasse ist ein 8-stelliges Feld. Ist der Schlüssel der Gefahrenklasse kürzer, können führende Nullen in die Meldung aufgenommen werden.

Eine Besonderheit gilt für Mitarbeiter in der Land- und Forstwirtschaft. Die Landwirtschaftliche BG berechnet die Beiträge nicht nach dem unfallversicherungspflichtigen Entgelt, sondern nach dem Hektarwert. In der Meldung zur Sozialversicherung ist für diese Mitarbeiter kein Entgelt und als Gefahrenklasse 8888 8888 zu melden.

Eine weitere Besonderheit gilt für die Berufsgenossenschaft für Transport und Verkehrswirtschaft. Bei der Meldung der Arbeitsentgelte sind die Mindestentgeltgrenzen zu beachten. Liegt das tatsächliche Arbeitsentgelt darunter, ist in der Sozialversicherungsmeldung nicht das tatsächliche Entgelt, sondern das Mindestentgelt zu melden. Die Mindestentgeltgrenzen gelten auch für unentgeltlich tätige Personen, wenn sie im Betrieb wie Arbeitnehmer tätig werden. Für 2014 gelten folgende Mindestentgeltgrenzen:

West	Jahr	Monat	Tag	Stunde
2013	19.404 EUR	1.617 EUR	64,68 EUR	8,09 EUR
2014	19.908 EUR	1.659 EUR	66,36 EUR	8,30 EUR
Ost	Jahr	Monat	Tag	Stunde
2013	16.380 EUR	1.365 EUR	54,60 EUR	6,83 EUR
2014	16.884 EUR	1.407 EUR	56,28 EUR	7,04 EUR

Tab. 38: Mindestentgelte für die BG Transport und Verkehrswirtschaft

Weitere Besonderheiten für die Meldung des BG-Entgelts sind für Stunden in Dualen Studiengängen und bei Freistellung von Mitarbeitern zu beachten. Scheidet ein Arbeitnehmer endgültig und unwiderruflich aus dem Unternehmen aus und verzichtet der Arbeitgeber bis zum Ende des Arbeitsverhältnisses auf die geschuldete Arbeitsleistung, besteht kein beitragspflichtiges Beschäftigungsverhältnis mehr im Sinne der Unfallversicherung. Da bei einer Freistellung von der Arbeitsleistung die Weisungsbefugnisse des Arbeitgebers entfallen sind, liegt auch kein zu versicherndes Risiko für die Unfallversicherung vor. Mithin ist das für diese Zeit gezahlte Entgelt nicht in das beitragspflichtige Entgelt in der Abmeldung für den Arbeitnehmer aufzunehmen. Ebenso sind die Zeiten einer Freistellung nicht für die Meldung der geleisteten Arbeitsstunden zu berücksichtigen.

Für Studenten in Dualen Studiengängen (BA-Studenten) besteht nach § 2 Abs. 1 Nr. 1 SGB VII der Unfallversicherungsschutz durch den Ausbildungsbetrieb. Zuständig ist somit der Unfallversicherungsträger des Praktikumsbetriebes. Während des Studiums an der Hochschule oder Fachhochschule besteht dagegen Versicherungsschutz nach § 2 Abs. 1 Nr. 8c SGB VII bei der Unfallkasse im jeweiligen Bundesland. Somit ist für das beitragspflichtige Entgelt in die Meldung zur Sozialversicherung nur der Teil der Ausbildungsvergütung aufzunehmen, der sich auf den Praxisteil im Betrieb bezieht. Erhält der Student auch Entgelt für den Zeitraum des Studiums an der Hochschule, ist dieses Entgelt nicht beitragspflichtiges Arbeitsentgelt im Sinne der Berufsgenossenschaft und somit nicht in die Jahresmeldung oder eine Abmeldung aufzunehmen.

10.2.5 Stornierung einer Meldung zur Sozialversicherung

Abmeldungen, Jahresmeldungen oder Unterbrechungsmeldungen sind zu stornieren, wenn der Inhalt nicht zutreffend war, sie bei der falschen Einzugsstelle eingereicht wurden oder der Grund der Erstattung weggefallen ist. Für eine Storno-Meldung ist der Kopfteil der „Meldung zur Sozialversicherung" mit Versicherungsnummer, Name, Anschrift zu melden. In der Stornomeldung nicht enthalten sind der Grund der Abgabe, die Gleitzonenregelung und die Angaben zu Namensänderung oder Änderung der Staatsangehörigkeit.

Zusätzlich ist für die Storno-Meldung der Block „Stornierung" einer bereits abgegebenen Meldung zu übermitteln. Die Angaben sind entsprechend derer vorzunehmen, die fälschlicherweise gemeldet wurden.

Wurde eine fehlerhafte Meldung bei der richtigen Einzugsstelle abgegeben, ist sie auch zu stornieren. Die korrekte Meldung wird mit der zu stornierenden Meldung gesendet, es sind keine zwei getrennten Meldungen erforderlich.

10.3 Was ist bei Abmeldung von teilzeitbeschäftigten Aushilfen zu tun?

Obwohl geringfügig/kurzfristig beschäftigte Arbeitnehmer sozialversicherungsfrei sind, ist der Arbeitgeber verpflichtet, Beginn und Ende jeder geringfügigen/kurzfristigen Beschäftigung der Bundesknappschaft-Bahn-See in Essen (Minijob-Zentrale) zu melden. Die Frist für die Abgabe der Abmeldung von Aushilfen beträgt sechs Wochen nach Ende der Beschäftigung. Wie bei Vollzeitbeschäftigten ist für die Abmeldung von geringfügig/kurzfristig Beschäftigten nur noch die elektronische Meldung per systemgeprüftem Programm oder über die Ausfüllhilfe (sv.net) möglich.

Das Meldewesen für Aushilfen weicht für kurzfristig Beschäftigte **nicht** mehr gegenüber dem für Vollzeitbeschäftigte ab. So sind für kurzfristig Beschäftigte auch Unterbrechungen oder Jahresentgeltmeldungen vorzunehmen. Wird die Ausfüllhilfe sv.net genutzt, sind bei einer Abmeldung neben der Versicherungsnummer, dem Namen und Vornamen des Arbeitnehmers folgende Angaben auf der Meldung vorzunehmen:

- Grund der Abgabe
- Beschäftigungszeit von … bis …
- Betriebsnummer des Arbeitgebers
- Personengruppe
- Mehrfachbeschäftigung,
- Betriebsstätte
- Beitragsgruppenschlüssel
- Angaben zur Tätigkeit
- Schlüssel der Staatsangehörigkeit
- Währung
- beitragspflichtiges Entgelt
- Betriebsnummer des Unfallversicherungsträgers (BG)
- BG-Mitgliedsnummer des Betriebes
- beitragspflichtiges Arbeitsentgelt für die BG
- Gefahrenstelle des Mitarbeiters
- im Abrechnungsjahr geleistete Arbeitsstunden

Grund der Abgabe

Endet die Beschäftigung einer Aushilfe, ist als Grund für die Abgabe der Meldung der Meldeschlüssel 30 — Abmeldung wegen Ende der Beschäftigung — einzutragen. Der Schlüssel 30 ist in diesem Fall auch zu verwenden, wenn das Beschäftigungsverhältnis wegen Tod des Arbeitnehmers beendet wird.

Wechselt der Arbeitnehmer die Art der Beschäftigung, z. B. von einer kurzfristigen in eine geringfügige Beschäftigung oder umgekehrt, ist die ursprüngliche Beschäftigung mit dem Meldeschüssel 30 abzumelden und die neue Beschäftigung mit dem „Grund der Abgabe: 10" anzumelden. Abmeldung und Anmeldung können zur gleichen Zeit eingereicht werden, es sind jedoch zwei getrennte Meldungen erforderlich.

Handelt es sich nur um eine kurze Beschäftigung, so dass Beginn und Ende der Beschäftigung innerhalb der Meldefrist von einer Woche liegen, kann die Abmeldung zusammen mit der Anmeldung vorgenommen werden. Als Meldeschlüssel ist für diesen Fall der Meldegrund 40 — Gleichzeitige An- und Abmeldung — im Feld „Grund der Abgabe" zu vermerken.

Ebenfalls eine Abmeldung ist vorzunehmen bei Arbeitsunterbrechungen von mehr als einem Monat (34), bei längeren Arbeitskämpfen (35) oder beim Wechsel des Entgeltabrechnungssystems (36). Diese Meldetatbestände entfallen für kurzfristig beschäftigte Arbeitnehmer.

Beschäftigung von ... bis ...

Als Beschäftigungszeit sind das vertragliche Beginn- und das Enddatum der Beschäftigung anzugeben. Dabei ist es unerheblich, ob die Beschäftigung wegen eines Feiertages oder einer Krankheit erst später aufgenommen werden konnte. Bestand die Beschäftigung bereits im Vorjahr, ist als Beginn-Datum der 1.1. des laufenden Jahres anzugeben. Der erste Tag des laufenden Jahres ist deshalb zu wählen, weil zum 31.12. jedes Kalenderjahres eine Jahresmeldung durchgeführt werden muss. In der Abmeldung ist dann nur der Zeitraum seit der letzten (Jahres-)Meldung anzugeben. Wurden bereits im laufenden Kalenderjahr Meldungen erstellt, ist die letzte Anmeldung zu wählen. Als „bis-Datum" ist der letzte Tag der Beschäftigung, Berufsausbildung oder Altersteilzeit anzugeben.

Eine Besonderheit besteht, wenn während einer Unterbrechungszeit einmalig Arbeitsentgelt gezahlt wird. Erhält beispielsweise eine in Mutterschutz oder Erziehungsurlaub befindliche Mutter ein anteiliges Weihnachtsgeld, sind Beginn und Ende des Monats anzugeben, in dem die Einmalzahlung fließt (Sondermeldung — Grund der Abgabe: 54).

Betriebsnummer des Arbeitgebers

In der Meldung zur Sozialversicherung ist die von der Agentur für Arbeit zugeteilte achtstellige Nummer zu melden. Ist eine Betriebsnummer noch nicht zugeteilt, kann dieses in der Regel telefonisch bei der für den Betrieb zuständigen Agentur für Arbeit (Betriebsnummernstelle) erfragt werden.

! ACHTUNG

Arbeitet der Arbeitnehmer in einer Niederlassung oder Zweigstelle mit eigener Betriebsnummer, ist diese entsprechend anzugeben.

Personengruppe

Bei einer Abmeldung ist wie bei der Anmeldung der Personengruppenschlüssel anzugeben. Für geringfügig beschäftigte Aushilfen ist der Gruppenschlüssel 109, für kurzfristig beschäftigte der Schlüssel 110 zu melden. Der Schlüssel 109/110 gilt auch, wenn die geringfügige Beschäftigung neben einer versicherungspflichtigen Hauptbeschäftigung ausgeübt wird. Wird die geringfügige Beschäftigung aufgrund des Überschreitens der Entgeltgrenze sozialversicherungspflichtig, ist der Personengruppenschlüssel 101 in der Sozialversicherungsmeldung abzugeben. Zuvor ist eine Abmeldung mit dem Personengruppenschlüssel 109 vorzunehmen. Die Abmeldung ist dann der Bundesknappschaft-Bahn-See einzureichen, die Anmeldung bei der Krankenkasse des sozialversicherungspflichtigen Arbeitnehmers.

Mehrfachbeschäftigung

Der Arbeitnehmer ist nach § 28o SGB IV verpflichtet, dem Arbeitgeber die Aufnahme einer weiteren Beschäftigung oder den Bezug einer weiteren beitragspflichtigen Einnahme mitzuteilen. Eine Mehrfachbeschäftigung kann nur bei verschiedenen Arbeitgebern vorliegen. Übt ein Arbeitnehmer bei demselben Arbeitgeber gleichzeitig mehrere Beschäftigungen aus, werden diese für die Sozialversicherungen zu einem einheitlichen Beschäftigungsverhältnis zusammengefasst. War oder ist der Arbeitnehmer zusätzlich in einem weiteren Betrieb beschäftigt, ist auch auf der Abmeldung die Mehrfachbeschäftigung anzugeben (siehe Kapitel 3.1.2).

Beitragsgruppe

Einzutragen sind die Beitragsgruppenschlüssel gemäß der Anmeldung. Werden vom Arbeitgeber pauschale Beiträge zur Kranken- und Rentenversicherung entrichtet, ist der Gruppenschlüssel 6-5-0-0 zu melden. Gleiches gilt, wenn die geringfügige Beschäftigung bereits vor dem 31.12.2012 bestand und in 2014 endet. Wurde die Beschäftigung in 2014 neu aufgenommen, hat der geringfügig Beschäftigte die Möglichkeit, auf die Versicherungspflicht in der Rentenversicherung zu verzichten (Antrag auf Verzicht der Versicherungspflicht, Opt Out). Wurde von dieser Option Gebrauch gemacht, ist ebenfalls der Gruppenschlüssel 6-5-0-0 zu melden. Hatte der geringfügig Beschäftigte keinen Antrag auf Befreiung von der Versicherungspflicht gestellt (Opt In), sind sowohl An- und Abmeldung mit dem Gruppenschlüssel 6-1-0-0 vorzunehmen. Gleiches gilt, wenn der geringfügig Beschäftigte bereits vor 2013 auf die Beitragsfreiheit in der Rentenversicherung verzichtet hatte (Aufstockungsoption gewählt wurde). Ist der geringfügig Beschäftigte privat krankenversichert, wird in allen Fällen der Beitragsgruppenschlüssel 0 im Feld KV gemeldet. Die verschiedenen Beitragsgruppen sind in Kapitel 3.1 unter den Stichworten „Krankenversicherung" und „Rentenversicherung" ausführlich beschrieben. Für kurzfristig Beschäftigte sind generell vier Nullen als Beitragsgruppenschlüssel zu melden.

Angaben zur Tätigkeit

Auch bei der Abmeldung ist der Tätigkeitsschlüssel einzutragen. Er besteht aus dem 9-stelligen Teilschlüssel. Den Aufbau und die einzutragenden Schlüsselziffern finden Sie in Kapitel 3.1.2 beschrieben.

Beitragspflichtiges Entgelt

Als beitragspflichtiges Entgelt ist das kumulierte Entgelt einzutragen, von dem pauschale Beiträge zur Rentenversicherung entrichtet wurden. Das heißt, war der Arbeitnehmer das gesamte Jahr beschäftigt, ist die Summe der pauschal verbeitragten Entgelte anzugeben. Hat der geringfügig Beschäftigte bereits vor 2013 auf seine Versicherungsfreiheit verzichtet (Aufstockung gewählt), wird das Arbeitsentgelt angegeben, von dem Beiträge gezahlt wurden. Der Mindestbetrag für die monatliche Beitragsermittlung liegt bei **175 EUR**. Das bedeutet: Lag das monatliche Arbeitsentgelt unter 175 EUR und wurde die Aufstockung in der Rentenversicherung gewählt, ist als Arbeitsentgelt 175 EUR pro vollständigem Abrechnungsmonat zu melden. Liegt das monatliche Arbeitsentgelt über 175 EUR, ist das kumulierte tatsächliche Entgelt zu melden. Wurde die Beschäftigung in 2013 neu aufgenommen, unterliegt sie der Beitragspflicht des Arbeitnehmers zur Rentenversicherung (Beitragsgruppe 6-1-1-1). Als betragspflichtiges Entgelt ist das seit dem laufenden Kalenderjahr aufgelaufene tatsächliche rentenversicherungspflichtige Arbeitsentgelt zu melden. Cent-Beträge sind kaufmännisch zu runden. Für kurzfristig Beschäftigte ist grundsätzlich „000000" zu melden.

Angaben für die Unfallversicherung

Die zusätzlichen Meldevorschriften aus dem Unfallversicherungsmodernisierungsgesetz gelten auch für geringfügige und kurzfristig Beschäftigte. Die Meldevorschriften sehen vor, dass auch für Aushilfen bei Austritt der Bundesknappschaft-Bahn-See (Minijob-Zentrale) eine SV-Meldung mit folgenden Angaben erstattet wird:

- Betriebsnummer des Unfallversicherungsträgers (BG)
- BG-Mitgliedsnummer des Betriebes bei der BG
- Ggf. UV-Grund
- beitragspflichtiges Arbeitsentgelt für die BG
- Gefahrenstelle des Mitarbeiters
- im Abrechnungsjahr geleistete Arbeitsstunden

Somit ist auch bei Meldungen mit „Grund der Abgabe: 30" für geringfügig und kurzfristig Beschäftigte das unfallversicherungspflichtige Entgelt zu melden (siehe auch Kapitel 9.3). Das unfallversicherungspflichtige Entgelt kann — muss aber nicht — vom beitragspflichtigen Arbeitsentgelt abweichen.

! **ACHTUNG**

Bei der Betriebsnummer des Unfallversicherungsträgers handelt es sich um die Betriebsnummer der Berufsgenossenschaft und nicht um die Betriebsnummer des meldenden Unternehmens.

11 Arbeitsunterbrechung wegen Krankheit oder Mutterschutz

11.1 Erstattung nach dem Aufwendungsausgleichsgesetz (AAG)

Sozialversicherungspflichtige Arbeitnehmer haben in der Regel Anspruch auf Lohnzahlung für sechs Wochen bei Krankheit — Lohnfortzahlungsanspruch. Zur Deckung der Kosten im Krankheitsfall bieten die Krankenkassen ein Versicherungsverfahren, die sogenannte U1-Umlagekasse an. Nach dem Arbeitgeberaufwände Ausgleich Gesetz (AAG) müssen am U1-Umlageverfahren alle Betriebe teilnehmen, die durchschnittlich nicht mehr als 30 Vollzeitäquivalente im Vorjahr beschäftigt hatten. Für die Arbeitnehmergrenze werden folgende Personenkreise nicht mitgezählt:

- Auszubildende, Praktikanten, Volontäre
- schwerbehinderte Arbeitnehmer
- Mitarbeiter in Elternzeit
- Heimarbeiter
- Freiwilliges soziales Jahr/Bundesfreiwillige
- Bezieher von Vorruhestandsgeld
- Beschäftigte in der Freistellungsphase der Altersteilzeit
- mitarbeitende Familienangehörige eines landwirtschaftlichen Unternehmens
- ausländische Saisonkräfte mit einer E 101-Bescheinigung

Die Feststellung der Firmengröße erfolgt auf Grundlage der Beschäftigtenzahl innerhalb von mindestens **acht Kalendermonaten** im vorangegangenen Jahr.

War ein Arbeitnehmer im aktuellen Abrechnungsmonat erkrankt, ist zunächst die Höhe des fortgezahlten Lohnes zu ermitteln. Aus der Lohnfortzahlung ergibt sich bei Teilnahme am Umlageverfahren U1 ein Erstattungsanspruch (siehe Kapitel 5.1.4). Die Lohnfortzahlung beginnt grundsätzlich mit dem Tag **nach Beginn** der Arbeitsunfähigkeit. Tritt die Arbeitsunfähigkeit aber an einem Arbeitstag vor Beginn der Arbeit ein, zählt dieser Tag als erstattungsfähig. Erkrankt der Arbeitnehmer während des Arbeitstages, hat der Arbeitgeber für diesen Tag **keinen** Erstattungsanspruch. Ein angebrochener Arbeitstag zählt somit auch nicht in die Sechs-Wochen-Frist. Der Erstattungszeitraum beginnt immer mit dem ersten vollständig ausgefallenen Arbeitstag.

▶ **BEISPIEL**

Ein Mitarbeiter erkrankt im Laufe eines Montags und legt die Arbeit ab Nachmittag 13:00 Uhr nieder.

Beurteilung

Der Arbeitgeber muss für die restliche Arbeitszeit des laufenden Tages das Arbeitsentgelt weiter bezahlen, ohne dafür eine Arbeitsleistung zu bekommen. Erst ab dem Folgetag (Dienstag) kann der Arbeitgeber Erstattungsansprüche geltend machen. Die Sechs-Wochen-Frist beginnt erst ab dem Dienstag.

11.1.1 Erstattungen aus den Umlagekassen

Erstattung bei Krankheit oder Kur

Erkranken Arbeitnehmer, ist der Arbeitgeber in der Regel verpflichtet, den Lohn bis zu einer Dauer von sechs Wochen fortzuzahlen (Entgeltfortzahlung). Die Ausnahmen sind im Abschnitt Krankenkassenbeitragssätze erläutert. Wenn der Arbeitnehmer nach Ablauf der Entgeltfortzahlung weiterhin erkrankt ist, erhält er Krankengeld von seiner Krankenkasse. Erfüllt der Betrieb die Bedingungen für die Teilnahme am Umlage-Verfahren U1, erstattet die Krankenkasse dem Unternehmen bis zu 80 % des fortgezahlten Bruttoarbeitsentgeltes. Der tatsächliche Erstattungssatz aus der U1-Umlagekasse hängt von der Krankenkasse des Arbeitnehmers und gegebenenfalls vom gewählten Erstattungssatz des Unternehmens ab (40 % bis 80 %). Neben dem fortgezahlten Arbeitsentgelt sieht § 1 Arbeitgeberaufwendungsausgleichsgesetz (AAG) vor, dass die Krankenkassen den Arbeitgeberanteil zu den Sozialversicherungen für den fortgezahlten Lohn ebenfalls erstatten. Diese Aufwände können die Krankenkassen per Satzung jedoch ausschließen. Darüber hinaus haben die Krankenkassen die Möglichkeit, die Erstattung der Lohnfortzahlung auf unter 80 % der Beitragsbemessungsgrenze der Rentenversicherung (BBG-RV) per Satzung zu begrenzen.

Erstattung bei Mutterschutz

Werdende Mütter dürfen sechs Wochen vor und acht Wochen nach der voraussichtlichen Geburt nicht mehr beschäftigt werden (Mutterschutzfrist). Während des Mutterschutzes erhalten die Arbeitnehmerinnen keine Entgeltfortzahlung. Gesetzlich versicherte Arbeitnehmerinnen haben jedoch Anspruch auf Mutterschaftsgeld in Höhe von 13 EUR pro Kalendertag. Das Mutterschaftsgeld leistet die Krankenkasse, bei der die Arbeitnehmerin krankenversichert ist. Der Arbeitgeber ist verpflichtet, einen Zuschuss zum Mutterschaftsgeld zu bezahlen, wenn das durchschnittliche Nettoarbeitsentgelt der letzten drei Monate vor der Mutterschutzfrist höher war als 390 EUR pro Monat. Der Zuschuss ist der Differenzbetrag zwischen dem durchschnittlichen täglichen Nettoarbeitsentgelt und dem Mutterschaftsgeld. Nimmt das Unternehmen am Umlageverfahren teil, ist der Zuschuss zum Mutterschaftsgeld zu 100 % aus der U2-Umlagekasse erstattungsfähig.

▶ **BEISPIEL**

Eine Arbeitnehmerin tritt zum 16.4. die Mutterschutzfrist an. Die voraussichtliche Geburt ist 26.5. attestiert. Die Arbeitnehmerin hatte in den vergangenen drei Monaten ein durchschnittliches Nettoarbeitsentgelt von 1.125,68 EUR. Die Mitarbeiterin ist bei der Barmer Ersatzkasse pflichtversichert.

Beurteilung

Die Arbeitnehmerin erhält von der Krankenkasse das Mutterschaftsgeld von 13 EUR kalendertäglich (maximal 30 Tage pro Monat). Die Differenz zum durchschnittlichen monatlichen Nettoentgelt muss der Arbeitgeber als Zuschuss zum Mutterschaftsgeld leisten. Im Beispiel ergibt sich für April:

Nettoentgelt der letzten drei Monate (1.125,68 EUR × 3)	3.377,04 EUR
Arbeitstägliches Nettoentgelt (3.377,04 EUR / 90 Tage)	37,52 EUR
Nettoentgelt minus Mutterschaftsgeld (37,52 EUR — 13 EUR)	24,52 EUR
Zuschuss zum Mutterschaftsgeld (24,52 EUR × 16 Tage)	392,32 EUR

Der Zuschuss zum Mutterschaftsgeld wird zu 100 % von der Krankenkasse aus der U2-Umlagekasse erstattet. Die Erstattung ist elektronisch zu beantragen.

! **ACHTUNG**

Der Zuschuss zum Mutterschaftsgeld ist sozialversicherungsfreies Arbeitsentgelt. Somit entsteht kein erstattungsfähiger Arbeitgeberanteil zu den Sozialversicherungen. Aber: Besteht für die Arbeitnehmerin Beschäftigungsverbot vor dem Beginn der Mutterschutzfrist, ist der Arbeitgeber auch zur Fortzahlung des Arbeitslohnes verpflichtet. In diesem Fall besteht Sozialversicherungspflicht für das fortgezahlte Entgelt und somit Erstattungsanspruch gegenüber der Krankenkasse.

Da die Arbeitsverhältnisse mit geringfügig Beschäftigten nicht sozialversicherungspflichtig sind, kann es vorkommen, dass die Aushilfe keiner Krankenkasse angehört. In diesen Fällen ist nicht die Krankenkasse Leistungsträger für das Mutterschaftsgeld, sondern das Bundesversicherungsamt, und dies auch nur bis zu einer Höhe von 210 EUR. Liegt das Arbeitsentgelt der Aushilfe über 210 EUR pro Monat, ist der Arbeitgeber verpflichtet, das Mutterschaftsgeld bis zum durchschnittlichen Bruttoentgelt der letzten drei Monate aufzustocken. Die Erstattung der Aufstockung ist bei der Minijob-Zentrale zu beantragen.

> **! ACHTUNG**
>
> Die Erstattung des Arbeitgeberanteils zu den Sozialversicherungen auf den fortgezahlten Arbeitslohn kann von der Krankenkasse per Satzung ausgeschlossen werden. In diesen Fällen erstattet die Krankenkasse nur den fortgezahlten Arbeitslohn bis zu 80 %.

Antragsstellung auf Erstattungszahlungen

Seit 2011 sind die Erstattungsanträge nur noch elektronisch der Annahmestelle der Krankenkassen zu übermitteln. Die Datenübermittlung kann in der Regel direkt aus dem Entgeltabrechnungsprogramm mit einem Übertragungsmodul (z. B. dakota) oder mittels der maschinellen Ausfüllhilfe (sv.net) erfolgen. Das elektronische Meldeverfahren umfasst

- Erstattungsanträge für fortgezahltes Entgelt (U1),
- Erstattungsanträge für gezahltes Entgelt bei Beschäftigungsverbot (U2),
- Erstattungsanträge bei Zuschuss des Arbeitgebers zum Mutterschaftsgeld (U2).

Die Erstattungsanträge sind an die Datenannahmestelle der Krankenkasse des erkrankten Mitarbeiters zu übermitteln. Für privat versicherte Arbeitnehmer sind die Anträge an die Krankenkasse zu übermitteln, an die die Renten- und/oder Arbeitslosenversicherungsbeiträge abgeführt werden. Die Datenannahmestelle für geringfügig Beschäftigte bzw. kurzfristig Beschäftigte ist die Bundesknappschaft-Bahn-See (Minijob-Zentrale). Die landwirtschaftlichen Krankenkassen nehmen an dem AAG-Erstattungsverfahren nicht teil. Für Mitglieder einer landwirtschaftlichen Krankenkasse ist der Erstattungsantrag an die AOK zu übermitteln.

> **! ACHTUNG**
>
> Eine Anmeldung zu dem elektronischen Ausgleichverfahren ist nicht erforderlich. Sofern das Unternehmen am Umlageverfahren teilnimmt, können auch Erstattungsanträge übermittelt werden.

Nach der Übermittlung eines Erstattungsantrags werden die Daten geprüft und sofern der Datensatz fehlerfrei ist, wird dieser an die Krankenkassen zur Bearbeitung weitergeleitet. Im Falle, dass die Daten fehlerhaft sein sollten, erhält der Arbeitgeber von der Datenannahmestelle eine Rückmeldung entweder per Post, per verschlüsselter E-Mail oder direkt als Protokoll von dem sogenannten Kommunikationsserver. Der Arbeitgeber muss den korrigierten Datensatz dann erneut übermitteln. Auf Wunsch kann der Arbeitgeber auch bei fehlerfreien Datensätzen eine Eingangsbestätigung von der Datenannahmestelle erhalten. Diese Bestätigung erfolgt ausschließlich per Kommunikationsserver. Soll keine Bestätigung gesendet werden, ist ein entsprechender Eintrag im Datensatz mitzusenden.

Der Arbeitgeber versendet die maschinellen Anträge unter Angabe seiner Betriebsnummer und der Sozialversicherungsnummer des Arbeitnehmers. Alle für die Erstattung erforderlichen Daten sind in einem sogenannten Datenbaustein (DSER) zu übermitteln. Die Übermittlung erfolgt in einem gesonderten Meldeverfahren.

Ein Erstattungsantrag bezieht sich immer auf **einen** Abrechnungsmonat. Das heißt, ist ein Arbeitnehmer über die Monatsgrenze hinweg erkrankt, sind zwei Erstattungsanträge zu stellen. Der Erstattungsantrag darf erst dann gestellt werden, wenn dem Arbeitgeber die Aufwendungen tatsächlich entstanden sind. Die dem Arbeitgeber nach dem Aufwendungsausgleichsgesetz zustehenden Erstattungen werden erst nach der Prüfung durch die Krankenkasse erstattet. Alternativ besteht die Möglichkeit, die Erstattung mit der nächsten Beitragszahlung zu verrechnen.

Hat die Krankenkasse die Erstattung auf die Beitragsbemessungsgrenze der Rentenversicherung begrenzt, ist ggf. eine anteilige Erstattungsrechnung erforderlich. Diese ist vorzunehmen für Lohnfortzahlungen an Arbeitnehmer mit einem monatlichen Entgelt über der Beitragsbemessungsgrenze der Rentenversicherung — in 2014 über 5.950 EUR pro Monat.

▶ **BEISPIEL**

Ein Arbeitnehmer mit einem monatlichen Gehalt von 6.600 EUR ist eine Woche (5 Tage) erkrankt. Das Unternehmen nimmt aufgrund seiner Betriebsgröße am Umlageverfahren U1 teil. Der Arbeitnehmer ist freiwillig bei einer gesetzlichen Krankenkasse versichert. Die Krankenkasse hat in ihrer Satzung die Erstattung aus der U1-Kasse auf die Beitragsbemessungsgrenze der Rentenversicherung begrenzt. Die Firma hat mit der Krankenkasse eine Erstattung von 70 % des fortgezahlten Entgelts bei Krankheit vereinbart.

Beurteilung

Zunächst ist aus dem monatlichen Gehalt die Höhe des fortgezahlten Lohnes zu ermitteln. In der Praxis wird dafür häufig die sogenannte Dreißigstel-Methode angewendet.

6.600 EUR / 30 = 220 EUR pro Tag

220 × 5 Tage = 1.100 EUR

Während der Krankheit zahlt der Arbeitgeber 1.100 EUR Arbeitsentgelt fort.

Die anteilige Beitragsbemessungsgrenze der Rentenversicherung für 5 Tage liegt in 2014 bei:

5.950 EUR / 30 = 198,33 EUR

198,33 × 5 Tage = 991,66 EUR

Durch die Begrenzung der Erstattung auf die Beitragsbemessungsgrenze der Rentenversicherung, ist der erstattungsfähige Höchstbetrag für 5 Krankheitstage 991,66 EUR. Aus diesem Höchstbetrag werden im Beispiel 70 % erstattet. Die Erstattungsleistung aus der U1-Umlagekasse beträgt somit:

991,66 EUR × 70 % = 694,17 EUR

Die Begrenzung auf die Beitragsbemessungsgrenze der Rentenversicherung ist eine satzungsabhängige Regelung der Krankenkasse. Ob und in welcher Art eine Begrenzung vorzunehmen ist, kann jede Krankenkasse individuell in ihrer Satzung festlegen.

Erstattung von Arbeitgeberanteilen zu den Sozialversicherungen

Neben dem fortgezahlten Lohn sind ggf. die Arbeitgeberanteile der Sozialversicherungsbeiträge auf das fortgezahlte Entgelt erstattungsfähig. Hat das Unternehmen im vergangenen Jahr im Durchschnitt mehr als 30 Vollzeitäquivalente beschäftigt, besteht keine Teilnahme am Umlageverfahren U1 und somit kein Erstattungsanspruch aus der Umlagekasse U1.

▶ **BEISPIEL**

Frau Waldmann war vom 12.5.2014 bis 16.5.2014 (eine Arbeitswoche) krank. Ihre regelmäßige wöchentliche Arbeitszeit beträgt 37,5 Stunden bei einer 5-Tage-Woche und einem Stundenlohn von 12 EUR. Frau Waldmann hat Anspruch auf Entgeltfortzahlung für sechs Wochen. Die AOK soll einen Beitragssatz zur Krankenversicherung von 15,5 % haben und gewährt einen Erstattungssatz von 80 % in der Ausgleichskasse U1. Die AOK gewährt im Beispiel auch die Erstattung der Arbeitgeberanteile zu den Sozialversicherungen. Das Unternehmen nimmt am U1-Umlageverfahren teil.

Beurteilung

In der Krankheitswoche entstand eine Entgeltfortzahlung in Höhe von:

37,5 × 12 EUR = 450,00 EUR

Davon werden 80 % erstattet.

450 EUR × 0,8 = 360,00 EUR

Für 450 EUR Entgelt entsteht folgender Arbeitgeberanteil zu den Sozialversicherungen:

Sozialversicherungsbeiträge — Arbeitgeberanteile	
Krankenversicherung (7,3 % von 450 EUR)	32,85 EUR
Pflegeversicherung (½ × (2,05 % von 450 EUR))	4,61 EUR
Rentenversicherung (½ × (18,9 % von 450 EUR))	44,53 EUR
Arbeitslosenversicherung (½ × (3,0 % von 450 EUR))	6,75 EUR
= **Summe Sozialversicherungsbeiträge (Arbeitgeber)**	**88,74 EUR**

Der Betrag von 88,74 EUR ist ebenfalls erstattungsfähig.

Im Beispiel könnte bei der AOK im Juni ein Erstattungsanspruch gemäß § 1 AAG von 448,74 EUR geltend gemacht werden.

Die Krankenkassen haben die Möglichkeit, den Umfang der Erstattungen zu begrenzen. Änderungen an der Höhe des Erstattungssatzes oder der Bemessung der Erstattung müssen in der Satzung der Krankenkasse geregelt sein. Folgende Einschränkungen können die Krankenkassen treffen:

- Begrenzung der Erstattung in der U1-Umlage auf einen niedrigeren Satz, z. B. 60 %, 70 % etc.
- keine Erstattung der Arbeitgeberanteile zu den Sozialversicherungen
- Beschränkung der Arbeitgeberanteile zu den Sozialversicherungen auf einen festen Satz oder Betrag
- Begrenzung der Erstattung auf die Beitragsbemessungsgrenze in der Rentenversicherung
- Ausschluss oder Begrenzung der Erstattung von Entgeltfortzahlungen an freiwillig oder privat krankenversicherte Arbeitnehmer

Auch Kombinationen aus den Begrenzungsmöglichkeiten sind gegeben. So können beispielsweise die Krankenkassen Erstattungszahlungen auch für Löhne über der Beitragsbemessungsgrenze leisten, aber die Erstattung der Arbeitgeberanteile aus dem Entgelt auf die Beitragsbemessungsgrenze beschränken.

▶ **BEISPIEL**

Frau Waldmann ist vom 1.4.2014 bis 4.5.2014 krank. Sie ist bei der AOK freiwillig krankenversichert und hat Anspruch auf Entgeltfortzahlung für sechs Wochen. Das monatliche Gehalt beträgt 6.000 EUR. Die AOK soll einen Beitragssatz zur Krankenversicherung von 15,5 % haben und gewährt einen Erstattungssatz von 80 % in der Ausgleichskasse U1. Die AOK gewährt im Beispiel auch die Erstattung der Arbeitgeberanteile zu den Sozialversicherungen und begrenzt die Erstattung nicht auf die Beitragsbemessungsgrenze (BBG) der Rentenversicherung. Allerdings soll eine Begrenzung der Arbeitgeberanteile zu den Sozialversicherungen auf pauschal 10 % des fortgezahlten Entgelts bis maximal zur Beitragsbemessungsgrenze bestehen. Das Unternehmen nimmt am U1-Umlageverfahren teil.

Beurteilung

Frau Waldmann ist den gesamten Monat April krank, das fortgezahlte Entgelt beträgt somit 6.000 EUR. Die Erstattungsleistungen der Krankenkasse sind:

80 % des fortgezahlten Arbeitsentgelts, nicht auf BBG begrenzt, Erstattung SV-Arbeitgeberanteile mit einem festen Pauschalsatz aus fortgezahltem Entgelt von 10 % begrenzt auf die BBG der Rentenversicherung.

Erstattung für fortgezahltes Entgelt:

6.000 EUR × 80 % = 4.800,00 EUR

Erstattung SV-AG-Anteil maximal aus der BBG-RV:

5.950 EUR × 10 % = 595,00 EUR

! **ACHTUNG**

Der Umfang der Erstattungsleistungen ist bei jeder Krankenkasse unterschiedlich. Der Arbeitgeber muss vor dem Erstattungsverfahren den Erstattungssatz und die Erstattung der Arbeitgeberanteile zu den Sozialversicherungen mit der zuständigen Krankenkasse klären.

Stornierung von Erstattungsanträgen

Erstattungsanträge nach dem Aufwendungsausgleichsgesetz sind zu stornieren, wenn

- sie nicht abzugeben waren, also zu Unrecht erstellt wurden,
- bei einer nicht zuständigen Einzugsstelle gestellt wurden,
- sie unzutreffende Angaben enthalten (in diesen Fällen ist eine Stornierung und eine Neumeldung erforderlich).

Bei Stornierung eines bereits übermittelten Antrags auf Erstattungen ist der ursprünglich übermittelte Datensatz mit dem Kennzeichen „Stornierung eines bereits abgegebenen Antrags" zu übermitteln.

11.1.2 Krankheit nach Ablauf der 42-Tage-Frist

Bei Krankheit des Arbeitnehmers endet nach 42 Kalendertagen die Lohnzahlungsverpflichtung des Arbeitgebers. Besteht die Krankheit weiter fort, erhält der Arbeitnehmer in der Regel Krankengeld von seiner Krankenkasse oder Krankentagegeld von der privaten Krankenversicherung.

Die 42-Tage-Frist beginnt mit dem Tag nach Beginn der Arbeitsunfähigkeit. Tritt die Arbeitsunfähigkeit aber an einem Arbeitstag vor Beginn der Arbeit ein, zählt dieser Tag mit. Tagen an denen die Krankheit nach Beginn der Arbeit eintritt, sind weder erstattungsfähig noch zählen sie für die 6-Wochen-Frist. Wird der Arbeitnehmer hintereinander wegen verschiedener Krankheiten arbeitsunfähig, so besteht für jeden Krankheitsfall ein Anspruch auf bis zu 42 Kalendertage Entgeltfortzahlung. Dies gilt auch dann, wenn eine Erkrankung unmittelbar nach Abschluss einer ersten Erkrankung eintritt. Führt allerdings dieselbe Krankheit innerhalb von zwölf Monaten wiederholt zur Arbeitsunfähigkeit, so wird die bisherige Arbeitsunfähigkeit auf den Entgeltfortzahlungsanspruch angerechnet. Liegen zwischen zwei Arbeitsunfähigkeiten mindestens sechs Monate, so entsteht ein neuer Anspruch auf sechs Wochen Entgeltfortzahlung.

Besteht für einen **vollen Kalendermonat** kein Anspruch auf Entgelt(fort)zahlung, ist die Arbeitsunterbrechung der Krankenkasse mit einer **sogenannten Unterbrechungsmeldung** („Grund der Abgabe: 51") zu melden. Für privat krankenversicherte Arbeitnehmer ist die Unterbrechungsmeldung der Krankenkasse einzureichen, an die die Renten- und/oder Arbeitslosenversicherungsbeiträge entrichtet werden. Die Unterbrechungsmeldung ist eine besondere Form der Abmeldung. Ruht das Arbeitsverhältnis für mehr als einen vollen Kalendermonat und zahlt der Arbeitgeber in diesem Monat kein Arbeitsentgelt, ist innerhalb von zwei Wochen nach der Monatsfrist die Arbeitsunterbrechung der zuständigen Krankenkasse mit einer „Meldung zur Sozialversicherung" anzuzeigen.

! **ACHTUNG**

Eine Unterbrechungsmeldung ist nicht nach einem Monat, sondern erst nach Ablauf eines vollen Kalendermonats ohne Lohnzahlung einzureichen. Wird nur für einen Tag des Kalendermonats Entgelt gezahlt, ist die Meldung mit „Grund der Abgabe: 51" nicht erforderlich.

▶ **BEISPIEL**

Frau Monika Waldmann ist durch einen Skiunfall vom 5. Februar bis 19. Mai arbeitsunfähig gewesen. Sie hat monatlich ein Gehalt von 2.400 EUR und im Monat Mai eine Einmalzahlung von 2.000 EUR bezogen. Frau Waldmann ist gesetzlich krankenversichert und hat eine 5-Tage-Woche.

Beurteilung

Während der Krankheit wurde zunächst vom 5. Februar bis 18. März (sechs Wochen bzw. 42 Kalendertage) das Gehalt vom Arbeitgeber fortgezahlt. Vom 19. März bis 19. Mai bezieht Frau Waldmann Krankengeld von ihrer Krankenkasse. Am 1. Mai ist ein voller Kalendermonat (April) ohne Entgeltzahlung des Arbeitgebers abgeschlossen. Dieser Monat ohne Entgeltzahlung muss der Rentenversicherung in Form einer Unterbrechungsmeldung mitgeteilt werden. Somit müsste spätestens bis 14. Mai bei der Krankenkasse von Frau Waldmann eine „Meldung zur Sozialversicherung" mit dem „Grund der Abgabe: 51 — Unterbrechungsmeldung wegen Bezug von bzw. Anspruch auf Entgeltersatzleistungen" eingereicht werden.

Als „beitragspflichtiges Bruttoentgelt" sind die bis zum 18. März aufgelaufenen Bezüge zu melden.

1.1.2014 — 28.2.2014:	2 × 2.400 EUR	=	4.800,00 EUR
1.3.2014 — 18.3.2014:	12 ÷ 21 × 2.400 EUR	=	1.371,43 EUR

Das fortgezahlte Entgelt im März wird nach der Methode „Arbeitstage" ermittelt. Zulässig wären auch die Dreißigstel-Methode oder eine Berechnung nach Kalendertagen. In der Meldung zur Sozialversicherung ist als Entgelt für den Zeitraum 1.1. bis 18.3. zu melden: 6.171 EUR.

Während das Arbeitsverhältnis ruht, bleibt der Arbeitnehmer weiter beschäftigt und auch Mitglied in der Krankenversicherung. Bei Wiederaufnahme der Beschäftigung ist nach einer Unterbrechungsmeldung keine Anmeldung bei der Krankenkasse einzureichen. Eine Ausnahme besteht bei einer Unterbrechung von mehr als 72 Wochen. In diesem Fall kommt es zu einer sogenannten Aussteuerung aus der Kranken- bzw. Rentenversicherung.

Beitragspflichtige Einnahmen während der Krankheit

Eine Besonderheit in Bezug auf das Meldewesen ist aus der Neuregelung des § 23c SGB IV zu beachten. Eine Unterbrechungsmeldung bzw. eine Abmeldung ist nur dann zu erstatten, wenn für Zeiten des Bezugs von Sozialleistungen keine beitragspflichtigen Einnahmen beim Mitarbeiter vorliegen. Zu beitragspflichtigen Einnahmen kann es kommen, wenn der Arbeitgeber zum Beispiel während des Bezugs von Krankengeld weiterhin Geld- oder Sachleistungen bezahlt. Eine Sachleistung kann sich auch durch die Nutzung eines Firmenwagens während des Krankengeldbezugs ergeben. Im Übrigen besteht aufgrund der Arbeitsentgeltzahlung weiterhin Versicherungspflicht, so dass die im Rahmen eines Beschäftigungsverhältnisses üblichen Meldungen (Jahresmeldung/Abmeldung) anfallen. In einer Klarstellung haben die Spitzenverbände der Sozialversicherungen festgelegt, dass, wenn während des Bezugs von Sozialleistungen, wie beispielsweise Krankengeld, die Zuschüsse und sonstigen laufenden Leistungen des Arbeitgebers zusammen mit den Sozialleistungen das Vergleichs-Nettoarbeitsentgelt um nicht mehr **als 50 EUR** übersteigen, es nicht zu einer beitragspflichtigen Einnahme kommt. Als Vergleichsnettoarbeitsentgelt ist das Nettoentgelt anzusetzen, was der Arbeitnehmer ohne den Arbeitsausfall erzielt hätte.

11.2   Mutterschutz/Elternzeit

Werdende Mütter dürfen in den letzten sechs Wochen vor der voraussichtlichen Geburt und acht Wochen nach der tatsächlichen Geburt nicht beschäftigt werden. Bei Früh- oder Mehrlingsgeburten verlängert sich die Frist von acht auf bis zu zwölf Wochen nach der Entbindung. Während dieser Zeit erhalten die Arbeitnehmerinnen von ihrer Krankenkasse Mutterschaftsgeld in Höhe von **13 EUR pro Kalendertag**. Nach § 14 Mutterschutzgesetz müssen Arbeitgeber für die Zeit der Schutzfrist sowie für den Entbindungstag einen Zuschuss in Höhe des Unterschiedsbetrages zwischen 13 EUR und dem um die gesetzlichen Abzüge verminderten kalendertäglichen Arbeitsentgelt (Nettoarbeitsentgelt) leisten. Bei einem kalendertäglichen Nettoarbeitsentgelt von bis zu 13 EUR besteht somit kein Anspruch auf einen Arbeitgeberzuschuss. Bei monatlich schwankenden Bezügen ist der kalendertägliche Durchschnitt aus den letzten zwölf Abrechnungswochen zu ermitteln. Arbeitnehmerinnen, die nicht in der gesetzlichen Krankenkasse versichert sind (z. B. privat versicherte), erhalten kein Mutterschaftsgeld von der Krankenkasse. Sie können jedoch vom Bundesversicherungsamt auf Antrag ein Mutterschaftsgeld von 13 EUR pro Kalendertag, **maximal 210 EUR** für die gesamte Schutzfrist erhalten. Kein Mutterschaftsgeld vom Bundesversicherungsamt erhalten:

- Frauen, deren Arbeitsverhältnis in beiderseitigem Einvernehmen oder wegen Befristung vor Beginn der Schutzfrist endete,
- Hausfrauen,
- Beamtinnen, es sei denn, sie üben eine Nebentätigkeit aus,
- selbstständig Tätige,

- beherrschende Gesellschafter-Geschäftsführerinnen,
- pflicht- bzw. freiwillig in der gesetzlichen Krankenversicherung Versicherte,
- Frauen in unbezahltem (Sonder-)Urlaub, der erst nach den Schutzfristen endet, und die während des Urlaubs kein weiteres Arbeitsverhältnis eingegangen sind,
- Frauen in Elternzeit, die erst nach den Schutzfristen für das zu erwartende Kind abläuft, und die während der Elternzeit nicht teilzeit- oder geringfügig beschäftigt sind.

Schließt der Erziehungsurlaub unmittelbar an die Mutterschutzfrist an, ist dieser nicht gesondert durch eine Unterbrechungsmeldung der Krankenkasse mitzuteilen. Wird nach der Mutterschutzfrist die Beschäftigung jedoch nochmals aufgenommen und erst zu einem späteren Zeitpunkt der Erziehungsurlaub angetreten, ist dieser nach Ablauf eines Kalendermonats der Krankenkasse mitzuteilen.

> **BEISPIEL**
>
> Frau Waldmann hat am 20. Januar ein Kind geboren. Zuvor war sie sechs Wochen in Mutterschutz. Am 17. März nimmt sie ihre Beschäftigung für zehn Tage wieder auf, da dringende Abschlussarbeiten erledigt werden müssen. Am 1. April tritt Frau Waldmann ihre dreijährige Elternzeit an.
>
> **Beurteilung**
>
> Während der Mutterschutzfrist (acht Wochen nach der Geburt) erhält Frau Waldmann steuer- und sozialversicherungsfreies Mutterschaftsgeld von ihrer Krankenkasse. Entsteht ein Zuschuss zum Mutterschaftsgeld (Nettolohn höher als 13 EUR pro Tag), ist dieser ebenfalls steuer- und sozialversicherungsfrei. Der Zuschuss zum Mutterschaftsgeld muss nicht gemeldet werden. Zum 1. April ist wiederum eine „Meldung zur Sozialversicherung" zu erstatten mit „Grund der Abgabe: 52". Diese Meldung sollte bis spätestens am 14. April an die zuständige Krankenkasse übermittelt sein. Als beitragspflichtiges Entgelt ist das Arbeitsentgelt seit der letzten Unterbrechungsmeldung, Abmeldung oder Jahresmeldung anzugeben. Im Beispiel wäre das Entgelt seit 17. März zu melden.

Die Elternzeit kann gleichzeitig von beiden Eltern in Anspruch genommen werden. Das bedeutet, dass beide Elternteile wegen der Erziehung des Kindes der Arbeit fern bleiben können. Sie haben aber auch die Möglichkeit, die Elternzeit abwechselnd für bestimmte Zeiträume zu nehmen. Während der Elternzeit ist eine Erwerbstätigkeit zulässig, wenn die vereinbarte wöchentliche Arbeitszeit **30 Stunden** nicht übersteigt und sich der Arbeitgeber und der Arbeitnehmer über die Arbeitszeit und ihre Ausgestaltung einigen. Erfolgt keine freiwillige Einigung, regelt § 15 Abs. 7 des Bundeserziehungsgeldgesetz (BErzGG) die Voraussetzungen, wann ein Arbeitgeber der Verringerung der Arbeitszeit trotzdem zustimmen muss.

Antragsstellung auf Erstattungszahlungen

Seit 2011 sind die Erstattungsanträge elektronisch zu übermitteln. Die Datenübermittlung kann in der Regel direkt aus dem Entgeltabrechnungsprogramm mit einem Übertragungsmodul (z. B. dakota) oder mittels der maschinellen Ausfüllhilfe (sv.net) erfolgen. Der Erstattungsantrag ist an die Krankenkasse zu richten, bei welcher die Arbeitnehmerin krankenversichert ist. Für privat krankenversicherte Arbeitnehmerinnen ist die Krankenkasse, welche die Rentenversicherungsbeiträge entgegennimmt, zuständig.

11.3 Einmalzahlung während einer Arbeitsunterbrechung

Eine Besonderheit besteht im Melderecht für Einmalzahlungen, die während des Bezugs von Entgeltersatzleistungen — z. B. Krankengeld — gezahlt werden. Im Meldeverfahren nach der DEÜV hat der Arbeitgeber beitragspflichtige Einmalzahlungen gesondert zu melden, wenn für das Kalenderjahr, dem das Arbeitsentgelt zuzuordnen ist, keine Sozialversicherungsmeldung mit Entgelt mehr zu melden ist. Eine gesonderte Meldung ist aber erforderlich, wenn:

- eine Meldung mit laufendem Entgelt in dem Kalenderjahr, dem die Einmalzahlung zuzuordnen ist, nicht mehr erfolgt,
- die folgende Meldung kein laufendes beitragspflichtiges Arbeitsentgelt enthält,
- für das beitragspflichtige laufende und einmalig gezahlte Arbeitsentgelt unterschiedliche Beitragsgruppen gelten.

Diese gesonderte Meldung ist mit der folgenden Gehaltsabrechnung, spätestens sechs Wochen nach der Auszahlung der Einmalzahlung der zuständigen Krankenkasse zu übermitteln. Entsteht eine Einmalzahlung während einer Unterbrechungszeit ohne zukünftig laufenden Bezug im Kalenderjahr, ist die Einmalzahlung mit der Sondermeldung — Grund der Abgabe: 54 — zu melden. Als Zeitraum ist der erste bis zum letzten Tag des Monats der Auszahlung anzugeben.

> ▶ **BEISPIEL**
>
> Monika Waldmann ist seit 4.7.2014 erkrankt. Seit 15.8.2014 bezieht sie Krankengeld von ihrer Krankenkasse. Die Krankheit wird voraussichtlich bis 19.2.2015 fortbestehen. Im November 2014 erhält Frau Waldmann ein Weihnachtsgeld in

Höhe von 1.500 EUR. Im September 2014 wurde eine Unterbrechungsmeldung zum 14.8.2014 erstattet, da das Beschäftigungsverhältnis länger als einen Kalendermonat ohne Entgeltfortzahlung unterbrochen war.

Beurteilung

Aufgrund der Krankheit ist eine Unterbrechungsmeldung im September zu melden.

Beschäftigungszeit: 01.01.2014 bis 14.08.2014

Grund der Abgabe: 51

Weil die Krankheit über die Jahresgrenze hinweg besteht, ist für 2014 **keine** Jahresmeldung (Grund der Abgabe: 50) zu erstatten. Somit entsteht für 2014 keine Sozialversicherungsmeldung mehr mit zu meldendem Entgelt. Für die Einmalzahlung ist im Dezember eine Sondermeldung zu erstatten.

Beschäftigungszeit: 01.11.2014 bis 30.11.2014

Grund der Abgabe: 54

Beitragspflichtiges Entgelt: 1500

! ACHTUNG

Wird eine Einmalzahlung ohne laufendes Arbeitsentgelt gezahlt, so ist sie für die Beitragsberechnung dem letzten Abrechnungsmonat mit Lohn(fort)zahlung zuzurechnen und zu verbeitragen. Wird eine Einmalzahlung in den Monaten Januar bis März gezahlt und bestand im laufenden Jahr aufgrund einer Krankheit kein laufendes Arbeitsentgelt, ist die Einmalzahlung dem letzten Abrechnungszeitraum des Vorjahres zuzuordnen — Märzklausel. Wird eine Einmalzahlung erst nach Ende der Beschäftigung gezahlt, so ist diese dem letzten Abrechnungsmonat des Kalenderjahres zuzuordnen. Findet die Einmalzahlung nach Austritt ab April des Folgejahrs statt, so werden aus der Einmalzahlung keine Beiträge erhoben. Zu beachten ist jedoch die Märzklausel-Regelung.

Seit 2012 besteht eine zusätzliche Meldepflicht bei Einmalzahlungen ohne laufenden Bezug.

Aufgrund des Übergangs der Prüfpflicht für das Berufsgenossenschaftsentgelt auf die Rentenprüfer muss den Krankenkassen seit 2010 das BG-Entgelt gemeldet werden. In der Unfallversicherung bestehen jedoch abweichende Regelungen zu den anderen Sozialversicherungen für die Meldung von beitragspflichtigem Arbeitsentgelt. Durch das abweichende beitragspflichtige Entgelt zwischen Sozialversicherung und BG entstanden Fälle, zu denen keine Sozialversicherungsmeldung mit Entgelt, jedoch eine Berufsgenossenschaftsmeldung mit Entgelt einzureichen war. Für diese Fälle, in denen der Arbeitnehmer eine Einmalzahlung erhält, **die ausschließlich** dem meldepflichtigen Entgelt der **Berufsgenossenschaft** unterliegt, ist eine gesonderte Meldung zur Sozialversicherung mit dem Grund der **Abgabe: 91** der Annahmestelle der Krankenkasse einzureichen.

> ► **BEISPIEL**

Frau Waldmann bezieht seit 17.11.2013 Krankengeld von ihrer Krankenkasse. Die Arbeitsunfähigkeit dauert voraussichtlich bis 18.05.2014. Im April 2014 erhält sie ihre Vertriebsprämie für das Vorjahr in Höhe von 2.000 EUR als Einmalzahlung. Es ist davon auszugehen, dass Frau Waldmann im Mai 2014 ihre Beschäftigung wieder aufnimmt.

Beurteilung

Das einmalig gezahlte Arbeitsentgelt im April 2014 gehört zum unfallversicherungpflichtigen Entgelt in 2014.

Für die Sozialversicherung fällt die Einmalzahlung in einen Monat ohne laufendes Entgelt und ohne Sozialversicherungstage. Aufgrund der Zahlung im April ist keine Märzklausel anzuwenden. Somit bleibt die Einmalzahlung beitragsfrei und ist nicht in der Jahresmeldung 2014 als beitragspflichtiges Entgelt zu melden.

Für die Unfallversicherung ist eine gesonderte Meldung zur Sozialversicherung zu erstellen.

Beschäftigungszeit: 01.04.2014 bis 30.04.2014

Grund der Abgabe: 91

Beitragspflichtiges Entgelt: 2000

> ! **ACHTUNG**

Einmalzahlungen unterliegen nicht der Prüfung auf eine beitragspflichtige Einnahme nach § 23c SGB IV. Eine Vergleichsrechnung des Nettoarbeitsentgelts bei Beschäftigung mit der Sozialleistung plus der Einmalzahlung kann unterbleiben.

11.4 Elektronische Entgeltersatzleistung – EEL

Der Arbeitgeber ist verpflichtet, Meldungen zur Berechnung des Krankengeldes, Krankengeld wegen erkrankter Kinder und anderen Entgeltersatzleistungen an die Annahmestellen der Krankenkasse elektronisch zu übermitteln. Durch die maschinell zu erstellenden Entgeltbescheinigungen entfallen die bis 2011 in Papierform zu erstellenden Bescheinigungen für folgende Entgeltersatzleistungen:

- Krankengeld
- Kinderpflege-Krankengeld
- Mutterschaftsgeld
- Versorgungskrankengeld

- Übergangsgeld — Leistungen zur medizinischen Rehabilitation der Rentenversicherung
- Übergangsgeld — Leistungen zur Teilhabe am Arbeitsleben der Rentenversicherung
- Verletztengeld
- Übergangsgeld der Unfallversicherung
- Kinderpflege-Verletztengeld
- Übergangsgeld der Bundesagentur für Arbeit

Diese sogenannten **Entgeltbescheinigungen** können in der Regel direkt aus einem systemgeprüften Entgeltabrechnungsprogramm oder über die Ausfüllhilfen (sv.net) übermittelt werden. Die Datenannahmestellen leiten die Entgeltbescheinigungen an die unterschiedlichen Leistungsträger (wie z. B. Krankenkassen, Berufsgenossenschaften, Rentenversicherungsträger, Bundesagentur für Arbeit) weiter. Die Meldung ist vom Arbeitgeber **5 Arbeitstage** vor dem 42. Tag der Arbeitsunfähigkeit (einschließlich anrechenbarer Vorerkrankungen) zu übermitteln. Handelt es sich bei der Erkrankung um einen Arbeitsunfall, der in die Zuständigkeit der Unfallversicherung fällt, erhalten die Arbeitgeber vom jeweiligen Träger der Unfallversicherung ein Hinweisschreiben spätestens bis zum 6. Arbeitstag vor dem 42. Tag der Arbeitsunfähigkeit, welches die erforderlichen Angaben zum jeweiligen Unfall enthält.

Mit der **elektronischen Entgeltbescheinigung** übermittelt der Arbeitgeber für den Arbeitnehmer in elektronischen Datenbausteinen folgende Informationen an die Datenannahmestelle:

- Name
- Anschrift
- Allgemeines
- Arbeitsentgelt
- Arbeitszeit
- Arbeitszeit bei Erkrankung/Verletzung des Kindes
- Abwesenheitszeiten ohne Arbeitsentgelt
- Angaben zur Freistellung bei Erkrankung/Verletzung des Kindes
- Arbeits-/Schul-/Kindergartenunfall
- Entgeltbescheinigung zur Berechnung von Mutterschaftsgeld
- Anforderung Vorerkrankungsmitteilung
- Höhe der beitragspflichtigen Einnahmen (§ 23c SGB IV)
- Zusatzdaten für die Berechnung des Übergangsgeldes bei Leistungen zur Teilhabe
- Zusatzdaten für die Berechnung der Entgeltersatzleistungen für Seeleute
- Zusatzdaten für die Berechnung der Entgeltersatzleistungen bei Bezug von Transfer-Kurzarbeitergeld

Wie bei den Sozialversicherungsmeldungen ist für Entgeltbescheinigung der Grund der Abgabe als Schlüsselzahl zu melden. Abhängig vom zuständigen Versicherungsträger sind folgende Schlüsselzahlen zu melden.

Grund der Abgabe	Schlüssel
Krankenversicherung	
Krankengeld	01
Krankengeld bei Pflege eines erkrankten Kindes	02
Mutterschaftsgeld	03
Versorgungskrankengeld	04
Rentenversicherung	
Übergangsgeld (Leistung während der Rehabilitation)	11
Übergangsgeld (Leistung zur Teilhabe)	12
Unfallversicherung (BG)	
Verletztengeld (vgl. Krankengeld)	21
Übergangsgeld	22
Kinderpflegeverletztengeld (vgl. Krankengeld bei Pflege eines Kindes)	23
Bundesagentur für Arbeit	
Übergangsgeld	31
Sonstige Meldungen	
Anforderung der Übermittlung von Vorerkrankungen des Arbeitnehmers	41
Gesonderte Anforderung zur Übermittlung der beitragspflichtigen Einnahme (§ 23c SGB IV)	51

Tab. 39: Übersicht der Meldegründe für Entgeltbescheinigungen

Die Datenannahmestelle der Krankenkasse bestätigt dem Absender der Datenlieferung (Ersteller der Datei, z. B. Arbeitgeber, Steuerberater oder Service-Rechenzentrum) den Dateneingang mit einer elektronischen Eingangsbestätigung. Nach der Prüfung der Daten auf Plausibilität erhält der Datenlieferant eine Verarbeitungsbestätigung. Die Verarbeitungsbestätigungen werden der übermittelnden Stelle jedoch nicht automatisch zugesendet, sondern stehen auf einem Datenserver zum Abruf zur Verfügung. Fehlerhafte Datensätze sind zu korrigieren und erneut zu übermitteln. Falls eine Korrektur der Datensätze aus dem Entgeltabrechnungsprogramm nicht möglich ist, sind die Meldungen mit der Ausfüllhilfe sv.net erneut zu versenden.

In Verbindung mit dem elektronischen Rückmeldeverfahren werden dem Arbeitgeber die Vorerkrankungszeiten und der Beginn des Kranken- oder Verletztengeldbezugs zurückgemeldet. In der Rückmeldedatei sind folgende Informationen enthalten:

- Vorerkrankungszeiten des Arbeitnehmers (nur Krankenkasse)
- Höhe der Entgeltersatzleistung
- Datenfehler mit Fehlerbeschreibungen

Mit den Rückmeldeinformationen kann die Berechnung der Frist für die Lohnfortzahlung (42 Kalendertage) ggf. erneut erfolgen. Die Rückmeldung der Höhe der Entgeltersatzleistung ist dann von Bedeutung, sofern mit dem Arbeitnehmer eine Aufstockung des Krankengelds auf das durchschnittliche Nettoarbeitsentgelt vereinbart wurde. Die freiwillige Sozialleistung des Arbeitgebers bleibt steuer- und sozialversicherungsfrei.

11.5 Geringfügige Beschäftigung/kurzfristige Beschäftigung während einer Arbeitsunterbrechung

Wird während des Erziehungsurlaubs oder während der Dienstpflicht eine geringfügige Beschäftigung ausgeübt, ist diese nicht mit den Leistungen Dritter zusammenzurechnen. Eine geringfügige Beschäftigung ist auch dann versicherungsfrei, wenn sie beim gleichen Arbeitgeber ausgeübt wird. Die ruhende Beschäftigung ist nicht von Bedeutung. Die geringfügige Beschäftigung ist jedoch mit „Grund der Abgabe: 10" bei der Minijob-Zentrale anzumelden und nach Beendigung mit dem Grund der Abgabe: 30 bei der Bundesknappschaft-Bahn-See in Essen (Minijob-Zentrale) abzumelden.

Bei der Aufnahme einer kurzfristigen Beschäftigung ist die sogenannte Berufsmäßigkeit der Beschäftigung durch den Arbeitgeber zu prüfen. Von einer berufsmäßigen Beschäftigung ist auszugehen, wenn der Betreffende durch diese Beschäftigung seinen Lebensunterhalt überwiegend oder doch in einem solchem Umfang erwirbt, dass seine wirtschaftliche Stellung zu einem erheblichen Teil auf der Beschäftigung beruht. Berufsmäßig wird eine Beschäftigung durch die Sozialversicherungsträger dann angesehen, wenn sie für den Arbeitnehmer von nicht untergeordneter wirtschaftlicher Bedeutung ist.

Die Prüfung der Berufsmäßigkeit ist nicht erforderlich, wenn das erzielte monatliche Arbeitsentgelt die Geringfügigkeitsgrenze von 450 EUR nicht überschreitet. Die Berufsmäßigkeit der Beschäftigung muss auch dann nicht geprüft werden, wenn die Beschäftigung durch ein Überschreiten der Zeitgrenzen als nicht geringfügig anzusehen ist. Berufsmäßig wird eine Beschäftigung dann ausgeübt, wenn sie für die Person von nicht untergeordneter wirtschaftlicher Bedeutung ist.

Die berufsmäßige Ausübung einer Beschäftigung wird unterstellt, wenn die Beschäftigung

- während ruhendem Arbeitsverhältnis (z. B. Elternzeit/Krankengeld-Bezug),
- während des Bezugs von Arbeitslosengeld I,
- während der Durchführung eines freiwilligen oder ökologischen Jahres,
- zwischen Schulentlassung und einem freiwilligen oder ökologischen Jahres oder dem Bundesfreiwilligendienst,
- nach einem abgeschlossenen Studium und der Arbeitsaufnahme,
- während eines unentgeltlichen Urlaubs

durchgeführt wird. Muss für die Beschäftigung die Berufsmäßigkeit unterstellt werden, ist diese als sozialversicherungspflichtig bei der Krankenkasse des Arbeitnehmers anzumelden.

12 Welche Aktivitäten gehören zum Jahresabschluss?

Wie in der Finanzbuchhaltung sind in der Lohnbuchhaltung zum Jahreswechsel einige abschließende Arbeiten vorzunehmen.

Nach § 42b Einkommensteuergesetz (EStG) muss in Betrieben mit mehr als zehn Arbeitnehmern der Lohnsteuerjahresausgleich durchgeführt werden. Bei weniger als zehn Arbeitnehmern *kann* der Arbeitgeber ihn durchführen. Von jedem Arbeitnehmer ist das Lohnkonto abzuschließen, indem die Summen pro Zeile bzw. Spalte ermittelt werden. Für alle Arbeitnehmer, deren Lohnsteuerkarte oder eine Ersatzbescheinigung vorliegt, ist die Lohnsteuerbescheinigung durchzuführen. Das heißt: Die Summenwerte an Lohnsteuer, Kirchensteuer, Solidaritätszuschlag, Fahrgeld etc. sind aus dem abgeschlossenen Lohnkonto elektronisch der Clearingstelle der Finanzverwaltung zu melden.

Neben den steuerrechtlichen Abschlussarbeiten sind Jahresmeldungen an die Sozialversicherungsträger vorzunehmen. Für jeden Arbeitnehmer ist der Krankenkasse das beitragspflichtige Jahresarbeitsentgelt (JAE) zu melden. Die Meldung kann nur noch in elektronischer Form aus einem Entgeltabrechnungsprogramm oder mit der Ausfüllhilfe (sv.net) durchgeführt werden.

Träger der gesetzlichen Unfallversicherung sind die Berufsgenossenschaften (BG). Für die jährliche Beitragsberechnung ist der BG das Formblatt „Lohnnachweis" einzureichen, auf dem das Jahresarbeitsentgelt und die geleisteten Arbeitsstunden aller Arbeitnehmer zusammengestellt sind. Die Werte können in der Regel dem Jahreslohnjournal entnommen werden. Das Formular für den Lohnnachweis erhält der Arbeitgeber nach seiner Anmeldung bei der zuständigen Berufsgenossenschaft. Viele Berufsgenossenschaften ermöglichen auch die Abgabe einer Online-Meldung über das Internet.

Mit dem Gesetz zur Bekämpfung der Arbeitslosigkeit Schwerbehinderter sind die Vorschriften zur Beschäftigungspflicht von behinderten Arbeitnehmern und zur Ausgleichsabgabe geändert worden. Die Pflicht zur Beschäftigung schwerbehinderter Menschen besteht für Arbeitgeber, die über mindestens 20 Arbeitsplätze verfügen. Gleichzeitig wurde die Pflichtquote von 6 % auf 5 % gesenkt. Arbeitgeber müssen nicht mehr für jeden Betrieb bzw. jede Dienststelle eine getrennte Anzeige erstatten, sondern nur noch eine Gesamtanzeige mit einem Verzeichnis der beschäftigten schwerbehinderten Menschen. Die Meldung über die Anzahl der

Welche Aktivitäten gehören zum Jahresabschluss?

Beschäftigten schwerbehinderten Arbeitnehmer im Betrieb ist an das Integrationsamt bei der Agentur für Arbeit zu richten.

Abschließend sollten die Personalstammblätter mit allen Neuerungen aktualisiert und eventuell bestehende Urlaubsansprüche der Arbeitnehmer vorgetragen werden. Für freiwillig in einer gesetzlichen Krankenkasse versicherte Arbeitnehmer oder für privat versicherte Mitarbeiter ist die Versicherungspflichtgrenze zu prüfen. Übersteigt das voraussichtliche Arbeitsentgelt in 2014 nicht mehr die Versicherungspflichtgrenze von 53.550 EUR pro Jahr und war der Arbeitnehmer nicht bereits in 2002 privat versichert, wird der Arbeitnehmer wieder Pflichtmitglied in der gesetzlichen Krankenversicherung. Im Fall der freiwilligen Versicherung bei einer gesetzlichen Krankenkasse ist eine Ab-/Anmeldung wegen Beitragsgruppenwechsel durchzuführen. Privat krankenversicherte Arbeitnehmer werden wieder Pflichtmitglied in einer gesetzlichen Krankenkasse — entsprechend ist das Kassenwahlrecht und die Anmeldung bei der Kasse durchzuführen.[44]

12.1 Checkliste Jahresabschluss

In der Checkliste Jahresabschluss sind die wichtigsten Abschlussarbeiten zusammengestellt.

Checkliste Jahresabschluss	Erledigt
Mitarbeiterdaten/Stammdaten prüfen	
Austritte prüfen	☐
Ermittlung der Resturlaubsansprüche und Übertragung ins Folgejahr	☐
Erreichen der Pflichtversicherungsgrenze in der KV/PV prüfen	☐
Jahresfreibeträge auf der Lohnsteuerkarte/Ersatzbescheinigung prüfen	☐
Wechsel von Bankverbindungen prüfen	☐
Wechsel von Krankenkassen prüfen	☐
Ermitteln des Erreichens des Rentnerstatus prüfen	☐
Lohnpfändungs- und Vermögensbildungsverträge prüfen	☐
Überprüfung Arbeitnehmerdarlehen	☐

---

[44] Eine Ausnahme besteht für Arbeitnehmer, die 55 Jahre oder älter sind und in den letzten fünf Jahren nicht gesetzlich oder freiwillig in einer gesetzlichen Krankenkasse versichert waren.

Checkliste Jahresabschluss	Erledigt
Abrechnung	
Abrechnung von Provisionen und Jahresboni	☐
Ermittlung der Bemessungsgrundlage für Dienstwagenabrechnung	☐
Lohnsteuer-Jahresausgleich durchführen (wo möglich)	☐
Ermittlung von Arbeitsunterbrechungen für „Anzahl U"	☐
Ermittlung der Pauschalierungsmöglichkeit für Fahrtkostenzuschüsse und Zuschüsse zur betrieblichen Altersvorsorge	☐
Ermittlung kostenloser Mahlzeiten durch den Arbeitgeber „Großbuchstabe M"	☐
Lohnkonten abschließen	☐
Meldungen/Bescheinigungen	
Lohnsteuerbescheinigung erstellen	☐
Jahresmeldung an die Krankenkassen erstellen (falls erforderlich)	☐
Archivierung von Lohnsteuer-Ersatzbescheinigungen 2013	☐
Lohnnachweis an die Berufsgenossenschaft erstellen	☐
Erstellung der Meldung für die Schwerbehinderten-Ausgleichsabgabe	☐
Sonstiges	
Einrichten neuer Lohnkonten	☐
Überprüfung der Teilnahme am Umlageverfahren U1 (8 von 12 Monaten über 30 FTE)	☐
Überprüfung des Erstattungssatzes bei den Krankenkassen (ggf. niedere Erstattung wählen — abhängig vom Krankenstand)	☐
Aktualisieren der Beitragsbemessungsgrenzen	☐
Aktualisierung der Sachbezugswerte für Mahlzeiten und Wohnung	☐
Aktualisierung der Sachbezugswerte für Reisekostenerstattungen	☐
Aktualisierung Steuerfreibeträge für betriebliche Altersvorsorge	☐
Archivierung der Lohnunterlagen	☐
Ermittlung der Berechnungsgrundlage für die Gewerbesteuer	☐
Bildung von Rückstellungen für Jubiläen, Urlaubsgeld, Pensionen	☐
Feststellen der Betriebsgröße für die Teilnahme am Umlageverfahren	☐
Überprüfung der Gültigkeit des Zertifikats für die Beitragsmeldung mit DAKOTA	☐

Checkliste Jahresabschluss	Erledigt
Überprüfung der Gültigkeit des Zertifikats für die Lohnsteueranmeldung (ElsterOnline)	☐
Überprüfung Arbeitgeberzuschuss zur privaten Krankenversicherung	☐

Tab. 40: Checkliste: Jahresabschluss

12.2 Lohnsteuerjahresausgleich

Die Lohnsteuer für laufende Bezüge wird aus der Tages-, Wochen- oder Monatslohnsteuertabelle ermittelt. Hingegen ist die Lohnsteuer für sonstige Bezüge bzw. Einmalzahlungen aus der Jahressteuertabelle zu entnehmen. Grundlage für die Besteuerung ist der geschätzte Jahresbruttoarbeitslohn. Der geschätzte Jahresbruttolohn (GJBL) errechnet sich nach folgender Formel:

$$GJBL = \frac{\text{Summe steuerpflichtige Bezüge} \times 360}{\text{bisherige Steuertage}} + \text{gezahlte sonstige Bezüge}$$

Die Summe der steuerpflichtigen Bezüge sind alle im Kalenderjahr aufgelaufenen **regelmäßigen** steuerpflichtigen Bezüge. Diese sind mit den gesamten Steuertagen pro Jahr (360) zu multiplizieren. Aus dem steuerpflichtigen Jahresbruttolohn sind bereits gezahlte sonstige Bezüge herauszurechnen. Erfolgte Lohnerhöhungen und Steuerfreibeträge sind jedoch einzubeziehen. Künftige Lohnerhöhungen oder bereits zum Zeitpunkt der Ermittlung des geschätzten Jahresbruttolohnes feststehende künftige Bezüge (z. B. Weihnachtsgeld) dürfen hingegen in diese Schätzung nicht einfließen. Werden im kommenden Jahr Prämien für das zurückliegende Jahr gezahlt, dürfen diese nicht in die Schätzung einfließen, auch dann nicht, wenn deren Höhe schon bekannt ist. Hat der Arbeitnehmer im laufenden Kalenderjahr bei einem anderen Arbeitgeber bereits steuerpflichtigen Arbeitslohn bezogen, ist dieser ebenfalls in die Schätzung des Jahresbruttolohnes einzubeziehen — sofern er bekannt ist. Für die bisherigen Steuertage ist jeder volle Beschäftigungsmonat mit 30 Tagen zu rechnen. Bei Eintritt oder Austritt nach Monatsbeginn bzw. Monatsende ist von den beschäftigten Kalendertagen im Eintritts-/Austrittsmonat als Steuertage auszugehen. Zur Ermittlung der Steuertage siehe Kapitel 5.7.

Wenn sich die Schätzung des Jahresbruttoarbeitslohnes durch weitere Einmalzahlungen oder durch Lohnerhöhungen im Dezember als unzutreffend herausstellt, kann bzw. muss bei mehr als **zehn Arbeitnehmern** der Arbeitgeber einen Abgleich der bereits gezahlten Lohnsteuer mit der Jahreslohnsteuer für jeden Arbeitnehmer vornehmen. Die Differenz aus der periodisch einbehaltenen Lohnsteuer und der Jahreslohnsteuer wird mit der im Dezember zu zahlenden Lohnsteuer verrechnet. Ergibt sich im Dezember, wenn alle gezahlten Bezüge bekannt sind, aus der Jahreslohnsteuertabelle eine geringere Steuer als die Summe der periodisch bereits gezahlten Lohnsteuer, wird die Differenz mit der Lohnsteuer auf den Dezemberbezug verrechnet. Parallel ist ein Abgleich der bereits entrichteten Kirchensteuer und des bereits einbehaltenen Solidaritätszuschlags vorzunehmen. Beim Lohnsteuerjahresausgleich sind für die Kirchensteuer und den Solidaritätszuschlag die Werte der Jahressteuertabelle maßgeblich. Die Berechnung der Summendifferenz ergibt sich nach folgendem Schema:

	Bruttoarbeitslohn des Jahres laut Lohnkonto (steuerpflichtig)
+	ermäßigt besteuerte Arbeitsentgelte für mehrere Jahre
+	Arbeitslohn aus vorhergehenden Arbeitsverhältnissen des laufenden Jahres
—	Versorgungsfreibetrag
—	Altersentlastungsbetrag
=	**maßgeblicher Jahresarbeitslohn**
	Lohnsteuer aus Jahreslohnsteuertabelle für den maßgeblichen Jahresarbeitslohn
—	tatsächlich einbehaltene und abgeführte Lohnsteuer
=	**Lohnsteuererstattung/Lohnsteuernachzahlung im Dezember**
	Solidaritätszuschlag auf Lohnsteuer des maßgeblichen Jahresarbeitslohnes
—	tatsächlich einbehaltener und abgeführter Solidaritätszuschlag
=	Solidaritätszuschlagserstattung/Solidaritätszuschlagsnachzahlung
	Kirchensteuer auf Lohnsteuer des maßgeblichen Jahresarbeitslohnes
—	tatsächlich einbehaltene und abgeführte Kirchensteuer
=	**Kirchensteuererstattung/Kirchensteuernachzahlung**

Tab. 41: Schema zur Ermittlung des Lohnsteuer-Jahresausgleichs

Welche Aktivitäten gehören zum Jahresabschluss?

Bruttoarbeitslohn

Für die Ermittlung des Jahresarbeitslohns ist der steuerpflichtige Bruttoarbeitslohn inklusive Sachzuwendungen für das gesamte Kalenderjahr heranzuziehen. Nicht in den steuerpflichtigen Arbeitslohn sind pauschal versteuerte Lohnbestandteile und steuerfreier Arbeitslohn (z. B. Zuschuss zur betrieblichen Altersvorsorge) einzubeziehen. Außerdem muss der Arbeitslohn lückenlos für das gesamte Kalenderjahr vorliegen. Bei steuerrechtlichen Fehlzeiten, z. B. durch einen Arbeitgeberwechsel, darf der Lohnsteuerjahresausgleich nicht durchgeführt werden. Der Lohnsteuerjahresausgleich ist möglich, wenn die Vorarbeitgeberdaten vorliegen und bei der Ermittlung von Einmalzahlungen berücksichtigt wurden.

Versorgungsfreibetrag/Altersentlastungsbetrag

Arbeitnehmer, die Ruhegehälter aus dem öffentlichen Dienst, Witwenrente, Waisenrente, Erwerbsunfähigkeitsrente oder Hinterbliebenenrente erhalten, sowie Arbeitnehmer, die von ihrem ehemaligen Arbeitgeber eine Betriebsrente erhalten, beziehen Versorgungsbezüge. Versorgungsbezüge sind dem steuerpflichtigen Arbeitslohn gleichgestellt und unterliegen dem Lohnsteuerabzug. Von den Versorgungsbezügen bleibt 40 % der Bezüge, höchstens jedoch ein Betrag von 3.000 EUR im Kalenderjahr, von der Lohnsteuer befreit (Versorgungsfreibetrag). Einen Altersentlastungsbetrag erhalten Arbeitnehmer, die vor Beginn des Kalenderjahres das 64. Lebensjahr vollendet haben. Er beträgt 40 % des Arbeitslohnes, höchstens jedoch 1.900 EUR im Kalenderjahr. Der Abzug des Altersentlastungsbetrags ist bei Versorgungsbezügen nicht anzuwenden. Mit dem Alterseinkünftegesetz wurde in 2005 eine schrittweise Verringerung der Prozentsätze und Freibeträge beschlossen. Seit 2006 sinkt für jeden neuen Jahrgang von Versorgungsempfängern der Satz um **1,6 %** bzw. **120 EUR** bis zum Jahre 2020. Dies bedeutet, Arbeitnehmer, die in 2006 erstmalig einen Versorgungsbezug von ihrem ehemaligen Arbeitgeber erhalten, steht nur noch ein Versorgungsfreibetrag von 38,4 % des Bezuges, höchstens jedoch 2.880 EUR pro Jahr zu. Der Prozentsatz bzw. der Höchstbetrag muss dann jedoch für die Gesamtdauer des Versorgungsbezuges beibehalten werden. Für Arbeitnehmer, die in 2014 erstmalig einen Versorgungsbezug erhalten, gilt für die Gesamtdauer des Bezuges ein Freibetrag von **25,6 %**, höchstens jedoch **1.920 EUR pro Jahr**. Auch für den Altersentlastungsbetrag gilt ab 2006 die Senkung um jährlich **1,6 %** bzw. **76 EUR** für jeden neuen Jahrgang. Bis zum Jahre 2040 sollen beide Freibeträge für neue Generationen auf 0 % abgeschmolzen sein.

Mit dem Alterseinkünftegesetz von 2005 wurde auch eine Anhebung des Renteneintrittsalters beschlossen. Seit 2012 dürfen alle ab 1947 geborenen Arbeitnehmer erst einen Monat später in Rente gehen, wenn sie keine Abschläge in Kauf nehmen wollen. Bis 2023 wird jeder Jahrgang jeweils einen weiteren Monat später in Rente gehen können. Ab 2024 steigt das Renteneintrittsalter pro Jahrgang um jeweils zwei Monate. Im Jahr 2029, also ab dem Jahrgang 1964, wird der stufenweise Anstieg des Renteneintrittsalters abgeschlossen sein. Ab diesem Jahr kann jeder Arbeitnehmer erst mit 67 den Altersentlastungsbetrag in Anspruch nehmen. Der spätere Rentenanspruch hat auch Auswirkungen auf den Anspruch auf den Altersentlastungsbetrag. Abhängig vom Geburtsjahrgang stehen den Arbeitnehmern der Altersentlastungsbetrag erst zu:

2012	1947	65 Jahre + 1 Monat
2013	1948	65 Jahre + 2 Monate
2014	1949	65 Jahre + 3 Monate
:	:	65 Jahre + 4 Monate
2023	1958	66 Jahre
2024	1959	66 Jahre + 2 Monate
:	:	66 Jahre + 4 Monate
2029	1964	67 Jahre

Tab. 42: Anhebung des Renteneintrittsalters bzw. des Anspruchs auf Altersentlastungsbetrag

Gebot/Verbot des Lohnsteuerjahresausgleichs

Ergeben sich beim Lohnsteuerjahresausgleich Erstattungen, sind diese Erstattungsbeträge mit der für den Dezember ermittelten Lohn- und Kirchensteuer sowie dem Solidaritätszuschlag zu verrechnen. Ist der Erstattungsbetrag höher als die sich aus den Dezemberbezügen ergebende Lohnsteuer, kann der Arbeitgeber dem Arbeitnehmer den übersteigenden Betrag erstatten und diesen bei der Lohnsteueranmeldung mit dem Finanzamt verrechnen. Erstattungen von Lohn- und Kirchensteuer müssen auf dem Lohnkonto gesondert ausgewiesen sein. Außerdem sind die Erstattungen bei der elektronischen Meldung der Lohnsteuer bzw. bei der Lohnsteuerbescheinigung zu berücksichtigen. Ergeben sich beim Lohnsteuerjahresausgleich Nachzahlungen, müssen diese zusätzlich mit der Lohnsteuer aus Dezember einbehalten und abgeführt werden.

Welche Aktivitäten gehören zum Jahresabschluss?

Der Arbeitgeber ist nur dann berechtigt einen Lohnsteuerjahresausgleich durchzuführen, wenn unbeschränkt einkommensteuerpflichtigen Arbeitnehmern, während **des gesamten Kalenderjahres** bei ihm beschäftigt war. Der Lohnsteuerjahresausgleich ist jedoch nur unter bestimmten **Voraussetzungen** möglich. Er darf **nicht** durchgeführt werden, wenn:

- der Arbeitnehmer den Verzicht beantragt hat oder
- der Arbeitnehmer nicht im Inland wohnt oder
- die Steuerklasse 2 nicht ganzjährig anzuwenden war; ein unterjähriger Wechsel führt zum Ausschluss oder
- der Arbeitnehmer im Laufe des Jahres die Steuerklasse gewechselt hat oder
- für den Arbeitnehmer einen Freibetrag oder Hinzurechnungsbetrag von der ELStAM-Datenbank übermittelt wurde oder auf der Ersatzbescheinigung eingetragen hat oder
- der Arbeitnehmer nicht das ganze Jahr beim gleichen Arbeitgeber beschäftigt war bzw. die Bezüge eines Vorarbeitgebers nicht aus der Steuerbescheinigung des Vorarbeitgebers hervorgehen oder
- der Arbeitnehmer im laufenden Kalenderjahr Lohnersatzleistungen (Kurzarbeitergeld, Schlechtwettergeld, Winterausfallgeld, Zuschuss zum Mutterschaftsgeld, Aufstockung zum Altersteilzeitgeld oder Entschädigungen nach dem Bundesseuchengesetz) erhalten hat oder
- dem Arbeitgeber die ELStAM-Daten oder eine Ersatzbescheinigung des Finanzamts vorliegt und die Steuerklasse 5 oder 6 ist oder
- der Arbeitnehmer im laufenden Kalenderjahr nach der allgemeinen und der besonderen Lohnsteuertabelle besteuert wurde (beides),
- der Arbeitnehmer U-Tage auf dem Lohnkonto hat,
- die Steuerklasse nicht 4 mit Faktor ist oder
- der Arbeitnehmer keine begünstigten Einkünfte nach dem Auslandstätigkeitserlass oder einem Doppelbesteuerungsabkommen bezogen hat.

Beschäftigt der Arbeitgeber zum 31.12. des Kalenderjahres mindestens **zehn** uneingeschränkt steuerpflichtige Arbeitnehmer, ist er gemäß § 42b EStG verpflichtet, den Lohnsteuerjahresausgleich durchzuführen. Dabei ist es unerheblich, ob er für einzelne Arbeitnehmer, die die oben genannten Bedingungen nicht erfüllen, keinen Lohnsteuerjahresausgleich vornehmen darf. Beschäftigt der Arbeitgeber zu diesem Stichtag weniger als zehn Arbeitnehmer, *kann* er den Lohnsteuerjahresausgleich durchführen.

> **! ACHTUNG**
>
> Aus der Einführung des elektronischen Meldeverfahrens für die Lohnsteuer hat sich eine Änderung für den Lohnsteuerjahresausgleich ergeben. Gemäß dem Einführungsschreiben zum Steueränderungsgesetz darf der Arbeitgeber keinen Lohnsteuerjahresausgleich durchführen, wenn der Arbeitnehmer im laufenden Jahr den Arbeitgeber gewechselt hat und dem neuen Arbeitgeber keine Lohnsteuerbescheinigung aus dem vorangegangenen Dienstverhältnis vorlegen kann.

12.3 Erstellen der elektronischen Lohnsteuerbescheinigung

Für jeden Mitarbeiter muss zu Beginn des Jahres der steuerpflichtige Arbeitslohn sowie die einbehaltende Lohn- und Lohnzuschlagssteuern gemeldet werden. Bis **28. Februar** des Folgejahres ist die sogenannte Lohnsteuerbescheinigung elektronisch an die Annahmestellen der Finanzverwaltung zu melden. Auch bei Austritten unterm Jahr ist die Meldung in elektronischer Form zu übermitteln. Eine Frist für die unterjährige Übermittlung bei Austritt ist nicht gegeben. Die Daten werden in der Regel verschlüsselt aus einem Entgeltabrechnungsprogramm über das Internet direkt an die Clearingstellen der Finanzverwaltung übertragen. Der Arbeitnehmer erhält einen Ausdruck der übertragenen Daten, die Lohnsteuerbescheinigung. Die Lohnsteuerbescheinigung sollte vor der Weitergabe durch den Arbeitgeber geprüft werden.

Ausdruck der elektronischen Lohnsteuerbescheinigung für 2014

Nachstehende Daten wurden maschinell an die Finanzverwaltung übertragen.

		vom - bis	
	1. Dauer des Dienstverhältnisses		
	2. Zeiträume ohne Anspruch auf Arbeitslohn	Anzahl „U"	
	Großbuchstaben (S, M, F)		
		EUR	Ct
	3. Bruttoarbeitslohn einschl. Sachbezüge ohne 9. und 10.		
	4. Einbehaltene Lohnsteuer von 3.		
	5. Einbehaltener Solidaritätszuschlag von 3.		
	6. Einbehaltene Kirchensteuer des Arbeitnehmers von 3.		
	7. Einbehaltene Kirchensteuer des Ehegatten von 3. (nur bei konfessionsverschiedener Ehe)		
	8. In 3. enthaltene Versorgungsbezüge		
	9. Ermäßigt besteuerte Versorgungsbezüge für mehrere Kalenderjahre		
	10. Ermäßigt besteuerter Arbeitslohn für mehrere Kalenderjahre (ohne 9.) und ermäßigt besteuerte Entschädigungen		
	11. Einbehaltene Lohnsteuer von 9. und 10.		
	12. Einbehaltener Solidaritätszuschlag von 9. und 10.		
	13. Einbehaltene Kirchensteuer des Arbeitnehmers von 9. und 10.		
	14. Einbehaltene Kirchensteuer des Ehegatten von 9. und 10. (nur bei konfessionsverschiedener Ehe)		
	15. Kurzarbeitergeld, Zuschuss zum Mutterschaftsgeld, Verdienstausfallentschädigung (Infektionsschutzgesetz), Aufstockungsbetrag und Altersteilzeitzuschlag		

Datum:

eTIN:

Identifikationsnummer:

Personalnummer:

Geburtsdatum:

Transferticket:

Dem Lohnsteuerabzug wurden zugrunde gelegt:

Steuerklasse/Faktor	gültig ab

Zahl der Kinderfreibeträge	gültig ab

Steuerfreier Jahresbetrag	gültig ab

Jahreshinzurechnungsbetrag	gültig ab

Kirchensteuermerkmale	gültig ab

Anschrift und Steuernummer des Arbeitgebers:

16. Steuerfreier Arbeitslohn nach	a) Doppelbesteuerungsabkommen	
	b) Auslandstätigkeitserlass	
17. Steuerfreie Arbeitgeberleistungen für Fahrten zwischen Wohnung und erster Tätigkeitsstätte		
18. Pauschalbesteuerte Arbeitgeberleistungen für Fahrten zwischen Wohnung und Tätigkeitsstätte		
19. Steuerpflichtige Entschädigungen und Arbeitslohn für mehrere Kalenderjahre, die nicht ermäßigt besteuert wurden - in 3. enthalten		
20. Steuerfreie Verpflegungszuschüsse bei Auswärtstätigkeit		
21. Steuerfreie Arbeitgeberleistungen bei doppelter Haushaltsführung		
22. Arbeitgeberanteil	a) zur gesetzlichen Rentenversicherung	
	b) an berufsständische Versorgungseinrichtungen	
23. Arbeitnehmeranteil	a) zur gesetzlichen Rentenversicherung	
	b) an berufsständische Versorgungseinrichtungen	
24. Steuerfreie Arbeitgeberzuschüsse	a) zur gesetzlichen Krankenversicherung	
	b) zur privaten Krankenversicherung	
	c) zur gesetzlichen Pflegeversicherung	
25. Arbeitnehmerbeiträge zur gesetzlichen Krankenversicherung		
26. Arbeitnehmerbeiträge zur sozialen Pflegeversicherung		
27. Arbeitnehmerbeiträge zur Arbeitslosenversicherung		
28. Beiträge zur privaten Kranken- und Pflege-Pflichtversicherung oder Mindestvorsorgepauschale		
29. Bemessungsgrundlage für den Versorgungsfreibetrag zu 8.		
30. Maßgebendes Kalenderjahr des Versorgungsbeginns zu 8. und/oder 9.		
31. Zu 8. bei unterjähriger Zahlung: Erster und letzter Monat, für den Versorgungsbezüge gezahlt wurden		
32. Sterbegeld, Kapitalauszahlungen/Abfindungen und Nachzahlungen von Versorgungsbezügen - in 3. und 8. enthalten		
33. Ausgezahltes Kindergeld		–
Finanzamt, an das die Lohnsteuer abgeführt wurde (Name und vierstellige Nr.)		

Abb. 9: Elektronische Lohnsteuerbescheinigung

12.3.1 Wichtige Angaben auf der Lohnsteuerbescheinigung

Zeile 2: Zeiträume ohne Anspruch auf Arbeitslohn — Anzahl „U"

Mit diesem Eintrag soll das Finanzamt darauf hingewiesen werden, dass der Arbeitnehmer Lohnersatzleistungen wie Krankengeld, Mutterschaftsgeld, Wehrsold oder Ähnliches erhalten hat. Diese Einkünfte unterliegen zunächst nicht der Lohnsteuer, müssen aber vom Arbeitnehmer in der Einkommensteuererklärung angegeben werden (Progressionsvorbehalt).

Bei „Anzahl U-Tage" ist nur dann ein Eintrag vorzunehmen, wenn der Arbeitnehmer im Bescheinigungszeitraum für **fünf zusammenhängende Tage** keinen Anspruch auf Arbeitslohn hatte bzw. für mindestens fünf zusammenhängende Tage eine Lohnersatzleistung bezogen hat. Es sind also in folgenden Fällen Eintragungen bei „Anzahl U" vorzunehmen:

- bei unbezahltem Urlaub von fünf oder mehr Arbeitstagen
- wenn der Mitarbeiter Erziehungsurlaub hatte
- bei Wehrübungen von fünf oder mehr Arbeitstagen ohne Lohnfortzahlung
- bei unberechtigtem Fernbleiben oder unrechtmäßigem Streik
- bei Pflege eines kranken Kindes (Kinder-Krankengeld) von fünf oder mehr Arbeitstagen
- bei Krankheit über die Lohnfortzahlung hinaus von fünf oder mehr Arbeitstagen (Krankengeldbezug)
- bei Kurzzeit- oder Langzeitpflege ohne Lohnfortzahlung

> **! ACHTUNG**
>
> Die Anzahl der U-Tage ist auch zu bescheinigen, wenn lediglich vermögenswirksame Leistungen oder Krankengeldzuschüsse gezahlt werden oder wenn während unbezahlter Fehlzeiten (z. B. Erziehungsurlaub) eine Beschäftigung mit reduzierter Arbeitszeit aufgenommen wird. Wird Kurzarbeitergeld, Winterausfallgeld, ein Zuschuss zum Mutterschaftsgeld oder werden Aufstockungsbeträge nach dem Altersteilzeitgesetz gezahlt, ist kein Großbuchstabe U in das Lohnkonto einzutragen.

> **BEISPIEL**

Frau Monika Waldmann hat einen Skiunfall erlitten und war vom 7.2.2014 bis zum 03.04.2014 krank. Am 4.4.2013 tritt sie ihre Arbeit wieder an.

Beurteilung

Auf der Lohnsteuerbescheinigung ist für jeden **Fall** von fünf zusammenhängenden Arbeitstagen ohne Lohnzahlung eine 1 einzutragen.

Für die Ermittlung der Fehlzeiten von Frau Waldmann ergibt sich Folgendes:

7.2. bis 20.3.

Für die ersten sechs Wochen entstehen keine U-Tage. Die ersten sechs Wochen (42 Kalendertage) hat der Arbeitnehmer in der Regel Anspruch auf Entgeltfortzahlung.

21.3. bis 31.3.

Am 21.3. endet die Lohnfortzahlung des Arbeitgebers. Bis zum 31.3. sind es 9 zusammenhängende Arbeitstage. Auf der Lohnsteuerkarte ist unter „Anzahl U" eine 1 einzutragen. Die zusammenhängenden Arbeitstage werden durch Samstag, Sonn- und Feiertage nicht unterbrochen.

> **! ACHTUNG**

Unter „Anzahl U" ist nicht der genaue Zeitraum oder die Anzahl der Tage ohne Anspruch auf Arbeitslohn einzutragen, sondern nur die Anzahl der Fälle, in denen an fünf oder mehr zusammenhängenden Arbeitstagen kein Anspruch auf Lohnfortzahlung bestand. Tritt im laufenden Kalenderjahr ein weiterer Fall von 5 oder mehr Tagen Krankengeldbezug ein, ist als Zähler 2 unter Anzahl U zu bescheinigen.

Zeile 2: Großbuchstaben S, F

In die zu erstellende Lohnsteuerbescheinigung sind verschiedene Kennzeichen für Besonderheiten der Lohnsteuererhebung aufgenommen worden. Die Besonderheiten werden mit den sogenannten Großbuchstaben der Finanzverwaltung übermittelt.

Großbuchstabe S

Der Großbuchstabe „S" ist zu bescheinigen, wenn die Lohnsteuer von einem sonstigen Bezug im ersten Dienstverhältnis berechnet wurde und dabei der Arbeitslohn aus früheren Dienstverhältnissen des Kalenderjahres außer Betracht geblieben ist. Dies ist der Fall, wenn der Arbeitnehmer bei einem Arbeitgeberwechsel keine Lohnsteuerbescheinigung vorlegt und der Mitarbeiter beim neuen Arbeitgeber Einmalzahlungen wie Urlaubsgeld oder Weihnachtsgeld erhält. Ohne Einmalzahlungen beim aktuellen Arbeitgeber sind die Bezüge des Vorarbeitgebers unerheblich — der Eintrag kann auch bei Nichtvorlage der Bescheinigung des Vorarbeitgebers unterbleiben.

Großbuchstabe F

Der Großbuchstabe „F" ist einzutragen, wenn der Arbeitgeber eine steuerfreie Sammelbeförderung gemäß § 3 Nr. 32 EStG für den Mitarbeiter durchgeführt hat. Mit diesem Eintrag wird den Finanzbehörden signalisiert, dass keine Werbungskosten für die Fahrten zwischen Wohnung und Arbeitsstätte geltend gemacht werden können.

Großbuchstabe M

Hat der Arbeitgeber dem Arbeitnehmer während einer beruflichen Auswärtstätigkeit oder im Rahmen einer doppelten Haushaltsführung eine mit dem amtlichen Sachbezugswert zu bewertende Mahlzeit zur Verfügung gestellt, muss im Lohnkonto der Großbuchstabe „M" aufgezeichnet und in der elektronischen Lohnsteuerbescheinigung bescheinigt werden. Zur Erläuterung der mit dem Großbuchstaben „M" bescheinigten Mahlzeitengestellungen sind neben den Reisekostenabrechnungen keine weiteren detaillierten Arbeitgeberbescheinigungen erforderlich. Diese Aufzeichnungs- und Bescheinigungspflicht gilt unabhängig von der Anzahl der Mahlzeitengestellungen an den Arbeitnehmer im Kalenderjahr (eine Mahlzeit führt zur Bescheinigungspflicht). Es kommt auch nicht darauf an, ob eine Besteuerung der Mahlzeiten ausgeschlossen ist oder die Mahlzeit pauschal nach § 40 EStG versteuert werden kann oder individuell besteuert wurde. Im Fall der Gewährung von Mahlzeiten, die keinen Arbeitslohn darstellen oder deren Preis 60 EUR übersteigt und die daher nicht mit dem amtlichen Sachbezugswert zu bewerten sind, besteht keine Pflicht im Lohnkonto den Großbuchstaben „M" aufzuzeichnen und zu bescheinigen.

Sofern das Betriebsstättenfinanzamt für die steuerfrei gezahlten Vergütungen eine andere Aufzeichnung als im Lohnkonto zugelassen hat, ist für eine Übergangszeit (bis max. 2015) eine Bescheinigung des Großbuchstabens „M" nicht zwingend erforderlich.

Welche Aktivitäten gehören zum Jahresabschluss?

Zeile 3: Bruttoarbeitslohn

In dieser Zeile ist die Summe des Bruttoarbeitslohnes einzutragen, den der Arbeitnehmer während der Dauer des Arbeitsverhältnisses bzw. während des Kalenderjahres erhalten hat. Zum steuerpflichtigen Bruttoarbeitslohn gehören der laufende Arbeitslohn (Bruttolohn) und sonstige Bezüge wie Weihnachtsgeld, Urlaubsgeld, Tantiemen etc. Ebenfalls zum laufenden Arbeitslohn gehören Sachbezüge und geldwerte Vorteile wie Dienstwagen, Essenzuschüsse u. a. Netto gezahlter Arbeitslohn ist mit dem Bruttobetrag anzusetzen.

Bei der Ermittlung des Bruttoarbeitslohnes sind steuerfreie Lohnbestandteile wie Reisekostenerstattung, Zuschläge für Sonn- und Feiertagsarbeit oder Ähnliches nicht zu berücksichtigen. Ebenfalls nicht zum Bruttoarbeitslohn gehören Lohnbestandteile, die der Arbeitgeber pauschal versteuert hat. Aus der ELStAM-Datenbank übermittelte Freibeträge (Monat/Jahr) dürfen nicht bei der Dokumentation des Bruttoarbeitslohnes berücksichtigt werden.

Zeilen 4-7: Lohnsteuer, Kirchensteuer, Solidaritätszuschlag

In Zeile 4 ist die Lohnsteuersumme aus der Beschäftigungszeit bzw. während des Kalenderjahres ausgewiesen. Pauschale Lohnsteuer, die der Arbeitnehmer übernommen hat (z. B. für eine Direktversicherung [Altvertrag]), ist in dieser Zeile nicht enthalten. Die Summe der Lohnsteuer ergibt sich durch Kumulierung der Lohnsteuer pro Abrechnungsperiode bzw. als Gesamtwert aus dem Lohnkonto. In Zeile 5 ist die Summe der einbehaltenen Solidaritätszuschläge während der Beschäftigungszeit bzw. des Kalenderjahres ausgewiesen.

Die Summe der einbehaltenen Kirchensteuer wird in Zeile 6 und 7 bescheinigt. Bei konfessionsverschiedenen Ehen (z. B. Ehemann ev, Ehefrau rk) ist der auf den Ehegatten entfallende Teil der Kirchensteuer in Zeile 7 bzw. in Zeile 14 des Ausdrucks anzugeben (Halbteilung der Kirchensteuer). Diese Halbteilung der Kirchensteuer gilt nicht für die Bundesländer Bayern, Bremen und Niedersachsen. In diesen Ländern erfolgt keine Aufteilung, sondern die Kirchensteuer wird auch bei konfessionsverschiedener Ehe in voller Höhe der Glaubensgemeinschaft des Arbeitnehmers zugewiesen.

Zeilen 8-9: Versorgungsbezüge

In Zeile 8 sind vom Arbeitgeber gezahlte Pensionen/Werksrenten oder ähnliche Versorgungsleistungen an den ehemaligen Arbeitnehmer anzugeben. Empfänger dieser Versorgungsbezüge müssen ihrem (ehemaligen) Arbeitgeber zur Durchführung des Lohnsteuerabzuges eine Steuer-ID zum ELStAM-Datensatz-Abruf zur Verfügung stellen oder eine Ersatzbescheinigung vorlegen. Versorgungsbezüge sind steuerpflichtiger Arbeitslohn und werden nach Abzug des Versorgungsfreibetrages der Einkommensteuer unterworfen. Als Versorgungsfreibetrag stehen dem Arbeitnehmer in 2014 entsprechend 25,6 % des Versorgungsbezuges, höchstens jedoch jährlich 1.920 EUR bzw. 160 EUR monatlich zu. Hat die Versorgungsleistung bereits 2005 bestanden, liegt der Versorgungsfreibetrag bei 40 % des Versorgungsbezugs, höchstens jedoch bei 3.000 EUR pro Jahr. Versorgungsfreibeträge sind nicht auf über den ELStAM-Datenabruf verfügbar, der Arbeitgeber hat sie jedoch bei der Ermittlung der Lohnsteuer auf Versorgungsleistungen zu berücksichtigen. Versorgungsbezüge sind jedoch nur insoweit steuerpflichtiger Arbeitslohn, als sie den Versorgungsfreibetrag übersteigen. Erfolgt die Zahlung der Versorgungsbezüge nachträglich für mehrere Jahre, ist dieser steuerlich begünstigt (vgl. Kapitel 6.4). Für mehrere Jahre zusammen gezahlte Versorgungsbezüge sind in Zeile 9 ausgewiesen. Versorgungsbezüge für mehrere Jahre dürfen nicht im Bruttolohn (Zeile 3) enthalten sein. Hingegen sind Versorgungsleistungen für das laufende Kalenderjahr im Bruttolohn enthalten und in Zeile 8 nur getrennt ausgewiesen.

! **ACHTUNG**

Leistungen, die ein Rentner aus der gesetzlichen Rentenversicherung einer Alters-, Witwen- oder Waisenrente bezieht, sind keine Versorgungsbezüge.

Zeile 10: Arbeitslohn für mehrere Kalenderjahre und ermäßigt besteuerte Entschädigungen

Wird Arbeitslohn für mehrere Kalenderjahre einmalig ausgezahlt, kann der sonstige Bezug nach der Fünftel-Methode ermäßigt versteuert werden. Bei der Fünftel-Methode wird nur ein Fünftel des steuerpflichtigen Teiles der Zahlung als sonstiger Bezug versteuert. Die sich ergebende Steuer ist dann zu verfünffachen. Die Fünftel-Methode ist jedoch nur anzuwenden, wenn sie gegenüber einer Versteuerung als sonstiger Bezug vorteilhafter ist. Abhängig davon, ob die Fünftel-Methode angewandt wird, ist in Zeile 10 der mit der Fünftel-Methode ermäßigt besteuerter Arbeitslohn für mehrere Jahre getrennt von sonstigen Bezügen auszuweisen.

Ebenfalls in Zeile 10 ist der steuerpflichtige Teil einer Abfindung einzutragen, sofern diese ermäßigt versteuert wurde. Der steuerpflichtige Teil einer Abfindung kann unter bestimmten Voraussetzungen mit der Fünftel-Methode versteuert werden und ist dann in Zeile 10 mit dem Gesamtbetrag der Abfindung auszuweisen (vgl. Kapitel 6.3).

Zeilen 11-14: Lohnsteuer, Kirchensteuer, Solidaritätszuschlag

Die auf die ermäßigt besteuerten Lohnbestandteile der Zeilen 9 bis 10 entfallende Lohn- und Kirchensteuer sowie der Solidaritätszuschlag für diese Zahlungen sind in den Zeilen 11 bis 14 anzugeben.

Wie in Zeile 5 wird bei konfessionsverschiedener Ehe die Kirchensteuer auf die beiden Religionsgemeinschaften der Eheleute je zur Hälfte aufgeteilt (Halbteilungsgrundsatz). In Zeile 14 ist die Kirchensteuerhälfte des Ehegatten anzugeben.

Zeile 15: Kurzarbeit, Winterausfallgeld, Mutterschaftszuschuss, Altersteilzeit

Das Kurzarbeitergeld einschließlich Saison-Kurzarbeitergeld, der Zuschuss zum Mutterschaftsgeld, die Verdienstausfallentschädigung nach dem Infektionsschutzgesetz, Aufstockungsbeträge und Altersteilzeitzuschläge sind in einer Summe in Zeile 15 des Ausdrucks zu bescheinigen. Hat der Arbeitgeber Kurzarbeitergeld zurückgefordert, sind nur die so gekürzten Beträge zu bescheinigen. Ergibt die Verrechnung von ausgezahlten und zurückgeforderten Beträgen einen negativen Betrag, so ist dieser Betrag mit einem deutlichen Minuszeichen zu bescheinigen. In Zeile 15 ist der tatsächlich gezahlte Bruttobetrag dieser Lohnersatzleistungen einzutragen. Außerdem ist der Aufstockungsbetrag zur gesetzlichen Rentenversicherung anzugeben. Der Aufstockungsbetrag bei Altersteilzeit ist zwar steuerfrei, er unterliegt jedoch nach § 32b EStG dem Progressionsvorbehalt. D. h. die Bezüge sind in der Einkommensteuererklärung anzugeben und müssen deshalb vom Arbeitgeber bescheinigt werden.

Zeile 16: Steuerfreier Arbeitslohn nach Doppelbesteuerungsabkommen/Auslandstätigkeitserlass

In der Doppelzeile 16 ist der Arbeitslohn einzutragen, der entsprechend einem Doppelbesteuerungsabkommen nicht dem Lohnsteuerabzug unterworfen wurde.

Im zweiten Teil der Zeile 16 sollten Sie den Bruttoarbeitslohn eintragen, wenn der Arbeitnehmer im Ausland tätig war. Einträge in dieser Zeile dürfen nur vorgenommen werden, wenn mit dem ausländischen Staat kein Doppelbesteuerungsabkommen besteht (Beispiel: Irak, Nigeria).

Zeilen 17-18: Fahrten zwischen Wohnung und Arbeitsstätte

Ein Eintrag in Zeile 17 ist dann vorzunehmen, wenn dem Arbeitnehmer die Fahrten zwischen Wohnung und Arbeitsstätte vom Arbeitgeber steuerfrei übernommen wurden (Beispiel: Jobticket bis 44 EUR). Bei Fahrgelderstattung ist in dieser Zeile die Bruttosumme des Fahrgeldzuschusses für das Kalenderjahr bzw. die Beschäftigungsdauer anzugeben.

> **!** ACHTUNG
>
> Die Steuerfreiheit des Fahrgeldzuschusses für öffentliche Verkehrsmittel ist im Prinzip aufgehoben. Somit darf in Zeile 17 nur noch für die steuerfreie Sammelbeförderung (z. B. Firmenbus) oder die steuerfreie Sachleistung (z. B. Straßenbahnkarte bis 44 EUR) eingetragen werden.

Bei steuerfreien durch den Arbeitgeber finanzierten Sammelbeförderungen nach § 3 Nr. 32 EStG ist zusätzlich der **Großbuchstabe „F"** in Zeile 2 einzutragen.

Waren die Fahrten zwischen Wohnung und Arbeitsstätte steuerpflichtig, weil sie beispielsweise mit einem Dienstwagen oder mit dem privaten Pkw unternommen wurden, besteht die Möglichkeit, diesen geldwerten Vorteil pauschal zu versteuern. Hat der Arbeitgeber die pauschale Steuer übernommen, ist der steuerpflichtige Bruttobetrag in **Zeile 18** auszuweisen. Eine pauschale Versteuerung des Fahrgelds durch den Arbeitgeber ist nur insoweit möglich, wie der Arbeitnehmer Werbungskosten in seiner Einkommensteuererklärung geltend machen kann (vgl. Kapitel 5.12).

Zeile 19: Steuerpflichtige Entschädigungen und Arbeitslohn für mehrere Jahre

In Zeile 19 sind Abfindungen und Arbeitslohn für mehrere Jahre dann einzutragen, wenn sie nicht mit der Fünftel-Methode versteuert werden konnten. Hat die Günstigerprüfung ergeben, dass es für den Arbeitnehmer vorteilhafter ist, die Abfindung als sonstiger Bezug zu behandeln, ist der steuerpflichtige Teil in Zeile 3 einzutragen. Der Arbeitnehmer hat dann die Möglichkeit, im Rahmen der Einkommensteuererklärung die ermäßigte Besteuerung durchführen zu lassen. Dies ist jedoch nur mit dem Eintrag der Abfindung in Zeile 19 und/oder einer formlosen Arbeitgeberbescheinigung möglich.

Zeilen 20-21: Steuerfreie Verpflegungszuschüsse/Zuschüsse zur doppelten Haushaltsführung

Unter Nummer 20 der Bescheinigung sind seit 2013 nur noch die steuerfreien Verpflegungszuschüsse und geldwerte Vorteile aus gestellten Mahlzeiten bei beruflich veranlassten Auswärtstätigkeiten zu bescheinigen. Werden dem Arbeitnehmer anlässlich einer beruflichen Auswärtstätigkeit Mahlzeiten vom Arbeitgeber gewährt, kann der Arbeitgeber die Mahlzeit mit dem tatsächlichen Wert oder dem Sachbezugswert bewerten, sofern es sich um eine übliche Beköstigung (Wert der Mahlzeit bis zu 60 EUR) handelt. Hat der Arbeitgeber die anlässlich einer beruflichen Auswärtstätigkeit gestellte Mahlzeit mit dem tatsächlichen Wert bewertet, ist nur der steuerfreie Anteil der Mahlzeit zu bescheinigen. Die Steuerfreiheit setzt jedoch voraus, dass eine steuerfreie Verpflegungspauschale vom Arbeitgeber gewährt wurde. Wird die anlässlich einer beruflichen Auswärtstätigkeit gestellte und mit dem Sachbezugswert bewertete Mahlzeit aufgrund eines Einbehalts durch den Arbeitgeber nicht als Arbeitslohn versteuert, ist der ungekürzte steuerfreie Verpflegungszuschuss zu bescheinigen. In Fällen, in denen die Mahlzeit mit dem Sachbezugswert bewertet und trotz eines Einbehalts durch den Arbeitgeber als Arbeitslohn versteuert wird, ist der tatsächlich steuerfrei ausgezahlte Verpflegungszuschuss zu bescheinigen.

TIPP

Die Finanzverwaltung hat im Anwendungsschreiben vom 30.09.2013 den Hinweis aufgenommen, dass eine Bescheinigung dieser steuerfreien Zuschüsse unterbleiben kann, wenn das Betriebsstättenfinanzamt hierfür eine andere Aufzeichnung als im Lohnkonto zugelassen hat.

Musste der Arbeitnehmer bedingt durch seine Arbeit eine Zweitwohnung am Beschäftigungsort beziehen, kann der Arbeitgeber ihm arbeitstäglich eine Pauschale für Übernachtung in Höhe von bis zu 20 EUR steuerfrei erstatten.[45] Die Summe der steuerfreien Zuschüsse zur doppelten Haushaltsführung muss in Zeile 21 vermerkt werden. In dieser Zeile sind auch vom Arbeitgeber übernommene (steuerfreie) Umzugskosten und Trennungsentschädigungen auszuweisen.

---

[45] Die Pauschale kann nur für die ersten drei Monate bezahlt werden. Anschließend handelt es sich um steuerpflichtigen Arbeitslohn.

Zeile 22-23: Arbeitgeber-/Arbeitnehmeranteil zur Rentenversicherung

Mit dem Alterseinkünftegesetz wurde die steuerrechtliche Behandlung der Beiträge zur Rentenversicherung neu geordnet. Ziel der Änderung ist es, sukzessive von einer Besteuerung der Beiträge zur Rentenversicherung auf eine nachgelagerte Besteuerung der Rente umzustellen. In 2014 können 68 % des Beitrags zur Rentenversicherung abzüglich des steuerfreien Arbeitgeberzuschusses in der Einkommensteuererklärung steuerreduzierend geltend gemacht werden. Der steuerfreie Rentenanteil steigt in Schritten von 2 % von 50 % im Jahre 2005 auf 80 % im Jahr 2020 an. Ab dem Jahr 2021 ist der jährlich Anstieg nur noch 1 % bis auf 100 % im Jahre 2040. Die Lohnsteuerbescheinigung wurde aus diesem Grund um die Zeilen 22 bis 23 erweitert. In den Zeilen sind der Arbeitgeber- und der Arbeitnehmerbeitrag zur gesetzlichen Rentenversicherung auszuweisen.

Gleiches gilt für Beiträge, die aufgrund von ausländischen Gesetzen an ausländische Sozialversicherungsträger geleistet werden.

Seit 2011 sind zusätzlich die Beiträge an berufsständische Versorgungswerke getrennt von den Beiträgen an die gesetzliche Rentenversicherung auszuweisen. Die Zeile 22 und 23 ist deshalb entsprechend in:

a) gesetzliche Rentenversicherung
b) berufsständisches Versorgungswerk

unterteilt. Die Anteile ergeben sich jeweils aus 9,45 % des gesamten jährlichen beitragspflichtigen Arbeitsentgeltes. In den Zeilen 22 und 23 sind auch Beiträge zur umlagefinanzierten hüttenknappschaftlichen Zusatzversicherung im Saarland sowie Rentenversicherungsbeiträge bei geringfügiger Beschäftigung auszuweisen. Der pauschale Arbeitgeberbeitrag (15 % bzw. 5 %) und der Arbeitnehmerbeitrag bei Verzicht auf die Rentenversicherungsfreiheit sind ebenfalls zu bescheinigen. Bei geringfügiger Beschäftigung gilt dies für den Arbeitgeberbeitrag auch dann, wenn der Arbeitnehmer auf die Rentenversicherungsfreiheit nicht verzichtet hat.

! **ACHTUNG**

Hat der Arbeitnehmer die Grenze von 65 Jahren (+ 3 Monate in 2014) überschritten und wird weiter mehr als geringfügig beschäftigt, unterliegt der Mitarbeiter nicht mehr den Rentenversicherungsbeiträgen — wohl aber der Arbeitgeber. Die Arbeitgeberbeiträge dürfen in diesem Fall nicht in Zeile 22 bescheinigt werden.

Zahlt der Arbeitgeber die Beiträge nicht unmittelbar an eine berufsständische Versorgungseinrichtung, sondern an den Arbeitnehmer einen steuerfreien Arbeitgeberzuschuss, darf der Arbeitgeber unter Nummer 22b und Nummer 23b weder einen Arbeitgeber- noch einen Arbeitnehmeranteil bescheinigen. Der steuerfreie Arbeitgeberzuschuss kann in den nicht amtlich belegten Zeilen mit der Beschreibung „Steuerfreier Arbeitgeberzuschuss zu berufsständischen Versorgungseinrichtungen" bescheinigt werden.

Zeile 24: Arbeitgeberzuschuss zur Kranken- und Pflegeversicherung

Überschreitet das laufende Arbeitsentgelt die jährliche Versicherungspflichtgrenze der Krankenversicherung, kann sich der Arbeitnehmer privat versichern oder als freiwilliges Mitglied in der gesetzlichen Krankenversicherung verbleiben. In beiden Fällen hat er Anspruch auf den Arbeitgeberzuschuss zur Krankenversicherung.

Steuerfreie Zuschüsse des Arbeitgebers zur gesetzlichen Krankenversicherung bei **freiwillig** in der gesetzlichen Krankenversicherung versicherten Arbeitnehmern, soweit der Arbeitgeber zur Leistung gesetzlich verpflichtet ist, sind unter Nummer 24a der Bescheinigung einzutragen. Entsprechend sind die Zuschüsse zur privaten Krankenversicherung unter Nummer 24b zu bescheinigen. Unter Nummer 24c sind steuerfreie Zuschüsse des Arbeitgebers zu **gesetzlichen und privaten** Pflegeversicherungen einzutragen. Bei Beziehern von Kurzarbeitergeld ist der gesamte vom Arbeitgeber gewährte Zuschuss zu bescheinigen. Zu bescheinigen sind auch Zuschüsse des Arbeitgebers an ausländische Versicherungsunternehmen und an ausländische Sozialversicherungsträger. Werden von ausländischen Sozialversicherungsträgern Globalbeiträge erhoben, ist eine Aufteilung der Zuschüsse vorzunehmen. In diesen Fällen ist unter Nummer 24 der Teilbetrag zu bescheinigen, der auf die Zuschüsse zur Kranken- und Pflegeversicherung entfällt. **Nicht** einzutragen ist der Arbeitgeberanteil zur gesetzlichen Kranken- und sozialen Pflegeversicherung bei **pflichtversicherten** Arbeitnehmern.

Zeile 25-26: Arbeitnehmerbeiträge zur gesetzlichen Kranken- und Pflegeversicherung

Der Arbeitnehmerbeitrag zur inländischen gesetzlichen Krankenversicherung bei pflichtversicherten Arbeitnehmern ist unter Nummer 25 einzutragen. Es sind die an die Krankenkasse abgeführten Beiträge zu bescheinigen, das heißt mit Beitragsanteilen für Krankengeld. Die Arbeitnehmerbeiträge beinhalten auch den Zuschlag zur Pflegeversicherung für Kinderlose Arbeitnehmer (0,25 %) bzw. den Zusatzbeitrag von 0,9 % des Arbeitsentgelts, den nur der Arbeitnehmer trägt. Wurde ein Sozialausgleich für den Zusatzbeitrag durchgeführt, ist der dadurch geminderte Beitrag zu bescheinigen.[46]

Die Beiträge des Arbeitnehmers zur inländischen sozialen Pflegeversicherung sind unter Nummer 26 des Ausdrucks zu bescheinigen.

Bei freiwillig versicherten Arbeitnehmern ist unter Nummer 25 und 26 der gesamte Beitrag zu bescheinigen, wenn der Arbeitgeber die Beiträge an die Krankenkasse abführt (sog. Firmenzahler). Arbeitgeberzuschüsse sind nicht von den Arbeitnehmerbeiträgen abzuziehen, sondern gesondert unter Nummer 24 zu bescheinigen. In Fällen, in denen der freiwillig versicherte Arbeitnehmer und nicht der Arbeitgeber die Beiträge an die Krankenkasse abführt (sog. Selbstzahler), sind unter Nummer 25 und 26 **keine** Eintragungen vorzunehmen. Arbeitgeberzuschüsse sind unabhängig davon unter Nummer 24 zu bescheinigen. Beiträge an ausländische Sozialversicherungsträger sind nicht zu bescheinigen

Zeile 27: Arbeitnehmerbeiträge zur Arbeitslosenversicherung

Der Arbeitnehmeranteil des Beitrags zur Arbeitslosenversicherung ist in Zeile 27 zu bescheinigen. Kein Eintrag erfolgt, wenn der Arbeitnehmer aufgrund des Überschreitens der Altersgrenze von 65 Jahren nicht mehr der Beitragspflicht zur Arbeitslosenversicherung unterliegt.

! **ACHTUNG**

Unter den Nummern 22 bis 27 dürfen keine Beiträge oder Zuschüsse bescheinigt werden, die mit steuerfreiem Arbeitslohn in unmittelbarem Zusammenhang stehen, z. B. Arbeitslohn, der nach dem Auslandtätigkeitserlass oder aufgrund eines Doppelbesteuerungsabkommens steuerfrei aber sozialversicherungspflichtig ist. Gleiches gilt in den Fällen, in denen Beiträge oder Zuschüsse des Arbeitgebers für steuerfreien aber sozialversicherungspflichtigen Arbeitslohn entstehen. Dies kann beispielsweise der Fall sein, wenn Arbeitslohn in eine betriebliche Altersvorsorge einbezahlt wird über die Höchstgrenze von 2.856 EUR pro Jahr (in 2014). In diesem Fall kann zusätzlich ein Höchstbetrag von 1.800 EUR pro Jahr steuerfrei bleiben, unterliegt aber den Beiträgen zu den Sozialversicherungen. Dies gilt auch für Rentenversicherungsbeiträge

---

[46]   In 2013 ist der durchschnittliche Zusatzbeitrag mit 0 € festgesetzt, somit kann kein Sozialausgleich durch den Arbeitgeber stattfinden.

des Arbeitgebers, die im Zusammenhang mit steuerfreiem Kurzarbeitergeld stehen. In diesen Fällen sind die auf den steuerfreien Teil entfallenden Sozialversicherungsbeiträge **nicht** zu bescheinigen.

> **! ACHTUNG**
>
> Hat der Arbeitnehmer steuerfreie und steuerpflichtige Arbeitslohnteile, ist nur der Anteil der Sozialversicherungsbeiträge zu bescheinigen, der sich nach dem Verhältnis des steuerpflichtigen Arbeitslohns zum gesamten Arbeitslohn des Lohnzahlungszeitraums ergibt. Hierbei sind steuerpflichtige Arbeitslohnanteile, die nicht der Sozialversicherungspflicht unterliegen (z. B. Entlassungsabfindungen), nicht in die Verhältnisrechnung einzubeziehen.

> **▶ BEISPIEL**
>
> Frau Waldmann hat ein Gehalt von 2.100 EUR. Sie erhält zusätzlich monatlich 250 EUR als Zuschuss zu einer Pensionskasse steuerfrei von ihrem Arbeitgeber (Neuvertrag). Außerdem hat sie im aktuellen Monat eine Sachzuwendung in Höhe von 400 EUR erhalten, die nach § 37b pauschal versteuert wird und sozialversicherungspflichtig ist.
>
> **Beurteilung**
>
> | Bezug | Steuerpflicht | Sozialversicherungspflicht |
> |---|---|---|
> | Gehalt | 2.100 EUR | 2.100 EUR |
> | Zuschuss zur Pensionskasse | | 30 EUR |
> | Sachbezug | | 400 EUR |
> | Summen | 2.100 EUR | 2.530 EUR |
>
> | | |
> |---|---|
> | Steuerpflichtiger Arbeitslohn | 2.100 EUR |
> | Sozialversicherungspflicht. Arbeitsentgelt | 2.530 EUR |
> | Verhältnis Arbeitslohn zu Arbeitsentgelt | 0,830 |
> | Krankenversicherungsbeitrag Arbeitnehmer 8,2 % von 2.530 EUR | 207,46 EUR |
> | Pflegeversicherungsbeitrag Arbeitnehmer 1,275 % von 2.530 EUR | 32,26 EUR |
> | Zu bescheinigender Arbeitnehmeranteil 239,72 EUR × 0,830 in der LSt.-Bescheinigung | 198,96 EUR |

Ist der Mitarbeiter im Beispiel das gesamte Jahr mit diesen gleichbleibenden Bezügen beschäftigt, müssen die Monatswerte mit 12 multipliziert werden. Der steuerfreie, aber sozialversicherungspflichtige Anteil zur Pensionskasse ergibt sich aus dem Höchstbetrag von 2.856 EUR pro Jahr bzw. 238 EUR pro Monat (in 2014). Der übersteigende Anteil ist zu berücksichtigen.

Zeile 28: Beiträge zur privaten Kranken- und Pflegeversicherung

In Zeile 28 des Ausdrucks sind die vom Arbeitnehmer nachgewiesenen Beiträge zur privaten Krankenversicherung und privaten Pflege-Pflichtversicherung in einer Summe zu bescheinigen. Bescheinigt werden dürfen nur die vom Versicherungsunternehmen dokumentierten Beiträge über die Basisabsicherung für den Arbeitnehmer und ggf. die Angehörigen. Legt der Arbeitnehmer keine Bescheinigung der Krankenversicherung vor, muss eine Bescheinigung unterbleiben. Bei der Ermittlung des zu bescheinigenden Beitrags ist auf volle Monatsbeiträge abzustellen, auch wenn das Dienstverhältnis nicht den ganzen Monat bestand. Soweit Beiträge zur privaten Krankenversicherung und Pflege-Pflichtversicherung nachgewiesen werden, jedoch kein Arbeitslohn gezahlt wird, ist keine Lohnsteuerbescheinigung auszustellen.

! ACHTUNG

In Zeile 28 ist der für das laufende Kalenderjahr kumulierte Monatswert der Kranken- und Pflegeversicherung zu bescheinigen. Dies gilt auch dann, wenn beim Lohnsteuerabzug in einzelnen Kalendermonaten die Mindestvorsorgepauschale zu berücksichtigen war oder bei fortbestehendem Dienstverhältnis kein Arbeitslohn gezahlt wurde (z. B. Krankheit ohne Anspruch auf Lohnfortzahlung). Unterjährige Beitragsänderungen sind zu berücksichtigen. Bei der Ermittlung des zu bescheinigenden Beitrags ist auf volle Monatsbeiträge abzustellen, auch wenn das Dienstverhältnis nicht den ganzen Monat bestand.

Bei geringfügig Beschäftigten, bei denen die Lohnsteuer nach den Besteuerungsmerkmalen aus der ELStAM-Datenbank oder einer Ersatzbescheinigung erhoben wird, ist an Stelle des Betrags für die gesetzliche Krankenversicherung die Mindestvorsorgepauschale von 1.900 EUR anzusetzen und unter Nummer 28 des Ausdrucks zu bescheinigen. Entsprechendes gilt für andere Arbeitnehmer (z. B. Praktikanten, Schüler, Studenten), wenn kein Arbeitnehmeranteil zu entrichten ist.

Nicht bescheinigt werden dürfen Beiträge zur Kranken- und Pflegeversicherung, die an ausländische Versicherungsunternehmen bezahlt werden.

Zeile 29-31: Bemessungsgrundlage für Versorgungsbezüge

In **Zeile 29** ist der hochgerechnete gesamte Versorgungsbezug (z. B. Betriebsrente) für den ehemaligen Mitarbeiter zu bescheinigen. Dieser ergibt sich aus dem Zwölffachen der monatlichen Versorgungsleistung zuzüglich etwaiger Sonderzahlungen. Der hochgerechnete Betrag ist Grundlage für die Ermittlung des Versorgungsfreibetrags.

Durch die Neuregelung des Alterseinkünftegesetzes hängen der Altersentlastungsbetrag und der Versorgungsfreibetrag vom Jahr des erstmaligen Eintritts der Versorgungsleistung ab. Der Versorgungsfreibetrag von 40 % der Jahresversorgungsleistung, jedoch höchstens 3.000 EUR pro Jahr, wird bis zum Jahr 2040 vollständig abgebaut. Die Reduzierung beträgt jährlich 1,6 % bzw. 120 EUR bis zum Jahr 2020 und danach 0,8 % bzw. 60 EUR bis zum Jahr 2040. Der zum Eintritt des Versorgungsfalls gültige Freibetrag ist aber für die gesamte Dauer der Rentenleistung beizubehalten. Somit ist in **Zeile 30** auf der Lohnsteuerbescheinigung das Jahr des Beginns der Versorgungszahlung vierstellig zu bescheinigen. Aus dem Kalenderjahr ergibt sich der für den Versorgungsempfänger gültige jährliche Freibetrag. Dieser ist jährlich wiederkehrend anzugeben.

Unter der **Zeile 31** ist nur bei unterjährigem Beginn oder Ende der Zahlung eines laufenden Versorgungsbezugs der erste und letzte Monat einzutragen. Der Eintrag ist zweistellig mit Bindestrich, z. B. „02-12" oder „01-08" vorzunehmen. Dies gilt auch bei unterjährigem Wechsel des Versorgungsträgers.

Zeile 32: Versorgungsbezug, der einen sonstigen Bezug darstellt

Sterbegelder, Kapitalauszahlungen/Abfindungen von Versorgungsbezügen und die als sonstige Bezüge zu behandelnden Nachzahlungen von Versorgungsbezügen, die in Nr. 3 und Nr. 8 des Ausdrucks enthalten sind, sind in Zeile 32 gesondert zu bescheinigen. Nach § 34 EStG ermäßigt zu besteuernde Versorgungsbezüge für mehrere Jahre sind dagegen in Zeile 9 des Ausdrucks zu bescheinigen. Zusätzlich ist zu den in Zeile 9 oder Zeile 29 bescheinigten Versorgungsbezügen jeweils unter der Nr. 30 des Ausdrucks das Kalenderjahr des Versorgungsbeginns anzugeben. Bei mehreren als sonstige Bezüge gezahlten Versorgungsbezügen mit unterschiedlichem Versorgungsbeginn sind die Angaben jeweils getrennt zu bescheinigen (gegebenenfalls auf einem Zusatzblatt).

Zeile 33: Kindergeld

Mit dem Jahressteuergesetz 1996 hatte der Gesetzgeber die Auszahlung des Kindergeldes teilweise den Arbeitgebern übertragen. Seit 1.1.1999 ist diese Regelung wieder ausgesetzt und die Auszahlung des Kindergeldes erfolgt wie vor 1996 durch die Kindergeldkasse.

Die Neuregelung der Kindergeldauszahlung über die Familienkasse gilt nicht für öffentliche Arbeitgeber. Arbeiter und Angestellte im öffentlichen Dienst erhalten auch 2014 das Kindergeld vom Arbeitgeber und entsprechend der Auszahlung ist dann der Ausweis auf der Lohnsteuerbescheinigung erforderlich.

Neben den Angaben zur Steuerbemessung, dem Steuerabzug, den Beiträgen zu den Sozialversicherungen müssen das Steuerordnungsmerkmal und die Steuer-ID bescheinigt werden. Der Arbeitgeber muss sich bei der Einstellung die Steuer-ID von seinen Mitarbeiter geben lassen. Er ist jedoch nicht verpflichtet die Richtigkeit zu prüfen. Die Steuer-Identifikationsnummer ist auf die Lohnsteuerbescheinigung zu übernehmen. Ebenfalls auf die Lohnsteuerbescheinigung sind das Transferticket von der elektronischen Datenübermittlung an die Finanzverwaltung und die Personalnummer zu übernehmen.

Transferticket

Bei der Datenübertragung des Arbeitgebers zu den Annahmestellen der Finanzverwaltung wird eine elektronische Quittungsnummer zurückgemeldet. Diese ist auf der Lohnsteuerbescheinigung für den Arbeitnehmer anzugeben.

Die meisten Angaben auf der Lohnsteuerbescheinigung können direkt aus dem Lohnkonto und dem Personalstamm des Arbeitnehmers übernommen werden. Teilzeitbeschäftigte und Aushilfen (geringfügig/kurzfristig Beschäftigte), deren Bezüge pauschal versteuert wurden (2 %, 20 %, 25 %, 5 %), brauchen keine elektronisch übermittelten Lohnsteuermerkmale (ELStAM) oder eine Ersatzbescheinigung. Für geringfügig Beschäftigte Arbeitnehmer ist somit beim Austritt bzw. zum Jahresende keine Lohnsteuerbescheinigung zu erstellen, es sei denn, es wurde eine Versteuerung des Arbeitslohns nach einer Steuerklasse durchgeführt.

Identifikationsnummer

Mit dem § 39 EStG wurde die Voraussetzung für ElsterLohn II geschaffen. Gleichzeitig wurde die Steuer-Identifikationsnummer eingeführt. Die Steuer-ID-Nr. besteht aus zehn zufällig gebildeten Ziffern, die keinen Rückschluss auf Daten des Steuerpflichtigen zulassen, und einer zusätzlichen Prüfziffer (11 Ziffern). Die Identifikationsnummer vergibt das Zentralamt für Steuern auf Antrag durch den Arbeitnehmer. Für den Abruf der Daten benötigt der Arbeitgeber seit 2013 das Geburtsdatum und die Identifikationsnummer. Außerdem ist für die Anmeldung die Information erforderlich, ob weitere Beschäftigungsverhältnisse bestehen (Hauptarbeitgeber oder Nebenarbeitgeber).

12.3.2 Übermittlung der Lohnsteuerbescheinigung

Die Lohnsteuerbescheinigung kann nur in elektronischer Form an die Finanzverwaltung übertragen werden. Für die Übermittlung stellt die Finanzverwaltung das Programm ElsterFormular zur Verfügung. In der Regel verfügen jedoch alle Entgeltabrechnungsprogramme über das sogenannte Elster-Modul für die Datenübermittlung an die Finanzämter. Die Übertragung muss zwingend mit einer Authentifizierung erfolgen. Die Authentifizierung ist über ein Zertifikat möglich, das bei jeder Übertragung an die Finanzverwaltung mitgesendet wird. Das Zertifikat kann über das Elster-Online-Portal beantragt werden (http://www.elsteronline.de/eportal). Die Lohnsteuerbescheinigung ist Grundlage für die Einkommensteuererklärung des Mitarbeiters und muss bis spätestens **28.2.** des Folgejahres der Finanzverwaltung übermittelt sein.

! **ACHTUNG**

Nach Übermittlung der elektronischen Lohnsteuerbescheinigung ist eine Änderung des Lohnsteuerabzugs nicht mehr zulässig. Stellt der Arbeitgeber fest, dass der Lohnsteuerabzug in zu geringer Höhe vorgenommen wurde, hat er dies dem Betriebsstättenfinanzamt anzuzeigen (§ 41c EStG), damit das Finanzamt die fehlenden Steuerabzugsbeträge nachfordern kann. Zu viel einbehaltene Lohnsteuer kann nur im Rahmen einer Einkommensteuerveranlagung vom Finanzamt erstattet werden.

Der Arbeitnehmer erhält eine Kopie bzw. einen Ausdruck des an die Finanzverwaltung übermittelten Datensatzes. Die Lohnsteuerbescheinigung kann auch unterjährig erstellt werden, sofern der Mitarbeiter aus dem Unternehmen ausscheidet. Der Ausdruck der Lohnsteuerbescheinigung kann von Folgearbeitgebern für die Besteuerung von Einmalzahlungen berücksichtigt werden. Eine Kopie ist auch in sein Lohnkonto aufzunehmen und sechs Jahre aufzubewahren. Die Aufbewahrungspflicht gilt auch für geringfügig Beschäftigte Arbeitnehmer sofern diese nach einer Lohnsteuerklasse besteuert wurden.

12.4 Jahresmeldung an die Krankenkasse

Für alle Arbeitnehmer, deren Beschäftigung über den Jahreswechsel hinaus besteht, ist per 31.12. eine Jahresmeldung über den Beschäftigungszeitraum und das beitragspflichtige Entgelt an die Krankenkasse zu erstellen. Mit der Jahresmeldung wird dem Rentenversicherungsträger bzw. der Krankenkasse abschließend das rentenversicherungspflichtige Arbeitsentgelt für das Jahr gemeldet. Diese Meldung dient den Sozialversicherungsträgern zum Abgleich mit den entrichteten Beiträgen für den gemeldeten Beschäftigungszeitraum. Die Rentenversicherung baut anhand der Jahresmeldung für jeden versicherungspflichtigen Beschäftigten ein Rentenkonto auf. Ist der Arbeitnehmer rentenversicherungsfrei oder bei einem Versorgungswerk rentenversichert, ist als Arbeitsentgelt 000000 zu bescheinigen. Die Jahresmeldung ist nur noch in elektronischer Form möglich. Es besteht jedoch die Möglichkeit, mit der manuellen Ausfüllhilfe (sv.net) der Krankenkassen die Meldung zu übermitteln. Das kostenlose Programm kann bei den meisten Krankenkassen oder direkt über das Internet unter http://www.itsg.de/ bezogen werden.

Grund der Abgabe und Arbeitsentgelt

Die Mehrzahl der Einträge entspricht denen der Abmeldung (siehe Kapitel 10.2). Als „Grund der Abgabe" ist bei manueller Erstellung die Option „Jahresmeldung" **Schlüsselziffer 50** anzugeben. Als Beschäftigungszeitraum wird im Allgemeinen das gesamte Kalenderjahr (1.1. bis 31.12.) ausgewiesen. War der Arbeitnehmer nicht das ganze Jahr im Unternehmen beschäftigt, ist der Zeitraum des vertraglichen Arbeitsbeginns bis zum Ende des Kalenderjahres zu melden. Wurde der Arbeitnehmer im Laufe des Kalenderjahres einmal abgemeldet und wieder angemeldet (z. B. wegen unbezahlten Urlaubs), ist nur der Zeitraum seit der letzten Anmeldung in der Jahresmeldung zu berücksichtigen. War das Beschäftigungsverhältnis im Kalenderjahr wegen des Bezugs von Entgeltersatzleistungen, z. B. Bezug von Krankengeld von der Krankenkasse, unterbrochen, sind nur Zeitraum und Entgelt seit der letzten Unterbrechungsmeldung zu melden. Keinesfalls darf ein Zeitraum und/oder gezahltes Entgelt doppelt gemeldet werden.

Welche Aktivitäten gehören zum Jahresabschluss?

Auf der Jahresmeldung ist das Entgelt in vollen Euro anzugeben. Cent-Beträge sind kaufmännisch zu runden. Das heißt: Beträge bis 0,49 EUR werden weggelassen, ab 0,50 EUR ist auf den nächst höheren Euro-Betrag aufzurunden.

> **! ACHTUNG**
>
> Es darf nur das beitragspflichtige Arbeitsentgelt gemeldet werden, das seit der letzten Jahresmeldung, Abmeldung oder Unterbrechungsmeldung aufgelaufen ist. Das beitragspflichtige Entgelt beinhaltet auch Einmalzahlungen, die in der Beschäftigungszeit bzw. seit der letzten Entgeltmeldung gezahlt wurden. Bei durchgängiger Beschäftigung liegt die Obergrenze des zu bescheinigenden Arbeitsentgeltes für 2014 bei 71.400 EUR (West) bzw. 60.000 EUR (neue Bundesländer), was der Beitragsbemessungsgrenze in der Rentenversicherung entspricht.

Für Aushilfen (geringfügig Beschäftigte) sind ebenfalls Jahresentgeltmeldungen zu erstellen. Geringfügig beschäftigte Aushilfen, deren monatlich laufendes Arbeitsentgelt bis 450 EUR beträgt, unterliegen (außer in der Rentenversicherung) nicht der Beitragspflicht zur Sozialversicherung. Der Arbeitgeber ist jedoch verpflichtet, mindestens pauschale Beiträge zur Rentenversicherung zu entrichten. In der Jahresmeldung ist das Arbeitsentgelt, auf das pauschale Rentenversicherungsbeiträge entrichtet wurden, zu melden. Maximal kann das beitragspflichtige Entgelt 5.400 EUR betragen. Bestand die geringfügige Beschäftigung schon vor 2013 und wird in 2014 vorgeführt, besteht keine allgemeine Beitragspflicht zur Rentenversicherung. Diese ist nur dann gegeben, wenn die Beschäftigung ab 2013 neu aufgenommen wurde und der Arbeitnehmer nicht den Verzicht auf die Versicherungspflicht beantragt hat.

> **! ACHTUNG**
>
> Liegt das monatliche Arbeitsentgelt unter 175 EUR und hat der Arbeitnehmer die Aufstockung in der Rentenversicherung gewählt (Altregelung vor 2013), ist das beitragspflichtige und nicht das tatsächlich geleistete Entgelt zu dokumentieren. Erhält der Arbeitnehmer beispielsweise regelmäßig monatlich 140 EUR und hat die Aufstockung gewählt, sind bei durchgängiger Beschäftigung zum Jahresende 2.100 EUR als Entgelt zu bescheinigen. Das zu bescheinigende Mindestentgelt von 175 EUR gilt auch, wenn der Arbeitnehmer nicht den Verzicht auf die Rentenversicherungspflicht erklärt hat und ein monatliches Arbeitsentgelt unter 175 EUR erhält.

Meldung des Arbeitsentgelts für die Unfallversicherung

Aus der stufenweisen Übertragung des Beitragseinzugs für die Unfallversicherung von den Berufsgenossenschaften auf die Krankenkassen entstehen zusätzliche Meldepflichten. In der Jahresmeldung sind neben dem beitragspflichtigen Entgelt für die Unfallversicherung einige weitere Daten zu melden, die es der Krankenkasse ermöglichen, die Beiträge dem Träger der Unfallversicherung zuzuordnen. Neben dem unfallversicherungspflichtigen Entgelt sind auch zu melden:

- Betriebsnummer des Unfallversicherungsträgers (BG)
- BG-Mitgliedsnummer des Betriebes
- Ggf. UV-Grund
- Gefahrenstelle des Mitarbeiters
- im Abrechnungsjahr geleistete Arbeitsstunden

Es sind auch für kurzfristig und geringfügig beschäftigte Arbeitnehmer Jahresmeldungen zu erstatten. In der Jahresmeldung für kurzfristig Beschäftigte ist kein rentenversicherungspflichtiges Entgelt, aber das unfallversicherungspflichtige Entgelt zu melden. In den Jahresmeldungen ist auch für 450-Euro-Minijobber (geringfügig Beschäftigte) das Bruttoarbeitsentgelt in Euro anzugeben. Dabei ist es unerheblich, ob von dem Arbeitsentgelt Pauschalbeiträge oder der volle Rentenversicherungsbeitrag gezahlt worden sind. Bei einem Verzicht auf die Rentenversicherungsfreiheit (Rentenversicherungspflicht; Beitragsgruppe 6-1-0-0) ist dabei die Mindestbeitragsbemessungsgrundlage von monatlich 175 Euro zu berücksichtigen. Für ausschließlich in der gesetzlichen Unfallversicherung versicherte Beschäftigte mit beitragspflichtigem Arbeitsentgelt (Personengruppe 190) ist im Feld beitragspflichtiges Arbeitsentgelt für die Sozialversicherung 000000 EUR zu melden.

Die Meldepflicht zur Jahresmeldung gilt auch für beitragsfreie Praktikanten, Studenten und unständig Beschäftigte. Zuständige Annahmestelle für geringfügig und kurzfristig Beschäftigte ist die Bundesknappschaft-Bahn-See in Essen (Minijob-Zentrale).

! **ACHTUNG**

Das beitragspflichtige Entgelt für die Unfallversicherung muss nicht identisch sein mit dem beitragspflichtigen Entgelt zur Rentenversicherung. So sind im Entgelt für die Unfallversicherung beispielsweise sozialversicherungsfreie Zuschläge für Sonntags-, Feiertags- und Nachtarbeit und Arbeitsentgelt über die Beitragsbemessungsgrenze der Rentenversicherung hinaus enthalten (siehe auch Abschnitt 5 in diesem Kapitel).

Aufgrund erheblicher Abweichungen der Jahresmeldungen von den bis 2013 erstellten Lohnnachweisen wurden in das Meldeverfahren zusätzliche Meldegründe aufgenommen. Der Meldegrund „UV-Grund" ist anzugeben, sofern das UV-Entgelt gleich 0,00 EUR beträgt. Arbeitgeber müssen ab 2013 in der Jahresmeldung konkret begründen, warum ein UV-Entgelt von 0,00 EUR gemeldet wird. Diese Angabe erfolgt in Form von vier UV-Gründen. Die neuen UV-Gründe sind gleichzeitig auch die Fälle bei denen die Meldung eines UV-Entgeltes von 0,00 EUR zulässig ist:

UV-Grund	Zu melden wenn
B04	Erreichen des Höchstjahresarbeitsentgeltes in einer vorangegangenen Meldung.
B05	Entgelt wird in einer weiteren Meldung mit Abgabegrund 91 gemeldet.
B06	UV-Entgelt wird in einer anderen Gefahrtarifstelle dieser Entgeltmeldung angegeben.
B09	Sonstige Sachverhalte, die kein UV-Entgelt in der Entgeltmeldung erfordern.

Tab. 43: Meldegründe, wenn das Unfallversicherungsentgelt gleich 0 EUR beträgt

! **ACHTUNG**

Für Unternehmen, die Mitglied einer landwirtschaftlichen Berufsgenossenschaft oder eines Unfallversicherungsträgers der öffentlichen Hand sind, werden die Beiträge nicht auf Grundlage des Arbeitsentgelts der Arbeitnehmer berechnet. Somit sind diese Unternehmen von der Prüfung durch die Rentenversicherungsträger ausgenommen. Für die Mitarbeiter in diesen Unternehmen ist neben der Betriebsnummer des zuständigen Unfallversicherungsträgers ausschließlich der UV-Grund A08 bzw. A09 zu melden. Die Meldung eines UV-Entgelts ist nicht erforderlich (0,00 EUR). Außerdem sind die fiktiven Gefahrtarifstellen 88888888 bzw. 99999999 in der Jahresmeldung anzugeben.

Meldungsempfänger/Meldefrist

Die Jahresmeldung sollte bis **spätestens 15.2.** des Folgejahres an die Krankenkasse des Arbeitnehmers bzw. an die Annahmestelle für den Krankenkassentyp gemeldet sein. Für privat krankenversicherte Arbeitnehmer ist die Meldung bei der Krankenkasse einzureichen, die für die Entgegennahme der Renten- und Arbeitslosenbeiträge zuständig ist. In der Regel ist dies die AOK oder IKK bzw. die Krankenkasse, bei der der Arbeitnehmer zuletzt pflichtversichert war. War der Arbeitnehmer noch nie Mitglied einer gesetzlichen Krankenkasse, kann der Arbeitgeber die Kasse für die Anmeldung frei wählen. Die Meldung ist dann an die Krankenkasse zu richten, bei der der Arbeitnehmer angemeldet wurde. Zuständig für die Jahresmeldungen von geringfügigen und kurzfristig Beschäftigten ist die Bundesknappschaft-Bahn-See in Essen. Eine Abgabe der Jahresmeldung kann entfallen, wenn

- der 31.12. in eine Unterbrechungszeit fällt und bereits eine Unterbrechungsmeldung abgegeben wurde,
- die Beitragsgruppe sich zum 1.1. des Folgejahres ändert (Abmeldung wegen Beitragsgruppenwechsel),
- das Arbeitsverhältnis zum 31.12. des Jahres endet (Abmeldung zum 31.12.).

Der Arbeitnehmer erhält einen Ausdruck von der elektronischen übermittelten Meldung zur Sozialversicherung zur Dokumentation des verbeitragten Entgelts. Ein Ausdruck ist auch in sein Lohnkonto aufzunehmen und sechs Jahre aufzubewahren. Die Aufbewahrungspflicht gilt auch für geringfügig Beschäftigte Arbeitnehmer.

Für kurzfristig beschäftigte Aushilfen sind sowohl die Jahresmeldung wie auch Unterbrechungsmeldungen einzureichen. Wechselt der Arbeitnehmer zum Ende des Kalenderjahres seine Krankenkasse, ist statt der Jahresmeldung eine Abmeldung zu übermitteln (Grund der Abgabe: 30).

TIPP

Wird die Jahresmeldung aus einem Entgeltabrechnungsprogramm erstellt, ist ein Zertifikat eines sogenannten Trust Centers erforderlich. Die Hersteller der Entgeltabrechnungsprogramme arbeiten in der Regel mit einem Unternehmen für die Datenverschlüsselung und Datenübertragung zusammen. Die Datenverschlüsselung geschieht mit einem elektronischen Zertifikat, welches die Trust Center zur Verfügung stellen. Dieses Zertifikat muss beantragt und in das Abrechnungssystem bzw. Übertragungsmodul eingelesen werden. Genauere Informationen stellen die Hersteller der Entgeltabrechnungssysteme zur Verfügung.

12.5 Jahresmeldung an die Berufsgenossenschaft

Jeder Arbeitgeber ist kraft Gesetzes verpflichtet, Mitglied in der für seinen Gewerbezweig errichteten Berufsgenossenschaft (BG) zu werden. Die Berufsgenossenschaft ist Träger der Unfallversicherung und gehört zu den gesetzlichen Sozialversicherungen. Im Unterschied zur Kranken-, Pflege-, Renten- und Arbeitslosenversicherung trägt der Arbeitgeber die Beiträge zur Unfallversicherung allein, es besteht keine Halbteilung. Die Zuständigkeit einer Berufsgenossenschaft ergibt sich aus der Branchenzugehörigkeit des Unternehmens. Welche Berufsgenossenschaft für den Gewerbezweig zuständig ist, kann bei der örtlichen Industrie- und Handelskammer erfragt werden.

In der Berufsgenossenschaft sind alle Arbeitnehmer der Firma, unabhängig von Alter, Tätigkeit, Betriebszugehörigkeit, Einkommen etc. unfallversichert. Auch Praktikanten und Aushilfen (geringfügig/kurzfristig Beschäftigte) sind bei Arbeitsunfällen über die Berufsgenossenschaft versichert. Nicht zu den unfallversicherten Personen gehören:

- Vorstände einer AG/eines Konzernunternehmens
- beherrschende Gesellschafter-Geschäftsführer einer GmbH

Beitragserhebung

Die Berufsgenossenschaften erheben von ihren Mitgliedsunternehmen Beiträge zur Deckung von Schadensfällen und ihrer laufenden Betriebskosten. Die Beitragshöhe richtet sich nach:

- Gefahrenklasse/Gefahrenstelle des Unternehmens
- Lohnsumme pro Jahr
- Schadenshäufigkeit (Schadensaufschlag/Schadensrabatt)

Die Beitragserhebung erfolgt nachträglich im Umlageverfahren. Dies bedeutet: Die BG ermittelt die Summe ihrer Aufwendungen plus 5 % Rücklagepolster und legt diesen Betrag auf ihre Mitglieder entsprechend der Betriebsgröße und Gefahrenklasse um. Der Arbeitgeber erhält von seiner Berufsgenossenschaft einen Katalog, in welchem die Zuordnung der Arbeitnehmer in einem Gefahrentarif geregelt ist. Im Gefahrentarif ist für die meisten Tätigkeiten eine Gefahrenklasse festgelegt. Die Gefahrenklassen ergeben sich zum einen aus einer vermuteten Unfallgefahr, zum anderen aus der Belastungsziffer. Die Belastungsziffer wiederum ermittelt sich aus den tatsächlichen Aufwendungen für Unfälle und der Summe der Arbeitsentgelte eines bestimmten Zeitraumes.

Jeder Mitarbeiter ist einer Gefahrenstelle bzw. Gefahrenklasse zuzuordnen. Die Zuordnung erfolgt in der Regel in den Stammdaten des Abrechnungssystems. Sein jährliches Arbeitsentgelt fließt in die Summe des beitragspflichtigen Berufsgenossenschaftsentgelts ein.

Gefahrtarif der VBG gemäß § 157 SGB VII

gültig zur Berechnung der Beiträge ab 01. Januar 2011

Teil I - Zuteilung der Unternehmensarten zu den Gefahrklassen

Gefahr-tarifstelle	Unternehmensarten		Gefahr-klasse
01	Erbringung von Finanzdienstleistungen / Versicherungsunternehmen		0,38
	nur für „Leasingunternehmen"	2011	0,34
		ab 2012	0,38
02	Ingenieurwesen, Architekturunternehmen		0,80
03	Information, Kommunikation und Medien / Werbung und Gestaltung / Forschung		0,43
04	Bildungseinrichtung		1,52
05	Beratung und Auskunft / Interessenvertretung und Religionsgemeinschaft		0,59
06	Immobilienwirtschaft		1,30
07	Sicherheitsunternehmen		3,94
08	Makelndes und vermittelndes Unternehmen		1,21
	nur für „Bausparkassenvertreterinnen und Bausparkassenvertreter"	2011	1,04
		2012	1,18
		ab 2013	1,21
09	Unternehmen des Tourismus		0,66
10	Organisation zur Betreuung, Unterstützung im sozialen Bereich		4,27
11	Freizeitgestaltung / Kunst und Kultur		3,51
12	Hausbesorgung		3,42
13	Lotterie- und Wettunternehmen / Spielbank	2011	0,94
		ab 2012	0,97
14	Tierpark / Tierschutz, -pflege, -zucht und -dressur	2011	4,20
		2012	4,80
		2013	5,40
		ab 2014	6,00
15	Zeitarbeit		
15.1	- Beschäftigte in Dienstleistungsbereichen sowie Stammpersonal		0,77
15.2	- Beschäftigte in allen anderen Bereichen		7,97
16*)	Sportunternehmen		
16.1*)	- bezahlte Sportler aus den oberen drei Fußball-Ligen Männer	2011 / 2012	57,81
		ab 2013	51,31
16.2*)	- sonstige bezahlte Sportlerinnen und Sportler	2011 / 2012	45,04
		2013	63,06
		2014	72,06
		2015	81,07
		2016	90,08
16.3*)	- übrige Versicherte	2011 / 2012	2,42
		ab 2013	2,52
17	Unternehmen der Glas-Industrie		2,43
18	Grobkeramik		3,60
19	Feinkeramik		2,04
20	Bahnen und Bahndienstleistungen		2,85
21	Kraftfahrbetriebe (Omnibus- und Obusbetriebe, Lastkraftwagenbetriebe usw.)		1,84
22	Sonstiges Dienstleistungsunternehmen, sofern es nicht einer namentlich genannten Unternehmensart zuzuordnen ist		1,24

*) Geändert durch den 1. Nachtrag vom 28. September 2011

Abb. 10: Beispiel für einen Gefahrentarif

Welche Aktivitäten gehören zum Jahresabschluss?

Zu meldendes Arbeitsentgelt

Grundsätzlich berechnen sich die Beiträge zur Unfallversicherung nach dem beitragspflichtigen Arbeitsentgelt der Arbeitnehmer. Zum beitragspflichtigen Entgelt
gehören:

- steuerpflichtige Bruttobezüge (einschließlich eventueller Lohnsteuerfreibeträge),
- Lohnfortzahlung im Krankheitsfall,
- Urlaubs- und Weihnachtsgeld,
- vermögenswirksame Leistungen,
- Jubiläumsgelder,
- steuerpflichtige Heirats- und Geburtshilfen,
- Gewinnanteile als Tätigkeitsvergütung (Tantiemen), Provisionen, Ertragsbeteili-
  gungen, Trennungsentschädigungen,
- steuerpflichtige Auslösungen und Reisekosten,
- Lohnzuschläge einschließlich der steuerfreien Zuschläge zu Sonn-, Feiertags-
  und Nachtarbeit,
- Sachbezüge und geldwerte Vorteile (z. B. Kfz-Überlassung, Miete, etc.),
- Entgeltzahlungen an Aushilfskräfte, unabhängig vom Umfang der Beschäfti-
  gung und von der Art der Besteuerung,
- Sozialversicherungsfreie Entgelte an kurzfristig beschäftigte Arbeitnehmer
- Altersteilzeitentgelte auch während der Freistellungsphase, d. h. wenn dem
  Arbeitnehmer das Entgelt erst nach Ablauf der Beschäftigung zufließt (ohne
  Aufstockungsbeträge),
- Beiträge zu Direktversicherungen, soweit sie die sozialversicherungsfreien
  Höchstgrenzen übersteigen.

Nicht zum beitragspflichtigen Arbeitsentgelt gehören:

- Zuschüsse zum Mutterschaftsgeld,
- Erholungsbeihilfen,
- Beiträge zu Direktversicherungen, Pensionskassen, Pensionsfonds, soweit sie
  4 % der BBG (West) pro Jahr nicht übersteigen,
- Zuwendungen aus Anlass einer Betriebsveranstaltung.

Eine Besonderheit ist bei Arbeitnehmer, deren Arbeitsentgelt über der Beitragsbemessungsgrenze der Rentenversicherung liegt, zu beachten. Beginnt der Mitarbeiter während eines laufenden Monats oder scheidet vor dem Monatsende aus, darf
für das Entgelt zur Berufsgenossenschaft keine anteilige Beitragsbemessungsgrenze berechnet werden.

> **BEISPIEL**

Ein Arbeitnehmer hat ein laufendes Arbeitsentgelt von 6.400 EUR. Er scheidet zum 15. Juni aus. Sein anteiliges Arbeitsentgelt beträgt 3.200 EUR.

Beurteilung

Die anteilige Beitragsbemessungsgrenze in der Rentenversicherung liegt in 2014 bei 2.975 EUR (198,33 EUR × 15 Tage). Somit sind für die Renten- und Arbeitslosenversicherung für den Juni nur 2.975 EUR an Entgelt zu berücksichtigen. Für das beitragspflichtige Entgelt zur Berufsgenossenschaft sind jedoch die gesamten 3.200 EUR zu berücksichtigen und zu melden. Die Bemessungsgrenze liegt bei der monatlichen bzw. jährlichen Beitragsbemessungsgrenze zur Renten- und Arbeitslosenversicherung auch in Teilmonaten.

Höchstentgelt/Mindestentgelt

Vereinzelt haben die Berufsgenossenschaften in ihrer Satzung einen Entgelthöchstbetrag festgelegt, der maximal in die Entgeltsumme des Lohnnachweises einbezogen werden muss. Der Entgelthöchstbetrag ist vergleichbar der Beitragsbemessungsgrenze bei den Sozialversicherungen. Für die BG Chemie bzw. Branche Chemische Industrie der BG RCI liegt dieser beispielsweise für 2013 bei 74.400 EUR pro Mitarbeiter pro Jahr. Das heißt, für Mitarbeiter mit einem Bruttoarbeitslohn von über 74.400 EUR pro Jahr (in diesem Beispiel) wird als zu meldende Bruttolohn-Gesamtsumme maximal der Höchstbetrag herangezogen. Besteht eine Entgelthöchstgrenze, ist sie in der Regel über die Internetseite der Berufsgenossenschaft abrufbar. Die Entgelthöchstgrenze kann auch bei der zuständigen Berufsgenossenschaft erfragt werden. Besteht keine Regelung in der Satzung der Berufsgenossenschaft, so ist als Höchstgrenze der doppelte Betrag der Bezugsgröße, also 66.360 EUR (West) bzw. 56.280 EUR (neue Bundesländer) heranzuziehen.

Bei einigen Berufsgenossenschaften, wie beispielsweise die BG für Transport und Verkehrswirtschaft, ist bei der Ermittlung des unfallversicherungspflichtigen Entgelts ein **Mindestarbeitsentgelt** zu berücksichtigen. Grundsätzlich gilt bei dem Mindestentgelt die Jahresbetrachtung. Bei Teilmonaten muss das Mindestentgelt anteilig ermittelt werden. Ebenso muss bei der Berechnung unterschieden werden, ob der Mitarbeiter ganzjährig oder nicht ganzjährig beschäftigt ist. Mindestarbeitsentgelt ist bei den Entgeltmeldungen entsprechend zu berücksichtigen. Für die BG Transport und Verkehrswirtschaft gelten beispielhaft folgende Mindestentgelte:

Welche Aktivitäten gehören zum Jahresabschluss?

West	Jahr	Monat	Tag	Stunde
2013	19.404 EUR	1.617 EUR	64,68 EUR	8,09 EUR
2014	19.908 EUR	1.659 EUR	66,36 EUR	8,30 EUR
Ost	Jahr	Monat	Tag	Stunde
2013	16.380 EUR	1.365 EUR	54,60 EUR	6,83 EUR
2014	16.884 EUR	1.407 EUR	56,28 EUR	7,04 EUR

Tab. 44: Mindestentgelte für die BG Transport und Verkehrswirtschaft

Liegt das tatsächliche Arbeitsentgelt eines Mitarbeiters unter dem Mindestentgelt, ist für diesen Mitarbeiter das Mindestentgelt als zu meldender Bruttolohn aufzunehmen.

Sonderregeln

Bei Anwendung der **Märzklausel** ist zu berücksichtigen, dass die Unfallversicherung keine Märzklausel kennt. In der Unfallversicherung gilt ausschließlich das Zuflussprinzip, das heißt, die Meldung und Verbeitragung erfolgt im Monat, zu dem die Zahlung erfolgt. Erfolgt beispielsweise eine Einmalzahlung im Februar, die aufgrund der Märzklausel dem Abrechnungsmonat Dezember der Vorjahres zuzuordnen ist, unterliegt diese dennoch der Beitragspflicht im aktuellen Abrechnungsjahr. Die Einmalzahlung ist für die Sozialversicherungen dem Abrechnungsjahr 2013 zuzuordnen, jedoch in den Lohnnachweis an die Berufsgenossenschaft in 2014 aufzunehmen.

Zu beachten ist auch, dass die Unfallversicherung keine **Gleitzonenregelung** kennt. Somit ist für Mitarbeiter mit einem Arbeitsentgelt zwischen 450,01 EUR und 850 EUR das tatsächliche Arbeitsentgelt und nicht etwa das ermäßigte Gleitzonenentgelt zu melden.

Unterliegen Einmalzahlungen lediglich der Beitragspflicht in der Unfallversicherung, sind diese seit 2011 mit einer Sondermeldung, Grund der Abgabe 91, den Sozialversicherungsträgern zu melden und in den Lohnnachweis aufzunehmen. Eine derartige Sondermeldung kann beispielsweise entstehen, wenn an einen Mitarbeiter nach dessen Ausscheiden nochmals Einmalzahlungen fließen.

> **BEISPIEL**
>
> Das Beschäftigungsverhältnis eines Arbeitnehmers endet zum 31.12.2013. Der Arbeitnehmer erhält nachträglich eine Einmalzahlung im Juli 2014.
>
> **Beurteilung**
>
> Das Entgelt ist nicht beitragspflichtig in den Sozialversicherungen, ist jedoch als Arbeitsentgelt der Berufsgenossenschaft zu melden. Das Entgelt muss in den Lohnnachweis 2014 mit aufgenommen werden, obwohl keine Beitragspflicht zur Rentenversicherung besteht.

Die Gesamtsumme des beitragspflichtigen Entgeltes aller Arbeitnehmer ist auf volle Euro abzurunden. Das heißt: Cent-Beträge bleiben unberücksichtigt. In die Berechnung der gesamten Entgeltsumme sind auch die Entgelte von im Laufe des Jahres ausgeschiedenen Mitarbeitern zu berücksichtigen.

Ist ein Mitarbeiter **zwei oder mehr Gefahrenstellen** zugewiesen, erfolgt die Aufteilung seines jährlichen Arbeitsentgelts entsprechend auf die Gefahrenklassen.

Eine weitere Ausnahmeregelung gilt für das Arbeitsentgelt von Studenten in **dualen Studiengängen**. In der Studienphase sind die Studenten durch die Hochschule unfallversichert. Den Teilnehmern der praxisintegrierten dualen Studiengänge wird jedoch in der Regel das Entgelt durchgängig — auch in den schulischen Lernphasen — gewährt. Soweit das Entgelt auf die schulische Lernphase entfällt, ist es dann allerdings zur Unfallversicherung grundsätzlich nicht beitragspflichtig, da bereits die Versicherung durch die Hochschule besteht. Dies ist auch im Meldeverfahren zu beachten: Entgeltbestandteile, die in der Studienphase an der Hochschule gezahlt werden, sind kein beitragspflichtiges Entgelt zur Unfallversicherung und somit nicht in den Lohnnachweis und die Jahresmeldung aufzunehmen.

Betriebsgröße/Arbeitsstunden

Die Betriebsgröße des Unternehmens bezieht sich auf die Summe der geleisteten Arbeitsstunden und die im abgelaufenen Kalenderjahr gezahlte Summe an Löhnen und Gehältern. Unter Arbeitsstunden sind die tatsächlich geleisteten bzw. abgerechneten Arbeitsstunden aller Arbeitnehmer zu verstehen. War ein Arbeitnehmer nicht das gesamte Jahr beschäftigt, sind nur die Stunden der Beschäftigungszeit zu ermitteln. Von den Beschäftigungsstunden sind Krankheitsstunden, Urlaubsstunden, Feiertagsstunden und Fehlzeiten abzuziehen. Bei Gehaltsempfängern ist für den Abzug der Fehlzeiten von der regelmäßigen wöchentlichen Arbeitszeit auszugehen. Bei wöchentlich geregelter Arbeitszeit ergibt sich der Abzug für Fehlzeiten nach folgender Formel:

$$\text{Fehlzeiten} = \frac{\text{Wochenarbeitszeit}}{\text{Arbeitstage pro Woche}} \times \text{Fehltage}$$

► **BEISPIEL**

Frau Waldmann hat eine vertraglich geregelte Wochenarbeitszeit von 37,5 Stunden mit fünf Arbeitstagen pro Woche. Im August war sie an sechs Arbeitstagen krank.

Beurteilung

Bei einer Wochenarbeitszeit von 37,5 Stunden und einer 5-Tage-Woche ergibt sich eine Tagesarbeitszeit von 7,5 Stunden. Die Tagesarbeitszeit multipliziert mit sechs Fehltagen ergibt als Summe der „Fehlstunden" 45 Stunden. Somit sind bei der Ermittlung der Jahresarbeitsstunden im Beispiel die Stunden für August um 45 zu kürzen.

Für die Beitragsermittlung hat die Gesamtzahl der Arbeitsstunden jedoch eher statistischen Wert. Die Arbeitsstunden sind auch mit der Jahresmeldung der Krankenkasse zu melden. Wenn es keinerlei Aufzeichnungen — weder maschinell noch schriftlich — gibt, können die arbeits- bzw. tarifvertraglichen Sollwerte gemeldet werden. Nur wenn auch dies nicht möglich ist, kann auf den Vollarbeiterrichtwert zurückgegriffen werden. Dieser Wert ist von der Deutschen Gesetzlichen Unfallversicherung für das Kalenderjahr 2013 auf 1.590 Stunden festgelegt worden. Zu melden ist der Anteil des Arbeitnehmers an diesem Richtwert, d. h. bei nicht ganzjähriger Beschäftigung oder einer Teilzeitbeschäftigung ist ein entsprechender Anteil des Vollarbeiterrichtwertes zu melden. Dabei ist zu beachten, dass der Vollarbeiterrichtwert bereits um einen pauschalen Wert für Krankheits- und Urlaubsstunden gekürzt ist. Entscheidenden Einfluss auf die Beitragshöhe hat die Gesamtsumme der gezahlten Arbeitsentgelte.

Erstellung des Lohnnachweises

Zur Feststellung des Umlageanteils muss der Arbeitgeber der Berufsgenossenschaft für das vorangegangene Kalenderjahr einen Lohnnachweis einreichen. Den Lohnnachweis erhalten Sie auf Anfrage bei der zuständigen BG. Wurde einmal ein Lohnnachweis eingereicht, wird das Formular automatisch spätestens im Januar zugestellt. Im Allgemeinen sind auf dem Lohnnachweis folgende Angaben erforderlich:

- Zahl der beschäftigten Arbeitnehmer je Gefahrenklasse
- Lohnsumme je Gefahrenklasse
- Summe der durch Unfälle ausgefallenen Arbeitsstunden

- Zahl der deutschen und ausländischen Arbeitnehmer
- Zahl der Vollzeit-/Teilzeitbeschäftigten (einzelne BGs)

Die Lohnsumme je Gefahrenklasse enthält die kumulierten beitragspflichtigen Jahresentgelte über alle Arbeitnehmer in dieser Gefahrenklasse. Die Lohnsumme ist unter Berücksichtigung der Mindest- und Höchstentgelte je Arbeitnehmer zu bilden. Außerdem ist in der Lohnsumme je Gefahrenklasse zu berücksichtigen, ob der Arbeitnehmer ggf. mehreren Gefahrenklassen zugeordnet ist. Dies kann aufgrund seiner Tätigkeit der Fall sein. Parallel müssen alle Unternehmen die Daten zur gesetzlichen Unfallversicherung auch im SV-Meldeverfahren (DEÜV-Meldeverfahren) an die Datenannahmestellen melden. Mit der Jahresmeldung (15.2.2014 für das Jahr 2013) müssen für jeden Mitarbeiter die jeweiligen individuellen Daten zur Unfallversicherung gemeldet werden.

Der Lohnnachweis ist binnen **sechs Wochen** nach Ablauf eines Kalenderjahres bei der zuständigen Berufsgenossenschaft einzureichen. Spätestens bis Ende April erhält der Arbeitgeber von der Berufsgenossenschaft den Beitragsbescheid für das abgelaufene Kalenderjahr. Der sich aus dem Beitragsbescheid ergebende Beitrag ist spätestens bis zum 15. des dem Bescheid folgenden Monats zu zahlen. Spätester Fälligkeitstermin ist somit der 15. Mai.

TIPP

Viele Berufsgenossenschaften bieten das Formular „Lohnnachweis" bereits in elektronischer Form. Der Versand kann per E-Mail direkt an die Berufsgenossenschaft erfolgen. Über die Internetadresse http://www.berufsgenossenschaft.de/ kommt man auf die Seiten der jeweiligen Berufsgenossenschaft.

Die Lohnnachweise sollen zum 31.12.2016 abgeschafft werden. Der ursprünglich geplante Zeitpunkt wurde durch den Gesetzgeber von 2012 auf 2017 (Meldejahr 2016) verschoben. Die Meldung des unfallversicherungspflichtigen Entgelts erfolgt dann nur noch im DEÜV-Verfahren. Damit ändert sich auch die Meldefrist: Statt zum 11. Februar muss die Meldung in 2017 am 15. Februar im Rahmen der allgemeinen Jahresmeldung abgegeben werden. Bis 2016 muss eine „Doppelmeldung" des unfallversicherungspflichtigen Entgelts erfolgen. Neben dem Lohnnachweis wird das BG-Entgelt zusätzlich mit der DEÜV-Meldung (Abmeldung/Jahresmeldung) an die Krankenkasse übermittelt. Der Beitrag kann von der Berufsgenossenschaft erst rund zwei Monate später berechnet werden; der Beitrag zur Unfallversicherung wird später fällig. In der Übergangsphase sind die Entgelte sowohl im DEÜV-Verfahren (Jahresmeldung, Unterbrechungsmeldung, Abmeldung) wie auch mit dem Lohnnachweis zu melden.

> **!** **ACHTUNG**
>
> Beachten Sie die unterschiedlichen Meldegrenzen für den Lohnnachweis (11. Februar) und für die Jahresmeldung an die Krankenkasse inklusive des beitragspflichtigen Entgelts zur Berufsgenossenschaft (15. Februar).

12.6 Jahresmeldung an das Integrationsamt

Jeder Arbeitgeber mit **20** und mehr Arbeitnehmern ist nach den Vorschriften des Schwerbehindertengesetzes verpflichtet, mindestens **5 %** der Arbeitsplätze mit behinderten Arbeitnehmern zu besetzen. Wird diese Quote nicht erreicht, ist eine Ausgleichsabgabe an das so genannte Integrationsamt zu entrichten. Für die Ermittlung der Anzahl der Beschäftigten sind Auszubildende nicht zu berücksichtigen.

Der Arbeitgeber ist verpflichtet, bis zum **31.3. des Jahres** die Anzahl der behinderten Beschäftigten zu melden und bei einer Unterbesetzung die Ausgleichsabgabe zu ermitteln und diese dem Integrationsamt mitzuteilen.

Arbeitgeber, die im Laufe des Jahres ihre Betriebstätigkeit aufnehmen bzw. beenden, haben nur für die Monate Daten zu melden, in denen die Unternehmens-/Betriebstätigkeit mindestens an einem Tag bestanden hat. Maßgeblicher Zeitpunkt der Gründung bzw. des Erlöschens ist die tatsächliche Betriebsaufnahme/-stilllegung eines Unternehmens, einer Handelsfirma oder eines sonstigen Betriebes. Wird die Beschäftigungsquote vom Arbeitgeber nicht erreicht, sind sogenannte Ausgleichsabgaben zu entrichten. Die Ausgleichsabgabe beträgt seit 2012:

115 EUR monatlich	pro unbesetzte Stelle, wenn die Quote zwischen 3 % und 5 % der Beschäftigten liegt
200 EUR monatlich	pro unbesetzte Stelle, wenn die Quote zwischen 2 % und 3 % liegt
290 EUR monatlich	pro unbesetzte Stelle, wenn die Quote unter 2 % der durchschnittlichen monatlichen Beschäftigten liegt

Tab. 45: Übersicht der Ausgleichsabgaben an das Integrationsamt

Eine Ausnahmeregelung besteht für Kleinbetriebe mit bis zu 39,9 bzw. bis zu 59,9 Arbeitnehmern.

Ein Unternehmen mit weniger als 40 Arbeitnehmern muss

- monatlich 115 EUR pro unbesetzte Stelle entrichten, wenn im Jahresdurchschnitt weniger als eine Stelle besetzt wird.

Ein Unternehmen mit weniger als 60 Arbeitnehmern muss

- monatlich 115 EUR pro unbesetzte Stelle entrichten, wenn im Jahresdurchschnitt weniger als zwei Stellen besetzt werden,
- monatlich 200 EUR pro unbesetzte Stelle entrichten, wenn im Jahresdurchschnitt weniger als eine Stelle besetzt wird.

Die Anzahl der durchschnittlich Beschäftigten pro Monat ergibt sich, indem die Zahl der Arbeitnehmer jeden Monat über das gesamte Jahr kumuliert und die Summe durch 12 dividiert wird. Die Zahl der durchschnittlich besetzten Stellen ergibt sich, wenn die Monate, in denen behinderte Menschen beschäftigt werden, addiert werden und die Summe durch 12 dividiert wird.

▶ **BEISPIEL**

Ein Unternehmen beschäftigt im Jahresdurchschnitt 44,6 Mitarbeiter. Im laufenden Jahr wurde seit 1. Mai ein schwerbehinderter Mitarbeiter beschäftigt.
Beurteilung
Für die Berechnung der Ausgleichsabgabe ist die Anzahl der beschäftigten Arbeitnehmer und der behinderten Mitarbeiter pro Monat festzustellen. Die Pflichtquote beträgt 5 % der Beschäftigten somit 2 Mitarbeiter durchgängig das gesamte Jahr. Somit ergibt sich im Beispiel zum 31.12.

Pflichtmonate:	2 × 12 Monate	24 Monate
Unbesetzt:	1 × 12 Monate	12 Monate
	1 × 4 Monate	4 Monate
Unbesetzte Pflichtmonate gesamt		16 Monate

Besetzte Pflichtstellen:

$$\text{Jahresdurchschnittliche Beschäftigung} \quad \frac{0,8}{12} = 0,66$$

Im Jahresdurchschnitt wird weniger als 1 Pflichtplatz besetzt (0,66 Pflichtplätze). Somit ist bei einer Firmengröße bis 59,9 Mitarbeiter pro unbesetztem Pflichtmonat eine Ausgleichsabgabe von 200 EUR zu entrichten.
Ausgleichsabgabe: 16 Monate × 200 EUR = 3.200 EUR

Welche Aktivitäten gehören zum Jahresabschluss?

Die Ausgleichsabgabe ist vom Arbeitgeber selbst zu errechnen und in einer Summe bis spätestens 31.03. für das vorangegangene Jahr an das Integrationsamt abzuführen. Für rückständige Beträge erhebt das Integrationsamt Säumniszuschläge (1 % für jeden angefangenen Monat nach der Fälligkeit). Haben die Zahlungen mehr als drei Monate Verzug, erlässt das Integrationsamt einen Feststellungsbescheid und leitet, falls die Zahlung nicht unmittelbar erfolgt, eine Pfändungsklage ein.

In die Anzahl der monatlich beschäftigten Arbeitnehmer bzw. in die Durchschnittsberechnung der Mitarbeiterzahl sind folgende Personen einzurechnen:

- Arbeiter, Angestellte (auch leitende Angestellte)
- Beamtenanwärter, Beamte, Richter
- Auszubildende
- Teilnehmer an einer Einstiegsqualifizierung
- andere zu ihrer beruflichen Bildung Eingestellte (z. B. Fortzubildende, Praktikanten, Volontäre)
- Arbeitsgelegenheiten von ruhende Arbeitsverhältnissen (wegen Wehr- oder Zivildienst, Elternzeit/Erziehungsurlaub, unbezahltem Urlaub oder Bezugs einer Rente auf Zeit oder bei Altersteilzeit in der Freistellungsphase)
- Ersatzkräfte (Vertretungen), die für die o. g. ruhenden Arbeitsverhältnisse beschäftigt werden
- freigestellte Betriebs- und Personalräte
- alle weiteren in § 73 SGB IX Abs. 2 und 3 aufgeführten Personengruppen (z. B. Teilzeitarbeitskräfte unter 18 Wochenstunden).

Auch **Teilzeitkräfte**, die sich einen Arbeitsplatz teilen, werden einzeln gezählt.

Die Ausgleichsabgabe ist vom Arbeitgeber (oder dessen Beauftragten) selbstständig zu ermitteln und auf dem Formular „Verzeichnis nach § 80 Abs. 1 SGB IX der beschäftigten schwerbehinderten, ihnen gleichgestellten behinderten Menschen und sonstigen anrechnungsfähigen Personen" gemeldet werden. Der Vordruck kann von jeder Agentur für Arbeit bezogen werden. Sofern die Anzeige mithilfe der EDV erstellt wird, müssen auf dem Vordruck alle Angaben entsprechend dem Originalvordruck der Agentur für Arbeit enthalten sein.

! **ACHTUNG**

Für die Ermittlung der zu besetzenden Stellen wird ab 60 Mitarbeiter ein Jahresdurchschnitt von 0,5 und höher aufgerundet, unter 0,5 wird abgerundet.

Anrechnung

Arbeitgeber können durch Aufträge an anerkannte Werkstätten für behinderte Menschen zu deren Beschäftigung beitragen. Deshalb dürfen bis zu 50 % des Rechnungsbetrages solcher Aufträge (Gesamtrechnungsbetrag abzüglich Materialkosten) auf die Ausgleichsabgabe angerechnet werden. Dabei wird die Arbeitsleistung des Fachpersonals zur Arbeits- und Berufsförderung berücksichtigt, nicht hingegen die Arbeitsleistung sonstiger nichtbehinderter Arbeitnehmerinnen und Arbeitnehmer. Die Werkstätten bestätigen das Vorliegen der Anrechnungsvoraussetzungen in der Rechnung. Für die Anrechnung gelten jedoch zwei weitere Voraussetzungen:

1. Die Auftragsvergabe muss dem Jahr der Ausgleichsabgabe zurechenbar sein und die Zahlung der Rechnung muss spätestens bis zum 31.3. des Folgejahres erfolgt sein.
2. Die Werkstätten für behinderte Menschen muss eine rechtlich selbstständige Einrichtung sein.

TIPP

Eine genaue Anleitung für die Berechnung erhalten Sie von der zuständigen Agentur für Arbeit. Das Institut der deutschen Wirtschaft in Köln stellt eine kostenlose Meldesoftware „REHADAT-Elan" zur Verfügung. Diese kann bestellt oder im Internet unter http://www.rehadat.de/elan bezogen werden. Mit dieser Software kann die Meldung erstellt, übertragen und die Höhe der Pflichtabgabe ermittelt werden.

Stichwortverzeichnis

€ 39,95 [D]
ca. 320 Seiten
ISBN 978-3-648-05023-1
Bestell-Nr. E04536

Fakten und Lösungen

Trendthema flexible Arbeitszeitgestaltung! Die Autorin stellt moderne Lösungen vor, die familiäre Bedürfnisse von Mitarbeitern berücksichtigen und die Wettbewerbsfähigkeit von Unternehmen stärken. Inklusive eBook!

> Schlüsselelemente der Arbeitszeitgestaltung
> Mit Arbeitszeitmodellen Fachkräfte gewinnen und binden
> Familienzeiten - mehr als ein Vereinbarkeitsthema
> Work-Life-Balance und lebensphasenorientierte Arbeitszeit
> Modelle für Vertrauensarbeit, Telearbeit und Teilzeitarbeit

Jetzt bestellen!
www.haufe.de/fachbuch (Bestellung versandkostenfrei),
0800/50 50 445 (Anruf kostenlos) oder in Ihrer Buchhandlung